辅导员能力提升、岗位培训、技能竞赛等必备用书

高校学生工作
指导文件汇编

陈剑／主编

中国石化出版社
·北京·

图书在版编目（CIP）数据

高校学生工作指导文件汇编 / 陈剑主编. -- 北京 : 中国石化出版社, 2024. 11. -- ISBN 978-7-5114-7730-9（2025.1 重印）

Ⅰ. G645.5

中国国家版本馆 CIP 数据核字第 2024H9F917 号

中国石化出版社出版发行

地址：北京市东城区安定门外大街 58 号

邮编：100011　电话：(010) 57512500

发行部电话：(010) 57512575

http：//www.sinopec-press.com

E-mail：press@sinopec.com

宝蕾元仁浩（天津）印刷有限公司印刷

全国各地新华书店经销

*

889 毫米 ×1194 毫米 16 开本 34 印张 1123 千字

2024 年 11 月第 1 版　2025 年 1 月第 2 次印刷

定价：88.00 元

前　言

FOREWORD

想把最好的给你

2015年，是我工作的第9年，其间我经历了离岗读书、结婚生子、岗位轮换，我从之前的团委行政岗完全转为专职辅导员岗后，遇到了我职业生涯中一件重大的事件——参加“辅导员职业能力大赛”（现在叫“辅导员素质能力大赛”）。

刚开始，我不知道这个比赛要做什么，只知道要考试，且考试范围特别广，也没有相对系统的、可参考的“题库”，于是我就自己在一些官网找和我们辅导员工作相关的文件和制度，一个个复制下来，形成一个个文档，然后打印出来复习。在这个过程中，我发现每一个文件的引言部分，都会简要说明文件的目的和背景，比如“为了落实某某规划”“为了推进某某文件实施”……于是我又“顺藤摸瓜”，找到了很多“源头文件”，就这样越找越多、越存越多！

在备赛的过程中，我根据复习和记忆习惯，把收集的文件、制度进行了分类整理。经过这一系列的操作，我发现，不管是校赛、还是省赛，我的理论考试成绩都还不错，在省赛中获得了二等奖和三等奖各1次的好成绩。

在学习这些文件的时候，我又有了更重要的发现和收获，其实，上级部门早就给我们辅导员的工作勾画了“蓝图”。在认真研读这些文件之后，我开始对我过往的工作方式进行了调整，例如，当我想创新性做一件事情的时候，我会先去找找上级部门有没有发布过相关的政策、制度或文件，具体是怎么规定的；在写一些申报材料、科研项目的时候，我也会认真研究分析相关文件，写起来也更有底气……这种工作方式和习惯让我的整个工作思路变得“越来越开阔”，也让我在开展各项工作的时候更有信心！

2018年5月，我在准备“辅导员工作室”申报材料的过程中，又从整理的制度、文件中获益，这让我有了分享的欲望，我想把这些制度、文件做一个工作汇编，为更多辅导员的日常工作带去更大的价值。于是就有了我的“新时代高校辅导员系列”之《职业功能工作汇编》《基层党支部工作汇编》和《法律法规工作汇编》，总计超过80万字，我们的辅导员人手一套，其中《基层党支部工作汇编》还融入我校、省级的一些规章制度，由校组织部装订成册发至全校基层党委和各院部系，这也成为2019年12月获批教育部第二批“全国党建工作样板支部”的重要支撑材料。

2023年，我在全面开启“个人产品化”之后，从接触到的很多辅导员身上，再次看到了大家“疲于工作”的真实现状，如何有效地提升辅导员的岗位胜任力，让辅导员在工作中更有底气、更有办法、更有结果，成为我再次深入思考的问题！

我曾在很多公开场合说过：“我希望能做点什么，让一线辅导员能够尽快从日常的工作事务中‘抽离’出来，让他们能发挥自己的价值，去为学生做更多、更有意义的事情！”

深入了解、掌握和落实上级相关的政策、制度和文件，既是我们的岗位职责，又是我们发展所需，更是我们提高工作效率的有利工具，只要我们在忙碌的工作中，学会“抬头看看天”，就能让我们的工作定期“纠纠偏”。

2024年暑期，我开始重新更新2019年做的这份文件汇编，按照辅导员九大职能分类，每一类别根据最新的政策、制度和文件重新整理，希望能给学工同仁们在能力提升、岗位培训和技能竞赛等方面提供更加高效、更加清晰、更加便捷的多元赋能！

文件汇编整理截止日期为2024年11月13日，后期会定期更新，也会持续为广大学工同仁赋能，希望大家好好学习、高效运用。如有与官方文件相悖，请以官方发布文件为准！

陈　剑

2024年11月13日

于珠海

目　录

CONTENTS

第一篇　思想政治教育

第二篇　党团班级建设

第三篇　学业指导

第四篇　日常事务管理

第五篇　心理健康教育与咨询

第六篇　网络思想政治教育

第七篇　危机事件应对

第八篇　职业规划与就业指导

第九篇　理论和实践研究

第一篇

思想政治教育

教育部等部门关于进一步加强高校实践育人工作的若干意见

教思政〔2012〕1号

各省、自治区、直辖市党委宣传部、党委教育工作部门、教育厅（教委）、财政厅、文化厅、团委，新疆生产建设兵团党委宣传部、教育局、财政局、文化局、团委，中央有关部门（单位）教育司（局），各军区、各军兵种、各总部、武警部队政治部，教育部直属各高等学校：

为全面落实《国家中长期教育改革和发展规划纲要（2010—2020年）》，深入贯彻胡锦涛总书记等中央领导同志一系列重要指示精神，现就进一步加强新形势下高校实践育人工作，提出如下意见。

一、充分认识高校实践育人工作的重要性

1. 进一步加强高校实践育人工作，是全面落实党的教育方针，把社会主义核心价值体系贯穿于国民教育全过程，深入实施素质教育，大力提高高等教育质量的必然要求。党和国家历来高度重视实践育人工作。坚持教育与生产劳动和社会实践相结合，是党的教育方针的重要内容。坚持理论学习、创新思维与社会实践相统一，坚持向实践学习、向人民群众学习，是大学生成长成才的必由之路。进一步加强高校实践育人工作，对于不断增强学生服务国家服务人民的社会责任感、勇于探索的创新精神、善于解决问题的实践能力，具有不可替代的重要作用；对于坚定学生在中国共产党领导下，走中国特色社会主义道路，为实现中华民族伟大复兴而奋斗，自觉成为中国特色社会主义合格建设者和可靠接班人，具有极其重要的意义；对于深化教育教学改革、提高人才培养质量，服务于加快转变经济发展方式、建设创新型国家和人力资源强国，具有重要而深远的意义。

2. 进入本世纪以来，高校实践育人工作得到进一步重视，内容不断丰富，形式不断拓展，取得了很大成绩，积累了宝贵经验，但是实践育人特别是实践教学依然是高校人才培养中的薄弱环节，与培养拔尖创新人才的要求还有差距。要切实改变重理论轻实践、重知识传授轻能力培养的观念，注重学思结合，注重知行统一，注重因材施教，以强化实践教学有关要求为重点，以创新实践育人方法途径为基础，以加强实践育人基地建设为依托，以加大实践育人经费投入为保障，积极调动整合社会各方面资源，形成实践育人合力，着力构建长效机制，努力推动高校实践育人工作取得新成效、开创新局面。

二、统筹推进实践育人各项工作

3. 加强实践育人工作总体规划。实践教学、军事训练、社会实践活动是实践育人的主要形式。各高校要坚持把社会主义核心价值体系融入实践育人工作全过程，把实践育人工作摆在人才培养的重要位置，纳入学校教学计划，系统设计实践育人教育教学体系，规定相应学时学分，合理增加实践课时，确保实践育人工作全面开展。要区分不同类型实践育人形式，制定具体工作规划，深入推动实践育人工作。

4. 强化实践教学环节。实践教学是学校教学工作的重要组成部分，是深化课堂教学的重要环节，是学生获取、掌握知识的重要途径。各高校要结合专业特点和人才培养要求，分类制订实践教学标准，增加实践教学比重，确保人文社会科学类本科专业不少于总学分（学时）的15%、理工农医类本科专业不少于25%、高职高专类专业不少于50%，师范类学生教育实践不少于一个学期，专业学位硕士研究生不少于半年。要全面落实本科专业类教学质量国家标准对实践教学的基本要求，加强实践教学管理，提高实验、实习、实践和毕业设计（论文）质量。支持高等职业学校学生参加企业技改、工艺创新等实践活动。组织编写一批优秀实验教材。思想政治理论课所有课程都要加强实践环节。

5. 深化实践教学方法改革。实践教学方法改革是推动实践教学改革和人才培养模式改革的关键。各高校要把加强实践教学方法改革作为专业建设的重要内容，重点推行基于问题、基于项目、基于案例的教学方法和学习方法，加强综合性实践科目设计和应用。要加强大学生创新创业教育，支持学生开展研究性学习、创

新性实验、创业计划和创业模拟活动。

6. 认真组织军事训练。组织学生进行军事训练，是实现人才培养目标不可缺少的重要环节。各高校要把军事训练作为必修课，列入教学计划，军事技能训练时间为2—3周，实际训练时间不得少于14天。要通过开展军事训练，使学生掌握基本军事技能和军事理论，增强国防观念、国家安全意识，弘扬爱国主义、集体主义和革命英雄主义精神，培养艰苦奋斗、吃苦耐劳的作风。要积极争取解放军和武警部队对学生军事训练的大力支持，认真组织实施，增强军训实效。要突出抓好国防生军政训练，纳入教学课程体系，并为国防生日常教育训练提供必要的场地设施和条件，大力支持国防生参加部队实践活动。

7. 系统开展社会实践活动。社会调查、生产劳动、志愿服务、公益活动、科技发明和勤工助学等社会实践活动是实践育人的有效载体。各高校要把组织开展社会实践活动与组织课堂教学摆在同等重要的位置，与专业学习、就业创业等结合起来，制订学生参加社会实践活动的年度计划。每个本科生在学期间参加社会实践活动的时间累计应不少于4周，研究生、高职高专学生不少于2周，每个学生在学期间要至少参加一次社会调查，撰写一篇调查报告。要倡导和支持学生参加生产劳动、志愿服务和公益活动，鼓励学生在完成学业的同时参加勤工助学，支持学生开展科技发明活动。要抓住重大活动、重大事件、重要节庆日等契机和暑假、寒假时期，紧密围绕一个主题、集中一个时段，广泛开展特色鲜明的主题实践活动。

8. 着力加强实践育人队伍建设。所有高校教师都负有实践育人的重要责任。各高校要制定完善教师实践育人的规定和政策，加大教师培训力度，不断提高教师实践育人水平。要主动聘用具有丰富实践经验的专业人才。要鼓励教师增加实践经历，参与产业化科研项目，积极选派相关专业教师到社会各部门进行挂职锻炼。要配齐配强实验室人员，提升实验教学水平。要统筹安排教师指导和参加学生社会实践活动。积极组织思想政治理论课教师、辅导员和团干部参加社会实践、挂职锻炼、学习考察等活动。教师承担实践育人工作要计算工作量，并纳入年度考核内容。

9. 积极发挥学生主动性。学生是实践育人的对象，也是开展实践教学、军事训练、社会实践活动的主体。要充分发挥学生在实践育人中的主体作用，建立和完善合理的考核激励机制，加大表彰力度，激发学生参与实践的自觉性、积极性。要支持和引导班级、社团等学生组织自主开展社会实践活动，发挥学生在实践育人中的自我教育、自我管理、自我服务作用。

10. 加强实践育人基地建设。实践育人基地是开展实践育人工作的重要载体。要加强实验室、实习实训基地、实践教学共享平台建设，依托现有资源，重点建设一批国家级实验教学示范中心、国家大学生校外实践教育基地和高职实训基地。各高校要努力建设教学与科研紧密结合、学校与社会密切合作的实践教学基地，有条件的高校要强化现场教学环节。基地建设可采取校所合作、校企联合、学校引进等方式。要依托高新技术产业开发区、大学科技园或其他园区，设立学生科技创业实习基地。要积极联系爱国主义教育基地和国防教育基地、城市社区、农村乡镇、工矿企业、驻军部队、社会服务机构等，建立多种形式的社会实践活动基地，力争每个学校、每个院系、每个专业都有相对固定的基地。

三、切实加强对实践育人工作的组织领导

11. 形成工作合力。实践育人是一项系统工程，需要各地区各部门的大力支持，需要各高校的积极努力。推动地方各级政府整合社会各方面力量，大力支持高校实践育人工作。教育部门要加大对高校实践育人工作的指导和支持力度，进一步发挥好沟通联络作用，积极促进形成实践育人合作机制。财政部门要积极支持高校实践育人工作。宣传、文化等部门要为学生参观爱国主义教育基地、文化艺术场所提供优惠条件。部队要支持学校开展军事训练，积极加强军校合作。共青团要动员和组织学生参加社会实践活动。各高校要成立由主要领导牵头的实践育人工作领导小组，把实践育人工作纳入重要议事日程和年度工作计划，统筹安排，抓好落实；要加强与企事业单位的沟通协商，为学生参加实习实训和实践活动创造条件。企事业单位支付给学生的相关报酬，可依照税收法律法规的规定，在企业所得税前扣除。

12. 加大经费投入。落实实践育人经费，是加强高校实践育人工作的根本保障和基本前提。高校作为实践育人经费投入主体，要统筹安排好教学、科研等方面的经费，新增生均拨款和教学经费要加大对实践教学、军事训练、社会实践活动等实践育人工作的投入。要积极争取社会力量支持，多渠道增加实践育人经费投入。

13. 加强考核管理。教育部门要把实践育人工作作为对高校办学质量和水平评估考核的重要指标，纳入高校教育教学和党的建设及思想政治教育评估体系，及时表彰宣传实践育人先进集体和个人。各高校要制订实践育人成效考核评价办法，切实增强实践育人效果。要制定安全预案，大力加强对学生的安全教育和安全管理，确保实践育人工作安全有序。

14. 加强研究交流。各地各高校要定期召开实践育人经验交流会、座谈研讨会等，及时总结推广实践育人成果，研究深入推进实践育人工作的思路举措。要积极组织专家学者开展科学研究，不断探索实践育人规律，为加强高校实践育人工作提供理论支持和决策依据。各地哲学社会科学规划工作领导部门要把加强实践育人重大问题研究列入规划。

15. 强化舆论引导。要充分发挥报刊、广播、电视、互联网等新闻媒体的作用，广泛开展宣传活动，大力报道加强实践育人工作的重要性、必要性，广泛宣传实践育人工作取得的成效，积极推广加强实践育人工作的新思路、新做法、新经验，在全社会进一步形成支持鼓励大学生深入社会，在实践中成长成才的良好氛围。

各地各高校要根据上述意见，认真研究制定本地本校进一步加强实践育人工作的具体措施，抓好贯彻落实，并将贯彻情况及时报教育部。

中华人民共和国教育部　中国共产党中央委员会宣传部
中华人民共和国财政部　中华人民共和国文化部
中国人民解放军总参谋部　中国人民解放军总政治部　中国共产主义青年团中央委员会
二〇一二年一月十日

关于加强和改进高校青年教师思想政治工作的若干意见

教党〔2013〕12号

各省、自治区、直辖市党委组织部、宣传部、教育工作部门、教育厅（教委），新疆生产建设兵团党委组织部、宣传部、教育局，有关部门（单位）教育司（局），教育部直属各高等学校党委：

为深入贯彻落实党的十八大精神，加强高校青年教师队伍建设，提高青年教师思想政治素质，促进青年教师全面发展，引导广大高校青年教师为实现中华民族伟大复兴的中国梦贡献力量，根据《中国共产党普通高等学校基层组织工作条例》等有关规定，结合高等学校实际，现就进一步加强和改进高校青年教师思想政治工作提出以下意见。

一、高度重视青年教师思想政治工作

青年教师是高校教师队伍的重要组成部分，是推动高等教育事业科学发展、办好人民满意高等教育的重要力量。青年教师与学生年龄接近，与学生接触较多，对学生的思想行为影响更直接，他们的思想政治素质和道德情操对学生的健康成长具有重要的示范引导作用。加强和改进高校青年教师思想政治工作，对于全面贯彻党的教育方针、确保高校坚持社会主义办学方向、培养德智体美全面发展的社会主义建设者和接班人，具有重大而深远的意义。

当前，高校青年教师主体积极健康向上，拥护党的领导，对坚持和发展中国特色社会主义充满信心，热爱教书育人事业，关心关爱学生，为高等教育事业发展做出重要贡献。同时也应看到，少数青年教师政治信仰迷茫、理想信念模糊、职业情感与职业道德淡化、服务意识不强，个别教师言行失范、不能为人师表；一些地方和高校对青年教师思想政治工作重视不够、工作方法不多、工作针对性和实效性不强。各地各高校党组织要充分认识新形势下加强和改进青年教师思想政治建设的重要性，切实把加强青年教师思想政治工作摆到更加突出的位置，进一步增强工作的主动性、积极性和创造性，通过政治上主动引导、专业上着力培养、生活上热情关心，促进广大青年教师坚定理想信念、练就过硬本领、勇于创新创造、矢志艰苦奋斗、锤炼高尚品格，全面提高思想政治素质和业务能力。

二、切实加强青年教师思想教育引导

（一）强化政治理论学习。深入开展马克思列宁主义、毛泽东思想、中国特色社会主义理论体系教育，深入学习实践科学发展观。加强理想信念教育，组织青年教师学习党的基本理论、基本路线、基本纲领、基本经验、基本要求，努力提高青年教师政治理论素养，进一步增强对中国特色社会主义的理论认同、政治认同、情感认同，坚定道路自信、理论自信、制度自信，自觉践行社会主义核心价值体系，坚持正确政治方向。加强中国梦的宣传教育，组织青年教师深入学习领会中国梦的精神实质，凝聚起实现中国梦的强大精神力量。

（二）开展形势政策教育。结合国际国内形势发展变化、党和国家重大政策措施的出台，宣传我国各项事业的新进展新成就，分析经济社会发展面临的机遇和挑战，讲解中央和上级党委的决策部署，帮助青年教师准确了解国情、正确把握形势。努力回答青年教师关心的热点难点问题，加强正面引导、深度引导，做好解疑释惑、增进共识工作。

（三）丰富政治理论学习方式。充分运用高校学科和人才优势，发挥马克思主义理论研究和建设工程的作用，健全青年教师政治理论学习制度，坚持报告会、座谈会、研讨会、培训班、读书班等行之有效的学习方式，建设信息化学习平台，增强政治理论学习的吸引力感染力。建立青年教师思想状况定期调查分析制度，准确把握青年教师思想动态和学习需求，不断提高政治理论学习效果。

三、推进青年教师师德师风建设

（四）强化青年教师职业理想和职业道德教育。深入贯彻落实《高等学校教师职业道德规范》，建立健全师德建设长效机制。把学习师德规范纳入青年教师培训计划，作为新教师岗前培训和在职培训的重要内容，激发青年教师树立崇高的职业理想，严守教育教学纪律和学术规范，切实肩负起立德树人、教书育人的光荣职责。坚持学术研究无禁区、课堂讲授有纪律，杜绝有损国家利益和不利于学生健康成长的言行。定期开展教书育人楷模和师德标兵评选等活动，大力宣传优秀教师先进事迹，营造优良校风教风学风，激励青年教师爱岗敬业，以高尚师德、人格魅力、学识风范教育感染学生。

（五）完善青年教师师德考核机制。把师德建设作为学校工作考核和办学质量评估的重要指标，将师德表现作为教师年度考核、岗位聘任（聘用）、职称评审、评优奖励的首要标准，建立健全青年教师师德考核档案，实行师德"一票否决制"。完善师德评价内容和方法，健全学术不端行为预防查处机制，探索构建学校、教师、学生、社会参与的师德监督体系。对师德表现突出的青年教师，予以重点培养、表彰奖励；对师德表现不良的，及时劝诫、督促整改；对师德失范的，依法依规严肃处理。

四、加大青年教师党员队伍建设力度

（六）做好青年教师党员教育管理和服务工作。以增强党性、提高素质为目标，制订青年教师党员培训规划，发挥党校主渠道作用，构建多层次、多渠道的党员教育培训体系，每年面向青年教师党员开展的党员集中教育应不少于24学时。加强青年教师党员日常管理，严格党内组织生活。建立健全党内激励、关怀、帮扶机制，选树青年教师党员先进典型，充分发挥青年教师党员的先锋模范作用。尊重党员主体地位，扩大高校党内民主，提高青年教师党员的党内事务参与度，增强党内生活透明度。

（七）提高青年教师发展党员质量。重视从优秀青年教师中发展党员，始终把政治标准放在首位，把一贯表现和对重大问题的态度作为重要考察内容，坚持标准，严格程序，严把党员入口关。主动帮助和引导青年教师向党组织靠拢，注重把政治素质好、道德品行好，以高度的社会责任感坚持教书育人、为人师表的青年教师列为重点培养对象，由党性观念强、业务水平高、在青年教师中有影响的党员专家教授和党员领导干部加强联系培养，及时把他们中的优秀分子吸收入党。重视在科研骨干、学术带头人、留学归国人员中培养入党积极分子，把各类优秀青年教师凝聚在党的周围。

（八）发挥教师党支部在青年教师思想政治工作中的作用。选好配强教师党支部班子，注重从优秀青年教师党员中选拔党支部书记，注重通过教育培训不断增强教职工党支部书记的工作能力。创新党支部设置和活动方式，丰富活动内容，使党支部工作更加贴近青年教师思想、工作和生活实际。创建基层服务型党组织，充分发挥教师党支部在服务青年教师成长发展中的作用，提升党组织对青年教师的亲和力感染力凝聚力。

五、拓宽青年教师思想政治工作途径

（九）开展青年教师社会实践活动。坚持与青年教师专业特长、职业发展、服务社会等相结合，创造条件，加大投入，积极为青年教师开展社会实践搭建平台，保证每名青年教师每年至少参加1次社会实践活动。积极选派青年教师挂职锻炼，鼓励青年教师参与产学研结合项目，深入基层参加生产劳动，开展调查研究、学习考察、志愿服务，进一步了解国情、社情、民情，正确认识国家前途命运，正确认识自身社会责任。

（十）组织青年教师参与学生思想政治教育工作。鼓励优秀青年教师兼任学生辅导员、班主任，完善有关聘任、管理和考核制度，落实相关待遇。健全青年教师参与学生思想政治教育的有效途径和长效机制，引导青年教师发挥自身优势，主动参与学生思想政治教育实践。青年教师晋升高一级专业技术职务（职称），原则上应具有从事学生思想政治教育工作经历。

（十一）创新青年教师网络思想政治工作。加强网络道德建设，引导青年教师正确使用网络工具，强化网上言行的法律意识和责任意识。通过网络掌握高校思想理论动向和网络舆情，及时发现倾向性、苗头性问题，有效应对涉及青年教师的舆论事件。充分运用电视、校园网、手机报、微博等渠道，主动占领网络思想政治工作阵地，积极搭建网络教育服务平台，提升运用网络开展青年教师思想政治工作的能力。

六、着力解决青年教师实际问题

（十二）关心解决青年教师实际困难。建立健全领导干部联系青年教师、与青年教师谈心谈话制度，及时发现他们在工作和生活上面临的困难，花大力气帮助解决住房、收入、子女入托入学等实际问题，在关心关爱中增强教育效果。推行老教师与青年教师“结对子”“传帮带”等活动，加强对青年教师业务发展上的指导。关心留学归国青年教师，为他们的工作、成长创造良好条件。

（十三）关注青年教师心理健康。建立完善青年教师人文关怀和心理疏导机制，加强青年教师心理健康教育，提高青年教师自我调适能力，帮助青年教师更好应对工作压力、舒缓职业倦怠。组织开展丰富多彩的文化活动，加强青年教师之间的信息沟通和思想交流，为青年教师提供心理支持和情感支持。建立健全青年教师心理健康教育和心理咨询机构，健全青年教师心理问题预警、干预机制，为他们提供及时有效的心理健康指导与服务。

（十四）搭建青年教师成长发展平台。建立健全符合高等教育发展规律和青年教师成长特点的高校用人机制，完善重师德、重教学、重育人、重贡献的考核评价机制，促进优秀青年教师脱颖而出。创造有利条件，搭建发展平台，为学术水平和教学科研业绩特别突出的青年教师创造破格晋升机会，纳入学科领军人才和后备干部培养体系。深化高校收入分配制度改革，制定分配政策时适当向青年教师倾斜，逐步提高青年教师的收入水平。通过教职工代表大会等渠道，支持和引导青年教师参与学校管理，涉及青年教师切身利益的决策要充分听取青年教师意见。

七、强化青年教师思想政治工作的组织领导

（十五）构建齐抓共管工作机制。各地党委组织、宣传和教育工作部门要加强对青年教师思想政治工作的统筹协调和检查督促。建立健全高校党委统一领导，党政齐抓共管的工作格局，构建党委宣传部门牵头，组织、人事、教务、工会等部门协同配合，院（系）级单位党组织具体实施，广大干部师生共同参与的领导体制和工作机制，努力形成青年教师思想政治工作合力。高校党委要定期听取青年教师思想政治工作情况汇报，研究和落实相关政策及工作要求，创造性地做好青年教师思想政治工作。

（十六）落实工作基础保障。切实保障青年教师思想政治工作经费投入，根据工作需要配备青年教师思想政治工作专兼职工作人员，充分发挥学科带头人及离退休老同志作用。加强全局性、前瞻性问题研究，把握青年教师思想政治工作规律，为做好工作提供理论支持和决策依据。定期开展青年教师思想政治工作督促检查，形成长效机制，全面提高高校青年教师思想政治工作科学化水平。

中共中央组织部　中共中央宣传部　中共教育部党组

2013年5月4日

中共中央办公厅印发《关于培育和践行社会主义核心价值观的意见》

中办发〔2023〕24号

新华社北京12月23日电　近日，中共中央办公厅印发了《关于培育和践行社会主义核心价值观的意见》，并发出通知，要求各地区各部门结合实际认真贯彻执行。

《关于培育和践行社会主义核心价值观的意见》全文如下。

社会主义核心价值观是社会主义核心价值体系的内核，体现社会主义核心价值体系的根本性质和基本特征，反映社会主义核心价值体系的丰富内涵和实践要求，是社会主义核心价值体系的高度凝练和集中表达。为深入贯彻落实党的十八大和十八届三中全会精神，积极培育和践行社会主义核心价值观，现提出如下意见。

一、培育和践行社会主义核心价值观的重要意义和指导思想

（一）培育和践行社会主义核心价值观，是推进中国特色社会主义伟大事业、实现中华民族伟大复兴中国梦的战略任务。党的十八大提出，倡导富强、民主、文明、和谐，倡导自由、平等、公正、法治，倡导爱国、敬业、诚信、友善，积极培育和践行社会主义核心价值观。这与中国特色社会主义发展要求相契合，与中华优秀传统文化和人类文明优秀成果相承接，是我们党凝聚全党全社会价值共识作出的重要论断。富强、民主、文明、和谐是国家层面的价值目标，自由、平等、公正、法治是社会层面的价值取向，爱国、敬业、诚信、友善是公民个人层面的价值准则，这24个字是社会主义核心价值观的基本内容，为培育和践行社会主义核心价值观提供了基本遵循。面对世界范围思想文化交流交融交锋形势下价值观较量的新态势，面对改革开放和发展社会主义市场经济条件下思想意识多元多样多变的新特点，积极培育和践行社会主义核心价值观，对于巩固马克思主义在意识形态领域的指导地位、巩固全党全国人民团结奋斗的共同思想基础，对于促进人的全面发展、引领社会全面进步，对于集聚全面建成小康社会、实现中华民族伟大复兴中国梦的强大正能量，具有重要现实意义和深远历史意义。

（二）培育和践行社会主义核心价值观的指导思想是：高举中国特色社会主义伟大旗帜，以邓小平理论、“三个代表”重要思想、科学发展观为指导，深入学习贯彻党的十八大精神和习近平同志系列讲话精神，紧紧围绕坚持和发展中国特色社会主义这一主题，紧紧围绕实现中华民族伟大复兴中国梦这一目标，紧紧围绕“三个倡导”这一基本内容，注重宣传教育、示范引领、实践养成相统一，注重政策保障、制度规范、法律约束相衔接，使社会主义核心价值观融入人们生产生活和精神世界，激励全体人民为夺取中国特色社会主义新胜利而不懈奋斗。

（三）培育和践行社会主义核心价值观要坚持以下原则：坚持以人为本，尊重群众主体地位，关注人们利益诉求和价值愿望，促进人的全面发展；坚持以理想信念为核心，抓住世界观、人生观、价值观这个总开关，在全社会牢固树立中国特色社会主义共同理想，着力铸牢人们的精神支柱；坚持联系实际，区分层次和对象，加强分类指导，找准与人们思想的共鸣点、与群众利益的交汇点，做到贴近性、对象化、接地气；坚持改进创新，善于运用群众喜闻乐见的方式，搭建群众便于参与的平台，开辟群众乐于参与的渠道，积极推进理念创新、手段创新和基层工作创新，增强工作的吸引力感染力。

二、把培育和践行社会主义核心价值观融入国民教育全过程

（四）培育和践行社会主义核心价值观要从小抓起、从学校抓起。坚持育人为本、德育为先，围绕立德树人的根本任务，把社会主义核心价值观纳入国民教育总体规划，贯穿于基础教育、高等教育、职业技术教育、成人教育各领域，落实到教育教学和管理服务各环节，覆盖到所有学校和受教育者，形成课堂教学、社

会实践、校园文化多位一体的育人平台，不断完善中华优秀传统文化教育，形成爱学习、爱劳动、爱祖国活动的有效形式和长效机制，努力培养德智体美全面发展的社会主义建设者和接班人。适应青少年身心特点和成长规律，深化未成年人思想道德建设和大学生思想政治教育，构建大中小学有效衔接的德育课程体系和教材体系，创新中小学德育课和高校思想政治理论课教育教学，推动社会主义核心价值观进教材、进课堂、进学生头脑。完善学校、家庭、社会三结合的教育网络，引导广大家庭和社会各方面主动配合学校教育，以良好的家庭氛围和社会风气巩固学校教育成果，形成家庭、社会与学校携手育人的强大合力。

（五）拓展青少年培育和践行社会主义核心价值观的有效途径。注重发挥社会实践的养成作用，完善实践教育教学体系，开发实践课程和活动课程，加强实践育人基地建设，打造大学生校外实践教育基地、高职实训基地、青少年社会实践活动基地，组织青少年参加力所能及的生产劳动和爱心公益活动、益德益智的科研发明和创新创造活动、形式多样的志愿服务和勤工俭学活动。注重发挥校园文化的熏陶作用，加强学校报刊、广播电视、网络建设，完善校园文化活动设施，重视校园人文环境培育和周边环境整治，建设体现社会主义特点、时代特征、学校特色的校园文化。

（六）建设师德高尚、业务精湛的高素质教师队伍。实施师德师风建设工程，坚持师德为上，完善教师职业道德规范，健全教师任职资格准入制度，将师德表现作为教师考核、聘任和评价的首要内容，形成师德师风建设长效机制。着重抓好学校党政干部和共青团干部，思想品德课、思想政治理论课和哲学社会科学课教师，辅导员和班主任队伍建设。引导广大教师自觉增强教书育人的荣誉感和责任感，学为人师、行为世范，做学生健康成长的指导者和引路人。

三、把培育和践行社会主义核心价值观落实到经济发展实践和社会治理中

（七）确立经济发展目标和发展规划，出台经济社会政策和重大改革措施，开展各项生产经营活动，要遵循社会主义核心价值观要求，做到讲社会责任、讲社会效益，讲守法经营、讲公平竞争、讲诚信守约，形成有利于弘扬社会主义核心价值观的良好政策导向、利益机制和社会环境。与人们生产生活和现实利益密切相关的具体政策措施，要注重经济行为和价值导向有机统一，经济效益和社会效益有机统一，实现市场经济和道德建设良性互动。建立完善相应的政策评估和纠偏机制，防止出现具体政策措施与社会主义核心价值观相背离的现象。

（八）法律法规是推广社会主流价值的重要保证。要把社会主义核心价值观贯彻到依法治国、依法执政、依法行政实践中，落实到立法、执法、司法、普法和依法治理各个方面，用法律的权威来增强人们培育和践行社会主义核心价值观的自觉性。厉行法治，严格执法，公正司法，捍卫宪法和法律尊严，维护社会公平正义。加强法制宣传教育，培育社会主义法治文化，弘扬社会主义法治精神，增强全社会学法尊法守法用法意识。注重把社会主义核心价值观相关要求上升为具体法律规定，充分发挥法律的规范、引导、保障、促进作用，形成有利于培育和践行社会主义核心价值观的良好法治环境。

（九）要把践行社会主义核心价值观作为社会治理的重要内容，融入制度建设和治理工作中，形成科学有效的诉求表达机制、利益协调机制、矛盾调处机制、权益保障机制，最大限度增进社会和谐。创新社会治理，完善激励机制，褒奖善行义举，实现治理效能与道德提升相互促进，形成好人好报、恩将德报的正向效应。完善市民公约、村规民约、学生守则、行业规范，强化规章制度实施力度，在日常治理中鲜明彰显社会主流价值，使正确行为得到鼓励、错误行为受到谴责。

四、加强社会主义核心价值观宣传教育

（十）用社会主义核心价值观引领社会思潮、凝聚社会共识。深入开展中国特色社会主义和中国梦宣传教育，不断增强人们的道路自信、理论自信、制度自信，坚定全社会全面深化改革的意志和决心。把社会主义核心价值观学习教育纳入各级党委（党组）中心组学习计划，纳入各级党委讲师团经常性宣讲内容。深入研究社会主义核心价值观的理论和实际问题，深刻解读社会主义核心价值观的丰富内涵和实践要求，为实践发展提供学理支撑。深入推进马克思主义理论研究和建设工程，发挥国家社科基金的导向带动作用，推出更多有分量有价值的研究成果。加强社会思潮动态分析，强化社会热点难点问题的正面引导，在尊重差异中扩大社会认同，在包容多样中形成思想共识。严格社团、讲座、论坛、研讨会、报告会的管理。

（十一）新闻媒体要发挥传播社会主流价值的主渠道作用。坚持团结稳定鼓劲、正面宣传为主，牢牢把握正确舆论导向，把社会主义核心价值观贯穿到日常形势宣传、成就宣传、主题宣传、典型宣传、热点引导和舆论监督中，弘扬主旋律，传播正能量，不断巩固壮大积极健康向上的主流思想舆论。党报党刊、通讯社、电台电视台要拿出重要版面时段、推出专栏专题，出版社要推出专项出版，运用新闻报道、言论评论、访谈节目、专题节目和各类出版物等形式传播社会主义核心价值观。都市类、行业类媒体要增强传播主流价值的社会责任，积极发挥自身优势，适应分众化特点，多联系群众身边事例，多运用大众化语言，在生动活泼的宣传报道中引导人们培育和践行社会主义核心价值观。强化传播媒介管理，不为错误观点提供传播渠道。新闻出版单位和从业人员要强化行业自律，切实增强传播社会主义核心价值观的责任意识和能力，将个人道德修养作为从业资格考评重要内容。

（十二）建设社会主义核心价值观的网上传播阵地。适应互联网快速发展形势，善于运用网络传播规律，把社会主义核心价值观体现到网络宣传、网络文化、网络服务中，用正面声音和先进文化占领网络阵地。做大做强重点新闻网站，发挥主要商业网站建设性作用，形成良好的网上舆论环境，集聚网上舆论引导合力。做好重大信息网上发布，回应网民关切，主动有效进行网上引导。推动中华优秀传统文化和当代文化精品网络化传播，创作适于新兴媒体传播、格调健康的网络文化作品。依法加强网络社会管理，加强对网络新技术新应用的管理，推进网络法制建设，规范网上信息传播秩序，整治网络淫秽色情和低俗信息，打击网络谣言和违法犯罪，使网络空间清朗起来。

（十三）发挥精神文化产品育人化人的重要功能。一切文化产品、文化服务和文化活动，都要弘扬社会主义核心价值观，传递积极人生追求、高尚思想境界和健康生活情趣。提升文化产品的思想品格和艺术品位，用思想性艺术性观赏性相统一的优秀作品，弘扬真善美，贬斥假恶丑。加强对新型文化业态、文化样式的引导，让不同类型文化产品都成为弘扬社会主流价值的生动载体。加大对优秀文化产品的推广力度，开展优秀文化产品展演展映展播活动、经典作品阅读观看活动。完善文化产品评价体系，坚持文艺评论评奖的正确价值取向。完善公共文化服务体系，提供均等优质的文化产品，开展多姿多彩的文化活动，丰富群众精神文化生活。

五、开展涵养社会主义核心价值观的实践活动

（十四）广泛开展道德实践活动。以诚信建设为重点，加强社会公德、职业道德、家庭美德、个人品德教育，形成修身律己、崇德向善、礼让宽容的道德风尚。大力宣传先进典型，评选表彰道德模范，形成学习先进、争当先进的浓厚风气。在国家博物馆设立英模陈列馆。深化公民道德宣传日活动，组织道德论坛、道德讲堂、道德修身等活动。加强政务诚信、商务诚信、社会诚信和司法公信建设，开展道德领域突出问题专项教育和治理，完善企业和个人信用记录，健全覆盖全社会的征信系统，加大对失信行为的约束和惩戒力度，在全社会广泛形成守信光荣、失信可耻的氛围。把开展道德实践活动与培育廉洁价值理念相结合，营造崇尚廉洁、鄙弃贪腐的良好社会风尚。

（十五）深化学雷锋志愿服务活动。大力弘扬雷锋精神，广泛开展形式多样的学雷锋实践活动，采取措施推动学雷锋活动常态化。以城乡社区为重点，以相互关爱、服务社会为主题，围绕扶贫济困、应急救援、大型活动、环境保护等方面，围绕空巢老人、留守妇女儿童、困难职工、残疾人等群体，组织开展各类形式的志愿服务活动，形成我为人人、人人为我的社会风气。把学雷锋和志愿服务结合起来，建立健全志愿服务制度，完善激励机制和政策法规保障机制，把学雷锋志愿服务活动做到基层、做到社区、做进家庭。

（十六）深化群众性精神文明创建活动。各类精神文明创建活动要在突出社会主义核心价值观的思想内涵上求实效。推进文明城市、文明村镇、文明单位、文明家庭等创建活动，开展全民阅读活动，不断提升公民文明素质和社会文明程度。广泛开展美丽中国建设宣传教育。开展礼节礼仪教育，在重要场所和重要活动中升挂国旗、奏唱国歌，在学校开学、学生毕业时举行庄重简朴的典礼，完善重大灾难哀悼纪念活动，使礼节礼仪成为培育社会主流价值的重要方式。加强对公民文明旅游的宣传教育、规范约束和社会监督，增强公民旅游的文明意识。

（十七）发挥优秀传统文化怡情养志、涵育文明的重要作用。中华优秀传统文化积淀着中华民族最深沉的精神追求，包含着中华民族最根本的精神基因，代表着中华民族独特的精神标识，是中华民族生生不息、发展壮大的丰厚滋养。建设优秀传统文化传承体系，加大文物保护和非物质文化遗产保护力度，加强对优秀传统文化思想价值的挖掘，梳理和萃取中华文化中的思想精华，作出通俗易懂的当代表达，赋予新的时代内

涵，使之与中国特色社会主义相适应，让优秀传统文化在新的时代条件下不断发扬光大。重视民族传统节日的思想熏陶和文化教育功能，丰富民族传统节日的文化内涵，开展优秀传统文化教育普及活动，培育特色鲜明、气氛浓郁的节日文化。增加国民教育中优秀传统文化课程内容，分阶段有序推进学校优秀传统文化教育。开展移风易俗，创新民俗文化样式，形成与历史文化传统相承接、与时代发展相一致的新民俗。

（十八）发挥重要节庆日传播社会主流价值的独特优势。开展革命传统教育，加强对革命传统文化时代价值的阐发，发扬党领导人民在革命、建设、改革中形成的优良传统，弘扬民族精神和时代精神。挖掘各种重要节庆日、纪念日蕴藏的丰富教育资源，利用五四、七一、八一、十一等政治性节日，三八、五一、六一等国际性节日，党史国史上重大事件、重要人物纪念日等，举办庄严庄重、内涵丰富的群众性庆祝和纪念活动。利用党和国家成功举办大事、妥善应对难事的时机，因势利导地开展各类教育活动。加强爱国主义教育基地建设，形成实体展馆与网上展馆相结合、涵盖各个历史时期的爱国主义教育基地体系。推进公共博物馆、纪念馆、爱国主义教育基地和文化馆、图书馆、美术馆、科技馆等免费开放，积极发展红色旅游。

（十九）运用公益广告传播社会主流价值、引领文明风尚。围绕社会主义核心价值观，加强公益广告的选题规划和内容创意，形成公益广告传播先进文化、传扬新风正气的强大声势。加大公益广告刊播力度，广播电视、报纸期刊要拿出黄金时段、重要版面和显著位置，持续刊播公益广告。互联网和手机媒体要发挥传输快捷、覆盖广泛的优势，运用多种方式扩大公益广告的影响力。社会公共场所、公共交通工具要在适当位置悬挂张贴公益广告。各类公益广告要注重导向鲜明、富有内涵、引人向上，注重形式多样、品位高雅、创意新颖，体现时代感厚重感，增强传播力感染力。

六、加强对培育和践行社会主义核心价值观的组织领导

（二十）各级党委和政府要充分认识培育和践行社会主义核心价值观的重要性，把这项任务摆上重要位置，把握方向，制定政策，营造环境，切实负起政治责任和领导责任。把社会主义核心价值观要求体现到经济建设、政治建设、文化建设、社会建设、生态文明建设和党的建设各领域，推动培育和践行社会主义核心价值观同实际工作融为一体、相互促进。建立健全培育和践行社会主义核心价值观的领导体制和工作机制，加强统筹协调，加强组织实施，加强督促落实，提高工作科学化水平。党的基层组织要在推动社会主义核心价值观培育和践行方面，发挥政治核心作用和战斗堡垒作用，筑牢社会和谐的精神纽带，打牢党执政的思想基础。

（二十一）党员、干部要做培育和践行社会主义核心价值观的模范。党员、干部特别是领导干部要在培育和践行社会主义核心价值观方面带好头，以身作则、率先垂范，讲党性、重品行、作表率，为民、务实、清廉，以人格力量感召群众、引领风尚。加强理想信念教育，引导党员、干部着力增强走中国特色社会主义道路、为党和人民事业不懈奋斗的自觉性和坚定性，做共产主义远大理想和中国特色社会主义共同理想的坚定信仰者。加强党性教育，引导党员、干部贯彻党的群众路线，弘扬党的优良传统和作风，以优良党风促政风带民风。加强道德建设，引导党员、干部始终保持高洁生活情趣，坚守共产党人精神追求。

（二十二）培育和践行社会主义核心价值观是全社会的共同责任。坚持全党动手、全社会参与，把培育和践行社会主义核心价值观同各领域的行政管理、行业管理和社会管理结合起来，形成齐抓共管的工作格局。党政各部门，工会、共青团、妇联等人民团体，要在党委统一领导下，加强沟通、密切配合，形成共同推进社会主义核心价值观培育和践行的良好局面。各地区各部门各单位要制定实施方案，落实工作责任制，明确任务分工，完善工作措施。重视发挥民主党派和工商联的重要作用，支持民主党派和工商联开展培育和践行社会主义核心价值观的各项工作。加强同知识界的联系，引导知识分子用正确观点阐释和传播社会主义核心价值观。党委宣传部门要切实担负起组织指导、协调推进的重要职责，积极会同有关部门采取有力措施，推动各项任务落到实处。

（二十三）把培育和践行社会主义核心价值观的任务落实到基层。城乡基层是培育和践行社会主流价值的重要依托，农村、企业、社区、机关、学校等基层单位要重视社会主义核心价值观的培育和践行，使之融入基层党组织建设、基层政权建设中，融入城乡居民自治中，融入人们生产生活和工作学习中，努力实现全覆盖，推动社会主义核心价值观不断转化为社会群体意识和人们自觉行动。充分发挥工人、农民、知识分子的主力军作用，发挥党员、干部的模范带头作用，发挥青少年的生力军作用，发挥社会公众人物的示范作用，发挥非公有制经济组织和新社会组织从业人员的积极作用，形成人人践行社会主义核心价值观的生动景象。

教育部关于印发《完善中华优秀传统文化教育指导纲要》的通知

教社科〔2014〕3号

各省、自治区、直辖市教育厅（教委），新疆生产建设兵团教育局，有关部门（单位）教育司（局），部属各高等学校：

经国家教育体制改革领导小组审议同意，现将《完善中华优秀传统文化教育指导纲要》印发给你们，请结合实际认真贯彻执行。

教育部

2014年3月26日

完善中华优秀传统文化教育指导纲要

为贯彻落实党的十八届三中全会关于完善中华优秀传统文化教育的精神，落实立德树人根本任务，进一步加强新形势下中华优秀传统文化教育，制定本指导纲要。

一、加强中华优秀传统文化教育的重要性和紧迫性

1. 加强中华优秀传统文化教育，是深化中国特色社会主义教育和中国梦宣传教育的重要组成部分。中国特色社会主义道路是在对中华民族5000多年悠久文明的传承中走出来的，具有深厚的历史渊源和广泛的现实基础。加强中华优秀传统文化教育，对于引导青少年学生更加全面准确地认识中华民族的历史传统、文化积淀、基本国情，认清中国特色社会主义的历史必然性，坚定走中国特色社会主义道路、实现中华民族伟大复兴中国梦的理想信念，具有重大而深远的历史意义。

2. 加强中华优秀传统文化教育，是构建中华优秀传统文化传承体系，推动文化传承创新的重要途径。当今世界，文化在综合国力竞争中的地位和作用更加凸显，越来越成为民族凝聚力和创造力的重要源泉，博大精深的中华优秀传统文化是我们在世界文化激荡中站稳脚跟的根基。青少年学生是祖国的未来，民族的希望，加强对青少年学生的中华优秀传统文化教育，对于培养中华优秀传统文化的继承者和弘扬者，推动文化传承创新，建设社会主义先进文化具有基础作用。

3. 加强中华优秀传统文化教育，是培育和践行社会主义核心价值观，落实立德树人根本任务的重要基础。世界多极化、经济全球化深入发展，国内经济社会转轨转型，深刻变革，现代传播技术迅猛发展，世界范围内各种思想文化的交流交融交锋更加频繁，社会思想观念日益活跃。青少年学生思想意识更加自主，价值追求更加多样，个性特点更加鲜明，社会上一些不良思想倾向和道德行为，对青少年学生健康成长产生了不容忽视的影响。加强中华优秀传统文化教育，对于引导青少年学生增强民族文化自信和价值观自信，自觉践行社会主义核心价值观具有重要作用。

4. 加强中华优秀传统文化教育，必须正视面临的一系列困难和挑战。改革开放以来特别是新世纪以来，中华优秀传统文化教育不断加强，取得了显著成效，对于培养学生良好思想品德和行为习惯，培育和弘扬爱国主义精神，增强文化自觉自信等方面发挥了积极作用。但是，面对新形势、新要求，中华优秀传统文化教育还存在不少突出问题，对中华优秀传统文化教育重要性的认识有待进一步提高，教育内容的系统性、整体性还明显不足，重知识讲授、轻精神内涵阐释的现象还比较普遍，课程和教材体系有待完善，教师队伍整体素质有待提升，全社会共同参与的教育合力有待加强等，有效解决这些问题，迫切需要进一步完善中华优秀传统文化教育。

二、加强中华优秀传统文化教育的指导思想、基本原则和主要内容

5. 加强中华优秀传统文化教育的指导思想。坚持以邓小平理论、“三个代表”重要思想、科学发展观为指导，深入贯彻落实党的十八大、十八届三中全会精神和习近平总书记系列重要讲话精神，全面贯彻党的教育方针，积极培育和践行社会主义核心价值观，围绕立德树人根本任务，以弘扬爱国主义为核心的团结统一、爱好和平、勤劳勇敢、自强不息的民族精神为主线，以推进大中小学中华优秀传统文化教育一体化为重点，整体规划、分层设计、有机衔接、系统推进，促进青少年学生全面发展，培养富有民族自信心和爱国主义精神的社会主义事业建设者和接班人。

6. 加强中华优秀传统文化教育的基本原则。

——坚持中华优秀传统文化教育与培育和践行社会主义核心价值观相结合。要坚持历史唯物主义和辩证唯物主义的立场、观点和方法，深入挖掘和阐发中华优秀传统文化讲仁爱、重民本、守诚信、崇正义、尚和合、求大同的时代价值。要处理好继承和创新的关系，重点做好创造性转化和创新性发展。

——坚持中华优秀传统文化教育与时代精神教育和革命传统教育相结合。既要大力弘扬以爱国主义为核心的民族精神，又要积极弘扬以改革创新为核心的时代精神，继承和弘扬革命传统文化。

——坚持弘扬中华优秀传统文化与学习借鉴国外优秀文化成果相结合。既要高度重视培育学生的民族自信心、自豪感，又要注重引导学生树立世界眼光，博采众长。

——坚持课堂教育与实践教育相结合。既要充分发挥课堂教学的主渠道作用，又要注重发挥课外活动和社会实践的重要作用。

——坚持学校教育、家庭教育、社会教育相结合。既要发挥学校主阵地作用，又要加强家庭、社会与学校之间的配合，形成教育合力。

——坚持针对性与系统性相结合。既要根据不同学段学生身心发展特点，区分层次，突出重点，又要加强各学段的有机衔接，逐步推进。

7. 开展中华优秀传统文化教育的主要内容。中华优秀传统文化是中华民族语言习惯、文化传统、思想观念、情感认同的集中体现，凝聚着中华民族普遍认同和广泛接受的道德规范、思想品格和价值取向，具有极为丰富的思想内涵。加强对青少年学生的中华优秀传统文化教育，要以弘扬爱国主义精神为核心，以家国情怀教育、社会关爱教育和人格修养教育为重点，着力完善青少年学生的道德品质，培育理想人格，提升政治素养。

——开展以天下兴亡、匹夫有责为重点的家国情怀教育。着力引导青少年学生深刻认识中国梦是每个人的梦，以祖国的繁荣为最大的光荣，以国家的衰落为最大的耻辱，增强国家认同，培养爱国情感，树立民族自信，形成为实现中华民族伟大复兴的中国梦而不懈努力的共同理想追求，培养青少年学生做有自信、懂自尊、能自强的中国人。

——开展以仁爱共济、立己达人为重点的社会关爱教育。着力引导青少年学生正确处理个人与他人、个人与社会、个人与自然的关系，学会心存善念、理解他人、尊老爱幼、扶残济困、关心社会、尊重自然，培育集体主义精神和生态文明意识，形成乐于奉献、热心公益慈善的良好风尚，培养青少年学生做高素养、讲文明、有爱心的中国人。

——开展以正心笃志、崇德弘毅为重点的人格修养教育。着力引导青少年学生明辨是非、遵纪守法、坚韧豁达、奋发向上，自觉弘扬中华民族优秀道德思想，形成良好的道德品质和行为习惯，培养青少年学生做知荣辱、守诚信、敢创新的中国人。

三、分学段有序推进中华优秀传统文化教育

8. 小学低年级，以培育学生对中华优秀传统文化的亲切感为重点，开展启蒙教育，培养学生热爱中华优秀传统文化的感情。认识常用汉字，学习独立识字，初步感受汉字的形体美；诵读浅近的古诗，获得初步的情感体验，感受语言的优美；了解一些爱国志士的故事，知道中华民族重要传统节日，了解家乡的生活习俗，明白自己是中华民族的一员；初步了解传统礼仪，学会待人接物的基本礼节；初步感受经典的民间艺术。引导学生孝敬父母、尊敬师长、友爱同学、礼貌待人，养成勤俭节约、吃苦耐劳、言行一致的生活习惯

和行为规范，培育热爱家乡、热爱生活、亲近自然的情感。

9. 小学高年级，以提高学生对中华优秀传统文化的感受力为重点，开展认知教育，了解中华优秀传统文化的丰富多彩。熟练书写正楷字，理解汉字的文化含义，体会汉字优美的结构艺术；诵读古代诗文经典篇目，理解作品大意，体会其意境和情感；了解中华民族历代仁人志士为国家富强、民族团结作出的牺牲和贡献；知道重要传统节日的文化内涵和家乡生活习俗变迁；感受各民族艺术的丰富表现形式和特点，尝试运用喜爱的艺术形式表达情感；培养学生对传统体育活动的兴趣爱好。引导学生学会理解他人，懂得感恩，逐步提高辨别是非、善恶、美丑的能力，开始树立人生理想和远大志向，热爱祖国河山、悠久历史和宝贵文化。

10. 初中阶段，以增强学生对中华优秀传统文化的理解力为重点，提高对中华优秀传统文化的认同度，引导学生认识我国统一多民族国家的文化传统和基本国情。临摹名家书法，体会书法的美感与意境；诵读古代诗词，初步了解古诗词格律，阅读浅易文言文，注重积累、感悟和运用，提高欣赏品位；知道中国历史的重要史实和发展的基本线索，理解国家统一和民族团结的重要性，认识中华文明的历史价值和现实意义；欣赏传统音乐、戏剧、美术等艺术作品，感受其中表达的情感和思想；参加传统礼仪和节庆活动，了解传统习俗的文化内涵。引导学生尊重各民族传统文化习俗，珍视各民族共同创造的中华优秀文明成果，培养作为中华民族一员的归属感和自豪感。

11. 高中阶段，以增强学生对中华优秀传统文化的理性认识为重点，引导学生感悟中华优秀传统文化的精神内涵，增强学生对中华优秀传统文化的自信心。阅读篇幅较长的传统文化经典作品，提高古典文学和传统艺术鉴赏能力；认识中华文明形成的悠久历史进程，感悟中华文明在世界历史中的重要地位；认识人民群众创造历史的决定作用和杰出人物的贡献，吸取前人经验和智慧，培养豁达乐观的人生态度和抵抗困难挫折的能力；感悟传统美德与时俱进的品质，自觉以中华传统美德律己修身；了解传统艺术的丰富表现形式和特点，感受不同时代、地域、民族特色的艺术风格，接触和体验祖国各地的风土人情、民俗风尚，了解中华民族丰富的文化遗产。引导学生深入理解中华民族最深沉的精神追求，更加全面客观地认识当代中国，看待外部世界，认识国家前途命运与个人价值实现的统一关系，自觉维护国家的尊严、安全和利益。

12. 大学阶段，以提高学生对中华优秀传统文化的自主学习和探究能力为重点，培养学生的文化创新意识，增强学生传承弘扬中华优秀传统文化的责任感和使命感。深入学习中国古代思想文化的重要典籍，理解中华优秀传统文化的精髓，强化学生文化主体意识和文化创新意识；深刻认识中华优秀传统文化是中国特色社会主义植根的沃土，辩证看待中华优秀传统文化的当代价值，正确把握中华优秀传统文化与中国化马克思主义、社会主义核心价值观的关系。引导学生完善人格修养，关心国家命运，自觉把个人理想和国家梦想、个人价值与国家发展结合起来，坚定为实现中华民族伟大复兴的中国梦不懈奋斗的理想信念。

四、把中华优秀传统文化教育系统融入课程和教材体系

13. 在课程建设和课程标准修订中强化中华优秀传统文化内容。围绕中华优秀传统文化教育的主要任务，适时启动课程标准修订和课程开发的研究论证、试点探索和推广评估工作。在中小学德育、语文、历史、艺术、体育等课程标准修订中，增加中华优秀传统文化内容比重。地理、数学、物理、化学、生物等课程，应结合教学环节渗透中华优秀传统文化相关内容。鼓励各地各学校充分挖掘和利用本地中华优秀传统文化教育资源，开设专题的地方课程和校本课程。开展职业院校民族文化传承与创新示范专业点建设。鼓励有条件的高等学校统一开设中华优秀传统文化必修课，拓宽中华优秀传统文化选修课覆盖面。面向各级各类学校重点建设一批中华优秀传统文化精品视频公开课。加强中华优秀传统文化相关学科建设。

14. 修订相关教材和组织编写中华优秀传统文化普及读物。根据修订后的中小学课程标准，修订相关教材。制作内容精、形式活、受欢迎的数字化课件。在高等学校统一推广使用马克思主义理论研究和建设工程重点教材《中国文化概论》。鼓励有条件的地方结合地方课程需要编写具有地域特色的中华优秀传统文化读本。组织知名专家编写多层次、成系列的普及读物。

15. 充分发挥中小学德育课和高校思想政治理论课的重要作用。促进思想政治教育与中华优秀传统文化教育的紧密结合，以爱国主义教育为核心，深入挖掘中华优秀传统文化中蕴含的丰富思想政治教育资源，进一步丰富中小学德育课和高校思想政治理论课的教学内容，创新教学方法和手段，提升教学效果。

五、全面提升中华优秀传统文化教育的师资队伍水平

16. 打造一支中华优秀传统文化教育骨干队伍。在中小学教师资格考试内容中增加中华优秀传统文化的比重。在师范院校开设中华优秀传统文化课程。鼓励民间艺人、技艺大师、非物质文化遗产传承人参与职业教育教学。建立非物质文化遗产传承人“双向进入”机制，设立技艺指导大师特设岗位，鼓励有条件的职业院校成立大师工作室。在长江学者奖励计划、新世纪优秀人才支持计划、高等学校青年教师培养计划等各类人才计划，以及“万人计划”教学名师评选中，增加传统文化教学和研究人才比重，培养和造就一批中华优秀传统文化教学名师和学科领军人才。

17. 加强面向全体教师的中华优秀传统文化教育培训。在哲学社会科学教学科研骨干研修、高校思想政治理论课骨干教师研修、高校辅导员骨干培训中加大中华优秀传统文化内容比重。在中小学教师国家级培训计划、义务教育学校校长和农村幼儿园园长研修培训计划、职业学校教师和校长素质提高计划中增加中华优秀传统文化培训内容，提高各级各类学校教师开展中华优秀传统文化教育的能力。

六、着力增强中华优秀传统文化教育的多元支撑

18. 建设不断适应时代需要的中华优秀传统文化网络教育平台。利用好现有全国文化资源共享工程、公共电子阅览室建设工程、数字图书馆推广计划等数字文化惠民工程的数据资源成果，推动优秀传统文化网络传播，制作适合互联网、手机等新兴媒体传播的传统文化精品佳作。重点打造一批有广泛影响的传统文化特色网站，支持和鼓励学校网站开设传统文化专栏。加强校园网络建设，依托高校网络文化示范中心、大学生网络文化工作室等，拓宽适合青少年学生学习特点的线上教育平台。选取一批有代表性的中华优秀传统文化经典诗文，建设“中华经典资源库”。在中国大学生在线、易班网等设立中华优秀传统文化教育专栏，进行形式活泼、内容丰富的在线学习。

19. 加强中华优秀传统文化校园教育活动。利用学校博物馆、校史馆、图书馆、档案馆等，结合校史、院史、学科史和人物史的挖掘、整理和研究，发挥其独特的文化育人作用。深入开展创建中华优秀传统文化艺术传承学校活动，邀请传统文化名家、非物质文化遗产传承人等进校园、进课堂。依托少先队、共青团、学生党支部、学生会、学生社团等，开展主题教育、理论研讨、社会实践、志愿服务、文艺体育等形式多样、丰富多彩的活动。

20. 构建互为补充、相互协作的中华优秀传统文化教育格局。充分利用博物馆、纪念馆、文化馆（站）、图书馆、美术馆、音乐厅、剧院、故居旧址、名胜古迹、文化遗产、具有历史文化风貌的街区等，组织学生进行实地考察和现场教学，建立中小学生定期参观博物馆、纪念馆、遗址等公共文化机构的长效机制。积极配合文化、新闻出版广电等部门，提倡和扶持弘扬中华优秀传统文化的各类文艺作品创作，在评奖、宣传等方面加强引导，办好青少年电视频道，做好图书出版规划，创作、出版一批青少年喜爱的影视片、音像制品和文学艺术作品，为加强中华优秀传统文化教育提供丰富、生动的教育资源。

21. 充分发挥家庭在中华传统文化教育中的重要作用。要重视发挥中小学家长委员会以及各级各类家长学校、家庭教育指导机构、校外活动场所的作用，把学校教育与家庭教育紧密结合起来，积极组织开展学生和家长共同参与的传统文化体验、主题教育实践活动、志愿者服务和公益性活动，践行中华优秀传统美德，弘扬中华优秀传统文化。倡导家长通过言传身教，形成爱国守法、遵守公德、珍视亲情、勤俭持家、邻里和睦的良好家风，营造弘扬中华优秀传统文化的家庭教育氛围。

七、加强中华优秀传统文化教育的组织实施和条件保障

22. 加强对中华优秀传统文化教育的组织领导。各级党委教育工作部门和教育行政部门要把加强对青少年学生中华优秀传统文化教育作为一项战略任务，与宣传、文化、新闻出版广电等部门以及工会、共青团、妇联等群团组织密切配合，建立健全党委统一领导、党政群齐抓共管、有关部门各负其责、全社会共同参与的工作机制，形成中华优秀传统文化教育合力。教育部统筹规划和推进中华优秀传统文化教育课程、教材、师资等建设，明确具体任务和政策措施。充分发挥专家咨询作用，为开展中华优秀传统文化教育提供智力支持。要不断完善社会力量和市场力量参与的传统文化教育投入机制，鼓励和引导多途径增加传统文化教育

投入。

23. 完善中华优秀传统文化教育的评价和督导机制。研究制定中华优秀传统文化教育的评价标准，将中华优秀传统文化教育作为教育现代化监测评价指标体系的重要内容。增加中华优秀传统文化内容在中考、高考升学考试中的比重。将中华优秀传统文化教育纳入课程实施和教材使用的督导范围，定期开展评估和督导工作。

24. 加强中华优秀传统文化教育教学研究。充分利用传统文化优势学科、重点研究基地和相关科研力量，深入开展中华优秀传统文化教育教学研究，为中华优秀传统文化教育教学提供理论基础和学理支撑。鼓励各地各校组织专门力量，加强中华优秀传统文化研究机构建设，为学校和教师提供专业服务和指导。

中共教育部党组　共青团中央关于在各级各类学校推动培育和践行社会主义核心价值观长效机制建设的意见

教党〔2014〕40号

各省、自治区、直辖市党委教育工作部门、教育厅（教委）、团委，新疆生产建设兵团教育局、团委，教育部直属各高等学校党委，中国青年政治学院党委：

为深入贯彻党的十八大、十八届三中全会和习近平总书记系列重要讲话精神，落实中央《关于培育和践行社会主义核心价值观的意见》（中办发〔2013〕24号），深入持久、扎实细致地推进社会主义核心价值观培育践行工作长效化常态化科学化，现就在各级各类学校推动培育和践行社会主义核心价值观长效机制建设提出以下意见。

一、推动培育和践行社会主义核心价值观长效机制建设的重要意义、指导思想和主要原则

1. 充分认识培育和践行社会主义核心价值观长效机制建设的重要意义。社会主义核心价值观是我们党凝聚全党全社会价值共识作出的重要论断，积极培育和践行社会主义核心价值观是学校落实立德树人根本任务的核心要求。近年来，各地各校和共青团组织将培育和践行社会主义核心价值观作为重要任务，从认知、践行、传播、引领等环节入手，开展了主题鲜明、形式多样的教育实践活动，取得了积极进展。同时要看到，面对世界范围思想文化交流交融交锋形势下价值观较量的新态势，面对改革开放和发展社会主义市场经济条件下思想意识多元多样多变的新特点，抓好青少年价值观教育养成的任务十分艰巨而紧迫。将培育和践行社会主义核心价值观作为一项长期性系统性工作，不断创新方式方法、探索有效形式、形成长效机制，对于深化教育领域综合改革，培育德智体美全面发展的社会主义建设者和接班人，实现中华民族伟大复兴中国梦具有十分重要的意义。

2. 在学校推动培育和践行社会主义核心价值观长效机制建设的指导思想是：高举中国特色社会主义伟大旗帜，以邓小平理论、“三个代表”重要思想、科学发展观为指导，贯彻落实习近平总书记系列重要讲话精神，紧紧围绕“倡导富强、民主、文明、和谐，倡导自由、平等、公正、法治，倡导爱国、敬业、诚信、友善”，紧紧围绕立德树人根本任务，综合运用教育教学、实践养成、文化熏陶、制度保障、研究宣传等方式，重点在“融入”上下功夫，把社会主义核心价值观纳入国民教育全过程，落实到教育教学和管理服务各环节，覆盖到所有学校和受教育者，形成培育和践行社会主义核心价值观工作长效机制，使广大师生自觉将社会主义核心价值观内化于心、外化于行。

3. 在学校推动培育和践行社会主义核心价值观长效机制建设的主要原则是：坚持系统规划，整体推进，不断完善培育和践行社会主义核心价值观的顶层设计；坚持分类指导，重点突破，形成可示范可引领可推广的工作动力系统、激励机制和实践模式；坚持落细落小落实，形成广大师生日常行为准则，增强自觉奉行和践行能力；坚持继承创新，善于运用青少年喜闻乐见的方式，推进理念创新、方法创新，注重总结凝练基层创新的经验和智慧，增强工作针对性实效性。

二、推动社会主义核心价值观融入教育教学

4. 研制中国学生发展核心素养体系。明确学生适应终身发展和社会发展需要的必备品格和关键能力，系统落实社会主义核心价值观的要求。依据学生发展核心素养体系，建立和完善各学段、各学科课程教学有关标准，根据标准调整课程教材，构建各级学校有机衔接的课程教材体系。

5. 修订德育、语文、历史教材。充分发挥基础教育课程教材专家咨询委员会、专家工作委员会和全国职业教育教材审定委员会作用，组织开展义务教育和中等职业教育德育、语文、历史教材的编写、修订和审

查。根据中小学生身心发展规律和年龄特征，系统完善地落实国家主权意识、社会主义核心价值观、中华优秀传统文化、民族团结教育等内容，融入课程标准、教材编写、考试评价之中。

6. 实施高校课程体系和教育教学创新计划。整体推进教材、教师、教学、评价、学科、保障等方面综合改革创新，发掘各学科思想政治教育资源，不断提高课堂开展社会主义核心价值观教育的实效性。结合马克思主义理论研究和建设工程实施，丰富社会主义核心价值观教育的内容。促进社会主义核心价值观融入专业课程教学，打造由思想政治理论课、专业课程、社会实践、网络教学等构成的教育教学体系。

三、推动社会主义核心价值观融入社会实践

7. 建立完善师生志愿服务体系。成立全国和地方公益性教师志愿服务组织，协调指导教师志愿者开展活动，着眼于服务好教育系统这个大任务，逐步向服务社会延伸。制订实施《学生志愿服务管理办法》，建立健全学生志愿服务工作体系、评价体系和保障体系，推动学雷锋志愿服务常态化。

8. 实施“实践育人共同体建设计划”。促进政府、学校、企业、社会等按照“目标共同、机制共建、资源共享、责任共担”原则建立实践育人共同体，整合各方资源、发挥集聚效应、推进深度融合，实现实践育人规范化管理、常态化服务、品牌化培育、项目化配置、信息化支撑、社会化运作。通过共同体建设，为学生实践搭建平台，提升学生创新实践能力，深化学生对社会主义核心价值观的理解和认识。

9. 深化主题社会实践和志愿公益活动。组建社会主义核心价值观“大学生讲师团”，结合大学生实习基地建设和农村（社区）基层党校建设，建立讲师团定点合作单位，构建覆盖广大农村、城镇的网络阵地，向基层群众宣讲社会主义核心价值观。深化暑期“三下乡”等社会实践活动，积极开展社会调查、文艺演出、公益服务等。组织学生利用节假日、纪念日及课余时间，走进学校周边社区和群众，长期化开展扶贫济困、应急救援、大型活动、环境保护等方面的志愿公益活动。

四、推动社会主义核心价值观融入文化育人

10. 创新主题教育活动形成校园文化品牌。编写传唱社会主义核心价值观童谣诗歌，通过定期征集、教唱、展示、评比等环节，使学生熟记社会主义核心价值观24个字。开学初集中开展“社会主义核心价值观宣传周”活动，组织报告会、分享会等形式多样的宣传教育活动。开展“我为核心价值观代言”活动，组织动员学生结合自身经历，以文字、图片、视频、动漫、微电影等方式表达对社会主义核心价值观的理解感悟。形成“爱学习、爱劳动、爱祖国”“节粮、节水、节电”活动长效机制，促进“奋斗的青春最美丽”“与信仰对话”“与人生对话”“彩虹人生”“文明风采”等品牌活动长期化开展。深化实施“青年马克思主义者培养工程”，充分发挥大学生骨干的示范导向作用。

11. 加强优秀传统文化和传统美德教育。在日常教育管理中积极融入中华优秀传统文化和传统美德教育，抓住民族传统节日等契机，开展经典诵读、知识竞赛等活动；组织学生积极参与“全国大学生道德实践成果网络巡礼”“道德模范进校园”“礼敬中华优秀传统文化”系列活动。结合学校地缘优势和历史、文化、革命传统，开展形式多样的教育实践活动，以“校训”“校歌”等为载体，通过讲故事、谈人物等方式，深入挖掘其蕴含的历史文化积淀，增强学生文化自信和价值观自信。加强民族传统体育项目、艺术形式的宣传推广，发挥体育综合育人功能，通过体育竞赛、艺术展演等形式，激励学生强健体魄、磨炼意志、全面发展，自觉践行社会主义核心价值观。

12. 充分利用现有平台繁荣校园文艺创作。继续抓好高雅艺术进校园、全国大中小学生艺术展演、创建中华优秀文化艺术传承学校等活动，不断提升活动的审美和人文品质，使之成为宣传社会主义核心价值观的有力阵地。激发师生自主创作能力，打造一批以爱国将领、革命英雄、科学先驱、道德模范、敬业典型、志愿服务标兵等为原型的歌舞剧、话剧，组织推动校内、校外巡演。创作一批以弘扬社会主义核心价值观为主题的诗歌、散文、歌曲、动漫、视频、微电影、公益广告等文化作品，建立社会主义核心价值观优秀文化作品资源库，分学段、分层次地在大中小学进行展演、展映、展播。

13. 选树传颂“校园好故事”“校园好声音”。发掘身边好人好事，开展践行社会主义核心价值观先进个人寻访、优秀集体创建和校歌、班歌征集与宣传活动。以“校园好故事”“校园好声音”“校园好集体”等主题活动为载体，选树在热爱祖国、敬业奉献、勤奋学习、志愿服务、热心助人、见义勇为、诚实守信、孝

老爱亲等方面表现突出的青少年学生楷模以及优秀班团集体。以先进事迹报告会、主题巡讲、歌咏、朗诵比赛、视频展播等形式，大力宣传校园好人好事，营造崇德向善、见贤思齐的浓厚氛围。遴选一批与社会主义核心价值观高度契合的校歌、班歌，深入挖掘校歌、班歌传递的价值内涵和文化底蕴，并通过各类媒体平台进行传播。

五、推动社会主义核心价值观融入制度建设

14. 完善学校规章制度。按照社会主义核心价值观的基本要求，推进现代学校制度建设，完善学校规章制度。完善教师管理规定、学生守则公约等师生行为准则，使社会主义核心价值观成为学校生活的基本遵循。建立和规范学校礼仪制度，丰富升国旗仪式、成人仪式、入党入团入队入学仪式等典礼的内涵，强化仪式庄严感和教育意义。将社会主义核心价值观作为学校基层党团组织主题生活会、党团日、班会的重要内容。

15. 探索建设学生诚信档案。建立健全大学生诚信档案，签订学生校园诚信承诺书，涵盖学业诚信、学术诚信、经济诚信、就业诚信等内容，将诚信档案作为大学生思想政治教育测评的重要依据。加大对失信行为的约束和惩戒力度。构建各学段有机衔接的信用约束机制，分层推进诚信档案建设。

16. 落实师德建设长效机制。把社会主义核心价值观纳入教师教育课程体系，融入教师职前培养准入、职后培训管理全过程。全面落实《关于建立健全中小学师德建设长效机制的意见》和《关于建立健全高校师德建设长效机制的意见》，创新师德教育，加强师德宣传、健全师德考核、强化师德监督、注重师德激励、严格师德惩处，推动广大教师坚定理想信念、遵守职业道德、承担育人职责、永怀仁爱之心。充分激发教师加强师德建设的自觉性，鼓励教师弘扬重内省、重慎独的优良传统，在细微处见师德，在日常中守师德，养成师德自律习惯，将师德规范积极主动融入教育教学、科学研究和服务社会的实践中，提高师德践行能力。

六、加强组织领导，推进社会主义核心价值观研究传播

17. 强化工作保障。各地各校要建立健全社会主义核心价值观培育践行工作机制，明确领导责任制，切实加强组织领导、具体指导和督促检查，把落实社会主义核心价值观长效机制建设情况以及取得的实际效果作为干部考核考评和思想政治教育工作测评的重要指标。各地各校要结合实际，独立形成符合自身特色、文化传统和师生情况的培育理念、工作思路和践行机制，制订、实施切实可行的工作纲要、计划和举措。根据职责任务，在经费、人员以及信息技术手段等方面提供必要保障。

18. 深入开展理论研究。充分发挥教育系统特别是高校理论研究优势，在教育部人文社会科学研究、共青团和青少年工作等课题和项目中设立“社会主义核心价值观培育和践行”研究专项，重点支持相关课题研究、学术研讨、著作出版，系统研究社会主义核心价值观的历史渊源、重大意义、科学内涵、基本要素和实践途径，为培育和践行社会主义核心价值观提供理论基础和学理支撑。

19. 发挥新媒体传播作用。充分发挥网络新媒体优势，围绕中国特色社会主义、中国梦等主题，线上线下相结合，开展网络主题教育活动，扩大社会主义核心价值观网上宣传的覆盖面和影响力。建设好使用好网络平台，加强中国大学生在线、中国青年网、未来网、“易班”网、校园和各级共青团组织公共微博、微信等平台建设，向师生定期推送电子报刊、校园信息，宣传报道践行社会主义核心价值观的典型人物和事迹，产生可敬、可亲、可学的示范效应。发挥新媒体互动交流功能，发挥专家学者、辅导员、共青团网络宣传员队伍作用，增强设置议题和主动发声能力，引领师生思潮，促进社会主义核心价值观网络化传播。

20. 积极推动工作创新。积极探索新思路、新方法、新举措，重视和加强对工作全局性、前瞻性、规律性问题的研究，增强工作针对性、创新性和实效性，推动工作创新发展。不断总结好经验好做法，通过召开工作经验交流会、座谈研讨会等方式，研究、总结、推广培育和践行社会主义核心价值观的理论和实践成果，形成各地各校培育践行社会主义核心价值观整体推进的良好态势。

中共教育部党组　共青团中央
2014年10月17日

中共教育部党组关于教育系统深入开展爱国主义教育的实施意见

教党〔2016〕4号

各省、自治区、直辖市党委教育工作部门、教育厅(教委),各计划单列市教育局,新疆生产建设兵团教育局,有关部门(单位)教育司(局),部属各高等学校:

党的十八大以来,党中央高度重视弘扬爱国主义精神、加强爱国主义教育,习近平总书记多次就弘扬爱国主义精神发表重要讲话。2015年12月30日,习近平总书记在中央政治局第二十九次集体学习时指出,爱国主义是中华民族精神的核心,实现中华民族伟大复兴的中国梦,是当代中国爱国主义的鲜明主题。我们要大力弘扬伟大爱国主义精神,大力弘扬以改革创新为核心的时代精神,为实现中华民族伟大复兴的中国梦提供共同精神支柱和强大精神动力。习近平总书记强调,弘扬爱国主义精神,要从青少年做起,这方面工作是管长久的、管根本的。在各级各类学校中深入开展爱国主义教育,是落实立德树人根本任务、深化教育领域综合改革的重要内容,是培养社会主义建设者和接班人的内在要求。为深入贯彻落实习近平总书记系列重要讲话精神,现就教育系统深入开展爱国主义教育,提出如下意见。

一、把爱国主义教育作为弘扬爱国主义精神的永恒主题,贯穿国民教育全过程

1. 深入学习领会习近平总书记关于弘扬爱国主义精神的重要讲话精神。在各级各类学校深入开展学习贯彻活动,以座谈会、论坛讲座、主题班会、党团组织生活等形式,深入学习领会总书记重要讲话的精神实质和丰富内涵,把握当前弘扬爱国主义精神的根本要求,增强对爱国主义宣传教育的理论自信和行动自觉。把学习贯彻习近平总书记关于弘扬爱国主义精神的重要讲话精神作为高校学生工作专题研讨培训和全国高校辅导员骨干培训的必修内容。及时反映各地各校贯彻落实的举措成效,大力宣传弘扬爱国主义精神的优秀师生典型,宣传他们立足岗位、爱岗敬业、报效国家的朴实情怀和感人事迹,引导人们关心国家的前途和命运,把对祖国的热爱之情转化为实际行动,努力做好本职工作。

2. 推动爱国主义教育和社会主义核心价值观教育紧密结合。进一步推动各地落实《关于在各级各类学校中推动培育和践行社会主义核心价值观长效机制建设的意见》和《关于培育和践行社会主义核心价值观 进一步加强中小学德育工作的意见》,结合开展中国大学生年度人物评选,选树践行社会主义核心价值观优秀个人和集体,建设“培育践行社会主义核心价值观示范校”等活动,开展深入、持久、生动的爱国主义宣传教育,让爱国主义精神在广大青少年学生心中牢牢扎根,培养爱国之情、砥砺强国之志、实践报国之行。

3. 把爱国主义教育有机融入教育教学各环节。把党的教育方针细化为学生发展核心素养,把爱国主义精神有机融入到大中小学德育、语文、历史、地理、体育、艺术等各学科课程标准、教材编写、考试评价之中,纳入教育教学实践环节。完善相关本科专业类教学质量国家标准,把爱国主义教育与专业教育紧密结合,全方位、多渠道融入人才培养体系。在全国高校学生中,深入开展“我爱我的祖国”、“永远跟党走”等主题社会实践活动。推动各地将爱国主义教育相关内容纳入体育教学计划,探索建立学生军事营地育人长效机制。整理推广民族传统体育。深化爱国主义教育研究和爱国主义精神阐释,不断丰富教育内容、创新教育载体、增强教育效果。

4. 创新爱国主义教育方式和途径。有效拓展课堂内外、网上网下、平台载体的爱国主义教育引导,创造浓郁的校园文化氛围,使学生处处受到爱国主义精神的感染。加强国旗、国徽、国歌的教育,庄重升旗仪式,让每个学生学会唱国歌,在学校适当场所悬挂国旗和中华人民共和国地图,张贴、设立著名的爱国主义历史人物、杰出科学家、文学艺术家的画像或雕塑。积极引导各地各校利用我国改革发展的伟大成就、重大历史事件纪念活动、爱国主义教育基地、中华民族传统节庆、国家公祭仪式等来增强青少年学生的爱国主义情怀和意识。开展高雅艺术进校园、全国大中小学生艺术展演活动,运用电影、电视、歌曲、戏剧、小说、诵读等多种艺术形式,着力运用微博、微信等网络新媒体,充分利用文化馆、纪念馆、博物馆、旅游景点、

部队营地等资源和举办运动会、体育比赛等活动，开展爱国主义教育，生动传播爱国主义精神。

二、坚持爱国主义与社会主义相统一，加强中国特色社会主义和中国梦的教育宣传

5. 加强爱国主义精神的理论研究与宣传阐释。深入研究和宣传阐释习近平总书记系列重要讲话精神，加大对中国特色社会主义道路、理论体系、制度研究阐释和宣传教育力度。组织研究力量，深入总结中国改革开放和现代化建设的成功经验，推进重大现实问题、重大理论问题、重大实践经验总结的重大课题研究。组织高校马克思主义学院、中国特色社会主义理论体系研究基地、“中国共产党革命精神与文化资源研究中心”和党史、历史等相关高校研究机构和项目团队，运用马克思主义唯物史观，结合以爱国主义为核心的民族精神和以改革创新为核心的时代精神，结合当代中国国情和爱国主义最新实践，重点从理论上讲清楚爱国与爱党、爱社会主义的本质一致性，讲清楚爱国主义是社会主义核心价值观中最深层、最根本、最永恒的内容，讲清楚爱国主义与集体主义的内在联系，讲清楚爱国主义与对外开放的关系，讲清楚否定党史、国史、革命史和改革开放史以及诋毁英雄人物的危害性。

6. 扎实推进中国特色社会主义理论和中国梦进教材进课堂进头脑。加快推进马克思主义理论研究和建设工程重点教材编写、出版和使用，组织开展重点教材相应课程任课教师示范培训，推动完善中央、地方、高校三级培训体系。加强马克思主义理论学科建设，制定实施马克思主义理论学科发展规划，完善学科评价体系。落实《普通高校思想政治理论课建设体系创新计划》，整体推进教材、教师、教学等方面综合改革创新，逐步构建重点突出、载体丰富、协同创新的思想政治理论课建设体系。建好建强高校中国特色社会主义理论体系研究中心、马克思主义学院。深入贯彻落实《关于全面深化课程改革　落实立德树人根本任务的意见》，组织编写、修订义务教育品德、语文、历史教材，充实爱国主义教育的内容。推动各地各校落实《中小学生守则（2015年修订）》，用守则引领和规范学生思想品德和言行举止。会同有关部门，进一步健全开展青少年博物馆教育实践活动的长效机制。联合有关单位制作《开学第一课》节目，强化爱国主义教育内容。深入贯彻落实《关于在各级各类学校深入开展“我的中国梦”主题教育活动的通知》，通过开展征文大赛、主题演讲、主题摄影及微电影创作大赛、网络文化和书信文化活动，引导广大学生树立为实现中华民族伟大复兴的中国梦而努力奋斗的信念。

三、维护祖国统一和民族团结，增强青少年学生的国家认同

7. 加强对青少年学生的民族团结教育。把维护祖国统一和民族团结作为重要着力点和落脚点，不断增强青少年学生对伟大祖国、中华民族、中华文化、中国共产党、中国特色社会主义的认同。推动各地建立学校民族团结教育常态化机制，推进民族团结教育进学校、进课堂、进头脑，在中小学开设民族团结教育专题课程，在高等学校、职业院校开设党的民族理论与政策课程，在各级各类学校开展主题教育宣传活动。加强教材和师资建设，将国家指导编写的中小学民族团结教育教材纳入农村义务教育阶段免费教科书范围。积极开展民族地区与其他地区学校手拉手心连心“结对子”活动，促进各民族学生交往交流交融。进一步完善并适时印发《少数民族双语教育指导意见》。启动《民族中小学汉语课程标准（普通高中）》修订工作。加强民文教材的编译管理。推动少数民族学科双语教学资源建设，加强对中国少数民族汉语水平等级考试（MHK）的指导和监督，启动建立双语教育督导评估和质量检测机制。在以少数民族语言为主要社会语言环境的地区，科学稳妥推行双语教育。

8. 做好教育系统统一战线工作。全面落实《中国共产党统一战线工作条例（试行）》，坚持党的领导，高举爱国主义、社会主义旗帜，巩固共同政治思想基础，坚持大团结大联合的主题，坚持正确处理一致性和多样性关系的方针，加强党外知识分子思想政治引导，注重培养锻炼和推荐使用党外优秀代表人士，最大限度地把党外知识分子团结在党的周围，激励他们自觉为实现中华民族伟大复兴的中国梦凝聚人心、汇聚力量。深入贯彻全国高校统战工作会议精神，培养高校党外知识分子爱国精神和报国情怀。

9. 加大对香港、澳门和台湾青少年学生的爱国主义教育力度。举办港澳青少年内地参访等国民教育系列活动，实施港澳与内地高校师生交流计划（“万人计划”），加强港澳与内地中小学“姊妹学校”平台建设。举办对台教育交流项目，邀请台湾师生来大陆参加活动，加强两岸教育学术和语言文字领域的合作与交流。推进对港澳台免试招生。支持和服务港澳同胞学习使用国家通用语言文字，开展港澳普通话水平测试。编写

出版并推广应用两岸合编的中华语文工具书、科技名词工具书、汉字简繁文本智能转化系统，完善两岸中华语文知识库网站建设，举办两岸大学生汉字书法艺术交流夏令营和汉字文化创意大会。

四、尊重和传承中华民族历史和文化，加强中华优秀传统文化教育

10. 深入挖掘和阐发中华优秀传统文化的时代价值。努力从中华民族世世代代形成和积累的优秀传统文化中汲取营养和智慧，延续文化基因，萃取思想精华，展现精神魅力。以时代精神激活中华优秀传统文化的生命力，推进中华优秀传统文化创造性转化和创新性发展。重点建设一批中国传统文化协同创新中心和重点研究基地等研究机构，加强传统文化师资队伍和人才库建设，资助一批对传承中华文化、弘扬民族精神有重大影响的文化工程项目，一批在学术发展史上具有重要意义的文献资料发掘整理项目。

11. 完善中华优秀传统文化教育。深入落实《完善中华优秀传统文化教育指导纲要》，把中华优秀传统文化教育系统融入课程和教材体系，进一步加强有关学科教材传统文化内容，体现到教材编写和课程开发等环节，引导青少年学生树立和坚持正确的历史观、民族观、国家观、文化观，不断增强中华民族的归属感、认同感、尊严感、荣誉感。开展中华经典资源库建设，制定中华诗词新韵规范，开发完善经典诵读、书写、讲解专门课程，支持中华经典诵读教材的研发。开展中华经典诵写讲行动，组织好中国汉字听写大会、中国成语大会、中国诗词大会、书法名家进校园、全国中小学书法教师培训等活动，开展“礼敬中华优秀传统文化”、“少年传承中华美德”系列教育活动。开展职业院校民族文化传承与创新示范专业点建设，建立完善非物质文化遗产传承人“双向进入”机制，鼓励民间艺人、技艺大师、非物质文化遗产传承人参与教育教学。启动实施中国非物质文化遗产传承人群研修研习培训计划。开展中华优秀传统文化艺术传承学校与基地建设，在全国中小学校和高校开展中华优秀传统文化艺术传承活动。推动建设中小学中华优秀传统文化教育研究基地。大力推广和规范使用国家通用语言文字，建设信息化条件下的语言文字规范标准体系，主导中国语言文字国际标准的制定。完善关于加强高校校园文化建设的意见和办法，开展校园文化建设巡礼，征集推广校园文化建设优秀成果，建立优秀文化作品资源库。

五、坚持立足民族又面向世界，增强人类命运共同体意识

12. 提升教育对外开放质量和水平。落实《关于做好新时期教育对外开放工作的若干意见》，统筹国内国际两个大局，增强教育服务党和国家中心工作能力。组织实施共建“一带一路”教育行动，积极倡议沿线各国共同行动，构建“一带一路”教育共同体。切实办好孔子学院，积极开展汉语教学和文化交流活动，加大中华文化和当代中国在各类汉语教材的内容比重，加大“汉语桥”来华夏令营、“汉语桥”世界中文比赛、“孔子学院日”、“孔子新汉学计划”等品牌项目实施力度，充分发挥孔子学院提升国家软实力的重要作用。推动中华文化和中国语言“走出去”，向世界讲好中国故事、传播好中国声音，增进世界对于中华文化的理解和认同。

13. 建立健全中外人文交流机制。用好高级别中外人文交流机制高端平台资源，充分发挥教育国际合作交流在中外人文交流中的基础性、广泛性和持久性作用。进一步完善政府间教育高层磋商、教育领域专业人士务实合作、学生友好往来的机制建设，支持各级地方政府结合本地特色，统筹做好教育国际交流合作工作，推进友城友校教育深度合作，加强与重点国家的语言文字交流和合作，夯实爱国主义教育和教育国际合作交流相互支持、共同发展的良好基础。

14. 加强“中国梦”海外宣传。聚集广大海外留学人员爱国能量，确立以人为媒介、以心口相传为手段的海外宣传模式，形成人人发挥辐射作用、个个争做民间大使、句句易于入脑入心的宣传效应。构建“祖国–使领馆–留学团体–广大留学人员”的海内外立体联系网络，使广大留学人员充分感受祖国关爱、主动宣传祖国发展。挖掘在国际教育领域有影响力的专家学者、外籍教师、来华留学人员、非政府组织及国际智库的积极作用。

中共教育部党组

2016年1月19日

中共中央办公厅　国务院办公厅印发《关于实施中华优秀传统文化传承发展工程的意见》

（2017年1月）

新华社北京1月25日电　近日，中共中央办公厅、国务院办公厅印发了《关于实施中华优秀传统文化传承发展工程的意见》，并发出通知，要求各地区各部门结合实际认真贯彻落实。

《关于实施中华优秀传统文化传承发展工程的意见》全文如下。

文化是民族的血脉，是人民的精神家园。文化自信是更基本、更深层、更持久的力量。中华文化独一无二的理念、智慧、气度、神韵，增添了中国人民和中华民族内心深处的自信和自豪。为建设社会主义文化强国，增强国家文化软实力，实现中华民族伟大复兴的中国梦，现就实施中华优秀传统文化传承发展工程提出如下意见。

一、重要意义和总体要求

1. 重要意义。中华文化源远流长、灿烂辉煌。在5000多年文明发展中孕育的中华优秀传统文化，积淀着中华民族最深沉的精神追求，代表着中华民族独特的精神标识，是中华民族生生不息、发展壮大的丰厚滋养，是中国特色社会主义植根的文化沃土，是当代中国发展的突出优势，对延续和发展中华文明、促进人类文明进步，发挥着重要作用。

中国共产党在领导人民进行革命、建设、改革伟大实践中，自觉肩负起传承发展中华优秀传统文化的历史责任，是中华优秀传统文化的忠实继承者、弘扬者和建设者。党的十八大以来，在以习近平同志为核心的党中央领导下，各级党委和政府更加自觉、更加主动推动中华优秀传统文化的传承与发展，开展了一系列富有创新、富有成效的工作，有力增强了中华优秀传统文化的凝聚力、影响力、创造力。同时要看到，随着我国经济社会深刻变革、对外开放日益扩大、互联网技术和新媒体快速发展，各种思想文化交流交融交锋更加频繁，迫切需要深化对中华优秀传统文化重要性的认识，进一步增强文化自觉和文化自信；迫切需要深入挖掘中华优秀传统文化价值内涵，进一步激发中华优秀传统文化的生机与活力；迫切需要加强政策支持，着力构建中华优秀传统文化传承发展体系。实施中华优秀传统文化传承发展工程，是建设社会主义文化强国的重大战略任务，对于传承中华文脉、全面提升人民群众文化素养、维护国家文化安全、增强国家文化软实力、推进国家治理体系和治理能力现代化，具有重要意义。

2. 指导思想。高举中国特色社会主义伟大旗帜，全面贯彻党的十八大和十八届三中、四中、五中、六中全会精神，坚持以马克思列宁主义、毛泽东思想、邓小平理论、“三个代表”重要思想、科学发展观为指导，深入贯彻习近平总书记系列重要讲话精神和治国理政新理念新思想新战略，紧紧围绕实现中华民族伟大复兴的中国梦，深入贯彻新发展理念，坚持以人民为中心的工作导向，坚持以社会主义核心价值观为引领，坚持创造性转化、创新性发展，坚守中华文化立场、传承中华文化基因，不忘本来、吸收外来、面向未来，汲取中国智慧、弘扬中国精神、传播中国价值，不断增强中华优秀传统文化的生命力和影响力，创造中华文化新辉煌。

3. 基本原则

——牢牢把握社会主义先进文化前进方向。坚持中国特色社会主义文化发展道路，立足于巩固马克思主义在意识形态领域的指导地位、巩固全党全国人民团结奋斗的共同思想基础，弘扬社会主义核心价值观，培育民族精神和时代精神，解决现实问题、助推社会发展。

——坚持以人民为中心的工作导向。坚持为了人民、依靠人民、共建共享，注重文化熏陶和实践养成，把跨越时空的思想理念、价值标准、审美风范转化为人们的精神追求和行为习惯，不断增强人民群众的文化参与感、获得感和认同感，形成向上向善的社会风尚。

——坚持创造性转化和创新性发展。坚持辩证唯物主义和历史唯物主义，秉持客观、科学、礼敬的态度，取其精华、去其糟粕，扬弃继承、转化创新，不复古泥古，不简单否定，不断赋予新的时代内涵和现代表达形式，不断补充、拓展、完善，使中华民族最基本的文化基因与当代文化相适应、与现代社会相协调。

——坚持交流互鉴、开放包容。以我为主、为我所用，取长补短、择善而从，既不简单拿来，也不盲目排外，吸收借鉴国外优秀文明成果，积极参与世界文化的对话交流，不断丰富和发展中华文化。

——坚持统筹协调、形成合力。加强党的领导，充分发挥政府主导作用和市场积极作用，鼓励和引导社会力量广泛参与，推动形成有利于传承发展中华优秀传统文化的体制机制和社会环境。

4. 总体目标。到2025年，中华优秀传统文化传承发展体系基本形成，研究阐发、教育普及、保护传承、创新发展、传播交流等方面协同推进并取得重要成果，具有中国特色、中国风格、中国气派的文化产品更加丰富，文化自觉和文化自信显著增强，国家文化软实力的根基更为坚实，中华文化的国际影响力明显提升。

二、主要内容

5. 核心思想理念。中华民族和中国人民在修齐治平、尊时守位、知常达变、开物成务、建功立业过程中培育和形成的基本思想理念，如革故鼎新、与时俱进的思想，脚踏实地、实事求是的思想，惠民利民、安民富民的思想，道法自然、天人合一的思想等，可以为人们认识和改造世界提供有益启迪，可以为治国理政提供有益借鉴。传承发展中华优秀传统文化，就要大力弘扬讲仁爱、重民本、守诚信、崇正义、尚和合、求大同等核心思想理念。

6. 中华传统美德。中华优秀传统文化蕴含着丰富的道德理念和规范，如天下兴亡、匹夫有责的担当意识，精忠报国、振兴中华的爱国情怀，崇德向善、见贤思齐的社会风尚，孝悌忠信、礼义廉耻的荣辱观念，体现着评判是非曲直的价值标准，潜移默化地影响着中国人的行为方式。传承发展中华优秀传统文化，就要大力弘扬自强不息、敬业乐群、扶危济困、见义勇为、孝老爱亲等中华传统美德。

7. 中华人文精神。中华优秀传统文化积淀着多样、珍贵的精神财富，如求同存异、和而不同的处世方法，文以载道、以文化人的教化思想，形神兼备、情景交融的美学追求，俭约自守、中和泰和的生活理念等，是中国人民思想观念、风俗习惯、生活方式、情感样式的集中表达，滋养了独特丰富的文学艺术、科学技术、人文学术，至今仍然具有深刻影响。传承发展中华优秀传统文化，就要大力弘扬有利于促进社会和谐、鼓励人们向上向善的思想文化内容。

三、重点任务

8. 深入阐发文化精髓。加强中华文化研究阐释工作，深入研究阐释中华文化的历史渊源、发展脉络、基本走向，深刻阐明中华优秀传统文化是发展当代中国马克思主义的丰厚滋养，深刻阐明传承发展中华优秀传统文化是建设中国特色社会主义事业的实践之需，深刻阐明丰富多彩的多民族文化是中华文化的基本构成，深刻阐明中华文明是在与其他文明不断交流互鉴中丰富发展的，着力构建有中国底蕴、中国特色的思想体系、学术体系和话语体系。加强党史国史及相关档案编修，做好地方史志编纂工作，巩固中华文明探源成果，正确反映中华民族文明史，推出一批研究成果。实施中华文化资源普查工程，构建准确权威、开放共享的中华文化资源公共数据平台。建立国家文物登录制度。建设国家文献战略储备库、革命文物资源目录和大数据库。实施国家古籍保护工程，完善国家珍贵古籍名录和全国古籍重点保护单位评定制度，加强中华文化典籍整理编纂出版工作。完善非物质文化遗产、馆藏革命文物普查建档制度。

9. 贯穿国民教育始终。围绕立德树人根本任务，遵循学生认知规律和教育教学规律，按照一体化、分学段、有序推进的原则，把中华优秀传统文化全方位融入思想道德教育、文化知识教育、艺术体育教育、社会实践教育各环节，贯穿于启蒙教育、基础教育、职业教育、高等教育、继续教育各领域。以幼儿、小学、中学教材为重点，构建中华文化课程和教材体系。编写中华文化幼儿读物，开展“少年传承中华传统美德”系列教育活动，创作系列绘本、童谣、儿歌、动画等。修订中小学道德与法治、语文、历史等课程教材。推动高校开设中华优秀传统文化必修课，在哲学社会科学及相关学科专业和课程中增加中华优秀传统文化的内容。加强中华优秀传统文化相关学科建设，重视保护和发展具有重要文化价值和传承意义的“绝学”、冷门学科。推进职业院校民族文化传承与创新示范专业点建设。丰富拓展校园文化，推进戏曲、书法、高雅艺术、传统体育等进校园，实施中华经典诵读工程，开设中华文化公开课，抓好传统文化教育成果展示活动。研究制定国民语言教育大纲，开展好国民语言教育。加强面向全体教师的中华文化教育培训，全面提升师资队伍水平。

10. 保护传承文化遗产。坚持保护为主、抢救第一、合理利用、加强管理的方针，做好文物保护工作，抢救保护濒危文物，实施馆藏文物修复计划，加强新型城镇化和新农村建设中的文物保护。加强历史文化名城名镇名村、历史文化街区、名人故居保护和城市特色风貌管理，实施中国传统村落保护工程，做好传统民居、历史建筑、革命文化纪念地、农业遗产、工业遗产保护工作。规划建设一批国家文化公园，成为中华文化重要标识。推进地名文化遗产保护。实施非物质文化遗产传承发展工程，进一步完善非物质文化遗产保护制度。实施传统工艺振兴计划。大力推广和规范使用国家通用语言文字，保护传承方言文化。开展少数民族特色文化保护工作，加强少数民族语言文字和经典文献的保护和传播，做好少数民族经典文献和汉族经典文献互译出版工作。实施中华民族音乐传承出版工程、中国民间文学大系出版工程。推动民族传统体育项目的整理研究和保护传承。

11. 滋养文艺创作。善于从中华文化资源宝库中提炼题材、获取灵感、汲取养分，把中华优秀传统文化的有益思想、艺术价值与时代特点和要求相结合，运用丰富多样的艺术形式进行当代表达，推出一大批底蕴深厚、涵育人心的优秀文艺作品。科学编制重大革命和历史题材、现实题材、爱国主义题材、青少年题材等专项创作规划，提高创作生产组织化程度，彰显中华文化的精神内涵和审美风范。加强对中华诗词、音乐舞蹈、书法绘画、曲艺杂技和历史文化纪录片、动画片、出版物等的扶持。实施戏曲振兴工程，做好戏曲“像音像”工作，挖掘整理优秀传统剧目，推进数字化保存和传播。实施网络文艺创作传播计划，推动网络文学、网络音乐、网络剧、微电影等传承发展中华优秀传统文化。实施中国经典民间故事动漫创作工程、中华文化电视传播工程，组织创作生产一批传承中华文化基因、具有大众亲和力的动画片、纪录片和节目栏目。大力加强文艺评论，改革完善文艺评奖，建立有中国特色的文艺研究评论体系，倡导中华美学精神，推动美学、美德、美文相结合。

12. 融入生产生活。注重实践与养成、需求与供给、形式与内容相结合，把中华优秀传统文化内涵更好更多地融入生产生活各方面。深入挖掘城市历史文化价值，提炼精选一批凸显文化特色的经典性元素和标志性符号，纳入城镇化建设、城市规划设计，合理应用于城市雕塑、广场园林等公共空间，避免千篇一律、千城一面。挖掘整理传统建筑文化，鼓励建筑设计继承创新，推进城市修补、生态修复工作，延续城市文脉。加强“美丽乡村”文化建设，发掘和保护一批处处有历史、步步有文化的小镇和村庄。用中华优秀传统文化的精髓涵养企业精神，培育现代企业文化。实施中华老字号保护发展工程，支持一批文化特色浓、品牌信誉高、有市场竞争力的中华老字号做精做强。深入开展“我们的节日”主题活动，实施中国传统节日振兴工程，丰富春节、元宵、清明、端午、七夕、中秋、重阳等传统节日文化内涵，形成新的节日习俗。加强对传统历法、节气、生肖和饮食、医药等的研究阐释、活态利用，使其有益的文化价值深度嵌入百姓生活。实施中华节庆礼仪服装服饰计划，设计制作展现中华民族独特文化魅力的系列服装服饰。大力发展文化旅游，充分利用历史文化资源优势，规划设计推出一批专题研学旅游线路，引导游客在文化旅游中感知中华文化。推动休闲生活与传统文化融合发展，培育符合现代人需求的传统休闲文化。发展传统体育，抢救濒危传统体育项目，把传统体育项目纳入全民健身工程。

13. 加大宣传教育力度。综合运用报纸、书刊、电台、电视台、互联网站等各类载体，融通多媒体资源，统筹宣传、文化、文物等各方力量，创新表达方式，大力彰显中华文化魅力。实施中华文化新媒体传播工程。充分发挥图书馆、文化馆、博物馆、群艺馆、美术馆等公共文化机构在传承发展中华优秀传统文化中的作用。编纂出版系列文化经典。加强革命文物工作，实施革命文物保护利用工程，做好革命遗址、遗迹、烈士纪念设施的保护和利用。推动红色旅游持续健康发展。深入开展“爱我中华”主题教育活动，充分利用重大历史事件和中华历史名人纪念活动、国家公祭仪式、烈士纪念日，充分利用各类爱国主义教育基地、历史遗迹等，展示爱国主义深刻内涵，培育爱国主义精神。加强国民礼仪教育。加大对国家重要礼仪的普及教育与宣传力度，在国家重大节庆活动中体现仪式感、庄重感、荣誉感，彰显中华传统礼仪文化的时代价值，树立文明古国、礼仪之邦的良好形象。研究提出承接传统习俗、符合现代文明要求的社会礼仪、服装服饰、文明用语规范，建立健全各类公共场所和网络公共空间的礼仪、礼节、礼貌规范，推动形成良好的言行举止和礼让宽容的社会风尚。把优秀传统文化思想理念体现在社会规范中，与制定市民公约、乡规民约、学生守则、行业规章、团体章程相结合。弘扬孝敬文化、慈善文化、诚信文化等，开展节俭养德全民行动和学雷锋志愿服务。广泛开展文明家庭创建活动，挖掘和整理家训、家书文化，用优良的家风家教培育青少年。挖掘和保护乡土文化资源，建设新乡贤文化，培育和扶持乡村文化骨干，提升乡土文化内涵，形成良性乡村文化生态，让子孙后代记得住乡愁。加强港澳台中华文化普及和交流，积极举办以中华文化为主题的青少年夏令营、冬令营以及诵读和书写中华经典等交流活动，鼓励港澳台艺术家参与国家在海外举办的感知中国、中国文化年（节）、欢乐春节等品牌活动，增强国家认同、民族认同、文化认同。

14. 推动中外文化交流互鉴。加强对外文化交流合作，创新人文交流方式，丰富文化交流内容，不断提高文化交流水平。充分运用海外中国文化中心、孔子学院，文化节展、文物展览、博览会、书展、电影节、体育活动、旅游推介和各类品牌活动，助推中华优秀传统文化的国际传播。支持中华医药、中华烹饪、中华武术、中华典籍、中国文物、中国园林、中国节日等中华传统文化代表性项目走出去。积极宣传推介戏曲、民乐、书法、国画等我国优秀传统文化艺术，让国外民众在审美过程中获得愉悦、感受魅力。加强“一带一路”沿线国家文化交流合作。鼓励发展对外文化贸易，让更多体现中华文化特色、具有较强竞争力的文化产品走向国际市场。探索中华文化国际传播与交流新模式，综合运用大众传播、群体传播、人际传播等方式，构建全方位、多层次、宽领域的中华文化传播格局。推进国际汉学交流和中外智库合作，加强中国出版物国际推广与传播，扶持汉学家和海外出版机构翻译出版中国图书，通过华侨华人、文化体育名人、各方面出境人员，依托我国驻外机构、中资企业、与我友好合作机构和世界各地的中餐馆等，讲好中国故事、传播好中国声音、阐释好中国特色、展示好中国形象。

四、组织实施和保障措施

15. 加强组织领导。各级党委和政府要从坚定文化自信、坚持和发展中国特色社会主义、实现中华民族伟大复兴的高度，切实把中华优秀传统文化传承发展工作摆上重要日程，加强宏观指导，提高组织化程度，纳入经济社会发展总体规划，纳入考核评价体系，纳入各级党校、行政学院教学的重要内容。各级党委宣传部门要发挥综合协调作用，整合各类资源，调动各方力量，推动形成党委统一领导、党政群协同推进、有关部门各负其责、全社会共同参与的中华优秀传统文化传承发展工作新格局。各有关部门和群团组织要按照责任分工，制定实施方案，完善工作机制，把各项任务落到实处。

16. 加强政策保障。加强中华优秀传统文化传承发展相关扶持政策的制定与实施，注重政策措施的系统性协同性操作性。加大中央和地方各级财政支持力度，同时统筹整合现有相关资金，支持中华优秀传统文化传承发展重点项目。制定和完善惠及中华优秀传统文化传承发展工程项目的金融支持政策。加大对国家重要文化和自然遗产、国家级非物质文化遗产等珍贵遗产资源保护利用设施建设的支持力度。建立中华优秀传统文化传承发展相关领域和部门合作共建机制。制定文物保护和非物质文化遗产保护专项规划。制定和完善历史文化名城名镇名村和历史文化街区保护的相关政策。完善相关奖励、补贴政策，落实税收优惠政策，引导和鼓励企业、社会组织及个人捐赠或共建相关文化项目。建立健全中华优秀传统文化传承发展重大项目首席专家制度，培养造就一批人民喜爱、有国际影响的中华文化代表人物。完善中华优秀传统文化传承发展的激励表彰制度，对为中华优秀传统文化传承发展和传播交流作出贡献、建立功勋、享有盛誉的杰出海内外人士按规定授予功勋荣誉或进行表彰奖励。有关部门要研究出台入学、住房保障等方面的倾斜政策和措施，用以倡导和鼓励自强不息、敬业乐群、扶正扬善、扶危济困、见义勇为、孝老爱亲等传统美德。

17. 加强文化法治环境建设。修订文物保护法。制定文化产业促进法、公共图书馆法等相关法律，对中华优秀传统文化传承发展有关工作作出制度性安排。在教育、科技、卫生、体育、城乡建设、互联网、交通、旅游、语言文字等领域相关法律法规的制定修订中，增加中华优秀传统文化传承发展内容。加大涉及保护传承弘扬中华优秀传统文化法律法规施行力度，加强对法律法规实施情况的监督检查。充分发挥各行政主管部门在传承发展中华优秀传统文化中的重要作用，建立完善联动机制，严厉打击违法经营行为。加强法治宣传教育，增强全社会依法传承发展中华优秀传统文化的自觉意识，形成礼敬守护和传承发展中华优秀传统文化的良好法治环境。各地要根据本地传统文化传承保护的现状，制定完善地方性法规和政府规章。

18. 充分调动全社会积极性创造性。传承发展中华优秀传统文化是全体中华儿女的共同责任。坚持全党动手、全社会参与，把中华优秀传统文化传承发展的各项任务落实到农村、企业、社区、机关、学校等城乡基层。各类文化单位机构、各级文化阵地平台，都要担负起守护、传播和弘扬中华优秀传统文化的职责。各类企业和社会组织要积极参与文化资源的开发、保护与利用，生产丰富多样、社会价值和市场价值相统一、人民喜闻乐见的优质文化产品，扩大中高端文化产品和服务的供给。充分尊重工人、农民、知识分子的主体地位，发挥领导干部的带头作用，发挥公众人物的示范作用，发挥青少年的生力军作用，发挥先进模范的表率作用，发挥非公有制经济组织和社会组织从业人员的积极作用，发挥文化志愿者、文化辅导员、文艺骨干、文化经营者的重要作用，形成人人传承发展中华优秀传统文化的生动局面。

中共教育部党组关于印发《高校思想政治工作质量提升工程实施纲要》的通知

教党〔2017〕62号

各省、自治区、直辖市党委教育工作部门、教育厅（教委），新疆生产建设兵团教育局，部属各高等学校党委，部内各司局：

《高校思想政治工作质量提升工程实施纲要》已经部党组会议审议通过，现印发给你们，请结合实际认真贯彻执行。有关落实情况，请及时报告我部思想政治工作司。

中共教育部党组
2017年12月4日

高校思想政治工作质量提升工程实施纲要

为认真学习贯彻党的十九大精神，进一步把贯彻落实全国高校思想政治工作会议和《中共中央 国务院关于加强和改进新形势下高校思想政治工作的意见》精神引向深入，大力提升高校思想政治工作质量，特制定《高校思想政治工作质量提升工程实施纲要》（以下简称《实施纲要》）。

一、目标原则

1. 总体目标。坚持以习近平新时代中国特色社会主义思想为指导，紧紧围绕统筹推进“五位一体”总体布局和协调推进“四个全面”战略布局，坚持和加强党的全面领导，充分发挥中国特色社会主义教育的育人优势，以立德树人为根本，以理想信念教育为核心，以社会主义核心价值观为引领，以全面提高人才培养能力为关键，强化基础、突出重点、建立规范、落实责任，一体化构建内容完善、标准健全、运行科学、保障有力、成效显著的高校思想政治工作质量体系，形成全员全过程全方位育人格局，切实提高工作亲和力和针对性，着力培养德智体美全面发展的社会主义建设者和接班人，着力培养担当民族复兴大任的时代新人，不断开创新时代高校思想政治工作新局面。

2. 基本原则。（1）坚持育人导向，突出价值引领。全面统筹办学治校各领域、教育教学各环节、人才培养各方面的育人资源和育人力量，推动知识传授、能力培养与理想信念、价值理念、道德观念的教育有机结合，建立健全系统化育人长效机制。（2）坚持遵循规律，勇于改革创新。遵循思想政治工作规律、教书育人规律和学生成长规律，坚持以师生为中心，把握师生思想特点和发展需求，优化内容供给、改进工作方法、创新工作载体，激活高校思想政治工作内生动力。（3）坚持问题导向，注重精准施策。聚焦重点任务、重点群体、重点领域、重点区域、薄弱环节，强化优势、补齐短板，加强分类指导、着力因材施教，着力破解高校思想政治工作领域存在的不平衡不充分问题，不断提高师生的获得感。（4）坚持协同联动，强化责任落实。加强党对高校思想政治工作的领导，落实主体责任，建立党委统一领导、部门分工负责、全员协同参与的责任体系。加强督导考核，严肃追责问责，把“软指标”变成“硬约束”。

二、基本任务

充分发挥课程、科研、实践、文化、网络、心理、管理、服务、资助、组织等方面工作的育人功能，挖掘育人要素，完善育人机制，优化评价激励，强化实施保障，切实构建“十大”育人体系。

1. 课程育人质量提升体系。大力推动以“课程思政”为目标的课堂教学改革，优化课程设置，修订专业教材，完善教学设计，加强教学管理，梳理各门专业课程所蕴含的思想政治教育元素和所承载的思想政治教育功能，融入课堂教学各环节，实现思想政治教育与知识体系教育的有机统一。

2. 科研育人质量提升体系。发挥科研育人功能，优化科研环节和程序，完善科研评价标准，改进学术评价方法，促进成果转化应用，引导师生树立正确的政治方向、价值取向、学术导向，培养师生至诚报国的理想追求、敢为人先的科学精神、开拓创新的进取意识和严谨求实的科研作风。

3. 实践育人质量提升体系。坚持理论教育与实践养成相结合，整合各类实践资源，强化项目管理，丰富实践内容，创新实践形式，拓展实践平台，完善支持机制，教育引导师生在亲身参与中增强实践能力、树立家国情怀。

4. 文化育人质量提升体系。注重以文化人以文育人，深入开展中华优秀传统文化、革命文化、社会主义先进文化教育，推动中国特色社会主义文化繁荣兴盛，牢牢掌握高校意识形态工作领导权，践行和弘扬社会主义核心价值观，优化校风学风，繁荣校园文化，培育大学精神，建设优美环境，滋养师生心灵、涵育师生品行、引领社会风尚。

5. 网络育人质量提升体系。大力推进网络教育，加强校园网络文化建设与管理，拓展网络平台，丰富网络内容，建强网络队伍，净化网络空间，优化成果评价，推动思想政治工作传统优势同信息技术高度融合，引导师生强化网络意识，树立网络思维，提升网络文明素养，创作网络文化产品，传播主旋律、弘扬正能量，守护好网络精神家园。

6. 心理育人质量提升体系。坚持育心与育德相结合，加强人文关怀和心理疏导，深入构建教育教学、实践活动、咨询服务、预防干预、平台保障“五位一体”的心理健康教育工作格局，着力培育师生理性平和、积极向上的健康心态，促进师生心理健康素质与思想道德素质、科学文化素质协调发展。

7. 管理育人质量提升体系。把规范管理的严格要求和春风化雨、润物无声的教育方式结合起来，加强教育立法，遵守大学章程，完善校规校纪，健全自律公约，加强法治教育，全面推进依法治教，促进教育治理能力和治理体系现代化，强化科学管理对道德涵育的保障功能，大力营造治理有方、管理到位、风清气正的育人环境。

8. 服务育人质量提升体系。把解决实际问题与解决思想问题结合起来，围绕师生、关照师生、服务师生，把握师生成长发展需要，提供靶向服务，增强供给能力，积极帮助解决师生工作学习中的合理诉求，在关心人、帮助人、服务人中教育人、引导人。

9. 资助育人质量提升体系。把“扶困”与“扶智”，“扶困”与“扶志”结合起来，建立国家资助、学校奖助、社会捐助、学生自助“四位一体”的发展型资助体系，构建物质帮助、道德浸润、能力拓展、精神激励有效融合的资助育人长效机制，实现无偿资助与有偿资助、显性资助与隐性资助的有机融合，形成“解困—育人—成才—回馈”的良性循环，着力培养受助学生自立自强、诚实守信、知恩感恩、勇于担当的良好品质。

10. 组织育人质量提升体系。把组织建设与教育引领结合起来，强化高校各类组织的育人职责，增强工作活力、促进工作创新、扩大工作覆盖、提高辐射能力，发挥高校党委领导核心作用、院（系）党组织政治核心作用和基层党支部战斗堡垒作用，发挥工会、共青团、学生会、学生社团等组织的联系服务、团结凝聚师生的桥梁纽带作用，把思想政治教育贯穿各项工作和活动，促进师生全面发展。

三、主要内容

1. 统筹推进课程育人。深入推动习近平新时代中国特色社会主义思想进教材、进课堂、进头脑。完善课程设置管理、课程标准和教案评价制度，实施高校课程体系和教育教学创新计划，推动面向全体学生开设提高思想品德、人文素养、认知能力的哲学社会科学课程，创新高校思想政治理论课建设体系。修订各类专业教材，加强课堂教学设计，推进马克思主义理论研究和建设工程教材、思想政治理论课统编教材编写修订，研制课程育人指导意见，充分挖掘和运用各门课程蕴含的思想政治教育元素，作为教材讲义必要章节、课堂讲授重要内容和学生考核关键知识。发挥专业教师课程育人的主体作用，健全课程育人管理、运行体制，将课程育人作为教师思想政治工作的重要环节，作为教学督导和教师绩效考核的重要方面。加强教材使用和课堂教学管理，建立哲学社会科学专业核心课程教材目录，研制引进教材选用管理办法，建立国家优秀教材评选奖励制度，制定高校课堂教学管理指导意见，明确课堂教学的纪律要求。培育选树一批“学科育人示范课程”，建立一批“课程思政研究中心”。

2. 着力加强科研育人。改进科研环节和程序，把思想价值引领贯穿选题设计、科研立项、项目研究、成果运用全过程，把思想政治表现作为组建科研团队的底线要求。完善科研评价标准，改进学术评价方法，健全具有中国特色的学术评价标准和科研成果评价办法，构建集教育、预防、监督、惩治于一体的学术诚信体系，治理遏制学术研究、科研成果不良倾向，组织编写师生学术规范与学术道德读本，在本科生中开设相关专题讲座，在研究生中开设相应公选课程。健全优秀成果评选推广机制，服务国家和区域经济发展，促进全社会思想文化建设。培养师生科学精神和创新意识，实施科研创新团队培育支持计划、科教协同育人计划、产学研合作协同育人计划等项目，引导师生积极参与科技创新团队和科研创新训练，及时掌握科技前沿动态，培养集体攻关、联合攻坚的团队精神和协作意识。加大学术名家、优秀学术团队先进事迹的宣传教育力度。大力培育全国高校黄大年式教师团队，培养选树一批科研育人示范项目、示范团队。

3. 扎实推动实践育人。整合实践资源，拓展实践平台，依托高新技术开发区、大学科技园、城市社区、农村乡镇、工矿企业、爱国主义教育场所等，建立多种形式的社会实践、创业实习基地。丰富实践内容，创新实践形式，广泛开展社会调查、生产劳动、社会公益、志愿服务、科技发明、勤工助学等社会实践活动，深入开展好大学生暑期“三下乡”“志愿服务西部计划”等传统经典项目，组织实施好“牢记时代使命，书写人生华章”“百万师生追寻习近平总书记成长足迹”“百万师生重走复兴之路”“百万师生‘一带一路’社会实践专项行动”等新时代社会实践精品项目，探索开展师生志愿服务评价认证。深入推进实践教学改革，分类制订实践教学标准，适度增加实践教学比重，原则上哲学社会科学类专业实践教学不少于总学分（学时）的15%，理工农医类专业不少于25%。加强创新创业教育，开发专门课程，健全课程体系，实施“大学生创新创业训练计划”，支持学生成立创新创业类社团。完善支持机制，推动专业课实践教学、社会实践活动、创新创业教育、志愿服务、军事训练等载体有机融合，形成实践育人统筹推进工作格局，构建“党委统筹部署、政府扎实推动、社会广泛参与、高校着力实施”的实践育人协同体系。培育建设一批实践育人与创新创业示范基地。

4. 深入推进文化育人。推进中华优秀传统文化教育，实施“中华经典诵读工程”“中国传统节日振兴工程”，开展“礼敬中华优秀传统文化”“戏曲进校园”等文化建设活动，展示一批体育艺术文化成果，建设一批文化传承基地，引导高雅艺术、非物质文化、民族民间优秀文化走近师生。挖掘革命文化的育人内涵，实施“革命文化教育资源库建设工程”，开展“传承红色基因、担当复兴重任”主题教育活动，组织编排展演一批以革命先驱为原型的舞台剧、以革命精神为主题的歌舞音乐、以革命文化为内涵的网络作品；有效利用重大纪念日契机和重点文化基础设施开展革命文化教育。开展社会主义先进文化教育，开展高校师生社会主义核心价值观主题教育活动，推广展示一批社会主义核心价值观教育典型案例，选树宣传一批践行社会主义核心价值观先进典型。大力繁荣校园文化，创新校园文化品牌，挖掘校史校风校训校歌的教育作用，推进“一校一品”校园文化建设，引导高校建设特色校园文化；实施“高校原创文化经典推广行动计划”，支持师生原创歌剧、舞蹈、音乐、影视等文艺精品扩大影响力和辐射力；广泛开展“我的中国梦”等主题教育活动，推选展示一批高校校园文化建设优秀成果。建设美丽校园，制作发布高校优秀人文景观、自然景观名录，推动实现校园山、水、园、林、路、馆建设达到使用、审美、教育功能的和谐统一。广泛开展文明校园创建，评选“全国文明校园”，把高校建设成为社会主义精神文明高地。

5. 创新推动网络育人。加强工作统筹，建设高校思想政治工作网，打造信息发布、工作交流和数据分析平台，加强高校思想政治工作信息管理系统共建与资源互享。强化网络意识，提高建网用网管网能力，加强师生网络素养教育，编制《高校师生网络素养指南》，引导师生增强网络安全意识，遵守网络行为规范，养成文明网络生活方式。拓展网络平台，发挥全国高校校园网站联盟作用，推动“易班”和中国大学生在线全国共建，推选展示一批校园网络名站名栏，引领建设校园网络新媒体矩阵。丰富网络内容，开展“大学生网络文化节”“高校网络育人优秀作品推选展示”“网络文明进校园”等网络文化建设活动，推广展示一批“网络名篇名作”。优化成果评价，建设“高校网络文化研究评价中心”，建立网络文化成果评价认证体系，推动将优秀网络文化成果纳入高校科研成果统计、列为教师职务职称评聘条件、作为师生评奖评优依据。培养网络力量，实施“网络教育名师培育支持计划”“校园好网民培养选树计划”，建设一支政治强、业务精、作风硬的网络工作队伍。

6. 大力促进心理育人。加强知识教育，把心理健康教育课程纳入学校整体教学计划，组织编写大学生心理健康教育示范教材，开发建设《大学生心理健康》等在线课程，实现心理健康知识教育全覆盖。开展宣传活动，举办“5·25”大学生心理健康节等品牌活动，充分利用网络、广播、微信公众号、APP等媒体，营造心理健康教育良好氛围，提高师生心理保健能力。强化咨询服务，提高心理健康教育咨询与服务中心建设水平，按照师生比不低于1：4000配备心理健康教育专业教师，每校至少配备2名专业教师。加强预防干预，推广应用《中国大学生心理健康筛查量表》“中国大学生心理健康网络测评系统”，提高心理健康素质测评覆盖面和科学性；建立学校、院系、班级、宿舍“四级”预警防控体系，完善心理危机干预工作预案，建立转介诊疗机制，提升工作前瞻性、针对性。完善工作保障，研制高校师生心理健康教育指导意见，保证生均经费投入和心理咨询辅导专用场地面积，建设校内外心理健康教育素质拓展培养基地，培育建设一批“高校心理健康教育示范中心”。

7. 切实强化管理育人。完善教育法律法规体系，加快制（修）订教育规章，保障师生员工合法权益。健全依法治校、管理育人制度体系，结合大学章程、校规校纪、自律公约修订完善，研究梳理高校各管理岗位的育人元素，编制岗位说明书，明确管理育人的内容和路径，丰富完善不同岗位、不同群体公约体系，引导师生培育自觉、强化自律。加强干部队伍管理，按照社会主义政治家、教育家要求和好干部标准，选好配强各级领导干部和领导班子，制定管理干部培训五年规划，提高各类管理干部育人能力。加强教师队伍管理，严把教师聘用、人才引进政治考核关，依法依规加大对各类违反师德和学术不端行为查处力度，及时纠正不良倾向和问题。加强经费使用管理，科学编制经费预算，确保教育经费投入的育人导向。强化保障功能，健全依法治校评价指标体系，深入开展依法治校创建活动。把育人功能发挥纳入管理岗位考核评价范围，作为评奖评优条件。培育一批“管理育人示范岗”，引导管理干部用良好的管理模式和管理行为影响和培养学生。

8. 不断深化服务育人。强化育人要求，研究梳理各类服务岗位所承载的育人功能，并作为工作的职责要求，体现在聘用、培训、考核等各环节。明确育人职能，在后勤保障服务中，持续开展“节粮节水节电”“节能宣传周”等主题教育活动，推动高校节约型校园建设建档，大力建设绿色校园，实施后勤员工素质提升计划，切实提高后勤保障水平和服务育人能力。在图书资料服务中，建设文献信息资源体系和服务体系，优化服务空间，注重用户体验，提高馆藏利用率和服务效率，开展信息素质教育，引导师生尊重和保护知识产权，维护信息安全。在医疗卫生服务中，制订健康教育教学计划，开展传染病预防、安全应急与急救等专题健康教育活动，培养师生公共卫生意识和卫生行为习惯。在安全保卫服务中，加强人防物防技防建设，全面开展安全教育，提高安保效能，培养师生安全意识和法治观念。增强供给能力，建设校园综合信息服务系统，充分满足师生学习、生活、工作中的合理需求。加强监督考核，落实服务目标责任制，把服务质量和育人效果作为评价服务岗位效能的依据和标准。选树一批服务育人先进典型模范，培育一批高校“服务育人示范岗”。

9. 全面推进资助育人。加强资助工作顶层设计，建立资助管理规范，完善勤工助学管理办法，构建资助对象、资助标准、资金分配、资金发放协调联动的精准资助工作体系。精准认定家庭经济困难学生，健全四级资助认定工作机制，采用家访、大数据分析和谈心谈话等方式，合理确定认定标准，建立家庭经济困难学生档案，实施动态管理。坚持资助育人导向，在奖学金评选发放环节，全面考察学生的学习成绩、创新发展、社会实践及道德品质等方面的综合表现，培养学生奋斗精神和感恩意识。在国家助学金申请发放环节，深入开展励志教育和感恩教育，培养学生爱党爱国爱社会主义意识。在国家助学贷款办理过程中，深入开展诚信教育和金融常识教育，培养学生法律意识、风险防范意识和契约精神。在勤工助学活动开展环节，着力培养学生自强不息、创新创业的进取精神。在基层就业、应征入伍学费补偿贷款代偿等工作环节中，培育学生树立正确的成才观和就业观。创新资助育人形式，实施“发展型资助的育人行动计划”“家庭经济困难学生能力素养培育计划”，开展“助学. 筑梦. 铸人”“诚信校园行”等主题教育活动，组织国家奖学金获奖学生担任“学生资助宣传大使”。培育建设一批“发展型资助的育人示范项目”，推选展示资助育人优秀案例和先进人物。

10. 积极优化组织育人。发挥各级党组织的育人保障功能，进一步理顺高校党委的领导体制机制，明确高校党委职责和决策机制，健全和完善高校党委领导下的校长负责制，推动学校各级党组织自觉担负起管党治党、办学治校、育人育才的主体责任。启动实施高校党建工作评估，全面推开校、院（系）党组织书记抓基层党建述职评议。实施教师党支部书记“双带头人”培育工程，分中央和地方两级开展示范培训。实施“高校基层党建对标争先计划”，开展“不忘初心、牢记使命”主题教育，遴选培育全国百个院（系）党建工作标杆，培育建设一批先进基层党组织，培养选树一批优秀共产党员、优秀党务工作者，创建示范性网上党建园地，推选展示一批党的建设优秀工作案例。发挥各类群团组织的育人纽带功能，推动工会、共青团、学生会等群团组织创新组织动员、引领教育的载体与形式，更好地代表师生、团结师生、服务师生，支持各类师生社团开展主题鲜明、健康有益、丰富多彩的活动，充分发挥教研室、学术梯队、班级、宿舍在师生成长中的凝聚、引导、服务作用。培育建设一批文明社团、文明班级、文明宿舍。

四、实施保障

1. 强化改革驱动。推动“三全育人”综合改革，遴选部分工作基础较好的省（区、市）和高校作为“三全育人”综合改革试点。在省级层面，整合育人资源，统筹发挥校内外自然资源、红色资源、文化资源、体育资源、科技资源、国防资源和企事业单位资源的育人功能，带动支持在本地区打造“三全育人共同体”，形成学校、家庭和社会教育有机结合的协同育人机制。在学校层面，以《实施纲要》所涵盖的“十大育人体系”为基础，系统梳理归纳各个群体、各个岗位的育人元素，并作为职责要求和考核内容融入整体制度设计和具体操作环节，推动全体教职员工把工作的重音和目标落在育人成效上，切实打通“三全育人”的最后一公里，形成可转化、可推广的一体化育人制度和模式。

2. 搭建工作平台。建设高校思想政治工作创新发展中心，依托部分省（区、市）和高校建设一批理论和实践研究中心，推动开展党的建设、思想政治教育、意识形态工作、维护安全稳定等方面的理论创新和实践探索。建设省级高校网络思想政治工作中心，支持各省（区、市）建设本地区网络思想政治工作中心，推动各地整合网络建设管理资源，深入开展网络意识形态研判分析、网络舆情研究引导、师生思想政治状况调查、网络文化产品创作生产等工作，统筹推动“易班”和中国大学生在线全国共建共享。建设高校思想政治工作队伍培训研修中心，依托部分省（区、市）教育工作部门和高校建设队伍培训研修中心，以强化理论武装、提升政治引领为重点，组织开展线上线下培训、高级访问研修、学历学位教育、课程体系研发、思政文库建设等工作，不断提高培训研修的覆盖面和受益率，推动理论研究和实践探索成果转化应用。

3. 建强工作队伍。完善教师评聘和考核机制，把政治标准放在首位，严格教师资格和准入制度。在教师教学评价、职务（职称）评聘、评优奖励中，把思想政治表现和育人功能发挥作为首要指标，引导广大教师不忘立德树人初心，牢记人才培养使命，将更多精力投入到教书育人工作上。加强专门力量建设，推动中央关于高校思想政治工作队伍和党务工作队伍建设的政策要求和量化指标落地。大力培育领军人才，在“长江学者奖励计划”中，加大对思想政治教育相关领域高层次人才倾斜支持力度。加大培养培训力度，开展高校思想政治工作队伍国家示范培训，遴选骨干队伍参加海内外访学研修、在职攻读博士学位。强化项目支持引领，实施“高校思想政治工作中青年杰出人才支持计划”，支持出版理论和实践研究专著，培育一批高校思想政治工作精品项目，建设一批高校思想政治工作名师工作室。

4. 强化组织保障。成立高校思想政治工作委员会，加强工作统筹、决策咨询和评估督导。设立高校思想政治工作经费专项，保证《实施纲要》各项目顺利实施。健全高校思想政治工作质量评价机制，研究制定高校思想政治工作评价指标体系，创新评价方式，探索引进第三方评价机构。强化高校思想政治工作督导考核，把加强和改进高校思想政治工作纳入高校巡视、“双一流”建设、教学科研评估范围，作为各级党组织和党员干部工作考核的重要内容。各地各高校结合实际，将《实施纲要》实施纳入整体发展规划和年度工作计划，明确路线图、时间表、责任人。

教育部关于加快建设高水平本科教育全面提高人才培养能力的意见

教高〔2018〕2号

各省、自治区、直辖市教育厅（教委），新疆生产建设兵团教育局，有关部门（单位）教育司（局），部属各高等学校、部省合建各高等学校：

为深入贯彻习近平新时代中国特色社会主义思想和党的十九大精神，全面贯彻落实全国教育大会精神，紧紧围绕全面提高人才培养能力这个核心点，加快形成高水平人才培养体系，培养德智体美劳全面发展的社会主义建设者和接班人，现就加快建设高水平本科教育、全面提高人才培养能力提出如下意见。

一、建设高水平本科教育的重要意义和形势要求

1. 深刻认识建设高水平本科教育的重要意义。建设教育强国是中华民族伟大复兴的基础工程。高等教育是国家发展水平和发展潜力的重要标志。统筹推进“五位一体”总体布局和协调推进“四个全面”战略布局，建成社会主义现代化强国，实现中华民族伟大复兴，对高等教育的需要，对科学知识和优秀人才的需要，比以往任何时候都更为迫切。本科生是高素质专门人才培养的最大群体，本科阶段是学生世界观、人生观、价值观形成的关键阶段，本科教育是提高高等教育质量的最重要基础。办好我国高校，办出世界一流大学，人才培养是本，本科教育是根。建设高等教育强国必须坚持“以本为本”，加快建设高水平本科教育，培养大批有理想、有本领、有担当的高素质专门人才，为全面建成小康社会、基本实现社会主义现代化、建成社会主义现代化强国提供强大的人才支撑和智力支持。

2. 准确把握建设高水平本科教育的形势要求。当前，我国高等教育正处于内涵发展、质量提升、改革攻坚的关键时期和全面提高人才培养能力、建设高等教育强国的关键阶段。进入新时代以来，高等教育发展取得了历史性成就，高等教育综合改革全面推进，高校办学更加聚焦人才培养，立德树人成效显著。但人才培养的中心地位和本科教学的基础地位还不够巩固，一些学校领导精力、教师精力、学生精力、资源投入仍不到位，教育理念仍相对滞后，评价标准和政策机制导向仍不够聚焦。高等学校必须主动适应国家战略发展新需求和世界高等教育发展新趋势，牢牢抓住全面提高人才培养能力这个核心点，把本科教育放在人才培养的核心地位、教育教学的基础地位、新时代教育发展的前沿地位，振兴本科教育，形成高水平人才培养体系，奋力开创高等教育新局面。

二、建设高水平本科教育的指导思想和目标原则

3. 指导思想。以习近平新时代中国特色社会主义思想为指导，全面贯彻落实党的十九大精神，全面贯彻党的教育方针，坚持教育为人民服务、为中国共产党治国理政服务、为巩固和发展中国特色社会主义制度服务、为改革开放和社会主义现代化建设服务，全面落实立德树人根本任务，准确把握高等教育基本规律和人才成长规律，以“回归常识、回归本分、回归初心、回归梦想”为基本遵循，激励学生刻苦读书学习，引导教师潜心教书育人，努力培养德智体美劳全面发展的社会主义建设者和接班人，为建设社会主义现代化强国和实现中华民族伟大复兴的中国梦提供强有力的人才保障。

4. 总体目标。经过5年的努力，“四个回归”全面落实，初步形成高水平的人才培养体系，建成一批立德树人标杆学校，建设一批一流本科专业点，引领带动高校专业建设水平和人才培养能力全面提升，学生学习成效和教师育人能力显著增强；协同育人机制更加健全，现代信息技术与教育教学深度融合，高等学校质量督导评估制度更加完善，大学质量文化建设取得显著成效。到2035年，形成中国特色、世界一流的高水平本科教育，为建设高等教育强国、加快实现教育现代化提供有力支撑。

5. 基本原则。

——坚持立德树人，德育为先。把立德树人内化到大学建设和管理各领域、各方面、各环节，坚持以文化人、以德育人，不断提高学生思想水平、政治觉悟、道德品质、文化素养，教育学生明大德、守公德、严私德。

——坚持学生中心，全面发展。以促进学生全面发展为中心，既注重“教得好”，更注重“学得好”，激发学生学习兴趣和潜能，激励学生爱国、励志、求真、力行，增强学生的社会责任感、创新精神和实践能力。

——坚持服务需求，成效导向。主动对接经济社会发展需求，优化专业结构，完善课程体系，更新教学内容，改进教学方法，切实提高高校人才培养的目标达成度、社会适应度、条件保障度、质保有效度和结果满意度。

——坚持完善机制，持续改进。以创新人才培养机制为重点，形成招生、培养与就业联动机制，完善专业动态调整机制，健全协同育人机制，优化实践育人机制，强化质量评价保障机制，形成人才培养质量持续改进机制。

——坚持分类指导，特色发展。推动高校分类发展，引导各类高校发挥办学优势，在不同领域各展所长，建设优势特色专业，提高创新型、复合型、应用型人才培养质量，形成全局性改革成果。

三、把思想政治教育贯穿高水平本科教育全过程

6. 坚持正确办学方向。要全面加强高校党的建设，毫不动摇地坚持社会主义办学方向，办好高校马克思主义学院和思想政治理论课，加强面向全体学生的马克思主义理论教育，深化中国特色社会主义和中国梦宣传教育，大力推进习近平新时代中国特色社会主义思想进教材、进课堂、进头脑，不断增强学生的道路自信、理论自信、制度自信和文化自信。

7. 坚持德才兼修。把立德树人的成效作为检验学校一切工作的根本标准，加强理想信念教育，厚植爱国主义情怀，把社会主义核心价值观教育融入教育教学全过程各环节，全面落实到质量标准、课堂教学、实践活动和文化育人中，帮助学生正确认识历史规律、准确把握基本国情，掌握科学的世界观、方法论。深入开展道德教育和社会责任教育，引导学生养成良好的道德品质和行为习惯，崇德向善、诚实守信，热爱集体、关心社会。

8. 提升思政工作质量。加强高校思想政治工作体系建设，深入实施高校思想政治工作质量提升工程，建立健全系统化育人长效机制，一体化构建内容完善、标准健全、运行科学、保障有力、成效显著的高校思想政治工作质量体系。把握师生思想特点和发展需求，优化内容供给、改进工作方法、创新工作载体，激活高校思想政治工作内生动力，不断提高师生的获得感。

9. 强化课程思政和专业思政。在构建全员、全过程、全方位“三全育人”大格局过程中，着力推动高校全面加强课程思政建设，做好整体设计，根据不同专业人才培养特点和专业能力素质要求，科学合理设计思想政治教育内容。强化每一位教师的立德树人意识，在每一门课程中有机融入思想政治教育元素，推出一批育人效果显著的精品专业课程，打造一批课程思政示范课堂，选树一批课程思政优秀教师，形成专业课教学与思想政治理论课教学紧密结合、同向同行的育人格局。

四、围绕激发学生学习兴趣和潜能深化教学改革

10. 改革教学管理制度。坚持从严治校，依法依规加强教学管理，规范本科教学秩序。推进辅修专业制度改革，探索将辅修专业制度纳入国家学籍学历管理体系，允许学生自主选择辅修专业。完善学分制，推动健全学分制收费管理制度，扩大学生学习自主权、选择权，鼓励学生跨学科、跨专业学习，允许学生自主选择专业和课程。鼓励学生通过参加社会实践、科学研究、创新创业、竞赛活动等获取学分。支持有条件的高校探索为优秀毕业生颁发荣誉学位，增强学生学习的荣誉感和主动性。

11. 推动课堂教学革命。以学生发展为中心，通过教学改革促进学习革命，积极推广小班化教学、混合式教学、翻转课堂，大力推进智慧教室建设，构建线上线下相结合的教学模式。因课制宜选择课堂教学方式方法，科学设计课程考核内容和方式，不断提高课堂教学质量。积极引导学生自我管理、主动学习，激发求

知欲望，提高学习效率，提升自主学习能力。

12. 加强学习过程管理。加强考试管理，严格过程考核，加大过程考核成绩在课程总成绩中的比重。健全能力与知识考核并重的多元化学业考核评价体系，完善学生学习过程监测、评估与反馈机制。加强对毕业设计（论文）选题、开题、答辩等环节的全过程管理，对形式、内容、难度进行严格监控，提高毕业设计（论文）质量。综合应用笔试、口试、非标准答案考试等多种形式，全面考核学生对知识的掌握和运用，以考辅教、以考促学，激励学生主动学习、刻苦学习。

13. 强化管理服务育人。按照管理育人、服务育人的理念和要求，系统梳理、修订完善与在校大学生学习、生活等相关的各项管理制度，形成依法依规、宽严相济、科学管用的学生管理制度体系。探索建立大学生诚信制度，推动与国家诚信体系建设相衔接。探索建立反映大学生全面发展、个性发展的国家学生信息管理服务平台，为大学生升学、就业、创业提供权威、丰富的学生发展信息服务。高度重视并加强毕业生就业工作，提升就业指导服务水平，定期发布高校就业质量年度报告，建立就业与招生、人才培养联动机制。

14. 深化创新创业教育改革。把深化高校创新创业教育改革作为推进高等教育综合改革的突破口，面向全体、分类施教、结合专业、强化实践，促进学生全面发展。推动创新创业教育与专业教育、思想政治教育紧密结合，深化创新创业课程体系、教学方法、实践训练、队伍建设等关键领域改革。强化创新创业实践，搭建大学生创新创业与社会需求对接平台。加强创新创业示范高校建设，强化创新创业导师培训，发挥“互联网+”大赛引领推动作用，提升创新创业教育水平。鼓励符合条件的学生参加职业资格考试，支持学生在完成学业的同时，获取多种资格和能力证书，增强创业就业能力。

15. 提升学生综合素质。发展素质教育，深入推进体育、美育教学改革，加强劳动教育，促进学生身心健康，提高学生审美和人文素养，在学生中弘扬劳动精神，教育引导学生崇尚劳动、尊重劳动。把国家安全教育融入教育教学，提升学生国家安全意识和提高维护国家安全能力。把生态文明教育融入课程教学、校园文化、社会实践，增强学生生态文明意识。广泛开展社会调查、生产劳动、志愿服务、科技发明、勤工助学等社会实践活动，增强学生表达沟通、团队合作、组织协调、实践操作、敢闯会创的能力。

五、全面提高教师教书育人能力

16. 加强师德师风建设。坚持把师德师风作为教师素质评价的第一标准，健全师德考核制度，建立教师个人信用记录，完善诚信承诺和失信惩戒机制，推动师德建设常态化长效化，引导广大教师教书育人和自我修养相结合，做到以德立身、以德立学、以德施教，更好担当起学生健康成长指导者和引路人的责任。

17. 提升教学能力。加强高校教师教学发展中心建设，全面开展教师教学能力提升培训。深入实施中西部高校新入职教师国培项目和青年骨干教师访问学者项目。大力推动两院院士、国家“千人计划”“万人计划”专家、“长江学者奖励计划”入选者、国家杰出青年科学基金获得者等高层次人才走上本科教学一线并不断提高教书育人水平，完善教授给本科生上课制度，实现教授全员给本科生上课。因校制宜，建立健全多种形式的基层教学组织，广泛开展教育教学研究活动，提高教师现代信息技术与教育教学深度融合的能力。

18. 充分发挥教材育人功能。推进马工程重点教材统一编写、统一审查、统一使用，健全编写修订机制。鼓励和支持专业造诣高、教学经验丰富的专家学者参与教材编写，提高教材编写质量。加强教材研究，创新教材呈现方式和话语体系，实现理论体系向教材体系转化、教材体系向教学体系转化、教学体系向学生的知识体系和价值体系转化，使教材更加体现科学性、前沿性，进一步增强教材针对性和实效性。

19. 改革评价体系。深化高校教师考核评价制度改革，坚持分类指导与分层次评价相结合，根据不同类型高校、不同岗位教师的职责特点，教师分类管理和分类评价办法，分类分层次分学科设置评价内容和评价方式。加强对教师育人能力和实践能力的评价与考核。加强教育教学业绩考核，在教师专业技术职务晋升中施行本科教学工作考评一票否决制。加大对教学业绩突出教师的奖励力度，在专业技术职务评聘、绩效考核和津贴分配中把教学质量和科研水平作为同等重要的依据，对主要从事教学工作人员，提高基础性绩效工资额度，保证合理的工资水平。

六、大力推进一流专业建设

20. 实施一流专业建设“双万计划”。专业是人才培养的基本单元，是建设高水平本科教育、培养一流人才的“四梁八柱”。以建设面向未来、适应需求、引领发展、理念先进、保障有力的一流专业为目标，建设1万个国家级一流专业点和1万个省级一流专业点，引领支撑高水平本科教育。“双一流”高校要率先建成一流专业，应用型本科高校要结合办学特色努力建设一流专业。

21. 提高专业建设质量。适应新时代对人才的多样化需求，推动高校及时调整专业人才培养方案，定期更新教学大纲，适时修订专业教材，科学构建课程体系。适应高考综合改革需求，进一步完善招生选拔机制，推动招生与人才培养的有效衔接。推动高校建立专业办学条件主动公开制度，加强专业质量建设，提高学生和社会的满意度。

22. 动态调整专业结构。深化高校本科专业供给侧改革，建立健全专业动态调整机制，做好存量升级、增量优化、余量消减。主动布局集成电路、人工智能、云计算、大数据、网络空间安全、养老护理、儿科等战略性新兴产业发展和民生急需相关学科专业。推动各地、各行业、各部门完善人才需求预测预警机制，推动高校形成就业与招生计划、人才培养的联动机制。

23. 优化区域专业布局。围绕落实国家主体功能区规划和区域经济社会发展需求，加强省级统筹，建立完善专业区域布局优化机制。结合区域内高校学科专业特色和优势，加强专业布局顶层设计，因地制宜，分类施策，加强指导，及时调整与发展需求不相适应的专业，培育特色优势专业集群，打造专业建设新高地，提升服务区域经济社会发展能力。

七、推进现代信息技术与教育教学深度融合

24. 重塑教育教学形态。加快形成多元协同、内容丰富、应用广泛、服务及时的高等教育云服务体系，打造适应学生自主学习、自主管理、自主服务需求的智慧课堂、智慧实验室、智慧校园。大力推动互联网、大数据、人工智能、虚拟现实等现代技术在教学和管理中的应用，探索实施网络化、数字化、智能化、个性化的教育，推动形成“互联网+高等教育”新形态，以现代信息技术推动高等教育质量提升的“变轨超车”。

25. 大力推进慕课和虚拟仿真实验建设。发挥慕课在提高质量、促进公平方面的重大作用，制定慕课标准体系，规范慕课建设管理，规划建设一批高质量慕课，推出3000门国家精品在线开放课程，示范带动课程建设水平的整体提升。建设1000项左右国家虚拟仿真实验教学项目，提高实验教学质量和水平。

26. 共享优质教育资源。大力加强慕课在中西部高校的推广使用，加快提升中西部高校教学水平。建立慕课学分认定制度。以1万门国家级和1万门省级一流线上线下精品课程建设为牵引，推动优质课程资源开放共享，促进慕课等优质资源平台发展，鼓励教师多模式应用，鼓励学生多形式学习，提升公共服务水平，推动形成支持学习者人人皆学、处处能学、时时可学的泛在化学习新环境。

八、构建全方位全过程深融合的协同育人新机制

27. 完善协同育人机制。建立与社会用人部门合作更加紧密的人才培养机制。健全培养目标协同机制，与相关部门联合制订人才培养标准，完善人才培养方案。健全教师队伍协同机制，统筹专兼职教师队伍建设，促进双向交流，提高实践教学水平。健全资源共享机制，推动将社会优质教育资源转化为教育教学内容。健全管理协同机制，推动相关部门与高校搭建对接平台，对人才培养进行协同管理，培养真正适应经济社会发展需要的高素质专门人才。

28. 加强实践育人平台建设。综合运用校内外资源，建设满足实践教学需要的实验实习实训平台。加强校内实验教学资源建设，构建功能集约、资源共享、开放充分、运作高效的实验教学平台。建设学生实习岗位需求对接网络平台，征集、发布企业和学生实习需求信息，为学生实习实践提供服务。进一步提高实践教学的比重，大力推动与行业部门、企业共同建设实践教育基地，切实加强实习过程管理，健全合作共赢、开放共享的实践育人机制。

29. 强化科教协同育人。结合重大、重点科技计划任务，建立科教融合、相互促进的协同培养机制。推动国家级、省部级科研基地向本科生开放，为本科生参与科研创造条件，推动学生早进课题、早进实验室、早进团队，将最新科研成果及时转化为教育教学内容，以高水平科学研究支撑高质量本科人才培养。依托大学科技园、协同创新中心、工程研究中心、重点研究基地和学校科技成果，搭建学生科学实践和创新创业平台，推动高质量师生共创，增强学生创新精神和科研能力。

30. 深化国际合作育人。主动服务国家对外开放战略，积极融入“一带一路”建设，推进与国外高水平大学开展联合培养，支持中外高校学生互换、学分互认、学位互授联授，推荐优秀学生到国际组织任职、实习，选拔高校青年教师学术带头人赴国外高水平机构访学交流，加快引进国外优质教育资源，培养具有宽广国际视野的新时代人才。

31. 深化协同育人重点领域改革。推进校企深度融合，加快发展“新工科”，探索以推动创新与产业发展为导向的工程教育新模式。促进医教协同，推进院校教育和毕业后教育紧密衔接，共建医学院和附属医院。深化农科教结合，协同推进学校与地方、院所、企业育人资源互动共享，建设农科教合作人才培养基地。深入推进法学教育和司法实践紧密结合，实施高校与法治实务部门交流“万人计划”。适应媒体深度融合和行业创新发展，深化宣传部门与高校共建新闻学院。完善高校与地方政府、中小学“三位一体”协同育人机制，创建国家教师教育创新实验区。深化科教结合，加强高校与各类科研院所协作，提高基础学科拔尖人才培养能力。

九、加强大学质量文化建设

32. 完善质量评价保障体系。进一步转变政府职能，推进管办评分离，构建以高等学校内部质量保障为基础，教育行政部门为引导，学术组织、行业部门和社会机构共同参与的高等教育质量保障体系。把人才培养水平和质量作为评价大学的首要指标，突出学生中心、产出导向、持续改进，激发高等学校追求卓越，将建设质量文化内化为全校师生的共同价值追求和自觉行为，形成以提高人才培养水平为核心的质量文化。

33. 强化高校质量保障主体意识。完善高校自我评估制度，健全内部质量保障体系。要按照《普通高等学校本科专业类教学质量国家标准》及有关行业标准，根据学校自身办学实际和发展目标，构建教育基本标准，确立人才培养要求，并对照要求建立本科教学自我评估制度。要将评估结果作为校务公开的重要内容向社会公开。

34. 强化质量督导评估。通过督导评估，引导高等学校合理定位、办出水平、办出特色，推进教学改革，提高人才培养质量。完善督导评估机制，形成动态监测、定期评估和专项督导的新型评估体系。建设好高等教育质量监测国家数据平台，利用互联网和大数据技术，形成覆盖高等教育全流程、全领域的质量监测网络体系。规范本科教学工作审核评估和合格评估，开展本科专业评估。推进高等学校本科专业认证工作，开展保合格、上水平、追卓越的三级专业认证。针对突出质量问题开展专项督导检查。强化评估认证结果的应用，建立评估认证结果公示和约谈、整改复查机制。

35. 发挥专家组织和社会机构在质量评价中的作用。充分发挥高等学校教学指导委员会、高等学校本科教学工作评估专家委员会等学术组织在标准制订、评估监测及学风建设方面的重要作用。充分发挥行业部门在人才培养、需求分析、标准制订和专业认证等方面的作用。通过政府购买服务方式，支持社会专业评估机构开展高等教育质量评估。

十、切实做好高水平本科教育建设工作的组织实施

36. 加强组织领导。地方各级教育行政部门、各高校要把建设高水平本科教育作为全面贯彻习近平新时代中国特色社会主义思想，全面贯彻党的教育方针，落实立德树人根本任务，培养社会主义建设者和接班人的重大战略任务。要组织开展新时代全面提高人才培养能力思想大讨论，增强全体教职员工育人意识和育人本领。要加强领导，统筹协调，精心组织，形成合力，研究制定相关政策，积极协调和动员各方面力量支持高水平本科教育建设。

37. 强化高校主体责任。各高校要把建设高水平本科教育作为新时代学校建设改革发展的重点任务，结合本校实际，制定实施方案，明确建设目标、重点内容和保障措施。高校党委会、常委会和校长办公会要定期研究，书记校长及分管负责人要经常性研究本科教育工作，相关部门和院系负责人要切实担起责任，具体负责组织实施，确保达到预期成效。

38. 加强地方统筹。各地教育行政部门要结合实际，科学制定本地区高水平本科教育建设的总体规划和政策措施，并做好与教育规划和改革任务的有效衔接，健全领导体制、决策机制和评估机制，科学配置公共资源，指导和督促高校将建设目标、任务、政策、举措落到实处。

39. 强化支持保障。教育部会同有关部门围绕高水平本科教育建设，加大政策支持力度，制定实施“六卓越一拔尖”计划2.0等重大项目。各地教育主管部门要加强政策协调配套，统筹地方财政高等教育资金和中央支持地方高校改革发展资金，引导支持地方高校推进高水平本科教育建设。各高校要根据自身建设计划，加大与国家和地方政策的衔接、配套和执行力度，加大对本科教育的投入力度。中央部门所属高校要统筹利用中央高校教育教学改革专项等中央高校预算拨款和其他各类资源，结合学校实际，支持高水平本科教育建设。

40. 注重总结宣传。加强分类指导，建立激励机制，保护和激发基层首创精神，鼓励各地各校积极探索，勇于创新，创造性地开展高水平本科教育建设工作。对建设中涌现的好做法和有效经验，要及时总结提炼，充分发挥示范带动作用，特别注重将带有共性的、规律性的做法经验形成可推广的政策制度。加强对高校改革实践成果的宣传，推动全社会进一步关心支持高等教育事业发展，为建设高水平本科教育创造良好的社会环境和舆论氛围。

教育部

2018年9月17日

教育部关于印发《新时代高校教师职业行为十项准则》《新时代中小学教师职业行为十项准则》《新时代幼儿园教师职业行为十项准则》的通知

教师〔2018〕16号

各省、自治区、直辖市教育厅（教委），新疆生产建设兵团教育局，有关部门（单位）教育司（局），部属各高等学校、部省合建各高等学校：

为深入贯彻习近平新时代中国特色社会主义思想和党的十九大精神，深入贯彻落实全国教育大会精神，扎实推进《中共中央　国务院关于全面深化新时代教师队伍建设改革的意见》的实施，进一步加强师德师风建设，我部研究制定了《新时代高校教师职业行为十项准则》《新时代中小学教师职业行为十项准则》《新时代幼儿园教师职业行为十项准则》（以下统称准则）。现印发给你们，请结合实际，认真贯彻执行。

一、准则是教师职业行为的基本规范。师德师风是评价教师队伍素质的第一标准。长期以来，广大教师牢记使命、不忘初心，爱岗敬业、教书育人，改革创新、服务社会，作出了重大贡献，党和国家高度肯定，学生、家长和社会普遍尊重。但是，也有个别教师放松自我要求，不能认真履职尽责，甚至出现严重违反师德行为，损害教师队伍整体形象。制定教师职业行为准则，明确新时代教师职业规范，针对主要问题、突出问题划定基本底线，是对广大教师的警示提醒和严管厚爱，是深化师德师风建设，造就政治素质过硬、业务能力精湛、育人水平高超的高素质教师队伍的关键之举。

二、立即部署扎实开展准则的学习贯彻。各地各校要立即行动，结合落实师德师风建设长效机制，开展准则的学习贯彻。要结合本地区、本学校实际进行细化，制定具体化的教师职业行为负面清单及失范行为处理办法，提高针对性、操作性。要做好宣传解读，坚持全覆盖、无死角，采取多种形式帮助广大教师全面理解和准确把握，做到人人应知应做、必知必做，真正把教书育人和自我修养结合起来，时刻自重、自省、自警、自励，自觉做以德立身、以德立学、以德施教、以德育德的楷模，维护教师职业形象，提振师道尊严。

三、把准则要求落实到教师管理具体工作中。要把好教师入口关，在教师招聘、引进时组织开展准则的宣讲，确保每位新入职教师知准则、守底线。要将准则要求体现在教师聘用、聘任合同中，明确有关责任。要强化考核，在教师年度考核、职称评聘、推优评先、表彰奖励等工作中必须进行师德考核，实行师德失范"一票否决"。改进师德考核方式方法，避免形式化、随意化。完善师德考核指标体系，提高科学性、实效性。

四、以有力措施坚决查处师德违规行为。各地各校要按照准则及相应的处理指导意见、处理办法要求，严格举报受理和违规查处。对于发生准则中禁止行为的，要态度坚决，一查到底，依法依规严肃惩处，绝不姑息。对于有虐待、猥亵、性骚扰等严重侵害学生行为的，一经查实，要撤销其所获荣誉、称号，追回相关奖金，依法依规撤销教师资格、解除教师职务、清除出教师队伍，同时还要录入全国教师管理信息系统，任何学校不得再聘任其从事教学、科研及管理等工作。涉嫌违法犯罪的要及时移送司法机关依法处理。要严格落实学校主体责任，建立师德建设责任追究机制，对师德违规行为监管不力、拒不处分、拖延处分或推诿隐瞒等失职失责问题，造成不良影响或严重后果的，要按照干部管理权限严肃追究责任。

各地贯彻落实准则的情况，请及时报告教育部。教育部将适时对落实情况进行督查。

教育部

2018年11月8日

新时代高校教师职业行为十项准则

教师是人类灵魂的工程师，是人类文明的传承者。长期以来，广大教师贯彻党的教育方针，教书育人，呕心沥血，默默奉献，为国家发展和民族振兴作出了重大贡献。新时代对广大教师落实立德树人根本任务提出新的更高要求，为进一步增强教师的责任感、使命感、荣誉感，规范职业行为，明确师德底线，引导广大教师努力成为有理想信念、有道德情操、有扎实学识、有仁爱之心的好老师，着力培养德智体美劳全面发展的社会主义建设者和接班人，特制定以下准则。

一、坚定政治方向。坚持以习近平新时代中国特色社会主义思想为指导，拥护中国共产党的领导，贯彻党的教育方针；不得在教育教学活动中及其他场合有损害党中央权威、违背党的路线方针政策的言行。

二、自觉爱国守法。忠于祖国，忠于人民，恪守宪法原则，遵守法律法规，依法履行教师职责；不得损害国家利益、社会公共利益，或违背社会公序良俗。

三、传播优秀文化。带头践行社会主义核心价值观，弘扬真善美，传递正能量；不得通过课堂、论坛、讲座、信息网络及其他渠道发表、转发错误观点，或编造散布虚假信息、不良信息。

四、潜心教书育人。落实立德树人根本任务，遵循教育规律和学生成长规律，因材施教，教学相长；不得违反教学纪律，敷衍教学，或擅自从事影响教育教学本职工作的兼职兼薪行为。

五、关心爱护学生。严慈相济，诲人不倦，真心关爱学生，严格要求学生，做学生良师益友；不得要求学生从事与教学、科研、社会服务无关的事宜。

六、坚持言行雅正。为人师表，以身作则，举止文明，作风正派，自重自爱；不得与学生发生任何不正当关系，严禁任何形式的猥亵、性骚扰行为。

七、遵守学术规范。严谨治学，力戒浮躁，潜心问道，勇于探索，坚守学术良知，反对学术不端；不得抄袭剽窃、篡改侵吞他人学术成果，或滥用学术资源和学术影响。

八、秉持公平诚信。坚持原则，处事公道，光明磊落，为人正直；不得在招生、考试、推优、保研、就业及绩效考核、岗位聘用、职称评聘、评优评奖等工作中徇私舞弊、弄虚作假。

九、坚守廉洁自律。严于律己，清廉从教；不得索要、收受学生及家长财物，不得参加由学生及家长付费的宴请、旅游、娱乐休闲等活动，或利用家长资源谋取私利。

十、积极奉献社会。履行社会责任，贡献聪明才智，树立正确义利观；不得假公济私，擅自利用学校名义或校名、校徽、专利、场所等资源谋取个人利益。

新时代中小学教师职业行为十项准则（略）

新时代幼儿园教师职业行为十项准则（略）

中共教育部党组关于加强和改进高校领导干部深入基层联系学生工作的通知

教党函〔2019〕34号

各省、自治区、直辖市党委教育工作部门、教育厅（教委），新疆生产建设兵团教育局，部属各高等学校党委、部省合建各高等学校党委：

为深入学习贯彻习近平新时代中国特色社会主义思想特别是习近平总书记关于教育的重要论述，认真贯彻落实全国教育大会、全国高校思想政治工作会议和学校思想政治理论课教师座谈会精神，推动高校领导干部落实立德树人根本任务，切实履行办学治校、育人育才、维护稳定的政治责任和领导责任，现就加强和改进高校领导干部深入基层联系学生工作通知如下。

一、建立健全制度。各地各高校要围绕“培养什么人、怎样培养人、为谁培养人”这一根本问题，着眼增强高校思想政治工作亲和力针对性，着眼加强干部队伍作风建设，着眼维护高校政治安全和意识形态安全，建立健全学校、部处、院（系）领导干部深入基层联系学生制度，促进高校各级领导干部把工作重心下移到基层单位，工作重点放到学生思想政治工作上，体察校情、关爱学生、答疑解惑、解决问题，推动形成育人合力。

二、明确重点任务。高校领导班子成员尤其是党委书记、校长，要主动进课堂、进班级、进宿舍、进食堂、进社团、进讲座、进网络，深入一线联系学生。高校领导班子每名成员每学期至少给学生讲1堂思想政治理论课或形势政策课，每周至少“面对面”接触学生1次。倡导领导班子成员每人联系1个学生班级或1个学生宿舍或1个学生社团等。学校机关部处、院（系）负责同志，要做到和学生常态化联系交流，具体要求由各学校根据实际情况作出规定。高校党委工作部门特别是学生工作部门的负责同志，要把一半以上的时间精力放在直接到一线联系学生、做学生工作上，同普通同学交朋友，推动解决学生思想、心理、生活、就业等实际问题，切实把思想政治工作做到学生的心坎上。

三、强化工作实效。高校领导班子成员要认真践行以人民为中心的理念，减少不必要的出访出差，减少不必要的会议活动，把时间留在校园里，心思聚焦在办学治校中，精力花在立德树人上。要创新联系方式，把思政小课堂同社会大课堂结合起来，通过参加主题党日团日、主题班会、社团活动、文体竞赛等，拉近与学生距离，成为学生喜爱的人；通过作形势报告、座谈交流、开设讲座等，用深厚的理论功底赢得学生，成为为学为人的表率；通过微博、微信、微视频等方式倾听学生诉求、疏导学生情绪，以“键对键”作为“面对面”的有益补充。要坚决杜绝形式主义、官僚主义，做到问题导向联系、情真意切联系、实实在在联系。要建立完善信息收集反馈机制，对学生反映的问题、提出的建议，要及时汇总分析、研究落实，把深入基层联系学生工作作为大兴调查研究之风、狠抓工作落实的重要途径。

四、严格落实责任。各地各高校要推动领导干部落实联系制度情况实现“三个纳入”：纳入高校干部任用工作重要依据，纳入党员领导干部民主生活会对照检查重要内容，纳入校、院（系）级党组织抓党建述职评议考核指标体系。要健全完善干部选拔任用机制，新提任的党委工作部门负责人应有学生工作经历。对联系学生工作不到位或弄虚作假的，依规依纪追责问责，作出严肃处理。

各地各高校要按照通知要求，结合实际制定本地本校领导干部深入基层联系学生工作方案。工作进展情况及时报告教育部党组。

中共教育部党组

2019年3月20日

中共中央办公厅　国务院办公厅印发《关于深化新时代学校思想政治理论课改革创新的若干意见》

（2019年8月）

新华社北京8月14日电　近日，中共中央办公厅、国务院办公厅印发了《关于深化新时代学校思想政治理论课改革创新的若干意见》，并发出通知，要求各地区各部门结合实际认真贯彻落实。

《关于深化新时代学校思想政治理论课改革创新的若干意见》全文如下。

为深入贯彻落实习近平新时代中国特色社会主义思想和党的十九大精神，贯彻落实习近平总书记关于教育的重要论述，特别是在学校思想政治理论课教师座谈会上的重要讲话精神，全面贯彻党的教育方针，解决好培养什么人、怎样培养人、为谁培养人这个根本问题，坚持不懈用习近平新时代中国特色社会主义思想铸魂育人，现就深化新时代学校思想政治理论课（以下简称思政课）改革创新提出如下意见。

一、重要意义和总体要求

1. 重要意义。教育是国之大计、党之大计，承担着立德树人的根本任务。思政课是落实立德树人根本任务的关键课程，发挥着不可替代的作用。党的十八大以来，以习近平同志为核心的党中央高度重视思政课建设，作出一系列重大决策部署，各地区各部门和各级各类学校采取有力措施认真贯彻落实，思政课建设取得显著成效。同时也要看到，面对新形势新任务新挑战，有的地方和学校对思政课重要性认识还不够到位，课堂教学效果还需提升，教材内容不够鲜活，教师选配和培养工作存在短板，体制机制有待完善，评价和支持体系有待健全，大中小学思政课一体化建设需要深化，民办学校、中外合作办学思政课建设相对薄弱，各类课程同思政课建设的协同效应有待增强，学校、家庭、社会协同推动思政课建设的合力没有完全形成，全党全社会关心支持思政课建设的氛围不够浓厚。办好思政课，要放在世界百年未有之大变局、党和国家事业发展全局中来看待，要从坚持和发展中国特色社会主义、建设社会主义现代化强国、实现中华民族伟大复兴的高度来对待。思政课建设只能加强、不能削弱，必须切实增强办好思政课的信心，全面提高思政课质量和水平。

2. 指导思想。全面贯彻党的教育方针，坚持马克思主义指导地位，贯彻落实习近平新时代中国特色社会主义思想，坚持社会主义办学方向，落实立德树人根本任务，坚持教育为人民服务、为中国共产党治国理政服务、为巩固和发展中国特色社会主义制度服务、为改革开放和社会主义现代化建设服务，扎根中国大地办教育，同生产劳动和社会实践相结合，加快推进教育现代化、建设教育强国、办好人民满意的教育，努力培养担当民族复兴大任的时代新人，培养德智体美劳全面发展的社会主义建设者和接班人。

3. 基本原则。一是坚持党对思政课建设的全面领导，把加强和改进思政课建设摆在突出位置。二是坚持思政课建设与党的创新理论武装同步推进，全面推动习近平新时代中国特色社会主义思想进教材进课堂进学生头脑，把社会主义核心价值观贯穿国民教育全过程。三是坚持守正和创新相统一，落实新时代思政课改革创新要求，不断增强思政课的思想性、理论性和亲和力、针对性。四是坚持思政课在课程体系中的政治引领和价值引领作用，统筹大中小学思政课一体化建设，推动各类课程与思政课建设形成协同效应。五是坚持培养高素质专业化思政课教师队伍，积极为这支队伍成长发展搭建平台、创造条件。六是坚持问题导向和目标导向相结合，注重推动思政课建设内涵式发展，全面提升学生思想政治理论素养，实现知、情、意、行的统一。

二、完善思政课课程教材体系

4. 整体规划思政课课程目标。在大中小学循序渐进、螺旋上升地开设思政课，引导学生立德成人、立志成才，树立正确世界观、人生观、价值观，坚定对马克思主义的信仰，坚定对社会主义和共产主义的信念，增强中国特色社会主义道路自信、理论自信、制度自信、文化自信，厚植爱国主义情怀，把爱国情、强国志、报国行自觉融入坚持和发展中国特色社会主义事业、建设社会主义现代化强国、实现中华民族伟大复兴的奋斗之中。大学阶段重在增强使命担当，引导学生矢志不渝听党话跟党走，争做社会主义合格建设者和可靠接班人。高中阶段重在提升政治素养，引导学生衷心拥护党的领导和我国社会主义制度，形成做社会主义建设者和接班人的政治认同。初中阶段重在打牢思想基础，引导学生把党、祖国、人民装在心中，强化做社会主义建设者和接班人的思想意识。小学阶段重在启蒙道德情感，引导学生形成爱党、爱国、爱社会主义、爱人民、爱集体的情感，具有做社会主义建设者和接班人的美好愿望。

5. 调整创新思政课课程体系。加强以习近平新时代中国特色社会主义思想为核心内容的思政课课程群建设。在保持思政课必修课程设置相对稳定基础上，结合大中小学各学段特点构建形成必修课加选修课的课程体系。全国重点马克思主义学院率先全面开设“习近平新时代中国特色社会主义思想概论”课。博士阶段开设“中国马克思主义与当代”，硕士阶段开设“中国特色社会主义理论与实践研究”，本科阶段开设“马克思主义基本原理概论”“毛泽东思想和中国特色社会主义理论体系概论”“中国近现代史纲要”“思想道德修养与法律基础”“形势与政策”，专科阶段开设“毛泽东思想和中国特色社会主义理论体系概论”“思想道德修养与法律基础”“形势与政策”等必修课。各高校要重点围绕习近平新时代中国特色社会主义思想，党史、国史、改革开放史、社会主义发展史，宪法法律，中华优秀传统文化等设定课程模块，开设系列选择性必修课程。高中阶段开设“思想政治”必修课程，围绕学习习近平总书记最新重要讲话精神开设“思想政治”选择性必修课程。初中、小学阶段开设“道德与法治”必修课程，可结合校本课程、兴趣班开设思政类选修课程。

6. 统筹推进思政课课程内容建设。坚持用习近平新时代中国特色社会主义思想铸魂育人，以政治认同、家国情怀、道德修养、法治意识、文化素养为重点，以爱党、爱国、爱社会主义、爱人民、爱集体为主线，坚持爱国和爱党爱社会主义相统一，系统开展马克思主义理论教育，系统进行中国特色社会主义和中国梦教育、社会主义核心价值观教育、法治教育、劳动教育、心理健康教育、中华优秀传统文化教育。遵循学生认知规律设计课程内容，体现不同学段特点，研究生阶段重在开展探究性学习，本专科阶段重在开展理论性学习，高中阶段重在开展常识性学习，初中阶段重在开展体验性学习，小学阶段重在开展启蒙性学习。

7. 加强思政课教材体系建设。国家教材委员会统筹大中小学思政课教材建设，科学制定教材建设规划，注重提升思政课教材的政治性、时代性、科学性、可读性。国家统一开设的大中小学思政课教材全部由国家教材委员会组织统编统审统用，在教材中及时融入马克思主义中国化最新成果、坚持和发展中国特色社会主义最新经验、马克思主义理论学科最新研究进展。地方或学校开设的思政课选修课教材，由各地负责组织审定。研究编制习近平新时代中国特色社会主义思想进课程教材指导纲要，研究编制中华优秀传统文化、革命文化、社会主义先进文化、科技创新文化及总体国家安全观等进课程教材指南，编制中华民族古代历史和革命建设改革时期英雄人物、先进模范进课程教材图谱，分课程组织编写高校思政课专题教学指南，组织专家编写深度解读教材体系的示范教案，实施思政课优秀讲义出版工程，开列马克思主义经典著作、当代中国马克思主义理论著作、中华优秀传统文化典籍书单，建设思政课网络教学资源库。

三、建设一支政治强、情怀深、思维新、视野广、自律严、人格正的思政课教师队伍

8. 加快壮大学校思政课教师队伍。各地在核定编制时要充分考虑思政课教师配备要求。高校要严格按照师生比不低于1∶350的比例核定专职思政课教师岗位，在编制内配足，且不得挪作他用，并尽快配备到位。制定关于加强新时代中小学思政课教师队伍建设的意见，加强中小学专职思政课教师配备。各地要统筹解决好思政课教师缺口问题。各高校可在与思政课教学内容相关的学科选择优秀教师进行培训后充实思政课教师队伍，可探索胜任思政课教学的党政管理干部转岗为专职思政课教师机制和办法，积极推动符合条件的辅导员参与思政课教学。高校要积极动员政治素质过硬的相关学科专家转任思政课教师。采取兼职的办法遴选相关单位的骨干支援高校思政课建设。各地应对民办学校指派思政课教师或组建专门讲师团。制定新时代高校思政课教师队伍建设规定。

9. 切实提高思政课教师综合素质。以培育一大批优秀马克思主义理论教育家为目标，制定思政课教师队伍培养培训规划，在中央党校（国家行政学院）及地方党校（行政学院）面向思政课教师举办学习习近平新时代中国特色社会主义思想专题研修班，办好“周末理论大讲堂”、骨干教师研修班，实施好思政课教师在职

攻读马克思主义理论博士学位专项计划。建强高校思政课教师研修基地，依托首批全国重点马克思主义学院所在高校重点开展理论研修，依托高水平师范类院校重点开展教学研修，全面提升每一位思政课教师的理论功底、知识素养。建立一批“新时代高校思想政治理论课教师研学基地”，组织思政课教师在国内考察调研，在深入了解党和人民伟大实践中汲取养分、丰富思想。组织思政课骨干教师赴国外调研，拓宽国际视野，在比较分析中坚定“四个自信”。完善国家、省（自治区、直辖市）、学校三级培训体系。本科院校按在校生总数每生每年不低于40元，专科院校按每生每年不低于30元的标准提取专项经费，用于思政课教师的学术交流、实践研修等，并逐步加大支持力度。中央和地方主流媒体的政论、时政节目要积极推出优秀思政课教师传播理论成果，展示综合素质，增强社会影响力。

10. 切实改革思政课教师评价机制。严把政治关、师德关、业务关，明确与思政课教师教学科研特点相匹配的评价标准，进一步提高评价中教学和教学研究占比。各高校在专业技术职务（职称）评聘工作中，要单独设立马克思主义理论类别，校级专业技术职务（职称）评聘委员会要有同比例的马克思主义理论学科专家。按教师比例核定思政课教师专业技术职务（职称）各类岗位占比，高级专业技术职务（职称）岗位比例不低于学校平均水平，指标不得挪作他用。要将思政课教师在中央和地方主要媒体上发表的理论文章纳入学术成果范畴。实行不合格思政课教师退出机制。

11. 加大思政课教师激励力度。增强教师的职业认同感、荣誉感、责任感，把思政课教师和辅导员中的优秀分子纳入各类高层次人才项目，在“万人计划”“长江学者奖励计划”“四个一批”等人才项目中加大倾斜支持力度。各地要因地制宜设立思政课教师和辅导员岗位津贴，纳入绩效工资管理，相应核增学校绩效工资总量。要把思政课教师作为学校干部队伍重要来源，学校党政管理干部原则上应有思政课教师、辅导员或班主任工作经历。党和国家设立的荣誉称号要注重表彰优秀思政课教师，教育部门要大力推选思政课教师年度影响力人物等先进典型。对立场坚定、学养深厚、联系实际、成果突出的思政课教师优秀代表加大宣传力度，发挥示范引领作用。

12. 大力加强思政课教师队伍后备人才培养工作。注重选拔培养高素质人才从事马克思主义理论学习研究和教育教学，统筹推进马克思主义理论学科本硕博一体化人才培养，构建完善马克思主义理论学科本硕博学科体系和课程体系。全国重点马克思主义学院通过提前批次录取或综合考核招生等方式招收马克思主义理论专业本科生，给予推免政策倾斜鼓励优秀马克思主义理论专业本科生攻读硕士学位，采取硕博连读或直接攻读博士学位的方式加强培养。深入实施“高校思想政治理论课教师队伍后备人才培养专项支持计划”，专门招收马克思主义理论学科研究生，并逐步按需增加招生培养指标。加强思政课教师队伍后备人才思想政治工作，加大发展党员力度，提高党员发展质量。

四、不断增强思政课的思想性、理论性和亲和力、针对性

13. 加大思想性、理论性资源供给。进一步建强马克思主义理论学科，进入世界一流大学建设的高校应将马克思主义理论学科设为重点建设学科，为思政课建设提供坚实学科支撑。深入研究坚持和发展中国特色社会主义的重大理论和实践问题，为增强思政课的思想性、理论性提供多角度学术支持。充分发挥马克思主义理论学科的领航作用，大力推进中国特色社会主义学科体系建设。根据需求逐步增加马克思主义理论学科博士学位授权点，支持有关高校联合申报马克思主义理论学科博士学位授权点。组织思政课教师及时学习习近平总书记最新重要讲话精神，及时学习相关文件精神，全面理解和准确把握党中央重大决策部署。

14. 加大思政课教研工作力度。建立健全大中小学思政课教师一体化备课机制，普遍实行思政课教师集体备课制度，全面提升教研水平。遴选学科带头人担任各门课集体备课牵头人，学校领导干部要积极支持和主动参与。建立思政课教师“手拉手”备课机制，发挥思政课建设强校和高水平思政课专家示范带动作用。加强“全国高校思想政治理论课教师网络集体备课平台”建设，完善思政课教师网络备课服务支撑系统。建立纵向跨学段、横向跨学科的交流研修机制，深入开展相邻学段思政课教师教学交流研讨。推动建立思政课教师与其他学科专业教师交流机制。大力推进思政课教学方法改革，提升思政课教师信息化能力素养，推动人工智能等现代信息技术在思政课教学中应用，建设一批国家级虚拟仿真思政课体验教学中心。

15. 切实加强思政课课题研究和成果交流。国家社科基金规划项目、教育部人文社科研究项目等设立思政课教师研究专项，开展思政课教学重点难点问题和教学方法改革创新等研究，逐步加大对相关课题研究的

支持力度。各地要参照设立相关项目并给予经费投入。加强马克思主义理论教学科研成果学术阵地建设，首批重点建设10家学术期刊和若干学术网站，支持新创办一定数量的思政课研究学术期刊。制定思政课教师发表文章的重点报刊目录，将《人民日报》《求是》《解放军报》《光明日报》《经济日报》等中央媒体及地方党报党刊列入其中。委托高校马克思主义学院分片建立高校思政课教学创新中心，设立一批思政课教学质量监测基地。在国家级教学成果奖中单列思政课专项，每2年开展1次全国思政课教学展示活动，定期开展优秀思政课示范课巡讲活动。打造一批思政课国家精品在线开放课程，探索建设融媒体思政公开课，推动优质教学资源共享。

16. 全面提升高校马克思主义学院建设水平。强化“马院姓马、在马言马”的鲜明导向，把思政课教学作为高校马克思主义学院基本职责，将马克思主义学院作为重点学院、马克思主义理论学科作为重点学科、思政课作为重点课程加强建设，在发展规划、人才引进、公共资源使用等方面给予马克思主义学院优先保障。建好建强一批全国重点马克思主义学院和示范性马克思主义学院，依托有条件的高校马克思主义学院建设一批习近平新时代中国特色社会主义思想研究院。建立和完善马克思主义理论学科体系，实施马克思主义理论学科领航工程，在马克思主义理论学习研究宣传上发挥引领带动作用。全面推动各地宣传、教育等部门共建所在地区高校马克思主义学院。实施马克思主义学院院长培养工程，加强马克思主义学院领导班子建设。

17. 整体推进高校课程思政和中小学学科德育。深度挖掘高校各学科门类专业课程和中小学语文、历史、地理、体育、艺术等所有课程蕴含的思想政治教育资源，解决好各类课程与思政课相互配合的问题，发挥所有课程育人功能，构建全面覆盖、类型丰富、层次递进、相互支撑的课程体系，使各类课程与思政课同向同行，形成协同效应。建成一批课程思政示范高校，推出一批课程思政示范课程，选树一批课程思政教学名师和团队，建设一批高校课程思政教学研究示范中心。

五、加强党对思政课建设的领导

18. 严格落实地方党委思政课建设主体责任。地方各级党委要把思政课建设作为党的建设和意识形态工作的标志性工程摆上重要议程，党委常委会每年至少召开1次专题会议研究思政课建设，抓住制约思政课建设的突出问题，在工作格局、队伍建设、支持保障等方面采取有效措施。建立和完善省（自治区、直辖市）党委领导班子成员联系高校和讲思政课特别是“形势与政策”课制度，各省（自治区、直辖市）党委和政府主要负责同志每学期结合学习和工作至少讲1次课。各地要把民办学校、中外合作办学院校纳入思政课建设整体布局。思政课建设情况纳入各级党委领导班子考核和政治巡视。

19. 推动建立高校党委书记、校长带头抓思政课机制。加强和改进高校领导干部深入基层联系学生工作，推动高校领导干部兼任班主任等工作，建立健全高校党委书记、校长及职能部门力量深入一线了解学生思想动态、服务学生发展的制度性安排。高校党委书记、校长作为思政课建设第一责任人，要结合自身学科背景和工作经历，带头走进课堂听课讲课，带头推动思政课建设，带头联系思政课教师。高校党委常委会每学期至少召开1次会议专题研究思政课建设，高校党委书记、校长每学期至少给学生讲授4个课时思政课，高校领导班子其他成员每学期至少给学生讲授2个课时思政课，可重点讲授“形势与政策”课。开学典礼、毕业典礼讲话等要鲜明体现党的教育方针、积极传播马克思主义科学理论、弘扬社会主义核心价值观。要把思政课建设情况纳入学校党的建设工作考核、办学质量和学科建设评估标准体系。

20. 积极拓展思政课建设格局。中央教育工作领导小组要把思政课建设纳入重要议事日程，教育部、中央宣传部等部门要牵头抓好思政课建设，中央军委政治工作部要指导抓好军队院校思政课建设。教育部成立大中小学思政课一体化建设指导委员会，加强对不同类型思政课建设分类指导。有关部门和各地要保证思政课管理人员配备，确保事有人干、责有人负。强化中考、高考、研究生招生考试对学生学习思政课的指挥棒作用，将思政课学习实践情况等作为重要内容纳入综合素质评价体系，探索记入本人档案，作为学生评奖评优重要标准，作为加入中国少年先锋队、中国共产主义青年团、中国共产党的重要参考。坚持开门办思政课，推动思政课实践教学与学生社会实践活动、志愿服务活动结合，思政小课堂和社会大课堂结合，鼓励党政机关、企事业单位等就近与高校对接，挂牌建立思政课实践教学基地，完善思政课实践教学机制。制定关于加快构建高校思想政治工作体系的意见，汇聚办好思政课合力。加大正面宣传和舆论引导力度，推动形成全党全社会努力办好思政课、教师认真讲好思政课、学生积极学好思政课的良好氛围。

中共教育部党组关于印发《“新时代高校思想政治理论课创优行动”工作方案》的通知

教党函〔2019〕90号

各省、自治区、直辖市党委教育工作部门、教育厅（教委），新疆生产建设兵团教育局，部属各高等学校党委、部省合建各高等学校党委：

《“新时代高校思想政治理论课创优行动”工作方案》已经教育部党组会议审议通过，现印发给你们，请参照执行。

中共教育部党组

2019年9月2日

“新时代高校思想政治理论课创优行动”工作方案

为深入贯彻落实习近平新时代中国特色社会主义思想和党的十九大精神，贯彻落实习近平总书记关于教育的重要论述特别是在学校思想政治理论课教师座谈会上的重要讲话精神，贯彻落实中共中央办公厅、国务院办公厅印发的《关于深化新时代学校思想政治理论课改革创新的若干意见》精神，全面贯彻党的教育方针，用习近平新时代中国特色社会主义思想铸魂育人，解决好培养什么人、怎样培养人、为谁培养人这个根本问题，高质量办好新时代高校思想政治理论课（以下简称思政课），现就实施“新时代高校思想政治理论课创优行动”制定如下工作方案。

一、工作目标

充分发挥高校思政课落实立德树人根本任务关键课程作用，全面推动习近平新时代中国特色社会主义思想进教材进课堂进学生头脑，建设一支专职为主、专兼结合、数量充足、素质优良的思政课教师队伍，培育一批优质教学资源，打造一大批内容准确、思想深刻、形式活泼的优质示范课堂。教育引导学生深化对马克思主义历史必然性、科学真理性、理论意义和现实意义的认识，坚定对马克思主义的信仰，坚定对社会主义和共产主义的信念，坚定对实现中华民族伟大复兴中国梦的信心，形成正确的世界观、人生观、价值观，增强中国特色社会主义道路自信、理论自信、制度自信、文化自信，不断提升大学生对思政课的获得感，努力培养担当民族复兴大任的时代新人，培养德智体美劳全面发展的社会主义建设者和接班人。

二、工作思路

聚焦全面推动习近平新时代中国特色社会主义思想进教材进课堂进学生头脑，在坚定理想信念、厚植爱国主义情怀、加强品德修养、增长知识见识、培养奋斗精神、增强综合素质上下功夫，把建设一支高素质的思政课教师队伍作为关键，以高水准教材为遵循，以高水平教学资源为支撑，以高质量示范课堂为抓手，以高效率工作机制为保障，以高标准教学质量为目标，深入推进思政课思路创优、师资创优、教材创优、教法创优、机制创优、环境创优，进一步完善顶层设计、优化工作格局、加大精准施策力度，展现新时代高校思政课新气象新作为新担当，全面提升思政课质量和水平。

三、工作举措

（一）抓好思路创优，发挥思政课全面推动习近平新时代中国特色社会主义思想“三进”主渠道作用，坚持用习近平新时代中国特色社会主义思想铸魂育人

1. 推动以学习习近平新时代中国特色社会主义思想为核心内容的思政课课程群建设。在前期试点基础上，推动37所全国重点马克思主义学院所在高校率先全面开设“习近平新时代中国特色社会主义思想概论”课，把《习近平新时代中国特色社会主义思想学习纲要》等作为教学遵循；加强“形势与政策”课建设，及时深入宣讲习近平新时代中国特色社会主义思想特别是习近平总书记最新重要讲话精神，持续讲、深入讲、跟进讲，久久为功；推动高校紧紧围绕新时代坚持和发展中国特色社会主义理论和实践，开设与思政课必修课相配套的系列选修课。

2. 完善思政课教师队伍建设的顶层设计。研究制定《新时代高校思想政治理论课教师队伍建设规定》，进一步明确思政课教师的职责要求、配备选聘、培养发展、管理考核等；贯彻落实《普通高等学校思想政治理论课教师队伍培养规划（2019—2023年）》（教社科函〔2019〕10号），完善国家、省（区、市）、高校三级培训体系，在五年内实现全国高校思政课专职教师集中培训全覆盖，坚持不懈用习近平新时代中国特色社会主义思想武装头脑、指导实践、推动工作。

3. 提升高校马克思主义学院建设水平。贯彻落实《普通高等学校马克思主义学院建设标准（2019年本）》；适时开展全国重点马克思主义学院建设督察，推动有关高校落实全国重点马克思主义学院建设方案；系统开展高校马克思主义学院对口支援建设专项工作，选派一批高水平的思政课教学科研管理骨干到相对薄弱的马克思主义学院挂职锻炼；全力推动有关部门共建高校马克思主义学院。

4. 召开深化新时代学校思政课改革创新现场推进会。拟于2019年下半年召开会议，深入贯彻落实学校思想政治理论课教师座谈会精神，全面交流展示各地各学校贯彻落实习近平总书记“3·18”重要讲话精神，贯彻落实《中共中央办公厅　国务院办公厅印发〈关于深化新时代学校思想政治理论课改革创新的若干意见〉的通知》精神的好经验好做法，对当前和今后一个时期深化学校思政课改革创新进行再部署再推进。

（二）抓好师资创优，引导思政课教师政治要强、情怀要深、思维要新、视野要广、自律要严、人格要正，建设一支专职为主、专兼结合、数量充足、素质优良的思政课教师队伍

5. 加快壮大高校思政课教师队伍。推动各地各高校按规定的师生比设置专职思政课教师岗位，在编制内配足，且不得挪作他用，并尽快配备到位；推动党政机关、社科研究机构、党校、讲师团等方面专家到高校马克思主义学院挂职兼职；推动高校在其他学科优秀教师中遴选合适人员培训后加入思政课教师队伍；推动普遍建立思政课特聘教授制度，统筹好地方党政领导干部、企事业单位管理专家、社科理论界专家、各行业先进模范以及高校党委书记校长、院（系）党政负责人、名师大家和专业课骨干教师、日常思想政治教育骨干等八支队伍上思政课讲台。

6. 实施“高校思政课教师队伍后备人才培养专项支持计划”。规范专项支持计划研究生培养工作，推动落实全国重点马克思主义学院招收马克思主义理论专业本科生的工作部署，建立和完善马克思主义理论本硕博学科教学体系，加大马克思主义理论学科本硕博一体化人才培养力度，建立并完善马克思主义理论学科本硕博学科体系和课程体系。

7. 高水平开展思政课教师示范培训。把学深悟透习近平新时代中国特色社会主义思想以及思政课教学中的重点难点问题作为主要培训内容，每年举办12期高校思政课骨干教师示范培训班；以习近平总书记在《领导干部要重视学习马克思主义经典著作》的重要讲话中提出的篇目为基础，依托“全国高校思政课教师网络集体备课平台”，汇聚理论界优质师资，面向全国高校思政课教师开设“周末理论大讲堂”，重点开展马克思主义经典著作导读和习近平新时代中国特色社会主义思想研学。

8. 实施高校思政课教师社会实践专项工作。整合社会其他方面的组织力量和优质资源，开展以习近平新时代中国特色社会主义思想指导下党和国家事业取得的历史性成就、发生的历史性变革为主的案例式社会实践研学，在国家重大基础设施建设单位、重大科研项目研究单位、大型国企等设立一批“新时代高校思政课教师研学基地”，在深入了解党和人民的伟大实践中汲取养分、丰富思想。开展以红船精神、井冈山精神、长征精神、延安精神、西柏坡精神、沂蒙精神、抗战精神、大庆精神、红旗渠精神、“两弹一星”精神、雷锋精神、劳模精神、焦裕禄精神等中国革命精神谱系为主的体验式社会实践研修，引导思政课教师坚定理想信念，不忘初心、牢记使命；依托教育系统自身组织力量和相关资源建设一批“全国高校思想政治理论课教师研修基地”。实施思政课教师国外研修项目，组织思政课骨干教师赴国外调研，帮助教师丰富比较教学素材，增强中国特色社会主义道路自信、理论自信、制度自信、文化自信。

9. 改革思政课教师评价机制。坚持以思政课教学为核心的科研导向，强化对思政课教学实绩和思想政治工作实践的基本要求，进一步提高教学和教学研究占比，坚决克服唯文凭、唯论文、唯帽子等问题；推动高校在专业技术职务（职称）评审工作中单独设立马克思主义理论类别，按教师比例核定思政课教师专业技术职务（职称）各类岗位占比；丰富科研成果认定形式，要将思政课教师在中央和地方主要媒体发表的理论文章纳入学术成果范畴。

10. 加大思政课教师激励力度。把思政课教师纳入各类高层次人才项目，在“长江学者奖励计划”等人才项目中对思政课教师加大倾斜支持力度，给予更多关心和支持；推动将思政课教师作为学校干部队伍的重要来源；因地制宜推动实施思政课教师岗位津贴；实施高校示范马克思主义学院和优秀教学科研团队建设项目，建设一批示范马克思主义学院（教学科研部门）、教研室，设立“高校思政课教师银龄工作室”，建设一批全国高校“思政课名师工作室”，择优资助一批思政课优秀青年教师；实行不合格思政课教师退出机制。

（三）抓好教材创优，着重把中国特色社会主义取得举世瞩目的成就融入思政课教材，集中建设优质教学资源

11. 编好用好马工程高校思政课教材。强化教材研究，加强高校思政课国家教材建设重点研究基地工作；做好新修订马工程高校思政课教材从教材体系向教学体系转化，讲深讲准、讲清讲透新教材所体现的党的理论创新、中国特色社会主义实践和马克思主义理论研究的最新成果；推动大中小学思政课课程教材一体化建设，实现各学段教学内容和目标循序渐进、螺旋上升。

12. 定期研制印发《高校“形势与政策”课教学要点》。每年春、秋季学期，教育部党组专门研究《高校“形势与政策”课教学要点》，紧密围绕学习贯彻习近平新时代中国特色社会主义思想特别是习近平总书记最新重要讲话精神，把增强学生中国特色社会主义道路自信、理论自信、制度自信、文化自信贯穿教学全过程，有针对性地指导高校“形势与政策”课教学。

13. 研制各门思政课必修课专题教学指南及配套课件教案。指导教育部高校思政课教学指导委员会，依据新修订马工程高校思政课教材，针对本科和高职高专不同教学需求分课程编写专题教学指南，精心开发配套课件，编写深度解读教案，供全国思政课教师参考使用。

14. 加强思政课立体化教材体系建设。组织力量分课程编写教学辅助材料，编写与统编教材相配套的教师参考书、疑难问题解析、教学案例解析、学生辅学读本等教学用书，组织编发高校思政课教学活页。

（四）抓好教法创优，坚持政治性和学理性相统一、价值性和知识性相统一、建设性和批判性相统一、理论性和实践性相统一、统一性和多样性相统一、主导性和主体性相统一、灌输性和启发性相统一、显性教育和隐性教育相统一，不断增强思政课的思想性、理论性和亲和力、针对性

15. 全面开展高校思政课教师“手拉手”集体备课。确定每门课集体备课牵头人，建立思政课教师“手拉手”备课工作机制，通过遴选若干所思政课建设强校和若干名高水平思政课专家，以包课包片包校等方式建立相对固定的集体备课机制，推动高校深入开展集中研讨提问题、集中备课提质量、集中培训提素质活动，整体提升思政课教师的业务能力和育人水平；加强“全国高校思政课教师网络集体备课平台”建设，完善网络集体备课制度，建立健全高校思政课教指委专家、思政课教学名师在线答疑机制，为每位教师提供个性化、精细化、高水平、高效率的备课服务。

16. 深入实施思政课教学方法改革项目择优推广计划。定期遴选教学方法新、教学效果好、受学生欢迎的优秀思政课教学方法改革项目予以资助，通过各种形式广泛推广，同时鼓励有条件的高校基于优质在线开放课程应用的线上线下混合式教学模式讲授思政课，激发思政课课堂活力。

17. 开展全国高校思政课教学展示活动。每两年开展一次全国高校思政课教学展示活动，覆盖高职高专、本科和研究生各门思政课必修课，强化教学导向，引导思政课教师潜心从教、热心从教。2019年启动首届全国高校思政课教学展示活动。

18. 设立一批高校思政课教学创新中心。在华北、东北、华中、华东、华南、西南、西北地区建立高校思政课教学创新中心，建立健全教学需求实时收集和反馈机制，不间断地为思政课教师提供丰富多样、易学易教的教学资源。

（五）抓好机制创优，建立党委统一领导、党政齐抓共管、有关部门各负其责、全社会协同配合的工作格局，为思政课建设提供有力保障

19. 进一步落实思政课建设主体责任。实施“一省一策思政课”集体行动，针对各地实际，加强工作指导和政策资源支持，形成各具特色的工作方案并深入实施；健全部、省、校三级听课制度，实现高校党委书记、校长和分管领导对思政课必修课听课全覆盖，思政课教学科研二级机构班子成员对所有授课教师听课全覆盖，省级教育工作部门对属地高校听课全覆盖，教育部高校思政课教学指导委员会专家飞行听课对所有地区全覆盖。

20. 全面开展优秀思政课示范课巡讲活动。组建“优秀思想政治理论课示范课百人巡讲团”，把习近平总书记在学校思想政治理论课教师座谈会上的重要讲话精神融入示范课，分赴各地各校交流共享。

21. 生动开展思政课建设优秀成果巡礼活动。面向全国遴选思政课建设优秀成果，分类别通过多种渠道、多种方式开展巡礼活动，把好经验好做法“送上门”开展横向交流，促进各地各校与思政课建设先进典型对标对表，深入推动思政课改革创新。

22. 严格开展思政课建设专项巡察。坚持问题导向，抽调相关方面的骨干力量分赴各地巡察，深入学校调研指导，与地方和学校有关负责同志一起研究解决问题的办法，制定改进工作的方案，做到揣着问题下去、带着举措回来，推动党中央关于学校思政课建设的各项决策部署不折不扣落到实处。

（六）抓好环境创优，推动形成全党全社会努力办好思政课、教师认真讲好思政课、学生积极学好思政课的良好氛围

23. 进一步落实高校党委书记校长带头责任。推动高校党委书记、校长带头走进课堂，带头推动思政课建设，带头联系思政课教师；推动高校党政干部密切联系学生，关心参与思政课建设，建立健全相关制度安排；把思政课建设情况纳入高校党委领导班子考核和政治巡视。

24. 完善高校思政课建设格局。积极建设“思政课程+课程思政”大格局，制定专项工作方案，全面推进“课程思政”建设，使各类课程与思政课同向同行，形成协同效应；推动思政课教学与日常思想政治教育结合起来，思政课实践教学与学生社会实践活动统筹起来；加强民办高校、中外合作办学思政课建设，推动向民办高校选派思政课教师，或组建专门讲师团、教授团承担相关民办高校思政课教学任务；建立家庭参与思想政治理论教育的工作机制。

25. 营造有利于思政课改革创新的良好舆论环境。积极联系中央电视台、人民网、新华网等媒体的政论节目、时政节目，推出优秀思政课教师传播理论成果，扩大其社会影响；推动重点建设一批思政课方面的学术期刊，支持思政课教师发表研究成果；加大宣传力度，配合中央主流媒体常态化报道各地各高校加强思政课建设的好经验好做法好典型。

教育部关于深化本科教育教学改革全面提高人才培养质量的意见

教高〔2019〕6号

各省、自治区、直辖市教育厅(教委),新疆生产建设兵团教育局,有关部门(单位)教育司(局),部属各高等学校、部省合建各高等学校:

为深入贯彻全国教育大会精神和《中国教育现代化2035》,全面落实新时代全国高等学校本科教育工作会议和直属高校工作咨询委员会第二十八次全体会议精神,坚持立德树人,围绕学生忙起来、教师强起来、管理严起来、效果实起来,深化本科教育教学改革,培养德智体美劳全面发展的社会主义建设者和接班人,现提出如下意见。

一、严格教育教学管理

1. 把思想政治教育贯穿人才培养全过程。坚持把立德树人成效作为检验高校一切工作的根本标准,用习近平新时代中国特色社会主义思想铸魂育人,加快构建高校思想政治工作体系,推动形成"三全育人"工作格局。把思想政治理论课作为落实立德树人根本任务的关键课程,推动思想政治理论课改革创新,建设一批具有示范效应的思想政治理论课,不断增强思想政治理论课的思想性、理论性和亲和力、针对性。把课程思政建设作为落实立德树人根本任务的关键环节,坚持知识传授与价值引领相统一、显性教育与隐性教育相统一,充分发掘各类课程和教学方式中蕴含的思想政治教育资源,建成一批课程思政示范高校,推出一批课程思政示范课程,选树一批课程思政优秀教师,建设一批课程思政教学研究示范中心,引领带动全员全过程全方位育人。

2. 激励学生刻苦学习。高校要切实加强学风建设,教育引导学生爱国、励志、求真、力行。要提升学业挑战度,强化人才培养方案、教学过程和教学考核等方面的质量要求,科学合理设置学分总量和课程数量,增加学生投入学习的时间,提高自主学习时间比例,引导学生多读书、深思考、善提问、勤实践。合理增加学生阅读量和体育锻炼时间,以适当方式纳入考核成绩。积极组织学生参加社会调查、生产劳动、志愿服务、公益活动、科技发明和勤工助学等实践活动。

3. 全面提高课程建设质量。立足经济社会发展需求和人才培养目标,优化公共课、专业基础课和专业课比例结构,加强课程体系整体设计,提高课程建设规划性、系统性,避免随意化、碎片化,坚决杜绝因人设课。实施国家级和省级一流课程建设"双万计划",着力打造一大批具有高阶性、创新性和挑战度的线下、线上、线上线下混合、虚拟仿真和社会实践"金课"。积极发展"互联网+教育"、探索智能教育新形态,推动课堂教学革命。严格课堂教学管理,严守教学纪律,确保课程教学质量。

4. 推动高水平教材编写使用。高校党委要高度重视教材建设,落实高校在教材建设中的主体责任,健全教材管理体制机制,明确教材工作部门。做好马克思主义理论研究和建设工程重点教材统一使用工作,推动教材体系向教学体系转化。鼓励支持高水平专家学者编写既符合国家需要又体现个人学术专长的高水平教材,充分发挥教材育人功能。

5. 改进实习运行机制。推动健全大学生实习法律制度,完善各类用人单位接收大学生实习的制度保障。充分考虑高校教学和实习单位工作实际,优化实习过程管理,强化实习导师职责,提升实习效果。加大对学生实习工作支持力度,鼓励高校为学生投保实习活动全过程责任保险,支持建设一批共享型实习基地。进一步强化实践育人,深化产教融合、校企合作,建成一批对区域和产业发展具有较强支撑作用的高水平应用型高等学校。

6. 深化创新创业教育改革。挖掘和充实各类课程、各个环节的创新创业教育资源,强化创新创业协同育人,建好创新创业示范高校和万名优秀创新创业导师人才库。持续推进国家级大学生创新创业训练计划,提高全国大学生创新创业年会整体水平,办好中国"互联网+"大学生创新创业大赛,深入开展青年红色筑梦之旅活动。

7. 推动科研反哺教学。强化科研育人功能，推动高校及时把最新科研成果转化为教学内容，激发学生专业学习兴趣。加强对学生科研活动的指导，加大科研实践平台建设力度，推动国家级、省部级科研基地更大范围开放共享，支持学生早进课题、早进实验室、早进团队，以高水平科学研究提高学生创新和实践能力。统筹规范科技竞赛和竞赛证书管理，引导学生理性参加竞赛，达到以赛促教、以赛促学效果。

8. 加强学生管理和服务。加强高校党委对学生工作的领导，健全学生组织思政工作体系，坚持严格管理与精心爱护相结合。加强学生诚信教育和诚信管理，严格校规校纪刚性约束。配齐建强高校辅导员队伍，落实专职辅导员职务职级“双线”晋升要求，积极探索从时代楷模、改革先锋、道德模范、业务骨干等群体中选聘校外辅导员。积极推动高校建立书院制学生管理模式，开展“一站式”学生社区综合管理模式建设试点工作，配齐配强学业导师、心理辅导教师、校医等，建设师生交流活动专门场所。

9. 严把考试和毕业出口关。完善过程性考核与结果性考核有机结合的学业考评制度，综合应用笔试、口试、非标准答案考试等多种形式，科学确定课堂问答、学术论文、调研报告、作业测评、阶段性测试等过程考核比重。加强考试管理，严肃考试纪律，坚决取消毕业前补考等“清考”行为。加强学生体育课程考核，不能达到《国家学生体质健康标准》合格要求者不能毕业。科学合理制定本科毕业设计（论文）要求，严格全过程管理，严肃处理各类学术不端行为。落实学士学位管理办法，健全学士学位管理制度，严格学士学位标准和授权管理，严把学位授予关。

二、深化教育教学制度改革

10. 完善学分制。学分制是以学分作为衡量学生学习质量和数量，为学生提供更多选择余地的教学制度。支持高校进一步完善学分制，扩大学生学习自主权、选择权。建立健全本科生学业导师制度，安排符合条件的教师指导学生学习，制订个性化培养方案和学业生涯规划。推进模块化课程建设与管理，丰富优质课程资源，为学生选择学分创造条件。支持高校建立与学分制改革和弹性学习相适应的管理制度，加强校际学分互认与转化实践，以学分积累作为学生毕业标准。完善学分标准体系，严格学分质量要求，建立学业预警、淘汰机制。学生在基本修业年限内修满毕业要求的学分，应准予毕业；未修满学分，可根据学校修业年限延长学习时间，通过缴费注册继续学习。支持高校按照一定比例对特别优秀的学士学位获得者予以表彰，并颁发相应的荣誉证书或奖励证书。

11. 深化高校专业供给侧改革。以经济社会发展和学生职业生涯发展需求为导向，构建自主性、灵活性与规范性、稳定性相统一的专业设置管理体系。完善人才需求预测预警机制，推动本科高校形成招生计划、人才培养和就业联动机制，建立健全高校本科专业动态调整机制。以新工科、新医科、新农科、新文科建设引领带动高校专业结构调整优化和内涵提升，做强主干专业，打造特色优势专业，升级改造传统专业，坚决淘汰不能适应社会需求变化的专业。深入实施“六卓越一拔尖”计划2.0，全面实施国家级和省级一流本科专业建设“双万计划”，促进各专业领域创新发展。完善本科专业类国家标准，推动质量标准提档升级。

12. 推进辅修专业制度改革。促进复合型人才培养，逐步推行辅修专业制度，支持学有余力的全日制本科学生辅修其他本科专业。高校应研究制定本校辅修专业目录，辅修专业应与主修专业归属不同的专业类。原则上，辅修专业学生的遴选不晚于第二学年起始时间。辅修专业应参照同专业的人才培养要求，确定辅修课程体系、学分标准和学士学位授予标准。要结合学校定位和辅修专业特点，推进人才培养模式综合改革，形成特色化人才培养方案。要建立健全与主辅修制度相适应的人才培养与资源配置、管理制度联动机制。对没有取得主修学士学位的学生不得授予辅修学士学位。辅修学士学位在主修学士学位证书中予以注明，不单独发放学位证书。

13. 开展双学士学位人才培养项目试点。支持符合条件高校创新人才培养模式，开展双学士学位人才培养项目试点，为学生提供跨学科学习、多样化发展机会。试点须报省级学位委员会审批通过后，通过高考招收学生。试点坚持高起点、高标准、高质量，所依托的学科专业应具有博士学位授予权，且分属两个不同的学科门类。试点人才培养方案要进行充分论证，充分反映两个专业的课程要求、学分标准和学士学位授予标准，不得变相降低要求。高校要推进试点项目与现有教学资源的共享，促进不同专业课程之间的有机融合，实现学科交叉基础上的差异化、特色化人才培养。本科毕业并达到学士学位要求的，可授予双学士学位。双学士学位只发放一本学位证书，所授两个学位应在证书中予以注明。高等学历继续教育不得开展授予双学士学位工作。

14. 稳妥推进跨校联合人才培养。支持高校实施联合学士学位培养项目，发挥不同特色高校优势，协同提升人才培养质量。该项目须报合作高校所在地省级学位委员会审批。该项目相关高校均应具有该专业学士学位授予权，通过高考招收学生。课程要求、学分标准和学士学位授予标准，不得低于联合培养单位各自的相关标准。实施高校要在充分论证基础上签署合作协议，联合制定人才培养方案，加强学生管理和服务。联合学士学位证书由本科生招生入学时学籍所在的学士学位授予单位颁发，联合培养单位可在证书上予以注明，不再单独发放学位证书。高等学历继续教育不得开展授予联合学士学位工作。

15. 全面推进质量文化建设。完善专业认证制度，有序开展保合格、上水平、追卓越的本科专业三级认证工作。完善高校内部教学质量评价体系，建立以本科教学质量报告、学院本科教学评价、专业评价、课程评价、教师评价、学生评价为主体的全链条多维度高校教学质量评价与保障体系。持续推进本科教学工作审核评估和合格评估。要把评估、认证等结果作为教育行政部门和高校政策制定、资源配置、改进教学管理等方面的重要决策参考。高校要构建自觉、自省、自律、自查、自纠的大学质量文化，把其作为推动大学不断前行、不断超越的内生动力，将质量意识、质量标准、质量评价、质量管理等落实到教育教学各环节，内化为师生的共同价值追求和自觉行动。全面落实学生中心、产出导向、持续改进的先进理念，加快形成以学校为主体，教育部门为主导，行业部门、学术组织和社会机构共同参与的中国特色、世界水平的质量保障制度体系。

三、引导教师潜心育人

16. 完善高校教师评聘制度。高校可根据需要设立一定比例的流动岗位，加大聘用具有其他高校学习和行业企业工作经历教师的力度。出台高校教师职称制度改革的指导意见，推行高校教师职务聘任制改革，加强聘期考核，准聘与长聘相结合，做到能上能下、能进能出。高校教师经所在单位批准，可开展多点教学并获得报酬。引导高校建立兼职教师资源库，开展兼职教师岗前培训，为符合条件的兼职教师、急需紧缺人才申报相应系列专业技术职务。研究出台实验技术系列职称制度改革的指导意见，优化高校实验系列队伍结构。

17. 加强基层教学组织建设。高校要以院系为单位，加强教研室、课程模块教学团队、课程组等基层教学组织建设，制定完善相关管理制度，提供必需的场地、经费和人员保障，选聘高水平教授担任基层教学组织负责人，激发基层教学组织活力。支持高校组建校企、校地、校校联合的协同育人中心，打造校内外结合的高水平教学创新团队。要把教学管理队伍建设放在与教师队伍建设同等重要位置，制定专门培养培训计划，为其职务晋升创造有利政策环境。

18. 完善教师培训与激励体系。推动教师培训常态化，探索实行学分管理，将培训学分作为教师考核和职务聘任的重要依据。加强高校教师发展中心建设，重点面向新入职教师和青年教师，以提升教学能力为目的，开展岗前和在岗专业科目培训。推进高校中青年教师专业发展，建立高校中青年教师国内外访学、挂职锻炼、社会实践制度。完善校企、校社共建教师企业实践流动岗（工作站）机制，共建一批教师企业实践岗位。鼓励高校为长期从事教学工作的教师设立荣誉证书制度。鼓励社会组织对教师出资奖励，开展尊师活动，营造尊师重教良好社会风尚。

19. 健全教师考核评价制度。加强师德师风建设，将师德考核贯穿于教育教学全过程。突出教育教学业绩在绩效分配、职务职称评聘、岗位晋级考核中的比重，明确各类教师承担本科生课程的教学课时要求。切实落实教授全员为本科生上课的要求，让教授到教学一线，为本科生讲授基础课和专业基础课，把教授为本科生的授课学时纳入学校教学评估指标体系。教师日常指导学生学习、创新创业、社会实践、各类竞赛展演以及开展“传帮带”等工作，计入教育教学工作量，纳入年度考核内容。

20. 建立健全助教岗位制度。助教岗位承担课堂教辅、组织讨论、批改作业试卷、辅导答疑、协助实习实践等教学辅助任务，主要由没有教学经历的新入职教师、研究生、优秀高年级本科生等担任。高校应建立健全助教岗位制度，完善选拔、培训、评价、激励和反馈的全流程助教岗位管理制度。新入职教师承担的助教工作应纳入教师工作量考核，对于表现优秀的应在职称评聘、职务晋升中予以优先考虑。加强对担任助教工作学生的岗前培训和规范管理，合理确定补贴标准，提供必要条件保障，确保教学工作质量。

四、加强组织保障

21. 加强党对高校教育教学工作的全面领导。地方党委教育工作部门、高校各级党组织要坚持以习近平新时代中国特色社会主义思想为指导，全面贯彻党的教育方针，坚定社会主义办学方向，落实“以本为本、四个回归”的要求，加强对本科教育教学改革的领导。高校党委会、常委会和校长办公会要把本科教育教学改革工作纳入重要议题研究部署，高校主要领导、各级领导干部、广大教师要把主要精力投入教育教学工作，深入党建和思政、教学和科研一线，切实把走进学生、关爱学生、帮助学生落到实处。高校的人员、经费、物质资源要聚焦本科教育教学改革，强化人才培养质量意识，形成全员、全方位支持教育教学改革的良好氛围。

22. 完善提高人才培养质量的保障机制。各地教育行政部门要增强工作针对性和实效性，结合区域实际，明确深化本科教育教学改革总体目标、重点内容、创新举措、评价考核和保障机制，加强政策协调配套，调整教育经费支出结构，加大对教育教学改革的投入力度。要进一步落实高校建设主体责任和办学自主权，提升高校治理能力和治理水平，加强内部统筹，着力解决建设难点和堵点问题。要加强对高校教育教学改革成效的督导检查，加大典型做法的总结宣传力度，推动形成狠抓落实、勇于创新、注重实效的工作局面。

教育部

2019年9月29日

教育部、国家卫生健康委联合部署加强新时代学校预防艾滋病教育工作

（2019年10月14日）

近日，教育部、国家卫生健康委联合部署加强新时代学校预防艾滋病教育工作，通过多措并举、综合施策，保障学生身心健康。

两部委要求各级教育行政、卫生健康部门认真落实党中央、国务院决策部署，牢固树立健康第一的教育理念，高度重视学校预防艾滋病教育工作，深化学校健康教育，帮助学生养成健康文明的行为方式和良好的生活习惯，不断提高健康素养。学校要加强组织领导，加大工作力度，落实各项防控措施。疾病预防控制机构要积极主动提供专业指导和技术支持。

两部委要求教育行政部门把立德树人融入思想道德教育、文化知识教育和社会实践教育各环节，贯穿基础教育、职业教育和高等教育各领域，引导学生培育和践行社会主义核心价值观。将婚恋教育纳入普通高等学校、中等职业学校教育内容，强化学生的尊重意识、诚信意识和责任意识，引导树立文明、健康的婚恋观念。开展适合青少年身心特点的健康教育，根据不同教育阶段强化健康教育。

两部委要求教育行政、卫生健康部门研究制定符合实际的宣传教育方案。学校结合教育教学实际，将艾滋病综合防治教育纳入教育计划。鼓励将大学生预防艾滋病教育跨校学分课程等纳入教学内容。医学类、师范类院校在教学计划中增加艾滋病综合防治知识相关内容。疾病预防控制机构进一步完善符合青少年学生特点的艾滋病防控核心信息和警示案例，提高学生预防艾滋病能力，支持学校开展预防艾滋病教育。学校坚持经常性与重要时间节点相结合，充分发挥新媒体作用，结合警示案例，全面普及预防艾滋病等健康知识。

两部委要求各级卫生健康、教育行政部门每年定期召开学校艾滋病防控会商会议，研究综合防控对策，督促学校和疾病预防控制机构落实防控措施。疾病预防控制机构按照属地管理原则，加强与学校沟通，了解学生感染途径和影响因素。疾病预防控制机构和抗病毒治疗定点医疗机构依法开展学生艾滋病感染者流行病学调查、综合干预和抗病毒治疗等工作。

两部委要求增强学校预防艾滋病综合干预服务能力。教育行政、卫生健康部门要及时总结艾滋病防控工作经验，逐步扩大艾滋病检测咨询和综合干预服务范围。探索利用“互联网+综合干预”“互联网+检测”等新手段，帮助学生识别易感染艾滋病危险行为、知晓寻求帮助的途径和方法。疾病预防控制机构优化自愿咨询检测点等布局。

两部委要求教育行政、卫生健康部门要加强宣传和倡导，动员全社会关心学生身心健康和成长成才，为学校预防艾滋病教育创造良好氛围。激发相关学生社团、学生预防艾滋病志愿者积极性、主动性、创造性，将学生参与预防艾滋病志愿活动纳入学生志愿服务管理和社会实践。

两部委要求发挥专家作用，为学校提供预防艾滋病教育技术指导和专业咨询服务。卫生健康部门统筹加大学校预防艾滋病教育经费投入和技术支持。教育行政部门加强专兼职健康教育师资队伍建设。学校配备数量充足的校医，不断提高校医服务师生健康能力，提供工作经费，通过各种渠道积极争取社会支持，提高学校开展预防艾滋病教育能力。

教育部关于一流本科课程建设的实施意见

教高〔2019〕8号

各省、自治区、直辖市教育厅（教委），新疆生产建设兵团教育局，有关部门（单位）教育司（局），部属各高等学校、部省合建各高等学校：

课程是人才培养的核心要素，课程质量直接决定人才培养质量。为贯彻落实习近平总书记关于教育的重要论述和全国教育大会精神，落实新时代全国高等学校本科教育工作会议要求，必须深化教育教学改革，必须把教学改革成果落实到课程建设上。现就一流本科课程建设提出如下实施意见。

一、总体要求

（一）指导思想

以习近平新时代中国特色社会主义思想为指导，贯彻落实党的十九大精神，落实立德树人根本任务，把立德树人成效作为检验高校一切工作的根本标准，深入挖掘各类课程和教学方式中蕴含的思想政治教育元素，建设适应新时代要求的一流本科课程，让课程优起来、教师强起来、学生忙起来、管理严起来、效果实起来，形成中国特色、世界水平的一流本科课程体系，构建更高水平人才培养体系。

（二）总体目标

全面开展一流本科课程建设，树立课程建设新理念，推进课程改革创新，实施科学课程评价，严格课程管理，立起教授上课、消灭“水课”、取消“清考”等硬规矩，夯实基层教学组织，提高教师教学能力，完善以质量为导向的课程建设激励机制，形成多类型、多样化的教学内容与课程体系。经过三年左右时间，建成万门左右国家级和万门左右省级一流本科课程（简称一流本科课程“双万计划”）。

（三）基本原则

——坚持分类建设。依据高校办学定位和人才培养目标定位，建设适应创新型、复合型、应用型人才培养需要的一流本科课程，实现不同类型高校一流本科课程建设全覆盖。

——坚持扶强扶特。着力引导“双一流”建设高校、部省合建高校发挥引领示范作用，重点打造一批高水平课程，为卓越拔尖人才培养提供有力支撑。重点支持已有建设基础、取得明显教学成效的课程，让优的更优、强的更强。重视特色课程建设，实现一流本科课程多样化。

——提升高阶性。课程目标坚持知识、能力、素质有机融合，培养学生解决复杂问题的综合能力和高级思维。课程内容强调广度和深度，突破习惯性认知模式，培养学生深度分析、大胆质疑、勇于创新的精神和能力。

——突出创新性。教学内容体现前沿性与时代性，及时将学术研究、科技发展前沿成果引入课程。教学方法体现先进性与互动性，大力推进现代信息技术与教学深度融合，积极引导学生进行探究式与个性化学习。

——增加挑战度。课程设计增加研究性、创新性、综合性内容，加大学生学习投入，科学“增负”，让学生体验“跳一跳才能够得着”的学习挑战。严格考核考试评价，增强学生经过刻苦学习收获能力和素质提高的成就感。

二、建设内容

（一）转变观念，理念新起来。以新理念引领一流本科课程建设。牢固树立“三个不合格”理念，竖起“高压线”，不抓本科教育的高校不是合格的高校，不重视本科教育的书记校长不是合格的书记校长，不参与本科教学的教授不是合格的教授。推动课程思政的理念形成广泛共识，构建全员全程全方位育人大格局。确立学生中心、产出导向、持续改进的理念，提升课程的高阶性，突出课程的创新性，增加课程的挑战度。

（二）目标导向，课程优起来。以目标为导向加强课程建设。立足经济社会发展需求和人才培养目标，优化重构教学内容与课程体系，破除课程千校一面，杜绝必修课因人设课，淘汰“水课”，立起课程建设新标杆。“双一流”建设高校、部省合建高校要明确要求两院院士、国家“千人计划”“万人计划”专家、“长江学者奖励计划”入选者、国家杰出青年科学基金获得者等高层次人才建设名课、讲授基础课和专业基础课，建设一批中国特色、世界水平的一流本科课程。聚焦新工科、新医科、新农科、新文科建设，体现多学科思维融合、产业技术与学科理论融合、跨专业能力融合、多学科项目实践融合，建设一批培养创新型、复合型人才的一流本科课程。服务区域经济社会发展主战场，深化产教融合协同育人，建设一批培养应用型人才的一流本科课程。

（三）提升能力，教师强起来。以培养培训为关键点提升教师教学能力。高校要实现基层教学组织全覆盖，教师全员纳入基层教学组织，强化教学研究，定期集体备课、研讨课程设计，加强教学梯队建设，完善助教制度，发挥好“传帮带”作用。实现青年教师上岗培训全覆盖，新入职教师必须经过助课、试讲、考核等环节，获得教师教学发展中心等学校培训部门颁发的证书，方可主讲课程。实现教师职业培训、终身学习全覆盖，推动教师培训常态化，将培训学分作为教师资格定期注册、教师考核的必备条件。

（四）改革方法，课堂活起来。以提升教学效果为目的创新教学方法。强化课堂设计，解决好怎么讲好课的问题，杜绝单纯知识传递、忽视能力素质培养的现象。强化现代信息技术与教育教学深度融合，解决好教与学模式创新的问题，杜绝信息技术应用的简单化、形式化。强化师生互动、生生互动，解决好创新性、批判性思维培养的问题，杜绝教师满堂灌、学生被动听的现象。

（五）科学评价，学生忙起来。以激发学习动力和专业志趣为着力点完善过程评价制度。加强对学生课堂内外、线上线下学习的评价，强化阅读量和阅读能力考查，提升课程学习的广度。加强研究型、项目式学习，丰富探究式、论文式、报告答辩式等作业评价方式，提升课程学习的深度。加强非标准化、综合性等评价，提升课程学习的挑战性。“双一流”建设高校、部省合建高校要扩大学生课程学习选择面，强化课程难度与挑战度。

（六）强化管理，制度严起来。以提高制度执行力为重点严格课程管理。高等学校要严格执行教授为本科生授课制度，连续三年不承担本科课程的教授、副教授，转出教师系列。严格执行国家对高校的生师比要求，完备师资队伍。严格执行课程准入制度，发挥校内教学指导委员会课程把关作用，拒绝“水课”进课堂。严格考试纪律，严把考试和毕业出口关，坚决取消“清考”。严格课程质量评估，在专业认证、教学评估中增加课程评价权重。

（七）政策激励，教学热起来。以教学贡献为核心内容制定激励政策。加大课程建设的支持力度，加大优秀课程和教师的奖励力度，加大教学业绩在专业技术职务评聘中的权重，营造重视本科课程改革与建设的良好氛围。

三、实施一流本科课程双万计划

（一）认定万门左右国家级一流本科课程。注重创新型、复合型、应用型人才培养课程建设的创新性、示范引领性和推广性，在高校培育建设基础上，从2019年到2021年，完成4000门左右国家级线上一流课程（国家精品在线开放课程）、4000门左右国家级线下一流课程、6000门左右国家级线上线下混合式一流课程、1500门左右国家虚拟仿真实验教学一流课程、1000门左右国家级社会实践一流课程认定工作，具体推荐认定办法见附件。

（二）认定万门左右省级一流本科课程。各省级教育行政部门根据区域高等教育改革发展需求，参照本实施意见要求，具体组织实施本地区一流本科课程建设计划。推荐国家级一流课程，注重解决本地区高校长期存在的教育教学问题，因地制宜、因校制宜、因课制宜建设省级一流本科课程，并报我部备案。

四、组织管理

（一）教育部负责统筹指导一流本科课程建设工作，组织有关专家和机构研究制定一流本科课程建设、应用与管理的相关标准规范。公布国家级一流本科课程推荐认定结果。

（二）省级教育行政部门研究制定省级一流本科课程建设实施方案，制定推动本地区一流本科课程建设与教学改革配套政策，建设省级一流本科课程。加强省级课程服务平台的管理，积极推动一流本科课程开放共享。

（三）高校要优化课程体系，做好一流本科课程建设规划。组建优秀教师团队建设一流本科课程。建立校内课程建设激励机制，健全支持政策，完善课程管理和评价机制。“双一流”建设高校、部省合建高校要率先建设一流本科课程。

（四）高等学校教学指导委员会要加强课程建设理论研究和分类指导，组织制订相关专业一流本科课程建设指南，引导高校汇聚优秀教师联合建设课程群，共享优质课程资源。

（五）课程服务平台承担一流本科课程服务和数据安全保障的主体责任，配合开展课程审查和线上教学活动。要不断更新并提升技术和数据服务水平，监控和打击不良学习行为。加强课程平台间的交流与合作。

（六）中央部门所属高校统筹利用“中央高校教育教学改革专项”等各类资源支持一流本科课程建设。地方高校统筹地方财政高等教育资金和中央支持地方高校改革发展资金支持一流本科课程建设。

附件：“双万计划”国家级一流本科课程推荐认定办法

教育部

2019年10月24日

附件

“双万计划”国家级一流本科课程推荐认定办法

一、推荐范围

普通本科高校纳入人才培养方案且设置学分的本科课程均可推荐，包括思想政治理论课、公共基础课、专业基础课、专业课以及通识课等独立设置的本科理论课程、实验课程和社会实践课程等。

二、推荐类型与计划

（一）线上一流课程。即国家精品在线开放课程，突出优质、开放、共享，打造中国慕课品牌。完成4000门左右国家精品在线开放课程认定，构建内容更加丰富、结构更加合理、类别更加全面的国家级精品慕课体系。

（二）线下一流课程。主要指以面授为主的课程，以提升学生综合能力为重点，重塑课程内容，创新教学方法，打破课堂沉默状态，焕发课堂生机活力，较好发挥课堂教学主阵地、主渠道、主战场作用。认定4000门左右国家级线下一流课程。

（三）线上线下混合式一流课程。主要指基于慕课、专属在线课程（SPOC）或其他在线课程，运用适当的数字化教学工具，结合本校实际对校内课程进行改造，安排20%—50%的教学时间实施学生线上自主学习，与线下面授有机结合开展翻转课堂、混合式教学，打造在线课程与本校课堂教学相融合的混合式“金课”。大力倡导基于国家精品在线开放课程应用的线上线下混合式优质课程申报。认定6000门左右国家级线上线下混合式一流课程。

（四）虚拟仿真实验教学一流课程。着力解决真实实验条件不具备或实际运行困难，涉及高危或极端环境，高成本、高消耗、不可逆操作、大型综合训练等问题。完成1500门左右国家虚拟仿真实验教学一流课程认定，形成专业布局合理、教学效果优良、开放共享有效的高等教育信息化实验教学体系。

（五）社会实践一流课程。以培养学生综合能力为目标，通过“青年红色筑梦之旅”“互联网+”大学生创新创业大赛、创新创业和思想政治理论课社会实践等活动，推动思想政治教育、专业教育与社会服务紧密结合，培养学生认识社会、研究社会、理解社会、服务社会的意识和能力，建设社会实践一流课程。课程应为纳入人才培养方案的非实习、实训课程，配备理论指导教师，具有稳定的实践基地，学生70%以上学时深入基层，保证课程规范化和可持续发展。认定1000门左右国家级社会实践一流课程。

三、推荐条件

推荐课程须至少经过两个学期或两个教学周期的建设和完善，取得实质性改革成效，在同类课程中具有鲜明特色、良好的教学效果，并承诺入选后将持续改进。符合相关类型课程基本形态和特殊要求的同时，在以下多个方面具备实质性创新，有较大的借鉴和推广价值。

（一）教学理念先进。坚持立德树人，体现以学生发展为中心，致力于开启学生内在潜力和学习动力，注重学生德智体美劳全面发展。

（二）课程教学团队教学成果显著。课程团队教学改革意识强烈、理念先进，人员结构及任务分工合理。主讲教师具备良好的师德师风，具有丰富的教学经验、较高学术造诣，积极投身教学改革，教学能力强，能够运用新技术提高教学效率、提升教学质量。

（三）课程目标有效支撑培养目标达成。课程目标符合学校办学定位和人才培养目标，注重知识、能力、素质培养。

（四）课程教学设计科学合理。围绕目标达成、教学内容、组织实施和多元评价需求进行整体规划，教学策略、教学方法、教学过程、教学评价等设计合理。

（五）课程内容与时俱进。课程内容结构符合学生成长规律，依据学科前沿动态与社会发展需求动态更新知识体系，契合课程目标，教材选用符合教育部和学校教材选用规定，教学资源丰富多样，体现思想性、科学性与时代性。

（六）教学组织与实施突出学生中心地位。根据学生认知规律和接受特点，创新教与学模式，因材施教，促进师生之间、学生之间的交流互动、资源共享、知识生成，教学反馈及时，教学效果显著。

（七）课程管理与评价科学且可测量。教师备课要求明确，学生学习管理严格。针对教学目标、教学内容、教学组织等采用多元化考核评价，过程可回溯，诊断改进积极有效。教学过程材料完整，可借鉴可监督。

四、推荐方式

除线上一流课程、虚拟仿真实验教学一流课程继续按有关文件实施外，线下一流课程、线上线下混合式一流课程和社会实践一流课程采用以下推荐方式。

（一）推荐总额

教育部按照国家级线下一流课程、线上线下混合式一流课程和社会实践一流课程三年计划总数确定推荐总额，分别下达至中央部门所属高校和各省级教育行政部门。

（二）分赛道推荐

按照中央部门所属高校、地方高校的办学定位和培养目标特点分赛道推荐，名额分列。部省合建高校推荐课程纳入中央部门所属高校赛道。

（三）推荐方式

中央部门所属高校、各省级教育行政部门根据教育部下达的三年推荐额度，在规定的年度上限数额内推荐。教育部直属高校直接报教育部，其他中央部门所属高校、部省合建高校经主管部门同意后报教育部；地方高校由省级教育行政部门统一报教育部。

（四）推荐材料要求

课程团队须提交申报书、时长10分钟内的说课视频（包括教学理念、课程设计、课程实施、改革成效等）和其他佐证材料。

五、认定方式

教育部分年度组织专家对推荐课程进行认定，经公示后向社会发布。对课程团队成员存在师德师风问题、学术不端问题、五年内出现过重大教学事故，课程内容存在思想性科学性问题的，实行一票否决。

六、认定课程管理

教育部对认定的国家级一流课程实施动态管理，对课程实际应用、教学效果和共享等进行跟踪监测。认定为国家级一流课程的课程须继续建设五年，其建设和改革成果在指定的网站上集中展示和分享，且定期更新资源和数据。对于未持续更新完善、出现严重质量问题、课程团队成员出现师德师风等问题的课程，将予以撤销。

中共中央　国务院印发《新时代公民道德建设实施纲要》

（2019年10月）

新华社北京10月27日电　近日，中共中央、国务院印发了《新时代公民道德建设实施纲要》，并发出通知，要求各地区各部门结合实际认真贯彻落实。

《新时代公民道德建设实施纲要》全文如下。

中华文明源远流长，孕育了中华民族的宝贵精神品格，培育了中国人民的崇高价值追求。中国共产党领导人民在革命、建设和改革历史进程中，坚持马克思主义对人类美好社会的理想，继承发扬中华传统美德，创造形成了引领中国社会发展进步的社会主义道德体系。坚持和发展中国特色社会主义，需要物质文明和精神文明全面发展、人民物质生活和精神生活水平全面提升。中国特色社会主义进入新时代，加强公民道德建设、提高全社会道德水平，是全面建成小康社会、全面建设社会主义现代化强国的战略任务，是适应社会主要矛盾变化、满足人民对美好生活向往的迫切需要，是促进社会全面进步、人的全面发展的必然要求。

2001年，党中央颁布《公民道德建设实施纲要》，对在社会主义市场经济条件下加强公民道德建设提供了重要指导，有力促进了社会主义精神文明建设。党的十八大以来，以习近平同志为核心的党中央高度重视公民道德建设，立根塑魂、正本清源，作出一系列重要部署，推动思想道德建设取得显著成效。中国特色社会主义和中国梦深入人心，践行社会主义核心价值观、传承中华优秀传统文化的自觉性不断提升，爱国主义、集体主义、社会主义思想广为弘扬，崇尚英雄、尊重模范、学习先进成为风尚，民族自信心、自豪感大大增强，人民思想觉悟、道德水准、文明素养不断提高，道德领域呈现积极健康向上的良好态势。

同时也要看到，在国际国内形势深刻变化、我国经济社会深刻变革的大背景下，由于市场经济规则、政策法规、社会治理还不够健全，受不良思想文化侵蚀和网络有害信息影响，道德领域依然存在不少问题。一些地方、一些领域不同程度存在道德失范现象，拜金主义、享乐主义、极端个人主义仍然比较突出；一些社会成员道德观念模糊甚至缺失，是非、善恶、美丑不分，见利忘义、唯利是图，损人利己、损公肥私；造假欺诈、不讲信用的现象久治不绝，突破公序良俗底线、妨害人民幸福生活、伤害国家尊严和民族感情的事件时有发生。这些问题必须引起全党全社会高度重视，采取有力措施切实加以解决。

加强公民道德建设是一项长期而紧迫、艰巨而复杂的任务，要适应新时代新要求，坚持目标导向和问题导向相统一，进一步加大工作力度，把握规律、积极创新，持之以恒、久久为功，推动全民道德素质和社会文明程度达到一个新高度。

一、总体要求

要以习近平新时代中国特色社会主义思想为指导，紧紧围绕进行伟大斗争、建设伟大工程、推进伟大事业、实现伟大梦想，着眼构筑中国精神、中国价值、中国力量，促进全体人民在理想信念、价值理念、道德观念上紧密团结在一起，在全民族牢固树立中国特色社会主义共同理想，在全社会大力弘扬社会主义核心价值观，积极倡导富强民主文明和谐、自由平等公正法治、爱国敬业诚信友善，全面推进社会公德、职业道德、家庭美德、个人品德建设，持续强化教育引导、实践养成、制度保障，不断提升公民道德素质，促进人的全面发展，培养和造就担当民族复兴大任的时代新人。

——坚持马克思主义道德观、社会主义道德观，倡导共产主义道德，以为人民服务为核心，以集体主义为原则，以爱祖国、爱人民、爱劳动、爱科学、爱社会主义为基本要求，始终保持公民道德建设的社会主义方向。

——坚持以社会主义核心价值观为引领，将国家、社会、个人层面的价值要求贯穿到道德建设各方面，以主流价值建构道德规范、强化道德认同、指引道德实践，引导人们明大德、守公德、严私德。

——坚持在继承传统中创新发展，自觉传承中华传统美德，继承我们党领导人民在长期实践中形成的优良传统和革命道德，适应新时代改革开放和社会主义市场经济发展要求，积极推动创造性转化、创新性发展，不断增强道德建设的时代性实效性。

——坚持提升道德认知与推动道德实践相结合，尊重人民群众的主体地位，激发人们形成善良的道德意愿、道德情感，培育正确的道德判断和道德责任，提高道德实践能力尤其是自觉实践能力，引导人们向往和追求讲道德、尊道德、守道德的生活。

——坚持发挥社会主义法治的促进和保障作用，以法治承载道德理念、鲜明道德导向、弘扬美德义行，把社会主义道德要求体现到立法、执法、司法、守法之中，以法治的力量引导人们向上向善。

——坚持积极倡导与有效治理并举，遵循道德建设规律，把先进性要求与广泛性要求结合起来，坚持重在建设、立破并举，发挥榜样示范引领作用，加大突出问题整治力度，树立新风正气、祛除歪风邪气。

要把社会公德、职业道德、家庭美德、个人品德建设作为着力点。推动践行以文明礼貌、助人为乐、爱护公物、保护环境、遵纪守法为主要内容的社会公德，鼓励人们在社会上做一个好公民；推动践行以爱岗敬业、诚实守信、办事公道、热情服务、奉献社会为主要内容的职业道德，鼓励人们在工作中做一个好建设者；推动践行以尊老爱幼、男女平等、夫妻和睦、勤俭持家、邻里互助为主要内容的家庭美德，鼓励人们在家庭里做一个好成员；推动践行以爱国奉献、明礼遵规、勤劳善良、宽厚正直、自强自律为主要内容的个人品德，鼓励人们在日常生活中养成好品行。

二、重点任务

1. 筑牢理想信念之基。人民有信仰，国家有力量，民族有希望。信仰信念指引人生方向，引领道德追求。要坚持不懈用习近平新时代中国特色社会主义思想武装全党、教育人民，引导人们把握丰富内涵、精神实质、实践要求，打牢信仰信念的思想理论根基。在全社会广泛开展理想信念教育，深化社会主义和共产主义宣传教育，深化中国特色社会主义和中国梦宣传教育，引导人们不断增强道路自信、理论自信、制度自信、文化自信，把共产主义远大理想与中国特色社会主义共同理想统一起来，把实现个人理想融入实现国家富强、民族振兴、人民幸福的伟大梦想之中。

2. 培育和践行社会主义核心价值观。社会主义核心价值观是当代中国精神的集中体现，是凝聚中国力量的思想道德基础。要持续深化社会主义核心价值观宣传教育，增进认知认同、树立鲜明导向、强化示范带动，引导人们把社会主义核心价值观作为明德修身、立德树人的根本遵循。坚持贯穿结合融入、落细落小落实，把社会主义核心价值观要求融入日常生活，使之成为人们日用而不觉的道德规范和行为准则。坚持德法兼治，以道德滋养法治精神，以法治体现道德理念，全面贯彻实施宪法，推动社会主义核心价值观融入法治建设，将社会主义核心价值观要求全面体现到中国特色社会主义法律体系中，体现到法律法规立改废释、公共政策制定修订、社会治理改进完善中，为弘扬主流价值提供良好社会环境和制度保障。

3. 传承中华传统美德。中华传统美德是中华文化精髓，是道德建设的不竭源泉。要以礼敬自豪的态度对待中华优秀传统文化，充分发掘文化经典、历史遗存、文物古迹承载的丰厚道德资源，弘扬古圣先贤、民族英雄、志士仁人的嘉言懿行，让中华文化基因更好植根于人们的思想意识和道德观念。深入阐发中华优秀传统文化蕴含的讲仁爱、重民本、守诚信、崇正义、尚和合、求大同等思想理念，深入挖掘自强不息、敬业乐群、扶正扬善、扶危济困、见义勇为、孝老爱亲等传统美德，并结合新的时代条件和实践要求继承创新，充分彰显其时代价值和永恒魅力，使之与现代文化、现实生活相融相通，成为全体人民精神生活、道德实践的鲜明标识。

4. 弘扬民族精神和时代精神。以爱国主义为核心的民族精神和以改革创新为核心的时代精神，是中华民族生生不息、发展壮大的坚实精神支撑和强大道德力量。要深化改革开放史、新中国历史、中国共产党历史、中华民族近代史、中华文明史教育，弘扬中国人民伟大创造精神、伟大奋斗精神、伟大团结精神、伟大梦想精神，倡导一切有利于团结统一、爱好和平、勤劳勇敢、自强不息的思想和观念，构筑中华民族共有精神家园。要继承和发扬党领导人民创造的优良传统，传承红色基因，赓续精神谱系。要紧紧围绕全面深化改革开放、深入推进社会主义现代化建设，大力倡导解放思想、实事求是、与时俱进、求真务实的理念，倡导“幸福源自奋斗”“成功在于奉献”“平凡孕育伟大”的理念，弘扬改革开放精神、劳动精神、劳模精神、工匠精神、优秀企业家精神、科学家精神，使全体人民保持昂扬向上、奋发有为的精神状态。

三、深化道德教育引导

1. 把立德树人贯穿学校教育全过程。学校是公民道德建设的重要阵地。要全面贯彻党的教育方针，坚持社会主义办学方向，坚持育人为本、德育为先，把思想品德作为学生核心素养、纳入学业质量标准，构建德智体美劳全面培养的教育体系。加强思想品德教育，遵循不同年龄阶段的道德认知规律，结合基础教育、职业教育、高等教育的不同特点，把社会主义核心价值观和道德规范有效传授给学生。注重融入贯穿，把公民道德建设的内容和要求体现到各学科教育中，体现到学科体系、教学体系、教材体系、管理体系建设中，使传授知识过程成为道德教化过程。开展社会实践活动，强化劳动精神、劳动观念教育，引导学生热爱劳动、尊重劳动，懂得劳动最光荣、劳动最崇高、劳动最伟大、劳动最美丽的道理，更好认识社会、了解国情，增强社会责任感。加强师德师风建设，引导教师以德立身、以德立学、以德施教、以德育德，做有理想信念、有道德情操、有扎实学识、有仁爱之心的好老师。建设优良校风，用校训励志，丰富校园文化生活，营造有利于学生修德立身的良好氛围。

2. 用良好家教家风涵育道德品行。家庭是社会的基本细胞，是道德养成的起点。要弘扬中华民族传统家庭美德，倡导现代家庭文明观念，推动形成爱国爱家、相亲相爱、向上向善、共建共享的社会主义家庭文明新风尚，让美德在家庭中生根、在亲情中升华。通过多种方式，引导广大家庭重言传、重身教，教知识、育品德，以身作则、耳濡目染，用正确道德观念塑造孩子美好心灵；自觉传承中华孝道，感念父母养育之恩、感念长辈关爱之情，养成孝敬父母、尊敬长辈的良好品质；倡导忠诚、责任、亲情、学习、公益的理念，让家庭成员相互影响、共同提高，在为家庭谋幸福、为他人送温暖、为社会作贡献过程中提高精神境界、培育文明风尚。

3. 以先进模范引领道德风尚。伟大时代呼唤伟大精神，崇高事业需要榜样引领。要精心选树时代楷模、道德模范等先进典型，综合运用宣讲报告、事迹报道、专题节目、文艺作品、公益广告等形式，广泛宣传他们的先进事迹和突出贡献，树立鲜明时代价值取向，彰显社会道德高度。持续推出各行各业先进人物，广泛推荐宣传最美人物、身边好人，让不同行业、不同群体都能学有榜样、行有示范，形成见贤思齐、争当先进的生动局面。尊崇褒扬、关心关爱先进人物和英雄模范，建立健全关爱关怀机制，维护先进人物和英雄模范的荣誉和形象，形成德者有得、好人好报的价值导向。

4. 以正确舆论营造良好道德环境。舆论具有成风化人、敦风化俗的重要作用。要坚持以正确的舆论引导人，把正确价值导向和道德要求体现到经济、社会、文化等各领域的新闻报道中，体现到娱乐、体育、广告等各类节目栏目中。加强对道德领域热点问题的引导，以事说理、以案明德，着力增强人们的法治意识、公共意识、规则意识、责任意识。发挥舆论监督作用，对违反社会道德、背离公序良俗的言行和现象，及时进行批评、驳斥，激浊扬清、弘扬正气。传媒和相关业务从业人员要加强道德修养、强化道德自律，自觉履行社会责任。

5. 以优秀文艺作品陶冶道德情操。文以载道，文以传情，文以植德。要把培育和弘扬社会主义核心价值观作为根本任务，坚持以人民为中心的创作导向，推出更多讴歌党、讴歌祖国，讴歌人民、讴歌英雄，讴歌劳动、讴歌奉献的精品力作，润物无声传播真善美，弘扬崇高的道德理想和道德追求。坚持把社会效益放在首位，倡导讲品位、讲格调、讲责任，抵制低俗、庸俗、媚俗，用健康向上的文艺作品温润心灵、启迪心智、引领风尚。要把社会主义道德作为文艺评论、评介、评奖的重要标准，更好地引导文艺创作生产传播坚守正道、弘扬正气。文艺工作者要把崇德尚艺作为一生的功课，把为人、做事、从艺统一起来，加强思想积累、知识储备、艺术训练，提高学养、涵养、修养，努力追求真才学、好德行、高品位，做到德艺双馨。

6. 发挥各类阵地道德教育作用。各类阵地是面向广大群众开展道德教育的基本依托。要加强新时代文明实践中心建设，大力推进媒体融合发展，抓好县级融媒体中心建设，推动基层广泛开展中国特色社会主义文化、社会主义思想道德学习教育实践，引导人们提高思想觉悟、道德水准、文明素养。加强爱国主义教育基地和革命纪念设施建设保护利用，充实展陈内容，丰富思想内涵，提升教育功能。民族团结、科普、国防等教育基地，图书馆、文化馆、博物馆、纪念馆、科技馆、青少年活动中心等公共文化设施，都要结合各自功能特点有针对性地开展道德教育。用好宣传栏、显示屏、广告牌等户外媒介，营造明德守礼的浓厚氛围。

7. 抓好重点群体的教育引导。公民道德建设既要面向全体社会成员开展，也要聚焦重点、抓住关键。党员干部的道德操守直接影响着全社会道德风尚，要落实全面从严治党要求，加强理想信念教育，补足精神之钙；要加强政德修养，坚持法律红线不可逾越、道德底线不可触碰，在严肃规范的党内政治生活中锤炼党性、改进作风、砥砺品质，践行忠诚老实、公道正派、艰苦奋斗、清正廉洁等品格，正心修身、慎独慎微，严以律己、廉洁齐家，在道德建设中为全社会作出表率。青少年是国家的希望、民族的未来，要坚持从娃娃抓起，引导青少年把正确的道德认知、自觉的道德养成、积极的道德实践紧密结合起来，善于从中华民族传统美德中汲取道德滋养，从英雄人物和时代楷模身上感受道德风范，从自身内省中提升道德修为，不断修身立德，打牢道德根基。全社会都要关心帮助支持青少年成长发展，完善家庭、学校、政府、社会相结合的思想道德教育体系，引导青少年树立远大志向，热爱党、热爱祖国、热爱人民，形成好思想、好品行、好习惯，扣好人生第一粒扣子。社会公众人物知名度高、影响力大，要加强思想政治引领，引导他们承担社会责任，加强道德修养，注重道德自律，自觉接受社会和舆论监督，树立良好社会形象。

四、推动道德实践养成

1. 广泛开展弘扬时代新风行动。良好社会风尚是社会文明程度的重要标志，涵育着公民美德善行，推动着社会和谐有序运转。要紧密结合社会发展实际，广泛开展文明出行、文明交通、文明旅游、文明就餐、文明观赛等活动，引导人们自觉遵守社会交往、公共场所中的文明规范。着眼完善社会治理、规范社会秩序，推动街道社区、交通设施、医疗场所、景区景点、文体场馆等的精细管理、规范运营，优化公共空间、提升服务水平，为人们增强公共意识、规则意识创造良好环境。

2. 深化群众性创建活动。各类群众性创建活动是人民群众自我教育、自我提高的生动实践。群众性精神文明创建活动要突出道德要求，充实道德内容，将社会公德、职业道德、家庭美德、个人品德建设贯穿创建全过程。文明城市、文明村镇创建要坚持为民利民惠民，突出文明和谐、宜居宜业，不断提升基层社会治理水平和群众文明素质。文明单位创建要立足行业特色、职业特点，突出涵养职业操守、培育职业精神、树立行业新风，引导从业者精益求精、追求卓越，为社会提供优质产品和服务。文明家庭创建要聚焦涵育家庭美德，弘扬优良家风。文明校园创建要聚焦立德树人，培养德智体美劳全面发展的社会主义建设者和接班人。各级党政机关、各行业各系统开展的创建活动，要把公民道德建设摆在更加重要的位置，以扎实有效的创建工作推动全民道德素质提升。

3. 持续推进诚信建设。诚信是社会和谐的基石和重要特征。要继承发扬中华民族重信守诺的传统美德，弘扬与社会主义市场经济相适应的诚信理念、诚信文化、契约精神，推动各行业各领域制定诚信公约，加快个人诚信、政务诚信、商务诚信、社会诚信和司法公信建设，构建覆盖全社会的征信体系，健全守信联合激励和失信联合惩戒机制，开展诚信缺失突出问题专项治理，提高全社会诚信水平。重视学术、科研诚信建设，严肃查处违背学术科研诚信要求的行为。深入开展“诚信建设万里行”“诚信兴商宣传月”等活动，评选发布“诚信之星”，宣传推介诚信先进集体，激励人们更好地讲诚实、守信用。

4. 深入推进学雷锋志愿服务。学雷锋和志愿服务是践行社会主义道德的重要途径。要弘扬雷锋精神和奉献、友爱、互助、进步的志愿精神，围绕重大活动、扶贫救灾、敬老救孤、恤病助残、法律援助、文化支教、环境保护、健康指导等，广泛开展学雷锋和志愿服务活动，引导人们把学雷锋和志愿服务作为生活方式、生活习惯。推动志愿服务组织发展，完善激励褒奖制度，推进学雷锋志愿服务制度化常态化，使“我为人人、人人为我”蔚然成风。

5. 广泛开展移风易俗行动。摒弃陈规陋习、倡导文明新风是道德建设的重要任务。要围绕实施乡村振兴战略，培育文明乡风、淳朴民风，倡导科学文明生活方式，挖掘创新乡土文化，不断焕发乡村文明新气象。充分发挥村规民约、道德评议会、红白理事会等作用，破除铺张浪费、薄养厚葬、人情攀比等不良习俗。要提倡科学精神，普及科学知识，抵制迷信和腐朽落后文化，防范极端宗教思想和非法宗教势力渗透。

6. 充分发挥礼仪礼节的教化作用。礼仪礼节是道德素养的体现，也是道德实践的载体。要制定国家礼仪规程，完善党和国家功勋荣誉表彰制度，规范开展升国旗、奏唱国歌、入党入团入队等仪式，强化仪式感、参与感、现代感，增强人们对党和国家、对组织集体的认同感和归属感。充分利用重要传统节日、重大节庆和纪念日，组织开展群众性主题实践活动，丰富道德体验、增进道德情感。研究制定继承中华优秀传统、适应现代文明要求的社会礼仪、服装服饰、文明用语规范，引导人们重礼节、讲礼貌。

7. 积极践行绿色生产生活方式。绿色发展、生态道德是现代文明的重要标志，是美好生活的基础、人民群众的期盼。要推动全社会共建美丽中国，围绕世界地球日、世界环境日、世界森林日、世界水日、世界海洋日和全国节能宣传周等，广泛开展多种形式的主题宣传实践活动，坚持人与自然和谐共生，引导人们树立尊重自然、顺应自然、保护自然的理念，树立绿水青山就是金山银山的理念，增强节约意识、环保意识和生态意识。开展创建节约型机关、绿色家庭、绿色学校、绿色社区、绿色出行和垃圾分类等行动，倡导简约适度、绿色低碳的生活方式，拒绝奢华和浪费，引导人们做生态环境的保护者、建设者。

8. 在对外交流交往中展示文明素养。公民道德风貌关系国家形象。实施中国公民旅游文明素质行动计划，推动出入境管理机构、海关、驻外机构、旅行社、网络旅游平台等，加强文明宣传教育，引导中国公民在境外旅游、求学、经商、探亲中，尊重当地法律法规和文化习俗，展现中华美德，维护国家荣誉和利益。培育健康理性的国民心态，引导人们在各种国际场合、涉外活动和交流交往中，树立自尊自信、开放包容、积极向上的良好形象。

五、抓好网络空间道德建设

1. 加强网络内容建设。网络信息内容广泛影响着人们的思想观念和道德行为。要深入实施网络内容建设工程，弘扬主旋律，激发正能量，让科学理论、正确舆论、优秀文化充盈网络空间。发展积极向上的网络文化，引导互联网企业和网民创作生产传播格调健康的网络文学、网络音乐、网络表演、网络电影、网络剧、网络音视频、网络动漫、网络游戏等。加强网上热点话题和突发事件的正确引导、有效引导，明辨是非、分清善恶，让正确道德取向成为网络空间的主流。

2. 培养文明自律网络行为。网上行为主体的文明自律是网络空间道德建设的基础。要建立和完善网络行为规范，明确网络是非观念，培育符合互联网发展规律、体现社会主义精神文明建设要求的网络伦理、网络道德。倡导文明办网，推动互联网企业自觉履行主体责任、主动承担社会责任，依法依规经营，加强网络从业人员教育培训，坚决打击网上有害信息传播行为，依法规范管理传播渠道。倡导文明上网，广泛开展争做中国好网民活动，推进网民网络素养教育，引导广大网民尊德守法、文明互动、理性表达，远离不良网站，防止网络沉迷，自觉维护良好网络秩序。

3. 丰富网上道德实践。互联网为道德实践提供了新的空间、新的载体。要积极培育和引导互联网公益力量，壮大网络公益队伍，形成线上线下踊跃参与公益事业的生动局面。加强网络公益宣传，引导人们随时、随地、随手做公益，推动形成关爱他人、奉献社会的良好风尚。拓展“互联网+公益”“互联网+慈善”模式，广泛开展形式多样的网络公益、网络慈善活动，激发全社会热心公益、参与慈善的热情。加强网络公益规范化运行和管理，完善相关法规制度，促进网络公益健康有序发展。

4. 营造良好网络道德环境。加强互联网管理，正能量是总要求，管得住是硬道理，用得好是真本事。要严格依法管网治网，加强互联网领域立法执法，强化网络综合治理，加强网络社交平台、各类公众账号等管理，重视个人信息安全，建立完善新技术新应用道德评估制度，维护网络道德秩序。开展网络治理专项行动，加大对网上突出问题的整治力度，清理网络欺诈、造谣、诽谤、谩骂、歧视、色情、低俗等内容，反对网络暴力行为，依法惩治网络违法犯罪，促进网络空间日益清朗。

六、发挥制度保障作用

1. 强化法律法规保障。法律是成文的道德，道德是内心的法律。要发挥法治对道德建设的保障和促进作用，把道德导向贯穿法治建设全过程，立法、执法、司法、守法各环节都要体现社会主义道德要求。及时把实践中广泛认同、较为成熟、操作性强的道德要求转化为法律规范，推动社会诚信、见义勇为、志愿服务、勤劳节俭、孝老爱亲、保护生态等方面的立法工作。坚持严格执法，加大关系群众切身利益重点领域的执法力度，以法治的力量维护道德、凝聚人心。坚持公正司法，发挥司法裁判定分止争、惩恶扬善功能，定期发布道德领域典型指导性司法案例，让人们从中感受到公平正义。推进全民守法普法，加强社会主义法治文化建设，营造全社会讲法治、重道德的良好环境，引导人们增强法治意识、坚守道德底线。

2. 彰显公共政策价值导向。公共政策与人们生产生活和现实利益密切相关，直接影响着人们的价值取向和道德判断。各项公共政策制度从设计制定到实施执行，都要充分体现道德要求，符合人们道德期待，实现政策目标和道德导向有机统一。科学制定经济社会政策和改革举措，在涉及就业、就学、住房、医疗、收入分配、社会保障等重大民生问题上，妥善处理各方面利益关系，充分体现维护社会公平正义的要求。加强对公共政策的道德风险和道德效果评估，及时纠正与社会主义道德相背离的突出问题，促进公共政策与道德建设良性互动。

3. 发挥社会规范的引导约束作用。各类社会规范有效调节着人们在共同生产生活中的关系和行为。要按照社会主义核心价值观的基本要求，健全各行各业规章制度，修订完善市民公约、乡规民约、学生守则等行为准则，突出体现自身特点的道德规范，更好发挥规范、调节、评价人们言行举止的作用。要发挥各类群众性组织的自我教育、自我管理、自我服务功能，推动落实各项社会规范，共建共享与新时代相匹配的社会文明。

4. 深化道德领域突出问题治理。道德建设既要靠教育倡导，也要靠有效治理。要综合施策、标本兼治，运用经济、法律、技术、行政和社会管理、舆论监督等各种手段，有力惩治失德败德、突破道德底线的行为。要组织开展道德领域突出问题专项治理，不断净化社会文化环境。针对污蔑诋毁英雄、伤害民族感情的恶劣言行，特别是对于损害国家尊严、出卖国家利益的媚外分子，要依法依规严肃惩戒，发挥警示教育作用。针对食品药品安全、产品质量安全、生态环境、社会服务、公共秩序等领域群众反映强烈的突出问题，要逐一进行整治，让败德违法者受到惩治、付出代价。建立惩戒失德行为常态化机制，形成扶正祛邪、惩恶扬善的社会风气。

七、加强组织领导

加强新时代公民道德建设，是推进中国特色社会主义事业的一项基础性、战略性工程。要坚持和加强党的领导，增强“四个意识”、坚定“四个自信”、做到“两个维护”，确保公民道德建设的正确方向。各级党委和政府要担负起公民道德建设的领导责任，将其摆上重要议事日程，纳入全局工作谋划推进，有机融入经济社会发展各方面。纪检监察机关和组织、统战、政法、网信、经济、外交、教育、科技、卫生健康、交通运输、民政、文化和旅游、民族宗教、农业农村、自然资源、生态环境等党政部门，要紧密结合工作职能，积极履行公民道德建设责任。发挥基层党组织和党员在新时代公民道德建设中的战斗堡垒作用和先锋模范作用。工会、共青团、妇联等群团组织，各民主党派和工商联，要积极发挥自身优势，共同推动公民道德建设。

各级文明委和党委宣传部要切实履行指导、协调、组织职能，统筹力量、精心实施、加强督查，抓好工作任务落实。注重分析评估公民道德建设的进展和成效，及时总结推广成功经验和创新做法，加强道德领域重大理论和实践问题研究，推动形成公民道德建设蓬勃开展、深入发展的良好局面。

中共中央　国务院印发《新时代爱国主义教育实施纲要》

（2019年11月）

新华社北京11月12日电　近日，中共中央、国务院印发了《新时代爱国主义教育实施纲要》，并发出通知，要求各地区各部门结合实际认真贯彻落实。

新时代爱国主义教育实施纲要

爱国主义是中华民族的民族心、民族魂，是中华民族最重要的精神财富，是中国人民和中华民族维护民族独立和民族尊严的强大精神动力。爱国主义精神深深植根于中华民族心中，维系着中华大地上各个民族的团结统一，激励着一代又一代中华儿女为祖国发展繁荣而自强不息、不懈奋斗。中国共产党是爱国主义精神最坚定的弘扬者和实践者，90多年来，中国共产党团结带领全国各族人民进行的革命、建设、改革实践是爱国主义的伟大实践，写下了中华民族爱国主义精神的辉煌篇章。党的十八大以来，以习近平同志为核心的党中央高度重视爱国主义教育，固本培元、凝心铸魂，作出一系列重要部署，推动爱国主义教育取得显著成效。当前，中国特色社会主义进入新时代，中华民族伟大复兴正处于关键时期。新时代加强爱国主义教育，对于振奋民族精神、凝聚全民族力量，决胜全面建成小康社会，夺取新时代中国特色社会主义伟大胜利，实现中华民族伟大复兴的中国梦，具有重大而深远的意义。

一、总体要求

1. 指导思想。坚持以马克思列宁主义、毛泽东思想、邓小平理论、“三个代表”重要思想、科学发展观、习近平新时代中国特色社会主义思想为指导，增强“四个意识”、坚定“四个自信”、做到“两个维护”，着眼培养担当民族复兴大任的时代新人，始终高扬爱国主义旗帜，着力培养爱国之情、砥砺强国之志、实践报国之行，使爱国主义成为全体中国人民的坚定信念、精神力量和自觉行动。

2. 坚持把实现中华民族伟大复兴的中国梦作为鲜明主题。伟大事业需要伟大精神，伟大精神铸就伟大梦想。要把国家富强、民族振兴、人民幸福作为不懈追求，着力扎紧全国各族人民团结奋斗的精神纽带，厚植家国情怀，培育精神家园，引导人们坚持中国道路、弘扬中国精神、凝聚中国力量，为实现中华民族伟大复兴的中国梦提供强大精神动力。

3. 坚持爱党爱国爱社会主义相统一。新中国是中国共产党领导的社会主义国家，祖国的命运与党的命运、社会主义的命运密不可分。当代中国，爱国主义的本质就是坚持爱国和爱党、爱社会主义高度统一。要区分层次、区别对象，引导人们深刻认识党的领导是中国特色社会主义最本质特征和最大制度优势，坚持党的领导、坚持走中国特色社会主义道路是实现国家富强的根本保障和必由之路，以坚定的信念、真挚的情感把新时代中国特色社会主义一以贯之进行下去。

4. 坚持以维护祖国统一和民族团结为着力点。国家统一和民族团结是中华民族根本利益所在。要始终不渝坚持民族团结是各族人民的生命线，巩固和发展平等团结互助和谐的社会主义民族关系，引导全国各族人民像爱护自己的眼睛一样珍惜民族团结，维护全国各族人民大团结的政治局面，巩固和发展最广泛的爱国统一战线，不断增强对伟大祖国、中华民族、中华文化、中国共产党、中国特色社会主义的认同，坚决维护国家主权、安全、发展利益，旗帜鲜明反对分裂国家图谋、破坏民族团结的言行，筑牢国家统一、民族团结、社会稳定的铜墙铁壁。

5. 坚持以立为本、重在建设。爱国主义是中华儿女最自然、最朴素的情感。要坚持从娃娃抓起，着眼固本培元、凝心铸魂，突出思想内涵，强化思想引领，做到润物无声，把基本要求和具体实际结合起来，把全面覆盖和突出重点结合起来，遵循规律、创新发展，注重落细落小落实、日常经常平常，强化教育引导、实践养成、制度保障，推动爱国主义教育融入贯穿国民教育和精神文明建设全过程。

6. 坚持立足中国又面向世界。一个国家、一个民族，只有开放兼容，才能富强兴盛。要把弘扬爱国主义精神与扩大对外开放结合起来，尊重各国历史特点、文化传统，尊重各国人民选择的发展道路，善于从不同文明中寻求智慧、汲取营养，促进人类和平与发展的崇高事业，共同推动人类文明发展进步。

二、基本内容

7. 坚持用习近平新时代中国特色社会主义思想武装全党、教育人民。习近平新时代中国特色社会主义思想是马克思主义中国化最新成果，是党和人民实践经验和集体智慧的结晶，是中国特色社会主义理论体系的重要组成部分，是全党全国人民为实现中华民族伟大复兴而奋斗的行动指南，必须长期坚持并不断发展。要深刻理解习近平新时代中国特色社会主义思想的核心要义、精神实质、丰富内涵、实践要求，不断增强干部群众的政治意识、大局意识、核心意识、看齐意识，坚决维护习近平总书记党中央的核心、全党的核心地位，坚决维护党中央权威和集中统一领导。要紧密结合人们生产生活实际，推动习近平新时代中国特色社会主义思想进企业、进农村、进机关、进校园、进社区、进军营、进网络，真正使党的创新理论落地生根、开花结果。要在知行合一、学以致用上下功夫，引导干部群众坚持以习近平新时代中国特色社会主义思想为指导，展现新气象、激发新作为，把学习教育成果转化为爱国报国的实际行动。

8. 深入开展中国特色社会主义和中国梦教育。中国特色社会主义集中体现着国家、民族、人民根本利益。要高举中国特色社会主义伟大旗帜，广泛开展理想信念教育，用党领导人民进行伟大社会革命的成果说话，用改革开放以来社会主义现代化建设的伟大成就说话，用新时代坚持和发展中国特色社会主义的生动实践说话，用中国特色社会主义制度的优势说话，在历史与现实、国际与国内的对比中，引导人们深刻认识中国共产党为什么“能”、马克思主义为什么“行”、中国特色社会主义为什么“好”，牢记红色政权是从哪里来的、新中国是怎么建立起来的，倍加珍惜我们党开创的中国特色社会主义，不断增强道路自信、理论自信、制度自信、文化自信。要深入开展中国梦教育，引导人们深刻认识中国梦是国家的梦、民族的梦，也是每个中国人的梦，深刻认识中华民族伟大复兴绝不是轻轻松松、敲锣打鼓就能实现的，要付出更为艰巨、更为艰苦的努力，争做新时代的奋斗者、追梦人。

9. 深入开展国情教育和形势政策教育。要深入开展国情教育，帮助人们了解我国发展新的历史方位、社会主要矛盾的变化，引导人们深刻认识到，我国仍处于并将长期处于社会主义初级阶段的基本国情没有变，我国是世界上最大发展中国家的国际地位没有变，始终准确把握基本国情，既不落后于时代，也不脱离实际、超越阶段。要深入开展形势政策教育，帮助人们树立正确的历史观、大局观、角色观，了解世界正经历百年未有之大变局，我国仍处于发展的重要战略机遇期，引导人们清醒认识国际国内形势发展变化，做好我们自己的事情。要发扬斗争精神，增强斗争本领，引导人们充分认识伟大斗争的长期性、复杂性、艰巨性，敢于直面风险挑战，以坚忍不拔的意志和无私无畏的勇气战胜前进道路上的一切艰难险阻，在进行伟大斗争中更好弘扬爱国主义精神。

10. 大力弘扬民族精神和时代精神。以爱国主义为核心的民族精神和以改革创新为核心的时代精神，是凝心聚力的兴国之魂、强国之魂。要聚焦培养担当民族复兴大任的时代新人，培育和践行社会主义核心价值观，广泛开展爱国主义、集体主义、社会主义教育，提高人们的思想觉悟、道德水准和文明素养。要唱响人民赞歌、展现人民风貌，大力弘扬中国人民在长期奋斗中形成的伟大创造精神、伟大奋斗精神、伟大团结精神、伟大梦想精神，生动展示人民群众在新时代的新实践、新业绩、新作为。

11. 广泛开展党史、国史、改革开放史教育。历史是最好的教科书，也是最好的清醒剂。要结合中华民族从站起来、富起来到强起来的伟大飞跃，引导人们深刻认识历史和人民选择中国共产党、选择马克思主义、选择社会主义道路、选择改革开放的历史必然性，深刻认识我们国家和民族从哪里来、到哪里去，坚决反对历史虚无主义。要继承革命传统，弘扬革命精神，传承红色基因，结合新的时代特点赋予新的内涵，使之转化为激励人民群众进行伟大斗争的强大动力。要加强改革开放教育，引导人们深刻认识改革开放是党和人民大踏步赶上时代的重要法宝，是坚持和发展中国特色社会主义的必由之路，是决定当代中国命运的关键一招，也是决定实现“两个一百年”奋斗目标、实现中华民族伟大复兴的关键一招，凝聚起将改革开放进行到底的强大力量。

12. 传承和弘扬中华优秀传统文化。对祖国悠久历史、深厚文化的理解和接受，是爱国主义情感培育和发展的重要条件。要引导人们了解中华民族的悠久历史和灿烂文化，从历史中汲取营养和智慧，自觉延续文化基因，增强民族自尊心、自信心和自豪感。要坚持古为今用、推陈出新，不忘本来、辩证取舍，深入实施中华优秀传统文化传承发展工程，推动中华文化创造性转化、创新性发展。要坚守正道、弘扬大道，反对文化虚无主义，引导人们树立和坚持正确的历史观、民族观、国家观、文化观，不断增强中华民族的归属感、认同感、尊严感、荣誉感。

13. 强化祖国统一和民族团结进步教育。实现祖国统一、维护民族团结，是中华民族的不懈追求。要加强祖国统一教育，深刻揭示维护国家主权和领土完整、实现祖国完全统一是大势所趋、大义所在、民心所向，增进广大同胞心灵契合、互信认同，与分裂祖国的言行开展坚决斗争，引导全体中华儿女为实现民族伟大复兴、推进祖国和平统一而共同奋斗。深化民族团结进步教育，铸牢中华民族共同体意识，加强各民族交往交流交融，引导各族群众牢固树立“三个离不开”思想，不断增强“五个认同”，使各民族同呼吸、共命运、心连心的光荣传统代代相传。

14. 加强国家安全教育和国防教育。国家安全是安邦定国的重要基石。要加强国家安全教育，深入学习宣传总体国家安全观，增强全党全国人民国家安全意识，自觉维护政治安全、国土安全、经济安全、社会安全、网络安全和外部安全。要加强国防教育，增强全民国防观念，使关心国防、热爱国防、建设国防、保卫国防成为全社会的思想共识和自觉行动。要深入开展增强忧患意识、防范化解重大风险的宣传教育，引导广大干部群众强化风险意识，科学辨识风险、有效应对风险，做到居安思危、防患未然。

三、新时代爱国主义教育要面向全体人民、聚焦青少年

15. 充分发挥课堂教学的主渠道作用。培养社会主义建设者和接班人，首先要培养学生的爱国情怀。要把青少年作为爱国主义教育的重中之重，将爱国主义精神贯穿于学校教育全过程，推动爱国主义教育进课堂、进教材、进头脑。在普通中小学、中职学校，将爱国主义教育内容融入语文、道德与法治、历史等学科教材编写和教育教学中，在普通高校将爱国主义教育与哲学社会科学相关专业课程有机结合，加大爱国主义教育内容的比重。创新爱国主义教育的形式，丰富和优化课程资源，支持和鼓励多种形式开发微课、微视频等教育资源和在线课程，开发体现爱国主义教育要求的音乐、美术、书法、舞蹈、戏剧作品等，进一步增强吸引力感染力。

16. 办好学校思想政治理论课。思想政治理论课是爱国主义教育的主阵地。要紧紧抓住青少年阶段的“拔节孕穗期”，理直气壮开好思想政治理论课，引导学生把爱国情、强国志、报国行自觉融入坚持和发展中国特色社会主义事业、建设社会主义现代化强国、实现中华民族伟大复兴的奋斗之中。按照政治强、情怀深、思维新、视野广、自律严、人格正的要求，加强思想政治理论课教师队伍建设，让有信仰的人讲信仰，让有爱国情怀的人讲爱国。推动思想政治理论课改革创新，发挥学生主体作用，采取互动式、启发式、交流式教学，增强思想性理论性和亲和力针对性，在教育灌输和潜移默化中，引导学生树立国家意识、增进爱国情感。

17. 组织推出爱国主义精品出版物。针对不同年龄、不同成长阶段，坚持精品标准，加大创作力度，推出反映爱国主义内容的高质量儿童读物、教辅读物，让广大青少年自觉接受爱国主义熏陶。积极推荐爱国主义主题出版物，大力开展爱国主义教育读书活动。结合青少年兴趣点和接受习惯，大力开发并积极推介体现中华文化精髓、富有爱国主义气息的网络文学、动漫、有声读物、网络游戏、手机游戏、短视频等。

18. 广泛组织开展实践活动。大中小学的党组织、共青团、少先队、学生会、学生社团等，要把爱国主义内容融入党日团日、主题班会、班队会以及各类主题教育活动之中。广泛开展文明校园创建，强化校训校歌校史的爱国主义教育功能，组织开展丰富多彩的校园文化活动。组织大中小学生参观纪念馆、展览馆、博物馆、烈士纪念设施，参加军事训练、冬令营夏令营、文化科技卫生“三下乡”、学雷锋志愿服务、创新创业、公益活动等，更好地了解国情民情，强化责任担当。密切与城市社区、农村、企业、部队、社会机构等的联系，丰富拓展爱国主义教育校外实践领域。

19. 在广大知识分子中弘扬爱国奋斗精神。我国知识分子历来有浓厚的家国情怀和强烈的社会责任感。深入开展“弘扬爱国奋斗精神、建功立业新时代”活动，弘扬“两弹一星”精神、载人航天精神等，大力组

织优秀知识分子学习宣传，引导新时代知识分子把自己的理想同祖国的前途、把自己的人生同民族的命运紧密联系在一起，立足本职、拼搏奋斗、创新创造，在新时代作出应有的贡献。广泛动员和组织知识分子深入改革开放前沿、经济发展一线和革命老区、民族地区、边疆地区、贫困地区，开展调研考察和咨询服务，深入了解国情，坚定爱国追求。

20. 激发社会各界人士的爱国热情。社会各界的代表性人士具有较强示范效应。要坚持信任尊重团结引导，增进和凝聚政治共识，夯实共同思想政治基础，不断扩大团结面，充分调动社会各界人士的爱国热情和社会担当。通过开展职业精神职业道德教育、建立健全相关制度规范、发挥行业和舆论监督作用等，引导社会各界人士增强道德自律、履行社会责任。坚持我国宗教的中国化方向，加强宗教界人士和信教群众的爱国主义教育，引导他们热爱祖国、拥护社会主义制度、拥护中国共产党的领导，遵守国家法律法规和方针政策。加强“一国两制”实践教育，引导人们包括香港特别行政区同胞、澳门特别行政区同胞、台湾同胞和海外侨胞增强对国家的认同，自觉维护国家统一和民族团结。

四、丰富新时代爱国主义教育的实践载体

21. 建好用好爱国主义教育基地和国防教育基地。各级各类爱国主义教育基地，是激发爱国热情、凝聚人民力量、培育民族精神的重要场所。要加强内容建设，改进展陈方式，着力打造主题突出、导向鲜明、内涵丰富的精品陈列，强化爱国主义教育和红色教育功能，为社会各界群众参观学习提供更好服务。健全全国爱国主义教育示范基地动态管理机制，进一步完善落实免费开放政策和保障机制，根据实际情况，对爱国主义教育基地免费开放财政补助进行重新核定。依托军地资源，优化结构布局，提升质量水平，建设一批国防特色鲜明、功能设施配套、作用发挥明显的国防教育基地。

22. 注重运用仪式礼仪。认真贯彻执行国旗法、国徽法、国歌法，学习宣传基本知识和国旗升挂、国徽使用、国歌奏唱礼仪。在全社会广泛开展“同升国旗、同唱国歌”活动，让人们充分表达爱国情感。各级广播电台、电视台每天定时在主频率、主频道播放国歌。国庆期间，各级党政机关、人民团体、大型企事业单位、全国城乡社区和爱国主义教育基地等，要组织升国旗仪式并悬挂国旗。鼓励居民家庭在家门前适当位置悬挂国旗。认真组织宪法宣誓仪式、入党入团入队仪式等，通过公开宣誓、重温誓词等形式，强化国家意识和集体观念。

23. 组织重大纪念活动。充分挖掘重大纪念日、重大历史事件蕴含的爱国主义教育资源，组织开展系列庆祝或纪念活动和群众性主题教育。抓住国庆节这一重要时间节点，广泛开展“我和我的祖国”系列主题活动，通过主题宣讲、大合唱、共和国故事汇、快闪、灯光秀、游园活动等形式，引导人们歌唱祖国、致敬祖国、祝福祖国，使国庆黄金周成为爱国活动周。充分运用“七一”党的生日、“八一”建军节等时间节点，广泛深入组织各种纪念活动，唱响共产党好、人民军队好的主旋律。在中国人民抗日战争胜利纪念日、烈士纪念日、南京大屠杀死难者国家公祭日期间，精心组织公祭、瞻仰纪念碑、祭扫烈士墓等，引导人们牢记历史、不忘过去，缅怀先烈、面向未来，激发爱国热情、凝聚奋进力量。

24. 发挥传统和现代节日的涵育功能。大力实施中国传统节日振兴工程，深化“我们的节日”主题活动，利用春节、元宵、清明、端午、七夕、中秋、重阳等重要传统节日，开展丰富多彩、积极健康、富有价值内涵的民俗文化活动，引导人们感悟中华文化、增进家国情怀。结合元旦、“三八”国际妇女节、“五一”国际劳动节、“五四”青年节、“六一”国际儿童节和中国农民丰收节等，开展各具特色的庆祝活动，激发人们的爱国主义和集体主义精神。

25. 依托自然人文景观和重大工程开展教育。寓爱国主义教育于游览观光之中，通过宣传展示、体验感受等多种方式，引导人们领略壮美河山，投身美丽中国建设。系统梳理传统文化资源，加强考古发掘和整理研究，保护好文物古迹、传统村落、民族村寨、传统建筑、农业遗迹、灌溉工程遗产、工业遗迹，推动遗产资源合理利用，健全非物质文化遗产保护制度，推进国家文化公园建设。推动文化和旅游融合发展，提升旅游质量水平和文化内涵，深入挖掘旅游资源中蕴含的爱国主义内容，防止过度商业行为和破坏性开发。推动红色旅游内涵式发展，完善全国红色旅游经典景区体系，凸显教育功能，加强对讲解员、导游等从业人员的管理培训，加强对解说词、旅游项目等的规范，坚持正确的历史观和历史标准。依托国家重大建设工程、科学工程等，建设一批展现新时代风采的主题教育基地。

五、营造新时代爱国主义教育的浓厚氛围

26. 用好报刊广播影视等大众传媒。各级各类媒体要聚焦爱国主义主题，创新方法手段，适应分众化、差异化传播趋势，使爱国主义宣传报道接地气、有生气、聚人气，有情感、有深度、有温度。把爱国主义主题融入贯穿媒体融合发展，打通网上网下、版面页面，推出系列专题专栏、新闻报道、言论评论以及融媒体产品，加强县级融媒体中心建设，生动讲好爱国故事、大力传播主流价值观。制作刊播爱国主义优秀公益广告作品，在街头户外张贴悬挂展示标语口号、宣传挂图，生动形象做好宣传。坚持正确舆论导向，对虚无历史、消解主流价值的错误思想言论，及时进行批驳和辨析引导。

27. 发挥先进典型的引领作用。大力宣传为中华民族和中国人民作出贡献的英雄，宣传革命、建设、改革时期涌现出的英雄烈士和模范人物，宣传时代楷模、道德模范、最美人物和身边好人，宣传具有爱国情怀的地方先贤、知名人物，以榜样的力量激励人、鼓舞人。广泛开展向先进典型学习活动，引导人们把敬仰和感动转化为干事创业、精忠报国的实际行动。做好先进模范人物的关心帮扶工作，落实相关待遇和礼遇，在全社会大力营造崇尚英雄、学习英雄、捍卫英雄、关爱英雄的浓厚氛围。

28. 创作生产优秀文艺作品。把爱国主义作为常写常新的主题，加大现实题材创作力度，为时代画像、为时代立传、为时代明德，不断推出讴歌党、讴歌祖国、讴歌人民、讴歌劳动、讴歌英雄的精品力作。深入实施中国当代文学艺术创作工程、重大历史题材创作工程等，加大对爱国主义题材文学创作、影视创作、词曲创作等的支持力度，加强对经典爱国歌曲、爱国影片的深入挖掘和创新传播，唱响爱国主义正气歌。文艺创作和评论评奖要具有鲜明爱国主义导向，倡导讲品位、讲格调、讲责任，抵制低俗、庸俗、媚俗，坚决反对亵渎祖先、亵渎经典、亵渎英雄，始终保持社会主义文艺的爱国底色。

29. 唱响互联网爱国主义主旋律。加强爱国主义网络内容建设，广泛开展网上主题教育活动，制作推介体现爱国主义内容、适合网络传播的音频、短视频、网络文章、纪录片、微电影等，让爱国主义充盈网络空间。实施爱国主义数字建设工程，推动爱国主义教育基地、红色旅游与网络传播有机结合。创新传播载体手段，积极运用微博微信、社交媒体、视频网站、手机客户端等传播平台，运用虚拟现实、增强现实、混合现实等新技术新产品，生动活泼开展网上爱国主义教育。充分发挥“学习强国”学习平台在爱国主义宣传教育中的作用。加强网上舆论引导，依法依规进行综合治理，引导网民自觉抵制损害国家荣誉、否定中华优秀传统文化的错误言行，汇聚网上正能量。

30. 涵养积极进取开放包容理性平和的国民心态。加强宣传教育，引导人们正确把握中国与世界的发展大势，正确认识中国与世界的关系，既不妄自尊大也不妄自菲薄，做到自尊自信、理性平和。爱国主义是世界各国人民共有的情感，实现世界和平与发展是各国人民共同的愿望。一方面要弘扬爱国主义精神，另一方面要培养海纳百川、开放包容的胸襟，大力宣传坚持和平发展合作共赢、构建人类命运共同体、共建“一带一路”等重要理念和倡议，激励广大人民同各国人民一道共同创造美好未来。对每一个中国人来说，爱国是本分，也是职责，是心之所系、情之所归。倡导知行合一，推动爱国之情转化为实际行动，使人们理性表达爱国情感，反对极端行为。

31. 强化制度和法治保障。把爱国主义精神融入相关法律法规和政策制度，体现到市民公约、村规民约、学生守则、行业规范、团体章程等的制定完善中，发挥指引、约束和规范作用。在全社会深入学习宣传宪法、英雄烈士保护法、文物保护法等，广泛开展法治文化活动，使普法过程成为爱国主义教育过程。严格执法司法、推进依法治理，综合运用行政、法律等手段，对不尊重国歌国旗国徽等国家象征与标志，对侵害英雄烈士姓名、肖像、名誉、荣誉等行为，对破坏污损爱国主义教育场所设施，对宣扬、美化侵略战争和侵略行为等，依法依规进行严肃处理。依法严惩暴力恐怖、民族分裂等危害国家安全和社会稳定的犯罪行为。

六、加强对新时代爱国主义教育的组织领导

32. 各级党委和政府要承担起主体责任。各级党委和政府要负起政治责任和领导责任，把爱国主义教育摆上重要日程，纳入意识形态工作责任制，加强阵地建设和管理，抓好各项任务落实。进一步健全党委统一领导、党政齐抓共管、宣传部门统筹协调、有关部门各负其责的工作格局，建立爱国主义教育联席会议制度，加强工作指导和沟通协调，及时研究解决工作中的重要事项和存在问题。广大党员干部要以身作则，牢

记初心使命，勇于担当作为，发挥模范带头作用，做爱国主义的坚定弘扬者和实践者，同违背爱国主义的言行作坚决斗争。

33. 调动广大人民群众的积极性主动性。爱国主义教育是全民教育，必须突出教育的群众性。各级工会、共青团、妇联和文联、作协、科协、侨联、残联以及关工委等人民团体和群众组织，要发挥各自优势，面向所联系的领域和群体广泛开展爱国主义教育。组织动员老干部、老战士、老专家、老教师、老模范等到广大群众特别是青少年中讲述亲身经历，弘扬爱国传统。坚持热在基层、热在群众，结合人们生产生活，把爱国主义教育融入新时代文明实践中心建设、学雷锋志愿服务、精神文明创建之中，体现到百姓宣讲、广场舞、文艺演出、邻居节等群众性活动之中，引导人们自我宣传、自我教育、自我提高。

34. 求真务实注重实效。爱国主义教育是思想的洗礼、精神的熏陶。要坚持目标导向、问题导向、效果导向，坚持虚功实做、久久为功，在深化、转化上下功夫，在具象化、细微处下功夫，更好地体现时代性、把握规律性、富于创造性。坚持从实际出发，务实节俭开展教育、组织活动，杜绝铺张浪费，不给基层和群众增加负担，坚决反对形式主义、官僚主义。

各地区各部门要根据本纲要制定贯彻落实的具体措施，确保爱国主义教育各项任务要求落到实处。

中国人民解放军和中国人民武装警察部队按照本纲要总的要求，结合部队实际制定具体规划、作出安排部署。

教育部等七部门印发《关于加强和改进新时代师德师风建设的意见》的通知

教师〔2019〕10号

各省、自治区、直辖市教育厅（教委）、党委组织部、党委宣传部、发展改革委、财政厅（局）、人力资源社会保障厅（局）、文化和旅游厅（局），新疆生产建设兵团教育局、党委组织部、党委宣传部、发展改革委、财政局、人力资源社会保障局、文化体育广电和旅游局，有关部门（单位）教育司（局），部属各高等学校、部省合建各高等学校：

为深入贯彻落实习近平总书记关于教育的重要论述和全国教育大会精神，落实《新时代公民道德建设实施纲要》和《中共中央　国务院关于全面深化新时代教师队伍建设改革的意见》，加强和改进新时代师德师风建设，倡导全社会尊师重教，教育部、中央组织部、中央宣传部、国家发展改革委、财政部、人力资源社会保障部、文化和旅游部研究制定了《关于加强和改进新时代师德师风建设的意见》，现印发给你们，请结合实际认真贯彻执行。

教育部　中央组织部　中央宣传部
国家发展改革委　财政部
人力资源社会保障部　文化和旅游部
2019年11月15日

关于加强和改进新时代师德师风建设的意见

为认真贯彻落实《新时代公民道德建设实施纲要》，深入推进实施《中共中央　国务院关于全面深化新时代教师队伍建设改革的意见》，全面提升教师思想政治素质和职业道德水平，现就加强和改进新时代师德师风建设提出如下意见。

一、加强师德师风建设的总体要求

1. 指导思想。以习近平新时代中国特色社会主义思想为指导，深入学习贯彻习近平总书记关于教育的重要论述和全国教育大会精神，把立德树人的成效作为检验学校一切工作的根本标准，把师德师风作为评价教师队伍素质的第一标准，将社会主义核心价值观贯穿师德师风建设全过程，严格制度规定，强化日常教育督导，加大教师权益保护力度，倡导全社会尊师重教，激励广大教师努力成为“四有”好老师，着力培养德智体美劳全面发展的社会主义建设者和接班人。

2. 基本原则

——坚持正确方向。加强党对教育工作的全面领导，坚持社会主义办学方向，确保教师在落实立德树人根本任务中的主体作用得到全面发挥。

——坚持尊重规律。遵循教育规律、教师成长发展规律和师德师风建设规律，注重高位引领与底线要求结合、严管与厚爱并重，不断激发教师内生动力。

——坚持聚焦重点。围绕重点内容，针对突出问题，强化各地各部门的领导责任，压实学校主体责任，引导家庭、社会协同配合，推进师德师风建设工作制度化、常态化。

——坚持继承创新。传承中华优秀师道传统，全面总结改革开放特别是党的十八大以来师德师风建设经验，适应新时代变化，加强创新，推动师德师风建设工作不断深化。

3. 总体目标。经过5年左右努力，基本建立起完备的师德师风建设制度体系和有效的师德师风建设长效机制。教师思想政治素质和职业道德水平全面提升，教师敬业立学、崇德尚美呈现新风貌。教师权益保障体系基本建立，教师安心、热心、舒心、静心从教的良好环境基本形成，师道尊严进一步提振。全社会对教师职业认同度加深，教师政治地位、社会地位、职业地位显著提高，尊师重教蔚然成风。

二、全面加强教师队伍思想政治工作

4. 坚持思想铸魂，用习近平新时代中国特色社会主义思想武装教师头脑。健全教师理论学习制度，开展习近平新时代中国特色社会主义思想系统化、常态化学习，重点加强习近平总书记关于教育的重要论述的学习，使广大教师学懂弄通、入脑入心，自觉用“四个意识”导航，用“四个自信”强基，用“两个维护”铸魂。依托高水平高校建设一批教育基地，同时统筹党校（行政学院）资源，定期开展教师思想政治轮训，使广大教师更好掌握马克思主义立场观点方法，认清中国和世界发展大势，增进对中国特色社会主义的政治认同、思想认同、理论认同、情感认同。

5. 坚持价值导向，引导教师带头践行社会主义核心价值观。将社会主义核心价值观融入教育教学全过程，体现到学校管理及校园文化建设各环节，进一步凝聚起师生员工思想共识，使之成为共同价值追求。弘扬中华优秀传统文化、革命文化和社会主义先进文化，培育科技创新文化，充分发挥文化涵养师德师风功能。身教重于言教，引导教师开展社会实践，深入了解世情、国情、党情、社情、民情，强化教育强国、教育为民的责任担当。健全教师志愿服务制度，鼓励支持广大教师参加志愿服务活动，在服务社会的实践中厚植教育情怀。重视高层次人才、海外归国教师、青年教师的教育引导，增强工作针对性。

6. 坚持党建引领，充分发挥教师党支部和党员教师作用。建强教师党支部，使教师党支部成为涵养师德师风的重要平台。建好党员教师队伍，使党员教师成为践行高尚师德的中坚力量。重视在高层次人才和优秀青年教师中发展党员工作，完善学校领导干部联系教师入党积极分子等制度。开展好“三会一课”，健全党的组织生活各项制度，通过组织集中学习、定期开展主题党日活动、经常开展谈心谈话、组织党员教师与非党员教师结对联系等，充分发挥教师党支部的战斗堡垒作用和党员教师的先锋模范作用。涉及教师利益的重要事项、重点工作，应征求教师党支部意见。

三、大力提升教师职业道德素养

7. 突出课堂育德，在教育教学中提升师德素养。充分发挥课堂主渠道作用，引导广大教师守好讲台主阵地，将立德树人放在首要位置，融入渗透到教育教学全过程，以心育心、以德育德、以人格育人格。把握学生身心发展规律，实现全员全过程全方位育人，增强育人的主动性、针对性、实效性，避免重教书轻育人倾向。加强对新入职教师、青年教师的指导，通过老带新等机制，发挥传帮带作用，使其尽快熟悉教育规律、掌握教育方法，在育人实践中锤炼高尚道德情操。将师德师风教育贯穿师范生培养及教师生涯全过程，师范生必须修学师德教育课程，在职教师培训中要确保每学年有师德师风专题教育。

8. 突出典型树德，持续开展优秀教师选树宣传。大力宣传新时代广大教师阳光美丽、爱岗敬业、甘于奉献、改革创新的新形象。深入挖掘优秀教师典型，综合运用授予荣誉、事迹报告、媒体宣传、创作文艺作品等手段，充分发挥典型引领示范和辐射带动作用。开展多层次的优秀教师选树宣传活动，形成校校有典型、榜样在身边、人人可学可做的局面。组织教师中的“时代楷模”、全国教书育人楷模、国家教学名师、最美教师等开展师德宣讲。鼓励各地各校采取实践反思、情景教学等形式，把一线优秀教师请进课堂，用真人真事诠释师德内涵。

9. 突出规则立德，强化教师的法治和纪律教育。以学习《中华人民共和国教师法》、新时代教师职业行为十项准则系列文件等为重点，提高全体教师的法治素养、规则意识，提升依法执教、规范执教能力。制订教师法治教育大纲，将法治教育纳入各级各类教师培训体系。强化纪律建设，全面梳理教师在课堂教学、关爱学生、师生关系、学术研究、社会活动等方面的纪律要求，依法依规健全规范体系，开展系统化、常态化宣传教育。加强警示教育，引导广大教师时刻自重、自省、自警、自励，坚守师德底线。

四、将师德师风建设要求贯穿教师管理全过程

10. 严格招聘引进，把好教师队伍入口。规范教师资格申请认定，完善教师招聘和引进制度，严格思想政治和师德考察，充分发挥党组织的领导和把关作用，建立科学完备的标准、程序，坚决避免教师招聘引进中的唯分数、唯文凭、唯职称、唯论文、唯帽子等倾向。鼓励有条件的地方和学校结合实际探索开展拟聘人员心理健康测评，作为聘用的重要参考。严格规范教师聘用，将思想政治和师德要求纳入教师聘用合同。加强试用期考察，全面评价聘用人员的思想政治和师德表现，对不合格人员取消聘用，及时解除聘用合同。高度重视从海外引进人才的全方位考察，提升人才引进质量。

11. 严格考核评价，落实师德第一标准。将师德考核摆在教师考核的首要位置，坚持多主体多元评价，以事实为依据，定性与定量相结合，提高评价的科学性和实效性，全面客观评价教师的师德表现。发挥师德考核对教师行为的约束和提醒作用，及时将考核发现的问题向教师反馈，并采取针对性举措帮助教师提高认识、加强整改。强化师德考核结果的运用，师德考核不合格者年度考核应评定为不合格，并取消在教师职称评聘、推优评先、表彰奖励、科研和人才项目申请等方面的资格。

12. 严格师德督导，建立多元监督体系。完善多方广泛参与、客观公正科学合理的师德师风监督机制。加强政府督导，将各级各类学校师德师风建设长效机制落实情况作为对地方政府履行教育职责评价的重要测评内容，针对群众反映强烈的问题、师德师风问题多发的地方开展专项督导。加强学校监督，各级各类学校要在校园显著位置公示学校及教育主管部门举报电话、邮箱等信息，依法依规接受监督举报。强化社会监督，探索建立师德师风监督员制度，定期对学校师德师风建设情况进行监督评议，向教育主管部门反馈，将监督评议情况作为学校及领导班子年度考核的重要内容。

13. 严格违规惩处，治理师德突出问题。推动地方和高校落实新时代教师职业行为十项准则等文件规范，制定具体细化的教师职业行为负面清单。把群众反映强烈、社会影响恶劣的突出问题作为重点从严查处，针对高校教师性骚扰学生、学术不端以及中小学教师违规有偿补课、收受学生和家长礼品礼金等开展集中治理。一经查实，要依规依纪给予组织处理或处分，严重的依法撤销教师资格、清除出教师队伍。建立师德失范曝光平台，健全师德违规通报制度，起到警示震慑作用。建立并共享有关违法信息库，健全教师入职查询制度和有关违法犯罪人员从教限制制度。

五、着力营造全社会尊师重教氛围

14. 强化地位提升，激发教师工作热情。制定教育改革发展和教师队伍建设重大决策、重要文件充分听取教师代表意见。各地重要节庆日活动，邀请优秀教师代表参加。做好优秀教师表彰奖励，依法依规在作出重大贡献、享有崇高声誉的教师中开展“人民教育家”荣誉称号评选授予工作，健全教书育人楷模、模范教师、优秀教师等多元的教师荣誉表彰体系。完善表彰奖励及管理办法，依法依规确定荣誉获得者享受的政治、生活待遇，加强对荣誉获得者后续支持服务。

15. 强化权利保护，维护教师职业尊严。维护教师依法执教的职业权利，推动完善相关法律法规，明确教师教育管理学生的合法职权，研究出台教师惩戒权办法。学校和相关部门依法保障教师履行教育职责，对无过错但客观上发生学生意外伤害的，教师依法不承担责任。教师尊严不可侵害，对发生学生、家长及其亲属等因为教师履职行为而对教师进行侮辱、谩骂、肢体侵害，或者通过网络对教师进行诽谤、恶意炒作等行为，有关部门要高度重视，从严处理，构成违法犯罪的，依法追究相应责任。学校及教育部门应为教师维护合法权益提供必要的法律等方面支持。

16. 强化尊师教育，厚植校园师道文化。从幼儿园开始加强尊师教育，加快形成接续我国优秀传统、符合时代精神的尊师重教文化。推进尊师文化进教材、进课堂、进校园，通过尊师第一课、9月尊师主题月等形式，将尊师重教观念渗透进学生的价值体系。有条件的地方和学校可结合实际统筹有关资源，因地制宜安排一线教师特别是长期从教教师进行疗休养，重点向符合条件的班主任和乡村教师倾斜。做好教师荣休工作，礼敬退休教师，弘扬尊师风尚。建立健全教职工代表大会制度，保障教师参与学校决策的民主权利。加强家庭教育，健全家校联系制度，引导家长尊重学校教育安排，尊敬教师创造发挥，配合学校做好学生的学习教育。

17. 强化各方联动，营造尊师重教氛围。加强展现新时代教师风貌的影视文学作品创作，善用微博、微信、微视频、微电影等新媒体形式，传递教师正能量，让全社会广泛了解教师工作的重要性和特殊性。支持鼓励行业企业在向社会公众提供服务时“教师优先”。鼓励图书馆、博物馆、科技馆、体育场馆以及历史文化古迹和革命纪念馆（地）等对教师实行优待。鼓励社会团体、企业、民间组织对教师出资奖励，或通过依法成立基金、设立项目等方式，支持教师提升能力素质、进行疗休养或予以奖励激励。

六、推进师德师风建设任务落到实处

18. 加强工作保障，强化责任落实。各地各校要把加强师德师风建设、弘扬尊师重教传统作为教师队伍建设的首要任务，夯实学校主体责任，压实学校主要负责人第一责任人责任。高校要强化党委教师工作部建设，明确将教师思想政治和师德师风建设作为其主要职责。各地各校要建立健全责任落实机制，坚持失责必问、问责必严。财政部门要坚持将教师队伍建设作为教育投入重点予以优先保障，按规定统筹现有资金渠道支持师德师风建设。依托现有资源，建设一批师德师风建设基地，加强工作支撑，提高师德师风建设工作的科学性、实效性。

教育部等八部门关于加快构建高校思想政治工作体系的意见

教思政〔2020〕1号

各省、自治区、直辖市教育厅（教委）、党委组织部、党委宣传部、党委政法委、网信办、财政厅（局）、人力资源社会保障厅（局）、团委，新疆生产建设兵团教育局、党委组织部、党委宣传部、党委政法委、网信办、财政局、人力资源社会保障局、团委，部属各高等学校、部省合建各高等学校：

为深入贯彻落实习近平新时代中国特色社会主义思想，贯彻落实党的十九大和十九届二中、三中、四中全会精神，学习贯彻习近平总书记关于教育的重要论述，加快构建高校思想政治工作体系，努力培养担当民族复兴大任的时代新人，培养德智体美劳全面发展的社会主义建设者和接班人，现提出如下意见。

一、指导思想和目标任务

1. 指导思想。以习近平新时代中国特色社会主义思想为指导，全面贯彻党的教育方针，坚持和加强党的全面领导，坚持社会主义办学方向，以立德树人为根本，以理想信念教育为核心，以培育和践行社会主义核心价值观为主线，以建立完善全员、全程、全方位育人体制机制为关键，全面提升高校思想政治工作质量。

2. 目标任务。健全立德树人体制机制，把立德树人融入思想道德、文化知识、社会实践教育各环节，贯通学科体系、教学体系、教材体系、管理体系，加快构建目标明确、内容完善、标准健全、运行科学、保障有力、成效显著的高校思想政治工作体系。

二、理论武装体系

3. 加强政治引领。把坚持以马克思主义为指导落实到教育教学各方面，对各种错误观点和思潮旗帜鲜明予以抵制。全面推动习近平新时代中国特色社会主义思想进教材、进课堂、进师生头脑，开展理论教育培训，编写出版理论读物，打造示范课堂，运用各种载体分群体深入开展习近平新时代中国特色社会主义思想学习研究宣传工作。推动理想信念教育常态化、制度化，加强党史、新中国史、改革开放史、社会主义发展史教育，加强爱国主义、集体主义、社会主义教育，把制度自信的种子播撒进青少年心灵，引导师生不断增强“四个自信”。推动领导干部、“两院”院士等专家学者、各方面英雄模范人物进校园开展思想政治教育。

4. 厚植爱国情怀。贯彻落实《新时代爱国主义教育实施纲要》，打造推广一批富有爱国主义教育意义的文化作品，定期举行集体升国旗、唱国歌仪式，有效利用重大活动、开学典礼、毕业典礼、重大纪念日、主题党团日等契机和重点文化基础设施开展爱国主义教育。

5. 强化价值引导。研究制定体现社会主义核心价值观要求的师生行为规范，组织国家勋章和国家荣誉称号获得者、最美奋斗者、改革先锋、时代楷模等新时代先进人物走进高校，面向广大师生开展思想政治教育。开展教书育人楷模、思政课教师年度人物、高校辅导员年度人物、大学生年度人物等先进典型的宣传选树。

三、学科教学体系

6. 办好思想政治理论课。按照“八个相统一”要求，扎实推进思想政治理论课建设思路创优、师资创优、教材创优、教法创优、机制创优、环境创优。遴选名师大师参与思想政治理论课讲授。把新媒体新技术引入高校思想政治理论课教学，打造高校思想政治理论课资源平台和网络集体备课平台。

7. 强化哲学社会科学育人作用。强化马克思主义理论学科引领作用，推出一批中国特色哲学社会科学精品力作。加强哲学社会科学教材规划编审和规范选用工作。加大哲学社会科学各学科专业中的马克思主义理论类课程建设。扎实推进哲学社会科学专业课程思政建设，文学、历史学、哲学类专业课程要帮助学生掌握马克思主义世界观和方法论，从历史与现实、理论与实践等相结合的维度深刻理解习近平新时代中国特色社会主义思想。经济学、管理学、法学类专业课程要培育学生经世济民、诚信服务、德法兼修的职业素养。教育学类专业课程要注重加强师德师风教育，引导学生树立学为人师、行为世范的职业理想。

8. 全面推进所有学科课程思政建设。统筹课程思政与思政课程建设，构建全面覆盖、类型丰富、层次递进、相互支撑的课程体系。重点建设一批提高大学生思想道德修养、人文素质、科学精神和认知能力的公共基础课程。理学、工学类专业课程要注重科学思维方法的训练和科技伦理的教育，培养学生探索未知、追求真理、勇攀科学高峰的责任感和使命感，培养学生精益求精的大国工匠精神。农学类专业课程要注重培养学生的大国"三农"情怀，引导学生"懂农业、爱农村、爱农民"。医学类专业课程要注重加强医德医风教育，注重加强医者仁心教育，教育引导学生尊重患者，学会沟通，提升综合素养。艺术学类专业课程要教育引导学生树立正确的艺术观和创作观，积极弘扬中华美育精神。

9. 充分发挥科研育人功能。构建集教育、预防、监督、惩治于一体的学术诚信体系。提高研究生导师开展思想政治教育意识和能力。持续开展全国科学道德和学风建设宣讲教育、"共和国的脊梁——科学大师名校宣传工程"等系列活动。

四、日常教育体系

10. 深化实践教育。把思想政治教育融入社会实践、志愿服务、实习实训等活动中，创办形式多样的"行走课堂"。健全志愿服务体系，深入开展"青年红色筑梦之旅""'小我融入大我，青春献给祖国'主题社会实践"等活动。推动构建政府、社会、学校协同联动的"实践育人共同体"，挖掘和编制"资源图谱"，加强劳动教育。

11. 繁荣校园文化。坚持培育优良校风教风学风，持续开展文明校园创建活动。建设一批文化传承基地。发挥校园建筑景观、文物和校史校训校歌的文化价值。加强高校原创文化精品创作与推广。

12. 加强网络育人。提升校园新媒体网络平台的服务力、吸引力和黏合度，切实增强易班网、中国大学生在线等网络阵地的示范性、引领性和辐射度，重点建设一批高校思政类公众号，发挥新媒体平台对高校思政工作的促进作用。引导和扶持师生积极创作导向正确、内容生动、形式多样的网络文化产品。建设高校网络文化研究评价中心，推动将优秀网络文化成果纳入科研成果评价统计。各高校应按照在校生总数每生每年不低于30元的标准设立网络思政工作专项经费。

13. 促进心理健康。把心理健康教育课程纳入整体教学计划，按师生比不低于1：4000比例配备专业教师，每校至少配备2名。发挥心理健康教育教师、辅导员、班主任等育人主体的作用，规范发展心理健康教育与咨询服务。强化心理问题早期发现和科学干预，推广应用《中国大学生心理健康筛查量表》和"心理健康网络测评系统"，提升预警预防、咨询服务、干预转介工作的科学性、前瞻性和针对性。

五、管理服务体系

14. 提高管理服务水平。健全管理服务育人制度体系，宣传推广一批管理服务育人的先进经验和典型做法，大力营造治理有方、管理到位、风清气正的制度育人环境。

15. 加强群团组织建设。增强工会、共青团、妇联等群团组织的政治性、先进性、群众性。推动学生会（研究生会）改革，强化党的领导，健全骨干遴选程序。加强学生社团建设管理，着力构建党委统一领导、团委具体管理的工作机制，配齐配强指导教师，突出分类指导，支持有序发展。

16. 推动"一站式"学生社区建设。依托书院、宿舍等学生生活园区，探索学生组织形式、管理模式、服务机制改革，推进党团组织、管理部门、服务单位等进驻园区开展工作，把校院领导力量、管理力量、服务力量、思政力量压到教育管理服务学生一线，将园区打造成为集学生思想教育、师生交流、文化活动、生活服务于一体的教育生活园地。

17. 完善精准资助育人。精准认定家庭经济困难学生，健全四级资助认定工作机制，完善档案、动态管理。建设发展型资助体系，加大家庭经济困难学生能力素养培育力度。

六、安全稳定体系

18. 强化高校政治安全。认真落实意识形态工作责任制，加强高校思想文化阵地管理，严格实行审批制度。坚决抵御境外利用宗教渗透，防范校园传教活动。

19. 加强国家安全教育。持续推动国家安全教育进学校、进教材、进头脑，把集中教育活动与日常教育活动、课堂教育教学与社会实践相结合。建立健全国家安全教育长效机制，不断充实教育内容，完善教学体系。

20. 筑牢校园安全防线。切实保护学生生命安全、财产安全、身体健康，严格落实安全防范工作规范要求，强化安全基础建设，完善校园及周边治安综合治理机制。

21. 健全安全责任体系。落实高校安全管理主体责任，完善相应协调和会商机制，落实“一岗双责”。完善预警预防、综合研判、应急处置、督查报告、责任追究等工作制度。

七、队伍建设体系

22. 建设高水平教师队伍。按照“四有”好老师要求，落实政治理论学习、培训轮训、实践锻炼等制度。完善教师评聘考核办法，把师德师风作为评价教师队伍素质第一标准。实施课程思政教师专题培训计划。充分发挥院士、国家“万人计划”哲学社会科学领军人才、文化名家暨“四个一批人才”“长江学者”“杰青”、国家级教学名师等示范带头作用。构建全校齐抓教师思想政治素质的工作体系，组织开展宣传师德典型、深化学术诚信教育，加强对海外归国和青年教师的思想引导。落实《新时代高校教师职业行为十项准则》，严格实行师德“一票否决制”，加大对失德教师的惩戒力度，推动师德建设常态化长效化。

23. 打造高素质思想政治工作和党务工作队伍。严格落实中央关于高校思想政治工作和党务工作队伍配备的各项指标性要求。完善高校专职辅导员职业发展体系，建立职级、职称“双线”晋升办法，学校应当结合实际情况为专职辅导员专设一定比例的正高级专业技术岗位。参照校内管理岗位比例，依据国家有关规定，建立完善高校专职辅导员管理岗位（职员等级）晋升制度。对长期从事辅导员工作、表现优秀的，按照国家有关规定给予奖励。各高校要切实履行辅导员选聘工作的主体责任，按照专兼结合、以专为主的原则加强辅导员选配工作。各地有关部门要积极支持并督导各高校严格落实专职辅导员人事管理政策，按规定签订聘用合同，不得用劳务派遣、人事代理等方式聘用辅导员。鼓励选聘各级党政机关、科研院所、军队、企事业单位党员领导干部、专家学者等担任校外辅导员。完善兼职辅导员和校外辅导员培训、管理、考核制度。持续提升思想政治工作和党务工作队伍素质能力和专业水平，实施思想政治工作中青年骨干队伍建设项目，组织开展国家示范培训、海内外访学研修、在职攻读硕士博士学位等专项计划。各地要因地制宜设置思政课教师和辅导员岗位津贴，纳入绩效工资管理，相应核增学校绩效工资总量。各高校应按照在校生总数每生每年不低于20元的标准设立思想政治工作和党务工作队伍建设专项经费。

24. 加大马克思主义学者和青年马克思主义者培养力度。加强马克思主义学院和马克思主义理论学科建设，加快培养一批立场坚定、功底扎实、经验丰富的马克思主义学者，特别是培养一大批青年马克思主义者。深入实施“高校思想政治理论课教师队伍后备人才培养专项支持计划”。组织实施青年马克思主义者培养工程，加强集中教育培训和后续跟踪培养。

八、评估督导体系

25. 构建科学测评体系。建立多元多层、科学有效的高校思政工作测评指标体系，完善过程评价和结果评价相结合的实施机制，推动把高校党建和思想政治工作作为“双一流”建设成效评估、学科专业质量评价、人才项目评审、教学科研成果评比的重要指标，并纳入政治巡视、地方和高校领导班子考核、领导干部述职评议的重要内容。

26. 完善推进落实机制。明确责任分工，细化实施方案，及时研究解决重点问题。将高校思想政治工作纳入整体发展规划和年度工作计划，明确路线图、时间表、责任人。

27. 健全督导问责机制。强化高校思想政治工作督导考核，对履职尽责不力、不及时的，加大追责力度。实行校、院系、基层党组织书记抓党建和思想政治工作述职评议考核制度，纳入党纪监督检查范围。

九、组织领导和实施保障

28. 加强党的全面领导。要把高校思想政治工作摆到重要位置，切实加强组织领导和工作指导。各高校党委要全面统筹各领域、各环节、各方面的资源和力量，力戒形式主义、官僚主义，加强体制机制、项目布局、队伍建设、条件保障等方面的系统设计，定期分析高校思想政治领域情况，研究解决重大问题，协调推进重点任务落实，党委主要负责同志落实领导责任，分管领导落实直接责任。党委书记是思想政治工作第一责任人，校长和其他班子成员履行“党政同责、一岗双责”。高校领导班子成员要主动进课堂、进班级、进宿舍、进食堂、进社团、进讲座、进网络，深入一线联系学生。

29. 加强基层党的建设。强化院系党组织政治功能，加强班子建设、健全集体领导机制、提高议事决策水平。发挥党支部战斗堡垒和党员先锋模范作用，优化支部设置，实施教师党支部书记“双带头人”培育工程，建强党支部书记队伍。严格党的组织生活各项制度，着重加强教师党支部和学生党支部建设、发展党员和党员教育管理工作。加强教师党支部与学生党支部共建，鼓励校企、校地党支部共同开展组织生活。落实党建带团建制度，做好推优入党工作。

30. 强化工作协同保障。推动形成学校、家庭和社会教育协同育人机制。发挥高校思想政治工作委员会的专家咨询作用，加大高校思想政治工作创新发展中心、思想政治工作队伍培训研修中心、省级高校网络思想政治工作中心建设力度。做好高校思想政治工作专项资金使用管理，引导地方和高校增加投入，强化经费投入的育人导向。

教育部　中共中央组织部　中共中央宣传部
中共中央政法委员会　中央网络安全和信息化委员会办公室
财政部　人力资源社会保障部　共青团中央
2020年4月22日

中共中央　国务院
关于全面加强新时代大中小学劳动教育的意见

（2020年3月20日）

为构建德智体美劳全面培养的教育体系，现就加强新时代大中小学劳动教育提出如下意见。

一、充分认识新时代培养社会主义建设者和接班人对加强劳动教育的新要求

（一）重大意义。劳动教育是中国特色社会主义教育制度的重要内容，直接决定社会主义建设者和接班人的劳动精神面貌、劳动价值取向和劳动技能水平。长期以来，各地区和学校坚持教育与生产劳动相结合，在实践育人方面取得了一定成效。同时也要看到，近年来一些青少年中出现了不珍惜劳动成果、不想劳动、不会劳动的现象，劳动的独特育人价值在一定程度上被忽视，劳动教育正被淡化、弱化。对此，全党全社会必须高度重视，采取有效措施切实加强劳动教育。

（二）指导思想。以习近平新时代中国特色社会主义思想为指导，全面贯彻党的教育方针，落实全国教育大会精神，坚持立德树人，坚持培育和践行社会主义核心价值观，把劳动教育纳入人才培养全过程，贯通大中小学各学段，贯穿家庭、学校、社会各方面，与德育、智育、体育、美育相融合，紧密结合经济社会发展变化和学生生活实际，积极探索具有中国特色的劳动教育模式，创新体制机制，注重教育实效，实现知行合一，促进学生形成正确的世界观、人生观、价值观。

（三）基本原则

——把握育人导向。坚持党的领导，围绕培养担当民族复兴大任的时代新人，着力提升学生综合素质，促进学生全面发展、健康成长。把准劳动教育价值取向，引导学生树立正确的劳动观，崇尚劳动、尊重劳动，增强对劳动人民的感情，报效国家，奉献社会。

——遵循教育规律。符合学生年龄特点，以体力劳动为主，注意手脑并用、安全适度，强化实践体验，让学生亲历劳动过程，提升育人实效性。

——体现时代特征。适应科技发展和产业变革，针对劳动新形态，注重新兴技术支撑和社会服务新变化。深化产教融合，改进劳动教育方式。强化诚实合法劳动意识，培养科学精神，提高创造性劳动能力。

——强化综合实施。加强政府统筹，拓宽劳动教育途径，整合家庭、学校、社会各方面力量。家庭劳动教育要日常化，学校劳动教育要规范化，社会劳动教育要多样化，形成协同育人格局。

——坚持因地制宜。根据各地区和学校实际，结合当地在自然、经济、文化等方面条件，充分挖掘行业企业、职业院校等可利用资源，宜工则工、宜农则农，采取多种方式开展劳动教育，避免“一刀切”。

二、全面构建体现时代特征的劳动教育体系

（四）把握劳动教育基本内涵。劳动教育是国民教育体系的重要内容，是学生成长的必要途径，具有树德、增智、强体、育美的综合育人价值。实施劳动教育重点是在系统的文化知识学习之外，有目的、有计划地组织学生参加日常生活劳动、生产劳动和服务性劳动，让学生动手实践、出力流汗，接受锻炼、磨炼意志，培养学生正确劳动价值观和良好劳动品质。

（五）明确劳动教育总体目标。通过劳动教育，使学生能够理解和形成马克思主义劳动观，牢固树立劳动最光荣、劳动最崇高、劳动最伟大、劳动最美丽的观念；体会劳动创造美好生活，体认劳动不分贵贱，热爱劳动，尊重普通劳动者，培养勤俭、奋斗、创新、奉献的劳动精神；具备满足生存发展需要的基本劳动能力，形成良好劳动习惯。

（六）设置劳动教育课程。整体优化学校课程设置，将劳动教育纳入中小学国家课程方案和职业院校、普

通高等学校人才培养方案，形成具有综合性、实践性、开放性、针对性的劳动教育课程体系。

根据各学段特点，在大中小学设立劳动教育必修课程，系统加强劳动教育。中小学劳动教育课每周不少于1课时，学校要对学生每天课外校外劳动时间作出规定。职业院校以实习实训课为主要载体开展劳动教育，其中劳动精神、劳模精神、工匠精神专题教育不少于16学时。普通高等学校要明确劳动教育主要依托课程，其中本科阶段不少于32学时。除劳动教育必修课程外，其他课程结合学科、专业特点，有机融入劳动教育内容。大中小学每学年设立劳动周，可在学年内或寒暑假自主安排，以集体劳动为主。高等学校也可安排劳动月，集中落实各学年劳动周要求。

根据需要编写劳动实践指导手册，明确教学目标、活动设计、工具使用、考核评价、安全保护等劳动教育要求。

（七）确定劳动教育内容要求。根据教育目标，针对不同学段、类型学生特点，以日常生活劳动、生产劳动和服务性劳动为主要内容开展劳动教育。结合产业新业态、劳动新形态，注重选择新型服务性劳动的内容。

小学低年级要注重围绕劳动意识的启蒙，让学生学习日常生活自理，感知劳动乐趣，知道人人都要劳动。小学中高年级要注重围绕卫生、劳动习惯养成，让学生做好个人清洁卫生，主动分担家务，适当参加校内外公益劳动，学会与他人合作劳动，体会到劳动光荣。初中要注重围绕增加劳动知识、技能，加强家政学习，开展社区服务，适当参加生产劳动，使学生初步养成认真负责、吃苦耐劳的品质和职业意识。普通高中要注重围绕丰富职业体验，开展服务性劳动、参加生产劳动，使学生熟练掌握一定劳动技能，理解劳动创造价值，具有劳动自立意识和主动服务他人、服务社会的情怀。中等职业学校重点是结合专业人才培养，增强学生职业荣誉感，提高职业技能水平，培育学生精益求精的工匠精神和爱岗敬业的劳动态度。高等学校要注重围绕创新创业，结合学科和专业积极开展实习实训、专业服务、社会实践、勤工助学等，重视新知识、新技术、新工艺、新方法应用，创造性地解决实际问题，使学生增强诚实劳动意识，积累职业经验，提升就业创业能力，树立正确择业观，具有到艰苦地区和行业工作的奋斗精神，懂得空谈误国、实干兴邦的深刻道理；注重培育公共服务意识，使学生具有面对重大疫情、灾害等危机主动作为的奉献精神。

（八）健全劳动素养评价制度。将劳动素养纳入学生综合素质评价体系，制定评价标准，建立激励机制，组织开展劳动技能和劳动成果展示、劳动竞赛等活动，全面客观记录课内外劳动过程和结果，加强实际劳动技能和价值体认情况的考核。建立公示、审核制度，确保记录真实可靠。把劳动素养评价结果作为衡量学生全面发展情况的重要内容，作为评优评先的重要参考和毕业依据，作为高一级学校录取的重要参考或依据。

三、广泛开展劳动教育实践活动

（九）家庭要发挥在劳动教育中的基础作用。注重抓住衣食住行等日常生活中的劳动实践机会，鼓励孩子自觉参与、自己动手，随时随地、坚持不懈进行劳动，掌握洗衣做饭等必要的家务劳动技能，每年有针对性地学会1至2项生活技能。鼓励学校（家委会）和社区等组织开展学生生活技能展示活动。学生参加家务劳动和掌握生活技能的情况要按年度记入学生综合素质档案。鼓励孩子利用节假日参加各种社会劳动。家庭要树立崇尚劳动的良好家风，家长要通过日常生活的言传身教、潜移默化，让孩子养成从小爱劳动的好习惯。

（十）学校要发挥在劳动教育中的主导作用。学校要切实承担劳动教育主体责任，明确实施机构和人员，开齐开足劳动教育课程，不得挤占、挪用劳动实践时间。明确学校劳动教育要求，着重引导学生形成马克思主义劳动观，系统学习掌握必要的劳动技能。根据学生身体发育情况，科学设计课内外劳动项目，采取灵活多样形式，激发学生劳动的内在需求和动力。统筹安排课内外时间，可采用集中与分散相结合的方式。组织实施好劳动周，小学低中年级以校园劳动为主，小学高年级和中学可适当走向社会、参与集中劳动，高等学校要组织学生走向社会、以校外劳动锻炼为主。

（十一）社会要发挥在劳动教育中的支持作用。充分利用社会各方面资源，为劳动教育提供必要保障。各级政府部门要积极协调和引导企业公司、工厂农场等组织履行社会责任，开放实践场所，支持学校组织学生参加力所能及的生产劳动、参与新型服务性劳动，使学生与普通劳动者一起经历劳动过程。鼓励高新企业为学生体验现代科技条件下劳动实践新形态、新方式提供支持。工会、共青团、妇联等群团组织以及各类公益基金会、社会福利组织要组织动员相关力量、搭建活动平台，共同支持学生深入城乡社区、福利院和公共场所等参加志愿服务，开展公益劳动，参与社区治理。

四、着力提升劳动教育支撑保障能力

（十二）多渠道拓展实践场所。大力拓展实践场所，满足各级各类学校多样化劳动实践需求。充分利用现有综合实践基地、青少年校外活动场所、职业院校和普通高等学校劳动实践场所，建立健全开放共享机制。农村地区可安排相应土地、山林、草场等作为学农实践基地，城镇地区可确认一批企事业单位和社会机构，作为学生参加生产劳动、服务性劳动的实践场所。建立以县为主、政府统筹规划配置中小学（含中等职业学校）劳动教育资源的机制。进一步完善学校建设标准，学校逐步建好配齐劳动实践教室、实训基地。高等学校要充分发挥自身专业优势和服务社会功能，建立相对稳定的实习和劳动实践基地。

（十三）多举措加强人才队伍建设。采取多种措施，建立专兼职相结合的劳动教育师资队伍。根据学校劳动教育需要，为学校配备必要的专任教师。高等学校要加强劳动教育师资培养，有条件的师范院校开设劳动教育相关专业。设立劳模工作室、技能大师工作室、荣誉教师岗位等，聘请相关行业专业人士担任劳动实践指导教师。把劳动教育纳入教师培训内容，开展全员培训，强化每位教师的劳动意识、劳动观念，提升实施劳动教育的自觉性，对承担劳动教育课程的教师进行专项培训，提高劳动教育专业化水平。建立健全劳动教育教师工作考核体系，分类完善评价标准。

（十四）健全经费投入机制。各地区要统筹中央补助资金和自有财力，多种形式筹措资金，加快建设校内劳动教育场所和校外劳动教育实践基地，加强学校劳动教育设施标准化建设，建立学校劳动教育器材、耗材补充机制。学校可按照规定统筹安排公用经费等资金开展劳动教育。可采取政府购买服务方式，吸引社会力量提供劳动教育服务。

（十五）多方面强化安全保障。各地区要建立政府负责、社会协同、有关部门共同参与的安全管控机制。建立政府、学校、家庭、社会共同参与的劳动教育风险分散机制，鼓励购买劳动教育相关保险，保障劳动教育正常开展。各学校要加强对师生的劳动安全教育，强化劳动风险意识，建立健全安全教育与管理并重的劳动安全保障体系。科学评估劳动实践活动的安全风险，认真排查、清除学生劳动实践中的各种隐患特别是辐射、疾病传染等，在场所设施选择、材料选用、工具设备和防护用品使用、活动流程等方面制定安全、科学的操作规范，强化对劳动过程每个岗位的管理，明确各方责任，防患于未然。制定劳动实践活动风险防控预案，完善应急与事故处理机制。

五、切实加强劳动教育的组织实施

（十六）加强组织领导。在党委统一领导下，各级政府要把劳动教育摆上重要议事日程，出台相关政策措施，切实解决劳动教育实施过程中的重大问题，做好督促落实。省级政府要加强劳动教育工作的统筹协调，明确市地级、县级政府及有关部门加强劳动教育的职责，推动建立全面实施劳动教育的长效机制。

（十七）强化督导检查。把劳动教育纳入教育督导体系，完善督导办法。对地方各级政府和有关部门保障劳动教育情况以及学校组织实施劳动教育情况进行督导，督导结果向社会公开，同时作为衡量区域教育质量和水平的重要指标，作为对被督导部门和学校及其主要负责人考核奖惩的依据。开展劳动教育质量监测，强化反馈和指导。

（十八）加强宣传引导。引导家长树立正确劳动观念，支持配合学校开展劳动教育。加强劳动教育科学研究，宣传推广劳动教育典型经验。积极宣传企事业单位和社会机构提供劳动教育服务的先进事迹。注重挖掘在抗疫救灾等重大事件中涌现出来的典型人物和事迹，大力宣传不畏艰难、百折不挠、敢于担当的高尚品格。鼓励和支持创作更多以歌颂普通劳动者为主题的优秀作品，大力宣传辛勤劳动、诚实劳动、创造性劳动的典型人物和事迹，弘扬劳动光荣、创造伟大的主旋律，旗帜鲜明地反对一切不劳而获、贪图享乐、崇尚暴富的错误观念，营造全社会关心和支持劳动教育的良好氛围。

教育部关于印发《大中小学劳动教育指导纲要（试行）》的通知

教材〔2020〕4号

各省、自治区、直辖市教育厅（教委），新疆生产建设兵团教育局，有关部门（单位）教育司（局），部属各高等学校、部省合建各高等学校：

为深入贯彻习近平总书记关于教育的重要论述，全面贯彻党的教育方针，落实《中共中央 国务院关于全面加强新时代大中小学劳动教育的意见》，加快构建德智体美劳全面培养的教育体系，我部组织研究制定了《大中小学劳动教育指导纲要（试行）》，现印发给你们，请认真贯彻落实。

教育部

2020年7月7日

大中小学劳动教育指导纲要（试行）

为深入贯彻习近平总书记关于教育的重要论述，全面贯彻党的教育方针，落实《中共中央 国务院关于全面加强新时代大中小学劳动教育的意见》，加快构建德智体美劳全面培养的教育体系，制定本指导纲要。

一、劳动教育性质和基本理念

（一）劳动教育性质

劳动是创造物质财富和精神财富的过程，是人类特有的基本社会实践活动。劳动教育是发挥劳动的育人功能，对学生进行热爱劳动、热爱劳动人民的教育活动。当前实施劳动教育的重点是在系统的文化知识学习之外，有目的、有计划地组织学生参加日常生活劳动、生产劳动和服务性劳动，让学生动手实践、出力流汗，接受锻炼、磨炼意志，培养学生正确劳动价值观和良好劳动品质。

劳动教育是新时代党对教育的新要求，是中国特色社会主义教育制度的重要内容，是全面发展教育体系的重要组成部分，是大中小学必须开展的教育活动。它具有鲜明的思想性，必须将马克思主义劳动观贯彻始终，强调劳动是一切财富、价值的源泉，劳动者是国家的主人，一切劳动和劳动者都应该得到鼓励和尊重；倡导通过诚实劳动创造美好生活、实现人生梦想，反对一切不劳而获、崇尚暴富、贪图享乐的错误思想。具有突出的社会性，必须加强学校教育与社会生活、生产实践的直接联系，发挥劳动在个人与社会之间的纽带作用，引导学生认识社会，增强社会责任感；同时注重让学生学会分工合作，体会社会主义社会平等、和谐的新型劳动关系。具有显著的实践性，必须面向真实的生活世界和职业世界，引导学生以动手实践为主要方式，在认识世界的基础上，获得有积极意义的价值体验，学会建设世界，塑造自己，实现树德、增智、强体、育美的目的。

（二）劳动教育基本理念

1. 强化劳动观念，弘扬劳动精神。将劳动观念和劳动精神教育贯穿人才培养全过程，贯穿家庭、学校、社会各方面。注重让学生在学习和掌握基本劳动知识技能的过程中，领悟劳动的意义价值，形成勤俭、奋斗、创新、奉献的劳动精神。

2. 强调身心参与，注重手脑并用。把握劳动教育的根本特征，让学生面对真实的个人生活、生产和社会性服务任务情境，亲历实际的劳动过程，善于观察思考，注重运用所学知识解决实际问题，提高劳动质量和效率。

3. 继承优良传统，彰显时代特征。在充分发挥传统劳动、传统工艺项目育人功能的同时，紧跟科技发展和产业变革，准确把握新时代劳动工具、劳动技术、劳动形态的新变化，创新劳动教育内容、途径、方式，增强劳动教育的时代性。

4. 发挥主体作用，激发创新创造。关注学生劳动过程中的体验和感悟，引导学生感受劳动的艰辛和收获的快乐，增强获得感、成就感、荣誉感。鼓励学生在学习和借鉴他人丰富经验、技艺的基础上，尝试新方法、探索新技术，打破僵化思维方式，推陈出新。

二、劳动教育目标和内容

（一）总体目标

准确把握社会主义建设者和接班人的劳动精神面貌、劳动价值取向和劳动技能水平的培养要求，全面提高学生劳动素养，使学生：

树立正确的劳动观念。正确理解劳动是人类发展和社会进步的根本力量，认识劳动创造人、劳动创造价值、创造财富、创造美好生活的道理，尊重劳动，尊重普通劳动者，牢固树立劳动最光荣、劳动最崇高、劳动最伟大、劳动最美丽的思想观念。

具有必备的劳动能力。掌握基本的劳动知识和技能，正确使用常见劳动工具，增强体力、智力和创造力，具备完成一定劳动任务所需要的设计、操作能力及团队合作能力。

培育积极的劳动精神。领会“幸福是奋斗出来的”内涵与意义，继承中华民族勤俭节约、敬业奉献的优良传统，弘扬开拓创新、砥砺奋进的时代精神。

养成良好的劳动习惯和品质。能够自觉自愿、认真负责、安全规范、坚持不懈地参与劳动，形成诚实守信、吃苦耐劳的品质。珍惜劳动成果，养成良好的消费习惯，杜绝浪费。

（二）主要内容

主要包括日常生活劳动、生产劳动和服务性劳动中的知识、技能与价值观。日常生活劳动教育立足个人生活事务处理，结合开展新时代校园爱国卫生运动，注重生活能力和良好卫生习惯培养，树立自立自强意识。生产劳动教育要让学生在工农业生产过程中直接经历物质财富的创造过程，体验从简单劳动、原始劳动向复杂劳动、创造性劳动的发展过程，学会使用工具，掌握相关技术，感受劳动创造价值，增强产品质量意识，体会平凡劳动中的伟大。服务性劳动教育让学生利用知识、技能等为他人和社会提供服务，在服务性岗位上见习实习，树立服务意识，实践服务技能；在公益劳动、志愿服务中强化社会责任感。

（三）学段要求

1. 小学

低年级：以个人生活起居为主要内容，开展劳动教育，注重培养劳动意识和劳动安全意识，使学生懂得人人都要劳动，感知劳动乐趣，爱惜劳动成果。指导学生：（1）完成个人物品整理、清洗，进行简单的家庭清扫和垃圾分类等，树立自己的事情自己做的意识，提高生活自理能力；（2）参与适当的班级集体劳动，主动维护教室内外环境卫生等，培养集体荣誉感；（3）进行简单手工制作，照顾身边的动植物，关爱生命，热爱自然。

中高年级：以校园劳动和家庭劳动为主要内容开展劳动教育，体会劳动光荣，尊重普通劳动者，初步养成热爱劳动、热爱生活的态度。指导学生：（1）参与家居清洁、收纳整理，制作简单的家常餐等，每年学会1—2项生活技能，增强生活自理能力和勤俭节约意识，培养家庭责任感；（2）参加校园卫生保洁、垃圾分类处理、绿化美化等，适当参加社区环保、公共卫生等力所能及的公益劳动，增强公共服务意识；（3）初步体验种植、养殖、手工制作等简单的生产劳动，初步学会与他人合作劳动，懂得生活用品、食品来之不易，珍惜劳动成果。

2. 初中

兼顾家政学习、校内外生产劳动、服务性劳动，安排劳动教育内容，开展职业启蒙教育，体会劳动创造美好生活，养成认真负责、吃苦耐劳的劳动品质和安全意识，增强公共服务意识和担当精神。让学生：（1）承担一定的家庭日常清洁、烹饪、家居美化等劳动，进一步培养生活自理能力和习惯，增强家庭责任意识；（2）定期开展校园包干区域保洁和美化，以及助残、敬老、扶弱等服务性劳动，初步形成对学校、社区负责任的态度和社会公德意识；（3）适当体验包括金工、木工、电工、陶艺、布艺等项目在内的劳动及传统工艺制作过程，尝试家用器具、家具、电器的简单修理，参与种植、养殖等生产活动，学习相关技术，获得初步的职业体验，形成初步的生涯规划意识。

3. 普通高中

注重围绕丰富职业体验，开展服务性劳动和生产劳动，理解劳动创造价值，接受锻炼、磨炼意志，具有劳动自立意识和主动服务他人、服务社会的情怀。指导学生：（1）持续开展日常生活劳动，增强生活自理能力，固化良好劳动习惯；（2）选择服务性岗位，经历真实的岗位工作过程，获得真切的职业体验，培养职业兴趣；积极参加大型赛事、社区建设、环境保护等公益活动、志愿服务，强化社会责任意识和奉献精神；（3）统筹劳动教育与通用技术课程相关内容，从工业、农业、现代服务业以及中华优秀传统文化特色项目中，自主选择1—2项生产劳动，经历完整的实践过程，提高创意物化能力，养成吃苦耐劳、精益求精的品质，增强生涯规划的意识和能力。

4. 职业院校

重点结合专业特点，增强职业荣誉感和责任感，提高职业劳动技能水平，培育积极向上的劳动精神和认真负责的劳动态度。组织学生：（1）持续开展日常生活劳动，自我管理生活，提高劳动自立自强的意识和能力；（2）定期开展校内外公益服务性劳动，做好校园环境秩序维护，运用专业技能为社会、为他人提供相关公益服务，培育社会公德，厚植爱国爱民的情怀；（3）依托实习实训，参与真实的生产劳动和服务性劳动，增强职业认同感和劳动自豪感，提升创意物化能力，培育不断探索、精益求精、追求卓越的工匠精神和爱岗敬业的劳动态度，坚信“三百六十行，行行出状元”，体认劳动不分贵贱，任何职业都很光荣，都能出彩。

5. 普通高等学校

强化马克思主义劳动观教育，注重围绕创新创业，结合学科专业开展生产劳动和服务性劳动，积累职业经验，培育创造性劳动能力和诚实守信的合法劳动意识。使学生：（1）掌握通用劳动科学知识，深刻理解马克思主义劳动观和社会主义劳动关系，树立正确的择业就业创业观，具有到艰苦地区和行业工作的奋斗精神；（2）巩固良好日常生活劳动习惯，自觉做好宿舍卫生保洁，独立处理个人生活事务，积极参加勤工助学活动，提高劳动自立自强能力；（3）强化服务性劳动，自觉参与教室、食堂、校园场所的卫生保洁、绿化美化和管理服务等，结合“三支一扶”、大学生志愿服务西部计划、“青年红色筑梦之旅”“三下乡”等社会实践活动开展服务性劳动，强化公共服务意识和面对重大疫情、灾害等危机主动作为的奉献精神；（4）重视生产劳动锻炼，积极参加实习实训、专业服务和创新创业活动，重视新知识、新技术、新工艺、新方法的运用，提高在生产实践中发现问题和创造性解决问题的能力，在动手实践的过程中创造有价值的物化劳动成果。

三、劳动教育途径、关键环节和评价

（一）劳动教育途径

将劳动教育纳入人才培养全过程，丰富、拓展劳动教育实施途径。

1. 独立开设劳动教育必修课

在大中小学设立劳动教育必修课程。中小学劳动教育课平均每周不少于1课时，用于活动策划、技能指导、练习实践、总结交流等，与通用技术和地方课程、校本课程等有关内容进行必要统筹。职业院校开设劳动专题教育必修课，不少于16学时；主要围绕劳动精神、劳模精神、工匠精神、劳动组织、劳动安全和劳动法规等方面设计。普通高等学校要将劳动教育纳入专业人才培养方案，明确主要依托的课程，可在已有课程中专设劳动教育模块，也可专门开设劳动专题教育必修课，本科阶段不少于32学时；课程内容应加强马克思主义劳动观教育，普及与学生职业发展密切相关的通用劳动科学知识，并经历必要的实践体验。

2. 在学科专业中有机渗透劳动教育

中小学道德与法治（思想政治）、语文、历史、艺术等学科要有重点地纳入劳动创造人本身、劳动创造历史、劳动创造世界、劳动不分贵贱等马克思主义劳动观，纳入歌颂劳模、歌颂普通劳动者的选文选材，纳入阐释勤劳、节俭、艰苦奋斗等中华民族优良传统的内容，加强对学生辛勤劳动、诚实劳动、合法劳动等方面的教育。数学、科学、地理、技术、体育与健康等学科要注重培养学生劳动的科学态度、规范意识、效率观念和创新精神。

职业院校要将劳动教育全面融入公共基础课，要强化马克思主义劳动观、劳动安全、劳动法规教育。专业课在进行职业劳动知识技能教学的同时，注重培养“干一行爱一行”的敬业精神，吃苦耐劳、团结合作、严谨细致的工作态度。

普通高等学校要将劳动教育有机纳入专业教育、创新创业教育，不断深化产教融合，强化劳动锻炼要求，加强高等学校与行业骨干企业、高新企业、中小微企业紧密协同，推动人才培养模式改革。专业类课程主要与服务学习、实习实训、科学实验、社会实践、毕业设计等相结合开展各类劳动实践，注重分析相关劳动形态发展趋势，强化劳动品质培养。在公共必修课中，要进一步强化马克思主义劳动观教育、劳动相关法律法规与政策教育。

3. 在课外校外活动中安排劳动实践

将劳动教育与学生的个人生活、校园生活和社会生活有机结合起来，丰富劳动体验，提高劳动能力，深化对劳动价值的理解。

中小学每周课外活动和家庭生活中劳动时间，小学1至2年级不少于2小时，其他年级不少于3小时；职业院校和普通高等学校要明确生活中的劳动事项和时间，纳入学生日常管理工作。

大中小学每学年设立劳动周，采用专题讲座、主题演讲、劳动技能竞赛、劳动成果展示、劳动项目实践等形式进行。小学以校内为主，小学高年级可适当安排部分校外劳动；普通中学、职业院校和普通高等学校兼顾校内外，可在学年内或寒暑假安排，以集体劳动为主，由学校组织实施。高等学校也可安排劳动月，集中落实各学年劳动周要求。

4. 在校园文化建设中强化劳动文化

学校要将劳动习惯、劳动品质的养成教育融入校园文化建设之中。要通过制定劳动公约、每日劳动常规、学期劳动任务单，采取与劳动教育有关的兴趣小组、社团等组织形式，结合植树节、学雷锋纪念日、五一劳动节、农民丰收节、志愿者日等，开展丰富的劳动主题教育活动，营造劳动光荣、创造伟大的校园文化。

要举办“劳模大讲堂”“大国工匠进校园”、优秀毕业生报告会等劳动榜样人物进校园活动，组织劳动技能和劳动成果展示，综合运用讲座、宣传栏、新媒体等，广泛宣传劳动榜样人物事迹，特别是身边的普通劳动者事迹，让师生在校园里近距离接触劳动模范，聆听劳模故事，观摩精湛技艺，感受并领悟勤勉敬业的劳动精神，争做新时代的奋斗者。

（二）劳动教育关键环节

各地和学校要注重围绕劳动教育的目标和内容要求，从提高劳动教育的效果出发，把握劳动教育任务的特点，抓住关键环节，选择适宜的劳动教育方式。

1. 讲解说明。围绕劳动为什么、是什么问题，有重点地进行讲解，让学生懂得劳动的意义和价值。加强劳动观念、劳动纪律、劳动相关法律法规的正面引导，指明轻视劳动特别是轻视普通劳动的危害，让学生明辨是非。加强劳动知识技能的讲解，让学生认清事理，掌握实践操作的基本原理、程序、规则，正确使用工具的方法和技术。讲解要与启发思考、示范、练习等结合起来。

2. 淬炼操作。围绕如何做的问题，注重示范与练习，让学生会劳动。强化规范意识，注重从最基本的程序学起，严守规则，避免主观随意。强化质量意识，注重引导学生关注细节，每个步骤、环节都要精准到位。强化专注品质，注重引导学生对操作行为的评估与监控，做到眼到手到心到，有始有终。

3. 项目实践。围绕劳动能力的培养，让学生完成真实、综合任务，经历完整劳动过程。注重劳动价值体认，引导学生从现实生活中发现需求，选择和确定劳动项目。强化规划设计意识，充分发挥学生的积极性、主动性、创造性，引导学生对项目实践进行整体构思，综合运用所学知识、技术，不断优化行动方案。强化身体力行，锤炼意志品质，敢于在困难与挑战中完成行动任务。

4. 反思交流。围绕劳动价值意义的建构，引导学生总结、交流，促进学生形成反思交流习惯。指导学生思考劳动过程和结果与社会进步、个体成长的关联，避免停留在简单的苦乐体验上。组织学生交流分享劳动的体验和收获，肯定具有积极意义的认识，纠正观念上的偏差。将反思交流与改进结合起来，使学生在劳动中获得成长。

5. 榜样激励。围绕劳动的精神追求，树立典型，激发劳动热情。注意遴选、树立多类型榜样，不仅要有大国工匠、劳动模范，还要有身边劳动表现优异的普通劳动者和同学。指导学生从榜样的具体事迹中领悟他们的高尚精神和优良品质。明确要求学生在日常劳动实践中努力向榜样看齐。

（三）劳动教育评价

将劳动素养纳入学生综合素质评价体系。以劳动教育目标、内容要求为依据，将过程性评价和结果性评价结合起来，健全和完善学生劳动素养评价标准、程序和方法，鼓励、支持各地利用大数据、云平台、物联网等现代信息技术手段，开展劳动教育过程监测与记实评价，发挥评价的育人导向和反馈改进功能。

1. 平时表现评价

要在平时劳动教育实践活动中及时进行评价，以评价促进学生发展。要覆盖各类型劳动教育活动，明确学年劳动实践类型、次数、时间等考核要求。关注学生在劳动教育活动中的实际表现，注重从行为表现中分析把握劳动观念形成情况。以自我评价为主，辅以教师、同伴、家长、服务对象、用人单位等他评方式，指导学生进行反思改进。要指导学生如实记录劳动教育活动情况，收集整理相关制品、作品等，选择代表性的写实记录，纳入综合素质档案，作为学生学年评优评先的重要参考。

2. 学段综合评价

学段结束时，要依据学段目标和内容，结合综合素质档案分析，兼顾必修课学习和课外劳动实践，对劳动观念、劳动能力、劳动精神、劳动习惯和品质等劳动素养发展状况进行综合评定。建立诚信机制，实行写实记录抽查制度，对弄虚作假者在评优评先方面一票否决，性质严重的应依法依规严肃处理。在高中和大学开展志愿者星级认证。高中学校和高等学校要将考核结果作为毕业依据之一。推动将学段综合评价结果作为学生升学、就业的重要参考。

3. 开展学生劳动素养监测

将学生劳动素养监测纳入基础教育质量监测、职业院校教学质量评估和普通高等学校本科教学质量评估。可委托有关专业机构，定期组织开展关于学生劳动素养状况调查，注重学生劳动观念、劳动能力、劳动精神、劳动习惯和品质等的监测。发挥监测结果的示范引导、反馈改进等功能。

四、学校劳动教育的规划与实施

（一）整体规划劳动教育

学校是劳动教育的实施主体，应根据国家相关规定，结合当地和本校实际情况，对劳动教育进行整体设计、系统规划，形成劳动教育总体实施方案。方案要明确劳动教育目标内容、课时安排、主要劳动实践活动安排、劳动教育过程组织与指导及考核评价办法等。同时要基于学生的年段特征、阶段性教育要求，研究制定“学校学年（或学期）劳动教育计划”，对学年、学期劳动教育实践活动作出具体安排，特别是规划好劳动周等集中劳动，细化有关要求。使总体实施方案和学年（或学期）活动计划相互配套、衔接，形成可持续开展的劳动教育实施方案。

学校在劳动教育规划时要注意处理以下几个方面的关系：

1. 理论学习和实践锻炼的关系

理论学习和实践锻炼都是劳动教育的必要内容。理论学习重在让学生理解和掌握“劳动创造了人本身”“劳动创造世界”等历史唯物主义基本理论主张以及劳动相关法律、法规、政策，作为行动的指南。实践锻炼重在将所学知识转化为真正有用的实际本领，形成良好的劳动习惯，弘扬劳动精神。规划劳动教育时，要两者兼顾，坚持以实践锻炼为主，切实保证每一个学生都有必要的劳动实践经历，不能只是口头上喊劳动、课堂上讲劳动。要通过学生实践前的计划构想、实践中的观察思考和实践后的反思交流，加深对有关思想理论、法规政策的理解，实现理论学习和实践锻炼的统一。

2. 劳动教育与其他教育活动的关系

在开足专门劳动教育必修课的同时，中小学劳动教育必修课实践环节中与综合实践活动的社会服务、设计制作、职业体验重叠部分，可整合实施。职业院校、普通高等学校劳动教育中学生生产劳动和服务性劳动可以通过专业实习、实训、创新创业等实践环节完成，日常生活劳动可以通过学生管理落实。

3. 劳动的传统形态与新形态的关系

将日常生活劳动教育贯穿大中小学始终。在安排生产劳动和服务性劳动项目时，中小学要以使用传统工具、传统工艺的劳动为主，引导学生体会劳动人民的艰辛与智慧，传承中华优秀传统文化，兼顾使用新知识、新技术、新工艺、新方法的劳动。职业院校、普通高等学校要注重结合产业新业态、劳动新形态，选择现代农业、工业、服务业项目，提升创造性劳动能力。

（二）劳动教育的组织实施

1. 实施机构和人员

学校要建立健全劳动教育组织实施的工作机制。明确主管校领导，设置机构或明确相关部门负责劳动教育的规划设计、组织协调、资源整合、师资培训、过程管理、总结评价等。

要建立专兼职相结合的劳动教育教师队伍。根据学校劳动教育需要，明确劳动教育责任人，进行劳动教育规划、组织实施、评价等，配齐劳动教育必修课教师，保持教师队伍的相对稳定性。要充分发挥教职员工特别是班主任、辅导员、导师的作用，利用少先队、共青团、党组织以及学生社团等各方面的力量，合力开展劳动教育实践活动。充分利用家长及当地人力资源，聘请相关行业专业人士担任劳动实践指导教师。

2. 劳动安全风险防范与管理

学校要把劳动安全教育与管理作为组织实施的必要内容，强化劳动安全意识，建立健全安全教育与管理并重的劳动安全保障体系。

要依据学生身心发育情况，适度安排劳动强度、时长，切实关注劳动任务及场所设施的适宜性。科学评估劳动实践活动的安全风险，认真排查、清除学生劳动实践中的各种隐患。在场所设施选择、材料选用、工具设备和防护用品使用、活动流程等方面制定安全、科学操作规范，强化劳动过程每个岗位的管理，明确各方责任，防患于未然。制定劳动实践活动风险防控预案，完善应急与事故处理机制。要特别关注劳动过程中的卫生隐患，按照疾控、卫生健康部门及行业有关规定，采取相应措施，切实保护学生的身心健康。鼓励购买劳动教育相关保险。

3. 建立协同实施机制

中小学要推动建立以学校为主导、家庭为基础、社区为依托的协同实施机制，形成共育合力。学校要通过家长会、家长学校、社区宣讲、网络媒体等途径，引导家长树立正确的劳动观；明确家长的劳动教育责任，让家长主动指导和督促孩子完成家庭、社区劳动任务；学校要与相关社会实践基地共同开发并实施劳动教育课程。

职业院校、普通高等学校要建立学校负责规划设计，行业企业社会机构主要负责业务指导，双方共同管理的劳动教育实施机制。通过建立劳模工作室、技能大师工作室，设置荣誉教师、实务导师岗位等，多渠道引入社会力量参与学校劳动教育。要联合社会力量，共建共享稳定的劳动实践基地、校外实习实训基地、各类型创新创业孵化平台，多渠道拓展劳动实践场所。

五、劳动教育条件保障与专业支持

地方教育行政部门要切实加强对劳动教育工作的组织领导，明确机构和人员承担区域推进劳动教育的职责任务，切实加强条件保障、专业支持和督导评估，整体提高大中小学劳动教育质量和水平。

（一）条件建设

1. 丰富和拓展劳动实践场所

地方教育行政部门要统筹规划和配置劳动教育实践资源，满足学校多样化劳动实践需求。充分利用现有综合实践基地、青少年校外活动场所、职业院校和普通高等学校劳动实践场所，建立健全开放共享机制，特别是充分利用职业院校实训实习场所、设施设备，为普通中小学和普通高等学校提供所需要的服务。可安排一批土地、山林、草场等作为学农实践基地，确认一批厂矿企业作为学工实践基地，认定一批城乡社区、福利院、医院、博物馆、科技馆、图书馆等事业单位、社会机构、公共场所作为服务性劳动基地。推动学校充分利用校内学习、生活有关场所，逐步建好配齐劳动技术实践教室、实训基地，丰富劳动教育资源。

2. 加强师资队伍建设

要明确劳动课教师管理要求，保障劳动课教师在绩效考核、职称评聘、评先评优、专业发展等方面与其他专任教师享受同等待遇。推动中小学、职业院校与普通高等学校建立师资交流共享机制，发挥职业院校教师的专业优势，承担普通学校劳动教育教学任务。建立劳动课教师特聘制度，为学校聘请具有实践经验的社会专业技术人员、劳动模范等担任兼职教师创造条件。

高等学校要加强劳动教育师资培养，有条件的院校开设劳动教育相关专业。把劳动教育纳入教育行政干部、校长、教师、辅导员培训内容，开展全员培训，强化劳动意识、劳动观念，提升劳动教育的自觉性。对承担劳动教育课程的教师进行专项培训，提高劳动育人意识和专业化水平。

3. 健全经费投入机制

各地要统筹中央补助资金和自有财力，多种形式筹措资金，加快建设校内劳动教育场所和校外劳动教育实践基地，加强学校劳动教育设施建设，建立学校劳动教育器材、耗材补充机制。学校可按照规定统筹安排公用经费等资金开展劳动教育，可采取政府购买服务方式，吸引社会力量提供劳动教育服务。

（二）加强专业研究和指导

1. 加强劳动教育研究与指导

在全国教育科学规划、教育部人文社会科学研究项目中支持劳动教育研究。地方教育行政部门鼓励和支持相关机构设立劳动教育研究项目。设立一批试验区或试验学校，注重开展跟踪研究、行动研究。举办论坛讲座，营造良好学术氛围。

各级中小学教研机构要配备劳动教育教研员，组织开展专题教研、区域教研、网络教研，通过协同创新、校际联动、区域推进，提高劳动教育整体实施水平。鼓励高等学校依托有关专业机构开展劳动教育教学研究。

2. 组织开展劳动教育课程资源研发

基于劳动教育教学的实际需要，省级教育行政部门明确中小学劳动实践指导手册编写要求，体现“一纲多本”，满足不同地区学校的多样化需求，负责组织审查。职业院校可组织编写劳动精神、劳模精神、工匠精神专题读本，由编写院校或委托专业机构进行审查。鼓励学校、学术团体、专业机构等收集整理反映劳动先进人物事迹和精神的影视资料，组织研发展示劳动过程、劳动安全要求的数字资源，梳理遴选来自教学一线的典型案例和鲜活经验，形成分学段、分专题的劳动教育课程资源包，促进优质资源的共享与使用。

（三）督导评估与激励

1. 加强对学校劳动教育实施情况的督查

把劳动教育纳入教育督导体系，完善督导办法。对地方各级人民政府和有关部门保障劳动教育情况进行督导。对学校劳动教育开课率、学生劳动实践组织的有序性，教学指导的针对性，保障措施的有效性等进行督查和指导。督导结果要向社会公开，作为衡量区域教育质量和水平的重要指标，作为对被督导部门和学校及其主要负责人考核奖惩的依据。

2. 建立健全劳动教育激励机制

在国家级、省级教学成果奖励中，将劳动教育教学成果纳入评奖范围，对优秀成果予以奖励。依托有关专业组织、教科研机构等开展劳动教育经验交流和成果展示活动，激发广大教师实践创新的潜能和动力。积极协调新闻媒体传播劳动光荣、创造伟大思想，大力宣传劳动教育先进学校、先进个人。

中共中央办公厅　国务院办公厅印发《关于全面加强和改进新时代学校体育工作的意见》《关于全面加强和改进新时代学校美育工作的意见》

国务院公报2020年第30号

近日，中共中央办公厅、国务院办公厅印发了《关于全面加强和改进新时代学校体育工作的意见》和《关于全面加强和改进新时代学校美育工作的意见》，并发出通知，要求各地区各部门结合实际认真贯彻落实。

《关于全面加强和改进学校体育工作的意见》全文如下。

学校体育是实现立德树人根本任务、提升学生综合素质的基础性工程，是加快推进教育现代化、建设教育强国和体育强国的重要工作，对于弘扬社会主义核心价值观，培养学生爱国主义、集体主义、社会主义精神和奋发向上、顽强拼搏的意志品质，实现以体育智、以体育心具有独特功能。为贯彻落实习近平总书记关于教育、体育的重要论述和全国教育大会精神，把学校体育工作摆在更加突出位置，构建德智体美劳全面培养的教育体系，现就全面加强和改进新时代学校体育工作提出如下意见。

一、总体要求

1. 指导思想。以习近平新时代中国特色社会主义思想为指导，全面贯彻党的教育方针，坚持社会主义办学方向，以立德树人为根本，以社会主义核心价值观为引领，以服务学生全面发展、增强综合素质为目标，坚持健康第一的教育理念，推动青少年文化学习和体育锻炼协调发展，帮助学生在体育锻炼中享受乐趣、增强体质、健全人格、锤炼意志，培养德智体美劳全面发展的社会主义建设者和接班人。

2. 工作原则

——改革创新，面向未来。立足时代需求，更新教育理念，深化教学改革，使学校体育同教育事业的改革发展要求相适应，同广大学生对优质丰富体育资源的期盼相契合，同构建德智体美劳全面培养的教育体系相匹配。

——补齐短板，特色发展。补齐师资、场馆、器材等短板，促进学校体育均衡发展。坚持整体推进与典型引领相结合，鼓励特色发展。弘扬中华体育精神，推广中华传统体育项目，形成“一校一品”、“一校多品”的学校体育发展新局面。

——凝心聚力，协同育人。深化体教融合，健全协同育人机制，为学生纵向升学和横向进入专业运动队、职业体育俱乐部打通通道，建立完善家庭、学校、政府、社会共同关心支持学生全面健康成长的激励机制。

3. 主要目标。到2022年，配齐配强体育教师，开齐开足体育课，办学条件全面改善，学校体育工作制度机制更加健全，教学、训练、竞赛体系普遍建立，教育教学质量全面提高，育人成效显著增强，学生身体素质和综合素养明显提升。到2035年，多样化、现代化、高质量的学校体育体系基本形成。

二、不断深化教学改革

4. 开齐开足上好体育课。严格落实学校体育课程开设刚性要求，不断拓宽课程领域，逐步增加课时，丰富课程内容。义务教育阶段和高中阶段学校严格按照国家课程方案和课程标准开齐开足上好体育课。鼓励基础教育阶段学校每天开设1节体育课。高等教育阶段学校要将体育纳入人才培养方案，学生体质健康达标、修满体育学分方可毕业。鼓励高校和科研院所将体育课程纳入研究生教育公共课程体系。

5. 加强体育课程和教材体系建设。学校体育课程注重大中小幼相衔接，聚焦提升学生核心素养。学前教育阶段开展适合幼儿身心特点的游戏活动，培养体育兴趣爱好，促进运动机能协调发展。义务教育阶段体育课程帮助学生掌握1至2项运动技能，引导学生树立正确健康观。高中阶段体育课程进一步发展学生运动专长，引导学生养成健康生活方式，形成积极向上的健全人格。职业教育体育课程与职业技能培养相结合，培养身心健康的技术人才。高等教育阶段体育课程与创新人才培养相结合，培养具有崇高精神追求、高尚人格修养的高素质人才。学校体育教材体系建设要扎根中国、融通中外，充分体现思想性、教育性、创新性、实践性，根据学生年龄特点和身心发展规律，围绕课程目标和运动项目特点，精选教学素材，丰富教学资源。

6. 推广中华传统体育项目。认真梳理武术、摔跤、棋类、射艺、龙舟、毽球、五禽操、舞龙舞狮等中华传统体育项目，因地制宜开展传统体育教学、训练、竞赛活动，并融入学校体育教学、训练、竞赛机制，形成中华传统体育项目竞赛体系。涵养阳光健康、拼搏向上的校园体育文化，培养学生爱国主义、集体主义、社会主义精神，增强文化自信，促进学生知行合一、刚健有为、自强不息。深入开展“传承的力量——学校体育艺术教育弘扬中华优秀传统文化成果展示活动”，加强宣传推广，让中华传统体育在校园绽放光彩。

7. 强化学校体育教学训练。逐步完善“健康知识+基本运动技能+专项运动技能”的学校体育教学模式。教会学生科学锻炼和健康知识，指导学生掌握跑、跳、投等基本运动技能和足球、篮球、排球、田径、游泳、体操、武术、冰雪运动等专项运动技能。健全体育锻炼制度，广泛开展普及性体育运动，定期举办学生运动会或体育节，组建体育兴趣小组、社团和俱乐部，推动学生积极参与常规课余训练和体育竞赛。合理安排校外体育活动时间，着力保障学生每天校内、校外各1个小时体育活动时间，促进学生养成终身锻炼的习惯。加强青少年学生军训。

8. 健全体育竞赛和人才培养体系。建立校内竞赛、校际联赛、选拔性竞赛为一体的大中小学体育竞赛体系，构建国家、省、市、县四级学校体育竞赛制度和选拔性竞赛（夏令营）制度。大中小学校建设学校代表队，参加区域乃至全国联赛。加强体教融合，广泛开展青少年体育夏（冬）令营活动，鼓励学校与体校、社会体育俱乐部合作，共同开展体育教学、训练、竞赛，促进竞赛体系深度融合。深化全国学生运动会改革，每年开展赛事项目预赛。加强体育传统特色学校建设，完善竞赛、师资培训等工作，支持建立高水平运动队，提高体育传统特色学校运动水平。加强高校高水平运动队建设，优化拓展项目布局，深化招生、培养、竞赛、管理制度改革，将高校高水平运动队建设与中小学体育竞赛相衔接，纳入国家竞技体育后备人才培养体系。深化高水平运动员注册制度改革，建立健全体育运动水平等级标准，打通教育和体育系统高水平赛事互认通道。

三、全面改善办学条件

9. 配齐配强体育教师。各地要加大力度配齐中小学体育教师，未配齐的地区应每年划出一定比例用于招聘体育教师。在大中小学校设立专（兼）职教练员岗位。建立聘用优秀退役运动员为体育教师或教练员制度。有条件的地区可以通过购买服务方式，与相关专业机构等社会力量合作向中小学提供体育教育教学服务，缓解体育师资不足问题。实施体育教育专业大学生支教计划。通过“国培计划”等加大对农村体育教师的培训力度，支持高等师范院校与优质中小学建立协同培训基地，支持体育教师海外研修访学。推进高校体育教育专业人才培养模式改革，推进地方政府、高校、中小学协同育人，建设一批试点学校和教育基地。明确高校高职体育专业和高校高水平运动队专业教师、教练员配备最低标准，不达标的高校原则上不得开办相关专业。

10. 改善场地器材建设配备。研究制定国家学校体育卫生条件基本标准。建好满足课程教学和实践活动需求的场地设施、专用教室。把农村学校体育设施建设纳入地方义务教育均衡发展规划，鼓励有条件的地区在中小学建设体育场馆，与体育基础薄弱学校共用共享。小规模学校以保基本、兜底线为原则，配备必要的功能教室和设施设备。加强高校体育场馆建设，鼓励有条件的高校与地方共建共享。配好体育教学所需器材设备，建立体育器材补充机制。建有高水平运动队的高校，场地设备配备条件应满足实际需要，不满足的原则上不得招生。

11. 统筹整合社会资源。完善学校和公共体育场馆开放互促共进机制，推进学校体育场馆向社会开放、公共体育场馆向学生免费或低收费开放，提高体育场馆开放程度和利用效率。鼓励学校和社会体育场馆合作开设体育课程。统筹好学校和社会资源，城市和社区建设规划要统筹学生体育锻炼需要，新建项目优先建在学校或其周边。综合利用公共体育设施，将开展体育活动作为解决中小学课后“三点半”问题的有效途径和中小学生课后服务工作的重要载体。

四、积极完善评价机制

12. 推进学校体育评价改革。建立日常参与、体质监测和专项运动技能测试相结合的考查机制，将达到国家学生体质健康标准要求作为教育教学考核的重要内容。完善学生体质健康档案，中小学校要客观记录学生日常体育参与情况和体质健康监测结果，定期向家长反馈。将体育科目纳入初、高中学业水平考试范围。改进中考体育测试内容、方式和计分办法，科学确定并逐步提高分值。积极推进高校在招生测试中增设体育项目。启动在高校招生中使用体育素养评价结果的研究。加强学生综合素质评价档案使用，高校根据人才培养目标和专业学习需要，将学生综合素质评价结果作为招生录取的重要参考。

13. 完善体育教师岗位评价。把师德师风作为评价体育教师素质的第一标准。围绕教会、勤练、常赛的要求，完善体育教师绩效工资和考核评价机制。将评价导向从教师教了多少转向教会了多少，从完成课时数量转向教育教学质量。将体育教师课余指导学生勤练和常赛，以及承担学校安排的课后训练、课外活动、课后服务、指导参赛和走教任务计入工作量，并根据学生体质健康状况和竞赛成绩，在绩效工资内部分配时给予倾斜。完善体育教师职称评聘标准，确保体育教师在职务职称晋升、教学科研成果评定等方面，与其他学科教师享受同等待遇。优化体育教师岗位结构，畅通体育教师职业发展通道。提升体育教师科研能力，在全国教育科学规划课题、教育部人文社会科学研究项目中设立体育专项课题。加大对体育教师表彰力度，在教学成果奖等评选表彰中，保证体育教师占有一定比例。参照体育教师，研究并逐步完善学校教练员岗位评价。

14. 健全教育督导评价体系。将学校体育纳入地方发展规划，明确政府、教育行政部门和学校的职责。把政策措施落实情况、学生体质健康状况、素质测评情况和支持学校开展体育工作情况等纳入教育督导评估范围。完善国家义务教育体育质量监测，提高监测科学性，公布监测结果。把体育工作及其效果作为高校办学评价的重要指标，纳入高校本科教学工作评估指标体系和“双一流”建设成效评价。对政策落实不到位、学生体质健康达标率和素质测评合格率持续下降的地方政府、教育行政部门和学校负责人，依规依法予以问责。

五、切实加强组织保障

15. 加强组织领导和经费保障。地方各级党委和政府要把学校体育工作纳入重要议事日程，加强对本地区学校体育改革发展的总体谋划，党政主要负责同志要重视、关心学校体育工作。各地要建立加强学校体育工作部门联席会议制度，健全统筹协调机制。把学校体育工作纳入有关领导干部培训计划。各级政府要调整优化教育支出结构，完善投入机制，积极支持学校体育工作。地方政府要统筹安排财政转移支付资金和本级财力支持学校体育工作。鼓励和引导社会资金支持学校体育发展，吸引社会捐赠，多渠道增加投入。

16. 加强制度保障。完善学校体育法律制度，研究修订《学校体育工作条例》。鼓励地方出台学校体育法规制度，为推动学校体育发展提供有力法治保障。建立政府主导、部门协同、社会参与的安全风险管理机制。健全政府、学校、家庭共同参与的学校体育运动伤害风险防范和处理机制，探索建立涵盖体育意外伤害的学生综合保险机制。试行学生体育活动安全事故第三方调解机制。强化安全教育，加强大型体育活动安全管理。

17. 营造社会氛围。各地要研究落实加强和改进新时代学校体育工作的具体措施，可以结合实际制定实施学校体育教师配备和场地器材建设三年行动计划。总结经验做法，形成可推广的政策制度。加强宣传，凝聚共识，营造全社会共同促进学校体育发展的良好社会氛围。

《关于全面加强和改进新时代学校美育工作的意见》全文如下。

美是纯洁道德、丰富精神的重要源泉。美育是审美教育、情操教育、心灵教育，也是丰富想象力和培养创新意识的教育，能提升审美素养、陶冶情操、温润心灵、激发创新创造活力。为贯彻落实习近平总书记关于教育的重要论述和全国教育大会精神，进一步强化学校美育育人功能，构建德智体美劳全面培养的教育体系，现就全面加强和改进新时代学校美育工作提出如下意见。

一、总体要求

1. 指导思想。以习近平新时代中国特色社会主义思想为指导，全面贯彻党的教育方针，坚持社会主义办学方向，以立德树人为根本，以社会主义核心价值观为引领，以提高学生审美和人文素养为目标，弘扬中华美育精神，以美育人、以美化人、以美培元，把美育纳入各级各类学校人才培养全过程，贯穿学校教育各学段，培养德智体美劳全面发展的社会主义建设者和接班人。

2. 工作原则

——坚持正确方向。将学校美育作为立德树人的重要载体，坚持弘扬社会主义核心价值观，强化中华优秀传统文化、革命文化、社会主义先进文化教育，引领学生树立正确的历史观、民族观、国家观、文化观，陶冶高尚情操，塑造美好心灵，增强文化自信。

——坚持面向全体。健全面向人人的学校美育育人机制，缩小城乡差距和校际差距，让所有在校学生都享有接受美育的机会，整体推进各级各类学校美育发展，加强分类指导，鼓励特色发展，形成“一校一品”、“一校多品”的学校美育发展新局面。

——坚持改革创新。全面深化学校美育综合改革，坚持德智体美劳五育并举，加强各学科有机融合，整合美育资源，补齐发展短板，强化实践体验，完善评价机制，全员全过程全方位育人，形成充满活力、多方协作、开放高效的学校美育新格局。

3. 主要目标。到2022年，学校美育取得突破性进展，美育课程全面开齐开足，教育教学改革成效显著，资源配置不断优化，评价体系逐步健全，管理机制更加完善，育人成效显著增强，学生审美和人文素养明显提升。到2035年，基本形成全覆盖、多样化、高质量的具有中国特色的现代化学校美育体系。

二、不断完善课程和教材体系

4. 树立学科融合理念。加强美育与德育、智育、体育、劳动教育相融合，充分挖掘和运用各学科蕴含的体现中华美育精神与民族审美特质的心灵美、礼乐美、语言美、行为美、科学美、秩序美、健康美、勤劳美、艺术美等丰富美育资源。有机整合相关学科的美育内容，推进课程教学、社会实践和校园文化建设深度融合，大力开展以美育为主题的跨学科教育教学和课外校外实践活动。

5. 完善课程设置。学校美育课程以艺术课程为主体，主要包括音乐、美术、书法、舞蹈、戏剧、戏曲、影视等课程。学前教育阶段开展适合幼儿身心特点的艺术游戏活动。义务教育阶段丰富艺术课程内容，在开好音乐、美术、书法课程的基础上，逐步开设舞蹈、戏剧、影视等艺术课程。高中阶段开设多样化艺术课程，增加艺术课程的可选择性。职业教育将艺术课程与专业课程有机结合，强化实践，开设体现职业教育特点的拓展性艺术课程。高等教育阶段开设以审美和人文素养培养为核心、以创新能力培育为重点、以中华优秀传统文化传承发展和艺术经典教育为主要内容的公共艺术课程。

6. 科学定位课程目标。构建大中小幼相衔接的美育课程体系，明确各级各类学校美育课程目标。学前教育阶段培养幼儿拥有美好、善良心灵和懂得珍惜美好事物。义务教育阶段注重激发学生艺术兴趣和创新意识，培养学生健康向上的审美趣味、审美格调，帮助学生掌握1至2项艺术特长。高中阶段丰富审美体验，开阔人文视野，引导学生树立正确的审美观、文化观。职业教育强化艺术实践，培养具有审美修养的高素质技术技能人才，引导学生完善人格修养，增强文化创新意识。高等教育阶段强化学生文化主体意识，培养具有崇高审美追求、高尚人格修养的高素质人才。

7. 加强教材体系建设。编写教材要坚持马克思主义指导地位，扎根中国、融通中外，体现国家和民族基本价值观，格调高雅，凸显中华美育精神，充分体现思想性、民族性、创新性、实践性。根据学生年龄特点和身心成长规律，围绕课程目标，精选教学素材，丰富教学资源。加强大中小学美育教材一体化建设，注重教材纵向衔接，实现主线贯穿、循序渐进。中小学美育教材按规定审定后使用。高校落实美育教材建设主体责任，做好教材研究、编写、使用等工作，探索形成以美学和艺术史论类、艺术鉴赏类、艺术实践类为主体的高校公共艺术课程教材体系。

三、全面深化教学改革

8. 开齐开足上好美育课。严格落实学校美育课程开设刚性要求，不断拓宽课程领域，逐步增加课时，丰富课程内容。义务教育阶段和高中阶段学校严格按照国家课程方案和课程标准开齐开足上好美育课。高等教育阶段将公共艺术课程与艺术实践纳入学校人才培养方案，实行学分制管理，学生修满公共艺术课程2个学分方能毕业。鼓励高校和科研院所将美学、艺术学课程纳入研究生教育公共课程体系。

9. 深化教学改革。逐步完善“艺术基础知识基本技能+艺术审美体验+艺术专项特长”的教学模式。在学生掌握必要基础知识和基本技能的基础上，着力提升文化理解、审美感知、艺术表现、创意实践等核心素养，帮助学生形成艺术专项特长。成立全国高校和中小学美育教学指导委员会，培育一批学校美育优秀教学成果和名师工作室，建设一批学校美育实践基地，开发一批美育课程优质数字教育资源。推动高雅艺术进校园，持续建设中华优秀传统文化传承学校和基地，创作并推广高校原创文化精品，以大爱之心育莘莘学子，以大美之艺绘传世之作，努力培养心灵美、形象美、语言美、行为美的新时代青少年。

10. 丰富艺术实践活动。面向人人，建立常态化学生全员艺术展演机制，大力推广惠及全体学生的合唱、合奏、集体舞、课本剧、艺术实践工作坊和博物馆、非遗展示传习场所体验学习等实践活动，广泛开展班级、年级、院系、校级等群体性展示交流。有条件的地区可以每年开展大中小学生艺术专项展示，每3年分别组织1次省级大学生和中小学生综合性艺术展演。加强国家级示范性大中小学校学生艺术团建设，遴选优秀学生艺术团参与国家重大演出活动，以弘扬中华优秀传统文化、革命文化、社会主义先进文化为导向，发挥示范引领作用。

11. 推进评价改革。把中小学生学习音乐、美术、书法等艺术类课程以及参与学校组织的艺术实践活动情况纳入学业要求，探索将艺术类科目纳入初、高中学业水平考试范围。全面实施中小学生艺术素质测评，将测评结果纳入初、高中学生综合素质评价。探索将艺术类科目纳入中考改革试点，纳入高中阶段学校考试招生录取计分科目，依据课程标准确定考试内容，利用现代技术手段促进客观公正评价。

12. 加快艺术学科创新发展。专业艺术教育坚持以一流为目标，进一步优化学科专业布局，构建多元化、特色化、高水平的中国特色艺术学科专业体系，加强国家级一流艺术类专业点建设，创新艺术人才培养机制，提高艺术人才培养能力。艺术师范教育以培养高素质专业化创新型教师队伍为根本，坚定办学方向、坚守师范特质、坚持服务需求、强化实践环节，构建协同育人机制，鼓励艺术教师互聘和双向交流。鼓励有条件的地区建设一批高水平艺术学科创新团队和平台，整合美学、艺术学、教育学等学科资源，加强美育基础理论建设，建设一批美育高端智库。

四、着力改善办学条件

13. 配齐配好美育教师。各地要加大中小学美育教师补充力度，未配齐的地区应每年划出一定比例用于招聘美育教师。有条件的地区可以通过购买服务方式，与相关专业机构等社会力量合作，向中小学提供美育教育教学服务，缓解美育师资不足问题。鼓励优秀文艺工作者等人士到学校兼任美育教师。推动实施艺术教育专业大学生支教计划。全面提高美育教师思想政治素质、教学素质、育人能力和职业道德水平。优化美育教师岗位结构，畅通美育教师职业发展通道。将美育教师承担学校安排的艺术社团指导，课外活动、课后服务等第二课堂指导和走教任务计入工作量。在教学成果奖等评选表彰中，保证美育教师占有一定比例。

14. 改善场地器材建设配备。建好满足课程教学和实践活动需求的场地设施、专用教室。把农村学校美育设施建设纳入地方义务教育均衡发展规划，小规模学校以保基本、兜底线为原则，配备必要的功能教室和设施设备。鼓励有条件的地区在中小学校建设美育场馆，与周边学校和社区共用共享。加强高校美育场馆建设，鼓励有条件的高校与地方共建共享剧院、音乐厅、美术馆、书法馆、博物馆等艺术场馆。配好美育教学所需器材设备，建立美育器材补充机制。制定学校美育工作基本标准。

15. 统筹整合社会资源。加强美育的社会资源供给，推动基本公共文化服务项目为学校美育教学服务。城市和社区建设规划要统筹学生艺术实践需要，新建文化艺术项目优先建在学校或其周边。鼓励学校与社会公共文化艺术场馆、文艺院团合作开设美育课程。整合校内、校外资源开展美育实践活动，作为解决中小学课后“三点半”问题的有效途径和中小学生课后服务工作的重要载体。有条件的地方和学校每年组织学生现场参观1次美术馆、书法馆、博物馆，让收藏在馆所里的文物、陈列在大地上的文化艺术遗产成为学校美育的丰厚资源，让广大学生在艺术学习过程中了解中华文化变迁，触摸中华文化脉络，汲取中华文化艺术精髓。充分挖掘学校艺术场馆的社会服务功能，鼓励有条件的学校将艺术场馆向社会有序开放。

16. 建立美育基础薄弱学校帮扶机制。各地要加强乡村学校美育教师培养，通过乡村教师公费定向培养项目，培养能够承担美育教学的全科教师。鼓励开展对乡村学校各学科在职教师的美育培训，培养能够承担美育教学与活动指导的兼职美育教师。推进农村学校艺术教育实验县等综合改革实践，建立校际教师共享和城乡学校“手拉手”帮扶机制。统筹乡镇中心学校和小规模学校美育课程设置、教学安排、教研活动和教师管理，采取同步课堂、共享优质在线资源等方式，补齐师资和资源短板。引导高校师生强化服务社会意识，支持高校开展美育浸润行动计划，支持社会力量开展美育公益项目。

五、切实加强组织保障

17. 加强组织领导和经费保障。地方各级党委和政府要把学校美育工作纳入重要议事日程，纳入地方经济社会发展规划，加强对本地区学校美育改革发展的总体谋划。各地要建立加强学校美育工作部门联席会议制度，健全统筹协调机制。把学校美育工作纳入有关领导干部培训计划。各级政府要调整优化教育支出结构，完善投入机制，地方政府要统筹安排财政转移支付资金和本级财力支持学校美育工作。鼓励和引导社会资金支持学校美育发展，吸引社会捐赠，多渠道增加投入。

18. 加强制度保障。完善学校美育法律制度，研究制定规范学校美育工作的法规。鼓励地方出台学校美育法规制度，为推动学校美育发展提供有力法治保障。健全教育督导评价制度，把政策措施落实情况、学生艺术素质测评情况和支持学校开展美育工作情况等纳入教育督导评估范围。完善国家义务教育美育质量监测，公布监测结果。把美育工作及其效果作为高校办学评价的重要指标，纳入高校本科教学工作评估指标体系和“双一流”建设成效评价。对政策落实不到位、学生艺术素质测评合格率持续下降的地方政府、教育行政部门和学校负责人，依规依法予以问责。

19. 营造社会氛围。各地要研究落实加强和改进新时代学校美育工作的具体措施，可以结合实际制定实施学校美育教师配备和场地器材建设三年行动计划。加强宣传，凝聚共识，营造全社会共同促进学校美育发展的良好社会氛围。

教育部等十部门关于印发《全面推进“大思政课”建设的工作方案》的通知

教社科〔2022〕3号

将《全面推进“大思政课”建设的工作方案》印发给你们，请认真贯彻执行。

教育部　中共中央宣传部　中共中央网络安全和信息化委员会办公室
科学技术部　工业和信息化部　生态环境部
国家卫生健康委　国家文物局
国家乡村振兴局　中国关心下一代工作委员会
2022年7月25日

全面推进“大思政课”建设的工作方案

为深入贯彻落实习近平总书记关于“大思政课”的重要指示批示和在中国人民大学考察时的重要讲话精神，贯彻落实中共中央、国务院《关于新时代加强和改进思想政治工作的意见》，中共中央办公厅、国务院办公厅印发的《关于深化新时代学校思想政治理论课改革创新的若干意见》和中共中央办公厅《关于加强新时代马克思主义学院建设的意见》精神，坚持不懈用习近平新时代中国特色社会主义思想铸魂育人，制定本工作方案。

一、总体要求

党的十八大以来，特别是习近平总书记亲自主持召开学校思想政治理论课教师座谈会以来，思政课在党中央治国理政战略全局中的地位日益凸显，发展环境和整体生态发生根本性转变，习近平新时代中国特色社会主义思想铸魂育人成效明显，思政课建设、日常思想政治工作、课程思政全面推进。同时，一些地方和学校对“大思政课”建设的重视程度不够，开门办思政课、调动各种社会资源的意识和能力还不够强，课程教材体系还需要进一步完善，有的学校教师数量不足、质量不高，对实践教学重视不够，有的课堂教学与现实结合不紧密，大中小学思政课一体化建设亟需深化，有的学校第二课堂重活动轻引领，课程思政存在“硬融入”“表面化”等现象。

全面推进“大思政课”建设，要坚持以习近平新时代中国特色社会主义思想为指导，聚焦立德树人根本任务，推动用党的创新理论铸魂育人，不断增强针对性、提高有效性，实现入脑入心。坚持开门办思政课，强化问题意识、突出实践导向，充分调动全社会力量和资源，建设“大课堂”、搭建“大平台”、建好“大师资”，建设全国高校思政课教研系统，设立一批实践教学基地，推出一批优质教学资源，做优一批品牌示范活动，支持建设综合改革试验区，推动思政小课堂与社会大课堂相结合，推动各类课程与思政课同向同行，教育引导学生坚定“四个自信”，成为堪当民族复兴重任的时代新人。

二、改革创新主渠道教学

1. 建构党的创新理论研究阐释和教育教学的自主知识体系。各高校全面开设“习近平新时代中国特色社会主义思想概论”课。中央宣传部、教育部编写习近平新时代中国特色社会主义思想概论课教材。教育部实施习近平新时代中国特色社会主义思想研究重大专项，加强习近平新时代中国特色社会主义思想系统化学理化和分领域分专题研究，将习近平新时代中国特色社会主义思想有机融入全面贯穿哲学社会科学各学科知识体系。

2. 建强思政课课程群。各地各校加强以习近平新时代中国特色社会主义思想为核心内容的课程群建设，形成必修课加选修课的课程体系。高校要统筹全校力量，结合自身实际，重点围绕习近平经济思想、习近平法治思想、习近平生态文明思想、习近平强军思想、习近平外交思想以及“四史”、宪法法律、中华优秀传统文化等设定课程模块，开设选择性必修课程。

3. 优化思政课教材体系。落实系列重大主题教育指南和纲要，深入推进习近平总书记在地方工作期间的重大实践、视察地方和学校重要论述进课程教材。及时修订思政课统编教材，将党的创新理论最新成果有机融入各门思政课。编写马克思、恩格斯、列宁关于哲学社会科学及各学科重要论述摘编。持续推进新时代马克思主义理论研究和建设工程重点教材建设。

4. 拓展课堂教学内容。教育部组织制作“思政课导学”课件、讲义、专题片等，帮助教师讲深讲透讲活学好思政课的重要意义。各地各校围绕新时代的伟大实践，充分挖掘地方红色文化、校史资源，将伟大建党精神和抗疫精神、科学家精神、载人航天精神等伟大精神，生动鲜活的实践成就，以及英雄模范的先进事迹等引入课堂，推动党的创新理论和历史融入各学段各门思政课。

5. 创新课堂教学方法。各校加强对学生思想、心理及关心的热点难点问题研究，制定针对性的教学方案。善于采用多样化的教学方法，注重发挥学生主体性作用，积极运用小组研学、情景展示、课题研讨、课堂辩论等方式组织课堂实践。有条件的高校要为思政课配备助教，协助开展教学组织、课后答疑等工作。

6. 优化教学评价体系。高校要建立校领导、教学督导、马克思主义学院班子成员、思政课教师和学生参加的多维度综合教学评价工作体系，重视教学过程评价，增加教学研究和教学成果在评价体系中的权重。用好思政课教学评价结果，作为马克思主义学院和班子成员考核的重要指标，作为思政课教师绩效考核、职称晋升、评奖评优等的基本依据。充分发挥教学指导委员会等专家组织作用，开展教学调研指导。鼓励有条件的高校聘请思政课退休教师担任教学督导员、青年教师的成长导师。

三、善用社会大课堂

7. 构建实践教学工作体系。高校要普遍建立党委统一领导，马克思主义学院积极协调，教务处、宣传部、学工部、团委等职能部门密切配合的思政课实践教学工作体系，在马克思主义学院指定专人负责，建立健全安全保障机制，积极整合思政课教师和辅导员队伍，共同参与组织指导思政课实践教学。将思政课教师、辅导员指导学生开展实践活动、指导学生理论社团等纳入教学工作量。参照学生专业实训（实习）标准设立思政课实践教学专项经费。

8. 落实思政课实践教学学时学分。高校要严格落实本科2个学分、专科1个学分用于思政课实践教学的要求，中小学校要安排一定比例的课时用于学生社会实践体验活动。精心设计实践教学大纲，坚决避免实践教学娱乐化、形式化、表面化。鼓励有条件的高校开设专门的实践教学课。

9. 组织开展多样化的实践教学。教育部持续组织开展中国国际“互联网+”大学生创新创业大赛青年红色筑梦之旅、习近平新时代中国特色社会主义思想大学习领航计划、“小我融入大我，青春献给祖国”主题社会实践、“技能成才，强国有我”主题教育等活动。高校要紧扣思政课实践教学目标和要求，利用志愿服务、理论宣讲、社会调研等实践活动，开展实践教学。注重总结实践教学成果，把优秀成果作为课堂教学的有效补充，支持出版高校思政课实践教学成果，推动实践教学规范化。

10. 建好用好实践教学基地。教育部会同有关部门，利用现有基地（场馆），分专题设立一批“大思政课”实践教学基地。发挥好教育部高校思政课教师研学基地的实践教学功能。各地教育部门要结合实际，积极建设“大思政课”实践教学基地。大中小学要主动对接各级各类实践教学基地，开发现场教学专题，开展实践教学。有条件的学校可与有关基地建立长效合作机制，加强研究和资源开发。各基地要积极创造条件，与各地教育部门、学校建立有效工作机制，协同完成好实践教学任务。

专栏 建好用好“大思政课”实践教学基地

1.教育部、科技部联合设立科学精神专题实践教学基地。

2.教育部、工业和信息化部联合设立工业文化专题实践教学基地。

3.教育部、生态环境部联合设立美丽中国专题实践教学基地。

4.教育部、国家卫生健康委联合设立抗击疫情专题实践教学基地。

5.教育部、国家文物局联合设立中华优秀传统文化、革命文化、社会主义先进文化专题实践教学基地。

6.教育部、国家乡村振兴局联合设立脱贫攻坚、乡村振兴专题实践教学基地。

7.教育部、中国关心下一代工作委员会联合设立党史新中国史教育专题实践教学基地。

四、搭建大资源平台

11. 建设全国高校思政课教研系统。教育部建设“全国高校思政课教师网络集体备课平台”网络支持系统、“青梨派”大学生自主学习系统、高校思政课教学创新中心资源开发系统、高校思政课教学指导委员会指导审核评估系统、高校思政课教师基础数据系统、高校思政课教师研修培训系统等为一体，共建共享、系统集成、全面覆盖的全国高校思政课教研系统。

12. 推进国家智慧教育平台建设使用。教育部把“大思政课”摆在教育信息化的突出位置，加强国家智慧教育平台思政教育资源建设。通过项目支持的方式，推动教学资源建设常态化机制化。组织开发和推荐一批科学权威实用的课件、讲义，推动一线教师统一使用。加强思政课教学资源库建设，实施中小学思政课精品课程建设计划，推出一批思政“金课”。加大优质资源推广使用力度，指导各地各校用好国家智慧教育平台。

专栏 思政课教学资源库

1.建设教学案例库。组织征集和开发高质量、多形式的教学案例，特别是聚焦习近平新时代中国特色社会主义思想在中华大地的生动实践，开发一批党的创新理论主题案例。

2.打造教学重难点问题库。建立思政课教学重难点问题征集机制，动态收集学生关注的问题和思想理论困惑，统一组织研究回答，形成教学问题库。

3.建设教学素材库。建立完善采集、审核、共享机制，充分调动一线思政课教师积极性创造性，持续推出一大批优秀思政课课件、讲义、重难点解析、重要参考文献、教学配图、微视频、融媒体公开课等优质教学素材。

4.开发在线示范课程库。以国家统编教材为基本遵循，整合全国优秀思政课教师和哲学社会科学专家力量，组织开发高水平在线示范课程。

13. 打造网络教育宣传云平台。教育部会同中央网信办等，组织开展“大思政课”网络主题宣传活动，鼓励师生围绕思政课教学内容创作微电影、动漫、音乐、短视频等，建设资源共享、在线互动、网络宣传等为一体的“云上大思政课”平台。加强高校思想政治工作网、大学生在线、易班等网络平台建设。积极研发成本适宜的虚拟仿真教学资源。组织开展“同上一堂思政大课”活动。各地各校用好“学习强国”等平台，鼓励思政课教师积极参加中央和地方主流媒体的政论、时政节目，广泛传播党的创新理论。

五、构建大师资体系

14. 建设专兼结合的师资队伍。各地各校严格按照要求配备建强高校专职思政课教师、辅导员队伍，提高中小学专职思政课教师比例，实行思政课特聘教授、兼职教师制度，积极聘请党政领导、科学家、老同志、先进模范等担任思政课兼职教师。深入实施马克思主义学院院长（书记）培养工程，通过集中培养培训、委托重大项目、加强实践锻炼、开展国际国内访学等方式，培养一批青年马克思主义理论家。

专栏 建立思政课特聘教授、兼职教师制度

高校要通过建立健全思政课特聘教授制度，选聘优秀地方党政领导干部、企事业单位管理专家、社科理论界专家、各行业先进模范以及高校党委书记校长、院（系）党政负责人、名师大家和专业课骨干教师、日常思想政治教育骨干等加入思政课教师队伍，讲授思政课；通过建立健全兼职教师制度，形成英雄人物、劳动模范、大国工匠等先进代表，以及革命博物馆、纪念馆、党史馆、烈士陵园等红色基地讲解员、志愿者经常性进高校参与思政课教学的长效机制。

15. 搭建队伍研究平台。充分发挥国家社科基金规划项目、教育部人文社科研究项目思政课教师研究专项作用，设立马克思主义理论研究和建设工程后期资助项目，组织教师加强马克思主义理论和思政课教学研究。重点支持开展“大思政课”建设规律、思政课教学难点及对策、大中小学思政课一体化、课程思政等研究。举办习近平新时代中国特色社会主义思想进教材进课堂进头脑系列研讨会。建设辅导员工作室、资助开展课题研究、推广优秀工作案例。

16. 提升队伍综合能力。完善国家、地方、学校三级培训体系，实现思政课教师培训全覆盖。教育部完善“手拉手”集体备课机制，定期组织开展教学研讨活动。开展中小学思政课教师示范培训、教学基本功展示交流活动。建设辅导员网上资源库、开发虚拟仿真实训平台，组织支持开展国情考察。各地教育部门要建立中小学思政课教师轮训制度，依托各级党校和高校马克思主义学院每3年对中小学思政课教师至少进行一次不少于5日的集中脱产培训。中小学校新进专职思政课教师须取得思政课教师资格。小学兼职思政课教师在上岗前应完成一定学时的专业培训，并考核合格。各地各高校建立专门制度，常态化支持思政课骨干教师到各级宣传、教育等党政机关或基层挂职锻炼、蹲点调研，相关经历纳入评奖评优、干部选聘体系，相关成果作为职称评聘参考。严格落实生均经费用于思政课教师的学术交流、实践研修等，并逐步加大支持力度。

专栏 加强思政课教师培养培训

1. 加强“高校思政课教师信息库”建设。
2. 打造“全国高校思政课教师网络集体备课平台”升级版。
3. 实施“高校思政课教师队伍后备人才培养专项支持计划”。
4. 实施“高校思政课教师在职攻读马克思主义理论博士学位专项支持计划”。
5. 举办“高校思政课骨干教师研修班”和“高校哲学社会科学骨干研修班”。
6. 举办“周末理论大讲堂”。
7. 依托全国高校思政课教师研修（学）基地，组织思政课教师开展分课程、分专题研修活动。
8. “高校思想政治理论课‘手拉手’集体备课中心”和“高校思想政治理论课名师工作室”，举办跨地区、跨学段、跨学校等多形式的集体备课、教学研讨活动。
9. 举办“全国高校思政课教学展示活动”。
10. 开展“高校优秀思政课教师和马克思主义理论学科学生奖励基金”遴选。
11. 开展中小学思政课教师示范培训。
12. 开展中小学思政课教师基本功展示交流活动。

六、拓展工作格局

17. 分层分类开展“大思政课”综合改革试点。教育部围绕实践教学、教师队伍建设、大中小学思政课一体化、问题式专题化团队教学和均衡发展等思政课改革创新重大问题，在北京、天津、上海、江西、陕西等地设立综合改革试验区。地方党政负责同志坚持联系高校并讲思政课。坚持教材编写、师资培养、理论阐释、教学研究相结合，统筹推进习近平新时代中国特色社会主义思想研究中心（院）、国家教材建设重点研究基地、人文社科重点研究基地、师资培训中心、马克思主义学院等建设，开展“联学联讲联研”综合改革试点。深入推进“三全育人”综合改革，持续扩大高校“一站式”学生社区综合管理模式建设试点。

18. 深入推进大中小学思政课一体化建设。教育部加强大中小学思政课一体化建设指导委员会建设，支持各地建设一批一体化基地，鼓励高校积极开展与中小学思政课共建。各地教育部门加强引导和协调，建立大中小学师资培育、听课评课、教研交流、集体备课等常态化工作机制。

19. 全面推进课程思政高质量建设。教育部组建高等学校课程思政教学指导委员会，研制普通本科专业类课程思政教学指南，组织开展高校教师课程思政教学能力培训，建设一批课程思政系列共享资源库。建成一批课程思政示范高校，推出一批课程思政示范课程，选树一批课程思政教学名师和团队，建设一批高校课程思政教学研究示范中心。加强中小学学科德育建设。

20. 扎实开展日常思政教育活动。学校党委书记、校长要在开学、毕业典礼等重要场合，讲授“思政大课”。学校要以重大纪念日、重大历史事件为契机，通过“学习新思想，做好接班人”主题教育、职教学生读党报、新时代先进人物进校园、论坛讲坛、讲座报告会等，组织专题“思政大课”。教育部打造并集中展示一批校园文化原创精品，建设一批文化传承基地。办好“全国大学生网络文化节”和“全国高校网络教育优秀作品推选展示活动”。

七、加强组织领导

21. 强化统筹协调。教育部、中央宣传部做好“大思政课”建设的总体谋划。中央网信办指导做好“大思政课”全媒体宣传。科技部、工业和信息化部、生态环境部、国家卫生健康委、国家文物局、国家乡村振兴局、中国关心下一代工作委员会等部门，加强对基地的指导和建设，切实发挥好基地的育人功能。

22. 积极推进落实。各地要把“大思政课”建设作为“十四五”时期推动思政课高质量发展的重要抓手，在基地资源、经费投入、队伍建设、条件保障等方面采取有效措施。将中外合作办学院校纳入“大思政课”建设整体布局。各地各校要及时总结宣传“大思政课”建设的好经验好做法，营造良好舆论氛围。

教育部关于全面实施学校美育浸润行动的通知

教体艺〔2023〕5号

各省、自治区、直辖市教育厅（教委），新疆生产建设兵团教育局，部属各高等学校、部省合建各高等学校：

为深入学习贯彻党的二十大精神，进一步加强学校美育工作，强化学校美育的育人功能，教育部决定全面实施学校美育浸润行动。现将有关事项通知如下。

一、指导思想

以习近平新时代中国特色社会主义思想为指导，全面贯彻党的教育方针，落实立德树人根本任务，大力发展素质教育，以社会主义核心价值观为引领，弘扬中华美育精神，坚定文化自信，以浸润作为美育工作的目标和路径，将美育融入教育教学活动各环节，潜移默化地彰显育人实效，实现提升审美素养、陶冶情操、温润心灵、激发创新创造活力的功能，培养德智体美劳全面发展的社会主义建设者和接班人。

二、主要任务和目标

以美育浸润学生，全面提升学生文化理解、审美感知、艺术表现、创意实践等核心素养，丰富学生的精神文化生活，让学生身心更加愉悦，活力更加彰显，人格更加健全。以美育浸润教师，发挥教师职业的美育功能，提升全员美育意识和美育素养，塑造人格魅力，涵养美育情怀。以美育浸润学校，打造昂扬向上、文明高雅、充满活力的校园文化，建设时时、处处、人人的美育育人环境。

到2027年，美育课程教育教学质量全面提升，常态化学生全员艺术展演展示机制基本建立，跨学科优质美育资源体系初步建成，面向师范类专业学生开设美育课程实现全覆盖，艺术学科骨干教师培训全面开展，建设一批学校美育名师工作室，培育一批国家级示范性学生艺术团，涌现一批美育特色鲜明的示范区示范校。再用三到五年时间，优质均衡的美育更加普及，学生审美和人文素养普遍提高，教师美育素养显著提升，学校美育氛围更加浓厚，学校美育工作体制机制更加健全，成效明显增强。通过持续努力，推动形成全覆盖、多样化、高质量的具有中国特色的现代化学校美育体系。

三、工作举措

（一）美育教学改革深化行动

构建完善艺术学科与其他学科协同推进的美育课程体系，遵循美育特点，突出价值塑造。充分发挥艺术课程在学校美育中的主渠道作用，深入挖掘各学科蕴含的美育价值与功能，强化教学与实践的有机统一，健全课程教学实施监测与反馈改进机制。

大力推进艺术教育教学改革。严格按照各学段课程标准开齐开足上好艺术相关课程，尊重教育规律和人才成长规律，强化课程实施的综合性，夯实课程基础，创新教学方法，丰富课程资源，提高教学质量。打造艺术课程活力课堂，激发学生积极性，提高参与度，展现学生自信和风采。义务教育阶段学校积极提供多样化、个性化的艺术选修课程和课后服务，帮助学生通过在校学习掌握1—2项艺术专项特长，满足学生兴趣特长发展需要。做好艺术教材编审选用，配发义务教育阶段艺术教材，遴选推荐一批优质美育课后读物。完善艺术人才培养模式，加强艺术特长学生一体化选拔和培养，拓宽艺术人才成长通道，鼓励有条件的地方开展试点，统筹区域内艺术教育资源，为在校生提供实践教学支撑。

充分发挥相关学科的美育功能。加强美育与德育、智育、体育、劳动教育的融合，挖掘和运用各学科蕴含的品德美、社会美、科学美、健康美、勤劳美、自然美等丰富美育资源，分学科推动制定美育教学指引。遴选征集跨学科、专业的美育教学、教研、教改优秀成果，推进成果转化。

（二）教师美育素养提升行动

配齐配好美育教师，加强师德师风建设。强化各学科教师的美育意识和美育素养，将美育纳入教育系统领导干部和教师培训计划，广泛开展面向教育行政人员、学校领导的专题培训和面向艺术骨干教师的专业培训。开展艺术学科教师素质与能力监测，提升教学与专业能力。抓好教师源头培养，将美育课程纳入师范类专业学生人文素养课程，将美育素养有关内容纳入教师资格考试，办好全国艺术教育类专业学生和教师教学基本功展示。建设国家、省、市、县各级学校美育名师工作室，构建名师和骨干教师学习成长共同体。加强美育科学研究，进一步发挥全国高校和中小学美育教学指导委员会的作用，建设一批美育高端智库和高水平研究平台。鼓励改革和创新教师评价办法，激发美育教师工作积极性。

（三）艺术实践活动普及行动

完善面向人人的常态化学校艺术展演机制，让每名学生都有展示的机会和平台。广泛开展班级、年级、院系、校级等群体性展示交流，学校每学期至少举办一次全员参与的展演展示活动。省、市、县级每年举办学生艺术展演，提高全国大、中小学生艺术展演活动覆盖面和参与度。推广普及高雅艺术进校园活动，做好校园精品剧目校际展示。创新开展集审美赋能、创意实践、人文升华的社会实践活动，多途径多渠道宣传校园优秀展演节目和作品。规范管理、正确引导各类学生艺术实践活动，避免锦标意识和功利化倾向。

（四）校园美育文化营造行动

营造向真向善向美向上的校园文化氛围，把美育融入校园生活全方位。持续开展中华优秀传统文化艺术传承学校和传承基地建设，制定完善建设标准，推出一批典型案例和文化资源。鼓励学校建设丰富多样的艺术社团，加强国家级示范性大中小学生艺术团建设，建立国家重大演出与学校社团的活动交流机制。充分利用校内各种平台，特别是橱窗、展示屏、校园广播、电视台、校园网等打造校园文化艺术展示空间。加强美育实践活动场地保障，支持学校根据实际建设小型美术馆、博物馆、展览厅、音乐厅、剧场等。鼓励地方开展美育示范区和示范学校建设，总结推广典型经验。

（五）美育评价机制优化行动

深化美育评价改革，发挥评价的牵引和导向作用，探索多元化教育评价方式，开展增值性评价、过程性评价、体验性评价、表现性评价、应用性评价，重在关注学生个体成长，尊重和保护学生的兴趣爱好和个性特点，全面考查学生发现美、感受美、表现美、鉴赏美、创造美的能力。中小学依据课程标准组织实施全员艺术素质测评，鼓励拓展测评内容和方法，完善初、高中艺术科目学业水平考试，将美育评价纳入学生综合素质档案；高校落实本科学生修满公共艺术课程至少2个学分的基本要求，注重与专业人才培养相结合，强化审美素养和创新意识的评价。实施学校美育工作自评和年度报告制度，探索具有中国特色的学校美育评价制度。

（六）乡村美育提质发展行动

探索以县域为基点、市域为统筹、省域为指导，完善全面提高乡村美育质量的工作机制，因地制宜推进县域内优秀美育教师流动授课、优质美育课堂资源共享，促进学校美育优质均衡发展。建立高校与中小学、城乡学校之间“手拉手”相互学习交流和帮扶机制，探索高校艺术社团和乡村学校双向交流机制。鼓励美育名师进乡村、乡村学生进城市艺术场馆，开展城乡中小学生美育主题研学实践活动。多形式搭建乡村学生专场展演平台，鼓励利用乡村学校少年宫等开展学生个性化艺术展示。加强乡村学校美育教师培养培训，持续实施乡村教师公费定向培养项目。支持艺术院校参与城乡规划和乡村振兴，助力增强城乡审美韵味、文化品位。

（七）美育智慧教育赋能行动

以数字技术赋能学校美育，依托国家智慧教育公共服务平台和地方平台，开发教育教学、展演展示、互动体验等优质美育数字教育资源，持续更新上线美育精品课程和教学成果。促进数字技术与中华优秀传统文化的融合，探索运用云展览、数字文博、虚拟演出、全息技术等促进中华文明的传承创新。鼓励有条件的地方探索利用传感技术、大数据、物联网、人工智能、虚拟现实等活化教学内容、创新教学方式、丰富艺术体验、改进评价过程。

（八）社会美育资源整合行动

发掘在地文化，利用公共文化资源提供充足保障，推进有条件的地区、学校与公共文化艺术场馆、文艺院团交流合作与双向互动，推动基本公共文化服务项目和各类社会资源为学校美育教学、实践活动服务，搭建平台引导学生走进艺术场馆。强化家庭、学校、社会协同，鼓励开展家校共建和社会服务。将艺术作为中外人文交流的重要内容，推动引进来、走出去相结合的交流模式，开展多层次多样化的中外学生艺术夏令营、冬令营等，支持打造一批具有区域和国际影响力的学校美育展演展示活动，促进美育成果互鉴和文化创新。

四、组织实施

（一）加强组织领导。各地教育部门要将学校美育浸润行动纳入重要议事日程，完善制度保障，制定细化实施方案，狠抓工作落实；要加强统筹协调，健全与宣传、文化旅游等部门的协同推进机制，形成工作合力；要强化督导评估，将其作为学校评价考核的重要内容。教育部将采取适当形式督导各地实施推进情况和开展成效。各级各类学校要将美育浸润行动纳入年度工作计划，明确责任分工，健全工作机制，务实创新，增强工作实效。鼓励高校建立健全美育工作专门机构和部门，加强公共艺术教育教学和管理。

（二）强化条件保障。各地要加大投入力度支持学校美育工作，统筹相关经费保障学校美育浸润行动的实施。鼓励高校单独设立美育专项经费，中小学加大经费投入力度，多措并举保障学校美育综合改革。各级各类学校要保障基本的艺术场地设施和器材器具，鼓励学校引进校外社会资源，满足学生开展美育教学和实践的多样化需求。

（三）加强宣传推广。各地各校要不断探索创新深化学校美育浸润行动的有效途径，加大宣传推广力度，广泛凝聚社会共识，营造共同关注和支持学校美育的良好环境和浓厚氛围。各地教育部门要及时总结凝练本地区典型经验和实施成效，编制年度报告。教育部将组织编制并发布全国年度发展报告。

教育部
2023年12月20日

中共中央　国务院关于弘扬教育家精神加强新时代高素质专业化教师队伍建设的意见

（2024年8月6日）

教师是立教之本、兴教之源，强国必先强教，强教必先强师。为大力弘扬教育家精神，加强新时代高素质专业化教师队伍建设，进一步营造尊师重教良好氛围，现提出如下意见。

一、总体要求

坚持以习近平新时代中国特色社会主义思想为指导，深入贯彻党的二十大和二十届二中、三中全会精神，坚持党对教育事业的全面领导，贯彻新时代党的教育方针，落实立德树人根本任务，把加强教师队伍建设作为建设教育强国最重要的基础工作来抓，强化教育家精神引领，提升教师教书育人能力，健全师德师风建设长效机制，深化教师队伍改革创新，加快补齐教师队伍建设突出短板，强化高素质教师培养供给，优化教师资源配置，打造一支师德高尚、业务精湛、结构合理、充满活力的高素质专业化教师队伍，为加快教育现代化、建设教育强国、办好人民满意的教育提供坚强支撑。

工作中要坚持教育家精神铸魂强师，引导广大教师坚定心有大我、至诚报国的理想信念，陶冶言为士则、行为世范的道德情操，涵养启智润心、因材施教的育人智慧，秉持勤学笃行、求是创新的躬耕态度，勤修乐教爱生、甘于奉献的仁爱之心，树立胸怀天下、以文化人的弘道追求，践行教师群体共同价值追求。坚持教育家精神培育涵养，融入教师培养、发展，构建日常浸润、项目赋能、平台支撑的教师发展良好生态。坚持教育家精神弘扬践行，贯穿教师课堂教学、科学研究、社会实践等各环节，筑牢教育家精神践行主阵地。坚持教育家精神引领激励，建立完善教师标准体系，纳入教师管理评价全过程，引导广大教师将教育家精神转化为思想自觉、行动自觉。

经过3至5年努力，教育家精神得到大力弘扬，高素质专业化教师队伍建设取得积极成效，教师立德修身、敬业立学、教书育人呈现新风貌，尊师重教社会氛围更加浓厚。到2035年，教育家精神成为广大教师的自觉追求，实现教师队伍治理体系和治理能力现代化，数字化赋能教师发展成为常态，教师地位巩固提高，教师成为最受社会尊重和令人羡慕的职业之一，形成优秀人才争相从教、优秀教师不断涌现的良好局面。

二、加强教师队伍思想政治建设

（一）加强理想信念教育。建立健全教师定期理论学习制度，坚持不懈用习近平新时代中国特色社会主义思想凝心铸魂。持续抓好党史、新中国史、改革开放史、社会主义发展史学习教育。统筹各级各类党校（行政学院）等资源，定期开展教师思想政治轮训，增进广大教师对中国共产党和中国特色社会主义的政治认同、思想认同、理论认同、情感认同。

（二）加强教师队伍建设党建引领。把党的政治建设摆在首位，牢牢掌握党对教师队伍建设的领导权。选优配强教师党支部书记，强化教师党支部书记“双带头人”培育，充分发挥教师、师范生党支部的战斗堡垒作用和党员教师的先锋模范作用。注意做好在高层次人才、优秀青年教师、少先队辅导员和海外留学归国教师中发展党员工作，落实好“三会一课”等党的组织生活制度，把教师紧密团结在党的周围。坚持党建带群建，加强青年教师思想政治引领。

三、涵养高尚师德师风

（三）坚持师德师风第一标准。将思想政治和师德要求纳入教师聘用合同，在教师聘用工作中严格考察把关。将师德表现作为教师资格准入、招聘引进、职称评聘、导师遴选、评优奖励、项目申报等的首要要求。

各级组织人事和教育部门将师德师风建设纳入学校基层党建述职评议考核、领导班子和领导人员考核及全面从严治党任务清单，与教育督导、重大人才工程评选、教育教学评估、学位授权审核、学位授权点评估等挂钩。学校主要负责人要认真履行师德师风建设第一责任人职责，压实高校院（系）主要负责人责任。

（四）引导教师自律自强。引导广大教师自觉践行教育家精神，模范遵守宪法和法律法规，依法履行教师职责，坚决抵制损害党中央权威、国家利益的言行；模范遵守新时代教师职业行为准则，自觉捍卫教师职业尊严；模范遵守社会公德，形象得体、言行雅正。加强科研诚信与优良教风学风建设，坚决抵制学术不端，营造风清气正的学术生态。通过典型案例强化警示教育。

（五）加强师德师风培养。把学习贯彻习近平总书记关于教育的重要论述作为教师培养的必修课，作为教师教育和培训的重要任务，使广大教师把握其深刻内涵、做到知行合一。将师德师风和教育家精神融入教师教育课程和教师培养培训全过程。开发教育家精神课程教材资源。用好国家智慧教育公共服务平台，开展师德师风和教育家精神专题研修。有计划地组织教师参加革命传统教育、国情社情考察、社会实践锻炼，引导教师在理论与实践中涵养高尚师德和教育家精神。

（六）坚持师德违规“零容忍”。依规依纪依法查处师德违规行为，对群众反映强烈、社会影响恶劣的严重师德违规行为，从严从重给予处理处分。落实教职员工准入查询和从业禁止制度。各地各高校要将师德师风建设作为教育系统巡视巡察和督查检查的重要内容。坚持失责必问、问责必严，对相关单位和责任人落实师德师风建设责任不到位、造成严重后果或恶劣影响的，予以严肃问责。

四、提升教师专业素养

（七）健全中国特色教师教育体系。大力支持师范院校建设，全面提升师范教育水平。坚持师范院校教师教育第一职责，强化部属师范大学引领，大力支持师范院校“双一流”建设。以国家优秀中小学教师培养计划为引领，支持“双一流”建设高校为代表的高水平院校为中小学培养研究生层次优秀教师。实施师范教育协同提质计划。优化师范生公费教育政策。深化实施中西部欠发达地区优秀教师定向培养计划。优化师范院校评估指标，改革师范类专业认证，支持师范专业招生实施提前批次录取，推进培养模式改革。师范院校普遍建立数学、科技、工程类教育中心，加强师范生科技史教育，提高科普传播能力。加大对师范类专业研究生学位授权审核的支持力度。加强培养基本条件和实践基地建设。加强英才教育师资培养。强化紧缺领域师资培养。

（八）提高教师学科能力和学科素养。将学科能力和学科素养作为教师教书育人的基础，贯穿教师发展全过程。推动相关高校优化课程设置，精选课程内容，夯实师范生坚实的学科基础。在中小学教师培训中强化学科素养提升，推动教师更新学科知识，紧跟学科发展。加强中小学学科领军教师培训，培育一批引领基础教育学科教学改革的骨干。将高校教师学科能力和学科素养提升作为学科建设的重要内容，推动教师站在学科前沿开展教学、科研，创新教学模式方法。适应基础学科、新兴学科、交叉学科发展趋势，支持高校教师开展跨学科学习与研究，加强学科领军人才队伍建设，发挥引领带动作用。

（九）提升教师教书育人能力。强化高层次教师培养，为幼儿园、小学重点培养本科及以上层次教师，中学教师培养逐步实现以研究生层次为主。实施教师学历提升计划。强化中小学名师名校长培养。完善实施中小学教师国家级培训计划，完善教师全员培训制度和体系，加强乡村教师培训，提升乡村教师能力素质。推进中小学教师科学素质提升。支持高水平大学与高等职业院校、企业联合开展职业教育教师一体化培养培训，优化实施职业院校教师素质提高计划。推动高校将博士后作为教师重要来源。健全高校教师发展支持服务体系。实施数字化赋能教师发展行动，推动教师积极应对新技术变革，着眼未来培养人才。

（十）优化教师管理和资源配置。完善国家教师资格制度，建立完善符合教育行业特点的教师招聘制度，严把教师入口关。深化职称制度改革，优化教师岗位结构比例。职称评聘向乡村教师倾斜。适应小班化、个性化教学需要，优化教师资源配置。加强科学和体育美育等紧缺薄弱学科教师配备，强化思政课教师和辅导员队伍配备管理。优化中小学教师“县管校聘”管理机制。深入实施教育人才“组团式”支援帮扶计划、国家银龄教师行动计划、乡村首席教师岗位计划等。建立健全高校产业兼职教师管理和教师企业实践制度。

（十一）营造教育家成长的良好环境。倡导教育家办学，落实学校办学自主权，鼓励支持教师和校长创新教育思想、教育模式、教育方法，形成教学特色和办学风格。推进教师评价改革，突出教育教学实绩，注重凭能力、实绩和贡献评价教师，坚决克服唯分数、唯升学、唯文凭、唯论文、唯帽子等现象，推进发展性评价。强化国家重大战略任务和重大人才工程引领，高层次人才遴选和培育突出教书育人导向，让科学家同时成为教育家，充分发挥科学家在人才培养中的重要作用，将教育家精神、科学家精神、工匠精神等相融汇，提升教书育人质量。

五、加强教师权益保障

（十二）加大各级各类教师待遇保障力度。健全中小学教师工资长效联动机制，巩固义务教育教师平均工资收入水平不低于当地公务员平均工资收入水平成果，强化高中、幼儿园教师工资待遇保障。落实好工资、社会保险等各项政策。研究提高教龄津贴标准。落实好乡村教师生活补助政策。加大教师培训经费投入力度。保障教师课后服务工作合理待遇。加强乡村教师周转宿舍建设。

（十三）维护教师合法权益。维护教师教育惩戒权，支持教师积极管教。学校和有关部门要依法保障教师履行教育职责。依法惩处对教师的侮辱、诽谤、恶意炒作等言行，构成犯罪的，依法追究刑事责任。学校和教育部门要支持教师维护合法权益。大力减轻教师负担，统筹规范社会事务进校园，精简督查检查评比考核事项，为中小学、高校教师和科研人员减负松绑，充分保证教师从事主责主业。

六、弘扬尊师重教社会风尚

（十四）厚植尊师重教文化。提高教师地位，支持和吸引优秀人才热心从教、精心从教、长期从教、终身从教。推进全社会涵养尊师文化，提振师道尊严，注重尊师教育，开展尊师活动，将尊师文化融入学生日常言行。发扬“传帮带”传统，通过教师入职、晋升、荣休等活动，浸润传承教育家精神。支持自然人、法人或其他组织采取多种方式尊师重教，形成良好社会氛围。

（十五）加大教师荣誉表彰力度。加强对优秀教师激励奖励，完善相关制度。对作出突出贡献的教师集体和个人，按照有关规定给予表彰奖励，表彰奖励向乡村教师倾斜。

（十六）创新开展教师宣传工作。宣传优秀教师典型。鼓励支持教育家精神研究，形成一批高质量学术成果。强化教育、教师题材文艺作品创作，推出更多讴歌优秀教师、弘扬教育家精神的文艺精品。用好新媒体等渠道，拓展教师宣传阵地。依托博物馆、展览馆和文化馆等，开展教育家精神主题展览。加强教师相关新闻舆论引导和监督，激浊扬清、弘扬正气。

（十七）讲好中国教育家故事。深入实施学风传承行动等活动，传播教育家思想、展现教育家风貌。将弘扬教育家精神纳入国际传播话语体系，搭建国际交流合作平台，讲好中国教育家故事，传播中国教育声音，贡献中国教育智慧。

各级党委和政府要高度重视教师队伍建设，结合实际抓好本意见贯彻落实，形成齐抓共管的工作格局。各级各类学校要将高素质专业化教师队伍建设作为学校发展的关键基础性工作，健全工作机制，强化工作保障。各级领导干部要深入学校了解教师情况，为广大教师办实事、解难事。

中共中央　国务院印发《深化新时代教育评价改革总体方案》

（2020年10月13日）

近日，中共中央、国务院印发了《深化新时代教育评价改革总体方案》，并发出通知，要求各地区各部门结合实际认真贯彻落实。

《深化新时代教育评价改革总体方案》全文如下。

教育评价事关教育发展方向，有什么样的评价指挥棒，就有什么样的办学导向。为深入贯彻落实习近平总书记关于教育的重要论述和全国教育大会精神，完善立德树人体制机制，扭转不科学的教育评价导向，坚决克服唯分数、唯升学、唯文凭、唯论文、唯帽子的顽瘴痼疾，提高教育治理能力和水平，加快推进教育现代化、建设教育强国、办好人民满意的教育，现制定如下方案。

一、总体要求

（一）指导思想。以习近平新时代中国特色社会主义思想为指导，全面贯彻党的十九大和十九届二中、三中、四中全会精神，全面贯彻党的教育方针，坚持社会主义办学方向，落实立德树人根本任务，遵循教育规律，系统推进教育评价改革，发展素质教育，引导全党全社会树立科学的教育发展观、人才成长观、选人用人观，推动构建服务全民终身学习的教育体系，努力培养担当民族复兴大任的时代新人，培养德智体美劳全面发展的社会主义建设者和接班人。

（二）主要原则。坚持立德树人，牢记为党育人、为国育才使命，充分发挥教育评价的指挥棒作用，引导确立科学的育人目标，确保教育正确发展方向。坚持问题导向，从党中央关心、群众关切、社会关注的问题入手，破立并举，推进教育评价关键领域改革取得实质性突破。坚持科学有效，改进结果评价，强化过程评价，探索增值评价，健全综合评价，充分利用信息技术，提高教育评价的科学性、专业性、客观性。坚持统筹兼顾，针对不同主体和不同学段、不同类型教育特点，分类设计、稳步推进，增强改革的系统性、整体性、协同性。坚持中国特色，扎根中国、融通中外，立足时代、面向未来，坚定不移走中国特色社会主义教育发展道路。

（三）改革目标。经过5至10年努力，各级党委和政府科学履行职责水平明显提高，各级各类学校立德树人落实机制更加完善，引导教师潜心育人的评价制度更加健全，促进学生全面发展的评价办法更加多元，社会选人用人方式更加科学。到2035年，基本形成富有时代特征、彰显中国特色、体现世界水平的教育评价体系。

二、重点任务

（一）改革党委和政府教育工作评价，推进科学履行职责

1. 完善党对教育工作全面领导的体制机制。各级党委要认真落实领导责任，建立健全党委统一领导、党政齐抓共管、部门各负其责的教育领导体制，履行好把方向、管大局、作决策、保落实的职责，把思想政治工作作为学校各项工作的生命线紧紧抓在手上，贯穿学校教育管理全过程，牢固树立科学的教育发展理念，坚决克服短视行为、功利化倾向。各级党委和政府要完善定期研究教育工作机制，建立健全党政主要负责同志深入教育一线调研、为师生上思政课、联系学校和年终述职必述教育工作等制度。

2. 完善政府履行教育职责评价。对省级政府主要考核全面贯彻党的教育方针和党中央关于教育工作的决策部署、落实教育优先发展战略、解决人民群众普遍关心的教育突出问题等情况，既评估最终结果，也考核努力程度及进步发展。各地根据国家层面确立的评价内容和指标，结合实际进行细化，作为对下一级政府履行教育职责评价的依据。

3. 坚决纠正片面追求升学率倾向。各级党委和政府要坚持正确政绩观，不得下达升学指标或以中高考升

学率考核下一级党委和政府、教育部门、学校和教师，不得将升学率与学校工程项目、经费分配、评优评先等挂钩，不得通过任何形式以中高考成绩为标准奖励教师和学生，严禁公布、宣传、炒作中高考“状元”和升学率。对教育生态问题突出、造成严重社会影响的，依规依法问责追责。

（二）改革学校评价，推进落实立德树人根本任务

4. 坚持把立德树人成效作为根本标准。加快完善各级各类学校评价标准，将落实党的全面领导、坚持正确办学方向、加强和改进学校党的建设以及党建带团建队建、做好思想政治工作和意识形态工作、依法治校办学、维护安全稳定作为评价学校及其领导人员、管理人员的重要内容，健全学校内部质量保障制度，坚决克服重智育轻德育、重分数轻素质等片面办学行为，促进学生身心健康、全面发展。

5. 完善幼儿园评价。重点评价幼儿园科学保教、规范办园、安全卫生、队伍建设、克服小学化倾向等情况。国家制定幼儿园保教质量评估指南，各省（自治区、直辖市）完善幼儿园质量评估标准，将各类幼儿园纳入质量评估范畴，定期向社会公布评估结果。

6. 改进中小学校评价。义务教育学校重点评价促进学生全面发展、保障学生平等权益、引领教师专业发展、提升教育教学水平、营造和谐育人环境、建设现代学校制度以及学业负担、社会满意度等情况。国家制定义务教育学校办学质量评价标准，完善义务教育质量监测制度，加强监测结果运用，促进义务教育优质均衡发展。普通高中主要评价学生全面发展的培养情况。国家制定普通高中办学质量评价标准，突出实施学生综合素质评价、开展学生发展指导、优化教学资源配置、有序推进选课走班、规范招生办学行为等内容。

7. 健全职业学校评价。重点评价职业学校（含技工院校，下同）德技并修、产教融合、校企合作、育训结合、学生获取职业资格或职业技能等级证书、毕业生就业质量、“双师型”教师（含技工院校“一体化”教师，下同）队伍建设等情况，扩大行业企业参与评价，引导培养高素质劳动者和技术技能人才。深化职普融通，探索具有中国特色的高层次学徒制，完善与职业教育发展相适应的学位授予标准和评价机制。加大职业培训、服务区域和行业的评价权重，将承担职业培训情况作为核定职业学校教师绩效工资总量的重要依据，推动健全终身职业技能培训制度。

8. 改进高等学校评价。推进高校分类评价，引导不同类型高校科学定位，办出特色和水平。改进本科教育教学评估，突出思想政治教育、教授为本科生上课、生师比、生均课程门数、优势特色专业、学位论文（毕业设计）指导、学生管理与服务、学生参加社会实践、毕业生发展、用人单位满意度等。改进学科评估，强化人才培养中心地位，淡化论文收录数、引用率、奖项数等数量指标，突出学科特色、质量和贡献，纠正片面以学术头衔评价学术水平的做法，教师成果严格按署名单位认定、不随人走。探索建立应用型本科评价标准，突出培养相应专业能力和实践应用能力。制定“双一流”建设成效评价办法，突出培养一流人才、产出一流成果、主动服务国家需求，引导高校争创世界一流。改进师范院校评价，把办好师范教育作为第一职责，将培养合格教师作为主要考核指标。改进高校经费使用绩效评价，引导高校加大对教育教学、基础研究的支持力度。改进高校国际交流合作评价，促进提升校际交流、来华留学、合作办学、海外人才引进等工作质量。探索开展高校服务全民终身学习情况评价，促进学习型社会建设。

（三）改革教师评价，推进践行教书育人使命

9. 坚持把师德师风作为第一标准。坚决克服重科研轻教学、重教书轻育人等现象，把师德表现作为教师资格定期注册、业绩考核、职称评聘、评优奖励首要要求，强化教师思想政治素质考察，推动师德师风建设常态化、长效化。健全教师荣誉制度，发挥典型示范引领作用。全面落实新时代幼儿园、中小学、高校教师职业行为准则，建立师德失范行为通报警示制度。对出现严重师德师风问题的教师，探索实施教育全行业禁入制度。

10. 突出教育教学实绩。把认真履行教育教学职责作为评价教师的基本要求，引导教师上好每一节课、关爱每一个学生。幼儿园教师评价突出保教实践，把以游戏为基本活动促进儿童主动学习和全面发展的能力作为关键指标，纳入学前教育专业人才培养标准、幼儿教师职后培训重要内容。探索建立中小学教师教学述评制度，任课教师每学期须对每个学生进行学业述评，述评情况纳入教师考核内容。完善中小学教师绩效考核办法，绩效工资分配向班主任倾斜，向教学一线和教育教学效果突出的教师倾斜。健全“双师型”教师认定、聘用、考核等评价标准，突出实践技能水平和专业教学能力。规范高校教师聘用和职称评聘条件设置，不得将国（境）外学习经历作为限制性条件。把参与教研活动，编写教材、案例，指导学生毕业设计、就业、创新创业、社会实践、社团活动、竞赛展演等计入工作量。落实教授上课制度，高校应明确教授承担本（专）科生教学最低课时要求，确保教学质量，对未达到要求的给予年度或聘期考核不合格处理。支持建设高质量教学研究类学术期刊，鼓励高校学报向教学研究倾斜。完善教材质量监控和评价机制，实施教材建设国家奖励制度，每四年评选一次，对作出突出贡献的教师按规定进行表彰奖励。完善国家教学成果奖评选制度，优化获奖种类和入选名额分配。

11. 强化一线学生工作。各级各类学校要明确领导干部和教师参与学生工作的具体要求。落实中小学教师家访制度，将家校联系情况纳入教师考核。高校领导班子成员年度述职要把上思政课、联系学生情况作为重要内容。完善学校党政管理干部选拔任用机制，原则上应有思政课教师、辅导员或班主任等学生工作经历。高校青年教师晋升高一级职称，至少须有一年担任辅导员、班主任等学生工作经历。

12. 改进高校教师科研评价。突出质量导向，重点评价学术贡献、社会贡献以及支撑人才培养情况，不得将论文数、项目数、课题经费等科研量化指标与绩效工资分配、奖励挂钩。根据不同学科、不同岗位特点，坚持分类评价，推行代表性成果评价，探索长周期评价，完善同行专家评议机制，注重个人评价与团队评价相结合。探索国防科技等特殊领域教师科研专门评价办法。对取得重大理论创新成果、前沿技术突破、解决重大工程技术难题、在经济社会事业发展中作出重大贡献的，申报高级职称时论文可不作限制性要求。

13. 推进人才称号回归学术性、荣誉性。切实精简人才“帽子”，优化整合涉教育领域各类人才计划。不得把人才称号作为承担科研项目、职称评聘、评优评奖、学位点申报的限制性条件，有关申报书不得设置填写人才称号栏目。依据实际贡献合理确定人才薪酬，不得将人才称号与物质利益简单挂钩。鼓励中西部、东北地区高校“长江学者”等人才称号入选者与学校签订长期服务合同，为实施国家和区域发展战略贡献力量。

（四）改革学生评价，促进德智体美劳全面发展

14. 树立科学成才观念。坚持以德为先、能力为重、全面发展，坚持面向人人、因材施教、知行合一，坚决改变用分数给学生贴标签的做法，创新德智体美劳过程性评价办法，完善综合素质评价体系，切实引导学生坚定理想信念、厚植爱国主义情怀、加强品德修养、增长知识见识、培养奋斗精神、增强综合素质。

15. 完善德育评价。根据学生不同阶段身心特点，科学设计各级各类教育德育目标要求，引导学生养成良好思想道德、心理素质和行为习惯，传承红色基因，增强“四个自信”，立志听党话、跟党走，立志扎根人民、奉献国家。通过信息化等手段，探索学生、家长、教师以及社区等参与评价的有效方式，客观记录学生品行日常表现和突出表现，特别是践行社会主义核心价值观情况，将其作为学生综合素质评价的重要内容。

16. 强化体育评价。建立日常参与、体质监测和专项运动技能测试相结合的考查机制，将达到国家学生体质健康标准要求作为教育教学考核的重要内容，引导学生养成良好锻炼习惯和健康生活方式，锤炼坚强意志，培养合作精神。中小学校要客观记录学生日常体育参与情况和体质健康监测结果，定期向家长反馈。改进中考体育测试内容、方式和计分办法，形成激励学生加强体育锻炼的有效机制。加强大学生体育评价，探索在高等教育所有阶段开设体育课程。

17. 改进美育评价。把中小学生学习音乐、美术、书法等艺术类课程以及参与学校组织的艺术实践活动情况纳入学业要求，促进学生形成艺术爱好、增强艺术素养，全面提升学生感受美、表现美、鉴赏美、创造美的能力。探索将艺术类科目纳入中考改革试点。推动高校将公共艺术课程与艺术实践纳入人才培养方案，实行学分制管理，学生修满规定学分方能毕业。

18. 加强劳动教育评价。实施大中小学劳动教育指导纲要，明确不同学段、不同年级劳动教育的目标要求，引导学生崇尚劳动、尊重劳动。探索建立劳动清单制度，明确学生参加劳动的具体内容和要求，让学生在实践中养成劳动习惯，学会劳动、学会勤俭。加强过程性评价，将参与劳动教育课程学习和实践情况纳入学生综合素质档案。

19. 严格学业标准。完善各级各类学校学生学业要求，严把出口关。对初、高中毕业班学生，学校须合理安排中高考结束后至暑假前的教育活动。完善过程性考核与结果性考核有机结合的学业考评制度，加强课堂参与和课堂纪律考查，引导学生树立良好学风。探索学士学位论文（毕业设计）抽检试点工作，完善博士、硕士学位论文抽检工作，严肃处理各类学术不端行为。完善实习（实训）考核办法，确保学生足额、真实参加实习（实训）。

20. 深化考试招生制度改革。稳步推进中高考改革，构建引导学生德智体美劳全面发展的考试内容体系，改变相对固化的试题形式，增强试题开放性，减少死记硬背和“机械刷题”现象。加快完善初、高中学生综合素质档案建设和使用办法，逐步转变简单以考试成绩为唯一标准的招生模式。完善高等职业教育“文化素质+职业技能”考试招生办法。深化研究生考试招生改革，加强科研创新能力和实践能力考查。各级各类学校不得通过设置奖金等方式违规争抢生源。探索建立学分银行制度，推动多种形式学习成果的认定、积累和转换，实现不同类型教育、学历与非学历教育、校内与校外教育之间互通衔接，畅通终身学习和人才成长渠道。

（五）改革用人评价，共同营造教育发展良好环境

21. 树立正确用人导向。党政机关、事业单位、国有企业要带头扭转“唯名校”、“唯学历”的用人导向，建立以品德和能力为导向、以岗位需求为目标的人才使用机制，改变人才“高消费”状况，形成不拘一格降人才的良好局面。

22. 促进人岗相适。各级公务员招录、事业单位和国有企业招聘要按照岗位需求合理制定招考条件、确定学历层次，在招聘公告和实际操作中不得将毕业院校、国（境）外学习经历、学习方式作为限制性条件。职业学校毕业生在落户、就业、参加机关企事业单位招聘、职称评聘、职务职级晋升等方面，与普通学校毕业生同等对待。用人单位要科学合理确定岗位职责，坚持以岗定薪、按劳取酬、优劳优酬，建立重实绩、重贡献的激励机制。

三、组织实施

（一）落实改革责任。各级党委和政府要加强组织领导，把深化教育评价改革列入重要议事日程，根据本方案要求，结合实际明确落实举措。各级党委教育工作领导小组要加强统筹协调、宣传引导和督促落实。中央和国家机关有关部门要结合职责，及时制定配套制度。各级各类学校要狠抓落实，切实破除“五唯”顽瘴痼疾。国家和各省（自治区、直辖市）选择有条件的地方、学校和单位进行试点，发挥示范带动作用。教育督导要将推进教育评价改革情况作为重要内容，对违反相关规定的予以督促纠正，依规依法对相关责任人员严肃处理。

（二）加强专业化建设。构建政府、学校、社会等多元参与的评价体系，建立健全教育督导部门统一负责的教育评估监测机制，发挥专业机构和社会组织作用。严格控制教育评价活动数量和频次，减少多头评价、重复评价，切实减轻基层和学校负担。各地要创新基础教育教研工作指导方式，严格控制以考试方式抽检评测学校和学生。创新评价工具，利用人工智能、大数据等现代信息技术，探索开展学生各年级学习情况全过程纵向评价、德智体美劳全要素横向评价。完善评价结果运用，综合发挥导向、鉴定、诊断、调控和改进作用。加强教师教育评价能力建设，支持有条件的高校设立教育评价、教育测量等相关学科专业，培养教育评价专门人才。加强国家教育考试工作队伍建设，完善教师参与命题和考务工作的激励机制。积极开展教育评价国际合作，参与联合国2030年可持续发展议程教育目标实施监测评估，彰显中国理念，贡献中国方案。

（三）营造良好氛围。党政机关、事业单位、国有企业要履职尽责，带动全社会形成科学的选人用人理念。新闻媒体要加大对科学教育理念和改革政策的宣传解读力度，合理引导预期，增进社会共识。构建覆盖城乡的家庭教育指导服务体系，引导广大家长树立正确的教育观和成才观。各地要及时总结、宣传、推广教育评价改革的成功经验和典型案例，扩大辐射面，提高影响力。

第二篇

党团班级建设

中共中央组织部　中共中央宣传部中共教育部党组关于进一步加强高校学生党员发展和教育管理服务工作的若干意见

教党〔2013〕22号

各省、自治区、直辖市党委组织部、宣传部、教育工作部门、教育厅（教委），新疆生产建设兵团党委组织部、宣传部、教育局，有关部门（单位）教育司（局），教育部直属各高等学校党委：

为深入贯彻落实党的十八大精神，建设高素质高校学生党员队伍，根据《中国共产党章程》《中国共产党普通高等学校基层组织工作条例》等有关规定，现就进一步加强高校学生党员发展和教育管理服务工作提出以下意见。

一、充分认识做好高校学生党员发展和教育管理服务工作的重要意义

高校学生党员是学生中的骨干分子，学生党员队伍建设是高校党的建设的基础工程。做好新形势下的学生党员发展和教育管理服务工作，对于提高学生党员队伍整体素质，培养造就中国特色社会主义事业合格建设者和可靠接班人，实现“两个100年”目标、实现中国梦，具有重大而深远的意义。长期以来，各地各高校高度重视学生党员队伍建设，认真做好学生党员发展和教育管理服务工作，学生入党意愿持续高涨，学生党员数量逐步增长，思想政治素质不断提高，先锋模范作用得到发挥，有力促进了学校改革发展稳定。同时，必须清醒地看到，有的高校党组织对发展学生党员把关不严，发展党员质量需要提高；一些高校对学生党员教育培养不够系统规范，教育形式和内容的针对性实效性不强；不少高校对学生党员管理服务方式方法比较单一，流动党员管理机制还不健全；个别学生入党动机不够端正，少数党员政治素养不高、组织纪律不强，等等。这些问题影响了学生党员的作用发挥，影响了学生党员队伍的生机活力，必须切实加以解决。

各地各高校要从全局和战略的高度，充分认识做好高校学生党员发展和教育管理服务工作的重要性紧迫性，以邓小平理论、“三个代表”重要思想、科学发展观为指导，以加强党的执政能力建设、党的先进性和纯洁性建设为主线，以提高发展学生党员质量为核心，以加强教育培养为重点，以完善管理服务为基础，努力建设一支信念坚定、素质优良、规模适度、结构合理、纪律严明、作用突出的高校学生党员队伍。

二、严格坚持标准，提高发展学生党员质量

（一）始终把政治标准放在首位。严格按照党章规定，结合高校学生特点，从思想政治、能力素质、道德品行、现实表现等方面进一步明确学生党员具体标准，着重看发展对象是否具有坚定的理想信念和良好的道德品行，是否自觉为党的纲领而努力奋斗，是否在学习和生活中发挥先锋模范作用。坚持把综合素质作为发展学生党员的重要考察内容，注重把学生的一贯表现和关键时刻表现、自我评价和群众评议、学习情况和社会实践情况相结合，防止把学习成绩作为发展党员的主要条件。

（二）严格发展程序和纪律。坚持成熟一个发展一个，认真履行入党手续。对入党积极分子的推荐确定、培养教育，发展对象的政治审查、公示，预备党员的接收、教育、考察、公示和转正等每一个环节，都要严格程序、严格把关。采取团组织推优、党员和群众推荐等方式，在申请入党学生中确定入党积极分子和发展对象。健全和落实发展对象政治审查制度，凡没有通过政治审查的，一律不能发展入党。院（系）党组织在支部大会讨论接收预备党员前，要对发展对象的条件、培养教育情况和入党手续进行全面审查。党支部在讨论接收预备党员和预备党员转正时，要在适当范围内对发展对象和预备党员的基本情况进行公示，并在支部大会上采取无记名投票方式进行表决。强化发展党员工作责任追究制，上级党组织对不坚持标准、不履行程序和培养考察失职、审查把关不严的党组织及其负责人、直接责任人要进行批评教育，情节严重的给予纪律处分。对违反规定吸收入党的，一律不予承认。

（三）加强发展党员工作宏观指导。按照慎重发展、均衡发展的要求，积极稳妥地对发展学生党员数量和结构进行调控，保持高校学生党员队伍适度规模。巩固本科生“低年级有党员、高年级有党支部”的格局，重视在研究生中发展党员，切实做好民办高校发展学生党员工作，注重发展优秀少数民族学生入党。高校党委要根据学生党员队伍建设现状和发展需要，研究制定发展学生党员工作规划和年度计划，报上一级党委审批。高校院（系）党组织要定期向学校党委报告发展学生党员工作情况，高校党委每年就发展学生党员工作向上级党委写出报告。建立发展学生党员工作定期分析和指导检查制度，及时发现和研究解决发展党员工作中存在的苗头性、倾向性问题，防止临毕业前突击发展、长期不发展、发展数量大起大落等现象。

三、加强教育培养，提高学生党员思想政治素质

（四）加强入党积极分子培养教育。坚持早教育、早发现、早培养，在高校新生中开展党的基本知识教育，提高学生对党的认识，引导学生积极向党组织靠拢。把对入党积极分子的培养教育作为发展学生党员工作的着力点，重视做好思想上入党工作。建立健全分层培养、分步衔接的入党积极分子教育体系，以校级党校和院（系）分党校为主阵地，开展党的历史和优良传统、党的基本理论和基本知识、党的路线方针政策和形势任务教育以及中国特色社会主义和中国梦教育、社会主义核心价值体系教育。探索实行党校培训与社会实践、志愿服务、谈心谈话等相结合的学生入党积极分子培养方式，帮助入党积极分子坚定理想信念，增强党性修养，端正入党动机。健全入党积极分子动态管理机制。在入党积极分子所在党组织发生变动时，注意做好培养教育工作的互相衔接。

（五）强化党员教育培训。以增强党性、提高素质为重点，针对研究生、本科生、专科生等不同类型学生特点，构建多层次、多渠道的学生党员经常性学习教育体系。注重集中学习与日常教育相结合、组织学习和自我教育相结合，学生党员每年参加集体学习时间一般不少于16学时。以重大节庆日、重要活动、重要节点为契机，开展形式多样的主题教育活动。运用读书讲座、主题报告、知识竞赛、学习标兵评选等教育载体，激发学生党员的学习积极性和主动性。发挥党员榜样的教育作用，通过选树先进典型，用身边人、身边事教育影响学生党员。

（六）拓宽党员教育培养途径。坚持理论学习与实践锻炼相结合，组织学生党员广泛开展社会实践活动。推进基层服务型党组织建设，引导学生党员牢固树立宗旨意识，探索学生党员服务同学、服务群众、服务社会的方式，注重教育寓于服务，服务体现教育。开展学生党员承诺践诺、志愿服务活动，设立党员先锋岗、党员责任区，推动学雷锋活动机制化、常态化，为学生党员加强党性锻炼、发挥先锋模范作用搭建平台。

四、健全管理机制，增强学生党员队伍活力

（七）严格党内组织生活。落实“三会一课”制度，根据学生党员特点和需求，丰富组织生活内容，创新组织生活形式，开展开放式、互动式党内活动，进一步提高组织生活效果。坚持和完善民主评议党员制度，结合每年一次的专题组织生活会，组织开展民主评议党员工作。改进和完善民主评议方式，注意听取群众意见，发扬党内民主，认真开展批评与自我批评。健全党员党性定期分析制度，定期集中开展学生党员党性分析评议活动。严肃组织生活纪律，院（系）党组织要经常检查学生党员参加组织生活情况，对无故不参加组织生活的党员，及时进行批评帮助。

（八）加强党员组织关系管理。理顺党员组织隶属关系，确保每个学生党员都能纳入党的一个基层组织的管理之中。对毕业生党员，已经落实工作单位的，应将党员组织关系及时转移到所在单位党组织；工作单位尚未建立党组织的，按照就近就便原则，将党员组织关系转移到工作单位所在地街道、乡镇党组织，也可随同档案转移到县以上政府所属公共就业和人才服务机构党组织；尚未落实工作单位的，可将党员组织关系转移到本人或父母居住地的街道、乡镇党组织，也可随同档案转移到县以上政府所属公共就业和人才服务机构党组织。对在转移和接收党员组织关系过程中推诿扯皮、无故拒转拒接的党组织及其负责人，上级党组织要批评教育，及时纠正。对伪造党员身份证明的，要依纪依法严肃处理。

（九）改进流动党员管理。探索新形势下学生流动党员的有效管理方式，保证学生党员无论流动到哪里，都能纳入组织管理，参加组织生活。对外出学习、实习的学生党员，学校党组织要在其外出前进行教育并提出要求，外出期间及时向其通报党内重要情况，配合流入地党组织共同做好教育管理工作。毕业生党员其组

织关系保留在原就读学校党组织的，学校党组织要承担对其教育管理责任，党员本人要主动与学校党组织保持联系，按规定交纳党费。加强对出国（境）学生党员管理工作，完善出国（境）学生党员与党组织联系制度和组织关系管理制度。

（十）及时处置不合格党员。健全党员能进能出机制，对无正当理由连续6个月不参加党的组织生活，或不交纳党费，或不做党所分配的工作的学生党员，按自行脱党处理，并予除名。对理想信念不坚定、不履行党员义务、不符合党员条件的学生党员，党组织应对其进行教育，要求其限期改正；经教育仍无转变的，应当劝其退党；劝而不退的予以除名。处置不合格党员要按照稳妥、慎重的要求，做到事实清楚、理由充分、处理恰当、手续完备，不定比例、不下指标，认真执行规定，严格审核把关。对被劝退和除名的学生党员，党组织和有关人员要做好思想引导等工作。

五、完善服务机制，促进学生党员健康成长

（十一）关爱帮助学生党员。坚持以人为本，从政治、思想、学习和生活上关心爱护学生党员。建立高校党员领导干部、基层党组织负责人、党员教师联系学生党员制度，经常进行谈心谈话，及时了解他们的思想动态，听取意见建议。注重人文关怀和心理疏导，广泛开展结对帮扶等活动，帮助解决学生党员在学习、生活、就业等方面的实际困难。

（十二）保障党员民主权利。尊重党员主体地位，落实学生党员知情权、参与权、选举权、监督权。推进学校党务公开，健全党内情况通报、情况反映、重大决策征求意见等制度，发挥学生党员在班级、院（系）和学校事务管理中的作用。完善党内选举制度，扩大选举工作中的民主。推行学生党员旁听学校党组织会议等做法，健全党组织向党员大会定期报告工作并接受评议制度，不断拓宽学生党员参与党内事务的途径。

六、加强组织领导，确保各项任务落到实处

（十三）完善工作机制。各地要高度重视高校学生党员发展和教育管理服务工作，党委组织、宣传和教育工作部门要切实加强工作指导。高校党委要将这项工作列入重要日程，纳入党建工作责任制，作为党建工作述职、评议、考核和党务公开的重要内容。建立健全高校党委统一领导，党委组织、学生工作等部门协同配合，院（系）党组织贯彻落实的工作机制，完善学校党委、院（系）党组织、学生党支部相互衔接的工作体系，形成齐抓共管的工作格局。

（十四）强化工作保障。高校党委应配备足够数量的专兼职组织员，加强教育培训，为他们开展工作创造条件。选好配强学生党支部书记，注重从优秀辅导员和优秀学生党员中选任。加强学校党校建设，有条件的高校建立院（系）分党校。聘请在学生中有影响、有威望的党员教师、党员专家、先进模范人物、离退休老同志充实学生党员教育师资力量。高校党委书记要带头给学生党员讲党课、作形势报告。通过设立党建专项经费、党费补助等方式，保障工作正常开展。为学生党员开展活动提供必要场所，建立多种形式的学生党员实践服务基地。充分运用现代信息技术和传媒手段，建好用好党员教育管理服务网络平台。

（十五）推动工作创新。通过召开工作经验交流会、座谈研讨会等方式，及时总结推广高校学生党员发展和教育管理服务工作的好做法好经验。针对学生党员队伍建设新情况新问题，积极探索新思路新举措，加大工作创新力度。重视和加强对工作全局性、前瞻性、规律性问题的研究，推进工作信息化建设，不断提高高校党建工作整体水平。

中共中央组织部　中共中央宣传部　中共教育部党组

2013年7月2日

中共中央办公厅印发《中国共产党发展党员工作细则》的通知

中办发〔2014〕33号

中共中央办公厅近日印发了《中国共产党发展党员工作细则》，并发出通知，要求各地区各部门遵照执行。

第一章　总　则

第一条　为了规范发展党员工作，保证新发展的党员质量，保持党的先进性和纯洁性，根据《中国共产党章程》和党内有关规定，制定本细则。

第二条　党的基层组织应当把吸收具有马克思主义信仰、共产主义觉悟和中国特色社会主义信念，自觉践行社会主义核心价值观的先进分子入党，作为一项经常性重要工作。

第三条　发展党员工作应当贯彻党的基本理论、基本路线、基本纲领、基本经验、基本要求，按照控制总量、优化结构、提高质量、发挥作用的总要求，坚持党章规定的党员标准，始终把政治标准放在首位；坚持慎重发展、均衡发展，有领导、有计划地进行；坚持入党自愿原则和个别吸收原则，成熟一个，发展一个。

禁止突击发展，反对"关门主义"。

第二章　入党积极分子的确定和培养教育

第四条　党组织应当通过宣传党的政治主张和深入细致的思想政治工作，提高党外群众对党的认识，不断扩大入党积极分子队伍。

第五条　年满十八岁的中国工人、农民、军人、知识分子和其他社会阶层的先进分子，承认党的纲领和章程，愿意参加党的一个组织并在其中积极工作、执行党的决议和按期交纳党费的，可以申请加入中国共产党。

第六条　入党申请人应当向工作、学习所在单位党组织提出入党申请，没有工作、学习单位或工作、学习单位未建立党组织的，应当向居住地党组织提出入党申请。

流动人员还可以向单位所在地党组织或单位主管部门党组织提出入党申请，也可以向流动党员党组织提出入党申请。

第七条　组织收到入党申请书后，应当在一个月内派人同入党申请人谈话，了解基本情况。

第八条　在入党申请人中确定入党积极分子，应当采取党员推荐、群团组织推优等方式产生人选，由支部委员会（不设支部委员会的由支部大会，下同）研究决定，并报上级党委备案。

第九条　党组织应当指定一至两名正式党员作入党积极分子的培养联系人。培养联系人的主要任务是：

（一）向入党积极分子介绍党的基本知识；

（二）了解入党积极分子的政治觉悟、道德品质、现实表现和家庭情况等，做好培养教育工作，引导入党积极分子端正入党动机；

（三）及时向党支部汇报入党积极分子情况；

（四）向党支部提出能否将入党积极分子列为发展对象的意见。

第十条　党组织应当采取吸收入党积极分子听党课、参加党内有关活动，给他们分配一定的社会工作以及集中培训等方法，对入党积极分子进行马克思列宁主义、毛泽东思想和中国特色社会主义理论体系教育，党的路线、方针、政策和党的基本知识教育，党的历史和优良传统、作风教育以及社会主义核心价值观教育，使他们懂得党的性质、纲领、宗旨、组织原则和纪律，懂得党员的义务和权利，帮助他们端正入党动机，确立为共产主义事业奋斗终身的信念。

第十一条 党支部每半年对入党积极分子进行一次考察。基层党委每年对入党积极分子队伍状况作一次分析。针对存在的问题，采取改进措施。

第十二条 入党积极分子工作、学习所在单位（居住地）发生变动，应当及时报告原单位（居住地）党组织。原单位（居住地）党组织应当及时将培养教育等有关材料转交现单位（居住地）党组织。现单位（居住地）党组织应当对有关材料进行认真审查，并接续做好培养教育工作。培养教育时间可连续计算。

第三章 发展对象的确定和考察

第十三条 对经过一年以上培养教育和考察、基本具备党员条件的入党积极分子，在听取党小组、培养联系人、党员和群众意见的基础上，支部委员会讨论同意并报上级党委备案后，可列为发展对象。

第十四条 发展对象应当有两名正式党员作入党介绍人。入党介绍人一般由培养联系人担任，也可由党组织指定。

受留党察看处分、尚未恢复党员权利的党员，不能作入党介绍人。

第十五条 入党介绍人的主要任务是：

（一）向发展对象解释党的纲领、章程，说明党员的条件、义务和权利；

（二）认真了解发展对象的入党动机、政治觉悟、道德品质、工作经历、现实表现等情况，如实向党组织汇报；

（三）指导发展对象填写《中国共产党入党志愿书》，并认真填写自己的意见；

（四）向支部大会负责地介绍发展对象的情况；

（五）发展对象批准为预备党员后，继续对其进行教育帮助。

第十六条 党组织必须对发展对象进行政治审查。

政治审查的主要内容是：对党的理论和路线、方针、政策的态度；政治历史和在重大政治斗争中的表现；遵纪守法和遵守社会公德情况；直系亲属和与本人关系密切的主要社会关系的政治情况。

政治审查的基本方法是：同本人谈话、查阅有关档案材料、找有关单位和人员了解情况以及必要的函调或外调。在听取本人介绍和查阅有关材料后，情况清楚的可不函调或外调。对流动人员中的发展对象进行政治审查时，还应当征求其户籍所在地和居住地基层党组织的意见。

政治审查必须严肃认真、实事求是，注重本人的一贯表现。审查情况应当形成结论性材料。

凡是未经政治审查或政治审查不合格的，不能发展入党。

第十七条 基层党委或县级党委组织部门应当对发展对象进行短期集中培训。培训时间一般不少于三天（或不少于二十四个学时）。培训时主要学习党章、《关于党内政治生活的若干准则》等文件。中央组织部组织编写的《入党教材》，可以作为学习辅导材料。

未经培训的，除个别特殊情况外，不能发展入党。

第四章 预备党员的接收

第十八条 接收预备党员应当严格按照党章规定的程序办理。

第十九条 支部委员会应当对发展对象进行严格审查，经集体讨论认为合格后，报具有审批权限的基层党委预审。

基层党委对发展对象的条件、培养教育情况等进行审查，根据需要听取执纪执法等相关部门的意见。审查结果以书面形式通知党支部，并向审查合格的发展对象发放《中国共产党入党志愿书》。

发展对象未来三个月内将离开工作、学习单位的，一般不办理接收预备党员的手续。

第二十条 经基层党委预审合格的发展对象，由支部委员会提交支部大会讨论。

召开讨论接收预备党员的支部大会，有表决权的到会人数必须超过应到会有表决权人数的半数。

第二十一条 支部大会讨论接收预备党员的主要程序是：

（一）发展对象汇报对党的认识、入党动机、本人履历、家庭和主要社会关系情况，以及需向党组织说明的问题；

（二）入党介绍人介绍发展对象有关情况，并对其能否入党表明意见；

（三）支部委员会报告对发展对象的审查情况；

（四）与会党员对发展对象能否入党进行充分讨论，并采取无记名投票方式进行表决。赞成人数超过应到会有表决权的正式党员的半数，才能通过接收预备党员的决议。因故不能到会的有表决权的正式党员，在支部大会召开前正式向党支部提出书面意见的，应当统计在票数内。

支部大会讨论两个以上的发展对象入党时，必须逐个讨论和表决。

第二十二条 党支部应当及时将支部大会决议写入《中国共产党入党志愿书》，连同本人入党申请书、政治审查材料、培养教育考察材料等，一并报上级党委审批。

支部大会决议主要包括：发展对象的主要表现；应到会和实际到会有表决权的党员人数；表决结果；通过决议的日期；支部书记签名。

第二十三条 预备党员必须由党委（工委，下同）审批。

乡镇（街道）党委所属的基层党委，不能审批预备党员，但应当对支部大会通过接收的预备党员进行审议。

党总支不能审批预备党员，但应当对支部大会通过接收的预备党员进行审议。

除另有规定外，临时党组织不能接收、审批预备党员。

党组不能审批预备党员。

第二十四条 党委审批前，应当指派党委委员或组织员同发展对象谈话，作进一步的了解，并帮助发展对象提高对党的认识。谈话人应当将谈话情况和自己对发展对象能否入党的意见，如实填写在《中国共产党入党志愿书》上，并向党委汇报。

第二十五条 党委审批预备党员，必须集体讨论和表决。

党委主要审议发展对象是否具备党员条件、入党手续是否完备。发展对象符合党员条件、入党手续完备的，批准其为预备党员。党委审批意见写入《中国共产党入党志愿书》，注明预备期的起止时间，并通知报批的党支部。党支部应当及时通知本人并在党员大会上宣布。对未被批准入党的，应当通知党支部和本人，做好思想工作。

党委会审批两个以上的发展对象入党时，应当逐个审议和表决。

第二十六条 党委对党支部上报的接收预备党员的决议，应当在三个月内审批，并报上级党委组织部门备案。如遇特殊情况可适当延长审批时间，但不得超过六个月。

第二十七条 在特殊情况下，党的中央和省、自治区、直辖市委员会可以直接接收党员。

第二十八条 对在中国特色社会主义事业中为党和人民利益英勇献身，事迹突出，在一定范围内有较大影响，生前一贯表现良好并曾向党组织提出过入党要求的人员，可以追认为党员。

追认党员必须严格掌握，由所在单位党组织讨论决定后，经上级党委审查，报省一级党委批准。

第五章　预备党员的教育、考察和转正

第二十九条 党组织应当及时将上级党委批准的预备党员编入党支部和党小组，对预备党员继续进行教育和考察。

第三十条 预备党员必须面向党旗进行入党宣誓。入党宣誓仪式，一般由基层党委或党支部（党总支）组织进行。

第三十一条 党组织应当通过党的组织生活、听取本人汇报、个别谈心、集中培训、实践锻炼等方式，对预备党员进行教育和考察。

第三十二条 预备党员的预备期为一年。预备期从支部大会通过其为预备党员之日算起。

预备党员预备期满，党支部应当及时讨论其能否转为正式党员。认真履行党员义务、具备党员条件的，应当按期转为正式党员；需要继续考察和教育的，可以延长一次预备期，延长时间不能少于半年，最长不超过一年；不履行党员义务、不具备党员条件的，应当取消其预备党员资格。

预备党员违犯党纪，情节较轻，尚可保留预备党员资格的，应当对其进行批评教育或延长预备期；情节较重的，应当取消其预备党员资格。

预备党员转为正式党员、延长预备期或取消预备党员资格，应当经支部大会讨论通过和上级党组织

批准。

第三十三条　预备党员转正的手续是：本人向党支部提出书面转正申请；党小组提出意见；党支部征求党员和群众的意见；支部委员会审查；支部大会讨论、表决通过；报上级党委审批。

讨论预备党员转正的支部大会，对到会人数、赞成人数等要求与讨论接收预备党员的支部大会相同。

第三十四条　党委对党支部上报的预备党员转正的决议，应当在三个月内审批。审批结果应当及时通知党支部。党支部书记应当同本人谈话，并将审批结果在党员大会上宣布。

党员的党龄，从预备期满转为正式党员之日算起。

第三十五条　预备期未满的预备党员工作、学习所在单位（居住地）发生变动，应当及时报告原所在党组织。原所在党组织应当及时将对其培养教育和考察的情况，认真负责地介绍给接收预备党员的党组织。

党组织应当对转入的预备党员的入党材料进行严格审查，对无法认定的预备党员，报县级以上党委组织部门批准，不予承认。

第三十六条　基层党组织对转入的预备党员，在其预备期满时，如认为有必要，可推迟讨论其转正问题，推迟时间不超过六个月。转为正式党员的，其转正时间自预备期满之日算起。

第三十七条　预备党员转正后，党支部应当及时将其《中国共产党入党志愿书》、入党申请书、政治审查材料、转正申请书和培养教育考察材料，交党委存入本人人事档案。无人事档案的，建立党员档案，由所在党委或县级党委组织部门保存。

第六章　发展党员工作的领导和纪律

第三十八条　各级党委应当把发展党员工作列入重要议事日程，纳入党建工作责任制，作为党建工作述职、评议、考核和党务公开的重要内容。

对发展党员工作情况，市（地、州、盟）、县（市、区、旗）党委每半年检查一次，省、自治区、直辖市党委每年检查一次。检查结果及时上报，并向下通报。

重视从青年工人、农民、知识分子中发展党员，优化党员队伍结构。对具备发展党员条件但长期不做发展党员工作的基层党组织，上级党委应当加强指导和督促检查，必要时对其进行组织整顿。

第三十九条　各级党委组织部门每年应当向同级党委和上级党委组织部门报告发展党员工作情况和发展党员工作计划，如实反映带有倾向性的问题和对违反规定发展党员的查处情况。

第四十条　县以上党委及其组织部门应当重视对组织员的选拔、配备和培训，充分发挥他们在发展党员工作中的作用。

第四十一条　各级党组织对发展党员工作中出现的违纪违规问题和不正之风，应当严肃查处。对不坚持标准、不履行程序、超过审批时限和培养考察失职、审查把关不严的党组织及其负责人、直接责任人应当进行批评教育，情节严重的给予纪律处分。典型案例应当及时通报，对违反规定吸收入党的，一律不予承认，并在支部大会上公布。

对采取弄虚作假或其他手段把不符合党员条件的人发展为党员，或为非党员出具党员身份证明的，应当依纪依法严肃处理。

第四十二条　《中国共产党入党志愿书》的式样由中央组织部负责制定，省级党委组织部门按照式样统一印制，并严格管理。

第七章　附　则

第四十三条　本细则由中央组织部负责解释。

第四十四条　本细则自发布之日起施行。《中国共产党发展党员工作细则（试行）》（中组发〔1990〕3号）同时废止。

教育部关于印发《学生志愿服务管理暂行办法》的通知

教思政〔2015〕1号

各省、自治区、直辖市教育厅（教委），新疆生产建设兵团教育局，部属各高等学校：

为进一步推进学生志愿服务工作科学化、规范化、制度化建设，加强对各级各类学校学生志愿服务工作的指导，现将我部制定的《学生志愿服务管理暂行办法》印发给你们，请遵照执行。

各地教育部门、各级各类学校要把贯彻落实《学生志愿服务管理暂行办法》作为加强大学生思想政治教育和未成年人思想道德建设的重要举措，紧密结合实际，制订实施办法，努力提升学生志愿服务管理水平。

教育部

2015年3月16日

学生志愿服务管理暂行办法

第一章　总　则

第一条　为规范学生志愿服务工作，加强学生志愿服务管理，进一步推进立德树人，提高学生社会实践能力，增强学生社会责任感，特制定本办法。

第二条　本办法适用于各级各类学校学生志愿服务工作。

第三条　学生志愿服务，是指学生不以获得报酬为目的，自愿奉献时间和智力、体力、技能等，帮助他人、服务社会的公益行为。十周岁以上的未成年学生，经其监护人同意，可以申请成为学生志愿者。未成年学生参与志愿服务，根据实际情况应当在其监护人陪同下或者经监护人同意参与志愿服务。

第四条　学生志愿服务要遵循自愿、公益原则。学生志愿服务内容主要包括：普及文明风尚志愿服务、送温暖献爱心志愿服务、公共秩序和赛会保障志愿服务、应急救援志愿服务以及面向特殊群体的志愿服务等。学生志愿者在志愿服务过程中要弘扬“奉献、友爱、互助、进步”的志愿精神。

第二章　工作机构

第五条　县级以上教育部门协调本级共青团组织明确专门机构，负责本行政区域内学生志愿服务的领导、统筹、协调、考核工作。

第六条　学校有关部门负责指导、协调本校团组织、少先队组织抓好学生志愿服务的具体组织、实施、考核评估等工作。

第三章　组织实施

第七条　学生志愿服务组织方式包括学校组织开展、学生自行开展两类。中小学生以学校组织开展为主，高校学生可由学校组织开展，鼓励学生自行开展。未成年学生自行开展志愿服务，遵照第一章第三条规定实施。

第八条　学校组织学生参加志愿服务，应充分尊重学生的自主意愿，按照公开招募、自愿报名（未成年人需经监护人书面同意）、择优录取、定岗服务的方式展开，切实做好相关指导、培训和风险防控工作。学校应结合实际，制订学生志愿服务计划，有计划、有步骤地组织学生参加志愿服务。

第九条　高校应给予自行开展志愿服务的学生全面支持，扶持志愿服务类学生社团建设，并将志愿服务纳入实践学分管理。

第十条 学生志愿服务程序

（一）学生志愿服务负责人向学校工作机构提交志愿服务计划等材料；

（二）学校工作机构进行登记备案，包括进行风险评估、提供物质保障、技能培训等；

（三）学生开展志愿服务活动；

（四）学校工作机构按照规定程序对学生志愿服务进行认定记录。

有条件的学校应实行学生志愿服务网上登记备案、认定记录。

第十一条 学校应安排团委、少先队辅导员等教职员工担任志愿服务负责人，具体负责学生志愿服务的组织、记录、保障工作。

第十二条 学生参加志愿服务，学校、学生志愿者、服务对象应签订服务协议书，明确服务内容、时间和有关权利、义务。

第十三条 学校组织开展志愿服务，应切实做好风险防控，加强学生安全教育、管理和保护，必要时要为学生购买或者要求服务对象购买相关保险。学生自行开展志愿服务，学校应要求学生做好风险防控，必要时购买保险。

第四章 认定记录

第十四条 学校负责做好学生志愿服务认定记录，建立学生志愿服务记录档案。

（一）学校组织开展的志愿服务，由负责人、服务对象提供服务时间、服务内容等证明，学校工作机构予以认定记录。

（二）学生自行开展的志愿服务，由学生本人、服务对象提供服务时间、服务内容等证明，学校工作机构经过审核予以认定记录。

（三）学校应结合本校实际，制订志愿服务档案记录办法，完善记录程序，严格过程监督，确保学生志愿服务档案记录清晰，准确无误。

第十五条 学生志愿服务记录档案，应记载学生志愿者的个人基本信息、志愿服务信息、培训信息、表彰奖励信息等内容。

（一）个人基本信息应包括姓名、性别、出生年月、身份证号、服务技能、联系方式等。

（二）志愿服务信息应包括学生志愿者参加志愿服务活动的日期、地点、服务对象、服务内容、服务时间与次数、活动负责人等。

（三）培训信息应包括学生志愿者参加志愿服务有关知识和技能培训的内容、组织者、日期、地点、学时等。

（四）学生志愿者因志愿服务表现突出、获得表彰奖励的，学校应及时予以记录。

第十六条 学生在本学段的志愿服务记录应如实完整归入学生综合素质档案。教育部门分级逐步建立学生志愿服务记录档案信息管理系统，实现学生志愿服务记录信息化管理。

第十七条 在大学学段实行学生志愿者星级认证制度。学校根据学生志愿者参加志愿服务的时间累计，认定其为一至五星志愿者。自大学学段以来参加志愿服务时间累计达到100、300、600、1000、1500小时的，分别认定为一至五星志愿者。

第十八条 学生在志愿服务认定记录中弄虚作假的，由所在学校批评教育，给予相应处理，并予通报。学校及其工作人员在学生志愿服务认定记录中弄虚作假的，由教育主管部门严肃处理，并予通报。

第五章 教育培训

第十九条 地方教育部门应完善各学段志愿服务教育体系，系统开展志愿理念、志愿精神、志愿服务基本要求和知识技能、志愿者权利和义务、志愿服务安全知识等基础教育。

第二十条 高校应建立健全学生志愿者骨干专业化培训体系，提高学生志愿者骨干参加专业化志愿服务的素质和能力。对于应急救援、特殊群体等专业性要求高的志愿服务，未经专业化培训合格不得参加。

第二十一条 学校应在基础教育、专业化培训基础上，根据志愿服务活动实际需要有针对性地组织开展临时性培训。

第六章　条件保障

第二十二条　地方和学校应设立学生志愿服务工作专项经费，纳入学校预算管理，专项用于志愿服务组织实施、认定记录、认证表彰、教育培训以及根据需要为学生参加志愿服务购买保险、提供物质保障等。专项经费的使用和管理要公开透明，专款专用，提高使用效益，并接受学校监督。

第二十三条　地方教育部门应制订各级各类学校学生志愿服务工作综合考评办法，每年定期组织进行检查考核，并且纳入大学生思想政治教育和未成年人思想道德建设工作评估体系。

第二十四条　地方教育部门应积极协调本地新闻媒体，传播志愿理念，弘扬志愿精神，普及志愿服务知识，大力宣传志愿服务先进学校、先进学生。学校应积极开展学生志愿服务先进典型宣传。

第七章　附　则

第二十五条　地方教育部门应根据本办法，结合实际制订相关实施细则并报教育部备案，各级各类学校应根据本办法，结合实际制订相关实施细则并报相应教育部门备案。

第二十六条　本办法自发布之日起施行。

共青团中央　教育部关于印发《高校共青团改革实施方案》的通知

中青联发〔2016〕18号

各省、自治区、直辖市团委、教育厅（教委），新疆生产建设兵团团委、教育局，有关部门（单位）教育司（局），教育部直属各高等学校：

为深入贯彻习近平总书记系列重要讲话精神，贯彻《中共中央关于加强和改进党的群团工作的意见》和中央党的群团工作会议精神，贯彻落实中央办公厅印发的《共青团中央改革方案》，共青团中央、教育部研究制定了《高校共青团改革实施方案》，现印发给你们，请结合工作实际，扎实推进高校共青团改革。

高校共青团改革实施方案

为深入贯彻落实习近平总书记系列重要讲话和《中共中央关于加强和改进党的群团工作的意见》、中央党的群团工作会议精神，贯彻落实《共青团中央改革方案》，切实加强和改进高校共青团各项工作和建设，推进高校共青团改革创新，特制定本方案。

一、总体要求

指导思想

深入贯彻党的十八大和十八届三中、四中、五中、六中全会精神，深入学习贯彻习近平总书记系列重要讲话特别是关于青少年和共青团工作的重要指示精神，立足保持和增强政治性、先进性、群众性，着力解决脱离青年学生的突出问题，依照共青团“凝聚青年、服务大局、当好桥梁、从严治团”的工作格局，积极适应共青团深化改革新形势、高等教育综合改革新发展和青年学生新特点，始终把握思想政治引领这一核心任务，坚持立德树人，坚持服务学生成长成才，坚持以体制机制改革激发活力，着力推进组织创新和工作创新，团结带领广大青年学生按照党的要求努力成长为中国特色社会主义事业的合格建设者和可靠接班人，为协调推进“五位一体”总体布局和“四个全面”战略布局、实现“两个一百年”奋斗目标作贡献。

基本原则

牢牢把准政治方向。紧紧依靠党的领导，自觉将党的理论和路线方针政策贯彻落实到高校共青团改革各方面、全过程，坚定不移走中国特色社会主义群团发展道路，坚持中国特色社会主义青年运动方向，引领广大青年学生坚定跟党走。

尊重学生主体地位。深化以青年学生为中心的改革，把准青年学生脉搏，了解青年学生心声，坚持服务青年学生的工作生命线，让青年学生当团学工作和活动的主角，问需问策问效于青年学生，使高校共青团深深植根于青年学生。

突出重点聚焦问题。紧紧围绕提升高校共青团的吸引力凝聚力和扩大工作有效覆盖面，抓住脱离青年学生这一本质问题，着眼根本，立足长远，着力破解制约高校共青团发展的思维定式、重点难点和体制机制问题。

统筹推进上下联动。着眼于“自上而下”与“自下而上”相结合，既坚持全面统筹，做好顶层设计和推动，又发挥基层首创精神，鼓励基层先行先试、大胆探索，形成上下联动、合力推进改革的生动局面。

主要目标

紧紧围绕保持和增强政治性、先进性、群众性这一基本要求，突出基础制度创新和组织活力提升，建设更加充满活力、更加坚强有力的高校共青团，巩固提升在全团的基础性、战略性、源头性地位和作用，直接联系服务引领青年学生取得重要成效，工作有效覆盖面不断扩大，组织吸引力凝聚力不断增强，服务高等教育发展和学生成长成才的能力水平不断提高，广大青年学生听党话、跟党走的信念更加坚定。

二、改革措施

改革优化领导体制和运行机制

1. 改革完善领导机构设置。

加强团教协作，在全国和省级层面，由共青团组织和教育部门共同成立高校共青团工作指导委员会，建立健全联席会议制度，加强工作统筹指导和督导。团中央学校部实行“职能处室+专业中心+分类组织”的工作机构设置模式；将“中等职业学校处”调整为“职业院校处”，加强高职院校与中职学校共青团工作统筹。

充分发挥全国学校共青团研究中心、新媒体运营中心等专业化协同工作平台的作用。建立健全分类型、分区域的高校共青团工作交流组织机制。支持和鼓励高校团委按照思想引领、素质拓展、权益服务、组织提升等主要任务，根据工作实际合理设置和调整工作机构。

2. 推行直接联系服务引领青年师生制度。

落实全团“团干部直接联系青年（‘1+100’）”“大宣传大调研”“常态化下沉基层”“向基层服务对象报到”等制度安排。实行“驻校蹲班”直接联系基层团支部制度，团中央、省级团委、地市级团委中负责高校共青团的专职干部结合自身工作每年集中不少于15个工作日到高校“驻校蹲班”，高校校级团委专职干部每人每年直接联系1个以上基层团支部。

建立健全高校共青团工作活动开展“众创众筹众评”制度，通过项目化的征集招标、申办领办等方式，通过实行青年师生评议工作制度，使青年师生更多地参与到共青团工作的设计、决策、实施、评议全过程。定期以多种形式召开面向高校青年师生的恳谈会、通报会等。

3. 构建项目化、扁平化、制度化的工作机制。

对重点工作实施项目化管理，促进“挑战杯”“创青春”“三下乡”“三走”“四进四信”“与信仰对话”等项目的运行规范和内涵提升，着力打造若干面向青年学生的团学工作品牌。努力实现高校共青团各级组织间工作审批、指令发布、信息交流的科学层级化和有效扁平化，大幅精简会议、文件、简报，注重运用新媒体手段指导和推动工作。

加强高校共青团的制度和规范建设，促进工作有制可循、有序开展。明确高校共青团不同层级组织的核心任务，注重工作部署的统筹安排。综合运用党政评价、师生评议、互学互评、第三方测评等方式，建立健全高校共青团上级组织对下级组织的评价考核制度。注重对基层的直接支持指导，努力为基层团组织配置和争取资源，加强工作标准化和知识化管理，建立团学工作资料库和“慕课”资源库。

改革健全基层组织制度

4. 构建党领导下的“一心双环”团学组织格局。

在高校党委领导下，构建“一心双环”组织格局，以团委为核心和枢纽，以学生会组织为学生自我服务、自我管理、自我教育、自我监督的主体组织，以学生社团及相关学生组织为外围延伸手臂。改进团组织对学生会组织的指导，推动学生会组织深化改革，依法依章程独立自主开展工作；高校的各级学生会组织，由同级团委归口指导。

高校团委履行对学生社团的主要管理职能，支持引导学生社团规范发展；学生会组织配合团组织加强对学生社团的引导、服务和联系，校级学生会组织须明确1名主席团成员负责学生社团工作。校级团委应设立专门机构，指导和管理学生社团工作；已成立校级学生社团联合会的，其主要负责人须由校级学生会组织负责学生社团工作的学生兼任。

5. 落实和完善团的代表大会制度。

严格执行校级和院系团的代表大会定期召开制度，坚决杜绝不按时召开的现象；增强代表性，提高基层团支部、非团学干部的团员学生和青年教职工的代表比例，2018年之前实现比例不低于70%的目标；畅通代表参与渠道，推行代表常任制、提案制和大会发言制度，建立校级和院系团组织定期向团的常任代表报告工作和听取意见建议的制度。

坚持团内民主，推行和落实基层团支部直接选举，鼓励有条件的校级和院系团组织在经党组织同意的提名人选中差额选举产生委员会成员和书记、副书记。

6. 巩固和创新基层团组织建设。

制定实施高校共青团基层组织工作制度文件。深入实施高校基层团支部“活力提升”工程。

发挥校级团委主体作用；强化院系团组织建设，明确书记专设，健全内设机构；强化研究生团组织建设，加强组织覆盖和工作覆盖；巩固班级团支部建设，推进社团建团，探索宿舍建团、实验室建团、网络建团等，构建“多种模式、多重覆盖”的团建创新机制；推行班级团支部与班委会一体化运行机制，探索实行班长兼任团支部副书记或团支部书记兼任班长的制度。

针对高校内的青年教师和青年职工等群体，各高校校级团委须专门成立相应团组织，积极建立交流沟通平台和机制，加强联系服务引导；注重促进青年教师密切联系学生，教学相长、共同提高。以团干部选配和团的工作规范化为重点，加强民办高校和独立学院团的建设。

改革创新工作方式方法

7. 构建分层分类一体化思想引领工作体系。

着眼思想政治引领和价值引领，以学习宣传贯彻习近平总书记系列重要讲话精神、中国特色社会主义和中国梦宣传教育、培育和践行社会主义核心价值观为主要内容，遵循青年学生成长和思想教育引导的客观规律，改革创新思想引领工作面向不同类型学校、不同阶段学生、不同精神需求的目标、内容和方法，构建分层分类一体化工作体系。

广泛开展高校共青团“四进四信”活动，深化实施“青年马克思主义者培养工程”，改进创新面向广大青年学生的思想引领工作方式。

8. 实施高校共青团“第二课堂成绩单”制度。

围绕高校育人的中心任务，在引导青年学生坚持学业为主的同时，针对学习就业创业、创新创造实践、身体心理情感、志愿公益和社会参与等普遍需求，借鉴“第一课堂”的做法，加强与学校相关部门、政府有关职能部门以及社会机构合作，普遍推行高校共青团“第二课堂成绩单”制度，推动工作的规范化、课程化、制度化。

从工作内容、项目供给、评价机制等方面进行系统设计和整合拓展，客观记录、认证学生参与“第二课堂”活动的经历和成果，促进高校共青团“第二课堂成绩单”成为学校人才培养评估、学生综合素质评价、社会单位选人用人的重要依据。

9. 健全针对困难学生的多样化、常态化帮扶机制。

加大高校共青团对经济困难、学业困难、心理问题、人际沟通困难、上进心不足及毕业未就业等学生群体的帮扶力度，积极动员和整合校内、社会等方面资源，推进实施“学生导师计划”“心理阳光工程”“千校万岗”高校毕业生就业精准帮扶行动、节假日送温暖等工作，帮助他们适应大学生活，顺利完成学业，积极融入社会。

10. 完善学生权益维护工作机制。

以促进教育公平和维护学生合法权益为出发点，关注校园弱势群体，关注普遍性利益诉求，完善维护高校学生权益的组织化渠道和机制。探索在学校、院系、班级等团组织中设立权益部长（委员）。

推动高校共青团与当地12355青少年服务台对接，依托服务台联系的公益律师、心理咨询师等专业力量，为学生提供法律、心理服务和权益个案帮扶。

11. 推进“网上共青团”建设。

加快高校共青团互联网战略转型，形成线上线下深度融合的工作战略理念和整体格局。以“青年之声”

平台建设为依托，按照“加强平台体系建设、加强功能内容建设、加强服务能力建设、推动与重点工作整合、推动强化工作保障”的思路，通过线上线下联动，将“青年之声”平台建设成反映学生呼声、回应学生诉求、维护学生权益、服务学生成长的统一品牌和重要窗口。

结合全团“智慧团建”系统实施，实现基础团务、团员管理和团的信息统计网络化。提升新媒体运用能力和水平，打造微信、微博、QQ、贴吧、网站等新媒体阵地集群；统筹建好网络工作队伍，建立健全管理、培训和激励机制；加强网络文化内容供给，研发和推广优秀内容产品。发挥全国学校共青团新媒体运营中心的统筹协调作用，推动省级团委、高校团委成立相应组织，整合各方资源，加强工作联动。

改革完善团干部选用培养制度

12. 改革团干部配备考核管理制度。

打造专职、挂职、兼职相结合的高校共青团干部队伍。在高校校级及院系级团组织，普遍建立从青年教师中选任至少1名兼职或挂职副书记、从学生中选任至少2名兼职副书记的制度；校级、院系级团委班子成员中，挂职和兼职副书记的比例不低于50%；注重从学生中选拔建立校级和院系级团组织的兼职干部队伍。

挂职、兼职干部不占编制，不完全对应行政级别；挂职干部只转组织关系、不转行政关系，兼职干部根据工作需要予以灵活掌握。从严选拔、从严管理高校共青团干部，根据专职、挂职、兼职干部承担的不同工作任务采取有针对性的考核办法，加强对考评结果的运用。

13. 完善团干部培养培训使用制度。

加强作风建设，持续深入开展团干部健康成长教育，按照“三严三实”的要求，教育引导高校共青团干部筑牢理想根基、强化宗旨意识、践行群众路线、勇于开拓创新。

建立完善全国、省、高校分级培训体系，建设以理想信念、党性作风、团的业务能力、新知识新观点新技能等为重点的核心课程和线上资源共享平台；团中央举办针对重点高校团委负责人的示范培训，省级团委培训本地区校级团委负责人，高校团委培训本校院系及基层团干部，力争每4年轮训一遍高校共青团专职干部。

健全既有的高校共青团工作理论研究课题发布和成果遴选机制，同时探索与有关部委、科研机构等方面合作，为高校团干部职称晋升、职业发展、教学科研成果评定等搭建平台、提供支撑。

坚持严格要求和关心培养相结合，在学校党委的领导下，结合团干部绩效评价、能力特长等，逐步完善高校团干部校内转岗和校外流动的制度安排。

建立健全对学生骨干的选拔考核、培养使用、淘汰退出等机制，努力打造信念坚定、品学兼优、朝气蓬勃、心系同学的学生骨干队伍。

改革强化保障支持

14. 优化加强党建带团建机制。

推动在各级党政召开的教育工作、高校党建等会议中明确列入高校共青团工作的专题内容。将团的建设纳入高校党的建设总体格局，推行团建与党建同规划、同部署；将共青团工作作为检查考核高校（院系）党建工作的重要内容，占比不低于10%。

高校党委须明确由一名副书记分管共青团工作，高校行政应有一名副校长联系共青团工作。

高校党委每年至少召开1次专题会议研究团的工作。

高校团委书记为党员的，作为高校党委委员候选人提名人选。

完善高校团组织“受同级党组织领导、同时受团的上级组织领导”的双重领导体制。

同级党组织确定高校校级和院系团组织主要负责人任免等事项，应事先向团的上级组织征求意见。

将“推荐优秀团员作入党积极分子人选”作为高校基层团组织的重要工作职责，将推优纳入学校党员发展工作规划。

15. 优化资源条件保障机制。

支持团组织按照团章独立自主地开展工作，高校校级团委须单独设置，已经合并或归属其他部门的必须予以纠正，并合理界定区别于其他部门的工作职能。

高校团委的领导职数、专职干部编制数，根据学校规模和工作需求确定，按照加强基层工作力量的精神，参照《关于进一步加强和改进高等学校共青团建设的意见》(中青联发〔2005〕15号)执行；校级团委书记按学校处级正职干部配备和管理；校级团委各部部长、院系团组织书记为专职干部的，按学校科级正职干部配备和管理。

高校按在校生人均每年不低于20元的标准划拨校级团委日常工作经费，并在活动场所、设备、时间等方面对团的工作予以保障。

三、组织实施

本方案由团中央与教育部联合下发实施，方案落实执行情况将纳入各级团组织和教育部门的考核内容。团中央学校部加强宣传引导，选择部分省级和高校团组织进行重点项目改革试点，及时总结、推广具有普遍性和借鉴意义的经验做法，指导督促各地各学校结合实际制定细化措施，稳妥有序推进改革。

共青团中央　教育部关于印发《关于加强和改进新形势下高校共青团思想政治工作的意见》的通知

中青联发〔2017〕10号

各省、自治区、直辖市团委、教育厅（教委），新疆生产建设兵团团委、教育局，有关部门（单位）教育司（局），各高等学校：

为深入贯彻落实习近平总书记系列重要讲话精神和治国理政新理念新思想新战略，全面贯彻《中共中央　国务院关于加强和改进新形势下高校思想政治工作的意见》和全国高校思想政治工作会议精神，贯彻落实《中长期青年发展规划（2016—2025年）》，共青团中央、教育部制定了《关于加强和改进新形势下高校共青团思想政治工作的意见》，现印发给你们，请结合实际，抓好贯彻落实。

关于加强和改进新形势下高校共青团思想政治工作的意见

为深入贯彻落实习近平总书记系列重要讲话精神和治国理政新理念新思想新战略，全面贯彻《中共中央　国务院关于加强和改进新形势下高校思想政治工作的意见》和全国高校思想政治工作会议精神，贯彻落实《中长期青年发展规划（2016—2025年）》，现就加强和改进新形势下高校共青团思想政治工作提出如下意见。

一、重要意义和总体要求

1. 加强和改进高校共青团思想政治工作的极端重要性和现实紧迫性。我们党历来高度重视高校思想政治工作，探索形成了一系列基本方针原则和工作遵循。党的十八大以来，以习近平同志为核心的党中央把高校思想政治工作作为一项重大政治任务和战略工程，作出一系列重大决策部署，为高校共青团做好思想政治工作指明了前进方向、提供了根本遵循。参与做好高校思想政治工作，是高校共青团的核心使命任务。长期以来，在党的领导下，高校共青团作为高校思想政治工作的生力军，紧紧围绕为党培养中国特色社会主义合格建设者和可靠接班人，开展了大量工作，取得了积极成效。同时，面对以习近平同志为核心的党中央对高校思想政治工作的新部署新要求，面对经济社会变革发展带来的新形势新挑战，面对网络信息技术革命带来的新情况新课题，面对大学生日趋多样的价值取向和发展选择，高校共青团开展思想政治工作的针对性、实效性和有效覆盖面仍有较大差距，对工作规律的认识和把握不够，与时俱进、开拓创新的意识和能力亟需增强，干部队伍的理论素养、工作水平还有很大提升空间，等等。高校共青团要从更好进行具有许多新的历史特点的伟大斗争、推进党的建设新的伟大工程、推进中国特色社会主义伟大事业的高度，切实增强立德树人的责任感使命感紧迫感，在高校思想政治工作和“大思政”工作格局中发挥生力军作用，努力做大学生成长的引路人和好伙伴，不断巩固和扩大党执政的青年群众基础。

2. 加强和改进高校共青团思想政治工作的指导思想。高举中国特色社会主义伟大旗帜，全面贯彻党的十八大和十八届三中、四中、五中、六中全会精神，以马克思列宁主义、毛泽东思想、邓小平理论、“三个代表”重要思想、科学发展观为指导，深入学习贯彻习近平总书记系列重要讲话精神和治国理政新理念新思想新战略，贯彻落实习近平总书记青年工作思想，始终坚持党的领导，以立德树人为根本，以理想信念教育为核心，以社会主义核心价值观为引领，积极适应共青团深化改革新形势、高等教育综合改革新发展、大学生新特点，全面贯彻党的教育方针，切实保持和增强政治性先进性群众性，紧紧围绕共青团“凝聚青年、服务大局、当好桥梁、从严治团”四维工作格局，引领大学生更加紧密地团结在以习近平同志为核心的党中央周围，坚定中国特色社会主义道路自信、理论自信、制度自信、文化自信，增进对党的政治认同、思想认同、情感认同，努力成长为又红又专、德才兼备、全面发展的中国特色社会主义合格建设者和可靠接班人，为实现“两个一百年”奋斗目标、实现中华民族伟大复兴的中国梦不懈奋斗。

3. 加强和改进高校共青团思想政治工作的基本原则。（1）坚持党的领导和社会主义办学方向，健全完善工作体制机制，始终将加强大学生思想政治引领和价值引领作为高校共青团的核心任务。（2）坚持围绕高校中心工作，服务育人大局，立足工作基础和实际，发挥高校共青团在第二课堂中的独特作用，形成组织育人、实践育人、文化育人、网络育人、服务育人的工作合力。（3）坚持全团齐抓共管、全方位融入高校“大思政”工作格局，将思想政治工作贯穿高校共青团各项工作和建设的全过程各环节，深化重点品牌工作，加强工作队伍建设，建立健全工作体系。（4）坚持遵循教育规律、思想政治工作规律、学生成长规律和共青团工作规律，注重围绕学生、关照学生、服务学生，注重对青年教师的联系、服务和引导，着力提高工作科学化水平。（5）坚持将加强组织建设作为高校共青团开展思想政治工作最基本最直接的抓手，不断提升基层组织活力，努力实现思政工作到支部、思想引领面对面。（6）坚持改革创新和从严治团，深化高校共青团改革攻坚，全面落实从严治团要求，继承发扬优良工作传统，推进理念思路、内容形式、方法手段创新，增强工作的时代感、亲和力和实效性。

二、突出核心任务，着力加强大学生思想政治引领和价值引领

4. 加强理想信念教育。持续深入开展高校共青团学习宣传贯彻习近平总书记系列重要讲话精神“四进四信”活动，以“四进”为手段，以“四信”为目标，通过讲话精神和治国理政新理念新思想新战略“进支部、进社团、进网络、进团课”，引导帮助大学生坚定中国特色社会主义道路自信、理论自信、制度自信、文化自信，牢固树立对党的科学理论的信仰、坚定走中国特色社会主义道路实现中华民族伟大复兴的中国梦的信念、增强对党和政府的信任、增进对以习近平同志为核心的党中央的信赖。切实抓好共产主义、中国特色社会主义和中国梦学习宣传教育，广泛开展“我的中国梦”“与信仰对话”等主题教育活动，引导帮助大学生遵循“有理想、有追求，有担当、有作为，有品质、有修养”的要求，正确认识世界和中国发展大势、正确认识中国特色和国际比较、正确认识时代责任和历史使命、正确认识远大抱负和脚踏实地，树立中国特色社会主义共同理想，筑牢为“两个一百年”目标和中国梦而奋斗的思想基础，用青春梦激扬中国梦，以实际行动实现人生理想。

5. 培育和践行社会主义核心价值观。从认知、践行、传播、引领等环节入手，健全培育和践行社会主义核心价值观长效机制，引导大学生勤学、修德、明辨、笃实，树立正确的世界观、人生观、价值观。坚持每年春季、秋季开学组织开展“社会主义核心价值观主题宣传月”，引导大学生增强国家意识、法治意识、社会责任意识。加强实践养成，构建和深化校内学习、社会实践、志愿服务和公益活动等践行载体，引导大学生弘扬社会公德、职业道德、家庭美德，培养良好个人品德和诚信品格。加强榜样引领，开展向上向善好青年、大学生年度人物、大学生自强之星、践行社会主义核心价值观先进个人和优秀集体等遴选活动，倡导基层团组织广泛选树宣传勤奋学习、爱国奉献、道德践行、创新创业、志愿公益、自立自强等各类学生榜样。加强民族团结宣传教育，推动各族大学生交往交流交融，深化拓展高校共青团与军队英模单位共建共育工作。

6. 深化实施青年马克思主义者培养工程。以大学生骨干为重点，将理想信念教育放在首位，培养一批能够运用马克思主义的立场观点方法分析问题、解决问题，牢固树立政治意识、大局意识、核心意识、看齐意识，对党忠诚、信仰坚定、素质优良、作风过硬的大学生骨干，并影响带动广大学生团结凝聚在党的周围。分全国、省级、省级以下三级实施，健全三级一体化分层培养格局，以各级大学生骨干培养学校为主要阵地，每年培养大学生骨干不少于20万人次。科学设计党性教育、理论学习、社会实践、岗位锻炼、对外交流、朋辈教育等培养路径和方式。把握大学生骨干培养的选拔、纪律管理、考核评价、过程跟踪和发展使用等关键环节。扩大工作覆盖，在高校共青团干部、青年教师中选拔一批骨干作为培养对象，有针对性地开展培养工作。建设好青年马克思主义者培养工程全国研究培训基地。

三、强化组织育人，不断提升团学组织的吸引力凝聚力

7. 构建和完善党领导下的“一心双环”团学组织格局。充分发挥团学组织对大学生的组织吸纳、组织规范和组织提升等作用。在高校党委领导下，构建“一心双环”组织格局，以团委为枢纽和中心，以学生会组织为学生自我服务、自我管理、自我教育、自我监督的主要学生组织，以学生社团及相关学生组织为外围延

伸手臂。加强和改进团组织对学生会组织的指导，高校的各级学生会、研究生会由同级团委归口指导。高校团委履行对学生社团的主要管理职能，设立专门机构指导和管理学生社团工作，学生会组织配合团组织加强对学生社团的引导、服务和联系。

8. 加强基层团组织建设。将面向大学生开展思想政治工作作为高校团组织的最重要职责，突出共青团的政治性先进性群众性。将从严治团作为组织育人的基础保障，坚持思想建团、制度治团、纪律管团、作风强团。推进服务型高校团组织建设，发挥校级团委主体作用；强化院（系）团组织建设，明确书记专设，健全内设机构；强化研究生团组织建设，加强组织覆盖和工作覆盖；实施高校基层团支部活力提升工程，充分发挥班级团支部的战斗堡垒作用，推行班级团支部与班委会一体化运行机制，创新开展“三会两制一课”，注重将主题团日作为开展思想政治工作的基本载体。推进学生社团建团，探索依托学生公寓、社区和课题组、实验室等建立团组织，构建“多种模式、多重覆盖”的团建创新机制。着重补齐民办高校、中外合作办学院校的团建短板。

9. 加强团员先进性建设。按照坚持标准、控制规模、提高质量、发挥作用的要求，做好团员发展和教育管理工作，充分发挥团员在广大学生中的先锋模范作用。深入开展“学习习近平总书记讲话　做合格共青团员”教育实践并推动工作的常态化制度化，广泛开展共青团员先锋岗（队）创建，选树宣传团员先进典型，引导团员增强团员意识和先进性、光荣感。在党组织领导下切实做好“推荐优秀团员作为入党积极分子人选”工作。

10. 加强学生会和研究生会建设。充分发挥学生会和研究生会推动大学生思想政治教育、服务大学生全面发展的重要作用，促进学生会组织的自身建设改进、工作活力提升和工作方式创新。指导和推动学生会组织改革，依法依章程有效开展工作。明确学生代表大会、学生会组织在学校治理中的合理地位和职责，切实发挥学校党政与广大学生间的桥梁纽带作用。

四、强化实践育人，积极促进大学生素质提升、全面发展

11. 推行实施高校共青团“第二课堂成绩单”制度。围绕高校育人的中心任务，在引导大学生坚持学业为主的同时，针对创新创业创造、社会观察实践、社会工作锻炼、身心素质拓展、志愿公益、兴趣培养和社会参与等普遍需求，借鉴第一课堂的模式机理，加强与学校相关部门、政府有关职能部门以及社会机构合作，组织开展第二课堂活动并客观记录、科学认证大学生的参与经历和成果，推动大学生素质拓展工作的规范化、课程化、制度化，促进高校共青团“第二课堂成绩单”发挥对于思想政治理论课第一课堂的重要补充和支撑作用，成为学校人才培养的重要内容和学生综合素质评价的重要依据。

12. 广泛开展社会实践活动。每年集中开展全国大学生暑期文化科技卫生“三下乡”社会实践活动，改进组织方式和动员机制，带动省、高校、院（系）等各级团组织工作开展，提升活动的覆盖面、规范化、专业性，引导帮助大学生了解国情、认识社会、全面提高素质、坚定理想信念。拓展工作领域，围绕党和国家重大战略、结合地区特色实际、针对大学生需求，组织开展助力脱贫攻坚、“一带一路”调研、革命传统教育、民族团结进步教育、国防教育等专项实践活动。以实施中央国家机关大学生实习计划（“紫光阁”实习计划）为牵引，推动各地各高校积极争取机关、企事业单位、社会团体支持，为大学生实习实训争取资源、提供岗位。

13. 大力开展大学生志愿服务活动。推动高校全体学生团员实名注册成为青年志愿者，深化志愿服务实践，在志愿服务中亮出团员身份，充分发挥团员先锋模范作用。积极鼓励和引导乡村志愿支教活动。深化实施大学生志愿服务西部计划、研究生支教团、关爱农民工子女、阳光助残等重点品牌项目。加强志愿服务项目供需对接管理，组织大学生利用课余时间和节假日积极开展重大赛会、扶贫助困、环境保护、社区服务等各类志愿服务活动。健全学雷锋志愿服务长效机制，将志愿服务作为班级团支部基本职能，扶持志愿服务和社会公益类社团发展，鼓励志愿服务学分化，推动大学生志愿服务制度化、日常化、便利化开展。

五、强化文化育人，努力在校园中弘扬主旋律、传播正能量

14. 弘扬中华优秀传统文化和革命文化、社会主义先进文化。参与实施中华优秀传统文化传承发展工程，组织开展“中华学子青春国学荟”，扶持国学类学生社团，利用民族传统节日等契机，传播弘扬中华优秀传

统文化和传统美德，帮助大学生增强文化自信和价值观自信。利用我国改革发展的伟大成就、重大历史事件纪念活动、爱国主义教育基地、国家公祭仪式等，运用大学生喜闻乐见的形式载体，设计开展革命文化、社会主义先进文化主题教育活动，加强党史国史、近现代史、改革开放史、社会主义发展史宣传教育，引导大学生继承革命传统、传承红色基因，弘扬以爱国主义为核心的民族精神和以改革创新为核心的时代精神。

15. 建设健康向上的校园文化。发挥团学组织优势，围绕学术科技、文化艺术、公益服务等主题组织开展丰富多彩、积极向上的校园文化活动，深化大学生“走下网络、走出宿舍、走向操场”主题课外体育锻炼活动，将德育与智育、体育、美育有机结合，寓思想政治教育于文化活动之中。积极参与文明校园创建，强化校训校歌校史的育人功能，从班风、舍风抓起，营造良好校风和学风。加强对团学组织负责的报告会、研讨会、讲座、论坛和读书会、学术沙龙及所办媒体的规范管理。

16. 正确发挥学生社团的应有作用。贯彻落实《高校学生社团管理暂行办法》，加强对学生社团的管理、引导、服务和联系，促进学生社团规范有序发展，严格执行学生社团登记和年检制度，为学生社团搭建文化成果展示、优秀社团遴选、骨干人员培训、合作交流组织等阵地平台，支持开展主题鲜明、健康有益、丰富多彩的课外活动。鼓励支持理论学习等思想政治类社团，积极倡导学术科技类、创新创业类、志愿公益类、自律互助类社团，正确引导文化体育等兴趣爱好类社团，规范管理网络新媒体社团。切实加强对来自校外支持学生社团开展调研、交流、访问、培训等活动的审核和管理。

六、强化网络育人，大力创新推动网络思想政治工作

17. 加强工作阵地平台建设。树立互联网思维，推动思想政治工作传统优势与信息技术紧密结合，推进网上共青团和网上学联（学生会）建设，积极参与“易班”推广行动计划和中国大学生在线引领工程，不断扩大网络育人阵地的参与率和覆盖面，促进思想政治工作更新更活。推动高校普遍开通“青年之声”互动社交平台，加强内容体系、服务能力、使用环境等建设，加大品牌传播力度，推动工作提质增效。推进“智慧团建”系统建设，促进各级高校共青团组织自身建设实现互联网转型，加强对团员学生的网上组织动员和联系服务。提升高校团学组织“两微一端”的平台建设水平和工作联动水平，探索在大学生聚集度高的网络空间开辟新的工作阵地。

18. 加强网络内容产品建设。提升高校共青团新媒体应用的协作能力和专业化水平，注重在学习宣传党的理论和路线方针政策、服务大学生成长、传播主流价值等方面，运用文字、图片、音乐、视频、动漫等多种形式开发贴近大学生特点、传播力强的优质内容产品。坚持共建共享、互联互通，充分发挥基层团学组织积极性创造性，建立健全高校共青团新媒体产品研发和共享平台。

19. 加强网络舆论引导工作。将做好共青团网络舆论引导工作作为落实党的意识形态工作责任制的重要任务，着力发挥高校共青团在清朗网络空间中的生力军和突击队作用，加强青年网络文明志愿者、高校网络文明促进会、专业工作室等队伍建设，注重抓住重要契机策划设置网络话题、进行网上主题宣传，带动广大青年师生在网络空间传播青春正能量。建立健全高校党委宣传部门统筹下的团学组织网络舆论引导工作机制。

七、强化服务育人，坚持将解决思想问题与解决实际问题紧密结合

20. 促进大学生创新创业创优。配合教育部门创新创业教育，积极发挥共青团在赛事开展、培养引导、奖项激励、平台搭建的优势和作用，办好“挑战杯”“创青春”等品牌赛事，完善“中国青少年科技创新奖”评选表彰项目体系，发挥全国高校实践育人创新创业基地、大学生创新创业联盟、大学生创业示范园、大学生青创板等阵地载体作用，深化KAB创业教育，举办创业实训活动，开发推广创业系列“慕课”。着重在培养大学生创新精神、实践能力和创业意识上下功夫，服务引导广大学生在学业学习和综合发展上创先争优。

21. 关心帮扶特定学生群体。及时关注和推动解决大学生在学习生活、成才发展等方面的困难需求。抓住新生入学、毕业生离校等工作重要时段，帮助新生做好学习规划、融入校园生活，帮助毕业生掌握政策信息、提升就业技能并引导他们到基层和中西部地区、东北地区及艰苦边远地区就业发展。加强对经济困难、学业困难、心理问题、人际沟通困难、上进心不足及毕业未就业等大学生群体的帮扶，注重人文关怀和心理疏导，开展“千校万岗”高校毕业生就业精准帮扶行动、心理阳光工程、学生导师计划和节假日送温暖等工作。注重对少数民族学生的联系服务引导，帮助他们树立正确的国家观、民族观、历史观、文化观、宗教

观。重视做好在内地高校学习的港澳台侨学生工作，引导他们增进国家认同和中华民族意识。

22. 代表和维护大学生权益。通过“青年之声”“共青团与人大代表、政协委员面对面”“校领导接待日”“职能部门交流会”等渠道，依托网络新媒体平台，充分发挥学生会组织在权益维护方面的功能作用，及时听取、收集并推动解决涉及学生切身利益和普遍诉求的问题。推动学生参与校园民主治理，不断完善学生代表大会、团员代表大会制度，完善校务委员会等学校重要议事机构学生代表席位等制度。对接校内外权益工作资源，依托律师、心理咨询师、青少年事务社工等专业力量，针对信贷诈骗、就业培训劳务纠纷、人身及性侵害等侵害学生权益的违法犯罪行为，提供法律、心理服务和个案援助帮扶，规范团学组织对权益个案的介入、转接与处置流程。与政法机关专门力量合作开展“法治进校园”宣传教育和禁毒防艾等专项宣传教育，培育发展相关大学生社团，增强大学生守法用法和自我保护意识，营造远离毒品、安全健康的校园环境。

八、强化保障支持，开创协同推进高校共青团思想政治工作的良好局面

23. 加强党的领导。各地各高校要将共青团思想政治工作纳入本地区本学校的高校思想政治工作总体格局，推行工作同规划、同部署、同落实。完善党建带团建机制，将共青团思想政治工作作为高校、院（系）党组织书记抓思想政治工作和党的建设述职评议考核的重要内容。高校党委每年至少一次专题研究和听取共青团思想政治工作的开展情况，在经费保障、人员配备、活动场所等方面给予必要支持，及时帮助解决存在的困难和问题。

24. 加强团教协同。高校共青团要主动在我国高等教育改革发展大局下谋划和推动工作。加强共青团与教育部门的协同，各地各级教育部门与共青团组织结合高校共青团改革实施，加强沟通合作、信息交流、资源共享、阵地共建，推动高校共青团工作融入教育领域综合改革大局。加强高校团组织与校内有关部门的协同，围绕学校教育教学工作大局，共同设计和深化拓展共青团第二课堂活动，协同做好青年师生管理服务工作。

25. 加强全团齐抓共管。强化团内组织、宣传、青年发展、基层组织建设、统战、权益、社会联络、国际联络等部门以及青年教育、青年研究、青年服务、新闻宣传等单位对高校共青团的支持。团的领导机关有关负责同志定期到高校开展调查研究，了解掌握青年师生思想状况，讲团课、作交流，对高校共青团思想政治工作给予有针对性的指导帮助。各省级团委将高校共青团思想政治工作摆到更加突出的位置上，建立领导机制和工作机制，加强研究部署和督导落实。各高校团委进一步增强思想自觉、行动自觉，在学校党委领导下，承担起高校共青团思想政治工作的具体组织实施职责，敢于担当、善于担当，深入研究探索工作规律，不断提高工作的针对性、实效性和吸引力、感染力。

26. 加强工作队伍建设。将共青团干部纳入高校人才队伍建设和高校思想政治工作队伍建设总体规划，完善选拔、培养、激励机制，在津贴补贴、保障激励、职级职称晋升等方面与辅导员队伍实行同等待遇。落实高校共青团改革实施要求，打造专职、挂职、兼职相结合的高校共青团干部队伍。引导帮助高校共青团干部不断强化政治意识、大局意识、核心意识、看齐意识，切实做到坚定理想信念、心系广大青年、提高工作能力、锤炼优良作风，努力成为党的青年学生群众工作的行家里手。完善全国、省、高校分级培训体系，帮助高校共青团干部掌握开展思想政治工作的理论知识和方法技能，增强意识形态工作本领。抓好常态化下沉基层、直接联系青年、向基层服务对象报到和“驻校蹲班”等工作落实。切实加强学生干部队伍建设，建立健全选拔考核、培养使用、淘汰退出等机制，打造信念坚定、品学兼优、朝气蓬勃、心系同学的学生干部队伍。重视做好青年教师工作，并将青年教师作为开展高校共青团思想政治工作的重要力量。普遍成立高校团委统一领导下的青年教工团组织，倡导和探索成立青年教师交流联谊组织，加强联系、服务和引导。推动青年教师发挥专业特长，参与支持共青团面向学生开展的思想引领、实践实习、创新创业、校园文化和社团指导等工作，青年教师指导学生的工作情况、获奖情况应计入教学工作量。

27. 加强制度机制建设。研究制定大学生一体化分层分类思想引领工作大纲，遵循大学生成长和思想政治教育客观规律，改革创新高校共青团思想政治工作面向不同阶段学生、不同类型学校、不同精神需求的目标内容路径方法。健全常态化、专业化调研机制，了解掌握大学生思想政治状况并做好有针对性的引导。加强高校共青团思想政治工作的理论研究和工作研究，丰富完善高校共青团工作制度体系，加强工作的知识化管理和标准化建设。综合运用党政评价、师生评议、互学互评、第三方测评等方式，建立健全高校共青团思想政治工作评价考核制度。

中共教育部党组关于印发《普通高等学校学生党建工作标准》的通知

教党〔2017〕8号

各省、自治区、直辖市党委教育工作部门、教育厅（教委），新疆生产建设兵团教育局，部属各高等学校党委：

现将《普通高等学校学生党建工作标准》印发给你们，请结合实际认真贯彻执行。

中共教育部党组

2017年2月28日

普通高等学校学生党建工作标准

为深入贯彻落实党的十八届六中全会和全国高校思想政治工作会议精神，认真贯彻落实中共中央国务院《关于加强和改进新形势下高校思想政治工作的意见》精神，推动高等学校党的建设实现全面从严治党合格、贯彻落实党中央治国理政新理念新思想新战略合格、共产党员行为和作风合格、改革发展稳定的各项工作合格（以下简称“四个合格”）的目标要求，推进高校学生党建工作组织化、制度化、具体化，根据《中国共产党章程》和党内有关法规，结合高等学校实际，制定本标准。

一、组织领导

1. 领导体制

学生党建工作体系健全，责任明晰。学校建立健全学生党建工作组织领导机制，形成党委统一领导，组织部门牵头抓总，学生工作（研究生工作）、宣传、共青团、党校、教务、人事等部门协同配合，院（系）党组织负责实施、学生党支部具体落实的学生党建工作格局。学校党委对本校学生党建工作负主体责任，学校党委书记是第一责任人，学校党委分管学生工作的副书记是直接责任人，其他党委班子成员按照“一岗双责”要求，对分管部门和联系院（系）学生党建工作负主要领导责任。院（系）党组织对院（系）学生党建工作负主体责任，院（系）党组织书记负主要领导责任，副书记负直接领导责任。

2. 工作机制

校、院（系）党组织将学生党建工作摆在突出位置，列入重要议事日程，纳入整体发展规划、年度工作计划和党组织书记抓思想政治工作和党的建设述职评议考核的重要内容。学校党委每年至少专题研究一次学生党建工作，院（系）党组织每学期至少研究一次学生党建工作，学生党建工作有规划、有部署、有检查、有落实。建立校、院（系）两级领导班子成员、职能部门主要负责人联系指导学生党支部工作制度。切实发挥党支部主体作用。坚持以“两学一做”为基本内容，以“三会一课”为基本制度，以党支部为基本单位，形成学生党建工作常态化长效化机制。

3. 学生党支部设置

按照有利于发挥党支部战斗堡垒作用和党员先锋模范作用、有利于开展党员教育管理服务活动的原则，在按年级或院（系）设置学生党支部的基础上，根据实际需要，探索依托重大项目组、课题组和学生公寓、社区、社团组织等建立党组织，探索学生党建工作向最活跃、最具创新能力的组织拓展，扩大党的覆盖面，做到哪里有学生党员哪里就有学生党组织，哪里有党组织哪里就有健全的组织生活和党组织作用的充分发挥。学生党支部委员会任期根据支部设置方式设定为两年或三年，坚持按期换届。合理控制学生党支部党员人数规模，一般在30人以内。建强学生党支部，充实支部工作力量，创新支部工作方法，保障支部工作条件。整顿软弱涣散学生党支部，每年进行摸底排查，对支委不强、长期不开展组织生活、不发挥作用的，限期整顿转化。

4. 学生党建工作队伍建设

统筹院（系）党组织书记、副书记、组织员、辅导员和班主任、学生党支部书记、共青团干部等队伍建设。按照守信念、重品行、有本领、敢担当、讲奉献的要求，选优配强学生党支部书记和支部委员、专兼职组织员。注重从优秀辅导员、骨干教师、优秀大学生党员中选拔学生党支部书记。学生党建工作队伍教育培训纳入学校人才队伍建设总体规划，定期开展专题培训，特别是根据支部换届情况加强党支部书记、支委的党务知识培训。推动学生党建工作队伍专业化、职业化建设，落实职务职级“双线”晋升办法和保障激励机制，实行职务（职称）评审单列计划、单设标准、单独评审。落实专职思想政治工作人员和党务工作人员不低于全校师生人数的1%的要求，确保学生党建工作力量配置，每个院（系）至少配备1–2名专职组织员，按师生比不低于1∶200的比例设置专职辅导员岗位。

二、教育培养

5. 入党积极分子培养

入党积极分子确定程序规范，党组织收到入党申请书后，应当在一个月内与入党申请人谈话，指派培养联系人了解入党积极分子思想状况。在入党申请人中采取党员推荐、群团组织推优等方式，支部委员会（不设支部委员会的由支部大会）研究决定，并报上级党组织备案的程序确定入党积极分子。入党积极分子参加党校学习、开展集中培训，并定期向党组织进行书面或口头思想汇报。党支部每半年对入党积极分子进行一次考察。院（系）党组织每年对入党积极分子队伍作一次培养状况分析。

6. 发展对象培养

严格落实入党积极分子一年以上培养教育和考察的要求，党支部书记、培养联系人、入党介绍人和组织员都要承担起培养教育的责任。规范程序，严格把关，对基本具备党员条件的入党积极分子，在听取党小组、培养联系人、党员和群众意见的基础上，经支部委员会讨论同意并报上级党组织备案后，列为发展对象。为每一名发展对象确定两名正式党员作为入党介绍人，介绍人认真履行责任。健全落实发展对象谈心谈话和政治审查制度。对发展对象应进行短期集中培训，时间一般不少于3天（或不少于24个学时），培训突出思想入党和政治引领，并结合社会实践和志愿服务等进行党情国情教育。发展对象要定期向党组织进行书面思想汇报。

7. 预备党员教育

院（系）党组织及时将学校党委批准的预备党员编入党支部和党小组，并认真做好预备期的培养考察记录。院（系）党组织通过党的组织生活、听取本人汇报、个别谈心、集中培训、实践锻炼等方式，对预备党员进行系统教育和综合考察，重点考察预备期的思想政治表现、个人党性分析和学习工作情况。严格执行预备党员转正的组织程序和要求。

8. 党员继续教育

党员继续教育结合本（专）科生、研究生等不同类型学生的特点，有计划、有安排、有落实。以增强党性与党员意识、提高思想政治素质为目标，以加强党的执政能力建设、先进性和纯洁性建设为主线，组织党员学党章党规、学党的理论创新成果，组织开展党的基本理论、基本路线、基本纲领、基本经验、基本要求和党的历史、优良传统教育，组织开展中国特色社会主义理论教育，组织开展党中央治国理政新理念新思想新战略、社会主义核心价值观和中国梦主题教育。开展学生党员遵守政治纪律和政治规矩、廉洁自律教育，引导党员政治合格、执行纪律合格、品德合格、发挥作用合格。党员每年集中培训时间一般不少于32个学时。认真开展党员经常性教育，政治意识、大局意识、核心意识、看齐意识不断增强，中国特色社会主义道路自信、理论自信、制度自信、文化自信不断增强。

9. 党员教育方式载体

针对本（专）科生、研究生等不同类型学生的特点，构建以校、院党校为主体、基层组织专题学习为重点、网络学习教育为辅助、主题教育实践为支撑的多层次、多渠道的学生党员经常性学习教育体系。学校党校紧紧围绕校党委关于加强大学生党员发展工作的重要部署，紧密结合大学生思想实际，合理设置教学方案，科学制订培训计划，用党的理论创新成果武装学生头脑，增强党校教育的针对性、时效性。运用学生互动社区、主题教育网站和“两微一端”等网络新媒体，创建网上党建园地、网上党校等党员教育平台，确保外出实习、毕业班求职学生党员等流动党员正常接受教育。学校党委书记、校长和院（系）党组织书记、院长每学期至少给学生党员讲一次思想政治理论课。以重大节庆日、重要活动、重要节点为契机，开展形式多样的主题教育活动。重视教育培训实践环节，组织大学生党员广泛参加自我管理、志愿服务、社会调查、承诺践诺等活动。

三、发展党员

10. 发展原则

发展党员工作应当贯彻党的基本路线、基本理论、基本纲领、基本经验、基本要求，按照控制总量、优化结构、提高质量、发挥作用的总要求，坚持党章规定的党员标准，认真落实《中国共产党发展党员工作细则》各项要求，始终把政治标准放在首位。坚持慎重发展、均衡发展，有领导、有计划地进行。坚持入党自愿原则和个别吸收原则，成熟一个，发展一个。禁止突击发展，反对“关门主义”。注重发展边疆少数民族优秀学生党员，在坚持标准的前提下给予倾斜政策。制定年度发展工作计划，在上级党组织规定的年度发展计划控制数内发展党员。

11. 发展程序

认真落实培养、预审、公示、谈话、审批和接收、转正等程序及要求。支部大会程序规范，参会人数符合要求，党组织评定意见严谨规范、填写及时。预备党员必须面向党旗进行入党宣誓，入党宣誓仪式庄严、庄重。校、院（系）党组织认真履行职责，按照规定及时讨论审批党支部上报的接收预备党员或预备党员转正决议，党委审批必须集体讨论、逐一表决。学生党员的档案材料建档规范、齐备，入党申请书、入党志愿书、思想汇报等材料填写认真、规范。

12. 发展质量

强化发展质量，严把发展关口，严格政治审查，深入考察发展对象的入党动机是否端正，对党的认识是否深刻，是否懂得党员义务和权利，是否遵守党章党规党纪，是否坚定不移听党话跟党走，确保政治合格。把综合素质作为发展学生党员的重要考察内容，全面考察思想政治、能力素质、道德品行、现实表现等方面的具体标准，注重学生的一贯表现和关键时刻表现、自我评价和群众评议、学习情况和社会实践情况，防止把学习成绩作为党员发展的唯一条件。

四、党员管理

13. 党内组织生活

党内政治生活的政治性、时代性、原则性、战斗性强，党的组织生活经常、认真、严肃，坚持不懈用好批评和自我批评这个武器。组织生活规范，有实质性内容，能有针对性地解决学生党员的实际问题。坚持“三会一课”制度，党员必须参加党员大会、党小组会和上党课，党支部定期召开支部委员会会议。“三会一课”结合学生特点，突出政治学习和教育，突出党性锻炼，坚决防止表面化、形式化、娱乐化、庸俗化。坚持组织生活会制度，会前广泛听取意见、深入谈心交心，会上认真查摆问题、深刻剖析根源、明确整改方向，会后逐一整改落实。坚持谈心谈话制度，开展经常性谈心谈话，做到坦诚相见，交流思想和意见。坚持民主评议制度，督促党员对照党章规定的党员标准、对照入党誓词、联系个人实际进行党性分析，强化党员意识，增强党的观念，提高党性修养。每年至少召开一次专题组织生活会，深入开展批评与自我批评，民主评议党员与党性分析评议活动规范有序，党内政治生态良好。院（系）党组织要加强对学生党支部党内组织生活的指导和引导，确保党内组织生活有序开展。

14. 党员日常管理

党员组织隶属关系明晰，每一名学生党员都能纳入党的基层组织管理之中。严格执行学生党员党组织关系接转规定，档案材料审查严格，接转组织关系及时规范，党员组织关系管理有效衔接。严格落实流动党员和出国境党员管理实施办法，建立流动党员管理信息库与管理台账，规范滞留学校毕业生党员组织关系管理。学生党员基本信息统计工作严谨规范，及时排查党员组织关系，妥善做好“失联党员”“口袋党员”的联系查找和组织关系接转。严格落实党费收缴、使用和管理工作，教育党员自觉按时足额交纳党费。加强党员日常管理监督，建立健全大学生党员退出机制，及时稳妥处置不合格党员，及时处分违纪党员。

15. 党员权利保障

坚持以人为本，从政治、思想、学习、工作和生活上关心爱护学生党员，建立健全党内激励、关怀与帮扶机制。搭建务实管用、灵活多样、特色鲜明的服务学生党员载体。尊重学生党员的主体地位，保障党员民主权利，落实党员的知情权、参与权、选举权和监督权，保障党员申辩申诉等权利，支持学生党员广泛参与班级、院（系）和学校管理工作，畅通学生党员参与讨论党内事务的途径，拓宽表达意见渠道，营造党内民主讨论的政治氛围。

五、作用发挥

16. 党组织作用发挥

校、院（系）党组织主体作用发挥突出，落实“四个合格”目标要求坚决有力，有效开展学习型、服务型、创新型党组织创建，领导和支持学生党组织发挥好组织带动、工作带动、队伍带动、榜样带动作用。学生党组织在党员思想政治教育、管理、服务工作中针对性实效性强，在推进专业学习、志愿服务、社会实践、就业创业等方面工作有力。坚持解决思想问题与实际问题相结合，注重人文关怀和心理疏导，在引领优良班风、校风、学风、践行社会主义核心价值观和维护学校改革发展稳定大局中发挥战斗堡垒作用。

17. 党员作用发挥

党员先锋模范作用发挥充分，严格遵守党章与党纪党规，带头遵守国家法律和校纪校规，做遵纪守法的标杆；带头践行社会主义核心价值观，做“勤学、修德、明辨、笃实”的表率；带头落实“四个合格”目标要求，做党的路线方针政策的宣传者，做朋辈帮扶、互助友爱的践行者，做就业创业、志愿服务国家需要的争先者，做钻研科学知识、勇攀科学高峰的探索者。研究生党员在学术研究、恪守学术道德中的模范带头作用发挥充分，毕业生党员在创新创业中的导向和示范作用突出。定期开展评选表彰优秀学生党员工作，通过选树先进典型，用身边人、身边事教育影响其他学生。团结和带领广大学生为推动形成优良党风、校风、学风做贡献。

六、条件保障

18. 制度保障

制定并完善发展学生党员及党员教育管理服务工作各项制度。“三会一课”、组织生活会、谈心谈话、民主评议党员和学生党组织工作考评等制度的全面落实。学生党员发展质量跟踪评价机制健全。

19. 经费保障

学生党建工作纳入学校年度经费预算，党校办学经费满足需要。学生党支部活动经费按照不低于上级党组织规定的标准落实到位。

20. 平台建设

建立党建信息化平台，加强“两微一端”建设，创建网上党校园地、党校、论坛等思想政治工作平台。学生党建工作有相对固定的活动场所和设施，建立多种形式的学生党员教育、实践和服务基地。校、院（系）党校师资建设和办学条件好，教学质量有保证。

中共中央关于加强和改进党的群团工作的意见

（2015年7月9日）

群团事业是党的事业的重要组成部分，党的群团工作是党治国理政的一项经常性、基础性工作，是党组织动员广大人民群众为完成党的中心任务而奋斗的重要法宝。工会、共青团、妇联等群团组织联系的广大人民群众是全面建成小康社会、坚持和发展中国特色社会主义的基本力量，是全面深化改革、全面推进依法治国、巩固党的执政地位、维护国家长治久安的基本依靠。为更好发挥群团组织作用，把广大人民群众更加紧密地团结在党的周围，汇聚起实现“两个一百年”奋斗目标、实现中华民族伟大复兴中国梦的强大正能量，现就加强和改进党的群团工作提出如下意见。

一、新形势下加强和改进党的群团工作的重要性和紧迫性

在革命、建设、改革各个历史时期，党始终高度重视群团工作，加强群团组织建设，发挥群团组织特殊优势，团结带领广大人民群众共同为实现党在各个时期的历史任务而奋斗。新形势下，党的群团工作只能加强，不能削弱；只能改进提高，不能停滞不前。

党的十八大提出“两个一百年”奋斗目标，习近平总书记提出实现中华民族伟大复兴的中国梦，描绘了国家富强、民族振兴、人民幸福的美好前景。实现我们党确定的宏伟目标，根本上要靠全体人民的劳动、创造、奉献，必须加强和改进党的群团工作，更好组织动员群众、教育引导群众、联系服务群众、维护群众合法权益，充分激发蕴藏在人民群众中的巨大创造力，凝聚起实现“两个一百年”奋斗目标和中国梦的磅礴力量。

当前，全面建成小康社会、全面深化改革、全面推进依法治国、全面从严治党的历史重任摆在全党面前。人民是国家的主人、改革的主体。做好改革发展稳定各项工作，必须依靠人民群众支持和拥护，必须加强和改进党的群团工作，充分发挥群团组织作用，调动人民群众的积极性、主动性、创造性。

我国发展的内外环境正在发生深刻变化，党面临的挑战和考验前所未有。人心向背关系党的生死存亡。巩固党的执政地位，经受住执政考验、改革开放考验、市场经济考验、外部环境考验，应对好精神懈怠危险、能力不足危险、脱离群众危险、消极腐败危险，核心是保持党同人民群众的血肉联系。必须加强和改进党的群团工作，全心全意依靠工人阶级和广大人民群众，最大限度把人民群众团结在党的周围，打造抵御国内外敌对势力干扰破坏和“颜色革命”的铜墙铁壁，夯实党执政治国的群众基础。

这些年，党的群团工作在继承创新中不断加强，但与新形势新任务的要求相比仍存在许多不适应的问题。有的地方和部门党组织对群团工作重视不够，对群团工作的特点和规律缺乏深入研究，对发挥群团组织作用缺乏有力指导和支持。群团组织基层基础薄弱、有效覆盖面不足、吸引力凝聚力不够问题突出，特别是在非公有制经济组织、社会组织和各类新兴群体中的影响力亟待增强；有的群团组织工作和活动方式单一，进取意识和创新精神不强，存在机关化、脱离群众现象；群团干部能力素质需要进一步提高，作风需要改进。各级党委必须高度重视做好新形势下党的群团工作，全面提高水平，切实解决问题，不断开创党的群团工作新局面。

二、坚定不移走中国特色社会主义群团发展道路

中国特色社会主义群团发展道路，是对党的群团工作长期奋斗历史经验的科学总结。这条道路是中国共产党开展群众工作、推进党的事业的伟大创造，是党领导群众实现共同梦想的历史选择，是群团组织与时俱进、发展壮大的必由之路。这条道路是中国特色社会主义道路的重要组成部分，其基本特征是各群团自觉接受党的领导、团结服务所联系群众、依法依章程开展工作相统一。

新形势下加强和改进党的群团工作，必须贯彻落实党的十八大和十八届三中、四中全会精神，高举中国特色社会主义伟大旗帜，以邓小平理论、“三个代表”重要思想、科学发展观为指导，深入贯彻习近平总书记系

列重要讲话精神，牢牢把握为实现中华民族伟大复兴中国梦而奋斗的时代主题，坚定不移走中国特色社会主义群团发展道路，最广泛把群众组织起来、动员起来、团结起来，奋力推进中国特色社会主义伟大事业。

——坚持党对群团工作的统一领导。党的领导是做好群团工作的根本保证。各级党组织必须负起政治责任，加强对群团组织的政治领导、思想领导、组织领导，把党的理论和路线方针政策贯彻落实到群团工作各方面、全过程。群团组织必须坚持正确政治方向，自觉服从党的领导，贯彻党的意志和主张，严守政治纪律和政治规矩，在思想上政治上行动上始终同以习近平同志为总书记的党中央保持高度一致，不断增强中国特色社会主义道路自信、理论自信、制度自信。

——坚持发挥桥梁和纽带作用。群团组织是党和政府联系人民群众的桥梁和纽带。各级党组织要重视依靠群团组织推动党的理论和路线方针政策在群众中的贯彻落实，更好践行群众路线，做好群众工作。群团组织要经常深入群众，倾听群众呼声、反映群众意愿，深入做好群众的思想政治工作，把党的决策部署变成群众的自觉行动，把党的关怀送到群众中去。

——坚持围绕中心、服务大局。为党和国家工作大局服务，始终是群团工作的价值所在。各级党组织要指导群团组织紧紧围绕中国特色社会主义经济建设、政治建设、文化建设、社会建设、生态文明建设，围绕外交工作大局和祖国统一大业，找准工作的结合点和着力点，团结动员所联系群众为完成党和国家中心任务贡献力量。群团组织要坚持在大局下思考、在大局下行动，明确职责定位、展现自身价值，更好促进改革发展、维护社会和谐稳定。

——坚持服务群众的工作生命线。群团组织是党直接领导的群众自己的组织，为群众服务是群团组织的天职。各级党组织要推动群团组织贯彻党的群众路线，为群团组织服务群众创造条件。群团组织要增强群众观念，多为群众办好事、解难事，维护和发展群众利益，不断增强自身影响力和感召力。

——坚持与时俱进、改革创新。改革创新是群团工作发展进步的不竭动力。各级党组织和群团组织要把握时代脉搏，适应社会发展变化，尊重基层首创精神，不断推进群团工作和群团组织建设理论创新、实践创新、制度创新，始终与党和国家事业同步前进。

——坚持依法依章程独立自主开展工作。尊重群团组织性质和特点是做好群团工作的重要原则。各级党组织要支持群团组织发挥各自优势、体现群众特点，创造性开展工作。群团组织要大胆履责、积极作为，依法依章程开展活动、维护群众权益，最广泛吸引和团结群众。

三、加强党委对群团工作的组织领导

各级党委要明确对群团工作的领导责任，健全组织制度，完善工作机制，从上到下形成强有力的组织领导体系。

群团组织实行分级管理、以同级党委领导为主的体制，工会、共青团、妇联受同级党委和各自上级组织双重领导。地方党委负责指导同级群团组织贯彻落实党的理论和路线方针政策，研究决定群团工作重大问题，管理同级群团组织领导班子，协调群团组织同党政部门的关系及群团组织之间的关系。上级群团组织依法依章程领导或指导下级群团组织工作。地方党委应该注意听取上级群团组织意见，加强沟通协调，形成工作合力。

地方党委要建立和完善研究决定群团工作重大事项制度。党委在每届任期内应该召开专门的群团工作会议；党委常委会应该定期听取各群团组织工作汇报，每年都要专题研究群团工作。一般由党委专职副书记分管群团工作，具体分工根据实际确定。建立党委群团工作联席会议制度，协调解决问题，推动工作落实。建立党委群团工作考核制度，把群团工作成效作为考核党委领导班子和分管负责同志工作的重要内容。

地方党委有关工作会议应该请工会、共青团、妇联等群团组织主要负责人参加或列席。县级以下共青团组织主要负责人按党章规定列席同级党组织有关会议。乡镇（街道）的工会、妇联组织主要负责人可列席同级党委有关会议。工会、共青团、妇联的党员负责人应该考虑作为同级党委委员候选人提名人选。

把群团建设纳入党建工作总体部署。完善党建带群建制度机制，把党建带群建作为党建工作责任制的重要内容。统筹基层党群组织工作资源配置和使用，基层党组织活动阵地、党员服务站点的规划建设应该考虑群团组织需要。制定群团组织推优办法，把群团组织推优作为产生入党积极分子人选的方式之一。非公有制经济组织、社会组织中的党建和群建工作要整体推进、共建互促。

群团组织中的党组要充分发挥领导核心作用。善于团结党外干部群众，善于把党的主张和任务转化成群团组织的决议和群众的自觉行动。认真贯彻民主集中制，健全集体领导制度，严格管理干部。加强对重大问题的调查研究，密切关注群众思想、工作、生活等方面的变化，引导群众正确理解和自觉支持党的理论和路线方针政策以及中央决策部署。落实从严治党责任，严格执行党的纪律，重大事项及时向批准党组设立的党组织请示报告。没有设立党组的群团组织，其领导班子应该承担起贯彻执行党的理论和路线方针政策的政治责任和抓党的建设的主体责任。群团组织中的党员要按照党的标准严格要求自己，发挥先锋模范作用，影响和带动周围干部群众努力完成党和国家的任务。

领导干部要加强对群团工作理论政策的学习研究。党校、行政学院、干部学院、社会主义学院应该开设党的群团工作理论政策课程。党委理论学习中心组应该把群团工作作为专题学习的重要内容。加强群团工作学科建设，群团工作研究列入国家哲学社会科学研究规划。

四、推动群团组织团结动员群众围绕中心任务建功立业

各级党委要重视发挥群团组织团结动员群众干事创业的重要作用。群团组织要把深化改革开放、推动科学发展、促进社会和谐作为发挥作用的主战场，把工人阶级主力军、青年生力军、妇女半边天作用和人才第一资源作用，转化为促进经济社会发展的强大力量。要积极主动宣传改革和依法治国，组织引导群众理解改革、支持改革、参与改革、推进改革，积极投身社会主义法治国家建设，促进形成最广泛的合力。

群团组织要紧紧结合自身职责，深入开展群众性劳动竞赛、技能比武、科技创新、科学普及等活动，动员群众立足岗位创新创业创优。积极开展对所联系群众的知识技能培训，促进能力素质提高。大力宣传生态文明理念，广泛发动群众，共建美丽中国。完善应急动员、公益募捐等行动机制，在保障重大任务、支援抢险救灾、应对重大突发事件中发挥积极作用。

群团组织要广泛开展民族团结进步宣传教育，动员所联系群众旗帜鲜明反对民族分裂、维护祖国统一，促进各民族群众手足相亲、守望相助。加强同香港同胞、澳门同胞、台湾同胞和海外侨胞的往来和交流，推进国家现代化建设和祖国和平统一。多领域、多渠道、多层次开展民间对外交流，增进中国人民同各国人民友谊，维护国家核心利益。

五、推动群团组织引导群众自觉培育和践行社会主义核心价值观

群团组织是群众自我教育、自我管理的重要平台。各级党委要推动群团组织引导所联系群众继承和弘扬中华优秀文化，自觉培育和践行社会主义核心价值观。

群团组织要从所联系群众的实际出发，设计务实管用的载体，把社会主义核心价值观转化为生动活泼、特色鲜明、富有成效的群众性实践。引导广大职工弘扬劳模精神、劳动精神、工人阶级伟大品格，增强主人翁意识，打造健康文明、昂扬向上的职工文化。加强对青年的理想信念教育，引导广大青年把社会主义核心价值观的根扎牢植正。加强和改进未成年人思想道德建设，开展好少先队组织教育、自主教育和实践活动，帮助少年儿童养成好思想、好品格、好习惯。引导广大妇女弘扬传统美德和自尊自信自立自强精神，培育良好家风，推进家庭文明建设。引导科技工作者发挥示范作用，弘扬科学精神，推动形成崇尚科学、追求进步的社会氛围。推动文学艺术、新闻宣传、法律、教育、社会公益等领域工作者积极发挥作用，引领全社会崇德向善、敬业诚信、遵纪守法、互助友爱、文明和谐。

群团组织要坚持广泛发动，利用遍布城乡的组织网络和基层阵地，深化群众性精神文明创建活动，把社会主义核心价值观教育做细做实。加强正面引导，大力宣传弘扬社会主义核心价值观的新风正气，及时批评违背社会主义核心价值观的模糊认识、错误观点、不良风气，引导群众明辨真假、是非、善恶、美丑。搞好典型引路，发挥各行各业先进典型、道德模范、“最美人物”等的示范带动作用，激发全社会学习先进、追赶先进、争当先进的持久内生动力。

六、支持群团组织加强服务群众和维护群众合法权益工作

群团组织服务群众要盯牢群众所急、党政所需、群团所能的领域，重点帮助群众解决日常工作生活中最关心、最直接、最现实的利益问题和最困难、最操心、最忧虑的实际问题。有针对性地开展创业就业、心理

疏导、大病救助、法律援助、婚恋交友、居家养老等服务，特别是要做好对困难职工、留守老人妇女儿童、归难侨、残疾人等群体的帮扶，对高等学校毕业生、留学回国人员、农民工的服务。制定服务型基层组织建设意见，打造符合群众需求的工作品牌，推动构建覆盖广泛、快捷有效的服务群众体系。通过项目招聘、购买服务等方式吸引社会工作人才、专家学者、社会组织等力量参与服务群众工作。广泛开展志愿服务，完善组织管理，提升志愿服务水平。

维护群众合法权益是群团组织的重要工作。各级党委和政府要把群团工作纳入党政主导的维护群众权益机制，支持群团组织在维护全国人民总体利益的同时更好维护各自所联系群众的具体利益。群团组织维权工作应该主动有为，哪里的群众合法权益受到侵害，哪里的群团组织就要帮助群众通过合法渠道、正常途径，合理伸张利益诉求，促进社会公平正义。要主动代表所联系群众参与相关法律法规和政策的制定，推动建立健全协调劳动关系等方面制度机制，从源头上保障群众权益、发展群众利益。善于运用法治思维和法治方式维权，注重通过集体协商、对话协商等方式协调各方利益，通过信访代理、推动公益诉讼、依法参与调解仲裁等方式为利益受到损害或侵犯的群众提供帮助。同时，要引导群众识大体、顾大局，依法理性表达诉求，自觉维护社会和谐稳定。

各级党委、人大、政府及有关部门研究制定涉及群众切身利益的政策措施、法律法规、发展规划、重大决策，应该请相关群团组织参与调研和论证，充分听取意见、吸收合理建议，充分考虑相关群体利益。重大决策社会稳定风险评估机制，应该吸收群团组织参加。支持群团组织切实履行代表维护职能，推动落实男女平等基本国策，健全妇女、未成年人、残疾人等合法权益保护机制。

七、支持群团组织在社会主义民主中发挥作用

群团组织特别是人民团体是广大群众依法、有序、广泛参与管理国家事务和社会事务、管理经济和文化事业的重要渠道。各级党委要重视发挥群团组织在社会主义民主中的作用，更好保证人民当家作主。

按照协商于民、协商为民的要求，拓宽人民团体参与政治协商的渠道，规范人民团体参与协商民主的内容、程序、形式。政府可通过召开会议或其他适当方式，定期向人民团体通报重要工作部署和相关重大举措，加强决策之前和决策实施之中的协商。各级政协要充分发挥人民团体及其界别委员在密切联系群众、增进社会各阶层和不同利益群体和谐中的作用，密切各专门委员会与人民团体的联系。

党委、人大要支持人民团体在县、乡人大代表换届选举中，依法按程序提名推荐代表候选人。县以上人大代表、政协委员人选的提名推荐，应该加强与人民团体的沟通协商，落实好有关人选的比例规定和政策要求。选任人民陪审员、人民监督员、人民调解员，落实人民建议征集制度，应该重视发挥人民团体作用。

群团组织应该加强对经济社会发展等方面政策的研究，提高参政议政水平。依照党的政策和国家法律法规，积极代表和组织所联系群众参与协商民主，通过多种方式反映群众意见。积极参加城乡基层群众自治和企事业单位民主管理，引导所联系群众正确行使民主权利，推动基层民主健康发展。

八、支持群团组织参与创新社会治理和维护社会稳定

群团组织是创新社会治理和维护社会和谐稳定的重要力量。各级党委和政府要合理配置职能和资源，支持群团组织依法参与社会事务管理，把适合群团组织承担的一些社会管理服务职能按照法定程序转由群团组织行使；支持群团组织立足自身优势，以合适方式参与政府购买服务。群团组织承接政府转移职能要试点先行，承接职能后应该建立符合公共服务特点的运行机制，确保能负责、能问责；参与政府购买服务，要严格管理、规范实施，做到政府放心、社会认可、自身有活力。

各级党委和政府要支持群团组织在党组织领导下发挥作用，加强对有关社会组织的政治引领、示范带动、联系服务。群团组织要通过服务来引导和促进社会组织健康有序发展。推动政府治理和社会自我调节、基层群众自治良性互动，促进多元治理主体协同协作协调、互促互补互融。组织群众主动参加社会治安综合治理、基层社区网格化管理、平安创建，积极协调化解矛盾纠纷和利益冲突。

各级党委和政府要重视发挥群团组织在全面推进依法治国特别是法治社会建设中的积极作用。支持群团组织开展群众性法治文化活动，引导群众自觉守法、遇事找法、解决问题靠法。支持群团组织参与群众普法教育，推动建设普法和法律服务志愿者队伍。建立健全群团组织参与社会事务、维护公共利益、救助困难群

众、帮扶特殊人群、预防违法犯罪的机制和制度化渠道。发挥群团组织对其成员的行为导引、规则约束、权益维护作用。

九、推动群团组织改革创新、增强活力

各级党委要推动群团组织勇于改革创新，通过创造性工作增强发展活力、赢得群众信任。

基层组织是做好群团工作的基础和关键。工会、共青团、妇联等群团组织要以提高吸引力、凝聚力、战斗力和扩大有效覆盖面为目标，在巩固按行政区划、依托基层单位建立组织、开展工作的同时，创新基层组织设置、成员发展、联系群众、开展活动的方式。立体化、多层面扩大组织覆盖，重点向非公有制经济组织、社会组织、城乡社区等领域和农民工、自由职业者等群体延伸组织体系。加强高等学校群团组织建设，更好联系、引导、服务青年学生和教师。

群团组织要牢固树立以群众为本的理念，健全依靠所联系群众推进工作制度。以群众喜闻乐见、便于参加的形式和方法开展工作，组织活动请群众一起设计，部署任务请群众一起参与，表彰先进请群众一起评议。完善群团组织代表大会制度和委员会制度，建立重大事项报告制度，代表和委员履职述职制度和直接联系群众、接受群众评议制度。完善群团组织事务公开制度，主动接受群众和社会监督。

打造网上网下相互促进、有机融合的群团工作新格局。群团组织要提高网上群众工作水平，实施上网工程，建设各具特色的群团网站，推进互联互通及与主流媒体、门户网站的合作。加强网宣队伍建设，综合运用维权热线和网络论坛、手机报、微博、微信等新媒体平台进行网上引导和动员。站在网上舆论斗争最前沿，主动发声、及时发声，弘扬网上主旋律。逐步建立统一的群团组织基础信息统计制度。

适应完成党的中心任务和基层工作、群众工作需要，改革和改进机关机构设置、管理模式、运行机制，充分体现群团组织的政治性、群众性特点，防止机关化、娱乐化倾向发生。

十、加大对群团工作的支持保障力度

各地要统筹管好用好现有群众活动阵地和设施，整合用好社会资源，纳入现代公共文化服务体系，坚持公益属性，真正发挥作用。主要新闻媒体要加强对群团工作的舆论宣传。新闻出版等部门要加强对群团组织所办报刊、出版社、网站的指导管理，确保正确舆论导向。

完善群团工作经费保障制度。依法足额收缴工会经费，由财政拨款支持的群团组织工作经费列入同级财政年度预算并予以保证。各级财政加大对革命老区、民族地区、边疆地区、贫困地区的支持力度，对基层群团组织的经费补贴应该落实到位，按人头划拨的经费重点向基层倾斜。基层单位应该根据需要合理安排群团工作经费。规范群团组织资产管理使用制度，任何组织和个人不得侵占、挪用或任意调拨群团组织资产。

鼓励群团组织在国家法律和相关规定许可范围内，通过多种方式筹措事业发展资金，依法享受扶持政策。群团组织应该建立健全社会资金募集、管理、使用全过程公开制度，建立第三方监督评价机制，提高社会公信力。

强化群团工作法治保障，提高群团工作法治化水平。推进涉及群团组织工作的立法，加强群团工作相关法律法规的实施和执法检查。

十一、加强群团组织领导班子和干部队伍建设

各级党委要加强群团组织领导班子建设，努力打造政治坚定、团结务实、群众拥护的坚强领导集体。坚持德才兼备、以德为先，按照信念坚定、为民服务、勤政务实、敢于担当、清正廉洁的好干部标准，选拔群众工作经验丰富、在所联系群众中威信高的同志，推荐作为群团组织主要负责人人选。领导班子成员人选的考察推荐应该广泛听取群众意见，结构要合理优化，工会、共青团、妇联负责人中基层一线代表人士的兼职比例应该适当增加。尊重群团组织民主选举结果，保持领导干部任期内稳定。健全县级以上群团组织领导班子中心组理论学习、党员领导干部民主生活会、新进班子成员任职培训等制度。坚持严字当头，加强党风廉政建设。探索建立符合群团工作特点的群团组织领导班子和领导干部综合考评机制。

群团干部是党的干部队伍的重要组成部分。各级党委要重视抓群团干部培养，全面加强群团干部队伍建设。将群团干部培训纳入干部教育培训总体规划，分级负责、分系统落实。重视推动群团干部到火热的实践

一线摸爬滚打、锻炼成才，注重从企业、农村、城乡社区等基层一线选拔优秀人才充实群团干部队伍。选好配强基层群团组织负责人，更多采用兼职、聘用等方式吸引优秀社会人才加入群团工作队伍。推进群团干部跨系统多岗位交流，加强群团组织与党政部门之间干部双向交流，把群团工作岗位作为提高干部做群众工作能力的重要平台。改进群团干部参照公务员法管理工作，支持群团组织根据自身工作特点按规定考录和遴选机关工作人员。群团干部要自觉加强学习，增强党性修养，提高能力素质。

坚持从群众中来、到群众中去，建好群众之家、当好群众之友。群团组织领导机关要带头践行党的群众路线，把密切联系群众作为根本的工作作风，把工作重心放在最广大普通群众身上。健全防止和克服“四风”问题的长效机制，坚持定期分析检查、公开承诺整改等制度，经常开展下基层接地气、请群众评机关等活动，坚决克服机关化、脱离群众现象。群团组织领导机关干部要带头树立经常联系群众、直接服务群众、真情同群众交友的好作风，竭诚为群众服务。

各省、自治区、直辖市党委，全国总工会、共青团中央、全国妇联等中央管理的群团组织，要根据本意见要求制定实施方案。中央各部委，国家机关各部委党组（党委），解放军各总部、各大单位党委，要结合各自实际研究提出贯彻落实本意见的具体措施。

中共中央印发《中国共产党支部工作条例（试行）》

新华社北京11月25日电　近日，中共中央印发了《中国共产党支部工作条例（试行）》（以下简称《条例》），并发出通知，要求各地区各部门认真遵照执行。

通知指出，党支部是党的基础组织，是党在社会基层组织中的战斗堡垒，是党的全部工作和战斗力的基础，担负直接教育党员、管理党员、监督党员和组织群众、宣传群众、凝聚群众、服务群众的职责。党的十八大以来，以习近平同志为核心的党中央高度重视党支部建设，要求把全面从严治党落实到每个支部、每名党员，推动全党形成大抓基层、大抓支部的良好态势，取得明显成效。当前，推进伟大斗争、伟大工程、伟大事业、伟大梦想，必须贯彻落实新时代党的组织路线，把党支部建设放在更加突出的位置，加强党支部标准化、规范化建设，不断提高党支部建设质量。

通知指出，《条例》以习近平新时代中国特色社会主义思想为指导，贯彻党章要求，既弘扬“支部建在连上”的光荣传统，又体现基层创造的新做法新经验，对党支部工作作出全面规范，是新时代党支部建设的基本遵循。《条例》的制定和实施，对于加强党的组织体系建设，推动全面从严治党向基层延伸，全面提升党支部组织力，强化党支部政治功能，巩固党长期执政的组织基础，具有十分重要的意义。

通知强调，重视党支部、善抓党支部，是党员领导干部政治成熟的重要标志。各级党委（党组）要牢固树立政治意识、大局意识、核心意识、看齐意识，切实把抓好党支部作为党的组织体系建设的基本内容、管党治党的基本任务、检验党建工作成效的基本标准，采取有力措施，推动《条例》落到实处、见到实效。要抓好《条例》的学习宣传和贯彻落实，利用报纸、广播、电视和手机、网络等媒介，通过专题研讨、集中培训等方式，使各级党组织、广大党员特别是党支部书记深入领会《条例》精神，全面掌握《条例》内容，切实增强贯彻执行《条例》的思想自觉和行动自觉。要加强对党员领导干部的培训，把《条例》纳入党委（党组）理论学习中心组学习内容和党校（行政学院）教育课程，提高各级领导班子抓好党支部工作、推动党支部建设的本领。要加强监督检查，对贯彻落实《条例》不力的严肃追责问责。中央组织部要会同有关部门加强督促落实，确保各项规定得到贯彻执行。

通知要求，各地区各部门在执行《条例》中的重要情况和建议，要及时报告党中央。

《中国共产党支部工作条例（试行）》全文如下。

第一章　总　则

第一条　为了坚持和加强党的全面领导，弘扬“支部建在连上”光荣传统，落实党要管党、全面从严治党要求，全面提升党支部组织力，强化党支部政治功能，充分发挥党支部战斗堡垒作用，巩固党长期执政的组织基础，根据《中国共产党章程》和有关党内法规，制定本条例。

第二条　党支部是党的基础组织，是党组织开展工作的基本单元，是党在社会基层组织中的战斗堡垒，是党的全部工作和战斗力的基础，担负直接教育党员、管理党员、监督党员和组织群众、宣传群众、凝聚群众、服务群众的职责。

第三条　党支部工作必须遵循以下原则：

（一）坚持以马克思列宁主义、毛泽东思想、邓小平理论、“三个代表”重要思想、科学发展观、习近平新时代中国特色社会主义思想为指导，遵守党章，加强思想理论武装，坚定理想信念，不忘初心、牢记使命，始终保持先进性和纯洁性。

（二）坚持把党的政治建设摆在首位，牢固树立“四个意识”，坚定“四个自信”，做到“四个服从”，旗帜鲜明讲政治，坚决维护习近平总书记党中央的核心、全党的核心地位，坚决维护党中央权威和集中统一领导。

（三）坚持践行党的宗旨和群众路线，组织引领党员、群众听党话、跟党走，成为党员、群众的主心骨。

（四）坚持民主集中制，发扬党内民主，尊重党员主体地位，严肃党的纪律，提高解决自身问题的能力，增强生机活力。

（五）坚持围绕中心、服务大局，充分发挥积极性主动性创造性，确保党的路线方针政策和决策部署贯彻落实。

第二章　组织设置

第四条　党支部设置一般以单位、区域为主，以单独组建为主要方式。企业、农村、机关、学校、科研院所、社区、社会组织、人民解放军和武警部队连（中）队以及其他基层单位，凡是有正式党员3人以上的，都应当成立党支部。

党支部党员人数一般不超过50人。

第五条　结合实际创新党支部设置形式，使党的组织和党的工作全覆盖。

规模较大、跨区域的农民专业合作组织，专业市场、商业街区、商务楼宇等，符合条件的，应当成立党支部。

正式党员不足3人的单位，应当按照地域相邻、行业相近、规模适当、便于管理的原则，成立联合党支部。联合党支部覆盖单位一般不超过5个。

为期6个月以上的工程、工作项目等，符合条件的，应当成立党支部。

流动党员较多，工作地或者居住地相对固定集中，应当由流出地党组织商流入地党组织，依托园区、商会、行业协会、驻外地办事机构等成立流动党员党支部。

第六条　党支部的成立，一般由基层单位提出申请，所在乡镇（街道）或者单位基层党委召开会议研究决定并批复，批复时间一般不超过1个月。

基层党委审批同意后，基层单位召开党员大会选举产生党支部委员会或者不设委员会的党支部书记、副书记。批复和选举结果由基层党委报上级党委组织部门备案。

根据工作需要，上级党委可以直接作出在基层单位成立党支部的决定。

第七条　对因党员人数或者所在单位、区域等发生变化，不再符合设立条件的党支部，上级党组织应当及时予以调整或者撤销。

党支部的调整和撤销，一般由党支部报所在乡镇（街道）或者单位基层党委批准，也可以由所在乡镇（街道）或者单位基层党委直接作出决定，并报上级党委组织部门备案。

第八条　为执行某项任务临时组建的机构，党员组织关系不转接的，经上级党组织批准，可以成立临时党支部。

临时党支部主要组织党员开展政治学习，教育、管理、监督党员，对入党积极分子进行教育培养等，一般不发展党员、处分处置党员，不收缴党费，不选举党代表大会代表和进行换届。

临时党支部书记、副书记和委员由批准其成立的党组织指定。

临时组建的机构撤销后，临时党支部自然撤销。

第三章　基本任务

第九条　党支部的基本任务是：

（一）宣传和贯彻落实党的理论和路线方针政策，宣传和执行党中央、上级党组织及本党支部的决议。讨论决定或者参与决定本地区本部门本单位重要事项，充分发挥党员先锋模范作用，团结组织群众，努力完成本地区本部门本单位所担负的任务。

（二）组织党员认真学习马克思列宁主义、毛泽东思想、邓小平理论、“三个代表”重要思想、科学发展观、习近平新时代中国特色社会主义思想，推进“两学一做”学习教育常态化制度化，学习党的路线方针政策和决议，学习党的基本知识，学习科学、文化、法律和业务知识。做好思想政治工作和意识形态工作。

（三）对党员进行教育、管理、监督和服务，突出政治教育，提高党员素质，坚定理想信念，增强党性，严格党的组织生活，开展批评和自我批评，维护和执行党的纪律，监督党员切实履行义务，保障党员的权利不受侵犯。加强和改进流动党员管理。关怀帮扶生活困难党员和老党员。做好党费收缴、使用和管理工作。依规稳妥处置不合格党员。

（四）密切联系群众，向群众宣传党的政策，经常了解群众对党员、党的工作的批评和意见，了解群众诉求，维护群众的正当权利和利益，做好群众的思想政治工作，凝聚广大群众的智慧和力量。领导本地区本部门本单位工会、共青团、妇女组织等群团组织，支持它们依照各自章程独立负责地开展工作。

（五）对要求入党的积极分子进行教育和培养，做好经常性的发展党员工作，把政治标准放在首位，严格程序、严肃纪律，发展政治品质纯洁的党员。发现、培养和推荐党员、群众中间的优秀人才。

（六）监督党员干部和其他任何工作人员严格遵守国家法律法规，严格遵守国家的财政经济法规和人事制度，不得侵占国家、集体和群众的利益。

（七）实事求是对党的建设、党的工作提出意见建议，及时向上级党组织报告重要情况。教育党员、群众自觉抵制不良倾向，坚决同各种违纪违法行为作斗争。

（八）按照规定，向党员、群众通报党的工作情况，公开党内有关事务。

第十条 不同领域党支部结合实际，分别承担各自不同的重点任务：

（一）村党支部，全面领导隶属本村的各类组织和各项工作，围绕实施乡村振兴战略开展工作，组织带领农民群众发展集体经济，走共同富裕道路，领导村级治理，建设和谐美丽乡村。贫困村党支部应当动员和带领群众，全力打赢脱贫攻坚战。

（二）社区党支部，全面领导隶属本社区的各类组织和各项工作，围绕巩固党在城市执政基础、增进群众福祉开展工作，领导基层社会治理，组织整合辖区资源，服务社区群众、维护和谐稳定、建设美好家园。

（三）国有企业和集体企业中的党支部，保证监督党和国家方针政策的贯彻执行，围绕企业生产经营开展工作，按规定参与企业重大问题的决策，服务改革发展、凝聚职工群众、建设企业文化，创造一流业绩。

（四）高校中的党支部，保证监督党的教育方针贯彻落实，巩固马克思主义在高校意识形态领域的指导地位，加强思想政治引领，筑牢学生理想信念根基，落实立德树人根本任务，保证教学科研管理各项任务完成。

（五）非公有制经济组织中的党支部，引导和监督企业严格遵守国家法律法规，团结凝聚职工群众，依法维护各方合法权益，建设企业先进文化，促进企业健康发展。

（六）社会组织中的党支部，引导和监督社会组织依法执业、诚信从业，教育引导职工群众增强政治认同，引导和支持社会组织有序参与社会治理、提供公共服务、承担社会责任。

（七）事业单位中的党支部，保证监督改革发展正确方向，参与重要决策，服务人才成长，促进事业发展。事业单位中发挥领导作用的党支部，对重大问题进行讨论和作出决定。

（八）各级党和国家机关中的党支部，围绕服务中心、建设队伍开展工作，发挥对党员的教育、管理、监督作用，协助本部门行政负责人完成任务、改进工作。

（九）流动党员党支部，组织流动党员开展政治学习，过好组织生活，进行民主评议，引导党员履行党员义务，行使党员权利，充分发挥作用。对组织关系不在本党支部的流动党员民主评议等情况，应当通报其组织关系所在党支部。

（十）离退休干部职工党支部，宣传执行党的路线方针政策，根据党员实际情况，组织参加学习，开展党的组织生活，听取意见建议，引导他们结合自身实际发挥作用。

第四章 工作机制

第十一条 党支部党员大会是党支部的议事决策机构，由全体党员参加，一般每季度召开1次。

党支部党员大会的职权是：听取和审查党支部委员会的工作报告；按照规定开展党支部选举工作，推荐出席上级党代表大会的代表候选人，选举出席上级党代表大会的代表；讨论和表决接收预备党员和预备党员转正、延长预备期或者取消预备党员资格；讨论决定对党员的表彰表扬、组织处置和纪律处分；决定其他重要事项。

村、社区重要事项以及与群众利益密切相关的事项，必须经过党支部党员大会讨论。

党支部党员大会议题提交表决前，应当经过充分讨论。表决必须有半数以上有表决权的党员到会方可进行，赞成人数超过应到会有表决权的党员的半数为通过。

第十二条 党支部委员会是党支部日常工作的领导机构。

党支部委员会会议一般每月召开1次，根据需要可以随时召开，对党支部重要工作进行讨论、作出决定等。党支部委员会会议须有半数以上委员到会方可进行。重要事项提交党员大会决定前，一般应当经党支部委员会会议讨论。

第十三条 党员人数较多或者党员工作地、居住地比较分散的党支部，按照便于组织开展活动原则，应当划分若干党小组，并设立党小组组长。党小组组长由党支部指定，也可以由所在党小组党员推荐产生。

党小组主要落实党支部工作要求，完成党支部安排的任务。

党小组会一般每月召开1次，组织党员参加政治学习、谈心谈话、开展批评和自我批评等。

第十四条 党支部党员大会、党支部委员会会议由党支部书记召集并主持。书记不能参加会议的，可以委托副书记或者委员召集并主持。党小组会由党小组组长召集并主持。

第五章 组织生活

第十五条 党支部应当严格执行党的组织生活制度，经常、认真、严肃地开展批评和自我批评，增强党内政治生活的政治性、时代性、原则性、战斗性。

党员领导干部应当带头参加所在党支部或者党小组组织生活。

第十六条 党支部应当组织党员按期参加党员大会、党小组会和上党课，定期召开党支部委员会会议。

“三会一课”应当突出政治学习和教育，突出党性锻炼，以“两学一做”为主要内容，结合党员思想和工作实际，确定主题和具体方式，做到形式多样、氛围庄重。

党课应当针对党员思想和工作实际，回应普遍关心的问题，注重身边人讲身边事，增强吸引力感染力。党员领导干部应当定期为基层党员讲党课，党委（党组）书记每年至少讲1次党课。

党支部每月相对固定1天开展主题党日，组织党员集中学习、过组织生活、进行民主议事和志愿服务等。主题党日开展前，党支部应当认真研究确定主题和内容；开展后，应当抓好议定事项的组织落实。

对经党组织同意可以不转接组织关系的党员，所在单位党组织可以将其纳入一个党支部或者党小组，参加组织生活。

第十七条 党支部每年至少召开1次组织生活会，一般安排在第四季度，也可以根据工作需要随时召开。组织生活会一般以党支部党员大会、党支部委员会会议或者党小组会形式召开。

组织生活会应当确定主题，会前认真学习，谈心谈话，听取意见；会上查摆问题，开展批评和自我批评，明确整改方向；会后制定整改措施，逐一整改落实。

第十八条 党支部一般每年开展1次民主评议党员，组织党员对照合格党员标准、对照入党誓词，联系个人实际进行党性分析。

党支部召开党员大会，按照个人自评、党员互评、民主测评的程序，组织党员进行评议。党员人数较多的党支部，个人自评和党员互评可以在党小组范围内进行。党支部委员会会议或者党员大会根据评议情况和党员日常表现情况，提出评定意见。

民主评议党员可以结合组织生活会一并进行。

第十九条 党支部应当经常开展谈心谈话。党支部委员之间、党支部委员和党员之间、党员和党员之间，每年谈心谈话一般不少于1次。谈心谈话应当坦诚相见、交流思想、交换意见、帮助提高。

党支部应当注重分析党员思想状况和心理状态。对家庭发生重大变故和出现重大困难、身心健康存在突出问题等情况的党员，党支部书记应当帮助做好心理疏导；对受到处分处置以及有不良反映的党员，党支部书记应当有针对性地做好思想政治工作。

第六章 党支部委员会建设

第二十条 有正式党员7人以上的党支部，应当设立党支部委员会。党支部委员会由3至5人组成，一般不超过7人。

党支部委员会设书记和组织委员、宣传委员、纪检委员等，必要时可以设1名副书记。

正式党员不足7人的党支部，设1名书记，必要时可以设1名副书记。

第二十一条 村、社区党支部委员会每届任期5年，其他基层单位党支部委员会一般每届任期3年。

党支部委员会由党支部党员大会选举产生，党支部书记、副书记一般由党支部委员会会议选举产生，不设委员会的党支部书记、副书记由党支部党员大会选举产生。选出的党支部委员，报上级党组织备案；党支部书记、副书记，报上级党组织批准。党支部书记、副书记、委员出现空缺，应当及时进行补选。确有必要时，上级党组织可以指派党支部书记或者副书记。

建立健全党支部按期换届提醒督促机制。根据党组织隶属关系和干部管理权限，上级党组织对任期届满的党支部，一般提前6个月以发函或者电话通知等形式，提醒做好换届准备。对需要延期或者提前换届的，应当认真审核、从严把关，延长或者提前期限一般不超过1年。

第二十二条 党支部书记主持党支部全面工作，督促党支部其他委员履行职责、发挥作用，抓好党支部委员会自身建设，向党支部委员会、党员大会和上级党组织报告工作。

党支部副书记协助党支部书记开展工作。党支部其他委员按照职责分工开展工作。

第二十三条 党支部书记应当具备良好政治素质，热爱党的工作，具有一定的政策理论水平、组织协调能力和群众工作本领，敢于担当、乐于奉献，带头发挥先锋模范作用，在党员、群众中有较高威信，一般应当具有1年以上党龄。

第二十四条 上级党组织应当结合不同领域实际，突出政治标准，按照组织程序，采取多种方式，选拔符合条件的优秀党员担任党支部书记。

村、社区应当注重从带富能力强的村民、复员退伍军人、经商务工人员、乡村教师、乡村医生、社会工作者、大学生村官、退休干部职工等群体中选拔党支部书记。对没有合适人选的，上级党组织可以跨地域或者从机关和企事业单位选派党支部书记。根据工作需要，上级党组织可以选派优秀干部到村、社区担任党支部第一书记，指导、帮助党支部书记开展工作，主要承担建强党支部、推动中心工作、为民办事服务、提升治理水平等职责任务。符合条件的村、社区党支部书记可以通过法定程序担任村民委员会、居民委员会主任。

机关、国有企业、事业单位，党支部书记一般由本部门本单位主要负责人担任，也可以由本部门本单位其他负责人担任。根据工作需要，上级党组织可以选派党员干部担任专职党支部书记。

非公有制经济组织、社会组织，一般从管理层中选任党支部书记，应当注重从业务骨干中选拔党支部书记。没有合适人选的，可以由上级党组织选派党支部书记。

加强党支部书记后备队伍建设，注意发现优秀党员作为党支部书记后备人才培养，建立村、社区等领域党支部书记后备人才库。

第二十五条 上级党组织应当经常对党支部书记、副书记和其他委员进行培训。

党支部书记培训纳入党员、干部教育培训规划，对新任党支部书记应当进行任职培训。中央组织部组织开展党支部书记示范培训，地方、行业、系统一般根据党组织隶属关系，分层分类开展党支部书记全员轮训。党支部书记每年应当至少参加1次县级以上党组织举办的集中轮训。注意统筹安排，防止频繁参训，确保党支部书记做好日常工作。

对党支部书记、副书记和其他委员的培训应当突出党的基本理论、基本政策、基本知识及党务工作基本要求，党的优良传统和作风，党规党纪等内容。注重发挥优秀党支部书记传帮带作用。

第二十六条 注重从优秀村、社区党支部书记中选拔乡镇和街道领导干部，考录公务员和招聘事业单位人员。

培养树立党支部书记先进典型，对优秀党支部书记给予表彰表扬。

第二十七条 党支部委员会成员应当自觉接受上级党组织和党员、群众监督，加强互相监督。

党支部书记每年应当向上级党组织和党支部党员大会述职，接受评议考核，考核结果作为评先评优、选拔使用的重要依据。

第二十八条 建立持续整顿软弱涣散党支部工作机制。对不适宜担任党支部书记、副书记和委员职务的，上级党组织应当及时作出调整。对存在换届选举拉票贿选、宗族宗教和黑恶势力干扰渗透等问题的，上级党组织应当及时严肃处理。

第七章　领导和保障

第二十九条 各级党委（党组）应当把党支部建设作为最重要的基本建设，定期研究讨论、加强领导指导，切实履行主体责任。县级党委每年至少专题研究1次党支部建设工作。

各级党委（党组）书记应当带头建立党支部工作联系点，带头深入基层调查研究，发现和解决问题，总结推广经验。

第三十条 党委组织部门应当经常对党支部建设情况进行分析研判，加强分类指导和督促检查，扩大先进党支部增量，提升中间党支部水平，整顿后进党支部。加强党支部标准化、规范化建设。基层党委一般应当配备专兼职组织员，加强对党支部建设的具体指导。

各级党委组织部门应当注意通过党支部了解掌握党员干部日常表现，干部考察应当听取考察对象所在党支部的意见。

村、社区党支部书记纳入县级党委组织部备案管理。

第三十一条 村、社区党支部工作纳入县级党委巡察监督工作内容。

第三十二条 抓党支部建设情况应当列入各级党委书记抓基层党建工作述职评议考核的重要内容，作为评判其履行管党治党政治责任情况的重要依据。对抓党支部建设不力、各项工作不落实的，上级党委及其组织部门应当进行约谈。对党支部建设出现严重问题，党员、群众反映强烈的，应当按照规定严肃问责。

第三十三条 各级党组织应当为党支部开展工作提供必要条件，给予经费保障。增强村、社区党支部运转经费保障能力，落实村、社区党支部书记报酬待遇，并根据当地经济发展水平建立正常增长机制。给予非公有制经济组织和社会组织党支部工作经费支持。加强村、社区和园区等领域基层党组织活动场所建设，积极运用现代技术和信息化手段，充分发挥办公议事、开展党的活动、提供便民服务等综合功能。

县级以上党委管理的党费每年应当按照一定比例下拨到党支部，重点支持贫困村党支部、困难国有企业党支部、非公有制经济组织和社会组织党支部、流动党员党支部、离退休干部职工党支部等开展党的活动。

第八章　附　则

第三十四条 村、社区党的基层委员会、总支部委员会，按照本条例执行。

第三十五条 中央军事委员会可以根据本条例，制定相关规定。

第三十六条 本条例由中央组织部负责解释。

第三十七条 本条例自2018年10月28日起施行。其他有关党支部的规定与本条例不一致的，按照本条例执行。

中共中央印发《中国共产党党员教育管理工作条例》

新华社北京5月21日电　近日，中共中央印发了《中国共产党党员教育管理工作条例》(以下简称《条例》)，并发出通知，要求各地区各部门认真遵照执行。

通知指出，党员教育管理是党的建设基础性经常性工作。党的十八大以来，以习近平同志为核心的党中央高度重视加强党员教育管理工作，推动形成全党从严从实抓党员教育管理的良好态势。《条例》以习近平新时代中国特色社会主义思想为指导，以党章为根本遵循，总结吸收实践创新成果，对党员教育管理的内容、方式、程序等作出规范，是新时代党员教育管理工作的基本遵循。

通知强调，《条例》的制定和实施，对于提高党员队伍建设质量，激发党组织的生机活力，推动全面从严治党向纵深发展，夯实党长期执政基础，实现党伟大执政使命，具有十分重要的意义。

通知要求，每个党员，不论职务高低，都必须按照党章要求和《条例》规定，接受党组织的教育管理。各级党委各党组要把抓好党员教育管理作为重大政治责任，采取有力措施，严格贯彻执行《条例》，增强针对性和有效性，防止形式主义。要抓好《条例》的宣传解读和学习培训，使各级党组织、广大党员特别是党员领导干部深入领会《条例》精神，全面掌握《条例》内容，严格执行《条例》规定。中央组织部要会同有关部门加强督促指导，确保《条例》得到有效贯彻落实。各地区各部门在执行《条例》中的重要情况和建议，要及时报告党中央。

《中国共产党党员教育管理工作条例》全文如下。

第一章　总　则

第一条　为了深入学习贯彻习近平新时代中国特色社会主义思想，加强党员教育管理工作，提高党员队伍建设质量，保持党员队伍的先进性和纯洁性，根据《中国共产党章程》和有关党内法规，制定本条例。

第二条　党员教育管理是党的建设基础性经常性工作。党组织应当加强党员教育管理，引导党员坚定共产主义远大理想和中国特色社会主义共同理想，增强“四个意识”、坚定“四个自信”、做到“两个维护”，增强党性，提高素质，认真履行义务，正确行使权利，充分发挥先锋模范作用。

第三条　党员教育管理工作以马克思列宁主义、毛泽东思想、邓小平理论、“三个代表”重要思想、科学发展观、习近平新时代中国特色社会主义思想为指导，落实新时代党的建设总要求和新时代党的组织路线，坚持教育、管理、监督、服务相结合，推进“两学一做”学习教育常态化制度化，不断增强党员教育管理针对性和有效性，努力建设政治合格、执行纪律合格、品德合格、发挥作用合格的党员队伍。

第四条　党员教育管理工作遵循以下原则：

(一)坚持党要管党、全面从严治党，将严的要求落实到党员教育管理工作全过程和各方面，党员领导干部带头接受教育管理；

(二)坚持以党的政治建设为统领，突出党性教育和政治理论教育，引导党员遵守党章党规党纪，不忘初心、牢记使命；

(三)坚持围绕中心、服务大局，注重党员教育管理质量和实效，保证党的理论和路线方针政策、党中央决策部署贯彻落实；

(四)坚持从实际出发，加强分类指导，尊重党员主体地位，充分发挥党支部直接教育、管理、监督党员作用。

第二章　学习贯彻习近平新时代中国特色社会主义思想

第五条　把用习近平新时代中国特色社会主义思想武装全党作为党员教育管理的首要政治任务，引导党员充分认识学习贯彻习近平新时代中国特色社会主义思想的重大意义，自觉学懂弄通做实。

第六条　组织党员读原著、学原文、悟原理，深入学习领会习近平新时代中国特色社会主义思想的核心要义、基本精神、实践要求，掌握贯穿其中的马克思主义立场观点方法，增强政治自觉、理论自信、情感融入。建立以学习贯彻习近平新时代中国特色社会主义思想为中心内容的党员教育教材体系。

教育引导党员把学习习近平新时代中国特色社会主义思想同学习马克思列宁主义、毛泽东思想、邓小平理论、“三个代表”重要思想、科学发展观紧密结合起来，不断提高马克思主义思想觉悟和理论水平。

第七条 坚持集中教育和经常性教育相结合，组织培训和个人自学相结合，采取集中轮训、党委（党组）理论学习中心组学习、理论宣讲、组织生活、在线学习培训等方式，形成习近平新时代中国特色社会主义思想学习教育长效机制，推动党员学深悟透、入脑入心。

第八条 弘扬理论联系实际的马克思主义学风，引导党员把自己摆进去、把职责摆进去、把工作摆进去，学以致用、知行合一，提高政治站位，强化责任担当，增强过硬本领，做好本职工作，自觉做习近平新时代中国特色社会主义思想坚定信仰者和忠实实践者。

党员领导干部应当坚持更高标准、更严要求，全面学、系统学、贯通学、深入学、跟进学，自觉用以武装头脑、指导实践、推动工作，发挥示范带动作用。

第三章　党员教育基本任务

第九条 加强政治理论教育，突出党的创新理论学习，组织党员学习党的基本理论、基本路线、基本方略，学习马克思主义基本原理和党的基本知识，引导党员坚定理想信念，增强党性修养，努力掌握并自觉运用马克思主义立场观点方法。

第十条 突出政治教育和政治训练，严格党内政治生活锻炼，教育党员旗帜鲜明讲政治，提高政治觉悟和政治能力，严守政治纪律和政治规矩，永葆共产党人政治本色，做到“四个服从”，在思想上政治上行动上同以习近平同志为核心的党中央保持高度一致。

第十一条 强化党章党规党纪教育，引导党员牢记入党誓词，坚持合格党员标准，自觉遵守党的纪律，带头践行社会主义核心价值观，培养高尚道德情操，培育良好思想作风、学风、工作作风、生活作风和家风。加强宪法法律法规教育，引导党员尊法学法守法用法。

第十二条 加强党的宗旨教育，引导党员践行全心全意为人民服务的根本宗旨，贯彻党的群众路线，提高群众工作本领，密切联系服务群众。

第十三条 进行革命传统教育，引导党员学习党史、国史、改革开放史、社会主义发展史和中华优秀传统文化，铭记党的奋斗历程，弘扬党的优良传统，传承红色基因，践行共产党人价值观，激发爱国主义热情。

第十四条 开展形势政策教育，围绕贯彻执行党和国家重大决策、推进落实重大任务，宣讲党的路线方针政策，解读世情国情党情，回应党员关注的问题，引导党员正确认识形势，把思想和行动统一到党中央要求上来。

第十五条 注重知识技能教育，根据党员岗位职责要求和工作需要，组织引导党员学习掌握业务知识、科技知识、实用技术等，帮助党员提高综合素质和履职能力，增强服务本领。

第四章　党员日常教育管理主要方式

第十六条 党支部应当运用“三会一课”制度，对党员进行经常性的教育管理。党员应当按期参加党员大会、党小组会和上党课，进行学习交流，汇报思想、工作等情况。党员领导干部应当参加双重组织生活。

党支部应当每月开展1次主题党日，贴近党员思想和工作实际，组织党员集中学习、过组织生活、进行民主议事和开展志愿服务等。

党员应当按期交纳党费。党组织应当做好党费收缴、使用和管理工作。

第十七条 党支部每年至少召开1次组织生活会，也可以根据工作需要随时召开，一般以党员大会、党支部委员会会议或者党小组会形式进行。

第十八条 党支部一般每年开展1次民主评议党员。党支部召开党员大会，按照个人自评、党员互评、民主测评的程序，组织党员进行评议。党支部委员会会议或者党员大会根据评议情况和党员日常表现情况，提出评定意见。

民主评议党员可以结合组织生活会一并进行。

第十九条 基层党组织应当注重分析党员思想状况和心理状态，党组织负责人应当经常同党员谈心谈话，有针对性地做好思想政治工作。

第二十条 市、县党委或者基层党委每年应当组织党员集中轮训，主要依托县级党校（行政学校）、基层党校等进行。根据事业发展和党的建设重点任务，结合本地区本部门本单位中心工作和党员实际，确定培训内容和方式。党员每年集中学习培训时间一般不少于32学时。

第二十一条 党组织应当按照党中央部署要求，组织党员认真参加党内集中学习教育，引导党员围绕学习教育主题，深入学习党的创新理论，查找解决自身存在的突出问题。

省级党委、行业系统党组织可以根据党员思想状况和党的建设需要，适时开展专题学习教育。

第二十二条 党组织应当充分发挥党员的先锋模范作用，结合不同群体党员实际，通过树立、学习身边的榜样，设立党员示范岗、党员责任区，开展设岗定责、承诺践诺等，引导党员做好本职工作，干在实处、走在前列，创先争优，在联系服务群众、完成重大任务中勇于担当作为，做到平常时候看得出来、关键时刻站得出来、危急关头豁得出来。

鼓励和引导党员参与志愿服务。党员应当积极参加党组织开展的志愿服务活动，也可以自行开展志愿服务活动。

第二十三条 党组织应当坚持从严教育管理和热情关心爱护相统一，从政治、思想、工作、生活上激励关怀帮扶党员。

针对老党员的身体、居住和家庭等实际情况，采取灵活方式，进行教育管理服务，组织他们参加党的组织生活，发挥力所能及的作用。对年老体弱、行动不便、身患重病甚至失能的党员，组织活动和开展学习教育不作硬性要求，党组织通过送学上门、走访慰问等方式，给予更多关心照顾。

第五章　党籍和党员组织关系管理

第二十四条 经党支部党员大会通过、基层党委审批接收的预备党员，自通过之日起，即取得党籍。

对因私出国并在国外长期定居的党员，出国学习研究超过5年仍未返回的党员，一般予以停止党籍。停止党籍的决定由保留其组织关系的党组织按照有关规定作出。

对与党组织失去联系6个月以上、通过各种方式查找仍然没有取得联系的党员，予以停止党籍。停止党籍的决定由所在党支部或者上级党组织按照有关规定作出。停止党籍2年后确实无法取得联系的，按照自行脱党予以除名。

对停止党籍的党员，符合条件的，可以按照规定程序恢复党籍。对劝其退党、劝而不退除名、自行脱党除名、退党除名、开除党籍的，原则上不能恢复党籍，符合条件的可以重新入党。

第二十五条 党员组织关系是指党员对党的基层组织的隶属关系。

每个党员都必须编入党的一个支部、小组或者其他特定组织。有固定工作单位并且单位已经建立党组织的党员，一般编入其所在单位党组织。没有固定工作单位，或者单位未建立党组织的党员，一般编入其经常居住地或者公共就业和人才服务机构、园区、楼宇等党组织。

党员工作单位、经常居住地发生变动的，或者外出学习、工作、生活6个月以上并且地点相对固定的，应当转移组织关系。具有审批预备党员权限的基层党委，可以在全国范围直接相互转移和接收党员组织关系。党组织接收党员组织关系时，如有必要，可以采取适当方式查核党员档案。对组织关系转出但尚未被接收的党员，原所在党组织仍然负有管理责任。党组织不得无故拒转拒接党员组织关系。

第二十六条 对没有人事档案的党员，应当由具有审批预备党员权限的基层党委建立党员档案，由所在党委或者县级以上党委组织部门保存。

有条件的地方，实行党员档案电子化管理。

第六章　党员监督和组织处置

第二十七条 党组织应当通过严格组织生活、听取群众意见、检查党员工作等多种方式，监督党员遵守党章党规党纪特别是政治纪律和政治规矩情况，遵守宪法法律法规和道德规范情况，参加组织生活情况，履行党员义务、联系服务群众、发挥先锋模范作用情况等。

第二十八条 发现党员有思想、工作、生活、作风和纪律方面苗头性倾向性问题的，以及群众对其有不良反映的，党组织负责人应当及时进行提醒谈话，抓早抓小、防微杜渐。

第二十九条 对党员不按照规定参加党的组织生活、不按时交纳党费、流动到外地工作生活不与党组织主动保持联系的，以及存在其他与党的要求不相符合的行为、情节较轻的，党组织应当采取适当方式及时进行批评教育，帮助其改进提高。

第三十条 对缺乏革命意志，不履行党员义务，不符合党员条件，但本人能够正确认识错误、愿意接受教育管理并且决心改正的党员，党组织应当作出限期改正处置，限期改正时间不超过1年。对给予限期改正处置的党员应当采取帮助教育措施。

第三十一条 党员具有下列情形之一的，按照规定程序给予除名处置：

（一）理想信念缺失，政治立场动摇，已经丧失党员条件的，予以除名；

（二）信仰宗教，经党组织帮助教育仍没有转变的，劝其退党，劝而不退的予以除名；

（三）因思想蜕化提出退党，经教育后仍然坚持退党的，予以除名；

（四）为了达到个人目的以退党相要挟，经教育不改的，劝其退党，劝而不退的予以除名；

（五）限期改正期满后仍无转变的，劝其退党，劝而不退的予以除名；

（六）没有正当理由，连续6个月不参加党的组织生活，或者不交纳党费，或者不做党所分配的工作，按照自行脱党予以除名。

对违犯党纪的党员，按照《中国共产党纪律处分条例》规定给予党纪处分。

第七章 流动党员管理

第三十二条 基层党组织应当加强流动党员管理，对外出6个月以上并且没有转移组织关系的流动党员，应当保持经常联系，跟进做好教育培训、管理服务等工作。在流动党员相对集中的地方，流出地党组织可以依托园区、商会、行业协会、驻外地办事机构等成立流动党员党组织。

流入地党组织应当协助做好流动党员日常管理。按照组织关系一方隶属、参加多重组织生活的方式，组织流动党员就近就便参加组织生活。乡镇、街道、村、社区、园区等党群服务中心应当向流动党员开放。流动党员可以在流入地党组织或者流动党员党组织参加民主评议。

对具备转移组织关系条件的流动党员，流出地和流入地党组织应当衔接做好转接工作。

第三十三条 农村党支部应当明确专人负责同流动党员保持联系。乡镇党委应当掌握流动党员基本情况，指导督促党支部加强日常教育管理。利用流动党员集中返乡等时机，组织其参加组织生活或者教育培训。对政治素质较好、有致富带富能力的流动党员，应当及时纳入村后备力量培养。

城市社区党组织对异地居住的流动党员，引导其向居住地党组织报到，自觉参加居住地党组织的活动，接受党组织管理。对在异地定居的党员，引导和帮助其及时转移组织关系。

公共就业和人才服务机构党组织应当建立健全流动人才党员党组织，理顺流动人才党员组织关系，加强和改进流动人才党员日常教育管理。

第三十四条 高校党组织对组织关系保留在学校的高校毕业生流动党员，应当继续履行管理职责。党员组织关系保留时间一般不超过2年，对符合转出组织关系条件的及时转出。

对出国（境）学习研究党员，由原就读高校或者工作单位党组织保留其组织关系，每半年至少与其联系1次。出国（境）学习研究党员返回后按照规定恢复组织生活。

第八章 党员教育管理信息化

第三十五条 适应时代发展要求，充分运用互联网技术和信息化手段，改进党员教育管理工作，推进基层党建传统优势与信息技术深度融合，不断提高党员教育管理现代化水平。

第三十六条 统筹规划、整合资源，健全党员信息库，加强全国党员管理信息系统建设，推动党员干部现代远程教育和党员电化教育创新发展，推进党员教育管理网站、移动客户端等平台一体化建设，建立党性教育基地网上平台，打造党务、政务、服务有机融合的网络阵地。

第三十七条 坚持网上和网下相结合，依托党员教育管理信息化平台，开展党员信息管理、党组织活动指导管理、流动党员管理服务、发展党员管理和党费管理等业务应用，为党员提供在线学习培训、转接组织关系、参与党内事务和关怀帮扶等服务。

注重利用信息数据，对党员队伍状况和党员教育管理工作进行实时分析研判，及时发现问题，不断改进工作。

第三十八条 党员应当主动学网用网，依托各类党员教育管理信息化平台，积极参加在线学习培训，认真参加党组织的活动，自觉接受党组织的教育管理。通过网络向群众宣传党的理论和路线方针政策，听取群众意见，联系服务群众。

党组织应当教育引导党员严格规范网络行为，敢于同网上错误言论作斗争，不得制作、发布、传播违反党的纪律规定和国家法律法规的信息内容。

第九章　组织领导和工作保障

第三十九条 在党中央领导下，由中央组织部牵头，中央纪委国家监委机关、中央宣传部、中央党校（国家行政学院）、中央和国家机关工委、教育部党组、国务院国资委党委等参加，建立全国党员教育管理工作协调小组，负责全国党员教育管理工作的规划部署、组织协调和检查指导，协调小组办公室设在中央组织部。省、自治区、直辖市党委应当建立党员教育管理工作协调机构。建立健全党员教育管理工作协调机构运行机制，充分发挥职能作用。

中央组织部主要负责党员教育管理工作统筹协调，抓好党员集中教育和经常性教育的组织安排，加强对党员教育管理工作的具体指导。

中央纪委国家监委机关主要负责党员纪律作风教育，指导开展党员监督，查处党员违犯党的纪律和职务违法、职务犯罪行为。

中央宣传部主要负责党员政治理论教育、形势政策教育，指导协调编写党员教育教材，组织党员先进典型的学习宣传。

中央党校（国家行政学院）主要负责党员领导干部培训，指导地方党校（行政学院）将党员教育培训列入教学计划，保证课时和教学质量。

中央和国家机关工委主要负责指导中央和国家机关各级党组织做好党员教育管理工作。

教育部党组主要负责宏观指导高等学校党员教育管理工作。

国务院国资委党委主要负责所监管企业党员教育管理工作。

地方各级党委组织部和纪检监察机关、党委宣传部、党校（行政学院）、机关工委、教育工委、国资委党委等，分别按照职能职责，承担党员教育管理工作任务。

第四十条 地方各级党委和部门单位党组（党委）领导本地区本部门本单位党员教育管理工作，贯彻执行党中央关于党员教育管理工作的方针政策和部署要求，定期研究党员教育管理工作，分析党员队伍状况，有针对性地提出工作措施。

基层党委履行抓党员教育管理的基本职责，推动落实上级党组织工作安排，组织做好党员集中培训、组织关系管理、表彰激励、关怀帮扶、组织处置、纪律处分等工作，指导所辖党支部做好党员日常教育管理工作。党支部按照党章和党内有关规定，履行相关工作职责。党小组应当落实党支部关于党员教育管理工作的要求和任务。

第四十一条 乡镇、街道、国有企业、高等学校等基层党委，按照规定配备一定数量的专兼职组织员，由县级以上党委组织部门进行业务指导和管理，承担指导督促发展党员和党员教育管理等工作。

实行党员教育讲师聘任制，县级以上党委从优秀党校教师、基层党组织书记、先进模范人物、党务工作者、专家学者、实用技术人才、离退休干部等人员中选聘党员教育讲师。

加强县级党校（行政学校）和基层党校建设。县级党校（行政学校）应当将党员集中培训作为重要任务。有计划地组织安排党员教育讲师到基层授课。注重发挥党群服务中心、党员干部教育培训基地、新时代文明实践中心的作用。

加强全国党员教育培训教材建设规划，组织编写全国党员教育基本教材。各地区各部门各单位可以结合实际，开发各具特色、务实管用的党员教育教材。

第四十二条 党员教育管理工作经费应当列入地方各级财政预算，结合实际按照党员数量划拨，重点保障农村、社区、非公有制经济组织和社会组织、公共就业和人才服务机构等基层党组织开展党员教育管理，形成稳定的经费保障机制。各级党委留存的党费主要用于教育培训党员、支持基层党组织开展组织生活。加强对革命老区、民族地区、边疆地区、贫困地区党员教育管理工作经费支持。

第四十三条 各级党委各党组应当加强对党员教育管理工作的检查考核。基层党委每年把党员教育管理工作情况作为向上级党组织报告工作的重要内容。在基层党建工作述职评议考核中，对党组织负责人抓党员教育管理工作情况作出评价。上级党组织在开展年度考核和任期考核中，应当考核检查下级党组织党员教育管理工作情况。

对在党员教育管理工作中失职失责的，按照有关规定予以问责追责。

第十章 附 则

第四十四条 中国人民解放军和中国人民武装警察部队党员教育管理工作规定，由中央军事委员会根据本条例制定。

第四十五条 本条例由中央组织部负责解释。

第四十六条 本条例自2019年5月6日起施行。

共青团中央关于印发《中国共产主义青年团支部工作条例（试行）》的通知

共青团各省、自治区、直辖市委，中央军委政治工作部组织局群团处，全国铁道团委，全国民航团委，中央和国家机关团工委，中央金融团工委，中央企业团工委，新疆生产建设兵团团委：

现将《中国共产主义青年团支部工作条例（试行）》印发给你们，请认真遵照执行。

共青团中央

2019年6月12日

第1章　总　则

第一条　为深入学习贯彻习近平新时代中国特色社会主义思想，把习近平总书记关于青年工作的重要思想落实到团的全部工作和建设之中，坚持和加强党的全面领导，树立大抓基层的鲜明导向，提升团支部组织力，强化团支部政治功能，充分发挥党的助手和后备军作用，根据《中国共产主义青年团章程》和有关规定，制定本条例。

第二条　团支部是团的基础组织，是团组织开展工作的基本单元，是团的全部工作和战斗力的基础，担负直接教育团员、管理团员、监督团员和组织青年、宣传青年、凝聚青年、服务青年的职责。

第三条　团支部工作必须遵循以下原则：

（一）坚持以马克思列宁主义、毛泽东思想、邓小平理论、"三个代表"重要思想、科学发展观、习近平新时代中国特色社会主义思想为行动指南，遵守团章，保持和增强政治性、先进性、群众性。

（二）坚持把政治建设摆在首位，坚持党的全面领导，坚决贯彻党的意志和主张，严守政治纪律和政治规矩，增强"四个意识"、坚定"四个自信"、做到"两个维护"，坚持党建带团建，确保党的路线方针政策贯彻落实。

（三）坚定不移走中国特色社会主义群团发展道路，把培养社会主义建设者和接班人作为根本任务，把巩固和扩大党执政的青年群众基础作为政治责任，把围绕中心、服务大局作为工作主线。

（四）认真履行职责，引领凝聚青年，在青年中加强和改进理论武装工作，坚定青年听党话、跟党走的人生追求；组织动员青年，配合党和国家中心工作，动员青年建功新时代；联系服务青年，强化服务意识、提升服务能力，做青年信得过、靠得住、离不开的贴心人。

（五）坚持民主集中制，发扬团内民主，尊重团员主体地位，严肃团的纪律，提高解决自身问题的能力，保证团的决议得到有效的贯彻执行。

（六）坚持改革创新，落实党对共青团改革和全面从严治团的要求，推进组织和工作创新，生动活泼地开展工作，不断扩大团的组织和工作有效覆盖面，不断增强对青年的凝聚力、组织力、号召力。

第2章　组织设置

第四条　团支部设置一般以单位、区域、领域为主，以单独组建为主要方式。企业、农村、机关、学校、科研院所、社区、社会组织、人民解放军和武警部队连（中）队以及其他基层单位，凡是有团员3人以上的，都应当成立团支部。

团支部团员人数一般不超过50人。经上级团组织批准，团支部团员人数可以适当放宽。

第五条　坚持青年在哪里、团组织就建在哪里，团支部设置形式应当从实际出发，可以不完全与党组织和行政建制对应。适应街道社区、非公有制经济组织、社会组织等单位和领域的特点，适应团员、青年流动和分布聚集的特点，灵活设置团支部。

规模较大、跨地域的农民专业合作组织，专业市场、商业街区、商务楼宇、行业组织、居住区等，符合条件的，应当成立团支部。

团员不足3人的单位，应当按照地域相邻、行业相近、规模适当、便于管理的原则，成立联合团支部。

为期6个月以上的工程、工作项目等，符合条件的，应当成立团支部。

流动团员较多，工作地或者居住地相对固定集中，应当由流出地团组织商流入地团组织，将流动团员纳入流入地团支部管理，或依托园区、商会、行业组织、驻外地办事机构等成立流动团员团支部。

在新经济和新社会组织从业青年、新媒体从业青年、自由职业者、留学归国青年等新兴领域青年中，积极探索依托企业、社会组织、行业组织、"青年之家"、网络等载体成立团支部。

第六条 团支部的成立，一般由基层单位提出申请，在征得所在单位党组织同意后，向上级团委或所在乡镇（街道）团（工）委提出申请；上级团委或所在乡镇（街道）团（工）委研究决定并批复，批复时间一般不超过1个月。

如所在单位没有党组织，可以直接向上级团委或所在乡镇（街道）团（工）委提出申请，根据工作需要，上级团委或所在乡镇（街道）团（工）委也可以直接作出在基层单位成立团支部的决定。

上级团委或所在乡镇（街道）团（工）委审批同意后，基层单位召开团员大会选举产生团支部委员会或者不设委员会的团支部书记、副书记。团员大会召开后，团支部应当在1个月内，向同级党组织和批准其成立的团委递交选举结果报告。团支部成立批复和选举结果由批准其成立的团委报上级团组织备案。

团员大会召开后，上级团组织和该团支部应当在1个月内，建立、完善"智慧团建"系统中团支部相关信息。

第七条 对因团员人数或者所在单位、区域等发生变化，不再符合设立条件的团支部，上级团委应当及时通报其同级党组织，并及时予以调整或者撤销。

团支部的调整和撤销，一般由团支部报同级党组织、上级团委批准，也可以由上级团委与其同级党组织协商后直接作出决定。

第八条 为执行某项任务临时组建的机构，团员组织关系不转接的，经上级团组织批准，可以成立临时团支部。

临时团支部主要组织团员开展政治学习，教育、管理、监督团员，对入团积极分子进行教育培养等，一般不发展团员、处分处置团员，不收缴团费，不选举团代表大会代表和进行换届，不开展"推优"入党工作。

临时团支部书记、副书记和委员由批准其成立的团组织指定。

临时组建的机构撤销后，临时团支部自然撤销，撤销前要向批准其成立的团组织报备。

第3章 基本任务

第九条 团支部的基本任务是：

（一）组织团员学习马克思列宁主义、毛泽东思想、邓小平理论、"三个代表"重要思想、科学发展观、习近平新时代中国特色社会主义思想，学习党的基本知识，进行革命传统教育，学习团章和团的基本知识，学习科学、文化、法律和业务。

（二）宣传、执行党和团组织的指示和决议，参与民主管理和民主监督，找准服务大局的切入点、结合点、着力点，充分发挥团员的模范带头作用，团结带领青年在促进经济社会发展中发挥生力军和突击队作用。

（三）开展中国特色社会主义和实现中华民族伟大复兴的中国梦宣传教育，开展爱国主义、集体主义和民主法治教育，组织团员和青年学习革命前辈，培育和践行社会主义核心价值观，教育团员和青年抵制不文明行为，坚决同各种违纪违法行为作斗争，弘扬网上主旋律，正确对待、理性使用网络。

（四）对团员进行教育、管理、监督和服务，健全团的组织生活，定期开展主题团日，及时更新团员信息，落实"三会两制一课"，开展批评和自我批评，监督团员切实履行义务，保障团员的权利不受侵犯；做好团员组织关系转接工作；加强和改进流动团员管理；做好团费收缴使用和管理工作；及时办理超龄团员的离团手续；关怀帮扶困难团员；维护和执行团的纪律，依规稳妥处置不合格团员。

（五）对要求入团的青年进行培养教育，做好经常性发展团员工作，把政治标准放在首位，严格程序、严肃纪律；表彰表扬先进；做好“推优”入党工作；发现、培养和推荐团员、青年中的优秀人才。

（六）密切联系、服务青年，向青年有效传播党的主张，凝聚广大青年的智慧和力量，了解、反映团员和青年的思想、要求，关心团员和青年的学习、工作、生活和休息，开展文体活动。

（七）实事求是对团的建设、团的工作提出意见建议，及时向同级党组织和上级团组织报告情况。按照规定，向团员、青年通报团的工作情况，公开团内有关事务。

注重发挥好保留团籍的青年党员的骨干、表率作用，保留团籍的青年党员在参加党的组织生活的同时，应当积极参加团支部的组织生活，正确行使团员权利，模范履行团员义务。

第十条 不同领域团支部要结合实际，完成好以下重点任务：

（一）学校中的团支部，学习宣传贯彻党的教育方针，落实立德树人根本任务，筑牢青年师生的理想信念根基；突出实践育人，教育和帮助学生做到爱国、励志、求真、力行，加强班级团支部与班委会一体化运行，做好团员团组织关系转接工作；反映青年师生合理诉求，服务青年师生成才发展，协助做好维护校园稳定工作。

普通高等学校中的团支部，巩固马克思主义在高校意识形态领域的指导地位，落实“第二课堂成绩单”制度，做好“推优”入党工作；普通中等学校中的团支部，做好政治引领和仪式教育，把好入团关口，做好“团队衔接”工作；职业院校中的团支部，弘扬和践行工匠精神，促进学生就业创业、成长成才。

（二）村团支部，围绕实施乡村振兴战略，组织带领团员和青年发挥作用；大力培养农村青年致富带头人；开展关爱留守儿童、扶贫助困等活动。贫困村团支部应当动员和带领团员和青年，积极投身脱贫攻坚战。

（三）社区团支部，围绕建设文明和谐社区，积极参与基层社会治理；通过开展区域化团建等方式，整体推进社区团的建设和工作；加强对流动团员的管理和服务；培育、引导社区青年社会组织建设。

（四）国有企业和集体企业中的团支部，围绕服务企业发展和青年发展开展工作，组织带领团员和青年积极投身生产经营、弘扬职业文明、创造一流业绩；围绕青年成长发展、身心健康、志愿服务等需求开展有针对性的活动。

（五）机关事业单位中的团支部，围绕中心工作，促进事业发展，帮助青年提高理论修养、政策水平和业务素质；推动团员、团干部大兴调查研究之风，坚持深入基层、改进工作。

（六）非公有制经济组织和社会组织中的团支部，发挥团员的带头作用，团结凝聚青年，促进单位健康发展；教育引导青年增强政治认同，帮助青年提升职业素养，推荐青年人才；开展人文关怀和心理疏导，反映青年合理诉求，维护青年合法权益。

（七）流动团员团支部，组织流动团员开展政治理论学习，引导团员履行团员义务，行使团员权利，有效发挥作用；对组织关系不在本团支部的流动团员教育评议等情况，应当通报其组织关系所在团支部。

（八）网络、产业链等新型团支部，以有效覆盖、联系服务团员和青年为重点开展工作，宣传党的路线方针政策，根据团员实际情况，组织参加学习，开展组织生活，推动团员和青年承担社会责任、弘扬正能量。

第4章 工作机制

第十一条 团支部团员大会是团支部的议事决策机构，一般每季度召开1次，根据工作需要可以随时召开。

团支部团员大会的职权是：听取和讨论团支部委员会的工作报告，对团支部委员会的工作进行审议和监督；选举新的团支部委员会和出席上级团代会的代表，增补和罢免团支部委员；讨论接收新团员；开展团员教育评议工作；研究决定对团员的奖励，开展“推优”入党工作；讨论通过对团员的组织处置和纪律处分；开好团支部组织生活会；研究决定本支部其他重要事项。

团支部团员大会议题提交表决前，应当经过充分讨论。表决须有半数以上有表决权的团员到会方可进行，赞成人数超过应到会有表决权团员的半数为通过。

第十二条 团支部委员会是团支部日常工作的领导机构。

团支部委员会会议一般每月召开1次，根据工作需要可以随时召开，对团支部重要工作进行讨论、作出决定等。团支部委员会会议须有半数以上委员到会方可进行，表决赞成人数超过应到会委员的半数为通过。重要事项提交团支部团员大会决定前，一般应当经团支部委员会会议讨论。

第十三条 团员人数较多或者团员工作地、居住地比较分散的团支部，按照便于组织开展活动的原则，应当划分若干团小组，并设立团小组组长。团小组组长由团支部指定，也可以由所在团小组团员推荐产生。

团小组主要落实团支部工作要求，完成团支部安排的任务。团小组会可以根据工作需要随时召开。

第十四条 团支部团员大会、团支部委员会会议应当由团支部书记召集并主持。团支部书记不能参加会议的，可以委托团支部副书记或团支部委员召集并主持。团小组会由团小组组长召集并主持。

第5章 组织生活

第十五条 团支部应当严格执行团的组织生活制度，经常、认真、严肃地开展批评和自我批评，按照增强政治性、时代性、原则性、战斗性的要求，加强和规范团内政治生活，不断推进组织生活内容和方式创新。

团支部每年至少召开1次组织生活会，组织生活会一般以团支部团员大会、团支部委员会会议或者团小组会形式召开。

专职、挂职团干部应当编入一个团的支部，并参加所在团支部或者团小组组织生活。

第十六条 团支部应当组织团员按期参加团员大会、团小组会和上团课，按期开展团员教育评议和团员年度团籍注册，定期召开团支部委员会会议。

“三会两制一课”应当突出思想政治要求，切实提高组织生活质量，注重创新方式方法，做到形式多样、严肃活泼。

团课应当针对团员思想和学习、工作实际，采用相对灵活的方式，增强吸引力感染力。团的领导机关干部应当定期为基层团员讲团课，基层团委主要负责人每年至少要为团员青年讲1次团课。除团支部的团员和入团积极分子外，团课可以扩大至积极向本团支部靠拢的青年。入团积极分子被确定为发展对象之前参加集中团课学习应当不少于8个学时。

团支部结合重点工作一般每月开展1次主题团日。主题团日开展前，团支部应当认真研究确定主题和内容；开展后，应当抓好议定事项的组织落实。

对经团组织同意可以不转接组织关系的团员，所在单位团组织可以将其纳入一个团支部或者团小组，参加组织生活。

第十七条 团员教育评议工作应当与团员年度团籍注册工作相结合，一般每年进行1次。教育评议的对象为全体团员。保留团籍的青年党员可以不参加团员教育评议和年度团籍注册，自愿参加者不限。

团员教育评议按照个人自评、团员互评、测评投票、团支部建议评议等次、报上级团委批准的程序，对团员的表现和作用发挥情况作出综合评价。

开展团员教育评议工作一般应当召开团支部团员大会，团员人数较多的团支部，可以先由各团小组会议开展评议并提出初步评议意见后，提交团支部团员大会研究确定。

第十八条 团员年度团籍注册一般应当在每年1月份，以团支部为单位开展。学校团支部一般应当在秋季开学后1个月内完成团员注册工作。团员年度团籍注册应当根据团员评议结果，给予注册、暂缓注册或不予注册。

年度团籍注册后，团支部应当在1个月内，更新“智慧团建”系统中团支部、团员的相关信息。

第十九条 流动团员外出时间不满6个月的，一般在原团支部参加团员教育评议，进行团籍注册；团员外出地或工作单位相对固定，外出时间6个月以上的，一般应当将组织关系转入外出地或工作单位相应的团支部，并参加教育评议，进行团籍注册。

第二十条 团支部应当经常开展谈心谈话。团支部委员之间、团支部委员和团员之间、团员和团员之间，每年谈心谈话一般不少于1次。谈心谈话应当坦诚相见、交流思想、交换意见、帮助提高。

团支部应当注重分析团员思想状况和心理状态。对家庭发生重大变故和出现特殊困难、身心健康存在突出问题等情况的团员，团支部书记应当帮助做好心理疏导；对受到处分处置以及有不良反映的团员，团支部书记应当有针对性地做好思想政治工作。

第6章 团支部委员会建设

第二十一条 有团员7人以上的团支部，应当设立团支部委员会。团支部委员会由3至5人组成，一般不超过7人。

团支部委员会设书记，可以设副书记和组织委员、宣传委员等若干委员。

团员人数不足7人的团支部，设1名书记，必要时可以设副书记。

第二十二条 团支部委员会每届任期2年或3年，其中大、中学校学生团支部委员会每届任期1年。

团支部召开团员大会选举，应当事先向同级党组织和上级团组织请示，并取得批准；没有同级党组织的团支部，应当事先向上级团组织请示，并取得批准。团支部委员会由团支部团员大会选举产生。团支部书记、副书记一般由团员大会从新当选的委员会委员中选举产生，人数较多的支部也可由团支部委员会选举产生，不设委员会的团支部书记、副书记由团员大会选举产生。

团支部委员会的选举结果须报同级党组织和上级团组织批准。团支部书记、副书记、委员出现空缺，应当及时进行补选。确有必要时，经同级党组织和上级团组织共同研究，可以指派团支部负责人。

建立健全团支部按期换届提醒督促机制。根据团组织隶属关系和团干部协管权限，上级团组织对任期届满的团支部，一般提前3个月提醒做好换届准备。对需要延期或者提前换届的，同级党组织和上级团组织应当认真审核把关，延长或者提前期限一般不超过6个月。

第二十三条 团支部书记负责团支部全面工作，督促团支部其他委员履行职责、发挥作用，抓好团支部委员会自身建设，向团支部委员会、团支部团员大会和同级党组织、上级团组织报告工作。

团支部副书记协助团支部书记开展工作。团支部其他委员按照职责分工开展工作。

第二十四条 团支部书记应当具备良好政治素质，热爱团的工作，具有一定的组织协调能力和群众工作本领，敢于担当、乐于奉献，带头发挥先锋模范作用，在团员和青年中有较高威信。

第二十五条 同级党组织和上级团组织应当结合不同领域实际，突出政治标准，采取多种方式，选拔符合条件的青年党员、优秀团员担任团支部书记。对没有合适人选的团支部，在与其同级党组织协商后，上级团组织可以选派团支部书记。根据工作需要，上级团组织可以选派团建指导员，指导、协助团支部书记开展工作，主要承担建强团支部、规范基础团务、推动重点工作等职责任务。鼓励符合条件的村、社区团支部书记按程序担任村、社区“两委”班子成员。

第二十六条 上级团组织应当定期对团支部书记、副书记和其他委员进行培训。

团支部书记培训纳入团干部教育培训规划，对新任团支部书记应当进行任职培训。地方、行业、系统一般根据团组织隶属关系，分层分类开展团支部书记轮训。注意统筹安排，防止频繁参训，确保团支部书记做好日常工作。

对团支部书记、副书记和其他委员的培训应当突出政治培训、思想教育及基础团务、团内纪律规定等内容，根据其年龄特点和接受程度，加强培训课程的科学化、标准化、信息化建设，不断提高培训的针对性和实效性。注重发挥优秀团干部传帮带作用。

第二十七条 培养树立基层团干部先进典型，对工作有显著成绩的团支部书记及委员给予表彰表扬。

第二十八条 团支部委员会成员应当自觉接受同级党组织、上级团组织和团员、青年的监督，加强互相监督。

团支部书记每年应当向同级党组织、上级团组织和团支部团员大会述职，接受评议考核，考核结果作为评先评优等重要依据。

第二十九条 建立整顿软弱涣散团支部工作长效机制。对不适宜担任团支部书记、副书记和委员职务的，上级团组织应当与其同级党组织协商，及时作出调整。

第7章 领导和保障

第三十条 各级团委应当把团支部建设作为最重要的基本建设，定期研究讨论、加强领导指导，切实履行主体责任。县级团委每年至少专题研究1次团支部建设工作，大、中学校团委每学期至少专题研究1次团支部建设工作。

各级团委书记应当结合落实密切联系青年机制，带头建立团支部工作联系点，带头开展调查研究，发现和解决问题，总结推广经验。

第三十一条 各级团委应当经常对团支部建设情况进行分析研判，加强分类指导和督促检查，增加先进团支部，提升中间团支部，整顿后进团支部，创新发展新型团支部。加强团支部标准化、规范化建设。可以将团员人数较多、社会影响力较大的团支部作为县级团委直属团组织。

第三十二条 抓团支部建设情况应当列入各级团委书记年度工作述职评议考核的重要内容，作为评判其履职情况的重要依据。对抓团支部建设不力、各项工作不落实的，上级团委应当进行约谈。对团支部建设出现严重问题，团员和青年反映强烈的，应当按照规定严肃问责。

第三十三条 各级团组织应当积极推动党建带团建机制落实，为团支部开展工作提供必要条件和经费保障。加强村、社区和园区等领域基层团组织活动场所建设，推动党团、群团活动阵地共建共享，积极运用现代技术和信息化手段，充分发挥办公议事、开展活动、服务青年等综合功能。

县级以上团委管理的团费每年应当按照一定比例支持团支部工作，重点支持贫困村团支部、困难国有企业团支部、非公有制经济组织和社会组织团支部、流动团员团支部、新兴领域团支部等开展团的活动。

第8章 附 则

第三十四条 村、社区团的基层委员会除每届任期规定外，按照本条例执行。

第三十五条 中央军委政治工作部可以根据本条例，制定相关规定。

第三十六条 本条例由团中央基层建设部负责解释。

第三十七条 本条例自发布之日起施行。其他有关团支部的规定与本条例不一致的，按照本条例执行。

共青团中央关于印发《共青团推优入党工作实施办法（试行）》的通知

中青发〔2019〕9号

共青团各省、自治区、直辖市委，中央军委政治工作部组织局群团处，全国铁道团委，全国民航团委，中央和国家机关团工委，中央金融团工委，中央企业团工委，新疆生产建设兵团团委：

“推优”制度是团的助手和后备军作用发挥的重大制度安排，是党团血脉联系的组织依托。加强对共青团员的政治引领，积极向党组织输送新鲜血液、抓好“推优”工作，是党赋予共青团的重要政治职责，是共青团落实习近平总书记关于青年工作的重要思想的关键举措。结合现行文件要求与各地工作实践，并征求中央组织部等有关方面意见后，我们研究制定了《共青团推优入党工作实施办法（试行）》，现印发给你们，请认真贯彻执行。

共青团中央

2019年8月29日

共青团推优入党工作实施办法（试行）

第一章　总　则

第一条　推荐优秀共青团员作党的发展对象（以下简称“推优”），是党赋予共青团组织的一项光荣任务。为保持和增强共青团的政治性、先进性、群众性，进一步规范和加强共青团“推优”工作，有效提升青年党员质量，根据《中国共产党章程》《中国共产主义青年团章程》和《中共中央组织部、共青团中央关于进一步做好推荐优秀团员作党的发展对象工作的意见》《中共中央组织部关于进一步加强在青年中发展党员工作的意见》《中共中央组织部、共青团中央、国资委党委关于进一步加强和改进中央企业共青团工作的意见》《中国共产党发展党员工作细则》等，制定本办法。

第二条　“推优”工作应在各级党组织的统一领导下进行。团组织既可推荐团员中的入党积极分子成为党的发展对象，也可推荐团员中的入党申请人成为入党积极分子。基层团组织应不断加强自身建设，夯实“推优”工作基础。基层团干部应加强学习，掌握发展党员工作的方针和要求，规范“推优”程序，强化培养过程，提高“推优”能力。

第三条　团的基层组织应当把“推优”作为一项经常性重要工作。认真落实“28周岁以下青年入党，一般应从团员中发展；发展团员入党一般应经过团组织推荐。使‘推优’工作逐步成为党组织发展青年党员的主要渠道，使共青团员成为党组织发展青年党员的主要来源”的要求。28至35周岁青年入党，一般应听取所在单位或所在地团组织意见。

第二章　推荐对象和推荐条件

第四条　年满18周岁的中国青年工人、农民、军人、知识分子和其他社会阶层中的优秀共青团员，承认党的纲领和章程，愿意参加党的一个组织并在其中积极工作、执行党的决议和按期交纳党费的，优先由团组织推荐加入中国共产党。

第五条　推荐对象应有1年以上的团龄。“推优”的比例一般不超过团支部团员人数的20%，可根据年度工作计划确定。每次推荐有效期为2年。

第六条 团组织向党组织推荐发展对象，原则上应当是团员中的入党积极分子，应坚持党章规定的党员基本条件，真正把团员中的先进分子推荐给党组织。

第七条 “推优”的具体条件是：

（一）政治思想上先进。坚持以马克思列宁主义、毛泽东思想、邓小平理论、“三个代表”重要思想、科学发展观、习近平新时代中国特色社会主义思想为指导。坚决维护习近平总书记党中央的核心、全党的核心地位，坚决维护党中央权威和集中统一领导，在思想上政治上行动上同党中央保持高度一致。高扬理想信念旗帜，坚定共产主义远大理想和中国特色社会主义共同理想，坚决拥护党的领导，坚定中国特色社会主义道路自信、理论自信、制度自信、文化自信，坚定对党的政治认同、思想认同、情感认同。热爱祖国、热爱人民、热爱社会主义。旗帜鲜明反对和抵制违背党中央精神的错误言行，积极弘扬主旋律、传播正能量，坚持传播党的政策主张，主动面向身边青年开展思想引领工作。

（二）道德品行上先进。自觉树立和践行社会主义核心价值观，自觉弘扬爱国主义、集体主义、社会主义精神，积极传承中华优秀传统文化、革命文化、社会主义先进文化，带头倡导良好社会风气。积极锤炼高尚品格，践行和倡导社会公德、职业道德、家庭美德。主动成为注册志愿者，积极参加志愿服务。主动成为网络文明志愿者，积极参与构建清朗网络空间。积极联系青年，热心帮助他人。

（三）发挥作用上先进。励志勤学、敏于求知、增长才干，不断提高与时代发展和事业要求相适应的素质和能力，做到德智体美劳全面发展。爱岗敬业，脚踏实地履职尽责，立足岗位争先创优。勇于到条件艰苦的基层、国家建设的一线、项目攻关的前沿经受锻炼，艰苦奋斗。有探索真知、求真务实的态度，在立足本职的创新创造中不断积累经验、取得成果。积极参加团组织的活动，对团组织交给的工作认真负责，积极为团组织工作出谋划策，在团员青年中能起到表率作用。

（四）执行纪律上先进。积极向共产党员标准看齐，自觉遵守国家法律法规，坚决贯彻依法治国基本方略，在尊法学法守法用法中作表率。模范遵守团章团纪，认真执行团的决议，自觉履行团员义务，积极参加团的组织生活和团的活动。带头遵守本单位各项规章制度。

第八条 对马克思主义缺乏信仰、不具有共产主义觉悟的；在重大政治斗争中立场不坚定、态度不坚决的；传播反党反社会主义言论的；不能严格遵守国家法律规定、存在违法违纪行为的，不得列为“推优”对象。

第九条 各级团组织应在党组织的领导下，加强团员的日常教育，加强政治理论教育，突出党的创新理论学习，组织学习党的基本理论、基本路线、基本方略，学习马克思主义基本原理和党的基本知识，开展党的历史和优良传统、作风教育以及社会主义核心价值观教育，帮助团员懂得党的性质、纲领、宗旨、组织原则和纪律，懂得党员的义务和权利，端正入党动机，树立为共产主义事业奋斗终身的信念。

第十条 建立党、团组织联合培养、教育入党积极分子工作机制。团组织应配合党组织做好入党积极分子的教育培训工作，协助开展每半年一次的考察，针对存在的问题向党组织提出意见建议；对经过1年以上培养教育和考察、基本具备党员条件的入党积极分子，应在党组织的领导下，在广泛听取意见的基础上，由“推优”大会产生党的发展对象推荐人选。

第十一条 加大对“青年马克思主义者培养工程”（以下简称“青马工程”）学员的培养力度，积极推荐优秀“青马工程”学员作党的发展对象。“青马工程”学员为入党积极分子的，培养期间参加的理论学习、社会实践等课程应当记入入党积极分子的考察材料中。

第三章 “推优”工作程序

第十二条 基层团组织应根据有关规定，依据党组织年度发展党员工作计划，确定年度“推优”工作计划。

第十三条 团支部提出召开“推优”大会申请，经上级团组织批准同意后，由团支部书记主持召开。上级团组织负责“推优”工作的监督考核，确保“推优”工作标准严格、流程规范。

第十四条 “推优”大会的流程是：

（一）清点参加“推优”大会的团员人数，须有半数以上有表决权的团员到会方可进行。

（二）团支部委员会介绍符合“推优”条件的候选人情况，候选人的产生应遵循各地开展的积分评议、志愿服务等团员评优机制。

（三）候选人从思想政治、道德品行、作用发挥、执行纪律等方面进行自我评述，重点介绍入党动机和接受培养教育的体会认识。

（四）参会人员通过无记名投票的方式进行民主评议，赞成人数超过应到会有表决权团员的半数以上的候选人，进入考察环节。

（五）团支部委员会对推选出的候选人进行考察，考察不唯票，结合平时掌握的情况，提出组织意见，形成书面材料。

（六）“推优”情况在一定范围内进行公示，公示期一般不少于5个工作日，公示期内如有异议可向上级团组织反映。

第十五条 公示无异议后将有关材料报上级团组织审核。

第十六条 上级团组织审核团支部推荐意见和相关材料，对被推荐对象进行进一步考察。对符合条件的，汇总“推优”情况说明以及考察材料等向党支部推荐。

第十七条 经基层党组织预审合格的发展对象，上级团组织应当在1个月内向基层团支部通报传达。

第四章 其 他

第十八条 各级团的领导机关和基层团组织应当主动争取党组织的关心和支持，加强本地本单位推优入党工作的谋划、统筹和指导，每年年底向上级团组织和本级党组织报告“推优”工作情况。

第十九条 在“推优”工作过程中，严禁亲亲疏疏、徇私舞弊、弄虚作假。对于出现违反纪律的团员，取消其“推优”资格并对相关责任人进行批评教育和帮助，情节严重的，给予纪律处分。

第二十条 推荐团员中的入党申请人成为入党积极分子，参照本办法执行。

第二十一条 本办法由共青团中央组织部负责解释。

第二十二条 本办法自发布之日起实施。

中共教育部党组　共青团中央关于印发《高校学生社团建设管理办法》的通知

教党〔2020〕13号

各省、自治区、直辖市党委教育工作部门、教育厅（教委）、团委，新疆生产建设兵团教育局、团委，部属各高等学校党委、部省合建各高等学校党委：

《高校学生社团建设管理办法》已经中央教育工作领导小组研究同意，现印发给你们，请结合实际抓好贯彻落实。

中共教育部党组、共青团中央

2020年1月20日

高校学生社团建设管理办法

第一章　总　则

第一条　为深入学习贯彻习近平新时代中国特色社会主义思想特别是习近平总书记关于高校思想政治工作和青年工作的重要论述，切实加强高校学生社团建设管理，充分发挥学生社团育人功能，支持高校学生社团健康有序发展，特制定本办法。

第二条　高校学生社团是落实立德树人根本任务、推进素质教育的重要载体，是高校学生根据成长成才需要，结合自身兴趣特长，在高校党委的领导和团委的指导下开展活动的群众性学生团体。高校学生社团一般分为思想政治类、学术科技类、创新创业类、文化体育类、志愿公益类、自律互助类及其他类等。

第三条　高校学生社团的基本任务是：以习近平新时代中国特色社会主义思想为指导，团结凝聚广大青年学生，坚持思想性、知识性、艺术性、多样性相统一的原则，积极开展方向正确、健康向上、格调高雅、形式多样的社团活动，丰富课余生活，繁荣校园文化，促进青年学生德智体美劳全面发展。

第二章　注册登记

第四条　申请成立学生社团，须具备以下条件：

（一）有20名以上本校在读学生联合发起，所有发起人均须具有正式学籍，未受过校纪校规处分，具有开展该社团活动所必备的基本素质；

（二）有规范的名称和相应的组织机构，名称应与其业务性质相符，准确反映其特征，应符合法律法规要求，不得违背校园文明风尚和社会公共道德；

（三）有明确的业务指导单位，原则上业务指导单位应是与社团业务相关的校内机关职能部门、院（系）党组织或校内学术科研机构；

（四）有至少1名指导教师；

（五）有规范的社团章程，包括社团类别、宗旨、成员资格、权利和义务、组织管理制度、财务制度、负责人产生程序、章程修改程序、社团终止及其他应由章程规定的相关事项。

第五条　申请成立学生社团材料包括社团成立筹备申请书、发起人和拟任负责人基本情况（包括思想表现、学习成绩等）、指导教师确认书、业务指导单位确认书以及社团章程草案等。

第六条　学生社团实行年审制度。年审内容包括社团成员构成、社团负责人工作及学习情况、年度活动清单、指导教师工作情况、业务指导单位意见、财务状况、有无违纪违规情况等。对年审合格的学生社团进行注册登记，只有进行注册登记的学生社团方可继续开展活动。对运行情况良好的社团，可在评奖评优、活动经费等方面给予适当的表彰激励。对年审不合格的学生社团提出整改意见，整改期限一般3至6个月，整改期间社团不得开展除整改以外的其他活动。

第七条 学生社团有下列情形之一的，不予批准成立或不予继续注册登记：

（一）申请成立时弄虚作假的；

（二）参加学生社团的人数长期不足20人的；

（三）年审不合格且整改无效的；

（四）全体成员大会决议解散的；

（五）在同一学校同一校区已有性质相同或相似学生社团的；

（六）涉及宗教文化的；

（七）涉及民族排他性或地区排他性的；

（八）跨地跨校联合成立的；

（九）未经学校审核批准的校外机构会员单位或分支机构性质的学生组织；

（十）举办违反法律法规校纪校规或社团章程宗旨活动的；（十一）其他不宜批准成立或不宜继续注册登记的。

第八条 企业、社会机构或个人原则上不得在学校建立特定冠名的学生俱乐部、协会等社团。对于与企业、社会机构或个人联系紧密的创新创业类社团，确有冠名需要的，须报学校党委批准。原则上学生社团不应涉及外事事务，确有需要的，须报学校党委批

第九条 未经批准成立或已经注销的学生社团不得开展任何活动。已批准成立的学生社团中的成员，未经学生社团集体研究授权，不得以社团名义开展活动。留学生成立学生社团由学校外事部门统筹负责。

第十条 在学校党委的领导下，由党委学生工作部门牵头组织各相关部门负责人及学生社团业务相关领域专家成立学生社团建设管理评议委员会，负责对学生社团注册登记及年审进行评议审核。评议委员会负责人由校党委分管学生工作的同志担任。评议审核结果须提交学校党委核准后方可执行。原则上在把控质量的前提下，促进学生社团精品建设、健康发展。

第十一条 学校党委要定期组织开展学生社团排查工作。对于未按规定注册或政治导向错误、开展非法活动的学生社团要依法依规予以取缔。对于校外人员未经学校许可，滥用、冒用学校名称（包括学校已申请注册具有法律效力的简称、别称）建立学生社团（含其运营的新媒体平台）在校内外开展非法活动的，除对其校内非法活动及活动据点予以取缔外，还应运用法律手段依法追究该非法社团及相关负责人的法律责任，维护学校和学生权益。

第三章 指导教师

第十二条 学生社团指导教师的主要职责是：指导学生社团发展建设，把握社团发展正确方向，加强社团成员思想政治教育，规范学生社团日常管理，参加学生社团相关活动，开展学生社团骨干培训，定期对所指导社团工作进行总结，及时发现掌握、指导整改社团建设、活动中存在的突出问题，并向学校党委学生工作部门报告等。

第十三条 学生社团指导教师应为本校在职在岗教职工，具备较强的思想政治素质、组织管理能力和与社团发展相关的专业知识，工作经验丰富，热心公益事务，具有奉献精神，关爱学生成长。

第十四条 配强学生社团指导教师，形成齐抓共管的协调联动长效机制。党委学生工作部门要牵头建立学生社团指导教师选聘机制，会同团委、组织、宣传、人事、教务等部门，注重发挥院（系）依托作用，按照个人申请、组织推荐、双向选择的原则建立指导教师库，并在教师库内选聘指导教师。思想政治类社团和志愿公益类社团指导教师须为中共党员。鼓励选聘高水平的思政课教师担任思想政治类社团的指导教师。指导教师实行聘任制，每个聘期为1年。原则上每名指导教师最多指导2个学生社团。

第十五条 党委学生工作部门要牵头加强对学生社团指导教师评价考核与激励。将指导教师纳入高校思想政治工作队伍培训计划，加大培训力度。指导教师工作量参照专任教师担任兼职辅导员标准进行核算认

定、享受相应待遇，并将指导学生社团情况纳入教师思想政治工作和师德师风表现中。对考核优秀的指导教师在绩效工资、职称评聘、评奖评优中给予政策支持，对考核不合格的指导教师要依规解除聘任。

第四章　组织建设

第十六条　充分保障学生社团成员权利。所有学生社团成员应当是具有正式学籍的本校在读学生。社团成员有权了解所在社团的章程、组织机构和财务制度，有权对社团的管理和活动提出建议和质询，有权按照章程申请加入或退出该社团，有权向上级管理部门反映社团及其成员出现的违反法律法规或校纪校规等问题。社团成员应定期注册，并按要求参加社团相关活动，每名学生最多加入2个学生社团。

第十七条　完善学生社团全体成员大会制度。拟批准成立的学生社团要召开全体成员大会或成员代表大会，通过社团章程，选举产生社团执行机构和负责人候选人。已注册的学生社团要定期召开全体成员大会或成员代表大会，依照社团章程行使职权，包括选举和更换社团负责人候选人，审议社团工作报告，对社团变更、解散等事项作出决定，修改社团章程，监督社团财务及活动开展情况等。

第十八条　加强学生社团政治引领。具备条件的学生社团原则上应建立临时党支部或团支部，承担政治理论学习、研究社团重要事项等职责。临时党支部（团支部）一般不发展党员（团员），不收缴党费（团费），不选举党代表（团代表）等。学生社团注销后，临时党支部或团支部自然撤销。

第十九条　健全学生社团骨干遴选机制。学生社团负责人候选人须政治立场鲜明、学习成绩优秀、组织能力突出。学习成绩综合排名须在班级前50%以内。学生社团负责人由校团委在党委学生工作部门的指导下，通过提名推荐、公开选举、考察公示、审核批准等环节遴选产生。思想政治类社团和志愿公益类社团的主要负责人应为中共党员。各部门负责人由学生社团在指导教师的指导下遴选产生，名单报校团委备案。

第二十条　强化学生社团骨干评价激励。制定全面客观、科学有效的学生社团骨干评价考核办法，建立以服务和贡献为导向的荣誉激励机制，引导学生社团骨干全心全意为社团发展服务，为社团成员成长助力，在社团工作的实践中受教育、长才干、作贡献。

第五章　活动管理

第二十一条　鼓励学生社团依据法律法规、校纪校规、社团章程广泛开展社团活动。积极创新载体形式，充分利用新媒体技术，不断增强社团活动的吸引力和感染力。社团活动须经学生社团集体决策、指导教师同意并报业务指导单位批准后方可开展。

第二十二条　学生社团及其成员不得开展与其宗旨不符的活动，不得开展纯商业性活动，不得参与违法违纪活动，不得散布违背宪法、法律、法规和党的路线方针政策的错误观点和言论。未经批准，学生社团不得自行与校外任何单位、组织或个人签订任何形式的合约或协议，不得接受经费资助。

第二十三条　学生社团建立网站、新媒体平台。及印发刊物等须报党委学生工作部门审核备案。建立内容把关机制，确保发布内容积极健康。学生社团开展线上线下宣传、发布活动信息须经指导教师审核同意。

第二十四条　党委学生工作部门应会同团委等相关部门加强学生社团及其成员开展活动的规范管理和分类指导。发现违反法律法规或校纪校规的活动，要坚决及时制止。对违反法律法规或校纪校规的学生社团，要视情节严重，按程序对相关责任人给予纪律处分。在校期间受到校纪校规处分的、曾因违反有关规定被撤销社团职务的、对社团被宣布解散或注销应当承担主要责任的学生不得再担任社团负责人。

第六章　强化领导

第二十五条　学校党委要压实主体责任，把学生社团工作纳入学校思想政治工作和群团工作整体格局进行谋划部署，定期听取学生社团工作汇报，及时研究解决有关问题。明确分管学生工作的负责同志分管学生社团工作，分管人事、教学的负责同志要参与学生社团指导教师选聘考核、社团骨干学习指导等管理工作。

第二十六条　学校党委要构建党委统一领导，党委学生工作部门牵头负责，团委、组织、宣传、保卫、人事、教务等相关职能部门共同参与的学生社团工作机制。党委学生工作部门要切实承担起学生社团建设发展、统筹管理的相关职责，对全校学生社团建设发展进行研究规划，制度性研究学生社团注册登记及年审、骨干遴选及考核等重要工作和重大事项，推进党的领导具体化。

第二十七条 加强党建带团建，把党建、团建与学生会建设、社团建设有机结合起来。学校团委要加强对全校学生社团的具体指导，成立学生社团管理部门，配备专职工作人员，做好学生社团建设管理评议委员会日常工作和社团建设管理具体事务等。已经成立学生社团联合会的，要将其功能并入学生社团管理部门，尚未成立的不再成立。

第二十八条 业务指导单位承担学生社团健康发展的主体责任，担负对所负责学生社团日常活动的监督指导和社团成员的教育管理职责，负责指导教师工作情况评价认定等。

第二十九条 学校党委应鼓励学生社团健康有序发展，在经费、场地、设备、条件、制度等方面给予充分保障，按照平均每年每生不低于20元的标准设立学生社团活动专项经费，支持学生社团活动正常开展，并保证专款专用。

第三十条 学生社团原则上不接受校外资助，不收取成员会费。确有资助需要的，要加强对资助事宜的合法合规性审核，并将各项资助经费纳入学校财务统一管理。学生社团解散或注销后的剩余财产，按照学校有关规定执行。

第三十一条 建立倒查问责机制，对学生社团管理出现重大问题的高校，要按照全面从严治党要求依规依纪进行严肃追责问责。

第七章 附 则

第三十二条 本办法适用于全国普通高等学校。中外合作办学机构、科研教育机构等参照本办法执行。各地各高校要根据本办法，结合工作实际制定相关实施细则，并报上一级教育工作部门和共青团组织备案。

第三十三条 本办法自发布之日起施行。2015年12月18日发布的《高校学生社团管理暂行办法》同时废止。

中国共产党基层组织选举工作条例

（2020年6月29日中共中央政治局会议审议批准　2020年7月13日中共中央发布）

第一章　总　则

第一条　为了深入贯彻习近平新时代中国特色社会主义思想，贯彻落实新时代党的建设总要求和新时代党的组织路线，坚持和加强党的全面领导，坚持党要管党、全面从严治党，健全党的民主集中制，完善党内选举制度，增强基层党组织政治功能，提升基层党组织组织力，根据《中国共产党章程》和有关党内法规，制定本条例。

第二条　本条例适用于企业、农村、机关、学校、科研院所、街道社区、社会组织和其他基层单位设立的党的委员会、总支部委员会、支部委员会（含不设委员会的党支部），以及党的基层纪律检查委员会的选举工作。

第三条　党的基层组织设立的委员会任期届满应当按期进行换届选举。

如需延期或者提前进行换届选举，应当报上级党组织批准。延长或者提前期限一般不超过1年。

第四条　党的基层组织设立的委员会一般由党员大会选举产生。党员人数在500名以上或者所辖党组织驻地分散的，经上级党组织批准，可以召开党员代表大会进行选举。

第五条　正式党员有表决权、选举权、被选举权。受留党察看处分的党员在留党察看期间没有表决权、选举权和被选举权；预备党员没有表决权、选举权和被选举权。党员被依法留置、逮捕的，党组织应当按照管理权限中止其表决权、选举权和被选举权等党员权利。

第六条　选举应当充分发扬民主，尊重和保障党员的民主权利，体现选举人的意志。任何组织和个人不得以任何方式强迫选举人选举或者不选举某个人。

第二章　代表的产生

第七条　党员代表大会的代表应当自觉增强“四个意识”、坚定“四个自信”、做到“两个维护”，遵守党章党规党纪和法律法规，具有履行职责的能力，能反映本选举单位的意见，代表党员的意志。

第八条　代表的名额一般为100名至200名，最多不超过300名。具体名额由召集党员代表大会的党组织按照有利于党员了解和直接参与党内事务，有利于讨论决定问题的原则确定，报上级党组织批准。

代表名额的分配根据所辖党组织数量、党员人数和代表具有广泛性的原则确定。优化代表结构，确保生产和工作一线代表比例。

大型国有企业、高等学校召开党员代表大会，其二级企业、直属单位党组织隶属其他地方或者单位党组织，且党员人数较多的，可以适当分配一定代表名额。

第九条　代表候选人的差额不少于应选人数的20%。

第十条　代表产生的主要程序是：

（一）从党支部开始推荐提名。根据多数党组织和党员的意见，提出代表候选人推荐人选。

（二）选举单位就代表候选人推荐人选与上级党组织沟通，提出代表候选人初步人选。采取适当方式加强审核把关，可以对代表候选人初步人选在一定范围内公示。

（三）选举单位研究确定代表候选人预备人选，报召开党员代表大会的党的基层委员会审查。

（四）选举单位召开党员大会或者党员代表大会，根据多数选举人的意见确定候选人，进行选举。

第十一条　上届党的委员会成立代表资格审查小组，负责对代表的产生程序和资格进行审查。

代表的产生不符合规定程序的，应当责成原选举单位重新进行选举；代表不具备资格的，应当责成原选举单位撤换。

代表资格审查小组应当向党员代表大会预备会议报告审查情况。经审查通过后的代表，获得正式资格。

第三章　委员会的产生

第十二条　党的基层组织设立的委员会委员候选人，按照德才兼备、以德为先和班子结构合理的原则提名。

不同领域、不同类型和不同层级党的基层组织，其委员候选人的条件，根据党中央精神和上级党组织要求，可以结合实际情况进一步细化。

第十三条　委员候选人的差额不少于应选人数的20%。

第十四条　党的总支部委员会、支部委员会委员的产生，由上届委员会根据多数党员的意见提出人选，报上级党组织审查同意后，组织党员酝酿确定候选人，在党员大会上进行选举。

第十五条　党的基层委员会和经批准设立的纪律检查委员会委员的产生，召开党员大会的，由上届党的委员会根据所辖多数党组织的意见提出人选，报上级党组织审查同意后，组织党员酝酿确定候选人，提交党员大会进行选举；召开党员代表大会的，由上届党的委员会根据所辖多数党组织的意见提出人选，报上级党组织审查同意后，提请大会主席团讨论通过，由大会主席团提交各代表团（组）酝酿讨论，根据多数代表的意见确定候选人，提交党员代表大会进行选举。

第十六条　党的基层组织设立的委员会的书记、副书记的产生，由上届委员会提出候选人，报上级党组织审查同意后，在委员会全体会议上进行选举。

不设委员会的党支部书记、副书记的产生，由全体党员充分酝酿，提出候选人，报上级党组织审查同意后进行选举。

第十七条　经批准设立常务委员会的委员会，其常务委员会委员候选人，由上届委员会按照比应选人数多1至2人的差额提出，报上级党组织审查同意后，在委员会全体会议上进行选举。

第十八条　委员会委员在任期内出缺，一般应当召开党员大会或者党员代表大会补选。

上级党的组织认为有必要时，可以调动或者指派下级党组织的负责人。

第四章　选举的实施

第十九条　进行选举时，有选举权的到会人数不少于应到会人数的五分之四，会议有效。

第二十条　召开党员大会进行选举，由上届委员会主持。不设委员会的党支部进行选举，由上届党支部书记主持。

召开党员代表大会进行选举，由大会主席团主持。大会主席团成员由上届党的委员会或者各代表团（组）从代表中提名，经全体代表酝酿讨论，提交党员代表大会预备会议表决通过。

委员会第一次全体会议选举常务委员会委员和书记、副书记，召开党员代表大会的，由大会主席团指定1名新选出的委员主持；召开党员大会的，由上届委员会推荐1名新当选的委员主持。

第二十一条　选举前，选举单位的党组织或者大会主席团应当以适当方式将候选人的简历、工作实绩和主要优缺点向选举人作出实事求是的介绍，对选举人提出的询问作出负责的答复。根据选举人的要求，可以组织候选人与选举人见面，回答选举人提出的问题。

第二十二条　选举设监票人，负责对选举全过程进行监督。

党员大会或者党员代表大会选举的监票人，由全体党员或者各代表团（组）从不是候选人的党员或者代表中推选，经党员大会、党员代表大会或者大会主席团会议表决通过。

委员会选举的监票人，从不是书记、副书记、常务委员会委员候选人的委员中推选，经全体委员表决通过。

第二十三条　选举设计票人。计票人在监票人监督下进行工作。

第二十四条　选举采用无记名投票的方式。选票上的代表和委员、常务委员会委员候选人名单以姓氏笔画为序排列，书记、副书记候选人名单按照上级党组织批准的顺序排列。

选举人不能填写选票的，可以由本人委托非候选人按照选举人的意志代写。因故未出席会议的党员或者代表不能委托他人代为投票。

第二十五条 选举人对候选人可以投赞成票或者不赞成票，也可以弃权。投不赞成票者可以另选他人。

第二十六条 投票结束后，监票人、计票人应当将投票人数、发出选票数和收回选票数加以核对，作出记录，由监票人签字并报告被选举人的得票数。

第二十七条 选举收回的选票数，等于或者少于投票人数，选举有效；多于投票人数，选举无效，应当重新选举。

每一选票所选人数，等于或者少于规定应选人数的为有效票，多于规定应选人数的为无效票。

第二十八条 实行差额预选时，赞成票超过应到会有选举权人数半数的，方可列为正式候选人。

第二十九条 进行正式选举时，被选举人获得的赞成票超过应到会有选举权人数半数的，始得当选。

获得赞成票超过半数的被选举人数多于应选名额时，以得票多少为序，至取足应选名额为止。如遇票数相等不能确定当选人时，应当就票数相等的被选举人再次投票，得赞成票多的当选。

获得赞成票超过半数的被选举人数少于应选名额时，对不足的名额另行选举。如果接近应选名额，经半数以上选举人同意或者大会主席团决定，也可以减少名额，不再进行选举。

第三十条 被选举人得票情况，包括得赞成票、不赞成票、弃权票和另选他人等，预选时由监票人向上届委员会或者大会主席团报告，正式选举时由监票人向选举人报告。

第三十一条 当选人名单由会议主持人向选举人宣布。

当选的党员代表大会代表、委员会委员，其名单以姓氏笔画为序排列。

当选的常务委员会委员和书记、副书记，其名单按照上级党组织批准的顺序排列。

第五章 呈报审批

第三十二条 召开党员大会或者党员代表大会的请示，按照党组织隶属关系，报有审批权限的上级党组织审批。召开党员大会的，一般提前1个月报批；召开党员代表大会的，一般提前4个月报批。

第三十三条 新一届党的委员会和纪律检查委员会委员、常务委员会委员和书记、副书记候选人预备人选，一般于召开党员大会或者党员代表大会1个月前，报有审批权限的上级党组织审批。

第三十四条 选出的委员，报上级党组织备案；常务委员会委员和书记、副书记，报上级党组织批准。

纪律检查委员会选出的常务委员会委员和书记、副书记，经同级党的委员会通过后，报上级党组织批准。

第六章 纪律和监督

第三十五条 加强对党的基层组织选举工作的领导，坚持教育在先、警示在先、预防在先，严肃政治纪律、组织纪律以及换届工作纪律要求，强化制度意识、严格制度执行、维护制度权威，引导党员和代表正确行使民主权利，保证选举工作平稳有序。

落实全面从严治党责任，严禁拉帮结派、拉票贿选、跑风漏气等非组织行为，严防黑恶势力、宗族势力、宗教势力干扰破坏选举，强化监督检查和责任追究，确保选举工作风清气正。

第三十六条 本条例由上级党的委员会及其组织部门和上级党的纪律检查委员会负责监督实施，执行情况纳入巡视巡察监督工作内容。

第三十七条 在选举中，凡有违反党章和本条例规定行为的，必须认真查处，根据问题的性质和情节轻重，对有关党员给予批评教育直至纪律处分，对失职失责的党组织和党的领导干部进行问责。

第七章 附 则

第三十八条 选举单位应当根据本条例制定选举办法，经党员大会或者党员代表大会讨论通过后执行。

第三十九条 中国人民解放军和中国人民武装警察部队党的基层组织的选举，由中央军事委员会根据本条例的精神作出规定。

第四十条 本条例由中央组织部负责解释。

第四十一条 本条例自发布之日起施行。1990年6月27日中共中央印发的《中国共产党基层组织选举工作暂行条例》同时废止。

中国共产党普通高等学校基层组织工作条例

（2009年11月5日中共中央政治局常委会会议审议批准　2010年8月13日中共中央发布
2021年2月26日中共中央政治局会议修订　2021年4月16日中共中央发布）

第一章　总　则

第一条　为了深入贯彻习近平新时代中国特色社会主义思想，贯彻落实新时代党的建设总要求和新时代党的组织路线，坚持和加强党对普通高等学校（以下简称高校）的全面领导，加强和改进高校党的建设，扎根中国大地办好中国特色社会主义大学，根据《中国共产党章程》和有关法律，制定本条例。

第二条　高校党组织必须高举中国特色社会主义伟大旗帜，以马克思列宁主义、毛泽东思想、邓小平理论、"三个代表"重要思想、科学发展观、习近平新时代中国特色社会主义思想为指导，增强"四个意识"、坚定"四个自信"、做到"两个维护"，全面贯彻党的基本理论、基本路线、基本方略，全面贯彻党的教育方针，坚持教育为人民服务、为中国共产党治国理政服务、为巩固和发展中国特色社会主义制度服务、为改革开放和社会主义现代化建设服务，坚守为党育人、为国育才，培养德智体美劳全面发展的社会主义建设者和接班人。

第三条　高校实行党委领导下的校长负责制。高校党的委员会（以下简称高校党委）全面领导学校工作，支持校长按照《中华人民共和国高等教育法》的规定积极主动、独立负责地开展工作，保证教学、科研、行政管理等各项任务的完成。

高校党委实行民主集中制，健全集体领导和个人分工负责相结合的制度。凡属重大问题都应当按照集体领导、民主集中、个别酝酿、会议决定的原则，由党委集体讨论，作出决定；党委成员应当根据集体的决定和分工，切实履行职责。

第四条　高校党组织工作应当遵循以下原则：

（一）坚持党管办学方向、党管干部、党管人才、党管意识形态，领导改革发展，把党的领导落实到高校办学治校全过程各方面，确保党的教育方针和党中央决策部署得到贯彻落实；

（二）坚持全面从严治党，以党的政治建设为统领，把政治标准和政治要求贯穿党的思想建设、组织建设、作风建设、纪律建设以及制度建设、反腐败斗争始终；

（三）坚持高校党的建设与人才培养、科学研究、社会服务、文化传承创新、国际交流合作等深度融合，为高校改革发展稳定、完成党和国家重大战略任务提供思想保证、政治保证、组织保证；

（四）坚持把思想政治工作作为开展高校党的建设的重要抓手，把立德树人成效作为检验高校党的建设工作的根本标准；

（五）坚持抓基层强基础，健全高校党的组织体系、制度体系和工作机制，全面增强高校基层党组织生机活力。

第二章　组织设置

第五条　高校党委由党员大会或者党员代表大会选举产生，每届任期5年。党委对党员大会或者党员代表大会负责并报告工作。

党员代表大会代表实行任期制。

第六条　规模较大、党员人数较多的高校，根据工作需要，经上级党组织批准，党委可以设立常务委员会（以下简称常委会）。常委会由党委全体会议选举产生，对党委负责并定期报告工作。设立常委会的党委每半年至少召开1次委员会全体会议，遇有重要情况可以随时召开。

设立常委会的高校党委，一般设党委委员15至31人，常委会委员7至11人；不设常委会的，一般设委员7至11人。根据学校实际，经上级党组织批准，可以适当增减常委会委员或者不设常委会的委员职数。

第七条 高校院（系）级单位根据工作需要和党员人数，经学校党委批准，设立党的基层委员会、总支部委员会、支部委员会。党的基层委员会由党员大会或者党员代表大会选举产生，党的总支部委员会、支部委员会由党员大会选举产生。院（系）党组织每届任期一般为5年。

第八条 有正式党员7人以上的党支部，应当设立党支部委员会；正式党员不足7人的党支部，设1名书记，必要时可以设1名副书记，由党支部党员大会选举产生。党支部委员会和不设支部委员会的支部书记、副书记每届任期一般为3年。

第九条 高校院（系）级以下单位设立党支部，应当与教学、科研、管理、服务等机构相对应。教师党支部一般按照院（系）内设的教学、科研机构设置，学生党支部一般按照年级班级或者学科专业设置。可以依托重大项目组、科研平台或者学生社区等设置师生党支部，注重在本专科低年级建立党的组织、开展党的工作。管理、后勤等部门的党支部一般按照部门设置。将离退休教职工党员编入党的组织，开展党的活动。

注重选拔党性强、业务精、有威信、肯奉献的党员学术带头人担任教师党支部书记。注重从优秀辅导员、骨干教师、优秀学生党员中选拔学生党支部书记。管理、后勤等部门党支部书记一般由本部门主要负责人担任。

第三章 主要职责

第十条 高校党委承担管党治党、办学治校主体责任，把方向、管大局、作决策、抓班子、带队伍、保落实。主要职责是：

（一）宣传和执行党的路线方针政策，宣传和执行党中央以及上级党组织和本组织的决议，坚持社会主义办学方向，依法治校，依靠全校师生员工推动学校科学发展，培养德智体美劳全面发展的社会主义建设者和接班人。

（二）坚持马克思主义指导地位，组织党员认真学习马克思列宁主义、毛泽东思想、邓小平理论、“三个代表”重要思想、科学发展观、习近平新时代中国特色社会主义思想，学习党的路线方针政策和决议，学习党的基本知识，学习业务知识和科学、历史、文化、法律等各方面知识。

（三）审议确定学校基本管理制度，讨论决定学校改革发展稳定以及教学、科研、行政管理中的重大事项。

（四）讨论决定学校内部组织机构的设置及其负责人的人选。按照干部管理权限，负责干部的教育、培训、选拔、考核和监督。加强领导班子建设、干部队伍建设和人才队伍建设。

（五）按照党要管党、全面从严治党要求，加强学校党组织建设。落实基层党建工作责任制，发挥学校基层党组织战斗堡垒作用和党员先锋模范作用。

（六）履行学校党风廉政建设主体责任，领导、支持内设纪检组织履行监督执纪问责职责，接受同级纪检组织和上级纪委监委及其派驻纪检监察机构的监督。

（七）领导学校思想政治工作和德育工作，落实意识形态工作责任制，维护学校安全稳定，促进和谐校园建设。

（八）领导学校群团组织、学术组织和教职工代表大会。

（九）做好统一战线工作。对学校内民主党派的基层组织实行政治领导，支持其依照各自章程开展活动。支持无党派人士等统一战线成员参加统一战线相关活动，发挥积极作用。加强党外知识分子工作和党外代表人士队伍建设。加强民族和宗教工作，深入开展铸牢中华民族共同体意识教育，坚决防范和抵御各类非法传教、渗透活动。

第十一条 高校院（系）级单位党组织应当强化政治功能，履行政治责任，保证教学科研管理等各项任务完成，支持本单位行政领导班子和负责人开展工作，健全集体领导、党政分工合作、协调运行的工作机制。主要职责是：

（一）宣传和执行党的路线方针政策以及上级党组织的决议，并为其贯彻落实发挥保证监督作用。

（二）通过党政联席会议，讨论和决定本单位重要事项。召开党组织会议研究决定干部任用、党员队伍建设等党的建设工作。涉及办学方向、教师队伍建设、师生员工切身利益等事项的，应当经党组织研究讨论后，再提交党政联席会议决定。

（三）加强党组织自身建设，建立健全党支部书记工作例会等制度，具体指导党支部开展工作。

（四）领导本单位思想政治工作，加强师德师风建设，落实意识形态工作责任制。把好教师引进、课程建设、教材选用、学术活动等重要工作的政治关。

（五）做好本单位党员、干部的教育管理工作，做好人才的教育引导和联系服务工作。

（六）领导本单位群团组织、学术组织和教职工代表大会。做好统一战线工作。

第十二条 教职工党支部围绕本单位改革发展稳定等开展工作，落实立德树人根本任务，发挥教育管理监督党员和组织宣传凝聚服务师生员工的作用。主要职责是：

（一）宣传和执行党的路线方针政策以及上级党组织的决议，团结师生员工，在完成教学科研管理任务中发挥党员先锋模范作用；

（二）参与本单位重大问题决策，支持本单位行政负责人开展工作，对教职工职称评定、岗位（职员等级）晋升、考核评价等进行政治把关；

（三）做好党员教育、管理、监督和服务工作，定期召开组织生活会，开展批评和自我批评；

（四）培养教育入党积极分子，做好发展党员工作；

（五）加强师德师风建设，有针对性地做好思想政治工作；

（六）密切联系群众，经常听取师生员工意见和诉求，维护他们的正当权利和利益。

第十三条 学生党支部应当加强思想政治引领，筑牢学生理想信念根基，引导学生刻苦学习、全面发展、健康成长。主要职责是：

（一）宣传和执行党的路线方针政策以及上级党组织的决议。

（二）加强对学生党员的教育、管理、监督和服务，定期召开组织生活会，开展批评和自我批评。发挥学生党员先锋模范作用，影响、带动广大学生明确学习目的，完成学习任务。

（三）组织学生党员参与学生事务管理，维护学校稳定。支持、指导和帮助团支部、班委会以及学生社团根据学生特点开展工作，充分发挥保留团籍的学生党员的带动作用。

（四）培养教育学生中的入党积极分子，按照标准和程序发展学生党员。

（五）根据学生特点，有针对性地做好思想政治教育工作。

第四章 党的纪律检查工作

第十四条 高校设立党的基层纪律检查委员会（以下简称高校纪委）。高校纪委由党员大会或者党员代表大会选举产生，在同级党委和上级纪委双重领导下进行工作。上级纪委在监督检查、纪律审查等方面强化对高校纪委的领导。

实行向高校派驻纪检监察机构的，派驻纪检监察机构根据授权履行纪检、监察职责，代表上级纪委监委对高校党委进行监督。

第十五条 高校纪委设立专门工作机构，配备必要的工作人员。

高校党委视具体情况在院（系）级单位党委设立纪委或者纪律检查委员。党的总支部委员会和支部委员会设纪律检查委员。

第十六条 高校纪委是高校党内监督专责机关，履行监督执纪问责职责。主要任务是：

（一）维护党章和其他党内法规，检查党的路线方针政策和决议的执行情况，协助高校党委推进全面从严治党、加强党风建设和组织协调反腐败工作。

（二）经常对党员进行遵守纪律的教育，作出关于维护党纪的决定。

（三）对党的组织和党员领导干部履行职责、行使权力进行监督，受理处置党员群众检举举报，开展谈话提醒、约谈函询。

（四）检查和处理党的组织和党员违反党章和其他党内法规的比较重要或者复杂的案件，决定或者取消对这些案件中的党员的处分；进行问责或者提出责任追究的建议。

（五）受理党员的控告和申诉，保障党员权利不受侵犯。

高校纪委应当严格按照职责权限和工作程序处理违犯党纪的线索和案件，把处理特别重要或者复杂案件中的问题和处理结果，向同级党委和上级纪委报告。

第五章　党员队伍建设

第十七条　高校党组织应当构建多层次、多渠道的党员经常性学习教育体系，加强政治理论教育和党史教育，突出政治教育和政治训练，强化党章党规党纪教育、党的宗旨教育、革命传统教育、形势政策教育和知识技能教育，推进“两学一做”学习教育常态化制度化，建立和落实不忘初心、牢记使命的制度。

第十八条　严格党的组织生活，坚持开展批评和自我批评，提高“三会一课”质量，开好民主生活会和组织生活会，健全落实谈心谈话、民主评议党员、主题党日等制度，确保党的组织生活经常、认真、严肃。

第十九条　强化党员日常管理，及时转接党员组织关系，督促党员按期足额交纳党费。加强流动党员管理和服务，做好毕业生党员、出国（境）学习研究党员组织关系和党籍管理工作。关心党员思想、学习、工作和生活，健全党内关怀、帮扶长效机制。搭建党员发挥先锋模范作用平台，健全党员联系和服务群众工作体系。妥善处置不合格党员，严格执行党的纪律。

第二十条　尊重党员主体地位，发扬党内民主，保障党员权利，推进党务公开。高校党组织讨论决定重要事项前，应当充分听取党员的意见，党内重要情况及时向党员通报。

第二十一条　按照坚持标准、保证质量、改善结构、慎重发展的方针和有关规定，把政治标准放在首位，加强对入党积极分子的教育、培养和考察，加强在高层次人才、优秀青年教师和优秀学生中发展党员工作。建立党员领导干部和党员学术带头人直接联系培养教师入党积极分子制度。将团组织推优作为确定学生入党积极分子的重要渠道。建立从高中到大学、从大学到研究生阶段入党积极分子接续培养机制，加大在高校低年级学生中发展党员力度。

第二十二条　高校党委应当设立党校。党校的主要任务是培训党员、干部和入党积极分子。

第六章　干部和人才工作

第二十三条　高校党委应当坚持党管干部原则，按照干部管理权限对学校干部实行统一管理。选拔任用干部，必须突出政治标准，坚持德才兼备、以德为先，坚持五湖四海、任人唯贤，坚持事业为上、公道正派，坚持注重实绩、群众公认，努力实现干部队伍革命化、年轻化、知识化、专业化，建设忠诚干净担当的高素质专业化干部队伍。

选拔任用学校中层管理人员，由高校党委及其组织部门按照有关规定进行分析研判和动议、民主推荐、考察，充分听取有关方面意见，经高校党委（常委会）集体讨论决定，按照规定程序办理。

第二十四条　高校院（系）级单位党组织在干部队伍建设中发挥主导作用，同本单位行政领导一起，做好本单位干部的教育、培训、选拔、考核和监督工作，以及学生辅导员、班主任的配备、管理工作。

对院（系）级单位行政领导班子的配备及其成员的选拔，本单位党组织可以向学校党委提出建议，并协助学校党委组织部门进行考察。

第二十五条　高校党委应当建立健全优秀年轻干部发现培养选拔制度，制定并落实年轻干部队伍建设规划，大胆选拔使用经过实践考验的优秀年轻干部。统筹做好女干部、少数民族干部和党外干部的培养选拔工作。

第二十六条　高校党委应当坚持党管人才原则，贯彻人才强国战略，实施更加积极、更加开放、更加有效的人才政策，健全人才培养、引进、使用、评价、流动、激励机制，大力弘扬科学家精神，营造潜心育人、潜心科研、激发创造活力的工作环境，用好用活党内和党外、国内和国外等各方面优秀人才，形成人才辈出、人尽其才的良好局面。加强对人才的政治引领和政治吸纳，健全党组织联系服务专家工作制度，不断提高各类人才的思想政治素质和业务素质。

第七章　思想政治工作

第二十七条　高校党委应当牢牢掌握党对学校意识形态工作的领导权，统一领导学校思想政治工作。发挥行政系统、群团组织、学术组织和广大教职工的作用，共同做好思想政治工作。

第二十八条　高校党组织应当把理想信念教育放在首位，对师生员工进行马克思列宁主义、毛泽东思想和中国特色社会主义理论体系的教育，推动习近平新时代中国特色社会主义思想进教材、进课堂、进头脑，做好党的基本路线教育，爱国主义、集体主义和社会主义思想教育，党史、新中国史、改革开放史、社会主义发展史教育，中华优秀传统文化、革命文化、社会主义先进文化教育，国情教育、形势政策教育、社会主义民主法治教育、国家安全教育和民族团结进步教育。把培育和践行社会主义核心价值观融入大学生思想政治教育工作和师德师风建设的全过程，帮助广大师生员工树立正确的世界观、人生观和价值观，坚定中国特色社会主义道路自信、理论自信、制度自信、文化自信。

第二十九条 高校党组织应当把立德树人作为根本任务，构建思想政治工作体系，加强意识形态阵地管理。充分发挥课堂教学的主渠道作用，办好思想政治理论课，推进课程思政建设，拓展新时代大学生思想政治教育的有效途径，形成全员全过程全方位育人的良好氛围和工作机制。

第三十条 思想政治工作应当坚持理论联系实际，定期分析师生员工的思想动态，坚持解决思想问题与解决实际问题相结合，注重人文关怀和心理疏导，区别不同层次，采取多种方式，推动思想政治工作传统优势和信息技术高度融合，增强思想政治工作的针对性、实效性。

第八章 对群团组织的领导

第三十一条 高校党委应当研究工会、共青团、妇女组织等群团组织和学生会（研究生会）、学术组织工作中的重大问题，加强学生社团管理，支持他们依照法律和各自章程开展工作。

第三十二条 高校党委领导教职工代表大会，支持教职工代表大会正确行使职权，在参与学校民主管理和民主监督、维护教职工合法权益等方面发挥积极作用。

第九章 领导和保障

第三十三条 各级党委及其有关部门、有关国家机关党组（党委）应当把高校基层党组织建设作为党建工作的重要内容，摆在突出位置，纳入整体部署，坚持属地管理原则，坚持管班子管业务与管党建管思想政治工作相结合，形成党委统一领导，教育工作领导小组牵头协调，纪检机关和组织、宣传、统战、教育工作等部门密切协作、齐抓共管的工作格局。

第三十四条 各级党委及其有关部门、有关国家机关党组（党委）应当合理设置负责高校党建工作的部门和机构，各级党委教育工作部门应当有内设机构具体承担高校党建工作职能，配齐配强工作人员。

高校党委根据工作需要，本着精干高效和有利于加强党建工作的原则，设立办公室、组织部、宣传部、统战部和教师工作、学生工作、保卫工作部门等机构。

第三十五条 按照社会主义政治家、教育家标准，选好配强高校党委书记、校长，把政治过硬、品行优良、业务精通、锐意进取、敢于担当的优秀干部选配到学校领导岗位。学校行政领导班子成员是党员的，一般应当进入党委常委会或者不设常委会的党委。纪委书记、组织部长、宣传部长、统战部长一般应当由党委常委或者不设常委会的党委委员担任。

高校应当按照专职为主、专兼结合、数量充足、素质优良的要求，将党务工作和思想政治工作队伍建设纳入学校人才队伍建设总体规划，完善选拔、培养、激励机制。专职党务工作人员和思想政治工作人员应当在编制内配足，总数不低于全校师生人数的1%，每个院（系）至少配备1至2名专职组织员。专职辅导员岗位按照师生比不低于1∶200的比例设置，专职思想政治理论课教师岗位按照师生比不低于1∶350的比例核定。完善保障机制，为学校党的建设和思想政治工作提供经费和物质支持。

第三十六条 高校党的建设和思想政治工作情况应当纳入巡视巡察，作为学校领导班子综合评价和领导人员选拔任用的重要依据，作为“双一流”建设等工作成效评估的重要内容。开展党组织书记抓基层党建述职评议考核工作，强化考核结果运用。对党的建设和思想政治工作重视不够、落实不力的，应当及时提醒、约谈；对出现严重问题的，按照有关规定严肃追责问责，督促抓好问题的整改落实。

第十章 附 则

第三十七条 本条例适用于国家举办的普通高等学校。

军队系统院校党组织的工作，按照中共中央、中央军事委员会有关规定执行。

第三十八条 本条例由中央组织部负责解释。

第三十九条 本条例自发布之日起施行。

中共中央印发《中国共产党党徽党旗条例》

新华社北京6月28日电　近日，中共中央印发了《中国共产党党徽党旗条例》（以下简称《条例》），并发出通知，要求各地区各部门认真遵照执行。

通知指出，中国共产党的党徽党旗是中国共产党的象征和标志。维护党徽党旗的尊严，就是维护党的尊严，是各级党组织和每名党员必须履行的政治责任。《条例》是我们党历史上第一部关于党徽党旗的基础主干法规，是党徽党旗制作、使用、管理的基本遵循。《条例》以党章为根本遵循，继承已有好做法，吸收实践新经验，对党徽党旗工作作出全面规范。《条例》的制定和实施，对于充分发挥党徽党旗的政治功能，增强党的凝聚力、战斗力，激发党员党的意识，激励全党不忘初心、牢记使命，坚定理想信念，团结带领全国各族人民在党的旗帜下奋勇前进，具有十分重要的意义。

通知要求，各级党组织要认真学习贯彻《条例》，加大宣传力度，把党徽党旗知识作为党史学习教育、党员教育培训、入党积极分子培训的重要内容，教育引导广大党员和人民群众正确认识党徽党旗的深刻内涵和工作要求，自觉规范使用党徽党旗及其图案。中央组织部要会同有关部门加强督促指导，确保《条例》各项规定得到有效落实。各地区各部门在执行《条例》中的重要情况和建议，要及时报告党中央。

《条例》全文如下。

中国共产党党徽党旗条例

（2021年6月17日中共中央政治局常委会会议审议批准　2021年6月26日中共中央发布）

第一条　为了规范党徽党旗制作、使用、管理，充分发挥党徽党旗的政治功能，增强党的凝聚力、战斗力，激发党员党的意识，激励全党不忘初心、牢记使命，坚定理想信念，团结带领全国各族人民在党的旗帜下奋勇前进，根据《中国共产党章程》，制定本条例。

第二条　中国共产党党徽为镰刀和锤头组成的图案。中国共产党党旗为旗面缀有金黄色党徽图案的红旗。

党徽党旗表明中国共产党是中国工人阶级的先锋队，同时是中国人民和中华民族的先锋队，是为中国人民谋幸福、为中华民族谋复兴，为坚持和发展中国特色社会主义、为实现共产主义远大理想而不懈奋斗的马克思主义政党。

第三条　中国共产党的党徽党旗是中国共产党的象征和标志。

党的各级组织和每一个党员都要维护党徽党旗的尊严。

第四条　党徽党旗制作、使用、管理必须坚持统一标准、统一规范，坚持分级负责、集中管理。

第五条　党徽直径的通用尺度为下列3种：

（一）100厘米；

（二）80厘米；

（三）60厘米。

需要悬挂非通用尺度党徽的，应当按照通用尺度成比例适当放大或者缩小，与悬挂背景、场合相适应。

党徽图案一般使用金黄色或者红色。

第六条　下列情形应当使用党徽或者党徽图案：

（一）召开党的全国代表大会、代表会议和地方各级代表大会、代表会议，在显著位置悬挂党徽，并在党徽两侧各布5面红旗；

（二）召开党的中央和地方委员会全体会议，在显著位置悬挂党徽；

（三）党的中央和地方委员会及其工作部门、党的中央和地方委员会在特定地域派出的代表机关及其工作部门、党的纪律检查机关、党组、党的基层组织的印章（印模），中间刻党徽图案。

第七条　党的基层委员会召开党员大会或者党员代表大会，根据需要可以悬挂党徽。

下列情形可以使用党徽图案：

（一）党内重要会议、重要活动使用的证件、标识等；

（二）党的各级组织颁发的奖章、徽章、奖状、证书和其他荣誉性文书、证件，制作的有关工作证件等；

（三）党内重要出版物、宣传品等；

（四）党的各级组织的网络网站；

（五）党员教育基地、党员先锋岗、党建宣传栏（墙），以及党群服务中心、党员活动室等基层党组织活动场所；

（六）开展党的对外交往活动。

第八条　党旗的通用尺度为下列5种：

（一）长288厘米，宽192厘米；

（二）长240厘米，宽160厘米；

（三）长192厘米，宽128厘米；

（四）长144厘米，宽96厘米；

（五）长96厘米，宽64厘米。

在特定场合需要使用非通用尺度党旗的，应当按照通用尺度成比例适当放大或者缩小。

第九条　下列情形应当使用党旗：

（一）举行新党员入党宣誓仪式，组织党员重温入党誓词；

（二）党内举行重大庆祝、纪念活动；

（三）党的中央和地方委员会及其工作部门、党的中央和地方委员会在特定地域派出的代表机关及其工作部门、党的纪律检查机关、党组的会议室。

第十条　下列情形可以使用党旗：

（一）召开党员大会、党的基层代表大会；

（二）党的基层组织开展主题党日；

（三）党员教育基地、党员先锋岗，以及党群服务中心、党员活动室等基层党组织活动场所；

（四）在重要工作、重要项目攻关和抢险救灾、抗击疫情一线的党组织阵地、党员突击队等；

（五）开展党的对外交往活动。

除上述情形外，一般参照党徽图案可以使用情形使用党旗图案。

第十一条　特殊情形需要同时悬挂党旗和其他旗帜的，应当把党旗置于首要位置。

第十二条　制作非通用尺度的党徽党旗，在规定情形外使用党徽党旗及其图案的，应当报县级以上党委组织部门批准。

第十三条　党徽党旗及其图案不得用于：

（一）商标、授予专利权的外观设计和商业广告；

（二）私人活动；

（三）私人场所、个人网络空间的标识物；

（四）个人日常用品、日常生活的陈设布置；

（五）其他不适宜的场所、情形和环境。

第十四条　不得在党徽党旗上添加任何文字、符号和图案等，不得使用破损、污损、褪色的党徽党旗，不得制作使用任何不符合本条例所附制法说明的党徽党旗。不得倒挂、倒插或者以其他有损党徽党旗尊严的方式升挂、使用党徽党旗。

不得随意丢弃党徽党旗。破损、污损、褪色、标记文字和符号等不符合制作使用规定的党徽党旗，应当按照规定收回、处置。党内举行重大庆祝、纪念活动后，按照谁发放、谁负责的原则，由有关单位收回或者妥善处置活动现场使用的党徽党旗。

第十五条　党员去世后，经党员组织关系所在单位具有相关审批权限的基层党委同意，可以在其遗体或者骨灰盒上覆盖党旗，但党旗不得触及地面，不得随遗体火化，不得随骨灰盒掩埋。

第十六条 在网络、出版物等使用党徽党旗图案，应当置于显著位置。

网络、出版物等使用的党徽党旗图案标准版本，在共产党员网和中国共产党新闻网发布。

第十七条 党徽党旗知识应当作为党史学习教育、党员教育培训、入党积极分子培训等的重要内容。

各级党组织应当教育党员、共青团员、少先队员和人民群众，了解党徽党旗的历史和精神内涵，自觉规范使用党徽党旗及其图案，尊重和爱护党徽党旗。

各新闻、出版单位应当加强对党徽党旗知识的宣传，报道和使用含有规范党徽党旗图案的消息和图片，维护党的形象。

第十八条 党徽党旗按照本条例所附的中国共产党党徽党旗制法说明制作。制作企业由省（自治区、直辖市）党委组织部在具有生产资质的企业中确定。任何单位和个人，未经批准不得擅自制作党徽党旗。

第十九条 党徽党旗原则上应当集中配备发放，做到一个党委有一枚党徽、一个支部有一面党旗，所需经费可以从党费中列支。

第二十条 各级党组织应当把维护党徽党旗的尊严作为一项政治任务，切实履行主体责任。县级以上党委组织部门对本地区本单位本系统党徽党旗各项工作履行监督管理责任，会同市场监督管理部门加强对党徽党旗生产、销售和商业使用的监督管理。

对非法生产、销售党徽党旗制品的企业和个人，对违反本条例使用党徽党旗及其图案的行为，应当进行批评教育、及时纠正，情节严重或者拒不改正的，按照有关规定处置，对涉嫌违法犯罪的依法处理。

第二十一条 中央军事委员会可以根据本条例，制定相关规定。

第二十二条 党员徽章是党员的身份标识，其制作、使用、管理另行规定。

第二十三条 本条例由中央组织部负责解释。

第二十四条 本条例自发布之日起施行。此前发布的有关党徽党旗的规定，凡与本条例不一致的，按照本条例执行。

附件：1. 中国共产党党徽制法说明（略）

2. 中国共产党党旗制法说明（略）

共青团中央 全国学联关于增强新时代大学生社会实践活动实效 深化共青团实践育人工作的意见

中青联发〔2023〕5号
（2023年2月23日）

实践育人作为落实立德树人根本任务的关键环节，是高校思想政治工作体系的有机组成，是培养担当民族复兴大任时代新人的有效途径。为深入学习宣传贯彻党的二十大精神，贯彻落实习近平新时代中国特色社会主义思想，切实发挥共青团作为广大青年在实践中学习中国特色社会主义和共产主义的学校作用，现就增强新时代大学生社会实践活动实效、深化共青团实践育人工作提出如下意见。

一、总体要求

1. 指导思想。以习近平新时代中国特色社会主义思想为指导，深入学习贯彻习近平总书记关于青年工作的重要思想，立足共青团“三力一度两保障”工作格局，进一步落实全团抓思想引领、全团抓基层、全团抓学校要求，以大中专学生社会实践知行计划为统揽，深化为党育人的政治功能，发挥共青团实践育人在高校“大思政”工作体系和“三全育人”工作格局中的重要作用，聚焦主责主业、坚持守正创新，开展经常性、有组织的社会实践，推动社会实践活动内涵化、规范化、常态化、长效化发展，引领大学生立志做有理想、敢担当、能吃苦、肯奋斗的新时代好青年，让青春在全面建设社会主义现代化国家的火热实践中绽放绚丽之花。

2. 基本原则

——坚持为党育人。落实立德树人根本任务，帮助学生提高社会化能力，引领广大学生用脚步丈量祖国大地，用眼睛发现中国精神，用耳朵倾听人民呼声，用内心感应时代脉搏，厚植学生对祖国血浓于水、与人民同呼吸共命运的情感，坚定不移听党话、跟党走。

——坚持守正创新。落实共青团深化改革要求，强化组织动员、社会动员，立足工作实际、突出就近就便、遵循教育规律、创新方式方法，项目化、扁平化推动工作，促进实践育人工作紧跟时代前进、青年发展、实践创新的步伐。

——坚持精准施策。以学生为中心，将统一要求和分类实施相结合，注重区分不同地域、院校、项目及工作环节的差异，分层分类实施集中与分散、长时与短时、团队与个人相结合的社会实践活动，破解实践育人中不平衡不充分问题。

——坚持协同联动。加强系统谋划，坚持同高等教育改革有机衔接、一体推进，完善条块结合、上下协同、左右联动的工作机制。加强校地联动、项目联动、品牌联动，整合资源、共建共享，形成实践育人合力。

3. 目标任务。每名大学生在校期间至少参加1次“三下乡”或“返家乡”社会实践活动，每个团支部每学期至少开展1次校外社会实践活动，全团每年组织不少于25％的高校团支部、20万名大学生就近就便参与社区实践，大学生社会实践活动的参与面、覆盖面、受众面不断提高，大学生在社会实践中长知识、增才干、作贡献的获得感不断提高。用三至五年时间，实现大学生社会实践活动的内涵更深、机制更优、体系更全、保障更强、成效更实，更好服务大局、服务青年，推动共青团实践育人工作高质量发展。

二、丰富实践内涵

1. 聚焦红色基因传承。组织大学生深入学习宣传贯彻党的二十大精神，用党的科学理论武装青年，用党的初心使命感召青年。把庆祝建党百年激发的爱党爱国爱社会主义热情传递下去，组织大学生学习宣传党的百年奋斗重大成就和历史经验，依托各地红色资源，开展重走红色足迹、追溯红色记忆、访谈红色人物、挖掘红色故事、体悟红色文化等多种形式的活动，以重要时间节点为契机深化仪式教育，持之以恒推进党史学习教育常态化长效化，引导大学生弘扬伟大建党精神，让红色基因、革命薪火代代传承。

2. 聚焦理论普及宣讲。组织大学生走进基层、边远地区、社区、农村、军营等，面向最广大的普通基层人民群众和青少年群体等，深入开展学习宣传贯彻党的二十大精神和习近平新时代中国特色社会主义思想活动，以习近平总书记对青年学生寄语、给青年学生回信、《论党的青年工作》、《习近平与大学生朋友们》等为主要内容，精心设计开展有内涵、接地气、聚人气的宣传教育活动，将理论学习与社会实践相贯通，将深刻性与生动性相统一，开展键对键、面对面、小范围、互动式宣讲，讲透创新理论、讲好发展成就、讲清形势任务、讲明发展前景。

3. 聚焦发展成就观察。聚焦党的十八大以来党和国家事业取得的历史性成就、发生的历史性变革，以中国大地为课堂，以脱贫攻坚重大历史性成就、全面建成小康社会决定性成就等为现实教材，组织大学生在国情考察、社会观察、调查研究、学习体验中了解国情社情民情，感受全过程人民民主生动实践，引导大学生深刻领悟党的领导、领袖领航、制度优势、人民力量的关键作用，深刻领悟“两个确立”的决定性意义，增强“四个意识”、坚定“四个自信”、做到“两个维护”，永远跟党走、奋进新征程。

4. 聚焦服务党政大局。组织动员大学生为全面建成社会主义现代化强国、实现第二个百年奋斗目标，以中国式现代化全面推进中华民族伟大复兴建功立业。深入贯彻落实习近平总书记关于“三农”工作的重要论述，引导大学生助力巩固拓展脱贫攻坚成果同乡村振兴有效衔接，聚焦重点领域和关键环节，投身乡村振兴。贯彻落实中央西藏工作座谈会、中央新疆工作座谈会和中央民族工作会议精神，引导大学生争当民族团结进步的宣传者、示范者和践行者，不断铸牢中华民族共同体意识。围绕深入实施科教兴国战略、人才强国战略、创新驱动发展战略，组织大学生参加“挑战杯”竞赛等科技创新活动，立足社会需求开展科普宣讲、科研攻关和创新成果转化，投身科技自立自强。

5. 聚焦就业创业实践。组织动员大学生进政府、进社区、进园区、进企业，参加政务实践、企业实习、兼职锻炼、职业体验、创业锤炼等实践活动，弘扬劳动精神、奋斗精神、奉献精神、创造精神、勤俭节约精神。围绕实施就业优先战略，依托“三下乡”、“返家乡”和“扬帆计划”等项目，组织大学生深入地方党政机关、事业单位一线岗位承担具体工作，参加与专业方向匹配的企业实习工作，担任乡镇团委及村、社区等基层团组织的兼职干部，到科技部门、科研机构、高新企业进行就业见习、实习实践等，引导学生树立正确择业观、就业观，提高社会化能力和就业能力。

6. 聚焦基层志愿服务。引领大学生广泛践行社会主义核心价值观。组织动员大学生投身“美丽中国·青春行动”，积极参与“保护母亲河”行动、“三减一节”、垃圾分类、绿色低碳等活动，深入开展节约粮食主题宣讲和社会实践。推进青年志愿者服务社区行动，开展高校志愿服务提升计划，组织动员大学生在助老助残、关爱青少年、基层社会治理等领域实施“小而美”的常态化志愿服务项目。弘扬志愿服务精神，积极组织带领大学生在疫情防控、大型赛会等志愿服务中贡献青春力量。

三、强化工作举措

1. 加大资源投入。积极争取党政支持，协调企事业单位和社会团体等加强对大学生社会实践的支持，统筹团内外资源，加大政策、资金、场地和工作力量等的投入。高校按照在校学生每年每生不低于15元标准设立专项经费，为大学生社会实践活动提供有力条件保障。

2. 突出规范组织。坚持“突出主题、确保安全、就近就便、务求实效”原则，规范宣传动员、立项报备、培训辅导、总结评价等重点工作。合理确定学生实践规模，实践团队师生比原则上不低于1∶15、实践时长原则上不低于7天，学生实践做到有方案、有日志、有报告、有心得、有评价。

3. 加强专业指导。选派党政干部、共青团干部、思想政治理论课和哲学社会科学课教师、辅导员和班主任等担任指导教师，鼓励专业教师担任指导教师，随队指导学生实践。组织指导教师专项培训，把干部、教师指导学生社会实践情况作为业绩评价、职务晋升、职称评聘等方面的重要依据。

4. 夯实基地建设。坚持“类型多样、联合共建、常态运行、动态管理、注重实效、协同育人”原则，依托高新技术开发区、大学科技园、城市社区、农村乡镇、工矿企业、爱国主义教育场所、全国青少年教育基地等，建立社会实践、创业就业、红色教育、劳动教育基地，构建全国、省级、校级社会实践基地体系。

5. 增强技术支撑。利用先进网络技术让社会实践工作活起来，用好“三下乡”、“返家乡”信息系统等提高工作精细化水平，采用大数据和人工智能等技术对实践过程进行客观记录和科学评价，使用多媒体技术搭建“云调研”、“云课堂”、“云展厅”等项目开展、成果展示、学习交流的平台。

6. 完善考评激励。将社会实践纳入共青团“第二课堂成绩单”制度，认定学生实践学分。坚持结果和过程统一、定性和定量结合、高校和地方协同、自评和他评互补，突出对学生思想变化、实际表现、成长收获的考评，将结果作为学生综合素质测评、团员评议、推优入党、求职就业等重要参考。

7. 强化安全保障。坚持安全第一，派出和接收单位要为实践师生购买意外保险，加强安全教育管理，做好安全应急预案。实践师生要增强安全意识，自觉遵纪守法，充分研判天气变化和自然地质条件等，安全有序地开展社会实践活动。坚决防范化解意识形态风险。

四、加强组织实施

1. 加强组织领导。在党委领导下建立健全组织领导机制和责任落实机制，形成各方积极支持和参与大学生社会实践的工作格局。各级团组织领导机构要将大学生社会实践工作纳入重要议事日程，加强组织领导和工作指导，推动大学生社会实践工作落实落细。

2. 明确各级职责。省级团组织要加强统筹协调，认真做好政策传导、调研指导、评价督导。市级、县级团组织要精心开发匹配实践岗位，对学生加强跟踪教育和服务，提供公共交通和用餐等补贴。高校团组织要抓好关键环节，大力组织师生开展高质量的社会实践活动。

3. 广泛宣传动员。坚持线上线下相结合，注重运用网络多媒体对实践过程和成果进行宣传展示，提升实践活动社会影响力。强化校、院系、班级团组织联动，突出团支部引领主导作用，以团支部为基本单元，有计划、大批量、小规模、经常性地组织大学生开展社会实践活动。

4. 深化总结交流。做好活动总结、选树宣传典型、研讨交流等工作，及时将好的经验做法固化为工作路径。引导广大师生将社会观察、调查研究和感悟思考等成果转化为建设性意见和举措，切实提升大局贡献度。加强对共青团实践育人理论与规律的研究。

中国共产党纪律处分条例

（2003年12月23日中共中央政治局会议审议批准　2003年12月31日中共中央发布
2023年12月8日中共中央政治局会议第三次修订　2023年12月19日中共中央发布）

第一编　总　则

第一章　总体要求和适用范围

第一条　为了维护党章和其他党内法规，严肃党的纪律，纯洁党的组织，保障党员民主权利，教育党员遵纪守法，维护党的团结统一，保证党的理论、路线、方针、政策、决议和国家法律法规的贯彻执行，根据《中国共产党章程》，制定本条例。

第二条　党的纪律建设必须坚持以马克思列宁主义、毛泽东思想、邓小平理论、“三个代表”重要思想、科学发展观、习近平新时代中国特色社会主义思想为指导，坚持和加强党的全面领导，坚决维护习近平总书记党中央的核心、全党的核心地位，坚决维护以习近平同志为核心的党中央权威和集中统一领导，弘扬伟大建党精神，坚持自我革命，贯彻全面从严治党战略方针，落实新时代党的建设总要求，推动解决大党独有难题、健全全面从严治党体系，全面加强党的纪律建设，为以中国式现代化全面推进强国建设、民族复兴伟业提供坚强纪律保障。

第三条　党章是最根本的党内法规，是管党治党的总规矩。党的纪律是党的各级组织和全体党员必须遵守的行为规则。党组织和党员必须坚守初心使命，牢固树立政治意识、大局意识、核心意识、看齐意识，始终坚定道路自信、理论自信、制度自信、文化自信，切实践行正确的权力观、政绩观、事业观，自觉遵守和维护党章，严格执行和维护党的纪律，自觉接受党的纪律约束，模范遵守国家法律法规。

第四条　党的纪律处分工作遵循下列原则：

（一）坚持党要管党、全面从严治党。把严的基调、严的措施、严的氛围长期坚持下去，加强对党的各级组织和全体党员的教育、管理和监督，把纪律挺在前面，抓早抓小、防微杜渐。

（二）党纪面前一律平等。对违犯党纪的党组织和党员必须严肃、公正执行纪律，党内不允许有任何不受纪律约束的党组织和党员。

（三）实事求是。对党组织和党员违犯党纪的行为，应当以事实为依据，以党章、其他党内法规和国家法律法规为准绳，执纪执法贯通，准确认定行为性质，区别不同情况，恰当予以处理。

（四）民主集中制。实施党纪处分，应当按照规定程序经党组织集体讨论决定，不允许任何个人或者少数人擅自决定和批准。上级党组织对违犯党纪的党组织和党员作出的处理决定，下级党组织必须执行。

（五）惩前毖后、治病救人。处理违犯党纪的党组织和党员，应当实行惩戒与教育相结合，做到宽严相济。

第五条　深化运用监督执纪“四种形态”，经常开展批评和自我批评，及时进行谈话提醒、批评教育、责令检查、诫勉，让“红红脸、出出汗”成为常态；党纪轻处分、组织调整成为违纪处理的大多数；党纪重处分、重大职务调整的成为少数；严重违纪涉嫌犯罪追究刑事责任的成为极少数。

第六条　本条例适用于违犯党纪应当受到党纪责任追究的党组织和党员。

第二章　违纪与纪律处分

第七条　党组织和党员违反党章和其他党内法规，违反国家法律法规，违反党和国家政策，违反社会主义道德，危害党、国家和人民利益的行为，依照规定应当给予纪律处理或者处分的，都必须受到追究。

重点查处党的十八大以来不收敛、不收手，问题线索反映集中、群众反映强烈，政治问题和经济问题交织的腐败案件，违反中央八项规定精神的问题。

第八条 对党员的纪律处分种类：

（一）警告；（二）严重警告；（三）撤销党内职务；（四）留党察看；（五）开除党籍。

第九条 对于违犯党纪的党组织，上级党组织应当责令其作出书面检查或者给予通报批评。对于严重违犯党纪、本身又不能纠正的党组织，上一级党的委员会在查明核实后，根据情节严重的程度，可以予以：

（一）改组；（二）解散。

第十条 党员受到警告处分一年内、受到严重警告处分一年半内，不得在党内提拔职务或者进一步使用，也不得向党外组织推荐担任高于其原任职务的党外职务或者进一步使用。

第十一条 撤销党内职务处分，是指撤销受处分党员由党内选举或者组织任命的党内职务。对于在党内担任两个以上职务的，党组织在作处分决定时，应当明确是撤销其一切职务还是一个或者几个职务。如果决定撤销其一个职务，必须撤销其担任的最高职务。如果决定撤销其两个以上职务，则必须从其担任的最高职务开始依次撤销。对于在党外组织担任职务的，应当建议党外组织撤销其党外职务。

对于在立案审查中因涉嫌违犯党纪被免职的党员，审查后依照本条例规定应当给予撤销党内职务处分的，应当按照其原任职务给予撤销党内职务处分。对于应当受到撤销党内职务处分，但是本人没有担任党内职务的，应当给予其严重警告处分。同时，在党外组织担任职务的，应当建议党外组织撤销其党外职务。

党员受到撤销党内职务处分，或者依照前款规定受到严重警告处分的，二年内不得在党内担任和向党外组织推荐担任与其原任职务相当或者高于其原任职务的职务。

第十二条 留党察看处分，分为留党察看一年、留党察看二年。对于受到留党察看处分一年的党员，期满后仍不符合恢复党员权利条件的，应当延长一年留党察看期限。留党察看期限最长不得超过二年。

党员受留党察看处分期间，没有表决权、选举权和被选举权。留党察看期间，确有悔改表现的，期满后恢复其党员权利；坚持不改或者又发现其他应当受到党纪处分的违纪行为的，应当开除党籍。

党员受到留党察看处分，其党内职务自然撤销。对于担任党外职务的，应当建议党外组织撤销其党外职务。受到留党察看处分的党员，恢复党员权利后二年内，不得在党内担任和向党外组织推荐担任与其原任职务相当或者高于其原任职务的职务。

第十三条 党员受到开除党籍处分，五年内不得重新入党，也不得推荐担任与其原任职务相当或者高于其原任职务的党外职务。另有规定不准重新入党的，依照规定。

第十四条 党员干部受到党纪处分，需要同时进行组织处理的，党组织应当按照规定给予组织处理。

党的各级代表大会的代表受到留党察看以上处分的，党组织应当终止其代表资格。

第十五条 对于受到改组处理的党组织领导机构成员，除应当受到撤销党内职务以上处分的外，均自然免职。

第十六条 对于受到解散处理的党组织中的党员，应当逐个审查。其中，符合党员条件的，应当重新登记，并参加新的组织过党的生活；不符合党员条件的，应当对其进行教育、限期改正，经教育仍无转变的，予以劝退或者除名；有违纪行为的，依照规定予以追究。

第三章 纪律处分运用规则

第十七条 有下列情形之一的，可以从轻或者减轻处分：

（一）主动交代本人应当受到党纪处分的问题；

（二）在组织谈话函询、初步核实、立案审查过程中，能够配合核实审查工作，如实说明本人违纪违法事实；

（三）检举同案人或者其他人应当受到党纪处分或者法律追究的问题，经查证属实，或者有其他立功表现；

（四）主动挽回损失、消除不良影响或者有效阻止危害结果发生；

（五）主动上交或者退赔违纪所得；

（六）党内法规规定的其他从轻或者减轻处分情形。

第十八条 根据案件的特殊情况，由中央纪委决定或者经省（部）级纪委（不含副省级市纪委）决定并呈报中央纪委批准，对违纪党员也可以在本条例规定的处分幅度以外减轻处分。

第十九条 对于党员违犯党纪应当给予警告或者严重警告处分，但是具有本条例第十七条规定的情形之一或者本条例分则中另有规定的，可以给予批评教育、责令检查、诫勉或者组织处理，免予党纪处分。对违纪党员免予处分，应当作出书面结论。

党员有作风纪律方面的苗头性、倾向性问题或者违犯党纪情节轻微的，可以给予谈话提醒、批评教育、责令检查等，或者予以诫勉，不予党纪处分。

党员行为虽然造成损失或者后果，但不是出于故意或者过失，而是由于不可抗力等原因所引起的，不追究党纪责任。

第二十条 有下列情形之一的，应当从重或者加重处分：

（一）强迫、唆使他人违纪；

（二）拒不上交或者退赔违纪所得；

（三）违纪受处分后又因故意违纪应当受到党纪处分；

（四）违纪受处分后，又被发现其受处分前没有交代的其他应当受到党纪处分的问题；

（五）党内法规规定的其他从重或者加重处分情形。

第二十一条 党员在党纪处分影响期内又受到党纪处分的，其影响期为原处分尚未执行的影响期与新处分影响期之和。

第二十二条 从轻处分，是指在本条例规定的违纪行为应当受到的处分幅度以内，给予较轻的处分。

从重处分，是指在本条例规定的违纪行为应当受到的处分幅度以内，给予较重的处分。

第二十三条 减轻处分，是指在本条例规定的违纪行为应当受到的处分幅度以外，减轻一档给予处分。

加重处分，是指在本条例规定的违纪行为应当受到的处分幅度以外，加重一档给予处分。

本条例规定的只有开除党籍处分一个档次的违纪行为，不适用第一款减轻处分的规定。

第二十四条 一人有本条例规定的两种以上应当受到党纪处分的违纪行为，应当合并处理，按其数种违纪行为中应当受到的最高处分加重一档给予处分；其中一种违纪行为应当受到开除党籍处分的，应当给予开除党籍处分。

第二十五条 一个违纪行为同时触犯本条例两个以上条款的，依照处分较重的条款定性处理。

一个条款规定的违纪构成要件全部包含在另一个条款规定的违纪构成要件中，特别规定与一般规定不一致的，适用特别规定。

第二十六条 二人以上共同故意违纪的，对为首者，从重处分，本条例另有规定的除外；对其他成员，按照其在共同违纪中所起的作用和应负的责任，分别给予处分。

对于经济方面共同违纪的，按照个人参与数额及其所起作用，分别给予处分。对共同违纪的为首者，情节严重的，按照共同违纪的总数额处分。

教唆他人违纪的，应当按照其在共同违纪中所起的作用追究党纪责任。

第二十七条 党组织领导机构集体作出违犯党纪的决定或者实施其他违犯党纪的行为，对具有共同故意的成员，按共同违纪处理；对过失违纪的成员，按照各自在集体违纪中所起的作用和应负的责任分别给予处分。

第四章 对违法犯罪党员的纪律处分

第二十八条 对违法犯罪的党员，应当按照规定给予党纪处分，做到适用纪律和适用法律有机融合，党纪政务等处分相匹配。

第二十九条 党组织在纪律审查中发现党员有贪污贿赂、滥用职权、玩忽职守、权力寻租、利益输送、徇私舞弊、浪费国家资财等违反法律涉嫌犯罪行为的，应当给予撤销党内职务、留党察看或者开除党籍处分。

第三十条 党组织在纪律审查中发现党员有刑法规定的行为，虽不构成犯罪但须追究党纪责任的，或者有其他破坏社会主义市场经济秩序、违反治安管理等违法行为，损害党、国家和人民利益的，应当视具体情节给予警告直至开除党籍处分。

违反国家财经纪律，在公共资金收支、税务管理、国有资产管理、政府采购管理、金融管理、财务会计管理等财经活动中有违法行为的，依照前款规定处理。

党员有嫖娼或者吸食、注射毒品等丧失党员条件，严重败坏党的形象行为的，应当给予开除党籍处分。

第三十一条 党组织在纪律审查中发现党员严重违纪涉嫌违法犯罪的，原则上先作出党纪处分决定，并按照规定由监察机关给予政务处分或者由任免机关（单位）给予处分后，再移送有关国家机关依法处理。

第三十二条 党员被依法留置、逮捕的，党组织应当按照管理权限中止其表决权、选举权和被选举权等党员权利。根据监察机关、司法机关处理结果，可以恢复其党员权利的，应当及时予以恢复。

第三十三条 党员犯罪情节轻微，人民检察院依法作出不起诉决定的，或者人民法院依法作出有罪判决并免予刑事处罚的，应当给予撤销党内职务、留党察看或者开除党籍处分。

党员犯罪，被单处罚金的，依照前款规定处理。

第三十四条 党员犯罪，有下列情形之一的，应当给予开除党籍处分：

（一）因故意犯罪被依法判处刑法规定的主刑（含宣告缓刑）；

（二）被单处或者附加剥夺政治权利；

（三）因过失犯罪，被依法判处三年以上（不含三年）有期徒刑。

因过失犯罪被判处三年以下有期徒刑或者被判处管制、拘役的，一般应当开除党籍。对于个别可以不开除党籍的，应当对照处分违纪党员批准权限的规定，报请再上一级党组织批准。

第三十五条 党员依法受到刑事责任追究的，党组织应当根据司法机关的生效判决、裁定、决定及其认定的事实、性质和情节，依照本条例规定给予党纪处分，是公职人员的由监察机关给予相应政务处分或者由任免机关（单位）给予相应处分。

党员依法受到政务处分、任免机关（单位）给予的处分、行政处罚，应当追究党纪责任的，党组织可以根据生效的处分、行政处罚决定认定的事实、性质和情节，经核实后依照规定给予相应党纪处分或者组织处理。其中，党员依法受到撤职以上处分的，应当依照本条例规定给予撤销党内职务以上处分。

党员违反国家法律法规、企事业单位或者其他社会组织的规章制度受到其他处分，应当追究党纪责任的，党组织在对有关方面认定的事实、性质和情节进行核实后，依照规定给予相应党纪处分或者组织处理。

党组织作出党纪处分或者组织处理决定后，监察机关、司法机关、行政机关等依法改变原生效判决、裁定、决定等，对原党纪处分或者组织处理决定产生影响的，党组织应当根据改变后的生效判决、裁定、决定等重新作出相应处理。

第五章 其他规定

第三十六条 预备党员违犯党纪，情节较轻，可以保留预备党员资格的，党组织应当对其批评教育或者延长预备期；情节较重的，应当取消其预备党员资格。

第三十七条 对违纪后下落不明的党员，应当区别情况作出处理：

（一）对有严重违纪行为，应当给予开除党籍处分的，党组织应当作出决定，开除其党籍；

（二）除前项规定的情况外，下落不明时间超过六个月的，党组织应当按照党章规定对其予以除名。

第三十八条 违纪党员在党组织作出处分决定前死亡，或者在死亡之后发现其曾有严重违纪行为，对于应当给予开除党籍处分的，开除其党籍；对于应当给予留党察看以下处分的，作出违犯党纪的书面结论和相应处理。

第三十九条 违纪行为有关责任人员的区分：

（一）直接责任者，是指在其职责范围内，不履行或者不正确履行自己的职责，对造成的损失或者后果起决定性作用的党员或者党员领导干部；

（二）主要领导责任者，是指在其职责范围内，对主管的工作不履行或者不正确履行职责，对造成的损失或者后果负直接领导责任的党员领导干部；

（三）重要领导责任者，是指在其职责范围内，对应管的工作或者参与决定的工作不履行或者不正确履行职责，对造成的损失或者后果负次要领导责任的党员领导干部。

本条例所称领导责任者，包括主要领导责任者和重要领导责任者。

第四十条 本条例所称主动交代，是指涉嫌违纪的党员在组织谈话函询、初步核实前向有关组织交代自己的问题，或者在谈话函询、初步核实和立案审查期间交代组织未掌握的问题。

第四十一条 担任职级、单独职务序列等级的党员干部违犯党纪受到处分，需要对其职级、单独职务序列等级进行调整的，参照本条例关于党外职务的规定执行。

第四十二条 计算经济损失应当计算立案时已经实际造成的全部财产损失，包括为挽回违纪行为所造成损失而支付的各种开支、费用。立案后至处理前持续发生的经济损失，应当一并计算在内。

第四十三条 对于违纪行为所获得的经济利益，应当收缴或者责令退赔。对于主动上交的违纪所得和经济损失赔偿，应当予以接收，并按照规定收缴或者返还有关单位、个人。

对于违纪行为所获得的职务、职级、职称、学历、学位、奖励、资格等其他利益，应当由承办案件的纪检机关或者由其上级纪检机关建议有关组织、部门、单位按照规定予以纠正。

对于依照本条例第三十七条、第三十八条规定处理的党员，经调查确属其实施违纪行为获得的利益，依照本条规定处理。

第四十四条 党纪处分决定作出后，应当在一个月内向受处分党员所在党的基层组织中的全体党员及其本人宣布，是领导班子成员的还应当向所在党组织领导班子宣布，并按照干部管理权限和组织关系将处分决定材料归入受处分者档案；对于受到撤销党内职务以上处分的，还应当在一个月内办理职务、工资、工作及其他有关待遇等相应变更手续；涉及撤销或者调整其党外职务的，应当建议党外组织及时撤销或者调整其党外职务。特殊情况下，经作出或者批准作出处分决定的组织批准，可以适当延长办理期限。办理期限最长不得超过六个月。

第四十五条 执行党纪处分决定的机关或者受处分党员所在单位，应当在六个月内将处分决定的执行情况向作出或者批准处分决定的机关报告。

党员对所受党纪处分不服的，可以依照党章及有关规定提出申诉。

第四十六条 党员因违犯党纪受到处分，影响期满后，党组织无需取消对其的处分。

第四十七条 本条例所称以上、以下，除有特别标明外均含本级、本数。

第四十八条 本条例总则适用于有党纪处分规定的其他党内法规，但是中共中央发布或者批准发布的其他党内法规有特别规定的除外。

第二编 分 则

第六章 对违反政治纪律行为的处分

第四十九条 在重大原则问题上不同党中央保持一致且有实际言论、行为或者造成不良后果的，给予警告或者严重警告处分；情节较重的，给予撤销党内职务或者留党察看处分；情节严重的，给予开除党籍处分。

第五十条 通过网络、广播、电视、报刊、传单、书籍等，或者利用讲座、论坛、报告会、座谈会等方式，公开发表坚持资产阶级自由化立场、反对四项基本原则，反对党的改革开放决策的文章、演说、宣言、声明等的，给予开除党籍处分。

发布、播出、刊登、出版前款所列文章、演说、宣言、声明等或者为上述行为提供方便条件的，对直接责任者和领导责任者，给予严重警告或者撤销党内职务处分；情节严重的，给予留党察看或者开除党籍处分。

第五十一条 通过网络、广播、电视、报刊、传单、书籍等，或者利用讲座、论坛、报告会、座谈会等方式，有下列行为之一，情节较轻的，给予警告或者严重警告处分；情节较重的，给予撤销党内职务或者留党察看处分；情节严重的，给予开除党籍处分：

（一）公开发表违背四项基本原则，违背、歪曲党的改革开放决策，或者其他有严重政治问题的文章、演说、宣言、声明等；

（二）妄议党中央大政方针，破坏党的集中统一；

（三）丑化党和国家形象，或者诋毁、诬蔑党和国家领导人、英雄模范，或者歪曲党的历史、中华人民共和国历史、人民军队历史。

发布、播出、刊登、出版前款所列内容或者为上述行为提供方便条件的，对直接责任者和领导责任者，给予严重警告或者撤销党内职务处分；情节严重的，给予留党察看或者开除党籍处分。

第五十二条 制作、贩卖、传播第五十条、第五十一条所列内容之一的报刊、书籍、音像制品、电子读物，以及网络文本、图片、音频、视频资料等，情节较轻的，给予警告或者严重警告处分；情节较重的，给予撤销党内职务或者留党察看处分；情节严重的，给予开除党籍处分。

私自携带、寄递第五十条、第五十一条所列内容之一的报刊、书籍、音像制品、电子读物等入出境，情节较重的，给予警告或者严重警告处分；情节严重的，给予撤销党内职务、留党察看或者开除党籍处分。

私自阅看、浏览、收听第五十条、第五十一条所列内容之一的报刊、书籍、音像制品、电子读物，以及网络文本、图片、音频、视频资料等，情节严重的，给予警告、严重警告或者撤销党内职务处分。

第五十三条 在党内组织秘密集团或者组织其他分裂党的活动的，给予开除党籍处分。

参加秘密集团或者参加其他分裂党的活动的，给予留党察看或者开除党籍处分。

第五十四条 在党内搞团团伙伙、结党营私、拉帮结派、政治攀附、培植个人势力等非组织活动，或者通过搞利益交换、为自己营造声势等活动捞取政治资本的，给予严重警告或者撤销党内职务处分；导致本地区、本部门、本单位政治生态恶化的，给予留党察看或者开除党籍处分。

第五十五条 搞投机钻营，结交政治骗子或者被政治骗子利用的，给予严重警告或者撤销党内职务处分；情节严重的，给予留党察看或者开除党籍处分。

充当政治骗子的，给予撤销党内职务、留党察看或者开除党籍处分。

第五十六条 党员领导干部在本人主政的地方或者分管的部门自行其是，搞山头主义，拒不执行党中央确定的大政方针，甚至背着党中央另搞一套的，给予撤销党内职务、留党察看或者开除党籍处分。

贯彻党中央决策部署只表态不落实，或者落实党中央决策部署不坚决，打折扣、搞变通，在政治上造成不良影响或者严重后果的，给予警告或者严重警告处分；情节严重的，给予撤销党内职务、留党察看或者开除党籍处分。

不顾党和国家大局，搞部门或者地方保护主义的，依照前款规定处理。

第五十七条 党员领导干部政绩观错位，违背新发展理念、背离高质量发展要求，给党、国家和人民利益造成较大损失的，给予警告或者严重警告处分；情节较重的，给予撤销党内职务或者留党察看处分；情节严重的，给予开除党籍处分。

搞劳民伤财的“形象工程”、“政绩工程”的，从重或者加重处分。

第五十八条 对党不忠诚不老实，表里不一，阳奉阴违，欺上瞒下，搞两面派，做两面人，在政治上造成不良影响的，给予警告或者严重警告处分；情节较重的，给予撤销党内职务或者留党察看处分；情节严重的，给予开除党籍处分。

第五十九条 制造、散布、传播政治谣言，破坏党的团结统一的，给予警告或者严重警告处分；情节较重的，给予撤销党内职务或者留党察看处分；情节严重的，给予开除党籍处分。

政治品行恶劣，匿名诬告，有意陷害或者制造其他谣言，造成损害或者不良影响的，依照前款规定处理。

第六十条 擅自对应当由党中央决定的重大政策问题作出决定、对外发表主张的，对直接责任者和领导责任者，给予严重警告或者撤销党内职务处分；情节严重的，给予留党察看或者开除党籍处分。

第六十一条 不按照有关规定向组织请示、报告重大事项，对直接责任者和领导责任者，情节较重的，给予警告或者严重警告处分；情节严重的，给予撤销党内职务或者留党察看处分。

第六十二条 干扰巡视巡察工作或者不落实巡视巡察整改要求，对直接责任者和领导责任者，情节较轻的，给予警告或者严重警告处分；情节较重的，给予撤销党内职务或者留党察看处分；情节严重的，给予开除党籍处分。

第六十三条 对抗组织审查，有下列行为之一的，给予警告或者严重警告处分；情节较重的，给予撤销党内职务或者留党察看处分；情节严重的，给予开除党籍处分：

（一）串供或者伪造、销毁、转移、隐匿证据；

（二）阻止他人揭发检举、提供证据材料；

（三）包庇同案人员；

（四）向组织提供虚假情况，掩盖事实；

（五）其他对抗组织审查行为。

第六十四条 组织、参加反对党的基本理论、基本路线、基本方略或者重大方针政策的集会、游行、示威等活动的，或者以组织讲座、论坛、报告会、座谈会等方式，反对党的基本理论、基本路线、基本方略或者重大方针政策，造成严重不良影响的，对策划者、组织者和骨干分子，给予开除党籍处分。

对其他参加人员或者以提供信息、资料、财物、场地等方式支持上述活动者，情节较轻的，给予警告或者严重警告处分；情节较重的，给予撤销党内职务或者留党察看处分；情节严重的，给予开除党籍处分。

对不明真相被裹挟参加，经批评教育后确有悔改表现的，可以免予处分或者不予处分。

未经组织批准参加其他集会、游行、示威等活动，情节较轻的，给予警告或者严重警告处分；情节较重的，给予撤销党内职务或者留党察看处分；情节严重的，给予开除党籍处分。

第六十五条 组织、参加旨在反对党的领导、反对社会主义制度或者敌视政府等组织的，对策划者、组织者和骨干分子，给予开除党籍处分。

对其他参加人员，情节较轻的，给予警告或者严重警告处分；情节较重的，给予撤销党内职务或者留党察看处分；情节严重的，给予开除党籍处分。

第六十六条 组织、参加会道门或者邪教组织的，对策划者、组织者和骨干分子，给予开除党籍处分。

对其他参加人员，情节较轻的，给予警告或者严重警告处分；情节较重的，给予撤销党内职务或者留党察看处分；情节严重的，给予开除党籍处分。

对不明真相的参加人员，经批评教育后确有悔改表现的，可以免予处分或者不予处分。

第六十七条 从事、参与挑拨破坏民族关系制造事端或者参加民族分裂活动的，对策划者、组织者和骨干分子，给予开除党籍处分。

对其他参加人员，情节较轻的，给予警告或者严重警告处分；情节较重的，给予撤销党内职务或者留党察看处分；情节严重的，给予开除党籍处分。

对不明真相被裹挟参加，经批评教育后确有悔改表现的，可以免予处分或者不予处分。

有其他违反党和国家民族政策的行为，情节较轻的，给予警告或者严重警告处分；情节较重的，给予撤销党内职务或者留党察看处分；情节严重的，给予开除党籍处分。

第六十八条 组织、利用宗教活动反对党的理论、路线、方针、政策和决议，破坏民族团结的，对策划者、组织者和骨干分子，给予开除党籍处分。

对其他参加人员，给予撤销党内职务或者留党察看处分；情节严重的，给予开除党籍处分。

对不明真相被裹挟参加，经批评教育后确有悔改表现的，可以免予处分或者不予处分。

有其他违反党和国家宗教政策的行为，情节较轻的，给予警告或者严重警告处分；情节较重的，给予撤销党内职务或者留党察看处分；情节严重的，给予开除党籍处分。

第六十九条 对信仰宗教的党员，应当加强思想教育，要求其限期改正；经党组织帮助教育仍没有转变的，应当劝其退党；劝而不退的，予以除名；参与利用宗教搞煽动活动的，给予开除党籍处分。

第七十条 组织迷信活动的，给予撤销党内职务或者留党察看处分；情节严重的，给予开除党籍处分。

参加迷信活动或者个人搞迷信活动，造成不良影响的，给予警告或者严重警告处分；情节较重的，给予撤销党内职务或者留党察看处分；情节严重的，给予开除党籍处分。

对不明真相的参加人员，经批评教育后确有悔改表现的，可以免予处分或者不予处分。

第七十一条 组织、利用宗族势力对抗党和政府，妨碍党和国家的方针政策以及决策部署的实施，或者破坏党的基层组织建设的，对策划者、组织者和骨干分子，给予开除党籍处分。

对其他参加人员，给予撤销党内职务或者留党察看处分；情节严重的，给予开除党籍处分。

对不明真相被裹挟参加，经批评教育后确有悔改表现的，可以免予处分或者不予处分。

第七十二条 在国（境）外、外国驻华使（领）馆申请政治避难，或者违纪后逃往国（境）外、外国驻华使（领）馆的，给予开除党籍处分。

在国（境）外公开发表反对党和政府的文章、演说、宣言、声明等的，依照前款规定处理。

故意为上述行为提供方便条件的，给予留党察看或者开除党籍处分。

第七十三条 在涉外活动中，其言行在政治上造成恶劣影响，损害党和国家尊严、利益的，给予撤销党内职务或者留党察看处分；情节严重的，给予开除党籍处分。

第七十四条 不履行全面从严治党主体责任、监督责任或者履行全面从严治党主体责任、监督责任不力，给党组织造成严重损害或者严重不良影响的，对直接责任者和领导责任者，给予警告或者严重警告处分；情节严重的，给予撤销党内职务或者留党察看处分。

第七十五条 党员领导干部对违反政治纪律和政治规矩等错误思想和行为不报告、不抵制、不斗争，放任不管，搞无原则一团和气，造成不良影响的，给予警告或者严重警告处分；情节严重的，给予撤销党内职务或者留党察看处分。

第七十六条 违反党的优良传统和工作惯例等党的规矩，在政治上造成不良影响或者严重后果的，给予警告或者严重警告处分；情节较重的，给予撤销党内职务或者留党察看处分；情节严重的，给予开除党籍处分。

第七章 对违反组织纪律行为的处分

第七十七条 违反民主集中制原则，有下列行为之一的，给予警告或者严重警告处分；情节严重的，给予撤销党内职务或者留党察看处分：

（一）拒不执行或者擅自改变党组织作出的重大决定；

（二）违反议事规则，个人或者少数人决定重大问题；

（三）故意规避集体决策，决定重大事项、重要干部任免、重要项目安排和大额资金使用；

（四）借集体决策名义集体违规。

第七十八条 下级党组织拒不执行或者擅自改变上级党组织决定的，对直接责任者和领导责任者，给予警告或者严重警告处分；情节严重的，给予撤销党内职务或者留党察看处分。

第七十九条 拒不执行党组织的分配、调动、交流等决定的，给予警告、严重警告或者撤销党内职务处分。

在特殊时期或者紧急状况下，拒不执行党组织上述决定的，给予留党察看或者开除党籍处分。

第八十条 在党组织纪律审查中，依法依规负有作证义务的党员拒绝作证或者故意提供虚假情况，情节较重的，给予警告或者严重警告处分；情节严重的，给予撤销党内职务、留党察看或者开除党籍处分。

第八十一条 有下列行为之一，情节较重的，给予警告或者严重警告处分：

（一）违反个人有关事项报告规定，隐瞒不报；

（二）在组织进行谈话函询时，不如实向组织说明问题；

（三）不按要求报告或者不如实报告个人去向；

（四）不如实填报个人档案资料。

有前款第二项规定的行为，同时向组织提供虚假情况、掩盖事实的，依照本条例第六十三条规定处理。

篡改、伪造个人档案资料的，给予严重警告处分；情节严重的，给予撤销党内职务或者留党察看处分。

隐瞒入党前严重错误的，一般应当予以除名；对入党多年且一贯表现好，或者在工作中作出突出贡献的，给予严重警告、撤销党内职务或者留党察看处分。

第八十二条 党员领导干部违反有关规定组织、参加自发成立的老乡会、校友会、战友会等，情节严重的，给予警告、严重警告或者撤销党内职务处分。

第八十三条 有下列行为之一的，给予警告或者严重警告处分；情节较重的，给予撤销党内职务或者留党察看处分；情节严重的，给予开除党籍处分：

（一）在民主推荐、民主测评、组织考察和党内选举中搞拉票、助选等非组织活动；

（二）在法律规定的投票、选举活动中违背组织原则搞非组织活动，组织、怂恿、诱使他人投票、表决；

（三）在选举中进行其他违反党章、其他党内法规和有关章程活动。

搞有组织的拉票贿选，或者用公款拉票贿选的，从重或者加重处分。

第八十四条 在干部选拔任用工作中，有任人唯亲、排斥异己、封官许愿、说情干预、跑官要官、突击提拔或者调整干部等违反干部选拔任用规定行为，对直接责任者和领导责任者，情节较轻的，给予警告或者严重警告处分；情节较重的，给予撤销党内职务或者留党察看处分；情节严重的，给予开除党籍处分。

用人失察失误造成严重后果的，对直接责任者和领导责任者，依照前款规定处理。

第八十五条 在推进领导干部能上能下工作中，搞好人主义，有下列行为之一，对直接责任者和领导责任者，情节较重的，给予警告或者严重警告处分；情节严重的，给予撤销党内职务或者留党察看处分：

（一）以党纪政务等处分规避组织调整；

（二）以组织调整代替党纪政务等处分；

（三）其他避重就轻作出处理行为。

第八十六条 在干部、职工的录用、考核、职务职级晋升、职称评聘、荣誉表彰，授予学术称号和征兵、安置退役军人等工作中，隐瞒、歪曲事实真相，或者利用职权或者职务上的影响违反有关规定为本人或者其他人谋取利益的，给予警告或者严重警告处分；情节较重的，给予撤销党内职务或者留党察看处分；情节严重的，给予开除党籍处分。

弄虚作假，骗取职务、职级、职称、待遇、资格、学历、学位、荣誉、称号或者其他利益的，依照前款规定处理。

第八十七条 侵犯党员的表决权、选举权和被选举权，情节较重的，给予警告或者严重警告处分；情节严重的，给予撤销党内职务处分。

以强迫、威胁、欺骗、拉拢等手段，妨害党员自主行使表决权、选举权和被选举权的，给予撤销党内职务、留党察看或者开除党籍处分。

第八十八条 有下列行为之一的，对直接责任者和领导责任者，给予警告或者严重警告处分；情节较重的，给予撤销党内职务或者留党察看处分；情节严重的，给予开除党籍处分：

（一）对批评、检举、控告进行阻挠、压制，或者将批评、检举、控告材料私自扣压、销毁，或者故意将其泄露给他人；

（二）对党员的申辩、辩护、作证等进行压制，造成不良后果；

（三）压制党员申诉，造成不良后果，或者不按照有关规定处理党员申诉；

（四）其他侵犯党员权利行为，造成不良后果。

对批评人、检举人、控告人、证人及其他人员打击报复的，从重或者加重处分。

第八十九条 违反党章和其他党内法规的规定，采取弄虚作假或者其他手段把不符合党员条件的人发展为党员，或者为非党员出具党员身份证明的，对直接责任者和领导责任者，给予警告或者严重警告处分；情节严重的，给予撤销党内职务处分。

违反有关规定程序发展党员的，对直接责任者和领导责任者，依照前款规定处理。

第九十条 违反有关规定取得外国国籍或者获取国（境）外永久居留资格、长期居留许可的，给予撤销党内职务、留党察看或者开除党籍处分。

第九十一条 违反有关规定办理因私出国（境）证件、前往港澳通行证，或者未经批准出入国（边）境，情节较轻的，给予警告或者严重警告处分；情节较重的，给予撤销党内职务或者留党察看处分；情节严重的，给予开除党籍处分。

虽经批准因私出国（境）但存在擅自变更路线、无正当理由超期未归等超出批准范围出国（境）行为，情节较重的，给予警告或者严重警告处分；情节严重的，给予撤销党内职务处分。

第九十二条 驻外机构或者临时出国（境）团（组）中的党员擅自脱离组织，或者从事外事、机要、军事等工作的党员违反有关规定同国（境）外机构、人员联系和交往的，给予警告、严重警告或者撤销党内职务处分。

第九十三条 驻外机构或者临时出国（境）团（组）中的党员，脱离组织出走时间不满六个月又自动回归的，给予撤销党内职务或者留党察看处分；脱离组织出走时间超过六个月的，按照自行脱党处理，党内予以除名。

故意为他人脱离组织出走提供方便条件的，给予警告、严重警告或者撤销党内职务处分。

第八章　对违反廉洁纪律行为的处分

第九十四条　党员干部必须正确行使人民赋予的权力，清正廉洁，反对特权思想和特权现象，反对任何滥用职权、谋求私利的行为。

利用职权或者职务上的影响为他人谋取利益，本人的配偶、子女及其配偶等亲属和其他特定关系人收受对方财物，情节较重的，给予警告或者严重警告处分；情节严重的，给予撤销党内职务、留党察看或者开除党籍处分。

第九十五条　相互利用职权或者职务上的影响为对方及其配偶、子女及其配偶等亲属、身边工作人员和其他特定关系人谋取利益搞权权交易的，给予警告或者严重警告处分；情节较重的，给予撤销党内职务或者留党察看处分；情节严重的，给予开除党籍处分。

第九十六条　纵容、默许配偶、子女及其配偶等亲属、身边工作人员和其他特定关系人利用党员干部本人职权或者职务上的影响谋取私利，情节较轻的，给予警告或者严重警告处分；情节较重的，给予撤销党内职务或者留党察看处分；情节严重的，给予开除党籍处分。

党员干部的配偶、子女及其配偶等亲属和其他特定关系人不实际工作而获取薪酬或者虽实际工作但领取明显超出同职级标准薪酬，党员干部知情未予纠正的，依照前款规定处理。

第九十七条　收受可能影响公正执行公务的礼品、礼金、消费卡（券）和有价证券、股权、其他金融产品等财物，情节较轻的，给予警告或者严重警告处分；情节较重的，给予撤销党内职务或者留党察看处分；情节严重的，给予开除党籍处分。

收受其他明显超出正常礼尚往来的财物的，依照前款规定处理。

第九十八条　向从事公务的人员及其配偶、子女及其配偶等亲属和其他特定关系人赠送明显超出正常礼尚往来的礼品、礼金、消费卡（券）和有价证券、股权、其他金融产品等财物，情节较重的，给予警告或者严重警告处分；情节严重的，给予撤销党内职务或者留党察看处分。

以讲课费、课题费、咨询费等名义变相送礼的，依照前款规定处理。

第九十九条　借用管理和服务对象的钱款、住房、车辆等，可能影响公正执行公务，情节较重的，给予警告或者严重警告处分；情节严重的，给予撤销党内职务、留党察看或者开除党籍处分。

通过民间借贷等金融活动获取大额回报，可能影响公正执行公务的，依照前款规定处理。

第一百条　利用职权或者职务上的影响操办婚丧喜庆事宜，造成不良影响的，给予警告或者严重警告处分；情节严重的，给予撤销党内职务处分；借机敛财或者有其他侵犯国家、集体和人民利益行为的，从重或者加重处分，直至开除党籍。

第一百零一条　接受、提供可能影响公正执行公务的宴请或者旅游、健身、娱乐等活动安排，情节较重的，给予警告或者严重警告处分；情节严重的，给予撤销党内职务或者留党察看处分。

第一百零二条　违反有关规定取得、持有、实际使用运动健身卡、会所和俱乐部会员卡、高尔夫球卡等各种消费卡（券），或者违反有关规定出入私人会所，情节较重的，给予警告或者严重警告处分；情节严重的，给予撤销党内职务或者留党察看处分。

第一百零三条　违反有关规定从事营利活动，有下列行为之一，情节较轻的，给予警告或者严重警告处分；情节较重的，给予撤销党内职务或者留党察看处分；情节严重的，给予开除党籍处分：

（一）经商办企业；

（二）拥有非上市公司（企业）的股份或者证券；

（三）买卖股票或者进行其他证券投资；

（四）从事有偿中介活动；

（五）在国（境）外注册公司或者投资入股；

（六）其他违反有关规定从事营利活动的行为。

利用参与企业重组改制、定向增发、兼并投资、土地使用权出让等工作中掌握的信息买卖股票，利用职权或者职务上的影响通过购买信托产品、基金等方式非正常获利的，依照前款规定处理。

违反有关规定在经济组织、社会组织等单位中兼职，或者经批准兼职但获取薪酬、奖金、津贴等额外利益的，依照第一款规定处理。

第一百零四条 利用职权或者职务上的影响，为配偶、子女及其配偶等亲属和其他特定关系人在审批监管、资源开发、金融信贷、大宗采购、土地使用权出让、房地产开发、工程招投标以及公共财政收支等方面谋取利益，情节较轻的，给予警告或者严重警告处分；情节较重的，给予撤销党内职务或者留党察看处分；情节严重的，给予开除党籍处分。

利用职权或者职务上的影响，为配偶、子女及其配偶等亲属和其他特定关系人吸收存款、推销金融产品、经营名贵特产类特殊资源等提供帮助谋取利益的，依照前款规定处理。

第一百零五条 离职或者退（离）休后违反有关规定接受原任职务管辖的地区和业务范围内或者与原工作业务直接相关的企业和中介机构等单位的聘用，或者个人从事与原任职务管辖业务或者与原工作业务直接相关的营利活动，情节较轻的，给予警告或者严重警告处分；情节较重的，给予撤销党内职务处分；情节严重的，给予留党察看处分。

党员领导干部离职或者退（离）休后违反有关规定担任上市公司、基金管理公司独立董事、独立监事等职务，情节较轻的，给予警告或者严重警告处分；情节较重的，给予撤销党内职务处分；情节严重的，给予留党察看处分。

第一百零六条 离职或者退（离）休后利用原职权或者职务上的影响，为配偶、子女及其配偶等亲属和其他特定关系人从事经营活动谋取利益，情节较轻的，给予警告或者严重警告处分；情节较重的，给予撤销党内职务或者留党察看处分；情节严重的，给予开除党籍处分。

离职或者退（离）休后利用原职权或者职务上的影响为他人谋取利益，本人的配偶、子女及其配偶等亲属和其他特定关系人收受对方财物，情节较重的，给予警告或者严重警告处分；情节严重的，给予撤销党内职务、留党察看或者开除党籍处分。

第一百零七条 党员领导干部的配偶、子女及其配偶，违反有关规定在该党员领导干部管辖的地区和业务范围内从事可能影响其公正执行公务的经营活动，或者有其他违反经商办企业禁业规定行为的，该党员领导干部应当按照规定予以纠正；拒不纠正的，其本人应当辞去现任职务或者由组织予以调整职务；不辞去现任职务或者不服从组织调整职务的，给予撤销党内职务处分。

第一百零八条 党和国家机关违反有关规定经商办企业的，对直接责任者和领导责任者，给予警告或者严重警告处分；情节严重的，给予撤销党内职务处分。

第一百零九条 党员领导干部违反工作、生活保障制度，在交通、医疗、警卫等方面为本人、配偶、子女及其配偶等亲属、身边工作人员和其他特定关系人谋求特殊待遇，情节较重的，给予警告或者严重警告处分；情节严重的，给予撤销党内职务或者留党察看处分。

第一百一十条 在分配、购买住房中侵犯国家、集体利益，情节较轻的，给予警告或者严重警告处分；情节较重的，给予撤销党内职务或者留党察看处分；情节严重的，给予开除党籍处分。

第一百一十一条 利用职权或者职务上的影响，侵占非本人经管的公私财物，或者以象征性地支付钱款等方式侵占公私财物，或者无偿、象征性地支付报酬接受服务、使用劳务，情节较轻的，给予警告或者严重警告处分；情节较重的，给予撤销党内职务或者留党察看处分；情节严重的，给予开除党籍处分。

利用职权或者职务上的影响，将应当由本人、配偶、子女及其配偶等亲属、身边工作人员和其他特定关系人个人支付的费用，由下属单位、其他单位或者他人支付、报销的，依照前款规定处理。

第一百一十二条 利用职权或者职务上的影响，违反有关规定占用公物归个人使用，时间超过六个月，情节较重的，给予警告或者严重警告处分；情节严重的，给予撤销党内职务处分。

占用公物进行营利活动的，给予警告或者严重警告处分；情节较重的，给予撤销党内职务或者留党察看处分；情节严重的，给予开除党籍处分。

将公物借给他人进行营利活动的，依照前款规定处理。

第一百一十三条 违反有关规定组织、参加用公款支付的宴请、娱乐、健身活动，或者用公款购买赠送或者发放礼品、消费卡（券）等，对直接责任者和领导责任者，情节较轻的，给予警告或者严重警告处分；

情节较重的，给予撤销党内职务或者留党察看处分；情节严重的，给予开除党籍处分。

第一百一十四条 违反有关规定自定薪酬或者滥发津贴、补贴、奖金、福利等，对直接责任者和领导责任者，情节较轻的，给予警告或者严重警告处分；情节较重的，给予撤销党内职务或者留党察看处分；情节严重的，给予开除党籍处分。

第一百一十五条 有下列行为之一，对直接责任者和领导责任者，情节较轻的，给予警告或者严重警告处分；情节较重的，给予撤销党内职务或者留党察看处分；情节严重的，给予开除党籍处分：

（一）公款旅游或者以学习培训、考察调研、职工疗养等为名变相公款旅游；

（二）改变公务行程，借机旅游；

（三）参加所管理企业、下属单位组织的考察活动，借机旅游。

以考察、学习、培训、研讨、招商、参展等名义变相用公款出国（境）旅游的，对直接责任者和领导责任者，依照前款规定处理。

第一百一十六条 违反接待管理规定，超标准、超范围接待或者借机大吃大喝，对直接责任者和领导责任者，情节较重的，给予警告或者严重警告处分；情节严重的，给予撤销党内职务处分。

第一百一十七条 违反有关规定配备、购买、更换、装饰、使用公务交通工具或者有其他违反公务交通工具管理规定的行为，对直接责任者和领导责任者，情节较重的，给予警告或者严重警告处分；情节严重的，给予撤销党内职务或者留党察看处分。

第一百一十八条 违反会议活动管理规定，有下列行为之一，对直接责任者和领导责任者，情节较重的，给予警告或者严重警告处分；情节严重的，给予撤销党内职务处分：

（一）到禁止召开会议的风景名胜区开会；

（二）决定或者批准举办各类节会、庆典活动；

（三）其他违反会议活动管理规定行为。

擅自举办评比达标表彰、创建示范活动或者借评比达标表彰、创建示范活动收取费用的，对直接责任者和领导责任者，依照前款规定处理。

第一百一十九条 违反办公用房管理等规定，有下列行为之一，对直接责任者和领导责任者，情节较重的，给予警告或者严重警告处分；情节严重的，给予撤销党内职务处分：

（一）决定或者批准兴建、装修办公楼、培训中心等楼堂馆所；

（二）超标准配备、使用办公用房；

（三）未经批准租用、借用办公用房；

（四）用公款包租、占用客房或者其他场所供个人使用；

（五）其他违反办公用房管理等规定行为。

第一百二十条 搞权色交易或者给予财物搞钱色交易的，给予警告或者严重警告处分；情节较重的，给予撤销党内职务或者留党察看处分；情节严重的，给予开除党籍处分。

第一百二十一条 有其他违反廉洁纪律规定行为的，应当视具体情节给予警告直至开除党籍处分。

第九章 对违反群众纪律行为的处分

第一百二十二条 有下列行为之一，对直接责任者和领导责任者，情节较轻的，给予警告或者严重警告处分；情节较重的，给予撤销党内职务或者留党察看处分；情节严重的，给予开除党籍处分：

（一）超标准、超范围向群众筹资筹劳、摊派费用，加重群众负担；

（二）违反有关规定扣留、收缴群众款物或者处罚群众；

（三）克扣群众财物，或者违反有关规定拖欠群众钱款；

（四）在管理、服务活动中违反有关规定收取费用；

（五）在办理涉及群众事务时刁难群众、吃拿卡要；

（六）其他侵害群众利益行为。

在乡村振兴领域有上述行为的，从重或者加重处分。

第一百二十三条 干涉生产经营自主权，致使群众财产遭受较大损失的，对直接责任者和领导责任者，给予警告或者严重警告处分；情节严重的，给予撤销党内职务或者留党察看处分。

第一百二十四条 在社会保障、社会救助、政策扶持、救灾救济款物分配等事项中优亲厚友、明显有失公平的，给予警告或者严重警告处分；情节较重的，给予撤销党内职务或者留党察看处分；情节严重的，给予开除党籍处分。

第一百二十五条 利用宗族或者黑恶势力等欺压群众，或者纵容涉黑涉恶活动、为黑恶势力充当“保护伞”的，给予撤销党内职务或者留党察看处分；情节严重的，给予开除党籍处分。

第一百二十六条 有下列行为之一，对直接责任者和领导责任者，情节较重的，给予警告或者严重警告处分；情节严重的，给予撤销党内职务或者留党察看处分：

（一）对涉及群众生产、生活等切身利益的问题依照政策或者有关规定能解决而不及时解决，庸懒无为、效率低下，造成不良影响；

（二）对符合政策的群众诉求消极应付、推诿扯皮，损害党群、干群关系；

（三）对待群众态度恶劣、简单粗暴，造成不良影响；

（四）弄虚作假，欺上瞒下，损害群众利益；

（五）其他不作为、乱作为、慢作为、假作为等损害群众利益行为。

第一百二十七条 遇到国家财产和群众生命财产受到严重威胁时，能救而不救，情节较重的，给予警告、严重警告或者撤销党内职务处分；情节严重的，给予留党察看或者开除党籍处分。

第一百二十八条 不按照规定公开党务、政务、厂务、村（居）务等，侵犯群众知情权，对直接责任者和领导责任者，情节较重的，给予警告或者严重警告处分；情节严重的，给予撤销党内职务或者留党察看处分。

第一百二十九条 有其他违反群众纪律规定行为的，应当视具体情节给予警告直至开除党籍处分。

第十章 对违反工作纪律行为的处分

第一百三十条 工作中不负责任或者疏于管理，贯彻执行、检查督促落实上级决策部署不力，给党、国家和人民利益以及公共财产造成较大损失的，对直接责任者和领导责任者，给予警告或者严重警告处分；造成重大损失的，给予撤销党内职务、留党察看或者开除党籍处分。

党员领导干部对于到任前已经存在且属于其职责范围内的问题，消极回避、推卸责任，造成严重损害或者严重不良影响的，依照前款规定处理。

第一百三十一条 工作中不敢斗争、不愿担当，面对重大矛盾冲突、危机困难临阵退缩，造成不良影响或者严重后果的，给予警告或者严重警告处分；情节严重的，给予撤销党内职务、留党察看或者开除党籍处分。

第一百三十二条 有下列行为之一，造成严重损害或者严重不良影响的，对直接责任者和领导责任者，给予警告或者严重警告处分；情节较重的，给予撤销党内职务或者留党察看处分；情节严重的，给予开除党籍处分：

（一）热衷于搞舆论造势、浮在表面；

（二）单纯以会议贯彻会议、以文件落实文件，在实际工作中不见诸行动；

（三）脱离实际，不作深入调查研究，搞随意决策、机械执行；

（四）违反精文减会有关规定搞文山会海；

（五）在督查检查考核等工作中搞层层加码、过度留痕，增加基层工作负担；

（六）工作中其他形式主义、官僚主义行为。

第一百三十三条 在公务活动用餐、单位食堂用餐管理工作中不履行或者不正确履行宣传教育、监督管理职责，导致餐饮浪费，造成严重不良影响的，对直接责任者和领导责任者，给予警告或者严重警告处分；情节严重的，给予撤销党内职务处分。

第一百三十四条 在机构编制工作中，有下列行为之一，造成不良影响或者严重后果的，对直接责任者和领导责任者，给予警告或者严重警告处分；情节较重的，给予撤销党内职务或者留党察看处分；情节严重的，给予开除党籍处分：

（一）擅自超出“三定”规定范围调整职责、设置机构、核定领导职数和配备人员；

（二）违规干预地方机构设置；

（三）其他违反机构编制管理规定行为。

第一百三十五条 在信访工作中，有下列行为之一，造成不良影响或者严重后果的，对直接责任者和领导责任者，给予警告或者严重警告处分；情节较重的，给予撤销党内职务或者留党察看处分；情节严重的，给予开除党籍处分：

（一）不按照规定受理、办理信访事项；

（二）对规模性集体访等处置不力，导致事态扩大；

（三）对党委和政府信访部门提出的改进工作、完善政策等建议重视不够、落实不力，导致问题长期得不到解决；

（四）其他不履行或者不正确履行信访工作职责行为。

不履行或者不正确履行职责，导致信访事项发生，造成不良影响或者严重后果的，对直接责任者和领导责任者，依照前款规定处理。

第一百三十六条 党组织有下列行为之一，对直接责任者和领导责任者，情节较重的，给予警告或者严重警告处分；情节严重的，给予撤销党内职务或者留党察看处分：

（一）党员被立案审查期间，擅自批准其出差、出国（境）、辞职，或者对其交流、提拔职务、晋升职级、进一步使用、奖励，或者办理退休手续；

（二）党员被依法追究刑事责任后，不按照规定给予党纪处分，或者对党员违反国家法律法规的行为，应当给予党纪处分而不处分；

（三）党纪处分决定或者申诉复查决定作出后，不按照规定落实决定中关于被处分人党籍、职务、职级、待遇等事项；

（四）党员受到党纪处分后，不按照干部管理权限和组织关系对受处分党员开展日常教育、管理和监督工作。

第一百三十七条 滥用问责，或者在问责工作中严重不负责任，造成不良影响的，对直接责任者和领导责任者，给予警告或者严重警告处分；情节严重的，给予撤销党内职务处分。

第一百三十八条 因工作不负责任致使所管理的人员叛逃的，对直接责任者和领导责任者，给予警告或者严重警告处分；情节严重的，给予撤销党内职务处分。

因工作不负责任致使所管理的人员出逃、出走，对直接责任者和领导责任者，情节较重的，给予警告或者严重警告处分；情节严重的，给予撤销党内职务处分。

第一百三十九条 进行统计造假，对直接责任者和领导责任者，情节较轻的，给予警告或者严重警告处分；情节较重的，给予撤销党内职务或者留党察看处分；情节严重的，给予开除党籍处分。

对统计造假失察，造成严重后果的，对直接责任者和领导责任者，给予警告或者严重警告处分；情节严重的，给予撤销党内职务、留党察看或者开除党籍处分。

第一百四十条 在上级检查、视察工作或者向上级汇报、报告工作时对应当报告的事项不报告或者不如实报告，造成严重损害或者严重不良影响的，对直接责任者和领导责任者，给予警告或者严重警告处分；情节严重的，给予撤销党内职务或者留党察看处分。

在上级检查、视察工作或者向上级汇报、报告工作时纵容、唆使、暗示、强迫下级说假话、报假情的，从重或者加重处分。

第一百四十一条 违反有关规定干预和插手市场经济活动，有下列行为之一，情节较轻的，给予警告或者严重警告处分；情节较重的，给予撤销党内职务或者留党察看处分；情节严重的，给予开除党籍处分：

（一）干预和插手建设工程项目承发包、土地使用权出让、政府采购、房地产开发与经营、矿产资源开发利用、中介机构服务等活动；

（二）干预和插手国有企业重组改制、兼并、破产、产权交易、清产核资、资产评估、资产转让、重大项目投资以及其他重大经营活动等事项；

（三）干预和插手批办各类行政许可和资金借贷等事项；

（四）干预和插手经济纠纷；

（五）干预和插手集体资金、资产和资源的使用、分配、承包、租赁等事项。

第一百四十二条 违反有关规定干预和插手司法活动、执纪执法活动，向有关地方或者部门打听案情、打招呼、说情，或者以其他方式对司法活动、执纪执法活动施加影响，情节较轻的，给予严重警告处分；情节较重的，给予撤销党内职务或者留党察看处分；情节严重的，给予开除党籍处分。

违反有关规定干预和插手公共财政资金分配、项目立项评审、功勋荣誉表彰奖励等活动，造成重大损失或者不良影响的，依照前款规定处理。

第一百四十三条 按照有关规定对干预和插手行为负有报告和登记义务的受请托人，不按照规定报告或者登记，情节较重的，给予警告或者严重警告处分；情节严重的，给予撤销党内职务处分。

第一百四十四条 泄露、扩散或者打探、窃取党组织关于干部选拔任用、纪律审查、巡视巡察等尚未公开事项或者其他应当保密的内容的，给予警告或者严重警告处分；情节较重的，给予撤销党内职务或者留党察看处分；情节严重的，给予开除党籍处分。

私自留存涉及党组织关于干部选拔任用、纪律审查、巡视巡察等方面资料，情节较重的，给予警告或者严重警告处分；情节严重的，给予撤销党内职务处分。

第一百四十五条 在考试、录取工作中，有泄露试题、考场舞弊、涂改考卷、违规录取等违反有关规定行为的，给予警告或者严重警告处分；情节较重的，给予撤销党内职务或者留党察看处分；情节严重的，给予开除党籍处分。

第一百四十六条 以不正当方式谋求本人或者其他人用公款出国（境），情节较轻的，给予警告处分；情节较重的，给予严重警告处分；情节严重的，给予撤销党内职务处分。

第一百四十七条 临时出国（境）团（组）或者人员中的党员，擅自延长在国（境）外期限，或者擅自变更路线的，对直接责任者和领导责任者，给予警告或者严重警告处分；情节严重的，给予撤销党内职务处分。

第一百四十八条 驻外机构或者临时出国（境）团（组）中的党员，触犯驻在国家、地区的法律、法令或者不尊重驻在国家、地区的宗教习俗，情节较重的，给予警告或者严重警告处分；情节严重的，给予撤销党内职务、留党察看或者开除党籍处分。

第一百四十九条 在党的纪律检查、组织、宣传、统一战线工作以及机关工作等其他工作中，不履行或者不正确履行职责，造成损失或者不良影响的，应当视具体情节给予警告直至开除党籍处分。

第十一章 对违反生活纪律行为的处分

第一百五十条 生活奢靡、铺张浪费、贪图享乐、追求低级趣味，造成不良影响的，给予警告或者严重警告处分；情节严重的，给予撤销党内职务处分。

第一百五十一条 与他人发生不正当性关系，造成不良影响的，给予警告或者严重警告处分；情节较重的，给予撤销党内职务或者留党察看处分；情节严重的，给予开除党籍处分。

利用职权、教养关系、从属关系或者其他相类似关系与他人发生性关系的，从重处分。

第一百五十二条 党员领导干部不重视家风建设，对配偶、子女及其配偶失管失教，造成不良影响或者严重后果的，给予警告或者严重警告处分；情节严重的，给予撤销党内职务处分。

第一百五十三条 违背社会公序良俗，在公共场所、网络空间有不当言行，造成不良影响的，给予警告或者严重警告处分；情节较重的，给予撤销党内职务或者留党察看处分；情节严重的，给予开除党籍处分。

第一百五十四条 有其他严重违反社会公德、家庭美德行为的，应当视具体情节给予警告直至开除党籍处分。

第三编 附 则

第一百五十五条 各省、自治区、直辖市党委可以根据本条例，结合各自工作的实际情况，制定单项实施规定。

第一百五十六条 中央军事委员会可以根据本条例，结合中国人民解放军和中国人民武装警察部队的实际情况，制定补充规定或者单项规定。

第一百五十七条 本条例由中央纪委负责解释。

第一百五十八条 本条例自2024年1月1日起施行。

本条例施行前，已结案的案件如需进行复查复议，适用当时的规定或者政策。尚未结案的案件，如果行为发生时的规定或者政策不认为是违纪，而本条例认为是违纪的，依照当时的规定或者政策处理；如果行为发生时的规定或者政策认为是违纪的，依照当时的规定或者政策处理，但是如果本条例不认为是违纪或者处理较轻的，依照本条例规定处理。

中国共产党党员网络行为规定

（2024年1月14日中共中央批准　2024年1月14日中共中央办公厅发布）

第一章　总　则

第一条　为了规范党员网络行为，发挥党员在网络空间作用，根据《中国共产党党员教育管理工作条例》等有关党内法规，制定本规定。

第二条　本规定所称网络行为，是指通过互联网制作、复制、存储、发布、传播文字、图片、音频、视频等信息内容及其相关活动。

第三条　党员实施网络行为，应当深刻领悟“两个确立”的决定性意义，增强“四个意识”、坚定“四个自信”、做到“两个维护”，坚持正确政治方向、舆论导向、价值取向，严守政治纪律和政治规矩，发挥先锋模范作用，走好网上群众路线，营造健康向上、风清气正的网络环境，推动形成良好网络生态，维护政治安全和意识形态安全，自觉在思想上政治上行动上同以习近平同志为核心的党中央保持一致。

第四条　各级党组织承担党员网络行为管理工作主体责任，全面落实网络意识形态工作责任制和网络安全工作责任制。各级组织、宣传和网信等部门在各自职责范围内，负责党员网络行为管理工作。

第二章　网络正能量传播

第五条　党员应当积极通过网络，广泛宣传习近平新时代中国特色社会主义思想，宣传党的路线方针政策和党中央重大决策部署，宣传中国特色社会主义制度，宣传党带领人民团结奋斗的重大成就、历史经验和生动实践，宣传中华优秀传统文化、革命文化、社会主义先进文化，弘扬社会主义核心价值观和社会主义荣辱观，大力弘扬主旋律、传播正能量。

第六条　党员应当践行网上群众路线，密切联系群众，及时反映群众的意见和要求，回应社会关切，解疑释惑、析事明理，引导群众形成共识。

第七条　党员应当敢于斗争、善于斗争，对网上各类错误思潮和错误观点敢于亮剑发声，旗帜鲜明批驳谬误。

第八条　鼓励党员通过网络讲好中国特色社会主义的故事、中国共产党的故事、中国人民奋斗圆梦的故事、中华优秀传统文化的故事、中国和平发展的故事，向世界展现真实、立体、全面的中国。

第三章　网络行为管理

第九条　党员网络行为应当严格遵守党规党纪，模范遵守法律法规，自觉坚守原则和底线。

第十条　党员不得通过网络制作、复制、存储、发布、传播含有反对党的基本理论、基本路线、基本方略，违背四项基本原则，违背、歪曲党的改革开放决策，妄议党中央大政方针，破坏党的集中统一，丑化党和国家形象，诋毁、污蔑党和国家领导人、英雄模范，或者歪曲党的历史、中华人民共和国历史、人民军队历史等有严重政治问题的信息，不得组织、参加含有相关内容的网络论坛、群组、直播等活动。

第十一条　党员不得组织、参与和动员不法串联、联署、集会等网上非法组织、非法活动。

第十二条　党员不得通过网络制造、散布、传播政治谣言，不得匿名诬告、有意陷害或者制造其他谣言。

第十三条　党员不得参与网络宗教活动、迷信活动，不得参与或者纵容、支持利用网络宣扬恐怖主义、分裂主义、极端主义，邪教，或者煽动民族仇恨、民族歧视，破坏民族团结。

第十四条　党员不得擅自建立、使用非法定信道浏览、访问、使用境外的网站、应用程序等。

第十五条　党员应当严格遵守党的保密纪律，不得通过网络泄露、扩散党和国家秘密、工作秘密。

第十六条 党员不得通过发布、删除网络信息，以及其他干预信息呈现等手段谋取不正当利益。

第十七条 党员应当培育良好网络习惯，自觉抵制崇洋媚外、炫富斗阔、铺张浪费等不良网络文化，炒作绯闻丑闻、拉踩引战、刷量控评、直播打赏、沉迷网络游戏等不良网络现象。

第十八条 党员干部不得利用职务便利，索取或者非法收受他人有财产价值的网络账号、网络游戏装备、虚拟货币等网络虚拟财物。

第十九条 党员干部不得违反有关规定以职务身份开展网络借贷、直播带货等营利活动。

第二十条 党员干部注册、使用和管理网络公众账号，应当遵守有关规定，履行社会责任，不得损害国家安全、社会公共利益和他人合法权益。

第二十一条 党员发现网上违规违纪违法信息、活动的，应当及时向有关部门和网络平台举报，积极提供线索，协助有关方面处置。

第四章 保障和监督

第二十二条 各级党组织应当开展党员依规依法上网用网的常态化教育，提升党员网络素养与技能，鼓励和支持党员学网上网用网。

第二十三条 各级党组织应当激励党员在网上充分发挥先锋模范作用，对在网络正能量传播和舆论引导中作出突出贡献的党员，按照有关规定给予表彰奖励，作为评先评优、职务职级晋升、职称评聘等参考。

第二十四条 建立健全澄清正名和保护制度，关心爱护为党和人民利益敢于在网上亮剑发声的党员。对在网络正能量传播和舆论引导中敢于斗争、担当尽责而遭受诬告陷害、网络暴力、威胁恐吓的党员，各级党组织应当协调有关部门依法维护其合法权益，依法惩治有关违法犯罪行为。

第二十五条 各级党组织应当加强对党员网络行为的指导，区分党员不同主体，结合网络公众账号和网络行为类型，形成科学合理的制度规范，健全监督管理制度。

第二十六条 各级党组织应当把规范党员网络行为、发挥党员在网络空间作用作为党的建设的重要内容，纳入党建工作责任制，紧密结合中心工作推进落实。

第二十七条 各级党组织应当将党员网络行为纳入民主生活会、组织生活会对照检查和民主评议党员的重要内容，及时总结经验，通报表扬先进，检视差距和不足，引导和规范党员正确实施网络行为。

第二十八条 党员违反本规定的，根据行为性质和情节轻重，依规依纪追究责任；涉嫌违法犯罪的，按照有关法律规定处理。

第五章 附 则

第二十九条 军队党员实施网络行为，按照军队有关规定执行。

第三十条 本规定由中共中央组织部、中共中央宣传部、中央网络安全和信息化委员会办公室负责解释。

第三十一条 本规定自发布之日起施行。

党史学习教育工作条例

（2024年1月18日中共中央政治局常委会会议审议批准　2024年2月5日中共中央发布）

第一章　总　则

第一条　为了推动党史学习教育常态化长效化，推动全党全社会学好党史、用好党史，从党的历史中汲取智慧和力量，弘扬伟大建党精神，传承红色基因，赓续红色血脉，根据《中国共产党章程》，制定本条例。

第二条　开展党史学习教育，用党的历史教育人、启迪人、感化人、鼓舞人，是牢记党的初心使命、坚定理想信念、推进自我革命的重要途径，是新时代坚持和发展中国特色社会主义、以中国式现代化全面推进中华民族伟大复兴的必然要求。

第三条　党史学习教育工作坚持以马克思列宁主义、毛泽东思想、邓小平理论、“三个代表”重要思想、科学发展观、习近平新时代中国特色社会主义思想为指导，深刻领悟“两个确立”的决定性意义，增强“四个意识”、坚定“四个自信”、做到“两个维护”，用党的奋斗历程和伟大成就鼓舞斗志、指引方向，用党的光荣传统和优良作风坚定信念、凝聚力量，用党的历史经验和实践创造启迪智慧、砥砺品格，推动全党全社会奋进新征程、建功新时代。

第四条　党史学习教育工作的主要任务是：

（一）学史明理。教育引导党员深刻领悟中国共产党为什么能、马克思主义为什么行、中国特色社会主义为什么好等道理，从历史中寻经验、求规律、启智慧，坚定对党的领导的自信，坚定贯彻落实党的创新理论，坚定不移走中国特色社会主义道路。

（二）学史增信。教育引导党员增强对马克思主义、共产主义的信仰，对中国特色社会主义的信念，对实现中华民族伟大复兴的信心，自觉做共产主义远大理想、中国特色社会主义共同理想的坚定信仰者和忠实践行者。

（三）学史崇德。教育引导党员涵养高尚道德品质，崇尚对党忠诚的大德、造福人民的公德、严于律己的品德，做到始终忠于党、忠于人民。

（四）学史力行。教育引导党员坚持在锤炼党性上力行、在为民服务上力行、在推动发展上力行，不断提高政治判断力、政治领悟力、政治执行力，增强斗争本领，把握历史主动。

第五条　党史学习教育工作遵循以下原则：

（一）坚持党的全面领导；

（二）坚持围绕中心、服务大局；

（三）坚持以史鉴今、资政育人；

（四）坚持统筹谋划、开拓创新；

（五）坚持分类指导、精准施策；

（六）坚持唯物史观和正确党史观。

第六条　党史学习教育工作坚持全面抓与重点抓相统一、覆盖全党与面向社会相贯通。在党员学习教育中，应当突出县处级以上领导干部这个重点。抓好青少年党史学习教育工作。推动党史学习教育进机关、进企事业单位、进城乡社区、进校园、进军营、进新经济组织和新社会组织、进网站。

第二章　领导体制和工作职责

第七条　党史学习教育工作在党中央集中统一领导下，由中央宣传思想文化工作领导小组负责统筹协调、整体推进、督促落实。

中央宣传部、中央组织部、中央党史和文献研究院等部门按照职能职责，做好党史学习教育相关工作。

第八条 各级党委（党组）承担党史学习教育工作主体责任，领导本地区本部门本单位开展工作，整合相关资源，统筹各方力量，发挥优势，形成合力。

第九条 基层党组织承担党史学习教育工作直接责任，把党史学习教育融入日常、抓在经常。

第三章 党史学习教育的内容

第十条 坚持学党史和悟思想相统一，认真学习马克思列宁主义、毛泽东思想、邓小平理论、“三个代表”重要思想、科学发展观、习近平新时代中国特色社会主义思想，学习党坚持把马克思主义基本原理同中国具体实际相结合、同中华优秀传统文化相结合的理论和实践，不断增进对党的创新理论的政治认同、思想认同、理论认同、情感认同。

全面学习领会习近平新时代中国特色社会主义思想，全面系统掌握这一思想的基本观点、科学体系，把握好这一思想的世界观和方法论，坚持好、运用好贯穿其中的立场观点方法，把习近平新时代中国特色社会主义思想转化为坚定理想、锤炼党性和指导实践、推动工作的强大力量。

第十一条 认真学习《关于若干历史问题的决议》《关于建国以来党的若干历史问题的决议》《中共中央关于党的百年奋斗重大成就和历史经验的决议》，学习毛泽东同志、邓小平同志、江泽民同志、胡锦涛同志关于党史的重要论述，学习习近平总书记关于党史的重要论述和指示要求，理解和把握党中央关于党史的最新表述、评价和结论，自觉在思想上政治上行动上同以习近平同志为核心的党中央保持高度一致。

第十二条 全面系统学习党史，学习党在新民主主义革命时期、社会主义革命和建设时期、改革开放和社会主义现代化建设新时期、中国特色社会主义新时代的历史，学习党的不懈奋斗史、不怕牺牲史、理论探索史、为民造福史、自身建设史，认识和把握党对中国人民、中华民族、马克思主义、人类进步事业、马克思主义政党建设作出的历史性贡献。

第十三条 学习和运用党在长期奋斗中积累的宝贵历史经验，坚持党的领导，坚持人民至上，坚持理论创新，坚持独立自主，坚持中国道路，坚持胸怀天下，坚持开拓创新，坚持敢于斗争，坚持统一战线，坚持自我革命。

第十四条 弘扬伟大建党精神，坚持真理、坚守理想，践行初心、担当使命，不怕牺牲、英勇斗争，对党忠诚、不负人民，为强国建设、民族复兴提供精神力量。

第十五条 树立正确党史观，认真学习党史基本著作和权威读本，准确把握党的历史发展的主题主线、主流本质，正确认识党史上的重大事件、重要会议、重要人物，正确对待党在前进道路上经历的失误和曲折，坚决反对和抵制历史虚无主义，让正史成为全党全社会的共识。

第四章 党史学习教育的主要方式

第十六条 党员应当按照党章和有关党内法规要求，根据自身实际，通过阅读党史著作、开展研讨交流、参加教育培训、参观红色场馆、参加实践活动等形式学习党史。

第十七条 各级党委（党组）理论学习中心组应当把党史作为集体学习的重要内容，纳入学习计划。

第十八条 各级党校（行政学院）、干部学院、社会主义学院应当把党史作为干部教育培训的必修课、常修课，充实党史课程，丰富党史教育形式，提高党史教学质量。进修班、培训班等主体班次强化党史学习内容。公务员初任培训、任职培训、在职培训等设置党史课程。团校应当根据实际情况设置党史课程。

第十九条 基层党组织应当把党史学习教育纳入年度工作计划，通过“三会一课”、主题党日等形式开展党史学习教育，每年至少组织1次以党史为主要内容的学习或者主题党日。在发展党员过程中，教育引导入党积极分子认真学习党史。

第二十条 用好学校思想政治理论课渠道，推进大中小学思想政治教育一体化建设，推动党史进教材、进课堂、进头脑，发挥党史立德树人的重要作用。

第二十一条 用好革命博物馆、纪念馆、党史馆、烈士纪念设施、革命旧址等红色资源，保护利用好革命文物，精心设计展览陈列、红色旅游线路、学习体验线路，加强革命传统教育、爱国主义教育、思想道德教育。

第二十二条 把党史学习教育融入重大主题宣传，与新中国史、改革开放史、社会主义发展史、中华民族发展史宣传教育结合起来，加强舆论引导，弘扬主旋律，传播正能量。

做好重要节庆日、纪念日和重大党史事件纪念工作，按照党中央有关规定办好已故党和国家领导同志诞辰纪念活动，开展重大党史事件、重要党史人物和烈士纪念活动。

第二十三条 用好图书、报刊、广播、电影、电视等传播媒介，用好文学、影视、音乐、戏剧、美术等艺术形式，充分发挥文献档案、红色书信、革命诗词等教育价值，鼓励各地利用公共空间开展党史学习教育。

用好互联网技术和新媒体手段，通过党史网站（频道）、网上纪念馆以及微博、微信、短视频、移动客户端等网络平台，打造党史融媒体作品，增强党史学习教育吸引力感染力。

第二十四条 用好新时代文明实践中心、县级融媒体中心和农家书屋、职工书屋等平台，运用报告会、座谈会、知识竞赛、宣讲活动、读书活动等形式，发挥革命英烈、功勋模范、先进典型、时代楷模的示范引领作用，把党史学习教育融入精神文明创建和群众性文化活动。

第五章 保障和监督

第二十五条 党史和文献部门应当发挥党的历史和理论研究专门机构作用，制定党史和文献工作规划，组织开展党史研究、党史著作编写、党史宣传教育、党史资料征集等工作。

各地区各部门各单位应当准确记载本地区本部门本单位党的工作，为党史和文献部门提供资料支持。

第二十六条 加强中共党史党建学一级学科建设，做好人才培养、课程设置、师资队伍建设、科学研究、学术交流等工作。加强党史精品课程建设，建立完善党史精品课程库，利用网络平台、线上课堂等形式，共享优质资源。

第二十七条 按照政治强、业务精、作风正的原则，建设一支结构合理、专兼结合的高素质党史学习教育工作队伍。大力培养优秀党史人才特别是青年人才，造就一批有影响的党史专家和党史宣讲人才。重视发挥老干部、老战士、老专家、老教师、老模范参与党史学习教育工作的作用。

第二十八条 各级党委（党组）以及党委宣传部门、党史和文献部门等应当严格落实意识形态工作责任制，严把政治关。正确处理历史和现实、政治和学术、研究和宣传等关系，旗帜鲜明反对历史虚无主义等错误思潮和观点，自觉与丑化党和国家形象、诋毁党和国家领导人、抹黑英雄模范、歪曲党的历史等言行作斗争。坚决反对形式主义、官僚主义，抵制庸俗化、娱乐化，防止“低级红”“高级黑”。

第二十九条 党史学习教育工作经费列入本级预算。

开展党史学习教育，应当坚持勤俭节约，充分利用当地条件就地组织开展相关活动，严禁以学习教育为名变相公款旅游。严禁借学习教育搞不当营商活动，硬性摊派征订辅导读物、音像制品等学习资料。

第三十条 各级党委（党组）应当加强对党史学习教育工作开展情况的监督检查，将其纳入党建工作责任制，纳入领导班子、领导干部目标管理和考核体系，纳入巡视巡察内容。

第三十一条 各级党委（党组）原则上每5年组织开展1次党史学习教育工作情况综合评估，充分运用评估结果，不断改进党史学习教育工作。

对党史学习教育工作中成绩突出的集体和个人，按照有关规定给予表彰奖励。

违反本条例有关规定的，根据情节轻重，依规依纪依法予以处理、处分。

第六章 附 则

第三十二条 军队党史学习教育工作规定，由中央军事委员会根据本条例制定。

第三十三条 本条例由中央宣传部、中央组织部、中央党史和文献研究院负责解释。

第三十四条 本条例自发布之日起施行。

（中共中央党史和文献研究院负责人答记者问见第二版）

《人民日报》（2024年02月20日01版）

中共中央办公厅　国务院办公厅关于健全新时代志愿服务体系的意见

（2024年4月12日）

志愿服务是社会文明进步的重要标志，是新时代党引导动员人民群众贡献智慧力量、创造美好生活、实现奋斗目标的生动实践。为推动志愿服务事业高质量发展，经党中央、国务院同意，现就健全新时代志愿服务体系提出如下意见。

一、总体要求

健全新时代志愿服务体系，要坚持以习近平新时代中国特色社会主义思想为指导，深入贯彻党的二十大和二十届二中全会精神，坚持党的领导，坚持人民至上，坚持价值引领，坚持系统观念，坚持实践育人，坚持务实创新，培育和践行社会主义核心价值观，弘扬奉献、友爱、互助、进步的志愿精神，健全适应新时代要求、具有中国特色的志愿服务体系，推动建设人人有责、人人尽责、人人享有的社会治理共同体，凝聚广大人民群众为以中国式现代化全面推进强国建设、民族复兴伟业而团结奋斗。

主要目标是：到2035年，基本形成系统完备、科学规范、协同高效的志愿服务制度和工作体系，志愿队伍素质过硬、管理规范，服务领域不断扩展，服务能力显著提升，助力经济社会发展作用更加突显；阵地网络覆盖广泛、布局合理，制度保障更加有力；志愿服务国际合作交流深入发展；志愿服务社会参与率、活跃度大幅提高，全社会责任意识、奉献意识普遍增强，志愿服务成为社会主义文化强国的重要标志。

二、健全全面参与的志愿服务动员体系

1. 发挥组织动员优势。强化思想政治动员，引导广大干部群众积极参与志愿服务。发挥基层党组织引领和党员带头作用，把志愿服务作为牢记初心使命、践行党的群众路线的重要载体，落实在职党员到社区报到为群众服务的要求，组织开展党员志愿服务，倡导领导干部带头参与志愿服务。各级党政机关、事业单位、群团组织、国有企业、学校要完善制度安排，支持和组织所属党员、干部和团员、青年参与志愿服务，指导推动本领域本系统本单位志愿服务工作。

2. 拓宽社会动员渠道。鼓励混合所有制企业、非公有制企业以及新经济组织、新社会组织、新就业群体支持和参与志愿服务，履行社会责任。发挥行业协会商会优势作用，引导推动本行业本领域资源力量开展志愿服务。常态化动员群众就近就便参与城乡社区志愿服务，鼓励基层群众性自治组织搭建志愿者与社会组织、社会工作者合作平台，促进志愿服务融入基层社会治理。用好网络动员方式，实现线上线下互动。创新社会动员方式，让志愿服务人人可为、处处可为。

3. 提升应急动员能力。坚持平急结合，将志愿服务纳入重大突发事件应急管理体系，统筹部署实施。制定应急志愿服务预案，健全指挥调度机制，有效调配力量、组织救援、保障物资，做到依法有序参与、科学安全高效。扶持发展各类应急志愿服务队伍，持续提升应急救援能力。完善登记管理、应急值守、培训演练、安全保障、集结出动等制度，建立与国家和地方综合性、专业性队伍共训共练机制，强化应急协同效能。

三、健全精准高效的志愿服务供给体系

1. 丰富供给内容。把学习宣传习近平新时代中国特色社会主义思想作为首要政治任务，广泛开展理论政策宣传宣讲志愿服务，让党的创新理论走进千家万户。配合国家发展战略，深入推进乡村振兴、兴边富民、美丽中国建设、健康中国建设等领域志愿服务。聚焦百姓民生，积极组织济困解难、扶弱助残、扶老爱幼、救灾援助、卫生健康、支教助学、文化惠民等志愿服务。持续开展邻里守望、信访矛盾化解、普法宣传、流浪救助、心理疏导、平安建设等志愿服务，助力提升社会治理效能。着眼培育文明风尚，深入开展科普、文

化、文艺、精神文明、文化遗产保护传承、体育健身、自然教育等志愿服务。以重要活动和大型赛会为依托，打造志愿服务品牌，营造良好秩序和人文环境，展示中国形象、弘扬中国精神。

2. 推进供需对接。坚持需求导向、目标导向、效果导向，准确把握群众急难愁盼，把满足需求与引领需求结合起来，优化服务方式，形成长效机制，实现志愿服务常态化、便利化、精准化。开展集中服务，抓住重要节庆节日等契机，组织内涵丰富、形式多样的普惠志愿服务。深化日常服务，依托群众身边站点，发挥窗口单位作用，开展长流水、不断线的志愿服务。做好结对服务，以“一老一小”、残疾人、农村留守儿童等群体为重点，采取个性化定制方式提供服务。推广菜单式服务，实现供需双向互动、精准匹配。

3. 提升服务质效。推进志愿服务项目化运行，打造主题鲜明、独具特色、群众欢迎的项目。建立项目库，持续推出服务清单。加强全流程质效管理，做好效果评估，改进服务内容、实施方法。深化志愿服务关爱行动，持续推进大学生志愿服务西部计划、春雨工程、文艺进万家、智惠行动、运动促健康、巾帼志愿阳光行动、志愿助残阳光行动、救在身边、银龄行动等，培育志愿服务品牌。

四、健全充满活力的志愿服务队伍组织体系

1. 壮大队伍力量。大力发展党员志愿者、青年志愿者、巾帼志愿者、社区志愿者、职工志愿者、退役军人志愿者、学生志愿者、老年志愿者等队伍，鼓励他们以实际行动促进社会进步。推进各行各业志愿服务队伍建设，引导文化文艺志愿者、科技志愿者、平安志愿者、应急志愿者、助残志愿者、卫生健康志愿者、法律志愿者、体育志愿者、生态环境志愿者等，利用专业特长为社会作贡献。发挥先进模范、乡土（返乡）人才、“五老”人员、新经济新业态从业人员、群众性活动骨干等的作用，支持组建群众身边的志愿服务队。汇聚社会各方面力量，建强新时代文明实践志愿服务队伍。

2. 加强组织建设。坚持引导发展和规范管理并重，指导志愿服务组织完善内部治理，依法依规依章程开展活动，提升社会公信力。完善志愿者招募、注册制度，制定行为准则、服务规范，明确权利义务。健全志愿服务组织孵化机制，指导支持其初始运作、发展成熟。完善志愿服务组织登记管理制度，支持符合条件的志愿服务组织依法登记。鼓励志同道合的志愿者组建团队，在基层党组织领导下，依托党群服务中心、新时代文明实践中心（所、站）、社会工作服务站等载体，有组织地开展服务。健全监督管理制度，完善动态管理和退出机制。加强各级各类志愿服务行业组织建设，履行好引领、联合、服务、促进职责。

3. 提高能力素质。组织志愿者、志愿服务组织、志愿服务工作者加强学习，提升政治素养，增进群众感情，掌握相关知识技能，提高服务水平。加大人才培养力度，造就一大批志愿者骨干、志愿服务管理人才。吸纳更多专业人才，发展专业性组织，提高志愿服务专业化程度。对需要专门知识、技能的志愿服务坚持先培训再上岗。实施分层分类培训，推进课程、教材、师资建设。组织志愿服务交流研讨、项目展示，推广经验、分享体验，促进共同提高。

五、健全覆盖广泛的志愿服务阵地体系

1. 完善站点布局。在社区综合服务设施中配置志愿服务站点，推动在新建住宅物业公共服务用房规划时设置志愿服务空间。在各类公共服务设施、窗口单位及其他公共场所因地制宜设立志愿服务站点，推进国家公园、国家文化公园及博物馆、纪念馆、科技馆等志愿服务全覆盖。鼓励企事业单位等根据实际开放公共资源，为志愿服务提供场所和条件。引导社会力量建设志愿服务特色站点、流动站点，进一步拓展覆盖面。加强基层党组织统筹协调引领，发挥新时代文明实践中心（所、站）作用，整合辖区内各类志愿服务阵地，促进协同运行。

2. 提升服务功能。加强志愿服务站点标准化建设，做到有场所、有队伍、有项目、有设施、有制度、有标识，具备需求收集、项目发布、招募培训、活动组织、服务记录、宣传展示等功能，提供常态化服务。注重内涵式发展，丰富站点的精神内核、文化价值。鼓励结合实际探索创新，打造具有地域特色、行业特点的志愿服务站点。

3. 推进数字化建设。强化志愿服务与数字技术融合，实现志愿者注册、需求发掘、服务对接、调度实施、评价反馈、宣传推广等全流程数字赋能。规范有序推进志愿服务信息系统建设，完善数据归集、辅助决策、指挥管理等功能，统一技术标准、打通数据接口、实现互联互通。加强志愿者个人信息保护和网络安全防护。引导和规范网上志愿服务活动，利用互联网创新服务方式。

六、健全特色鲜明的志愿文化体系

1. 厚植志愿文化基础。加强志愿文化宣传阐释，传承中华优秀传统文化的道德精髓，弘扬革命文化和社会主义先进文化的崇高追求，把雷锋精神和志愿精神体现到志愿服务工作各方面，彰显中国特色志愿服务的时代价值和道德力量。深化理论和实践问题研究，构建中国特色志愿服务理论体系、话语体系，推进志愿服务学科建设。

2. 营造志愿文化氛围。创作志愿服务题材的文艺作品、文创产品、公益广告，通过建设主题公园、广场、雕塑等，扩大志愿文化传播。宣传志愿服务先进典型，讲好志愿服务故事，激励更多人崇德向善、见贤思齐。研究推动设立中国志愿者日。建立健全志愿者宣誓制度，推广志愿者誓词，规范使用志愿服务标识。

3. 增强志愿文化自觉。着眼培养时代新人、弘扬时代新风，推动志愿文化融入日常学习工作生活，形成我为人人、人人为我的社会共识。把志愿服务作为未成年人思想道德建设和大学生思想政治教育的重要内容，纳入学校教育教学和学生社会实践，完善学生综合素质评价体系，增强青少年志愿服务意识。推动志愿服务融入社会规范，体现到市民公约、居民公约、村规民约、行业规章、团体章程之中。

七、健全坚实有力的志愿服务支持保障体系

1. 完善发展政策。各地区各有关部门根据经济社会发展情况，制定完善促进志愿服务事业发展的政策。统筹利用包括财政投入在内的现有资金渠道，依法通过政府购买服务等方式，支持志愿服务运营管理。有条件的地方可依法设立志愿服务发展基金。拓宽社会募捐渠道，鼓励企业、个人等进行公益性捐赠，按规定享受现行税收优惠政策。鼓励社会各方面为志愿服务组织发展运行、项目开发、业务交流、承接公共服务等提供支持。

2. 注重权益保障。坚持谁使用、谁招募、谁保障，为志愿者提供物资设备、安全保障及相应保险。完善志愿者保险产品和服务，加强志愿者保险的基础险种保障。真实、准确做好志愿服务信息记录、证明出具。尊重志愿者的劳动及其自主性，维护志愿者合法权益和对志愿服务组织及其活动的监督权利。

3. 强化激励褒奖。完善以精神激励为主的褒奖机制，健全星级认定制度，增强志愿者的成就感和荣誉感。鼓励采取服务积分、时间储蓄等方式，完善礼遇回馈和信用激励机制。把志愿服务作为相关评优评先的重要参考。公务员考录、企事业单位招聘时，注重了解志愿服务情况。

4. 提供法治支撑。积极推进志愿服务国家立法，推动有关部门制定实施细则。鼓励地方根据发展实际，加强和完善有关志愿服务地方立法。加强志愿服务标准和规范的研究制定。做好相关法律法规贯彻落实和宣传普及。依法查处损害志愿精神的违法行为，坚决打击以志愿服务为名从事非法活动，保证志愿服务事业健康有序发展。

八、构建志愿服务国际合作交流新格局

1. 积极稳妥推进。以共建“一带一路”国家等为重点开展国际志愿服务，实施国际志愿服务项目，讲好中国故事。鼓励国内志愿服务组织与相关组织、机构合作打造志愿服务项目，开展适宜的志愿服务活动。

2. 扩大国际影响。加强与国际性志愿者组织合作，积极参与双边多边志愿服务活动。鼓励中国志愿服务组织与联合国相关组织加强合作。健全国际志愿服务协调机制和管理制度，完善程序、明确规范、防控风险，引导志愿者、志愿服务组织、志愿服务工作者正确开展国际志愿服务活动。

九、加强组织领导

1. 提高政治站位。各级党委和政府要结合实际抓好本意见贯彻落实，将志愿服务纳入经济社会发展总体规划，加强谋划部署，健全长效机制，为志愿服务搭建更多平台、给予更多支持。健全评估体系，把志愿服务作为衡量地区社会文明程度、社会治理水平的重要内容。

2. 强化党建引领。在志愿服务组织依规设立党的组织。注重从优秀青年志愿者中培养和发展党员。发挥党组织战斗堡垒作用和党员先锋模范作用，把广大志愿者、志愿服务组织、志愿服务工作者凝聚在党的旗帜下。

3. 统筹协同推进。健全志愿服务领导体制和工作机制，在党委统一领导下，发挥志愿服务工作协调机制作用，形成党委社会工作部门牵头负责，各有关部门和群团组织履职尽责、联动高效的工作格局。加强统筹协调，整合各方面力量和资源，推动重点任务落实。

中国共产党不合格党员组织处置办法

（2024年5月21日中共中央政治局常委会会议审议批准
2024年6月16日中共中央办公厅发布）

第一条 为了深入推进全面从严治党，保持党员队伍先进性和纯洁性，规范不合格党员组织处置工作，根据《中国共产党章程》《中国共产党党员教育管理工作条例》，制定本办法。

第二条 坚持以习近平新时代中国特色社会主义思想为指导，深入贯彻习近平总书记关于党的建设的重要思想，认真落实新时代党的建设总要求和新时代党的组织路线，把全面从严治党要求落实到每个支部和每名党员，严肃稳妥处置不合格党员，提高党员队伍建设质量，建设信念坚定、政治可靠、结构合理、素质优良、纪律严明、作用突出的党员队伍。

第三条 本办法所称组织处置，是指党组织根据党章和有关党内法规规定，依据党员组织关系隶属或者干部管理权限，对缺乏革命意志、不履行党员义务、不符合党员条件甚至丧失党员条件的党员，按照规定程序给予相应的处置措施。

组织处置方式分为限期改正、劝其退党、除名。

第四条 违犯党纪的党员受到党纪处分的，不因同一问题再进行组织处置。

第五条 组织处置工作应当遵循下列原则：

（一）坚持党员标准、严格教育管理监督；

（二）坚持立足教育、转化提高；

（三）坚持民主集中制；

（四）坚持客观公正、慎重稳妥；

（五）坚持依规依纪。

第六条 党员具有下列情形之一，应当给予限期改正处置：

（一）理想信念不坚定，缺乏革命意志，党性意识淡薄，过分计较个人得失，讲功利不讲理想、讲私欲不讲信仰，但本人能够正确认识错误、愿意接受教育管理并且决心改正的；

（二）信仰宗教的；

（三）工作消极懈怠，不发挥先锋模范作用，与群众关系紧张，但本人能够正确认识错误、愿意接受教育管理并且决心改正的；

（四）组织观念、纪律意识不强，不按照规定参加党的组织生活、不按时足额交纳党费，流动到外地工作生活不主动与正式组织关系所在党组织保持联系、不及时向流入地（单位）基层党组织报到，经批评教育仍未改正的；

（五）既有主观原因又有客观原因，但主要由于主观原因与党组织失去联系6个月以上、2年以内，经查找已取得联系，失去联系期间无违纪违法行为的；

（六）党内法规规定的其他应当给予限期改正处置的情形。

限期改正时间一般为6个月，最长不超过1年。限期改正期间，党员权利不受影响。

第七条 党员具有下列情形之一，应当给予劝其退党处置：

（一）为了达到个人目的以退党相要挟，经教育不改的；

（二）限期改正期满后仍无转变的；

（三）党内法规规定的其他应当给予劝其退党处置的情形。

第八条 党员具有下列情形之一，应当给予除名处置：

（一）理想信念缺失，政治立场动摇，对党不忠诚不老实，背弃党的初心使命，已经丧失党员条件的；

（二）因思想蜕化提出退党，经教育后仍然坚持退党的；

（三）没有正当理由，连续6个月不参加党的组织生活，或者不交纳党费，或者不做党所分配的工作，按照自行脱党予以除名；

（四）因与党组织失去联系被停止党籍，2年后确实无法取得联系的，按照自行脱党予以除名；

（五）受到劝其退党处置、本人坚持不退的；

（六）党内法规规定的其他应当给予除名处置的情形。

第九条 党员受到劝其退党或者除名处置的，5年内不得重新入党。

第十条 党员有本办法第六条、第七条、第八条所列情形之一的，由党支部委员会（不设党支部委员会的由党员大会，下同）研究提出启动组织处置的意见，并报基层党委（具有审批预备党员权限的党的基层委员会、党的工作委员会，下同）进行事前备案。

组织处置应当执行下列程序：

（一）调查核实。党支部委员会成立调查组进行调查，并与本人谈话，形成调查核实材料。基层党委应当派人指导。调查核实材料应当由本人签写意见。对本人拒不签写意见、签写不同意见或者因故不能谈话、签写意见的，党支部应当在调查核实材料上注明。

（二）提出拟处置意见。党支部委员会综合考虑党员不合格表现的性质、情节和本人态度，区分主观原因和客观原因、一时表现和一贯表现，研究提出限期改正、劝其退党或者除名的拟处置意见。对拟不予处置的，党支部委员会应当作出书面结论，报基层党委研究审批。

（三）预审。党支部委员会将拟处置意见、调查核实材料等报基层党委预审。对拟作出限期改正处置的，由基层党委提出预审意见，以书面形式反馈党支部委员会。对拟作出劝其退党、除名处置的，由基层党委审查后报上一级党委（党的委员会或者工作委员会，下同）组织部门预审；预审后，由基层党委将预审意见以书面形式反馈党支部委员会。对事实不清、证据不足、拟处置意见不当的，应当要求党支部补充调查，重新提出拟处置意见。

（四）形成决议。预审同意后，党支部召开党员大会，通报对拟处置党员调查核实和预审情况，充分讨论处置意见，并采取无记名投票方式进行表决。实际到会有表决权的党员人数必须超过全部应到会有表决权的党员的半数，且表决时必须经过全部应到会有表决权的党员过半数赞成，方可形成处置决议。表决前，拟处置党员有权申辩，不能到会的可以提供书面申辩材料并在会上由其他党员代为宣读。处置决议应当由拟处置党员本人签写意见。对本人拒不签写意见、签写不同意见或者因故不能签写意见的，党支部应当在处置决议上注明。基层党委应当派人到会指导。

（五）审批和宣布。党支部将处置决议报基层党委。对拟作出限期改正处置的，由基层党委研究审批，报上一级党委组织部门备案。对拟作出劝其退党、除名处置的，由基层党委研究提出意见，报上一级党委组织部门研究审批。审批处置决议和处置意见必须经过集体讨论决定。党支部接到批复意见后，应当及时将加盖党支部公章或者党支部书记签字的书面通知送被处置党员，并以适当方式宣布。

第十一条 党员要求退党，应当由本人向所在党支部提出书面申请。党支部应当查明党员提出退党的原因，进行思想教育，对经教育仍然坚持退党的，经党员大会讨论后予以批准，形成处置决议并宣布除名，报基层党委备案。

党员因与党组织失去联系被停止党籍，2年后确实无法取得联系的，由党支部委员会形成调查核实材料并提出按照自行脱党予以除名的拟处置意见，党支部召开党员大会讨论并进行表决，形成处置决议；基层党委对处置决议研究提出意见，报上一级党委组织部门研究审批。

第十二条 县处级以上党员领导干部有本办法第六条、第七条、第八条所列情形之一的，按照干部管理权限，由组织（人事）部门会同党员所属基层党委调查核实并提出拟处置意见，报经党委（党组）研究同意后，由组织（人事）部门或者党员所属基层党委形成调查核实和处置意见的通报材料，交由被处置党员所在党支部党员大会讨论形成决议后，报上一级党组织履行审批程序。

第十三条 对流动党员的组织处置，由其组织关系所在党支部按照本办法第十条、第十一条规定履行相关程序。流入地（单位）基层党组织发现流动党员有本办法第六条、七条、第八条所列情形之一的，应当向流动党员组织关系所在党支部及其上一级基层党委书面通报有关情况，提出启动组织处置的建议。

对流动党员的组织处置结果，流动党员组织关系所在党支部应当向流入地（单位）基层党组织通报。

第十四条 党员实施网络行为，有本办法第六条、第七条、第八条所列情形之一的，按照规定程序视情况给予限期改正、劝其退党或者除名处置。

第十五条 基层党委具备下列条件之一，可以直接审批除县处级以上党员领导干部以外的党员的劝其退党、除名处置，并报上一级党委组织部门备案：

（一）下级党组织具有审批预备党员权限的；

（二）所在党和国家机关机构规格为副厅局级以上的；

（三）上一级党委系设区的市级以上党委的。

第十六条 组织处置决议自有最终审批权限的党组织研究审批之日起生效。

第十七条 对受到限期改正处置的党员，党支部应当通过谈心谈话、教育培训、结对帮教等措施促其改正。限期改正期满后1个月内，党支部应当召开党员大会对其进行评议，根据改正情况作出限期改正合格或者给予劝其退党处置等相应决议。对限期改正合格的，报基层党委备案；对拟作出劝其退党、除名处置的，按照本办法第十条、第十一条规定履行相关程序。

党员在限期改正期间一般不转移党员组织关系。确需转移党员组织关系的，由转出地（单位）党组织与接收地（单位）党组织接续做好对党员的教育管理工作；限期改正期满后，由其组织关系所在党组织进行评议并征求转出地（单位）党组织意见后作出相应决议。

对被劝其退党、除名的，基层党组织应当做好其思想政治工作，继续跟踪了解、教育帮助。

第十八条 被处置党员对处置结果有不同意见的，按照有关规定提出申诉。党组织按照规定进行复议、复查，并给予负责的答复。申诉期间，不停止处置决议的执行。

对于需要纠正的处置决议，应当重新作出决定，由重新作出决定的党组织报其上级党组织审批后在一定范围内宣布。对于处置正确而本人拒不接受的，给予批评教育；对于无正当理由反复申诉的，有关党组织应当书面通知本人不再受理申诉并在适当范围内宣布。

第十九条 组织处置工作结束后，党支部应当将处置过程中形成的书面材料组装成券，做到齐全完整，交由基层党委妥善保管。其中，处置决议和批复意见归入被处置党员档案。

第二十条 因党员所在党组织不健全或者软弱涣散、组织生活不正常，党员无法正常参加组织生活、履行党员义务的，以及党员受客观条件制约，一时无法完成党组织所分配的工作，在短期内或者某项工作中不能发挥作用的，可以不予处置。

第二十一条 对调查核实中发现党员具有两种及以上应当受限期改正处置情形的，给予限期改正处置；限期改正期满后，应当就其不合格情形改正情况逐一讨论，全部改正的作出限期改正合格决议；如存在没有改正的，劝其退党，劝而不退的予以除名。

第二十二条 地方各级党委和有关部门单位党组（党委）应当加强对组织处置工作的组织领导和监督检查，对工作失职失责的党组织和有关责任人予以追责问责。

县级及以上党委组织部门履行统筹协调和组织实施的职责，加强政策指导、审核把关与督促落实，对基层党组织把握不准的问题及时研究答复，定期对组织处置工作进行抽查复核。

基层党委履行直接领导责任，督促所属党支部按照规定开展组织处置并全程指导。对组织处置不及时或者故意拖延不作处置的，责令党支部限期开展处置工作。

党支部履行主体责任，严格按照规定程序做好组织处置各个环节工作，确保事实清楚、证据确凿、理由充分、处理恰当、手续完备，确保处置结果经得起历史检验。

对党员存在不合格情形，但所在党支部不健全或者软弱涣散，以及党员大会因故无法表决的，由基层党委直接调查。

第二十三条 对工作不负责任、敷衍了事，组织处置不及时不严格的党组织和有关责任人责令整改，视情况予以通报批评。对故意包庇、弄虚作假、违反程序或者借机打击报复、侵犯党员权利的，依规依纪追究有关责任人责任。

第二十四条 预备党员不履行党员义务，不具备党员条件，应当取消预备党员资格的，按照党内有关规定执行，

第二十五条 军队不合格党员组织处置办法，由中央军事委员会根据本办法制定。

第二十六条 本办法由中央组织部负责解释。

第二十七条 本办法自发布之日起施行。其他有关组织处置规定与本办法不一致的，按照本办法执行。

第三篇

学业指导

中华人民共和国学位条例

（1980年2月12日第五届全国人民代表大会常务委员会第十三次会议通过
根据2004年8月28日第十届全国人民代表大会常务委员会第十一次会议
《关于修改〈中华人民共和国学位条例〉的决定》修正）

第一条 为了促进我国科学专门人才的成长，促进各门学科学术水平的提高和教育、科学事业的发展，以适应社会主义现代化建设的需要，特制定本条例。

第二条 凡是拥护中国共产党的领导、拥护社会主义制度，具有一定学术水平的公民，都可以按照本条例的规定申请相应的学位。

第三条 学位分学士、硕士、博士三级。

第四条 高等学校本科毕业生，成绩优良，达到下述学术水平者，授予学士学位：

（一）较好地掌握本门学科的基础理论、专门知识和基本技能；

（二）具有从事科学研究工作或担负专门技术工作的初步能力。

第五条 高等学校和科学研究机构的研究生，或具有研究生毕业同等学力的人员，通过硕士学位的课程考试和论文答辩，成绩合格，达到下述学术水平者，授予硕士学位：

（一）在本门学科上掌握坚实的基础理论和系统的专门知识；

（二）具有从事科学研究工作或独立担负专门技术工作的能力。

第六条 高等学校和科学研究机构的研究生，或具有研究生毕业同等学力的人员，通过博士学位的课程考试和论文答辩，成绩合格，达到下述学术水平者，授予博士学位：

（一）在本门学科上掌握坚实宽广的基础理论和系统深入的专门知识；

（二）具有独立从事科学研究工作的能力；

（三）在科学或专门技术上做出创造性的成果。

第七条 国务院设立学位委员会，负责领导全国学位授予工作。学位委员会设主任委员一人，副主任委员和委员若干人。主任委员、副主任委员和委员由国务院任免。

第八条 学士学位，由国务院授权的高等学校授予；硕士学位、博士学位，由国务院授权的高等学校和科学研究机构授予。

授予学位的高等学校和科学研究机构（以下简称学位授予单位）及其可以授予学位的学科名单，由国务院学位委员会提出，经国务院批准公布。

第九条 学位授予单位，应当设立学位评定委员会，并组织有关学科的学位论文答辩委员会。 学位论文答辩委员会必须有外单位的有关专家参加，其组成人员由学位授予单位遴选决定。学位评定委员会组成人员名单由学位授予单位确定，报国务院有关部门和国务院学位委员会备案。

第十条 学位论文答辩委员会负责审查硕士和博士学位论文、组织答辩，就是否授予硕士学位或博士学位作出决议。决议以不记名投票方式，经全体成员三分之二以上通过，报学位评定委员会。

学位评定委员会负责审查通过学士学位获得者的名单；负责对学位论文答辩委员会报请授予硕士学位或博士学位的决议，作出是否批准的决定。决定以不记名投票方式，经全体成员过半数通过。决定授予硕士学位或博士学位的名单，报国务院学位委员会备案。

第十一条 学位授予单位，在学位评定委员会作出授予学位的决议后，发给学位获得者相应的学位证书。

第十二条 非学位授予单位应届毕业的研究生，由原单位推荐，可以就近向学位授予单位申请学位。经学位授予单位审查同意，通过论文答辩，达到本条例规定的学术水平者，授予相应的学位。

第十三条 对于在科学或专门技术上有重要的著作、发明、发现或发展者，经有关专家推荐，学位授予单位同意，可以免除考试，直接参加博士学位论文答辩。对于通过论文答辩者，授予博士学位。

第十四条 对于国内外卓越的学者或著名的社会活动家，经学位授予单位提名，国务院学位委员会批准，可以授予名誉博士学位。

第十五条 在我国学习的外国留学生和从事研究工作的外国学者，可以向学位授予单位申请学位。对于具有本条例规定的学术水平者，授予相应的学位。

第十六条 非学位授予单位和学术团体对于授予学位的决议和决定持有不同意见时，可以向学位授予单位或国务院学位委员会提出异议。学位授予单位和国务院学位委员会应当对提出的异议进行研究和处理。

第十七条 学位授予单位对于已经授予的学位，如发现有舞弊作伪等严重违反本条例规定的情况，经学位评定委员会复议，可以撤销。

第十八条 国务院对于已经批准授予学位的单位，在确认其不能保证所授学位的学术水平时，可以停止或撤销其授予学位的资格。

第十九条 本条例的实施办法，由国务院学位委员会制定，报国务院批准。

第二十条 本条例自1981年1月1日起施行。

中华人民共和国学位条例暂行实施办法

（国务院学位委员会制定　1981年5月20日国务院批准实施）

第一条　根据中华人民共和国学位条例，制定本暂行实施办法。

第二条　学位按下列学科的门类授予：哲学、经济学、法学、教育学、文学、历史学、理学、工学、农学、医学。

学士学位

第三条　学士学位由国务院授权的高等学校授予。

高等学校本科学生完成教学计划的各项要求，经审核准予毕业，其课程学习和毕业论文（毕业设计或其他毕业实践环节）的成绩，表明确已较好地掌握本门学科的基础理论、专门知识和基本技能，并且有从事科学研究工作或担负专门技术工作的初步能力的，授予学士学位。

第四条　授予学士学位的高等学校，应当由系逐个审核本科毕业生的成绩和毕业鉴定等材料，对符合本暂行办法第三条及有关规定的，可向学校学位评定委员会提名，列入学士学位获得者的名单。

非授予学士学位的高等学校，对达到学士学术水平的本科毕业生，应当由系向学校提出名单，经学校同意后，由学校就近向本系统、本地区的授予学士学位的高等学校推荐。授予学士学位的高等学校有关的系，对非授予学士学位的高等学校推荐的本科毕业生进行审查考核，认为符合本暂行办法第三条及有关规定的，可向学校学位评定委员会提名，列入学士学位获得者的名单。

第五条　学士学位获得者的名单，经授予学士学位的高等学校学位评定委员会审查通过，由授予学士学位的高等学校授予学士学位。

硕士学位

第六条　硕士学位由国务院授权的高等学校和科学研究机构授予。

申请硕士学位人员应当在学位授予单位规定的期限内，向学位授予单位提交申请书和申请硕士学位的学术论文等材料。学位授予单位应当在申请日期截止后两个月内进行审查，决定是否同意申请，并将结果通知申请人及其所在单位。

非学位授予单位应届毕业的研究生申请时，应当送交本单位关于申请硕士学位的推荐书。

同等学力人员申请时，应当送交两位副教授、教授或相当职称的专家的推荐书。学位授予单位对未具有大学毕业学历的申请人员，可以在接受申请前，采取适当方式，考核其某些大学课程。

申请人员不得同时向两个学位授予单位提出申请。

第七条　硕士学位的考试课程和要求：

1. 马克思主义理论课。要求掌握马克思主义的基本理论。
2. 基础理论课和专业课，一般为三至四门。要求掌握坚实的基础理论和系统的专门知识。
3. 一门外国语。要求比较熟练地阅读本专业的外文资料。

学位授予单位研究生的硕士学位课程考试，可按上述的课程要求，结合培养计划安排进行。

非学位授予单位研究生的硕士学位课程考试，由学位授予单位组织进行。凡经学位授予单位审核，认为其在原单位的课程考试内容和成绩合格的，可以免除部分或全部课程考试。

同等学力人员的硕士学位课程考试，由学位授予单位组织进行。

申请硕士学位人员必须通过规定的课程考试，成绩合格，方可参加论文答辩。规定考试的课程中，如有一门不及格，可在半年内申请补考一次，补考不及格的，不能参加论文答辩。

试行学分制的学位授予单位，应当按上述的课程要求，规定授予硕士学位所应取得的课程学分。申请硕士学位人员必须取得规定的学分后，方可参加论文答辩。

第八条 硕士学位论文对所研究的课题应当有新的见解，表明作者具有从事科学研究工作或独立担负专门技术工作的能力。

学位授予单位应当聘请一至二位与论文有关学科的专家评阅论文。评阅人应当对论文写出详细的学术评语，供论文答辩委员会参考。

硕士学位论文答辩委员会由三至五人组成。成员中一般应当有外单位的专家。论文答辩委员会主席由副教授、教授或相当职称的专家担任。

论文答辩委员会根据答辩的情况，就是否授予硕士学位作出决议。决议采取不记名投票方式，经全体成员三分之二以上同意，方得通过。决议经论文答辩委员会主席签字后，报送学位评定委员会。会议应当有记录。

硕士学位论文答辩不合格的，经论文答辩委员会同意，可在一年内修改论文，重新答辩一次。

第九条 硕士学位论文答辩委员会多数成员如认为申请人的论文已相当于博士学位的学术水平，除作出授予硕士学位的决议外，可向授予博士学位的单位提出建议，由授予博士学位的单位按本暂行办法博士学位部分中有关规定办理。

博士学位

第十条 博士学位由国务院授权的高等学校和科学研究机构授予。

申请博士学位人员应当在学位授予单位规定的期限内，向学位授予单位提交申请书和申请博士学位的学术论文等材料。学位授予单位应当在申请日期截止后两个月内进行审查，决定是否同意申请，并将结果通知申请人及其所在单位。

同等学力人员申请时，应当送交两位教授或相当职称的专家的推荐书。学位授予单位对未获得硕士学位的申请人员，可以在接受申请前，采取适当方式，考核其某些硕士学位的基础理论课和专业课。

申请人员不得同时向两个学位授予单位提出申请。

第十一条 博士学位的考试课程和要求：

1. 马克思主义理论课。要求较好地掌握马克思主义的基本理论。

2. 基础理论课和专业课。要求掌握坚实宽广的基础理论和系统深入的专门知识。考试范围由学位授予单位的学位评定委员会审定。基础理论课和专业课的考试，由学位授予单位学位评定委员会指定三位专家组成的考试委员会主持，考试委员会主席必须由教授、副教授或相当职称的专家担任。

3. 两门外国语。第一外语要求熟练地阅读本专业的外文资料，并具有一定的写作能力，第二外国语要求有阅读本专业外文资料的初步能力。个别学科、专业，经学位授予单位的学位评定委员会审定，可只考第一外国语。

攻读博士学位研究生的课程考试.可按上述的课程要求，结合培养计划安排进行。

第十二条 申请博士学位人员必须通过博士学位的课程考试，成绩合格，方可参加博士学位论文答辩。

申请博士学位人员在科学或专门技术上有重要著作、发明、发现或发展的，应当向学位授予单位提交有关的出版著作、发明的鉴定或证明书等材料，经两位教授或相当职称的专家推荐，学位授予单位按本暂行办法第十一条审查同意，可以免除部分或全部课程考试。

第十三条 博士学位论文应当表明作者具有独立从事科学研究工作的能力，并在科学或专门技术上做出创造性的成果。博士学位论文或摘要，应当在答辩前三个月印送有关单位，并经同行评议。

学位授予单位应当聘请两位与论文有关学科的专家评阅论文，其中一位应当是外单位的专家。评阅人应当对论文写出详细的学术评语，供论文答辩委员会参考。

第十四条 博士学位论文答辩委员会由五至七人组成。成员的半数以上应当是教授或相当职称的专家。成员中必须包括二至三位外单位的专家。论文答辩委员会主席一般应当由教授或相当职称的专家担任。

论文答辩委员会根据答辩的情况，就是否授予博士学位作出决议。决议采取不记名投票方式，经全体成员三分之二以上同意，方得通过。决议经论文答辩委员会主席签字后，报送学位评定委员会。会议应当有记录。

博士学位的论文答辩一般应当公开举行；已经通过的博士学位论文或摘要应当公开发表(保密专业除外)。

博士学位论文答辩不合格的，经论文答辩委员会同意，可在两年内修改论文，重新答辩一次。

第十五条 博士学位论文答辩委员会认为申请人的论文虽未达到博士学位的学术水平，但已达到硕士学位的学术水平，而且申请人尚未获得过该学科硕士学位的，可作出授予硕士学位的决议，报送学位评定委员会。

名誉博士学位

第十六条 名誉博士学位由国务院授权授予博士学位的单位授予。

第十七条 授予名誉博士学位须经学位授予单位的学位评定委员会讨论通过，由学位授予单位报国务院学位委员会批准后授予。

学位评定委员会

第十八条 学位授予单位的学位评定委员会根据国务院批准的授予学位的权限.分别履行以下职责：

（一）审查通过接受申请硕士学位和博士学位的人员名单；

（二）确定硕士学位的考试科目、门数和博士学位基础理论课和专业课的考试范围；审批主考人和论文答辩委员会成员名单，

（三）通过学士学位获得者的名单；

（四）作出授予硕士学位的决定；

（五）审批申请博士学位人员免除部分或全部课程考试的名单；

（六）作出授予博士学位的决定。

（七）通过授予名誉博士学位的人员名单，

（八）作出撤销违反规定而授予学位的决定；

（九）研究和处理授予学位的争议和其他事项。

第十九条 学位授予单位的学位评定委员会由九至二十五人组成，任期二至三年。成员应当包括学位授予单位主要负责人和教学、研究人员。

授予学士学位的高等学校，参加学位评定委员会的教学人员应当从本校讲师以上教师中遴选。授予学士学位、硕士学位和博士学位的单位，参加学位评定委员会的教学、研究人员主要应当从本单位副教授、教授或相当职称的专家中遴选。授予博士学位的单位，学位评定委员会中至少应当有半数以上的教授或相当职称的专家。

学位评定委员会主席由学位授予单位具有教授、副教授或相当职称的主要负责人（高等学校校长，主管教学、科学研究和研究生工作的副校长，或科学研究机构相当职称的人员）担任。

学位评定委员会可以按学位的学科门类，设置若干分委员会。各由七至十五人组成，任期二至三年。分委员会主席必须由学位评定委员会委员担任。分委员会协助学位评定委员会工作。学位评定委员会成员名单，应当由各学位授予单位报主管部门批准，主管部门转报国务院学位委员会备案。

学位评定委员会可根据需要，配备必要的专职或兼职的工作人员，处理日常工作。

第二十条 学位授予单位每年应当将授予学士学位的人数、授予硕士学位和博士学位的名单及有关材料，分别报主管部门和国务院学位委员会备案。

其他规定

第二十一条 在我国学习的外国留学生申请学士学位，参照本暂行办法第三条及有关规定办理。

在我国学习的外国留学生和从事研究或教学工作的外国学者申请硕士学位或博士学位，参照本暂行办法的有关规定办理。

第二十二条 学士学位的证书格式.由教育部制定。硕士学位和博士学位的证书格式，由国务院学位委员会制定。学位获得者的学位证书，由学位授予单位发给。

第二十三条 已经通过的硕士学位和博士学位的论文，应当交存学位授予单位图书馆一份，已经通过的博士学位论文，还应当交存北京图书馆和有关的专业图书馆各一份。

第二十四条 在职人员申请硕士学位或博士学位，经学位授予单位审核同意参加课程考试和论文答辩后，准备参加考试或答辩，可享有不超过两个月的假期。

第二十五条 学位授予单位可根据本暂行实施办法，制定本单位授予学位的工作细则。

国家教育考试违规处理办法

（2004年5月19日中华人民共和国教育部令第18号发布，
根据2012年1月5日《教育部关于修改〈国家教育考试违规处理办法〉的决定》修正）

第一章　总　则

第一条　为规范对国家教育考试违规行为的认定与处理，维护国家教育考试的公平、公正，保障参加国家教育考试的人员（以下简称考生）、从事和参与国家教育考试工作的人员（以下简称考试工作人员）的合法权益，根据《中华人民共和国教育法》及相关法律、行政法规，制定本办法。

第二条　本办法所称国家教育考试是指普通和成人高等学校招生考试、全国硕士研究生招生考试、高等教育自学考试等，由国务院教育行政部门确定实施，由经批准的实施教育考试的机构承办，面向社会公开、统一举行，其结果作为招收学历教育学生或者取得国家承认学历、学位证书依据的测试活动。

第三条　对参加国家教育考试的考生以及考试工作人员、其他相关人员，违反考试管理规定和考场纪律，影响考试公平、公正行为的认定与处理，适用本办法。

对国家教育考试违规行为的认定与处理应当公开公平、合法适当。

第四条　国务院教育行政部门及地方各级人民政府教育行政部门负责全国或者本地区国家教育考试组织工作的管理与监督。

承办国家教育考试的各级教育考试机构负责有关考试的具体实施，依据本办法，负责对考试违规行为的认定与处理。

第二章　违规行为的认定与处理

第五条　考生不遵守考场纪律，不服从考试工作人员的安排与要求，有下列行为之一的，应当认定为考试违纪：

（一）携带规定以外的物品进入考场或者未放在指定位置的；

（二）未在规定的座位参加考试的；

（三）考试开始信号发出前答题或者考试结束信号发出后继续答题的；

（四）在考试过程中旁窥、交头接耳、互打暗号或者手势的；

（五）在考场或者教育考试机构禁止的范围内，喧哗、吸烟或者实施其他影响考场秩序的行为的；

（六）未经考试工作人员同意在考试过程中擅自离开考场的；

（七）将试卷、答卷（含答题卡、答题纸等，下同）、草稿纸等考试用纸带出考场的；

（八）用规定以外的笔或者纸答题或者在试卷规定以外的地方书写姓名、考号或者以其他方式在答卷上标记信息的；

（九）其他违反考场规则但尚未构成作弊的行为。

第六条　考生违背考试公平、公正原则，在考试过程中有下列行为之一的，应当认定为考试作弊：

（一）携带与考试内容相关的材料或者存储有与考试内容相关资料的电子设备参加考试的；

（二）抄袭或者协助他人抄袭试题答案或者与考试内容相关的资料的；

（三）抢夺、窃取他人试卷、答卷或者胁迫他人为自己抄袭提供方便的；

（四）携带具有发送或者接收信息功能的设备的；

（五）由他人冒名代替参加考试的；

（六）故意销毁试卷、答卷或者考试材料的；

（七）在答卷上填写与本人身份不符的姓名、考号等信息的；

（八）传、接物品或者交换试卷、答卷、草稿纸的；

（九）其他以不正当手段获得或者试图获得试题答案、考试成绩的行为。

第七条 教育考试机构、考试工作人员在考试过程中或者在考试结束后发现下列行为之一的，应当认定相关的考生实施了考试作弊行为：

（一）通过伪造证件、证明、档案及其他材料获得考试资格、加分资格和考试成绩的；

（二）评卷过程中被认定为答案雷同的；

（三）考场纪律混乱、考试秩序失控，出现大面积考试作弊现象的；

（四）考试工作人员协助实施作弊行为，事后查实的；

（五）其他应认定为作弊的行为。

第八条 考生及其他人员应当自觉维护考试秩序，服从考试工作人员的管理，不得有下列扰乱考试秩序的行为：

（一）故意扰乱考点、考场、评卷场所等考试工作场所秩序；

（二）拒绝、妨碍考试工作人员履行管理职责；

（三）威胁、侮辱、诽谤、诬陷或者以其他方式侵害考试工作人员、其他考生合法权益的行为；

（四）故意损坏考场设施设备；

（五）其他扰乱考试管理秩序的行为。

第九条 考生有第五条所列考试违纪行为之一的，取消该科目的考试成绩。

考生有第六条、第七条所列考试作弊行为之一的，其所报名参加考试的各阶段、各科成绩无效；参加高等教育自学考试的，当次考试各科成绩无效。

有下列情形之一的，可以视情节轻重，同时给予暂停参加该项考试1至3年的处理；情节特别严重的，可以同时给予暂停参加各种国家教育考试1至3年的处理：

（一）组织团伙作弊的；

（二）向考场外发送、传递试题信息的；

（三）使用相关设备接收信息实施作弊的；

（四）伪造、变造身份证、准考证及其他证明材料，由他人代替或者代替考生参加考试的。

参加高等教育自学考试的考生有前款严重作弊行为的，也可以给予延迟毕业时间1至3年的处理，延迟期间考试成绩无效。

第十条 考生有第八条所列行为之一的，应当终止其继续参加本科目考试，其当次报名参加考试的各科成绩无效；考生及其他人员的行为违反《中华人民共和国治安管理处罚法》的，由公安机关进行处理；构成犯罪的，由司法机关依法追究刑事责任。

第十一条 考生以作弊行为获得的考试成绩并由此取得相应的学位证书、学历证书及其他学业证书、资格资质证书或者入学资格的，由证书颁发机关宣布证书无效，责令收回证书或者予以没收；已经被录取或者入学的，由录取学校取消录取资格或者其学籍。

第十二条 在校学生、在职教师有下列情形之一的，教育考试机构应当通报其所在学校，由学校根据有关规定严肃处理，直至开除学籍或者予以解聘：

（一）代替考生或者由他人代替参加考试的；

（二）组织团伙作弊的；

（三）为作弊组织者提供试题信息、答案及相应设备等参与团伙作弊行为的。

第十三条 考试工作人员应当认真履行工作职责，在考试管理、组织及评卷等工作过程中，有下列行为之一的，应当停止其参加当年及下一年度的国家教育考试工作，并由教育考试机构或者建议其所在单位视情节轻重分别给予相应的行政处分：

（一）应回避考试工作却隐瞒不报的；

（二）擅自变更考试时间、地点或者考试安排的；

（三）提示或暗示考生答题的；

（四）擅自将试题、答卷或者有关内容带出考场或者传递给他人的；

（五）未认真履行职责，造成所负责考场出现秩序混乱、作弊严重或者视频录像资料损毁、视频系统不能正常工作的；

（六）在评卷、统分中严重失职，造成明显的错评、漏评或者积分差错的；

（七）在评卷中擅自更改评分细则或者不按评分细则进行评卷的；

（八）因未认真履行职责，造成所负责考场出现雷同卷的；

（九）擅自泄露评卷、统分等应予保密的情况的；

（十）其他违反监考、评卷等管理规定的行为。

第十四条　考试工作人员有下列作弊行为之一的，应当停止其参加国家教育考试工作，由教育考试机构或者其所在单位视情节轻重分别给予相应的行政处分，并调离考试工作岗位；情节严重，构成犯罪的，由司法机关依法追究刑事责任：

（一）为不具备参加国家教育考试条件的人员提供假证明、证件、档案，使其取得考试资格或者考试工作人员资格的；

（二）因玩忽职守，致使考生未能如期参加考试的或者使考试工作遭受重大损失的；

（三）利用监考或者从事考试工作之便，为考生作弊提供条件的；

（四）伪造、变造考生档案（含电子档案）的；

（五）在场外组织答卷、为考生提供答案的；

（六）指使、纵容或者伙同他人作弊的；

（七）偷换、涂改考生答卷、考试成绩或者考场原始记录材料的；

（八）擅自更改或者编造、虚报考试数据、信息的；

（九）利用考试工作便利，索贿、受贿、以权徇私的；

（十）诬陷、打击报复考生的。

第十五条　因教育考试机构管理混乱、考试工作人员玩忽职守，造成考点或者考场纪律混乱，作弊现象严重；或者同一考点同一时间的考试有1/5以上考场存在雷同卷的，由教育行政部门取消该考点当年及下一年度承办国家教育考试的资格；高等教育自学考试考区内一个或者一个以上专业考试纪律混乱，作弊现象严重，由高等教育自学考试管理机构给予该考区警告或者停考该考区相应专业1至3年的处理。

对出现大规模作弊情况的考场、考点的相关责任人、负责人及所属考区的负责人，有关部门应当分别给予相应的行政处分；情节严重，构成犯罪的，由司法机关依法追究刑事责任。

第十六条　违反保密规定，造成国家教育考试的试题、答案及评分参考（包括副题及其答案及评分参考，下同）丢失、损毁、泄密，或者使考生答卷在保密期限内发生重大事故的，由有关部门视情节轻重，分别给予责任人和有关负责人行政处分；构成犯罪的，由司法机关依法追究刑事责任。

盗窃、损毁、传播在保密期限内的国家教育考试试题、答案及评分参考、考生答卷、考试成绩的，由有关部门依法追究有关人员的责任；构成犯罪的，由司法机关依法追究刑事责任。

第十七条　有下列行为之一的，由教育考试机构建议行为人所在单位给予行政处分；违反《中华人民共和国治安管理处罚法》的，由公安机关依法处理；构成犯罪的，由司法机关依法追究刑事责任：

（一）指使、纵容、授意考试工作人员放松考试纪律，致使考场秩序混乱、作弊严重的；

（二）代替考生或者由他人代替参加国家教育考试的；

（三）组织或者参与团伙作弊的；

（四）利用职权，包庇、掩盖作弊行为或者胁迫他人作弊的；

（五）以打击、报复、诬陷、威胁等手段侵犯考试工作人员、考生人身权利的；

（六）向考试工作人员行贿的；

（七）故意损坏考试设施的；

（八）扰乱、妨害考场、评卷点及有关考试工作场所秩序后果严重的。

国家工作人员有前款行为的，教育考试机构应当建议有关纪检、监察部门，根据有关规定从重处理。

第三章　违规行为认定与处理程序

第十八条　考试工作人员在考试过程中发现考生实施本办法第五条、第六条所列考试违纪、作弊行为的，应当及时予以纠正并如实记录；对考生用于作弊的材料、工具等，应予暂扣。

考生违规记录作为认定考生违规事实的依据，应当由2名以上监考员或者考场巡视员、督考员签字确认。

考试工作人员应当向违纪考生告知违规记录的内容，对暂扣的考生物品应填写收据。

第十九条 教育考试机构发现本办法第七条、第八条所列行为的，应当由2名以上工作人员进行事实调查，收集、保存相应的证据材料，并在调查事实和证据的基础上，对所涉及考生的违规行为进行认定。

考试工作人员通过视频发现考生有违纪、作弊行为的，应当立即通知在现场的考试工作人员，并应当将视频录像作为证据保存。教育考试机构可以通过视频录像回放，对所涉及考生违规行为进行认定。

第二十条 考点汇总考生违规记录，汇总情况经考点主考签字认定后，报送上级教育考试机构依据本办法的规定进行处理。

第二十一条 考生在普通和成人高等学校招生考试、高等教育自学考试中，出现第五条所列考试违纪行为的，由省级教育考试机构或者市级教育考试机构做出处理决定，由市级教育考试机构做出的处理决定应报省级教育考试机构备案；出现第六条、第七条所列考试作弊行为的，由市级教育考试机构签署意见，报省级教育考试机构处理，省级教育考试机构也可以要求市级教育考试机构报送材料及证据，直接进行处理；出现本办法第八条所列扰乱考试秩序行为的，由市级教育考试机构签署意见，报省级教育考试机构按照前款规定处理，对考生及其他人员违反治安管理法律法规的行为，由当地公安部门处理；评卷过程中发现考生有本办法第七条所列考试作弊行为的，由省级教育考试机构做出处理决定，并通知市级教育考试机构。

考生在参加全国硕士研究生招生考试中的违规行为，由组织考试的机构认定，由相关省级教育考试机构或者受其委托的组织考试的机构做出处理决定。

在国家教育考试考场视频录像回放审查中认定的违规行为，由省级教育考试机构认定并做出处理决定。

参加其他国家教育考试考生违规行为的处理由承办有关国家教育考试的考试机构参照前款规定具体确定。

第二十二条 教育行政部门和其他有关部门在考点、考场出现大面积作弊情况或者需要对教育考试机构实施监督的情况下，应当直接介入调查和处理。

发生第十四、十五、十六条所列案件，情节严重的，由省级教育行政部门会同有关部门共同处理，并及时报告国务院教育行政部门；必要时，国务院教育行政部门参与或者直接进行处理。

第二十三条 考试工作人员在考场、考点及评卷过程中有违反本办法的行为的，考点主考、评卷点负责人应当暂停其工作，并报相应的教育考试机构处理。

第二十四条 在其他与考试相关的场所违反有关规定的考生，由市级教育考试机构或者省级教育考试机构做出处理决定；市级教育考试机构做出的处理决定应报省级教育考试机构备案。

在其他与考试相关的场所违反有关规定的考试工作人员，由所在单位根据市级教育考试机构或者省级教育考试机构提出的处理意见，进行处理，处理结果应当向提出处理的教育考试机构通报。

第二十五条 教育考试机构在对考试违规的个人或者单位做出处理决定前，应当复核违规事实和相关证据，告知被处理人或者单位做出处理决定的理由和依据；被处理人或者单位对所认定的违规事实认定存在异议的，应当给予其陈述和申辩的机会。

给予考生停考处理的，经考生申请，省级教育考试机构应当举行听证，对作弊的事实、情节等进行审查、核实。

第二十六条 教育考试机构做出处理决定应当制作考试违规处理决定书，载明被处理人的姓名或者单位名称、处理事实根据和法律依据、处理决定的内容、救济途径以及做出处理决定的机构名称和做出处理决定的时间。

考试违规处理决定书应当及时送达被处理人。

第二十七条 考生或者考试工作人员对教育考试机构做出的违规处理决定不服的，可以在收到处理决定之日起15日内，向其上一级教育考试机构提出复核申请；对省级教育考试机构或者承办国家教育考试的机构做出的处理决定不服的，也可以向省级教育行政部门或者授权承担国家教育考试的主管部门提出复核申请。

第二十八条 受理复核申请的教育考试机构、教育行政部门应对处理决定所认定的违规事实和适用的依据等进行审查，并在受理后30日内，按照下列规定作出复核决定：

（一）处理决定认定事实清楚、证据确凿，适用依据正确，程序合法，内容适当的，决定维持；

（二）处理决定有下列情况之一的，决定撤销或者变更：

1. 违规事实认定不清、证据不足的；

2. 适用依据错误的；

3. 违反本办法规定的处理程序的。

做出决定的教育考试机构对因错误的处理决定给考生造成的损失，应当予以补救。

第二十九条 申请人对复核决定或者处理决定不服的，可以依法申请行政复议或者提起行政诉讼。

第三十条 教育考试机构应当建立国家教育考试考生诚信档案，记录、保留在国家教育考试中作弊人员的相关信息。国家教育考试考生诚信档案中记录的信息未经法定程序，任何组织、个人不得删除、变更。

国家教育考试考生诚信档案可以依申请接受社会有关方面的查询，并应当及时向招生学校或单位提供相关信息，作为招生参考条件。

第三十一条 省级教育考试机构应当及时汇总本地区违反规定的考生及考试工作人员的处理情况，并向国家教育考试机构报告。

第四章 附 则

第三十二条 本办法所称考场是指实施考试的封闭空间；所称考点是指设置若干考场独立进行考务活动的特定场所；所称考区是指由省级教育考试机构设置，由若干考点组成，进行国家教育考试实施工作的特定地区。

第三十三条 非全日制攻读硕士学位全国考试、中国人民解放军高等教育自学考试及其他各级各类教育考试的违规处理可以参照本办法执行。

第三十四条 本办法自发布之日起施行。此前教育部颁布的各有关国家教育考试的违规处理规定同时废止。

学位论文作假行为处理办法

（中华人民共和国教育部令第34号）

《学位论文作假行为处理办法》已经2012年6月12日第22次部长办公会议审议通过，并经国务院学位委员会同意，现予发布，自2013年1月1日起施行。

教育部部长　袁贵仁

2012年11月13日

学位论文作假行为处理办法

第一条　为规范学位论文管理，推进建立良好学风，提高人才培养质量，严肃处理学位论文作假行为，根据《中华人民共和国学位条例》《中华人民共和国高等教育法》，制定本办法。

第二条　向学位授予单位申请博士、硕士、学士学位所提交的博士学位论文、硕士学位论文和本科学生毕业论文（毕业设计或其他毕业实践环节）（统称为学位论文），出现本办法所列作假情形的，依照本办法的规定处理。

第三条　本办法所称学位论文作假行为包括下列情形：

（一）购买、出售学位论文或者组织学位论文买卖的；

（二）由他人代写、为他人代写学位论文或者组织学位论文代写的；

（三）剽窃他人作品和学术成果的；

（四）伪造数据的；

（五）有其他严重学位论文作假行为的。

第四条　学位申请人员应当恪守学术道德和学术规范，在指导教师指导下独立完成学位论文。

第五条　指导教师应当对学位申请人员进行学术道德、学术规范教育，对其学位论文研究和撰写过程予以指导，对学位论文是否由其独立完成进行审查。

第六条　学位授予单位应当加强学术诚信建设，健全学位论文审查制度，明确责任、规范程序，审核学位论文的真实性、原创性。

第七条　学位申请人员的学位论文出现购买、由他人代写、剽窃或者伪造数据等作假情形的，学位授予单位可以取消其学位申请资格；已经获得学位的，学位授予单位可以依法撤销其学位，并注销学位证书。取消学位申请资格或者撤销学位的处理决定应当向社会公布。从做出处理决定之日起至少3年内，各学位授予单位不得再接受其学位申请。

前款规定的学位申请人员为在读学生的，其所在学校或者学位授予单位可以给予开除学籍处分；为在职人员的，学位授予单位除给予纪律处分外，还应当通报其所在单位。

第八条　为他人代写学位论文、出售学位论文或者组织学位论文买卖、代写的人员，属于在读学生的，其所在学校或者学位授予单位可以给予开除学籍处分；属于学校或者学位授予单位的教师和其他工作人员的，其所在学校或者学位授予单位可以给予开除处分或者解除聘任合同。

第九条　指导教师未履行学术道德和学术规范教育、论文指导和审查把关等职责，其指导的学位论文存在作假情形的，学位授予单位可以给予警告、记过处分；情节严重的，可以降低岗位等级直至给予开除处分或者解除聘任合同。

第十条　学位授予单位应当将学位论文审查情况纳入对学院（系）等学生培养部门的年度考核内容。多次出现学位论文作假或者学位论文作假行为影响恶劣的，学位授予单位应当对该学院（系）等学生培养部门予以通报批评，并可以给予该学院（系）负责人相应的处分。

第十一条 学位授予单位制度不健全、管理混乱，多次出现学位论文作假或者学位论文作假行为影响恶劣的，国务院学位委员会或者省、自治区、直辖市人民政府学位委员会可以暂停或者撤销其相应学科、专业授予学位的资格；国务院教育行政部门或者省、自治区、直辖市人民政府教育行政部门可以核减其招生计划；并由有关主管部门按照国家有关规定对负有直接管理责任的学位授予单位负责人进行问责。

第十二条 发现学位论文有作假嫌疑的，学位授予单位应当确定学术委员会或者其他负有相应职责的机构，必要时可以委托专家组成的专门机构，对其进行调查认定。

第十三条 对学位申请人员、指导教师及其他有关人员做出处理决定前，应当告知并听取当事人的陈述和申辩。

当事人对处理决定不服的，可以依法提出申诉、申请行政复议或者提起行政诉讼。

第十四条 社会中介组织、互联网站和个人，组织或者参与学位论文买卖、代写的，由有关主管机关依法查处。

学位论文作假行为违反有关法律法规规定的，依照有关法律法规的规定追究法律责任。

第十五条 学位授予单位应当依据本办法，制定、完善本单位的相关管理规定。

第十六条 本办法自2013年1月1日起施行。

国务院关于深化考试招生制度改革的实施意见

国发〔2014〕35号

各省、自治区、直辖市人民政府，国务院各部委、各直属机构：

考试招生制度是国家基本教育制度。党的十八届三中全会对考试招生制度改革作出全面部署，今年《政府工作报告》提出了明确要求。改革开放30多年来，我国考试招生制度不断改进完善，初步形成了相对完整的考试招生体系，为学生成长、国家选才、社会公平作出了历史性贡献，对提高教育质量、提升国民素质、促进社会纵向流动、服务国家现代化建设发挥了不可替代的重要作用。这一制度总体上符合国情，权威性、公平性社会认可，但也存在一些社会反映强烈的问题，主要是唯分数论影响学生全面发展，一考定终身使学生学习负担过重，区域、城乡入学机会存在差距，中小学择校现象较为突出，加分造假、违规招生现象时有发生。为贯彻落实党中央、国务院决策部署，现就深化考试招生制度改革提出如下实施意见。

一、总体要求

（一）指导思想。

高举中国特色社会主义伟大旗帜，以邓小平理论、“三个代表”重要思想、科学发展观为指导，全面贯彻党的教育方针，坚持立德树人，适应经济社会发展对多样化高素质人才的需要，从有利于促进学生健康发展、科学选拔各类人才和维护社会公平出发，认真总结经验，突出问题导向，深化考试招生制度改革，为办好人民满意的教育、建设人力资源强国提供有力保障，为实现“两个一百年”奋斗目标和中华民族伟大复兴的中国梦提供强有力的人才支撑。

（二）基本原则。

坚持育人为本，遵循教育规律。把促进学生健康成长成才作为改革的出发点和落脚点，扭转片面应试教育倾向，坚持正确育人导向，践行社会主义核心价值观，深入推进素质教育，培养德智体美全面发展的社会主义建设者和接班人。

着力完善规则，确保公平公正。把促进公平公正作为改革的基本价值取向，加强宏观调控，完善法律法规，健全体制机制，切实保障考试招生机会公平、程序公开、结果公正。

体现科学高效，提高选拔水平。增加学生选择权，促进科学选才，完善政府监管机制，确保考试招生工作高效、有序实施。

加强统筹谋划，积极稳妥推进。整体设计从基础教育到高等教育考试招生制度改革，促进普通教育、职业教育、继续教育之间衔接沟通，统筹实施考试、招生和管理制度综合改革，试点先行，稳步推进。

（三）总体目标。

2014年启动考试招生制度改革试点，2017年全面推进，到2020年基本建立中国特色现代教育考试招生制度，形成分类考试、综合评价、多元录取的考试招生模式，健全促进公平、科学选才、监督有力的体制机制，构建衔接沟通各级各类教育、认可多种学习成果的终身学习“立交桥”。

二、主要任务和措施

（一）改进招生计划分配方式。

1. 提高中西部地区和人口大省高考录取率。综合考虑生源数量及办学条件、毕业生就业状况等因素，完善国家招生计划编制办法，督促高校严格执行招生计划。继续实施支援中西部地区招生协作计划，在东部地区高校安排专门招生名额面向中西部地区招生。部属高校要公开招生名额分配原则和办法，合理确定分省招生计划，严格控制属地招生比例。2017年录取率最低省份与全国平均水平的差距从2013年的6个百分点缩小至4个百分点以内。

2. 增加农村学生上重点高校人数。继续实施国家农村贫困地区定向招生专项计划，由重点高校面向贫困地区定向招生。部属高校、省属重点高校要安排一定比例的名额招收边远、贫困、民族地区优秀农村学生。2017年贫困地区农村学生进入重点高校人数明显增加，形成保障农村学生上重点高校的长效机制。

3. 完善中小学招生办法破解择校难题。推进九年义务教育均衡发展，完善义务教育免试就近入学的具体办法，试行学区制和九年一贯对口招生。改进高中阶段学校考试招生方式。实行优质普通高中和优质中等职业学校招生名额合理分配到区域内初中的办法。进一步落实和完善进城务工人员随迁子女就学和升学考试的政策措施。

（二）改革考试形式和内容。

1. 完善高中学业水平考试。学业水平考试主要检验学生学习程度，是学生毕业和升学的重要依据。考试范围覆盖国家规定的所有学习科目，引导学生认真学习每门课程，避免严重偏科。学业水平考试由省级教育行政部门按国家课程标准和考试要求组织实施，确保考试安全有序、成绩真实可信。各地要合理安排课程进度和考试时间，创造条件为有需要的学生提供同一科目参加两次考试的机会。2014年出台完善高中学业水平考试的指导意见。

2. 规范高中学生综合素质评价。综合素质评价主要反映学生德智体美全面发展情况，是学生毕业和升学的重要参考。建立规范的学生综合素质档案，客观记录学生成长过程中的突出表现，注重社会责任感、创新精神和实践能力，主要包括学生思想品德、学业水平、身心健康、兴趣特长、社会实践等内容。严格程序，强化监督，确保公开透明，保证内容真实准确。2014年出台规范高中学生综合素质评价的指导意见。各省（区、市）制定综合素质评价基本要求，学校组织实施。

3. 加快推进高职院校分类考试。高职院校考试招生与普通高校相对分开，实行“文化素质+职业技能”评价方式。中职学校毕业生报考高职院校，参加文化基础与职业技能相结合的测试。普通高中毕业生报考高职院校，参加职业适应性测试，文化素质成绩使用高中学业水平考试成绩，参考综合素质评价。学生也可参加统一高考进入高职院校。2015年通过分类考试录取的学生占高职院校招生总数的一半左右，2017年成为主渠道。

4. 深化高考考试内容改革。依据高校人才选拔要求和国家课程标准，科学设计命题内容，增强基础性、综合性，着重考查学生独立思考和运用所学知识分析问题、解决问题的能力。改进评分方式，加强评卷管理，完善成绩报告。加强国家教育考试机构、国家题库和外语能力测评体系建设。2015年起增加使用全国统一命题试卷的省份。

（三）改革招生录取机制。

1. 减少和规范考试加分。大幅减少、严格控制考试加分项目，2015年起取消体育、艺术等特长生加分项目。确有必要保留的加分项目，应合理设置加分分值。探索完善边疆民族特困地区加分政策。地方性高考加分项目由省级人民政府确定并报教育部备案，原则上只适用于本省（区、市）所属高校在本省（区、市）招生。加强考生加分资格审核，严格认定程序，做好公开公示，强化监督管理。2014年底出台进一步减少和规范高考加分项目和分值的意见。

2. 完善和规范自主招生。自主招生主要选拔具有学科特长和创新潜质的优秀学生。申请学生要参加全国统一高考，达到相应要求，接受报考高校的考核。试点高校要合理确定考核内容，不得采用联考方式或组织专门培训。规范并公开自主招生办法、考核程序和录取结果。严格控制自主招生规模。2015年起推行自主招生安排在全国统一高考后进行。

3. 完善高校招生选拔机制。高校要将涉及考试招生的相关事项，包括标准、条件和程序等内容，在招生章程中详细列明并提前向社会公布。加强学校招生委员会建设，在制定学校招生计划、确定招生政策和规则、决定招生重大事项等方面充分发挥招生委员会作用。高校可通过聘请社会监督员巡视学校测试、录取现场等方式，对招生工作实施第三方监督。建立考试录取申诉机制，及时回应处理各种问题。建立招生问责制，2015年起由校长签发录取通知书，对录取结果负责。

4. 改进录取方式。推行高考成绩公布后填报志愿方式。创造条件逐步取消高校招生录取批次。改进投档录取模式，推进并完善平行志愿投档方式，增加高校和学生的双向选择机会。2015年起在有条件的省份开展录取批次改革试点。

5. 拓宽社会成员终身学习通道。扩大社会成员接受多样化教育机会，中等职业学校可实行注册入学，成人高等学历教育实行弹性学制、宽进严出。为残疾人等特殊群体参加考试提供服务。探索建立多种形式学习成果的认定转换制度，试行普通高校、高职院校、成人高校之间学分转换，实现多种学习渠道、学习方式、学习过程的相互衔接，构建人才成长“立交桥”。2015年研究出台学分互认和转换的意见。

（四）改革监督管理机制。

1. 加强信息公开。深入实施高校招生“阳光工程”，健全分级负责、规范有效的信息公开制度。进一步扩大信息公开的内容，及时公开招生政策、招生资格、招生章程、招生计划、考生资格、录取程序、录取结果、咨询及申诉渠道、重大事件违规处理结果、录取新生复查结果等信息。进一步扩大信息公开的范围，接受考生、学校和社会的监督。

2. 加强制度保障。健全政府部门协作机制，强化教育考试安全管理制度建设，构建科学、规范、严密的教育考试安全体系。健全诚信制度，加强考生诚信教育和诚信档案管理。健全教育考试招生的法律法规，提高考试招生法治化水平。

3. 加大违规查处力度。加强考试招生全程监督。严肃查处违法违规行为，严格追究当事人及相关人员责任，及时公布查处结果。构成犯罪的，由司法机关依法追究刑事责任。

（五）启动高考综合改革试点。

1. 改革考试科目设置。增强高考与高中学习的关联度，考生总成绩由统一高考的语文、数学、外语3个科目成绩和高中学业水平考试3个科目成绩组成。保持统一高考的语文、数学、外语科目不变、分值不变，不分文理科，外语科目提供两次考试机会。计入总成绩的高中学业水平考试科目，由考生根据报考高校要求和自身特长，在思想政治、历史、地理、物理、化学、生物等科目中自主选择。

2. 改革招生录取机制。探索基于统一高考和高中学业水平考试成绩、参考综合素质评价的多元录取机制。高校要根据自身办学定位和专业培养目标，研究提出对考生高中学业水平考试科目报考要求和综合素质评价使用办法，提前向社会公布。

3. 开展改革试点。按照统筹规划、试点先行、分步实施、有序推进的原则，选择有条件的省（市）开展高考综合改革试点。及时调整充实、总结完善试点经验，切实通过综合改革，更好地贯彻党的教育方针，全面实施素质教育，增加学生的选择性，分散学生的考试压力，促进学生全面而有个性地发展。2014年上海市、浙江省分别出台高考综合改革试点方案，从2014年秋季新入学的高中一年级学生开始实施。试点要为其他省（区、市）高考改革提供依据。

三、加强组织领导

（一）细化实施方案。各地各有关部门要高度重视考试招生制度改革，切实加强领导。教育部等有关部门要抓紧研究制定配套文件。各省（区、市）要结合实际制订本地考试招生制度改革实施方案，经教育部备案后向社会公布。

（二）有序推进实施。要充分考虑教育的周期性，提前公布考试招生制度改革实施方案，给考生和社会以明确、稳定的预期。及时研究解决改革中遇到的新情况新问题，不断总结经验、调整完善措施。

（三）加强宣传引导。要加大对改革方案和政策的宣传解读力度，及时回应社会关切，解疑释惑、凝聚共识，营造良好改革氛围。

国务院学会委员会　教育部关于印发《学位证书和学位授予信息管理办法》的通知

学位〔2015〕18号

各省、自治区、直辖市学位委员会、教育厅（教委），新疆生产建设兵团教育局，有关部门（单位）教育司（局），中国科学院前沿科学与教育局，中国社会科学院研究生院，中共中央党校学位评定委员会，中国人民解放军学位委员会，各学位授予单位：

根据国务院学位委员会第三十一次会议关于调整学位证书制发方式和管理办法的决议，为更好地适应学位工作和高等教育综合改革需要，提高学位授予质量，特制定《学位证书和学位授予信息管理办法》并印发给你们，请遵照执行。

自2016年1月1日起，学位证书由各学位授予单位自行印制，国务院学位委员会办公室印制的学位证书不再使用。各学位授予单位和有关主管部门要高度重视学位证书制发方式的调整工作，做好宣传解释，确保稳步实施。

附件：学位证书和学位授予信息管理办法

国务院学位委员会　教育部

2015年6月26日

学位证书和学位授予信息管理办法

第一章　总　则

第一条　为规范学位证书制发，加强学位授予信息管理，根据《中华人民共和国高等教育法》和《中华人民共和国学位条例》及其暂行实施办法，制定本办法。

第二条　学位证书是学位获得者达到相应学术水平的证明，由授予学位的高等学校和科学研究机构（简称“学位授予单位”）制作并颁发给学位获得者。本办法所指学位证书为博士学位证书、硕士学位证书和学士学位证书。

第三条　学位授予信息是学位获得者申请学位的相关信息，以及学位证书的主要信息，包括博士学位、硕士学位和学士学位授予信息。

第二章　学位证书制发

第四条　学位证书由学位授予单位自主设计、印制。

第五条　学位证书应包括以下内容：

（一）学位获得者姓名、性别、出生日期（与本人身份证件信息一致），近期免冠正面彩色照片（骑缝加盖学位授予单位钢印）。

（二）攻读学位的学科、专业名称（名称符合国家学科专业目录及相关设置的规定）。

（三）所授学位的学科门类或专业学位类别（按国家法定门类或专业学位类别全称填写）。

（四）学位授予单位名称，校（院、所）长签名。

（五）证书编号。统一采取十六位阿拉伯数字的编号方法。十六位数字编号的前五位为学位授予单位代码；第六位为学位授予的级别，博士为2，硕士为3，学士为4；第七至第十位为授予学位的年份（如2016年授予的学位，填2016）；后六位数为各学位授予单位自行编排的号码。

（六）发证日期（填写学位授予单位学位评定委员会批准授予学位的日期）。

第六条 对于撤销的学位，学位授予单位应予以公告，宣布学位证书作废。

第七条 学位证书遗失或损坏的，经本人申请，学位授予单位核实后可出具相应的“学位证明书”。学位证明书应注明原学位证书编号等内容。学位证明书与学位证书具有同等效力。

第三章 学位授予信息报送

第八条 学位授予信息主要包括：学位获得者个人基本信息、学业信息、研究生学位论文信息等。信息报送内容由国务院学位委员会办公室制定。

第九条 学位授予单位根据国务院学位委员会办公室制定的学位授予信息数据结构和有关要求，结合本单位实际情况，确定信息收集范围，采集学位授予信息并报送省级学位主管部门。

第十条 省级学位主管部门汇总、审核、统计、发布本地区学位授予单位的学位授予信息并报送国务院学位委员会办公室。

第十一条 国务院学位委员会办公室汇总各省（自治区、直辖市）和军队系统的学位授予信息，开展学位授予信息的统计、发布。

第十二条 学位授予单位在做出撤销学位的决定后，应及时将有关信息报送省级学位主管部门和国务院学位委员会办公室。

第十三条 确需更改的学位授予信息，由学位授予单位提出申请，经省级学位主管部门审核确认后，由省级学位主管部门报送国务院学位委员会办公室进行更改。

第四章 管理与监督

第十四条 学位授予单位负责：

（一）设计、制作和颁发学位证书；

（二）收集、整理、核实和报送本单位学位授予信息，确保信息质量；

（三）将学位证书的样式及其变化情况、学位评定委员会通过的学位授予决定及名单及时报送省级学位主管部门备查。

第十五条 省级学位主管部门负责：

（一）本地区学位证书和学位授予信息的监督管理，查处违规行为；

（二）组织实施本地区学位授予信息的汇总、审核和报送。

（三）对本地区学位授予信息的更改进行审核确认。

第十六条 国务院学位委员会办公室负责：

（一）学位证书和学位授予信息的规范管理，制定有关的管理办法和工作要求，指导查处违规行为；

（二）组织开展学位授予信息报送工作；

（三）学位授予信息系统的运行管理；

（四）学位证书信息网上查询的监管。

第五章 附 则

第十七条 根据有关规定，学位授予单位印制的学位证书，不得使用国徽图案。

第十八条 学位证书是否制作外文副本，由学位授予单位决定。

第十九条 中国人民解放军系统的学位证书和学位授予信息管理，由军队学位委员会参照本办法制定具体规定。

第二十条 本办法自2016年1月1日起实行。有关规定与本办法不一致的，以本办法为准。

高等学校预防与处理学术不端行为办法

中华人民共和国教育部令第40号

《高等学校预防与处理学术不端行为办法》已于2016年4月5日经教育部2016年第14次部长办公会议审议通过，现予发布，自2016年9月1日起施行。

教育部部长　袁贵仁

2016年6月16日

高等学校预防与处理学术不端行为办法

第一章　总　则

第一条　为有效预防和严肃查处高等学校发生的学术不端行为，维护学术诚信，促进学术创新和发展，根据《中华人民共和国高等教育法》《中华人民共和国科学技术进步法》《中华人民共和国学位条例》等法律法规，制定本办法。

第二条　本办法所称学术不端行为是指高等学校及其教学科研人员、管理人员和学生，在科学研究及相关活动中发生的违反公认的学术准则、违背学术诚信的行为。

第三条　高等学校预防与处理学术不端行为应坚持预防为主、教育与惩戒结合的原则。

第四条　教育部、国务院有关部门和省级教育部门负责制定高等学校学风建设的宏观政策，指导和监督高等学校学风建设工作，建立健全对所主管高等学校重大学术不端行为的处理机制，建立高校学术不端行为的通报与相关信息公开制度。

第五条　高等学校是学术不端行为预防与处理的主体。高等学校应当建设集教育、预防、监督、惩治于一体的学术诚信体系，建立由主要负责人领导的学风建设工作机制，明确职责分工；依据本办法完善本校学术不端行为预防与处理的规则与程序。

高等学校应当充分发挥学术委员会在学风建设方面的作用，支持和保障学术委员会依法履行职责，调查、认定学术不端行为。

第二章　教育与预防

第六条　高等学校应当完善学术治理体系，建立科学公正的学术评价和学术发展制度，营造鼓励创新、宽容失败、不骄不躁、风清气正的学术环境。

高等学校教学科研人员、管理人员、学生在科研活动中应当遵循实事求是的科学精神和严谨认真的治学态度，恪守学术诚信，遵循学术准则，尊重和保护他人知识产权等合法权益。

第七条　高等学校应当将学术规范和学术诚信教育，作为教师培训和学生教育的必要内容，以多种形式开展教育、培训。

教师对其指导的学生应当进行学术规范、学术诚信教育和指导，对学生公开发表论文、研究和撰写学位论文是否符合学术规范、学术诚信要求，进行必要的检查与审核。

第八条　高等学校应当利用信息技术等手段，建立对学术成果、学位论文所涉及内容的知识产权查询制度，健全学术规范监督机制。

第九条　高等学校应当建立健全科研管理制度，在合理期限内保存研究的原始数据和资料，保证科研档案和数据的真实性、完整性。

高等学校应当完善科研项目评审、学术成果鉴定程序，结合学科特点，对非涉密的科研项目申报材料、学术成果的基本信息以适当方式进行公开。

第十条 高等学校应当遵循学术研究规律，建立科学的学术水平考核评价标准、办法，引导教学科研人员和学生潜心研究，形成具有创新性、独创性的研究成果。

第十一条 高等学校应当建立教学科研人员学术诚信记录，在年度考核、职称评定、岗位聘用、课题立项、人才计划、评优奖励中强化学术诚信考核。

第三章 受理与调查

第十二条 高等学校应当明确具体部门，负责受理社会组织、个人对本校教学科研人员、管理人员及学生学术不端行为的举报；有条件的，可以设立专门岗位或者指定专人，负责学术诚信和不端行为举报相关事宜的咨询、受理、调查等工作。

第十三条 对学术不端行为的举报，一般应当以书面方式实名提出，并符合下列条件：

（一）有明确的举报对象；

（二）有实施学术不端行为的事实；

（三）有客观的证据材料或者查证线索。

以匿名方式举报，但事实清楚、证据充分或者线索明确的，高等学校应当视情况予以受理。

第十四条 高等学校对媒体公开报道、其他学术机构或者社会组织主动披露的涉及本校人员的学术不端行为，应当依据职权，主动进行调查处理。

第十五条 高等学校受理机构认为举报材料符合条件的，应当及时作出受理决定，并通知举报人。不予受理的，应当书面说明理由。

第十六条 学术不端行为举报受理后，应当交由学校学术委员会按照相关程序组织开展调查。

学术委员会可委托有关专家就举报内容的合理性、调查的可能性等进行初步审查，并作出是否进入正式调查的决定。

决定不进入正式调查的，应当告知举报人。举报人如有新的证据，可以提出异议。异议成立的，应当进入正式调查。

第十七条 高等学校学术委员会决定进入正式调查的，应当通知被举报人。

被调查行为涉及资助项目的，可以同时通知项目资助方。

第十八条 高等学校学术委员会应当组成调查组，负责对被举报行为进行调查；但对事实清楚、证据确凿、情节简单的被举报行为，也可以采用简易调查程序，具体办法由学术委员会确定。

调查组应当不少于3人，必要时应当包括学校纪检、监察机构指派的工作人员，可以邀请同行专家参与调查或者以咨询等方式提供学术判断。

被调查行为涉及资助项目的，可以邀请项目资助方委派相关专业人员参与调查组。

第十九条 调查组的组成人员与举报人或者被举报人有合作研究、亲属或者导师学生等直接利害关系的，应当回避。

第二十条 调查可通过查询资料、现场查看、实验检验、询问证人、询问举报人和被举报人等方式进行。调查组认为有必要的，可以委托无利害关系的专家或者第三方专业机构就有关事项进行独立调查或者验证。

第二十一条 调查组在调查过程中，应当认真听取被举报人的陈述、申辩，对有关事实、理由和证据进行核实；认为必要的，可以采取听证方式。

第二十二条 有关单位和个人应当为调查组开展工作提供必要的便利和协助。

举报人、被举报人、证人及其他有关人员应当如实回答询问，配合调查，提供相关证据材料，不得隐瞒或者提供虚假信息。

第二十三条 调查过程中，出现知识产权等争议引发的法律纠纷的，且该争议可能影响行为定性的，应当中止调查，待争议解决后重启调查。

第二十四条 调查组应当在查清事实的基础上形成调查报告。调查报告应当包括学术不端行为责任人的确认、调查过程、事实认定及理由、调查结论等。

学术不端行为由多人集体做出的，调查报告中应当区别各责任人在行为中所发挥的作用。

第二十五条 接触举报材料和参与调查处理的人员，不得向无关人员透露举报人、被举报人个人信息及调查情况。

第四章 认 定

第二十六条 高等学校学术委员会应当对调查组提交的调查报告进行审查；必要的，应当听取调查组的汇报。

学术委员会可以召开全体会议或者授权专门委员会对被调查行为是否构成学术不端行为以及行为的性质、情节等作出认定结论，并依职权作出处理或建议学校作出相应处理。

第二十七条 经调查，确认被举报人在科学研究及相关活动中有下列行为之一的，应当认定为构成学术不端行为：

（一）剽窃、抄袭、侵占他人学术成果；

（二）篡改他人研究成果；

（三）伪造科研数据、资料、文献、注释，或者捏造事实、编造虚假研究成果；

（四）未参加研究或创作而在研究成果、学术论文上署名，未经他人许可而不当使用他人署名，虚构合作者共同署名，或者多人共同完成研究而在成果中未注明他人工作、贡献；

（五）在申报课题、成果、奖励和职务评审评定、申请学位等过程中提供虚假学术信息；

（六）买卖论文、由他人代写或者为他人代写论文；

（七）其他根据高等学校或者有关学术组织、相关科研管理机构制定的规则，属于学术不端的行为。

第二十八条 有学术不端行为且有下列情形之一的，应当认定为情节严重：

（一）造成恶劣影响的；

（二）存在利益输送或者利益交换的；

（三）对举报人进行打击报复的；

（四）有组织实施学术不端行为的；

（五）多次实施学术不端行为的；

（六）其他造成严重后果或者恶劣影响的。

第五章 处 理

第二十九条 高等学校应当根据学术委员会的认定结论和处理建议，结合行为性质和情节轻重，依职权和规定程序对学术不端行为责任人作出如下处理：

（一）通报批评；

（二）终止或者撤销相关的科研项目，并在一定期限内取消申请资格；

（三）撤销学术奖励或者荣誉称号；

（四）辞退或解聘；

（五）法律、法规及规章规定的其他处理措施。

同时，可以依照有关规定，给予警告、记过、降低岗位等级或者撤职、开除等处分。

学术不端行为责任人获得有关部门、机构设立的科研项目、学术奖励或者荣誉称号等利益的，学校应当同时向有关主管部门提出处理建议。

学生有学术不端行为的，还应当按照学生管理的相关规定，给予相应的学籍处分。

学术不端行为与获得学位有直接关联的，由学位授予单位作暂缓授予学位、不授予学位或者依法撤销学位等处理。

第三十条 高等学校对学术不端行为作出处理决定，应当制作处理决定书，载明以下内容：

（一）责任人的基本情况；

（二）经查证的学术不端行为事实；

（三）处理意见和依据；

（四）救济途径和期限；

（五）其他必要内容。

第三十一条 经调查认定，不构成学术不端行为的，根据被举报人申请，高等学校应当通过一定方式为其消除影响、恢复名誉等。

调查处理过程中，发现举报人存在捏造事实、诬告陷害等行为的，应当认定为举报不实或者虚假举报，举报人应当承担相应责任。属于本单位人员的，高等学校应当按照有关规定给予处理；不属于本单位人员的，应通报其所在单位，并提出处理建议。

第三十二条 参与举报受理、调查和处理的人员违反保密等规定，造成不良影响的，按照有关规定给予处分或其他处理。

第六章 复 核

第三十三条 举报人或者学术不端行为责任人对处理决定不服的，可以在收到处理决定之日起30日内，以书面形式向高等学校提出异议或者复核申请。

异议和复核不影响处理决定的执行。

第三十四条 高等学校收到异议或者复核申请后，应当交由学术委员会组织讨论，并于15日内作出是否受理的决定。

决定受理的，学校或者学术委员会可以另行组织调查组或者委托第三方机构进行调查；决定不予受理的，应当书面通知当事人。

第三十五条 当事人对复核决定不服，仍以同一事实和理由提出异议或者申请复核的，不予受理；向有关主管部门提出申诉的，按照相关规定执行。

第七章 监 督

第三十六条 高等学校应当按年度发布学风建设工作报告，并向社会公开，接受社会监督。

第三十七条 高等学校处理学术不端行为推诿塞责、隐瞒包庇、查处不力的，主管部门可以直接组织或者委托相关机构查处。

第三十八条 高等学校对本校发生的学术不端行为，未能及时查处并做出公正结论，造成恶劣影响的，主管部门应当追究相关领导的责任，并进行通报。

高等学校为获得相关利益，有组织实施学术不端行为的，主管部门调查确认后，应当撤销高等学校由此获得的相关权利、项目以及其他利益，并追究学校主要负责人、直接负责人的责任。

第八章 附 则

第三十九条 高等学校应当根据本办法，结合学校实际和学科特点，制定本校学术不端行为查处规则及处理办法，明确各类学术不端行为的惩处标准。有关规则应当经学校学术委员会和教职工代表大会讨论通过。

第四十条 高等学校主管部门对直接受理的学术不端案件，可自行组织调查组或者指定、委托高等学校、有关机构组织调查、认定。对学术不端行为责任人的处理，根据本办法及国家有关规定执行。

教育系统所属科研机构及其他单位有关人员学术不端行为的调查与处理，可参照本办法执行。

第四十一条 本办法自2016年9月1日起施行。

教育部此前发布的有关规章、文件中的相关规定与本办法不一致的，以本办法为准。

国务院学位委员会关于印发《学士学位授权与授予管理办法》的通知

学位〔2019〕20号

各省、自治区、直辖市学位委员会，军队学位委员会，各学士学位授予单位：

为深入贯彻落实习近平总书记关于教育的重要论述和全国教育大会精神，全面落实立德树人根本任务，进一步加强学士学位工作，提升本科教育质量，现将国务院学位委员会第三十五次会议审议通过的《学士学位授权与授予管理办法》（以下简称《办法》）印发给你们。

各省、自治区、直辖市学位委员会和军队学位委员会要高度重视，尽快部署，结合本地实际研究制订实施细则。各学士学位授予单位要对照各自情况，完善规章制度，细化程序标准，做好政策衔接，确保学士学位授予质量。为平稳过渡，设置三年过渡期，过渡期期间，各单位按原有政策执行，有条件的可按《办法》执行，过渡期结束后，2022年所有单位按《办法》执行。

国务院学位委员会

2019年7月9日

学士学位授权与授予管理办法

（国务院学位委员会第三十五次会议审议通过）

第一章　总　则

第一条　为改进和加强学士学位授权与授予工作，提高学士学位授予质量，实现高等教育内涵式发展，根据《中华人民共和国高等教育法》《中华人民共和国学位条例》及其暂行实施办法，制定本办法。

第二条　学士学位授权与授予工作应以习近平新时代中国特色社会主义思想为指导，贯彻落实党的十九大精神和全国教育大会精神，全面落实党的教育方针和立德树人根本任务，牢牢抓住提高人才培养质量这个核心点，培养德智体美劳全面发展的社会主义建设者和接班人。

第三条　学士学位授权与授予工作应坚持完善制度、依法管理、保证质量、激发活力的原则。

第二章　学位授权

第四条　学士学位授权分为新增学士学位授予单位授权和新增学士学位授予专业授权。

第五条　普通高等学校的学士学位授权按属地原则由省（区、市）学位委员会负责审批。军队院校的学士学位授权由军队学位委员会负责审批。

第六条　省（区、市）学位委员会、军队学位委员会（以下简称为“省级学位委员会”）应制定学士学位授权审核标准。审核标准应明确办学方向、师资队伍、基本条件、课程设置、教学方式、管理制度等要求，不低于本科院校设置标准和本科专业设置标准。

第七条　省级学位委员会应制定学士学位授权审核办法，完善审批程序。审核工作应加强与院校设置、专业设置等工作的衔接。

第八条　经教育部批准设置的普通高等学校，原则上应在招收首批本科生的当年，向省级学位委员会提出学士学位授予单位授权申请。

经教育部批准或备案的新增本科专业，学士学位授予单位原则上应在本专业招收首批本科生的当年，向省级学位委员会提出学士学位授予专业授权申请。

第九条 学士学位授予单位撤销的授权专业应报省级学位委员会备案。已获得学士学位授权的专业停止招生五年以上的，视为自动放弃授权，恢复招生的须按照新增本科专业重新申请学士学位授权。

第十条 省级学位委员会可组织具有博士学位授予权的高等学校，开展本科专业的学士学位授权自主审核工作，审核结果由省级学位委员会批准。

第三章 学位授予

第十一条 学士学位应按学科门类或专业学位类别授予。授予学士学位的学科门类应符合学位授予学科专业目录的规定。本科专业目录中规定可授多个学科门类学位的专业，学士学位授予单位应按教育部批准或备案设置专业时规定的学科门类授予学士学位。

第十二条 学士学位授予单位应制定本单位的学士学位授予标准，学位授予标准应落实立德树人根本任务，坚持正确育人导向，强化思想政治要求，符合《中华人民共和国学位条例》及其暂行实施办法的规定。

第十三条 学士学位授予单位应明确本单位的学士学位授予程序。

（一）普通高等学校授予全日制本科毕业生学士学位的程序主要是：审查是否符合学士学位授予标准，符合标准的列入学士学位授予名单，学校学位评定委员会作出是否批准的决议。学校学位评定委员会表决通过的决议和学士学位授予名单应在校内公开，并报省级学位委员会备查。

（二）普通高等学校授予高等学历继续教育本科毕业生学士学位的程序应与全日制本科毕业生相同。授予学士学位的专业应是本单位已获得学士学位授权并正在开展全日制本科生培养的专业。学校学位评定委员会办公室应会同学校教务部门提出学位课程基本要求，共同组织或委托相关省级教育考试机构组织高等学历继续教育本科毕业生学业水平测试，对通过测试的接受其学士学位申请。

（三）具有学士学位授予权的成人高等学校，授予学士学位的程序应符合本条第一款和第二款规定。

第十四条 具有学士学位授予权的普通高等学校，可向本校符合学位授予标准的全日制本科毕业生授予辅修学士学位。授予辅修学士学位应制定专门的实施办法，对课程要求及学位论文（或毕业设计）作出明确规定，支持学有余力的学生辅修其他本科专业。辅修学士学位应与主修学士学位归属不同的本科专业大类，对没有取得主修学士学位的不得授予辅修学士学位。辅修学士学位在主修学士学位证书中予以注明，不单独发放学位证书。

第十五条 具有学士学位授予权的普通高等学校，可在本校全日制本科学生中设立双学士学位复合型人才培养项目。项目必须坚持高起点、高标准、高质量，所依托的学科专业应具有博士学位授予权，且分属两个不同的学科门类。项目须由专家进行论证，应有专门的人才培养方案，经学校学位评定委员会表决通过、学校党委常委会会议研究同意，并报省级学位委员会审批通过后，通过高考招收学生。本科毕业并达到学士学位要求的，可授予双学士学位。双学士学位只发放一本学位证书，所授两个学位应在证书中予以注明。

第十六条 具有学士学位授予权的普通高等学校之间，可授予全日制本科毕业生联合学士学位。联合学士学位应根据校际合作办学协议，由合作高等学校共同制定联合培养项目和实施方案，报合作高等学校所在地省级学位委员会审批。联合培养项目所依托的专业应是联合培养单位具有学士学位授权的专业，通过高考招收学生并予以说明。授予联合学士学位应符合联合培养单位各自的学位授予标准，学位证书由本科生招生入学时学籍所在的学士学位授予单位颁发，联合培养单位可在证书上予以注明，不再单独发放学位证书。

第十七条 学士学位授予单位可按一定比例对特别优秀的学士学位获得者予以表彰，并颁发相应的荣誉证书或奖励证书。

第四章 管理与监督

第十八条 国务院学位委员会负责学士学位的宏观政策、发展指导、质量监督和信息管理等工作，完善学位授予信息系统，及时准确发布学位授予信息，为社会、学生查询提供便利。

第十九条 省级学位委员会负责本地区、本系统学士学位管理、监督和信息工作，科学规划，优化布局，引导、指导、督导学位授予单位服务需求、提高质量、特色发展，定期向国务院学位委员会报送学位授予信息。

第二十条 学士学位授予单位应完善学士学位管理的相关规章制度，建立严格的学士学位授予质量保障机制，主动公开本单位学士学位管理的相关规章制度，依法依规有序开展学位授予工作，惩处学术不端行为。严格执行《学位证书和学位授予信息管理办法》，按照招生时确定的学习形式，填写、颁发学位证书，标示具体的培养类型（普通高等学校全日制、联合培养、高等学历继续教育），并认真、准确做好学士学位证书备案、管理、公示及防伪信息报备工作，严禁信息造假、虚报、漏报，定期向省级学位委员会报送信息。

第二十一条 省级学位委员会应主动公开本地区、本系统学士学位相关信息，每年定期公开发布学士学位授予单位和授权专业名单。

第二十二条 国务院学位委员会将学士学位质量监督纳入到学位质量保障体系。省级学位委员会应建立学士学位授权与授予质量评估制度和抽检制度，原则上在学士学位授予单位完成首次学位授予后对其进行质量评估，并定期对学士学位授予单位和授权专业进行质量抽检，加强对双学士学位、辅修学士学位、联合学士学位的质量监管；建立完善高等学历继续教育学士学位授予质量监督机制；对存在质量问题的学士学位授予单位或授权专业，可采取工作约谈、停止招生、撤销授权等措施。

第二十三条 学士学位授予单位应建立相应的学位授予救济制度，处理申请、授予、撤销等过程中出现的异议，建立申诉复议通道，保障学生权益。

第五章 附 则

第二十四条 高等学校与境外机构合作办学授予外方学士学位的，按《中外合作办学条例》执行。

第二十五条 自本办法实施之日起，学位授予单位不再招收第二学士学位生。

第二十六条 本办法由国务院学位委员会负责解释。

教育部　国家发展改革委　财政部关于加快新时代研究生教育改革发展的意见

教研〔2020〕9号

各省、自治区、直辖市教育厅（教委）、发展改革委、财政厅（局），新疆生产建设兵团教育局、发展改革委、财政局，有关部门（单位）教育司（局），中国科学院大学、中国社会科学院大学，中共中央党校学位评定委员会、中国人民解放军学位委员会，部属各高等学校、部省合建各高等学校：

研究生教育肩负着高层次人才培养和创新创造的重要使命，是国家发展、社会进步的重要基石，是应对全球人才竞争的基础布局。改革开放特别是党的十八大以来，我国研究生教育快速发展，已成为世界研究生教育大国。中国特色社会主义进入新时代，各行各业对高层次创新人才的需求更加迫切，研究生教育的地位和作用更加凸显。为深入学习贯彻党的十九大和十九届二中、三中、四中全会精神，全面贯彻落实全国教育大会、全国研究生教育会议精神，促进研究生德智体美劳全面发展，切实提升研究生教育支撑引领经济社会发展能力，现就加快新时代研究生教育改革发展提出以下意见。

一、总体要求

1. 指导思想。以习近平新时代中国特色社会主义思想为指导，全面贯彻党的教育方针，坚定走内涵式发展道路，以立德树人、服务需求、提高质量、追求卓越为主线，面向世界科技竞争最前沿，面向经济社会发展主战场，面向人民群众新需求，面向国家治理大战略，瞄准科技前沿和关键领域，深入推进学科专业调整，提升导师队伍水平，完善人才培养体系，推进研究生教育治理体系和治理能力现代化，引导研究生培养单位办出特色、办出水平，加快建设研究生教育强国，为坚持和发展中国特色社会主义、实现中华民族伟大复兴的中国梦提供坚强有力的人才和智力支撑。

2. 基本原则。坚持党的领导，增强“四个意识”、坚定“四个自信”、做到“两个维护”，把正确政治方向和价值导向贯穿研究生教育和管理工作全过程；坚持育人为本，以研究生德智体美劳全面发展为中心，把立德树人成效作为检验研究生教育工作的根本标准；坚持需求导向，扎根中国大地，全面提升研究生教育服务国家和区域发展能力；坚持创新引领，增强研究生使命感责任感，全面提升研究生知识创新和实践创新能力；坚持改革驱动，充分激发办学主体活力，加快构建优质高效开放的研究生教育体系。

3. 总体目标。到2025年，基本建成规模结构更加优化、体制机制更加完善、培养质量显著提升、服务需求贡献卓著、国际影响力不断扩大的高水平研究生教育体系。到2035年，初步建成具有中国特色的研究生教育强国。

二、加强思想政治工作，健全“三全育人”机制

4. 完善思想政治教育体系，提升研究生思想政治教育水平。开全开好研究生思想政治理论课，推进习近平新时代中国特色社会主义思想进教材、进课堂、进头脑。加强研究生课程思政，建成一批课程思政示范高校，推出一批课程思政示范课程，选树一批课程思政教学名师和团队，建设一批课程思政教学研究示范中心。配齐建强研究生辅导员队伍，全面落实专职辅导员专业技术职务、行政岗位职级“双线”晋升政策，探索依托导师和科研团队配备兼职辅导员。加强研究生心理健康教育、职业规划和就业创业服务。将研究生思想政治教育评价结果作为“双一流”建设成效评价、学位授权点合格评估的重要内容。

5. 发挥导师言传身教作用，激励导师做研究生成长成才的引路人。导师是研究生培养第一责任人，要了解掌握研究生的思想状况，将专业教育与思想政治教育有机融合，既做学业导师又做人生导师；要率先垂范，以良好的思想品德和人格魅力影响和鼓舞研究生；要培养研究生良好的学风，严格要求学生遵守科学道

德和学术规范。

6. 提高研究生党建工作水平，强化党组织战斗堡垒作用。创新研究生党组织设置方式，探索在科研团队、学术梯队等建立党组织。选优配强研究生党支部书记，充分发挥研究生党员的先锋模范作用。持续开展新时代高校党建示范创建和质量创优工作，做好高校“百个研究生样板党支部”和“百名研究生党员标兵”遴选培育工作。

三、对接高层次人才需求，优化规模结构

7. 以服务需求为导向，合理扩大人才培养规模。坚持供给与需求相匹配、数量与质量相统一，保持与经济社会发展相适应、与培养能力相匹配的研究生教育发展节奏，博士研究生招生规模适度超前布局，硕士研究生招生规模稳步扩大。招生规模统筹考虑国家需求、地区差异、培养条件、培养质量等因素，实行动态调整，差异化配置。

8. 优化培养类型结构，大力发展专业学位研究生教育。稳步发展学术学位研究生教育，以国家重大战略、关键领域和社会重大需求为重点，增设一批硕士、博士专业学位类别。新增硕士学位授予单位原则上只开展专业学位研究生教育，新增硕士学位授权点以专业学位授权点为主。各培养单位要根据经济社会发展需求和自身办学定位，切实优化人才培养类型结构。

9. 适应社会需求变化，加快学科专业结构调整。建立基础学科、应用学科、交叉学科分类发展新机制，按照单位自主调、市场调节调、国家引导调的思路，不断优化学科专业结构，健全退出机制。设立新兴交叉学科门类，支持战略性新兴学科发展。完善“双一流”建设动态监测与调整机制，引导建设高校和学科主动服务国家重大战略需求。

10. 优化布局结构，服务国家区域发展战略。完善省域研究生教育布局，建设区域性研究生教育高地。大力支持雄安新区、粤港澳大湾区、长三角、海南自由贸易试验区和长江经济带等区域发展优质研究生教育，振兴东北地区研究生教育。支持中西部地区发展与国家及区域战略相匹配的学科专业。

11. 坚持质量导向，完善学位授权审核工作。将深化科教融合、产教融合作为学位授权点布局的重要参考因素。持续推动省级教育主管部门统筹开展硕士学位授权审核工作，实现对区域经济社会发展的有力支撑。稳步推进学位授权自主审核工作，继续放权符合条件的高等学校自主审核增列学位授权点，自主设置一级学科、新兴交叉学科和专业学位类别。加强对中西部地区和高水平民办高校学位授权的支持。探索高水平应用型本科高校申请开展专业学位人才培养。

四、深化体制机制改革，创新招生培养模式

12. 深化招生计划管理改革，健全供需调节机制。建立健全与经济社会发展相适应的研究生招生计划调节机制。实施国家关键领域急需高层次人才培养专项招生计划。招生计划向重大科研平台、重大科技任务、重大工程项目、关键学科领域、产教融合创新平台和“双一流”建设取得突破性进展的高校倾斜。在博士研究生招生计划管理中，积极支持严把质量关、博士研究生分流退出比例较大的培养单位。在硕士专业学位研究生招生计划管理中，积极支持有效落实产教融合机制的培养单位和高水平应用型高校。继续在部分高水平研究型大学实施博士招生计划弹性管理。在现有财政拨款制度基础上，探索实施以国家重大科学研究、工程研发等科研经费承担培养成本的科研项目博士研究生专项招生计划。探索建立研究生招生计划管理负面清单制度，对学位点评估、博士论文抽检、师德师风、考试招生违规违法等问题突出的培养单位予以必要限制。

13. 深化考试招生制度改革，精准选拔人才。完善分类考试、综合评价、多元录取、严格监管的研究生考试招生制度体系。深化硕士研究生考试招生改革，优化初试科目和内容，强化复试考核，综合评价考生考试成绩、专业素养、实践能力、创新精神和一贯学业表现等，择优录取；研究探索基础能力素质考试和招生单位自主组织专业能力考试相结合的研究生招生考试方式。健全博士研究生“申请—考核”招生选拔机制，扩大直博生招生比例，研究探索在高精尖缺领域招收优秀本科毕业生直接攻读博士学位的办法。

14. 完善科教融合育人机制，加强学术学位研究生知识创新能力培养。加强系统科研训练，以大团队、大平台、大项目支撑高质量研究生培养。推进硕博贯通培养，实行培养方案一体化设计。聚焦数理化、文史

哲等基础学科，以强化原始创新能力为导向，实施高层次人才培养专项。

15. 强化产教融合育人机制，加强专业学位研究生实践创新能力培养。实施“国家产教融合研究生联合培养基地”建设计划，重点依托产教融合型企业和产教融合型城市，大力开展研究生联合培养基地建设，着力提升实践创新能力。科学规划布局建设集成电路、人工智能、储能技术等国家产教融合创新平台，实施关键领域核心技术紧缺博士人才自主培养专项。鼓励各地各培养单位设立“产业（行业）导师”，加强专业学位研究生双导师队伍建设。推动行业企业全方位参与人才培养，通过设立冠名奖学金、研究生工作站、校企研发中心等措施，吸引研究生和导师参与研发项目。大力推进专业学位与职业资格的有机衔接。

16. 加强课程教材建设，提升研究生课程教学质量。培养单位要紧密结合经济社会发展需要，完善课程设置、教学内容的审批机制，优化课程体系，加强教材建设，创新教学方式，突出创新能力培养，加强体育美育和劳动实践教育。规范核心课程设置，打造精品示范课程，编写遴选优秀教材，推动优质资源共享。将课程教材质量作为学位点合格评估、学科发展水平、教师绩效考核和人才培养质量评价的重要内容。鼓励办好研究生创新实践大赛和学科学术论坛。在国家级教学成果奖中单独设立研究生教学成果奖。

17. 加强关键环节质量监控，完善分流选择机制。培养单位要加强培养关键环节质量监控，完善研究生资格考试、中期考核和年度考核制度。加大分流力度，对不适合继续攻读学位的研究生及早分流。畅通分流选择渠道，分流退出的博士研究生，符合硕士学位授予标准的可授予硕士学位；未满足学位授予条件的研究生，毕业后一定时间内达到相应要求的，可重新申请授予学位。完善研究生学业相关申诉救济机制，加强研究生合法权益保护。

18. 深化开放合作，提升国际影响力。打造“留学中国”品牌，吸引优秀学生来华攻读硕士、博士学位，完善来华留学生招生、培养等管理体系，保障学位授予质量。鼓励培养单位与国际高水平大学建立研究生双向交流机制，支持双方互授联授学位。支持引进国外优质教育资源，建设高水平中外合作办学，推动高层次人才培养和学科建设。优化国家公派出国留学研究生全球布局。创新国际组织人才培养项目，加大国际组织后备人才培养力度。

五、全面从严加强管理，提升培养质量

19. 健全内部质量管理体系，压实培养单位主体责任。培养单位要完善质量控制和保证制度，抓住课程学习、实习实践、学位论文开题、中期考核、论文评阅和答辩、学位评定等关键环节，落实全过程管理责任，细化强化导师、学位论文答辩委员会和学位评定委员会权责，杜绝学位“注水”。推动培养单位探索建立学位论文评阅意见公开等制度，合理制定与学位授予相关的科研成果要求，破除“唯论文”倾向。加强教学质量督导，提升信息化管理水平。

20. 强化导师岗位管理，全面落实育人职责。培养单位要严格导师选聘标准，加强导师团队建设，明确导师权责，规范导师指导行为，支持导师严格学业管理；将政治表现、师德师风、学术水平、指导精力投入等纳入导师评价考核体系。加强兼职导师、校外导师的选聘、考核和培训工作。建立国家典型示范、省级重点保障、培养单位全覆盖的三级导师培训体系。鼓励各地各培养单位评选优秀导师和团队。

21. 加强学风建设，严惩学术不端行为。培养单位要完善学风建设工作机制，将科学精神、学术诚信、学术（职业）规范和伦理道德作为导师培训和研究生培养的重要内容，把论文写作指导课程作为必修课。抓住研究生培养关键环节，健全学术不端行为预防和处置机制，加大对学术不端行为的查处力度。

22. 完善质量评价机制，破除“五唯”评价方式。聚焦人才培养成效、科研创新质量、社会服务贡献等核心要素，健全分类多维的质量评价体系，扭转不科学的评价导向。鼓励引入第三方专业机构对研究生培养质量进行诊断式评估。加强研究生教育质量监测，探索开展毕业研究生职业发展调查。

23. 加强外部质量监督，严格规范管理。统筹运用学位授权点合格评估、质量专项检查、学位论文抽检等手段，强化对培养制度及其执行的评价诊断。严格规范培养档案管理，探索建立学术论文、学位论文校际馆际共享机制，将学位论文作假行为作为信用记录，纳入全国信用信息共享平台。推动建立优秀学位论文示范制度，鼓励培养单位和学术组织开展优秀学位论文评选。扩大学位论文抽检比例，提升抽检科学化、精细化水平。对无法保证质量的学科或专业学位类别，撤销学位授权。对问题严重的培养单位，视情况限制申请新增学位授权。

六、切实加强组织领导，完善条件保障

24. 全面加强党的领导，确保正确办学方向。培养单位各级党组织要坚持以习近平新时代中国特色社会主义思想为指导，全面贯彻党的教育方针，坚持社会主义办学方向，坚守研究生教育意识形态阵地。培养单位党委会、常委会，要把加快研究生教育改革发展纳入重要议题，认真研究部署，积极推进落实。

25. 切实做好经费保障，完善差异化投入机制。完善研究生教育投入体系，加大博士研究生教育投入力度，研究建立差异化生均拨款机制，加大对基础研究、关键核心技术领域研究生培养的支持。完善培养成本分担机制，合理确定不同类型研究生教育学费收费标准，健全教育收费标准动态调整机制，鼓励培养单位使用科研项目资金支持研究生培养。

26. 改革完善资助体系，激发研究生学习积极性。完善政府主导、培养单位统筹、社会广泛参与的研究生资助投入格局。根据经济发展水平和物价变动情况，建立完善资助标准动态调整机制。加大对基础学科和关键领域人才培养的资助力度。培养单位要完善奖助学金评定标准，充分发挥奖学金的激励作用，探索建立动态调整的“三助”制度。适时调整国家助学贷款标准，给予家庭经济困难研究生更多支持。

27. 加强管理队伍建设，提升管理服务水平。各培养单位要加强研究生院（部、处）建设，强化管理工作职责，保障办公条件；健全校、院（部、系、所）两级研究生教育管理体系，加强基层管理力量，按照研究生培养规模配齐建强专职管理队伍；加强管理人员培训，提高专业化服务水平。

28. 强化组织保障，确保改革措施落地见效。各级教育、发展改革、财政主管部门要加强宏观指导，强化资源配置，保障研究生教育投入。充分发挥国务院学位委员会学科评议组和全国专业学位研究生教育指导委员会等专家组织和行业学会的作用，加强研究生教育研究、咨询和指导。支持有条件的高校建设研究生教育专门研究机构。各地各培养单位要认真制定落实方案，加强宣传引导，为深化研究生教育改革、建设研究生教育强国作出应有贡献。

教育部　国家发展改革委　财政部

2020年9月4日

国务院学位委员会关于修订印发《博士硕士学位授权审核办法》的通知

学位〔2024〕1号

各省、自治区、直辖市学位委员会，新疆生产建设兵团学位委员会，军队学位委员会：

为深入贯彻落实党的二十大精神，贯彻习近平总书记对研究生教育工作的重要指示，加快建设教育强国，经第九届国务院学位委员会第一次全体会议审议通过，现将修订后的《博士硕士学位授权审核办法》印发给你们，请遵照执行。

国务院学位委员会

2024年1月10日

博士硕士学位授权审核办法

（2023年10月24日第九届国务院学位委员会第一次全体会议修订）

第一章　总　则

第一条　为做好博士硕士学位授权审核工作，保证学位授予和研究生培养质量，根据《中华人民共和国学位条例》及其暂行实施办法、《中华人民共和国行政许可法》，制定本办法。

第二条　博士硕士学位授权审核（以下简称学位授权审核）是指国务院学位委员会依据法定职权批准可授予学位的高等学校和科学研究机构及其可以授予学位的学科（含专业学位类别）的审批行为。

学位授权审核包括新增学位授权审核、学位授权点动态调整两种方式。学位授权点需定期接受核验。

第三条　学位授权审核要以习近平新时代中国特色社会主义思想为指导，全面贯彻党的教育方针，坚持为党育人、为国育才，围绕国家发展战略和经济社会重大需求，以立德树人、服务需求、提高质量、追求卓越为工作主线，以构建完善责权分明、统筹规划、分层实施、公正规范的制度体系为保证，深入推进研究生教育学科专业调整优化，全面提高人才自主培养能力和培养质量，着力造就拔尖创新人才，为全面建设社会主义现代化强国提供更加有力的基础性、战略性支撑。

第四条　新增学位授权审核分为新增博士硕士学位授予单位（以下简称新增学位授予单位）审核、学位授予单位新增博士硕士一级学科与专业学位类别学位授权点（以下简称新增学位点）审核、自主审核单位新增学位点审核。其中，自主审核单位新增学位点审核是指经国务院学位委员会审定，具备资格的学位授予单位（即自主审核单位）可以自主按需开展新增学位点的评审，评审通过的学位点报国务院学位委员会核准。

第五条　学位授权点动态调整是指学位授予单位根据需求，自主撤销已有博士硕士学位授权点，新增不超过撤销数量的其他博士硕士学位授权点的调整行为。具体实施办法按国务院学位委员会有关规定执行。

第六条　学位授权点核验是对学位授权点授权资格的周期性审查，重点对学位授权点的条件和人才培养状况进行常态化检测与核验。具体实施办法按国务院学位委员会有关规定执行。

第七条　申请新增学位授予单位、新增学位点和自主审核单位应达到相应的申请基本条件。申请基本条件由国务院学位委员会制定，每6年修订一次。

对服务国家重大需求、落实中央决策部署、保证国家安全具有特殊意义或属于填补全国学科领域空白的新增单位和新增学位点，可适度放宽申请基本条件。

第二章　组织实施

第八条　新增学位授权审核由国务院学位委员会统一部署，原则上每3年开展一次。每次审核都应依据本办法制定相应工作方案，细化明确该次审核的范围、程序、要求等。

第九条　各省（区、市）学位委员会和新疆生产建设兵团学位委员会（以下简称省级学位委员会）负责接收本区域内的新增学位授予单位申请和新增学位点申请，并根据国家、区域经济社会发展对高层次人才的需求，在专家评议基础上，向国务院学位委员会择优推荐新增学位授予单位、新增学位点和自主审核单位。

国务院学位委员会办公室组织专家对新增学位授予单位、新增学位点和自主审核单位进行核查或评议，并报国务院学位委员会批准。

第十条　国务院学位委员会在收到省级学位委员会的推荐意见后，应于3个月内完成审批，不包含专家评议时间。

第十一条　新增学位点审核按照《研究生教育学科专业目录》规定的一级学科和专业学位类别进行。

第三章　新增博士硕士学位授予单位审核

第十二条　新增学位授予单位审核原则上只在普通高等学校范围内进行。根据事业发展需要，可在进行事业单位登记的科学研究机构中试点开展新增学位授予单位审核。从严控制新增学位授予单位数量。新增硕士学位授予单位以培养应用型人才为主。

第十三条　省级学位委员会根据国家和区域经济社会发展对高层次人才的需求，确定本地区普通高等学校的博士、硕士和学士三级学位授予单位比例，制定本地区新增学位授予单位规划，确定立项建设单位，按照立项、建设、评估、验收的程序分批安排建设。建设期一般不少于3年。立项建设单位建设期满并通过验收后，可申请新增相应层次的学位授予单位。

第十四条　新增学位授予单位需同时通过单位整体条件及一定数量相应级别学位点的审核，方可获批为学位授予单位。新增学位授予单位同时申请的新增学位点审核按本办法第十九条规定的程序进行。

第十五条　新增学位授予单位审核的基本程序是：

（一）符合新增学位授予单位申请基本条件的单位向本地区省级学位委员会提出申请，报送材料。

（二）省级学位委员会对申请学校的资格和材料进行核查，将申请材料向社会进行不少于5个工作日的公示，并按有关规定对异议进行处理。

（三）省级学位委员会组织专家对符合申请条件的学校进行评议，并在此基础上召开省级学位委员会会议，研究提出拟新增学位授予单位的推荐名单，在经不少于5个工作日公示后，报国务院学位委员会。

（四）国务院学位委员会办公室组织专家对省级学位委员会推荐的拟新增学位授予单位进行评议，专家应在博士学位授权高校领导、国务院学位委员会学科评议组（以下简称学科评议组）召集人及秘书长、全国专业学位研究生教育指导委员会（以下简称专业学位教指委）主任委员与副主任委员及秘书长范围内选聘。获得2/3（含）以上专家同意的确定为拟新增学位授予单位。

经省级学位委员会推荐的符合硕士学位授予单位申请基本条件的单位，经核查且无重大异议，可不进行评议并直接确定为拟新增硕士学位授予单位。

（五）国务院学位委员会办公室将拟新增学位授予单位名单向社会进行为期10个工作日的公示，并按有关规定对异议进行处理。

（六）国务院学位委员会审议批准新增学位授予单位。

第四章　新增博士硕士学位授权点审核

第十六条　学位授予单位要根据经济社会发展对人才培养的需求，不断优化博士硕士学位点结构。新增学位点原则上应为与经济社会发展密切相关、社会需求较大、培养应用型人才的学科或专业学位类别，同时重视发展具有重要文化价值和传承意义的“绝学”、冷门学科。其中新增硕士学位点以专业学位类别为主。

第十七条　国务院学位委员会根据国家需求、研究生就业情况、研究生培养规模、教育资源配置等要素提出新增学位点调控意见。各省级学位委员会根据国务院学位委员会部署，结合本地区实际，制定本地区学位点申报指南。

第十八条 博士学位授予单位可申请新增博士硕士学位点，硕士学位授予单位可申请新增硕士学位点。学位授予单位已转制为企业的，原则上不得申请新增学位点。

国务院学位委员会予以撤销的学位点（不包括学位点对应调整的），自撤销之日起5年内不得再申请新增为学位点。

第十九条 新增博士硕士学位点的基本程序是：

（一）学位授予单位按照申报指南和学位点申请基本条件，确定申报的一级学科和专业学位类别，向本地区省级学位委员会提出申请，报送材料，并说明已有学位点的师资队伍与资源配置情况。

（二）省级学位委员会对学位授予单位的申请资格和申请材料进行核查，将申请材料向社会进行不少于5个工作日的公示，并按有关规定对异议进行处理。

（三）省级学位委员会根据学位点的类型，组织专家对符合申请基本条件的博士硕士学位点进行评议，专家组人员中应包括相应学科评议组成员或专业学位教指委委员。

（四）省级学位委员会在专家组评议基础上召开省级学位委员会会议，提出拟新增学位点的推荐名单，在经不少于5个工作日公示后，报国务院学位委员会。

（五）国务院学位委员会办公室组织专家对省级学位委员会推荐的拟新增博士学位点进行复审，复审分为网络评审和会议评审两个环节。网络评审由国务院学位委员会办公室组织同行专家开展。会议评审由国务院学位委员会办公室委托学科评议组或专业学位教指委开展，获得2/3（含）以上专家同意的确定为拟新增学位点。

经省级学位委员会推荐的符合条件的硕士学位点，经核查且无重大异议，可不进行复审并直接确定为拟新增硕士学位点。

（六）国务院学位委员会办公室将拟新增学位点名单向社会进行为期10个工作日的公示，并按有关规定对异议进行处理。

（七）国务院学位委员会审议批准新增学位点。

第五章 自主审核单位新增学位点审核

第二十条 国务院学位委员会根据研究生教育发展，有序推进学位授予单位自主审核博士硕士学位点改革，鼓励学位授予单位内涵发展、形成特色优势、主动服务需求、开展高水平研究生教育。自主审核单位原则上应是我国研究生培养和科学研究的重要基地，学科整体水平高，具有较强的综合办学实力，在国内外享有较高的学术声誉和社会声誉。

第二十一条 符合申请基本条件的学位授予单位可向省级学位委员会申请自主审核单位资格。省级学位委员会对申请材料进行核查后，将符合申请基本条件的学位授予单位报国务院学位委员会。国务院学位委员会办公室组织专家评议后，经国务院学位委员会全体会议同意，确定自主审核单位资格。

第二十二条 自主审核单位应制定本单位学位授权审核实施办法、学科建设与发展规划和新增博士硕士学位点审核标准，报国务院学位委员会办公室备案，并向社会公开。自主审核单位新增博士硕士学位点审核标准应高于国家相应学科或专业学位类别的申请基本条件。

第二十三条 自主审核单位须严格按照本单位自主审核实施办法和审核标准开展审核工作。对拟新增的学位点，应组织不少于7人的国内外同行专家进行论证。所有拟新增的学位点均须提交校学位评定委员会审议表决，获得全体委员2/3（含）以上同意的视为通过。

自主审核单位可每年开展新增学位点审核，并于当年10月31日前，将本单位拟新增学位点经省级学位委员会报国务院学位委员会核准。

自主审核单位可每年申请撤销学位点，具体程序参照本条第一、二款执行，并可简化专家论证程序。

第二十四条 自主审核单位根据科学技术发展前沿趋势和经济社会发展需求，除按《研究生教育学科专业目录》自主设置学位点外，也可探索设置《研究生教育学科专业目录》之外的一级学科、交叉学科学位点或专业学位硕士点。此类学位点经国务院学位委员会批准后纳入国家教育统计。

第二十五条 自主审核单位应加强对新增学位点的质量管理。国务院学位委员会每6年对自主审核单位开展一次工作评估，对已不再符合申请基本条件的，取消其自主审核单位资格。

第二十六条　自主审核单位发生严重研究生培养质量或管理问题，或在学位授权点核验中出现学位点被评为“不合格”的，国务院学位委员会将取消其自主审核单位资格。

第六章　质量监管

第二十七条　学位授予单位存在下列情况之一的，国务院学位委员会可暂停其新增学位点。

（一）生师比高于国家规定标准；

（二）学校教育经费总收入的生均数低于本地区普通本科高校平均水平；

（三）研究生奖助体系不健全，奖助经费落实不到位；

（四）研究生教育管理混乱，发生了严重的教育教学管理事件；

（五）在学位授权点核验、学位论文抽检等质量监督工作中，存在较大问题；

（六）学术规范教育缺失，科研诚信建设机制不到位，发生影响恶劣或者较大范围的学术不端行为，或者对学术不端行为查处不力。

第二十八条　本省（区、市）研究生教育存在下列情况之一的，国务院学位委员会可限制其所属单位新增学位授权。

（一）研究生生均财政拨款较低；

（二）研究生奖助经费未能按照国家有关要求落实。

第二十九条　学位授予单位应慎重提出新增学位授权申请。未能获批的新增学位授予单位、新增学位点申请，不得在下一次学位授权审核工作中重复提出。

第三十条　学位授予单位应实事求是地填写申报材料，严格遵守评审纪律。对材料弄虚作假、违反工作纪律的学位授予单位，取消其当年申请资格，并予以通报批评。

第三十一条　省级学位委员会应加强本地区学位与研究生教育统筹，科学规划学位授予单位和学位点建设，不断优化布局，根据本区域经济社会发展对高层次人才的需求，加强指导，督导学位授予单位自律，引导学位授予单位特色发展、提高质量、服务需求。严格按照学位授予单位和学位点申请基本条件进行审核，保证质量。

第三十二条　国务院学位委员会办公室组织对各省（区、市）学位授权审核工作进行督查，对违反本办法规定与程序、不按申请基本条件开展学位授权审核、不能保证工作质量的省级学位委员会，将进行约谈、通报批评，情节严重的将暂停该地区学位授权审核工作。

第七章　附　则

第三十三条　中国人民解放军各学位授予单位的学位授权审核，由军队学位委员会依据本办法参照省级学位委员会职责组织进行。

各学位授予单位新增军事学门类学位点，由军队学位委员会审核后，报国务院学位委员会批准。

第三十四条　本办法由国务院学位委员会办公室负责解释。

第三十五条　本办法自发布之日起实施，之前发布的与本办法不一致的有关规定，均按照本办法执行。

教育部关于深入推进学术学位与专业学位研究生教育分类发展的意见

教研〔2023〕2号

各省、自治区、直辖市教育厅（教委），新疆生产建设兵团教育局，有关部门（单位）教育司（局），部属各高等学校、部省合建各高等学校：

为深入贯彻落实党的二十大精神，落实习近平总书记关于教育的重要论述和研究生教育工作的重要指示精神，深入推进学术学位与专业学位研究生教育分类发展、融通创新，着力提升拔尖创新人才自主培养质量，建设高质量研究生教育体系，现提出如下意见。

一、总体思路

1. 指导思想。以习近平新时代中国特色社会主义思想为指导，全面贯彻党的二十大精神，深入贯彻落实全国教育大会和全国研究生教育会议精神，推进教育强国建设，落实立德树人根本任务，遵循学位与研究生教育规律，坚持学术学位与专业学位研究生教育两种类型同等地位、同等重要，以提高拔尖创新人才自主培养质量为目标，以深化科教融汇、产教融合为方向，以强化两类学位在定位、标准、招生、培养、评价、师资等环节的差异化要求为路径，以重点领域分类发展改革为突破，推动学术创新型人才和实践创新型人才分类培养，健全中国特色学位与研究生教育体系，为加快建设教育强国、科技强国、人才强国提供更有力支撑。

2. 基本原则。问题导向，聚焦制约两类学位研究生教育分类发展的关键问题，提出针对性政策举措，增强改革的实效性。尊重规律，坚持先立后破、稳中求进，注重对现有人才培养过程的改造升级，增强改革的可操作性。整体推进，加强人才培养的全链条、各环节改革措施的衔接配合，增强改革的系统性。机制创新，大力推动培养单位内部体制机制改革，提升人才培养链、工作管理链的匹配度，增强改革的长效性。

3. 总体目标。到2027年，培养单位内部有利于两类学位研究生教育分类发展、融通创新的长效机制更加完善，两类教育各具特色、齐头并进的格局全面形成，学术创新型人才和实践创新型人才的培养质量进一步提高，学位与研究生教育的治理体系持续完善、治理能力显著提升，推动教育强国建设取得重大进展。

二、始终坚持学术学位与专业学位研究生教育两种类型同等地位

4. 坚持两类学位同等重要。学术学位与专业学位研究生教育都是国家培养高层次创新型人才的重要途径，都应把研究生的坚实基础理论、系统专门知识、创新精神和创新能力作为重点。学术学位依托一级学科培养并按门类授予学位，重在面向知识创新发展需要，培养具备较高学术素养、较强原创精神、扎实科研能力的学术创新型人才。专业学位按专业学位类别培养并授予学位，重在面向行业产业发展需要，培养具备扎实系统专业基础、较强实践能力、较高职业素养的实践创新型人才。培养单位应提高认识，在招生、培养、就业等方面对两类学位予以同等重视，保证两类学位研究生的培养质量。

5. 分类规划两类学位发展。完善两类学位的设置、布局、规模和结构。一级学科设置主要依据知识体系划分，宜宽不宜窄，应相对稳定。专业学位类别设置主要依据行业产业人才需求，突出精准，应相对灵活。在研究生教育学科专业目录中实行“并表”，统筹一级学科、专业学位类别设置并归入相应学科门类下，新设学科专业以专业学位类别为主。学术学位坚持高起点布局，重点布局博士学位授权点，以大力支撑原始创新。专业学位坚持需求导向，新增硕士学位授予单位原则上只开展专业学位研究生教育，新增硕士学位授权点以专业学位授权点为主，同时具有学术学位与专业学位的领域侧重布局专业学位授权点，以全面支撑行业产业和区域发展。紧密对接国家高水平人才高地和吸引集聚人才平台建设规划，围绕京津冀协同发展、长江

经济带发展、长三角一体化建设、粤港澳大湾区建设、成渝地区双城经济圈、东北振兴等国家发展战略，支持区域加大统筹力度，建设若干人才集聚平台，主动优化学科专业结构。以国家重大战略、关键领域和社会重大需求为重点，进一步提升专业学位研究生比例，到“十四五”末将硕士专业学位研究生招生规模扩大到硕士研究生招生总规模的三分之二左右，大幅增加博士专业学位研究生招生数量。

三、深入打造学术学位与专业学位研究生教育分类培养链条

6. 分类完善人才选拔机制。优化人才选拔标准，学术学位重点考核考生对学科知识的掌握与运用情况以及考生的学术创新潜力；专业学位重点考核考生的综合实践素质、运用专业知识分析解决实际问题能力以及职业发展潜力。在保证质量前提下充分发挥非全日制专业学位在继续教育中的作用。支持有条件的培养单位进一步扩大推荐免试（初试）招收专业学位研究生的规模，选拔具备较高创新创业潜质的应届本科毕业生。在专业学位招生中，鼓励增加一定比例具有行业产业实践经验的专家参加复试（面试）专家组。探索完善学生在学术学位与专业学位间互通学习的“立交桥”。

7. 分类优化培养方案。学术学位的培养方案应突出教育教学的理论前沿性，厚植理论基础，拓宽学术视野，强化科学方法训练以及学术素养提升，鼓励学科交叉，在多种形式的学术研讨交流、科研任务中提升科学求真的原始创新能力，注重加强学术学位各学段教学内容纵向衔接和各门课程教学内容横向配合。专业学位应突出教育教学的职业实践性，强调基础课程和行业实践课程的有机结合，注重实务实操类课程建设，提倡采用案例教学、专业实习、真实情境实践等多种形式，提升解决行业产业实际问题的能力，并在实践中提炼科学问题。培养单位应参照全国专业学位研究生教育指导委员会（以下简称专业学位教指委）发布的指导性培养方案制定本单位的专业学位培养方案，支持与行业产业部门共同制定体现专业特色的培养方案，增加实践环节学分，明确实践课程比例，设置专业学位专属课程，加强专业学位研究生教育核心课程建设，推进课程设置与专业技术能力考核的有机衔接。完善课程体系改进机制，规范两类学位间的课程分类设置与审查，优化监督机制，加强教育教学质量评价。

8. 分类加强教材建设。学术学位教材应充分反映本学科领域的最新知识及科研进展，有利于实施研究性教学和启发学术创新思维，引导学生开展自主性学习和探究性学习。专业学位教材应充分反映本行业产业的最新发展趋势和实践创新成果，要将真实项目、典型工作任务、优秀教学案例等纳入专业核心教材，支持与行业产业部门共同编写核心教材，做好案例征集、开发及教学，加强案例库建设，将职业标准、执业资格、职业伦理等有关内容要求有机融入教材。学科评议组、专业学位教指委负责组织编写、修订、推荐本学科专业领域的核心教材。

9. 分类健全培养机制。学术学位应强化科教融汇协同育人，进一步发挥国家重大科研项目、重大科研平台在育人中的重要支撑作用，加强与国家实验室和行业产业一线的联合培养，鼓励以跨学科、交叉融合、知识整合方式开展高层次人才培养。专业学位应强化产教融合协同育人，将人才培养与用人需求紧密对接，深入建设专业学位联合培养基地，强化专业学位类别与相应职业资格认证的衔接机制，完善行业产业部门参与专业学位人才培养的准入标准及监测评价，确保协同育人基本条件与成效。完善研究生学业预警和分流退出机制，根据学生培养实际定期进行学业预警，对不适合继续攻读所在学科专业的研究生及时分流退出，保证研究生培养质量。

10. 分类推进学位论文评价改革。依据两类学位的知识理论创新、综合解决实际问题的能力水平要求和学术规范、科学伦理与职业伦理规范，分类制订学位论文基本要求和规范、评阅标准和规则及核查办法。优化交叉学科、专业学位论文评审和抽检评议要素（指标体系）。专业学位教指委研究编写各专业学位类别的《博士、硕士学位论文基本要求》，重点考核独立解决专业领域实际问题的能力。鼓励对专业学位实行多元学位论文或实践成果考核方式（专题研究类论文、调研报告、案例分析报告、产品设计/作品创作、方案设计等），明确写作规范，建立行业产业专家参与的评审机制。支持为交叉学科、专业学位单独设置学位评定分委员会，专业学位评定分委员会可邀请行业产业专家参加。

11. 分类建设导师队伍。强化导师分类管理，完善导师分类评聘与考核制度。符合条件的教师可以同时担任学术学位导师和专业学位导师。专业学位应健全校外导师参加的双导师或导师组制度，完善校外导师和行业产业专家库，制定校外导师评聘标准及政策，明确校外导师责权边界，开展校外导师培训。鼓励建立导

师学术休假制度，学术学位导师应定期在国内外访学交流，专业学位校内导师每年应有一定时间到行业产业一线开展调研实践；专业学位合作培养单位应支持校外导师定期参与高校教育教学，促进校内外导师合作交流的双向互动。

四、大力推进重点领域的分类发展改革实现率先突破

12. 以基础学科博士生培养为重点推进学术学位研究生教育改革。立足培养未来学术领军人才，支持具备条件的高水平研究型大学开展基础学科人才培养改革试点，把基础学科主要定位于培养学术学位博士生，进一步提高直博生比例，对学习过程中不适合继续攻读博士学位且符合相应条件的，可只授予学术硕士学位或转为攻读专业硕士学位。支持培养单位加大资助力度，加强与强基计划、基础学科拔尖学生培养计划等的衔接，吸引具有推免资格的优秀本科毕业生攻读基础学科的硕士、博士。支持培养单位完善中央高校基本科研业务费使用机制，实现对基础学科优秀博士生的长周期稳定支持。试点建设基础学科高层次人才培养中心。

13. 以卓越工程师培养为牵引深化专业学位研究生教育改革。瞄准国家战略布局和急需领域，完善高校、科研机构工程专业学位硕士、博士学位授权点布局；创新高校与国家实验室、科研机构、科技企业、产业园区的联合培养机制，纳入符合条件的企业、国家实验室、科研机构、科技园区课程并认定学分，探索开展全日制专业学位研究生订单式培养、项目制培养；打造实践能力导向型的工程专业学位硕士、博士培养“样板间”，大力推动工程专业学位硕博士培养改革试点，全面推进卓越工程师培养改革。布局部分高校和中央企业共建一批国家卓越工程师学院，探索人才培养体系重构、流程再造、能力重塑、评价重建；依托学院、校企联合建设配套的工程师技术中心，打造类企业级别的仿真环境和工程技术实践平台；完善校企导师选聘、考核和激励机制，重构校企双导师队伍；强化突出实践能力培养的核心课程建设，推进工学交替培养机制，实施有组织的科研和人才培养，全面推动各专业学位结合自身特点深化改革创新。

五、加强学术学位与专业学位研究生教育分类发展的组织保障

14. 落实培养单位责任。培养单位应加强对学术学位与专业学位研究生教育分类发展工作的研究部署，确保正确育人方向，完善推动两类学位分类发展的政策举措和质量保障体系。健全单位内部覆盖机构、人员、制度、经费等要素的治理体系和运行管理机制，强化分类管理、分类指导、分类保障。具备条件的培养单位可为专业学位独立设置院系或培养机构，提供经费支持，聘任具有丰富行业产业经验的人员担任负责人，为专业学位发展创造更好环境。支持培养单位探索完善将学术学位与专业学位课堂授课、实践教学情况作为专业技术职务评聘因素的机制办法。

15. 加强部门政策支撑。强化学术学位与专业学位硕士、博士学位授权点的分类审核与评价，学术学位授权点突出高水平师资和科研的支撑，专业学位授权点把校外导师、联合培养基地等作为必要条件。完善政府投入为主、受教育者合理分担、其他多种渠道筹措经费的投入机制，加大财政对学术学位特别是基础学科的投入；完善差异化生均拨款机制，进一步完善专业学位培养成本分摊机制，健全学费标准动态调整机制，激励行业产业部门以多种形式投入专业学位研究生教育。充分发挥教育信息化的战略制高点作用，着力推进学位与研究生教育资源数字化建设。统筹“双一流”建设、学科评估和专业学位评估，充分发挥专家组织、学会、协会作用，完善多元主体参与的两类学位建设质量分类评价和认证机制。积极开展国际实质等效的教育质量认证，推进相关交流合作，促进中国学位标准走出去，不断提升国际影响力。

教育部办公厅关于进一步做好普通高等学校本科专业设置工作的通知

教高厅〔2024〕1号

各省、自治区、直辖市教育厅（教委），新疆生产建设兵团教育局，有关部门（单位）教育司（局），部属各高等学校、部省合建各高等学校，教育部高等学校教学指导委员会：

为深入贯彻落实党的二十大精神，落实党中央、国务院深化新时代高等教育学科专业体系改革的决策部署，动态调整优化普通高等学校（以下简称高校）本科专业设置，有的放矢培养国家战略人才和急需紧缺人才，提升教育对高质量发展的支撑力、贡献力，推动形成新质生产力，更好服务中国式现代化建设，根据《普通高等教育学科专业设置调整优化改革方案》（教高〔2023〕1号）和《普通高等学校本科专业设置管理规定》（教高〔2012〕9号）要求，现就进一步做好高校本科专业设置工作通知如下。

一、实施本科专业目录年度更新发布机制。《普通高等学校本科专业目录》（以下简称《专业目录》）每年更新。新列入和不再列入《专业目录》的专业，与当年专业备案和审批结果一并公布。高校本科招生专业按照更新公布的《专业目录》执行。

二、完善本科专业类的设置与调整机制。增设、更名专业类，或调整专业类下设专业，原则上由教育部高等学校相关专业（类）教学指导委员会（以下简称专业类教指委）提出调整方案，并广泛征求意见，教育部高等学校专业设置与教学指导委员会（以下简称专业设置教指委）进行审议。

三、动态调整国家控制布点专业和特设专业。根据经济社会科技发展变化，动态调整国家控制布点专业范围。国家控制布点专业调整一般由专业类教指委提出、专业设置教指委审议。特设专业转为基本专业，按上述程序调整。

四、实施专业设置预申报制度。高校应根据经济社会发展需求、区域发展急需和自身办学定位、办学条件等，提前谋划增设专业。高校申请增设专业（不含中外合作办学专业、第二学士学位专业），原则上应列入学校学科专业发展规划，提前1年进行预申报，通过专门网站提交相关材料。

五、加强对增设专业的论证和公示。高校应对拟增设专业的必要性和可行性进行调研、论证，突出高校办学特色，优化师资队伍和教学资源配置，提出科学的人才培养方案，把好增设专业质量关。

增设尚未列入《专业目录》的新专业，还须论证该专业与目录内其他相关专业的区分情况，参照《普通高等学校本科专业类教学质量国家标准》，提出增设专业的人才培养目标、教学基本要求和人才培养方案，并请相关专业类教指委提出论证意见，有关要求应突出规范性和前瞻性，为其他高校开设此专业提供参考。

拟设专业的申请材料、论证报告应经学校党委会或校长办公会进行审议通过，并在学校官网进行公示，时间不少于5个工作日。

六、规范学位授予门类和修业年限调整。高校将专业的学位授予门类调整为《专业目录》注明的可授学位门类之一，按备案程序办理；调整为《专业目录》注明的可授学位门类以外的门类，或调整修业年限，由专业设置教指委统一研究审议。

七、规范专业名称调整。高校根据专业内涵发展要求，可调整专业名称。其中，调整为目录内专业（除国家控制布点专业外），按增设该专业的备案程序办理；调整为国家控制布点专业或目录外新专业，按审批程序办理。该专业备案或审批通过后，原专业由高校按撤销专业处理，已获相关成果等由新设专业继承。

八、规范专业撤销工作。高校撤销专业，须在校内征求意见、公示，按程序报教育部备案。连续五年停止招生且无在校学生的专业，原则上应予撤销。

九、规范拟新建本科高校和具有法人资格的合作办学机构专业设置工作。各地各部门向教育部正式来函申请设置的新建本科高校，以及已获批筹备设立具有法人资格的中外合作办学机构（含内地与港澳台合作办学，下同），应根据增设专业程序，同步开展专业备案或审批申请。

十、规范合作办学专业备案和审批。申请设立或举办中外合作办学机构、项目，以及在办中外合作办学机构新增或变更专业，按照中外合作办学行政许可程序执行。其中，设置国家控制布点专业或目录外专业，应按增设专业程序提前申请，审批通过后方可申请中外合作办学；申请设置非国家控制布点专业，应按增设专业程序进行备案。合作办学专业延长招生有效期，应及时更新。

十一、保障专业设置质量。本科教学工作合格评估结果为不通过或暂缓通过的，以及基本办学条件指标不达标的高校，在未完成整改前，暂停增设专业。高校要完善教育教学内部质量保障体系，将专业设置、调整纳入学校事业发展规划，进行专题研究。要建强专业设置评议专家组织，落实专业建设质量年度报告制度，主动公开接受社会监督。

十二、加强省级统筹和指导。省级教育行政部门要立足服务区域经济社会发展，综合应用政策指导、资源配置、资金安排等措施，引导高校增设战略性新兴产业相关专业、区域发展急需紧缺专业，建设特色优势专业群，淘汰不符合经济社会发展和学校办学定位的专业。

请各省、自治区、直辖市教育厅（教委），新疆生产建设兵团教育局，有关部门（单位）教育司（局）将该项工作部署至所属普通本科高校。

教育部办公厅
2024年3月26日

第四篇

日常事务管理

高等学校接受外国留学生管理规定

教育部、外交部、公安部令第9号
（2000年1月31日）

第一章　总　则

第一条　为增进我国与世界各国人民之间的了解和友谊，促进高等学校的国际交流与合作，加强对接受和培养外国留学生工作的规范管理，根据《中华人民共和国教育法》、《中华人民共和国高等教育法》和《中华人民共和国外国人入境出境管理法》，制定本规定。

第二条　本规定所称高等学校，系指经教育部批准的实施全日制高等学历教育的普通高等学校；本规定所称外国留学生是指持外国护照在我国高等学校注册接受学历教育或非学历教育的外国公民。

第三条　高等学校接受和培养外国留学生的工作，应当遵循“深化改革，加强管理，保证质量，积极稳妥发展”的方针。

第四条　接受外国留学生的高等学校，应当具有必备的教学和生活条件，以及相应的教学科研水平和管理水平。

第五条　高等学校接受和培养外国留学生，应当遵循国家外交方针，维护国家主权、安全和社会公共利益。

第二章　管理体制

第六条　教育部统筹管理全国来华留学工作，负责制定接受外国留学生的方针、政策，归口管理“中国政府奖学金”，协调、指导各地区和学校接受外国留学生工作，并对各地区和学校的外国留学生管理工作和教育质量进行评估。

教育部委托国家留学基金管理委员会负责国家计划内外国留学生的招生及具体管理工作。

第七条　高等学校接受外国留学生，由省、自治区、直辖市教育行政部门会同同级外事和公安部门审批，并报教育部备案。高等学校接受享受中国政府奖学金的外国留学生，由教育部审批。

第八条　省、自治区、直辖市教育行政部门负责本地区高等学校接受外国留学生工作的协调管理。外事、公安等有关部门协助教育行政部门和高等学校做好外国留学生的管理工作。

第九条　高等学校具体负责外国留学生的招生、教育教学及日常管理工作。学校应当有校级领导分管本校的外国留学生工作；学校应当根据有关规定建立外国留学生管理制度，并设有外国留学生事务的归口管理机构或管理人员。

第三章　外国留学生的类别、招生和录取

第十条　高等学校可以为外国留学生提供学历教育和非学历教育。接受学历教育的类别为：专科生、本科生、硕士研究生和博士研究生；接受非学历教育的类别为：进修生和研究学者。

第十一条　高等学校应当制定外国留学生招生办法，公布招生章程，按规定招收外国留学生。

第十二条　高等学校招收外国留学生名额不受国家招生计划指标限制。

第十三条　高等学校应当按照国家有关规定确定并公布对外国留学生的收费项目及收费标准，并以人民币计价收费。

第十四条　高等学校接受外国留学生的专业应当是对外开放专业。为外国留学生单独设立新的学历教育专业，必须报教育部审批。

第十五条　申请到我国高等学校学习、进修的外国公民，应当具备相应的资格并符合入学条件，有可靠

的经济保证和在华事务担保人。

第十六条 高等学校应当对申请来华学习者进行入学资格审查、考试或考核。录取标准由学校自行确定。对使用汉语接受学历教育者，应当进行汉语水平考试。

第十七条 外国留学生的录取由高等学校决定。高等学校应当优先录取国家计划内招收的外国留学生；高等学校可以自行招收校际交流外国留学生和自费外国留学生。

第十八条 高等学校可以接受由其他学校录取或转学的外国留学生，但应当事先征得原接受学校同意。

第四章 奖学金制度

第十九条 中国政府为外国留学生来华学习设立“中国政府奖学金”。

“中国政府奖学金”类别有：本科生奖学金、研究生奖学金和进修生奖学金等。

教育部根据需要，设立其他专项研究或培训等奖学金。

第二十条 教育部根据我国政府与外国政府签订的协议以及我国与外国交流的需要，制定享受中国政府奖学金外国留学生的招生计划。

第二十一条 享受中国政府奖学金来华学习的外国留学生应当接受享受奖学金资格的年度评审。评审工作由高等学校按照有关规定进行。对未通过评审的外国留学生，将根据规定中止或取消其享受中国政府奖学金的资格。

第二十二条 地方人民政府和高等学校可以根据需要单独或联合为外国留学生设立奖学金。中国和外国企业、事业组织、社会团体及其他社会组织和个人，经征得高等学校和省级教育主管部门同意，也可以为外国留学生设立奖学金，但不得附加不合理条件。

第五章 教学管理

第二十三条 高等学校应当根据学校统一的教学计划安排外国留学生的学习，并结合外国留学生的心理和文化特点开展教育教学活动。在确保教学质量的前提下，可以适当调整外国留学生的必修和选修课程。

第二十四条 汉语和中国概况应当作为接受学历教育的外国留学生的必修课；政治理论应当作为学习哲学、政治学和经济学类专业的外国留学生的必修课，其他专业的外国留学生可以申请免修。

第二十五条 汉语为高等学校培养外国留学生的基本教学语言。对汉语水平达不到专业学习要求的外国留学生，学校应当提供必要的汉语补习条件。

高等学校可以根据条件为外国留学生开设使用英语等其他外国语言进行教学的专业课程。使用外语接受学历教育的外国留学生，毕业论文摘要应当用汉语撰写。

第二十六条 高等学校组织外国留学生进行教学实习和社会实践，应当按教学计划与在校的中国学生一起进行；但在选择实习或实践地点时，应当遵守有关涉外规定。

第二十七条 高等学校应当根据教学需要，为外国留学生提供必要的学习条件。外国留学生在教学计划以外使用其他设备和获取其他资料，应当提出申请，由学校按照有关规定和程序审批。

第二十八条 高等学校根据国家有关规定对外国留学生进行学籍管理。高等学校对外国留学生作勒令退学或开除学籍处分时，应当报省级教育行政部门备案；如受到上述处分者为国家计划内招收的外国留学生，学校还应当书面通知国家留学基金管理委员会。

第二十九条 学校根据有关规定为外国留学生颁发毕业证书（结业证书、肄业证书）或写实性学业证明，为获得学位的外国留学生颁发学位证书。学校可以根据需要提供上述证书的外文翻译文本。

第六章 校内管理

第三十条 高等学校依照国家有关法律、法规和学校的规章制度对外国留学生进行教育和管理。学校应当教育外国留学生遵守我国的法律、法规及学校的规章制度和纪律，尊重我国的社会公德和风俗习惯

第三十一条 高等学校一般不组织外国留学生参加政治性活动，但可以组织外国留学生自愿参加公益劳动等活动。

第三十二条 高等学校应当允许、鼓励外国留学生参加学校学生会组织举办的文体活动；外国留学生也

可以自愿参加我国在重大节日举行的庆祝活动；在外国留学生比较集中的城市或地区，有关部门和学校应当为外国留学生举办有益于身心健康的文体活动。

经学校批准，外国留学生可以在校内成立联谊团体，并在我国法律、法规规定的范围内活动，服从学校的领导和管理。外国留学生成立跨校、跨地区的组织，应当向中国政府主管部门申请。

第三十三条 高等学校应当尊重外国留学生的民族习俗和宗教信仰，但不提供举行宗教仪式的场所。校内严禁进行传教及宗教聚会等活动。

第三十四条 外国留学生经高等学校批准，可以在校内指定的地点和范围，举行庆祝本国重要传统节日的活动，但不得有反对、攻击其他国家的内容或违反公共道德的言行。

第三十五条 高等学校应当为外国留学生提供食宿等必要的生活服务设施，并根据有关规定建立和公布服务设施的使用管理制度。

第三十六条 外国留学生在校学习期间不得就业、经商，或从事其他经营性活动，但可以按学校规定参加勤工助学活动。

第七章 社会管理

第三十七条 外国留学生的社会管理，由有关行政部门负责。高等学校应当配合有关行政部门，做好外国留学生的社会管理工作。

第三十八条 外国留学生可以在校外住宿，但应当按规定到居住地公安机关办理登记手续。

第三十九条 有关部门应当为外国留学生正常的学习和社会实践活动提供方便，收费标准应当与中国学生相同。

第四十条 外国留学生在我国境内进行出版、结社、集会、游行、示威等活动，应当遵守我国有关法律、法规的规定。外国留学生在我国境内进行宗教活动必须遵守《中华人民共和国境内外国人宗教活动的管理规定》。

第四十一条 外国留学生携带、邮寄物品入出境，应当符合我国有关管理规定。

第八章 入出境和居留手续

第四十二条 外国留学生一般应当持普通护照和“X”或“F”字签证办理学习注册手续。来华学习六个月以上者，凭《外国留学人员来华签证申请表》（JW201表或JW202表）、学校的《录取通知书》和《外国人体格检查记录》，向中国驻外签证机关申请“X”字签证；来华学习期限不满六个月者，凭《外国留学人员来华签证申请表》（JW201表或JW202表）和学校的《录取通知书》，向中国驻外签证机关申请“F”字签证；以团组形式来华的短期留学人员，也可以凭被授权单位的邀请函电，申请“F”字团体签证。

第四十三条 持外国外交、公务、官员或特别护照和中国外交、公务或礼遇签证来华者，如需到高等学校学习或进修，应当持本国外交机构出具的、声明在华学习期间放弃特权与豁免的照会，向中国省部级外事部门提出申请，经批准后凭外事部门的同意函到公安机关出入境管理部门改办“X”或“F”字签证；持外国外交、公务、官员或特别护照根据双边协议免签证来华者，如需到高等学校学习或进修，应当换持普通护照，到公安机关出入境管理部门办理“X”或“F”字签证；持普通护照但非“X”或“F”字签证来华者，如需到高等学校学习或进修，应当到公安机关出入境管理部门申请改办“X”或“F”字签证。外事和公安机关出入境管理部门受理上述人员的申请时，应当查验申请人的《外国留学人员来华签证申请表》（JW201表或JW202表）、学校的《录取通知书》和《外国人体格检查记录》。

第四十四条 外国留学生家属可以凭接受学校的邀请函，向我驻外使（领）馆申请“L”字签证来华陪读。公安机关出入境管理部门凭接受学校的公函，为外国留学生陪读家属办理签证延期，陪读家属在华停留期限不得超过外国留学生居留证的有效期限。

第四十五条 学习时间在6个月以上的外国留学生来华后，必须在规定期限内到卫生检疫部门办理《外国人体格检查记录》确认手续。无法提供《外国人体格检查记录》者，必须在当地卫生检疫部门进行体检。经检查确认患有我国法律规定不准入境疾病者，应当立即离境回国。

第四十六条 持“X”签证入境的外国留学生必须在自入境之日起30日内，向当地公安机关出入境管理部门申请办理《外国人居留证》。在学期间，如居留证上填写的项目有变更，必须在10日内到当地公安机关出入境管理部门办理变更手续。

第四十七条 外国留学生转学至另一城市时，应当先在原居留地公安机关出入境管理部门办理迁出手续。到达迁入地后，必须于10日内到迁入地公安机关出入境管理部门办理迁入手续。

第四十八条 外国留学生在学期间临时出境，必须在出境前办理再入境手续。签证或居留证有效期满后仍需在华学习或停留的，必须在签证或居留证有效期满之前办理延期手续。

第四十九条 外国留学生毕业、结业、肄业、退学后，必须在规定的时间内出境。对受到勒令退学或开除学籍处分的外国留学生，学校应当及时通知公安机关出入境管理部门。公安机关出入境管理部门依法收缴其所持外国人居留证或缩短其在华停留期。

第九章 附 则

第五十条 实施全日制高等学历教育的普通高等学校以外的教育机构接受外国留学生，由教育部负责审批，有关管理办法另行制定。

教育部关于切实加强高校学生住宿管理的通知

教社政〔2004〕6号

近期以来，一些高校出现学生住宿场所发生治安伤害事件。继2月23日云南大学发生四名学生在校内公寓被害案后，又有部分地区高校学生宿舍相继发生偷盗、抢劫、伤害等刑事治安案件。此外，近年来一些在校大学生自行租住校外民房，条件参差不齐，有的不具备基本的安全设施，有的周边治安环境复杂，安全或治安事端时有发生。4月27日晚，西藏民族学院两名学生在校外租住房屋遭歹徒绑架抢劫，近期相继发生高校学生在校外租房被害以及煤气中毒死亡事件。

产生上述问题的原因是多方面的，其中一个重要的原因是学生住宿管理工作薄弱。一些高校对学生住宿管理工作没有切实负起应有的责任，没有认真落实辅导员进公寓、安全保卫工作进公寓等制度；一些高校在学生校外租房的管理问题上采取了放任的态度。为进一步加强学生住宿管理，现将有关要求通知如下：

一、切实加强对学生住宿管理工作的领导

学生宿舍和公寓是学生日常生活与学习的重要场所，是对学生进行思想政治工作和素质教育的重要阵地。学生住宿管理事关学生人身安全和财产安全，关系到学校正常的教学、生活秩序，关系到学校和社会的稳定，也关系到我国高等教育的改革和发展。各地教育行政部门和高校要从维护稳定大局和推进高等教育事业发展的高度，增强政治责任感和现实紧迫感，把学生住宿管理工作作为学校教育和管理的重要组成部分，高度重视并切实担负起学生住宿管理的领导责任，将其列入高校教育管理工作的重要日程，作为学校的一件大事来抓，不能推向社会。

高校主要负责人作为学校安全稳定工作第一责任人，对包括学生住宿管理在内的学校安全与稳定工作负总责，要有必要的时间和精力抓安全保卫工作。各校均应建立学生住宿管理委员会并制定相应管理办法。对于学生公寓的管理，物业管理和学生管理要职责明确、紧密配合，对学生的思想教育与日常行为管理主要由高校学生教育管理部门负责，物业管理部门有责任为高校开展教育和管理工作提供必要条件。要尽量避免多校合用学生公寓，已由几所学校合用的学生公寓，各高校要分别派人组成领导小组统筹管理，切实负起安全责任。

二、切实加强学生宿舍和公寓中的党建与思想政治工作

高校应认真贯彻第12次全国高校党建工作会议的要求，结合各地实际情况，采取有力措施，将学生在宿舍和公寓内按班集体住在一起，按班集体建立党团支部，充分发挥共产党员在住宿管理中的先锋模范作用和党支部的政治核心与战斗堡垒作用。没有按班集体安排住房的，要积极创造条件，尽早作出住房调整。坚决反对按学生经济状况分配住房的做法。要以学生宿舍和公寓为基地开展校园文化活动，培养学生的集体主义观念，丰富学生宿舍和公寓文化生活，促进学生公寓的社会主义精神文明建设。

要坚决落实学生公寓思想政治工作队伍建设的有关要求，切实选派足够数量的政治素质高，思想作风好，具有较强组织管理能力，善于做学生工作的辅导员进驻学生公寓，做到“同住、知情、关心、引导”。即与学生同住学生公寓；了解学生思想动态；关心学生思想、生活；引导学生正确处理各种问题，开展经常性的思想政治工作。要切实落实学校班主任管理的各项规定，班主任必须每周定期到学生宿舍走访学生。

三、切实加强管理机制与规章制度建设

要建立健全学生住宿管理规定、学生宿舍文明建设管理规定、学生宿舍安全管理制度等各项规章制度，学校、学生、业主、物业管理等各单位和人员之间，要建立有效的契约关系，明确学生公寓应提供的服务项目，保障入住学生的日常生活。要加强安全保卫制度建设，按照中央和省级人民政府有关部门的规定，对学

生宿舍和公寓的住宿、用电、用水、饮食、防火防盗等方面工作，制定完善的安全制度；建立安全工作信息的收集、处理和报送制度，确保重要信息及时、准确上报；建立值班制度和门卫制度，开通二十四小时固定值班电话；建立安全工作检查制度，做到全面检查与重点检查相结合、定期检查和日常防范相结合，对发现的事故隐患要及时进行整改。切实做到值班门卫到位、巡逻执勤到位、检查整改到位、制度落实到位。

要建立有效的监督机制。建立由学生代表组成的学生民主监督机构，积极参与学生宿舍公寓的管理和服务，监督各项制度的执行。及时向学校和公寓管理部门反映学生的意见、要求，协助辅导员、宿舍管理员排解矛盾。要拓宽高校后勤服务单位、学校和学生之间的联系、沟通、对话渠道，公开学生投诉和纠纷处理的办法、程序，自觉维护学生权益。要培育和发展学生宿舍和公寓的自我管理组织，充分发挥这些组织的作用，把学生宿舍和公寓建成学生自我教育、自我管理、自我服务的场所。

四、切实加强学生宿舍和公寓的安全保卫工作

要建立和健全学生宿舍和公寓的安全保卫工作网络。物业管理部门要设立安全保卫机构，配备专职人员，切实担负起管理范围内的安全保卫工作。要不断改善学生宿舍和公寓的安全设施，设立必要的交通、安全警示装置，建立报警点。学生宿舍和公寓内要设立火灾预警监视系统、恶性用电识别装置等，通过技术防范设施，防止火灾发生。要加强学生公寓安全保卫工作人员的技术配备和条件保障，每年都应安排专项经费，用于安全保卫设施和装备的添置和更新。学校安全保卫部门要加强对学生宿舍和公寓安全保卫工作的业务指导、培训、监督和检查，加强巡逻，深入排查安全保卫工作中存在的问题，及时整改。

要加强对学生的安全与法治教育，培养学生遵纪守法的良好行为。要善于通过新生入学教育、安全知识讲座、演讲会、报告会等形式，充分利用广播、闭路电视、宣传橱窗、板报等载体，将学生宿舍和公寓安全问题列入重要内容进行广泛深入的教育。在节假日和重大活动期间，要有针对性地提出安全要求，对违法违纪的学生及时进行批评教育和必要的处罚。高校后勤服务社会化单位也要加强对宿舍管理人员和治安人员的法制和职业道德教育。

高校要积极配合公安部门做好学生宿舍和公寓周边环境的治安管理工作，经常互通信息，认真分析、排查影响学校稳定的不安全因素，发现问题，及时解决。

五、切实加强学生校外租房的管理

各高校应积极创造条件为学生解决住宿问题，原则上不允许学生自行在校外租房居住。对已在校外租房的学生，应要求其搬回校内住宿；对极少数坚持在校外租房的学生，要向他们耐心说明可能产生的后果和个人应承担的责任，并逐一登记，建立报告和承诺制度，说明租房的原因、房屋详细地址、联系方式，承诺加强人身和财产安全的自我保护，经本人与家长双方签字报学校备案。要切实加强学生校外租房的管理，决不能留下管理和教育工作的空白点。

教育部关于印发《高等学校学生行为准则》的通知

教学〔2005〕5号

为了全面贯彻党的教育方针，加强高等学校学生思想政治教育工作，引导学生坚定理想信念，形成良好的道德品质，养成文明行为习惯，勤奋学习，强健体魄，成为社会主义合格建设者和可靠接班人，我部对原国家教育委员会制定的《高等学校学生行为准则（试行）》〔（89）教政字003号〕作了修订。现将新修订的《高等学校学生行为准则》印发给你们。

请各地方、各部门转发所属高等学校遵照执行。

高等学校学生行为准则

一、志存高远，坚定信念。努力学习马克思列宁主义、毛泽东思想、邓小平理论和“三个代表”重要思想，面向世界，了解国情，确立在中国共产党领导下走社会主义道路、实现中华民族伟大复兴的共同理想和坚定信念，努力成为有理想、有道德、有文化、有纪律的社会主义新人。

二、热爱祖国，服务人民。弘扬民族精神，维护国家利益和民族团结。不参与违反四项基本原则、影响国家统一和社会稳定的活动。培养同人民群众的深厚感情，正确处理国家、集体和个人三者利益关系，增强社会责任感，甘愿为祖国为人民奉献。

三、勤奋学习，自强不息。追求真理，崇尚科学；刻苦钻研，严谨求实；积极实践，勇于创新；珍惜时间，学业有成。

四、遵纪守法，弘扬正气。遵守宪法、法律法规，遵守校纪校规；正确行使权利，依法履行义务；敬廉崇洁，公道正派；敢于并善于同各种违法违纪行为作斗争。

五、诚实守信，严于律己。履约践诺，知行统一；遵从学术规范，恪守学术道德，不作弊，不剽窃；自尊自爱，自省自律；文明使用互联网；自觉抵制黄、赌、毒等不良诱惑。

六、明礼修身，团结友爱。弘扬传统美德，遵守社会公德，男女交往文明；关心集体，爱护公物，热心公益；尊敬师长，友爱同学，团结合作；仪表整洁，待人礼貌；豁达宽容，积极向上。

七、勤俭节约，艰苦奋斗。热爱劳动，珍惜他人和社会劳动成果；生活俭朴，杜绝浪费；不追求超越自身和家庭实际的物质享受。

八、强健体魄，热爱生活。积极参加文体活动，提高身体素质，保持心理健康；磨砺意志，不怕挫折，提高适应能力；增强安全意识，防止意外事故；关爱自然，爱护环境，珍惜资源。

教育部办公厅关于进一步做好高校学生住宿管理的通知

教思政厅〔2007〕4号

各省、自治区、直辖市党委教育工作部门、教育厅（教委），新疆生产建设兵团教育局，部属各高等学校：

为切实加强高校学生住宿管理，近年来我部先后印发了《教育部关于切实加强高校学生住宿管理的通知》（教社政〔2004〕6号）和《教育部办公厅关于进一步加强高校学生住宿管理的通知》（教社政厅〔2005〕4号），提出了明确的工作要求。各地各高校认真落实文件精神，加强领导，建章立制，进一步规范了学生住宿管理工作。但是，目前仍有高校未按文件要求安排学生在宿舍和公寓内按班集体住宿。现就有关问题强调通知如下：

1. 认真落实按班级住宿的工作要求。学生班级是学校工作的最基层，是学生的基本组织形式，是学生自我教育、自我管理、自我服务的主要组织载体。组织学生按班级住宿，有助于加强班级集体建设，有助于开展学生思想政治教育，有助于学生健康成长成才。实践证明，组织学生按班级住宿，是当前开展学生教育和管理的有效方式。各地教育部门和高校要高度重视学生按班级住宿工作。要结合学校实际精心安排，周密部署，充分利用毕业生离校和新生入学的时机，做好学生宿舍调整工作。2007级及以后的新生要保证按班级住宿。其他年级在校生，没有按班级住宿的，要制订计划，在三年内逐步实现按班级住宿。

2. 杜绝按学生经济状况安排住房。目前仍按学生经济状况安排住宿的学校，要尽快按班级调整学生住宿。同时，要建立健全家庭经济困难学生资助政策体系，积极做好家庭经济困难学生资助工作，帮助他们顺利完成学业。

3. 严格校外住宿学生的教育和管理。原则上不允许学生自行在校外租房居住。对特殊原因在校外租房的学生，要履行相关备案手续，加强信息沟通，严格教育管理。

4. 继续推进思想政治教育进公寓。学生宿舍和公寓是开展大学生思想政治教育的重要阵地。要以按班级调整学生住宿为契机，深入推进大学生思想政治教育进公寓。要充分发挥现有学生工作体系的作用，充分发挥学生的积极性和主动性，以宿舍和公寓为阵地，开展丰富多彩的思想政治教育活动，为学生成长成才营造良好的环境和氛围。

教育部办公厅

二〇〇七年六月十九日

财政部　教育部关于印发《普通本科高校、高等职业学校国家励志奖学金管理暂行办法》的通知

财教〔2007〕91号

国务院有关部委、有关直属机构，各省、自治区、直辖市财政厅（局）、教育厅（局）：

为激励普通本科高校、高等职业学校家庭经济困难学生勤奋学习、努力进取，在德、智、体、美等方面得到全面发展，根据《国务院关于建立健全普通本科高校、高等职业学校和中等职业学校家庭经济困难学生资助政策体系的意见》（国发〔2007〕13号）有关精神，财政部、教育部制定了《普通本科高校、高等职业学校国家励志奖学金管理暂行办法》。现印发给你们，请遵照执行。

附件：普通本科高校、高等职业学校国家励志奖学金管理暂行办法

中华人民共和国财政部
中华人民共和国教育部
二〇〇七年六月二十七日

附件

普通本科高校、高等职业学校国家励志奖学金管理暂行办法

第一章　总　则

第一条　为激励普通本科高校、高等职业学校家庭经济困难学生勤奋学习、努力进取，在德、智、体、美等方面得到全面发展，根据《国务院关于建立健全普通本科高校、高等职业学校和中等职业学校家庭经济困难学生资助政策体系的意见》（国发〔2007〕13号），制定本办法。

第二条　本办法所称普通本科高校、高等职业学校是指根据国家有关规定批准设立、实施高等学历教育的全日制普通本科高等学校、高等职业学校和高等专科学校（以下简称高校）。

第三条　国家励志奖学金用于奖励资助高校全日制本专科（含高职、第二学士学位）学生（以下简称学生）中品学兼优的家庭经济困难学生。

中央高校国家励志奖学金的奖励资助名额由财政部商有关部门确定。地方高校国家励志奖学金的奖励资助名额由各省、自治区、直辖市根据财政部、教育部确定的总人数，以及高校数量、类别、办学层次、办学质量、在校本专科生人数和生源结构等因素确定。在分配国家励志奖学金名额时，对办学水平较高的高校，以农林水地矿油核等国家需要的特殊学科专业为主的高校予以适当倾斜。

第四条　国家励志奖学金由中央和地方政府共同出资设立。中央部门所属高校国家励志奖学金所需资金由中央财政负担。地方所属高校国家励志奖学金所需资金根据各地财力及生源状况由中央与地方财政按比例分担。

国家鼓励各省、自治区、直辖市加大家庭经济困难学生资助力度，超出中央核定总额部分的国家励志奖学金所需资金由中央财政给予适当补助。

第二章　奖励标准与申请条件

第五条　国家励志奖学金的奖励标准为每人每年5000元。

第六条　国家励志奖学金的基本申请条件：

1. 热爱社会主义祖国，拥护中国共产党的领导；
2. 遵守宪法和法律，遵守学校规章制度；
3. 诚实守信，道德品质优良；
4. 在校期间学习成绩优秀；
5. 家庭经济困难，生活俭朴。

第三章 名额分配与预算下达

第七条 每年5月底前，中央主管部门和各省、自治区、直辖市要根据本办法第三条的规定，提出所属高校国家励志奖学金名额分配建议方案，报财政部、教育部。

财政部、教育部委托全国学生资助管理中心对中央主管部门和各省、自治区、直辖市报送的国家励志奖学金名额分配建议方案进行审核。

第八条 每年7月31日前，财政部、教育部结合全国学生资助管理中心审核意见，将国家励志奖学金分配名额和预算下达中央主管部门和省级财政、教育部门。

第九条 每年9月1日前，中央主管部门和省以下财政、教育部门负责将国家励志奖学金名额和预算下达所属各高校。

第四章 申请与评审

第十条 国家励志奖学金实行等额评审，坚持公开、公平、公正、择优的原则。

第十一条 国家励志奖学金申请与评审工作由高校组织实施。高校要根据本办法的规定，制定具体评审办法，并报中央主管部门或省级教育行政部门备案。高校在开展国家励志奖学金评审工作中，要对农林水地矿油核等国家需要的特殊学科专业学生予以适当倾斜。

第十二条 国家励志奖学金按学年申请和评审。申请国家励志奖学金的学生为高校在校生中二年级以上（含二年级）的学生。

同一学年内，申请国家励志奖学金的学生可以同时申请并获得国家助学金，但不能同时获得国家奖学金。

试行免费教育的教育部直属师范院校师范类专业学生不再同时获得国家励志奖学金。

第十三条 每年9月30日前，学生根据本办法规定的国家励志奖学金的基本申请条件及其他有关规定，向学校提出申请，并递交《普通本科高校、高等职业学校国家励志奖学金申请表》（见附表）。

第十四条 高校学生资助管理机构负责组织评审，提出本校当年国家励志奖学金获奖学生建议名单，报学校领导集体研究通过后，在校内进行不少于5个工作日的公示。公示无异议后，每年10月31日前，中央高校评审结果报中央主管部门，地方高校评审结果逐级报至省级教育部门。中央主管部门和省级教育部门于11月15日前批复。

第五章 奖学金发放、管理与监督

第十五条 高校于每年11月30日前将国家励志奖学金一次性发放给获奖学生，并记入学生的学籍档案。

第十六条 地方财政部门要按有关规定落实所负担的资金，及时拨付，加强管理。

第十七条 各高校要切实加强管理，认真做好国家励志奖学金的评审和发放工作，确保国家励志奖学金真正用于资助品学兼优的家庭经济困难学生。

第十八条 各省、自治区、直辖市、各有关部门和高校必须严格执行国家相关财经法规和本办法的规定，对国家励志奖学金实行分账核算，专款专用，不得截留、挤占、挪用，同时应接受财政、审计、纪检监察、主管机关等部门的检查和监督。

第六章 附 则

第十九条 高校要按照国家有关规定，从事业收入中足额提取4%~6%的经费用于资助家庭经济困难学生。中央高校提取的具体比例由财政部商中央主管部门确定，地方高校提取的具体比例由各省、自治区、直辖市确定。

第二十条 民办高校（含独立学院）按照国家有关规定规范办学、举办者按照本办法第十九条规定的比例从事业收入中足额提取经费用于资助家庭经济困难学生的，其招收的符合本办法规定申请条件的普通本专科（含高职、第二学士学位）学生，也可以申请国家励志奖学金。具体评审管理办法，由各省、自治区、直辖市研究制定。各省、自治区、直辖市在制定评审管理办法时，应综合考虑学校的办学质量、学费标准、招生录取分数、一次性就业率、学科专业设置等因素。

第二十一条 本办法由财政部、教育部负责解释。各省、自治区、直辖市要根据本办法制定实施细则，并报财政部、教育部备案。

第二十二条 本办法自公布之日起施行。

财政部教育部关于印发《普通本科高校、高等职业学校国家助学金管理暂行办法》的通知

财教〔2007〕92号

国务院有关部委、有关直属机构，各省、自治区、直辖市财政厅（局）、教育厅（局）：

为体现党和政府对普通本科高校、高等职业学校家庭经济困难学生的关怀，帮助他们顺利完成学业，根据《国务院关于建立健全普通本科高校、高等职业学校和中等职业学校家庭经济困难学生资助政策体系的意见》（国发〔2007〕13号）有关精神，财政部、教育部制定了《普通本科高校、高等职业学校国家助学金管理暂行办法》。现印发给你们，请遵照执行。

附件：普通本科高校、高等职业学校国家助学金管理暂行办法

中华人民共和国财政部

中华人民共和国教育部

二○○七年六月二十七日

附件

普通本科高校、高等职业学校国家助学金管理暂行办法

第一章　总　则

第一条　为体现党和政府对普通本科高校、高等职业学校家庭经济困难学生的关怀，帮助他们顺利完成学业，根据《国务院关于建立健全普通本科高校、高等职业学校和中等职业学校家庭经济困难学生资助政策体系的意见》（国发〔2007〕13号），制定本办法。

第二条　本办法所称普通本科高校、高等职业学校是指根据国家有关规定批准设立、实施高等学历教育的全日制普通本科高等学校、高等职业学校和高等专科学校（以下简称高校）。

第三条　国家助学金用于资助高校全日制本专科（含高职、第二学士学位）在校生中的家庭经济困难学生。

中央高校国家助学金的资助名额由财政部商有关部门确定。地方高校国家助学金的资助名额由各省（自治区、直辖市）根据财政部、教育部确定的总人数，以及高校数量、类别、办学层次、办学质量、在校本专科生人数和生源结构等因素确定。在分配国家助学金名额时，对民族院校、以农林水地矿油核等国家需要的特殊学科专业为主的高校予以适当倾斜。

第四条　国家助学金由中央和地方政府共同出资设立。中央部门所属高校国家助学金所需资金由中央财政负担。地方所属高校国家助学金所需资金根据各地财力及生源状况由中央与地方财政按比例分担。

国家鼓励各省（自治区、直辖市）加大家庭经济困难学生资助力度，超出中央核定总额部分的国家助学金所需资金由中央财政给予适当补助。

第二章　资助标准与申请条件

第五条　国家助学金主要资助家庭经济困难学生的生活费用开支。国家助学金的平均资助标准为每生每年2000元，具体标准在每生每年1000~3000元范围内确定，可以分为2~3档。中央高校国家助学金分档及具

体标准由财政部商有关部门确定，地方高校国家助学金分档及具体标准由各省（自治区、直辖市）确定。

第六条 国家助学金的基本申请条件：

1. 热爱社会主义祖国，拥护中国共产党的领导；

2. 遵守宪法和法律，遵守学校规章制度；

3. 诚实守信，道德品质优良；

4. 勤奋学习，积极上进；

5. 家庭经济困难，生活俭朴。

第三章 名额分配与预算下达

第七条 每年5月底前，中央主管部门和各省（自治区、直辖市）要根据国家确定的有关原则和本办法第三条、第五条的规定，提出所属高校国家助学金名额分配建议方案，报财政部、教育部。

财政部、教育部委托全国学生资助管理中心对中央主管部门和各省（自治区、直辖市）报送的国家助学金名额分配建议方案进行审核。

第八条 每年7月31日前，财政部、教育部结合全国学生资助管理中心审核意见，将国家助学金分配名额和预算下达中央主管部门和省级财政、教育部门。

第九条 每年9月1日前，中央主管部门和省以下财政、教育部门负责将国家助学金预算下达所属各高校。

第四章 申请与评审

第十条 国家助学金的评定工作坚持公开、公平、公正的原则。

第十一条 国家助学金申请与评审工作由高校组织实施。高校要根据本办法的规定，制定具体评审办法，并报中央主管部门或省级教育部门备案。高校在开展国家助学金评审工作中，要对农林水地矿油核等国家需要的特殊学科专业学生予以适当倾斜。

第十二条 国家助学金按学年申请和评审。

第十三条 每年9月30日前，学生根据本办法规定的国家助学金的基本申请条件及其他有关规定，向学校提出申请，并递交《普通本科高校、高等职业学校国家助学金申请表》（见附表）。

在同一学年内，申请并获得国家助学金的学生，可同时申请并获得国家奖学金或国家励志奖学金。

试行免费教育的教育部直属师范院校师范类专业学生，不再同时获得国家助学金。

第十四条 高校学生资助管理机构结合本校家庭经济困难学生等级认定情况，组织评审，提出享受国家助学金资助初步名单及资助档次，报学校领导集体研究通过后，于每年11月15日前，将本校当年国家助学金政策的落实情况按隶属关系报至中央主管部门或省级教育部门备案。

第五章 助学金发放、管理与监督

第十五条 高校应按月将国家助学金发放到受助学生手中。

第十六条 地方财政部门应按有关规定落实所负担的资金，及时拨付，加强管理。

第十七条 各高校应切实加强管理，认真做好国家助学金的评审和发放工作，确保国家助学金用于资助家庭经济困难的学生。

第十八条 各省（自治区、直辖市）、有关部门和高校必须严格执行国家相关财经法规和本办法的规定，对国家助学金实行分账核算，专款专用，不得截留、挤占、挪用，同时应接受财政、审计、纪检监察、主管机关等部门的检查和监督。

第六章 附 则

第十九条 高校要按照国家有关规定，从事业收入中足额提取4%~6%的经费用于资助家庭经济困难学生。中央高校提取的具体比例由财政部商中央主管部门确定，地方高校提取的具体比例由各省（自治区、直辖市）确定。

第二十条 民办高校（含独立学院）按照国家有关规定规范办学、举办者按照本办法第十九条规定的比例从事业收入中足额提取经费用于资助家庭经济困难学生的，其招收的符合本办法规定申请条件的普通本专科（含高职、第二学士学位）学生，也可以申请国家助学金，具体评审管理办法，由各省（自治区、直辖市）制定。各省（自治区、直辖市）在制定评审管理办法时，应综合考虑学校的学费标准、招生录取分数、一次性就业率、学科专业设置等因素。

第二十一条 本办法由财政部、教育部负责解释。各省（自治区、直辖市）要根据本办法制定实施细则，并报财政部、教育部备案。

第二十二条 本办法自发布之日起施行。《财政部、教育部关于印发〈国家助学奖学金管理办法〉的通知》（财教〔2005〕75号）同时废止。

高等学校消防安全管理规定

中华人民共和国教育部、中华人民共和国公安部第28号令

《高等学校消防安全管理规定》已经2009年7月3日教育部第20次部长办公会议审议通过，并经公安部同意，现予公布，自2010年1月1日起施行。

教育部部长　周　济
公安部部长　孟建柱
2009年10月19日

高等学校消防安全管理规定

第一章　总　则

第一条　为了加强和规范高等学校的消防安全管理，预防和减少火灾危害，保障师生员工生命财产和学校财产安全，根据消防法、高等教育法等法律、法规，制定本规定。

第二条　普通高等学校和成人高等学校（以下简称学校）的消防安全管理，适用本规定。

驻校内其他单位的消防安全管理，按照本规定的有关规定执行。

第三条　学校在消防安全工作中，应当遵守消防法律、法规和规章，贯彻预防为主、防消结合的方针，履行消防安全职责，保障消防安全。

第四条　学校应当落实逐级消防安全责任制和岗位消防安全责任制，明确逐级和岗位消防安全职责，确定各级、各岗位消防安全责任人。

第五条　学校应当开展消防安全教育和培训，加强消防演练，提高师生员工的消防安全意识和自救逃生技能。

第六条　学校各单位和师生员工应当依法履行保护消防设施、预防火灾、报告火警和扑救初起火灾等维护消防安全的义务。

第七条　教育行政部门依法履行对高等学校消防安全工作的管理职责，检查、指导和监督高等学校开展消防安全工作，督促高等学校建立健全并落实消防安全责任制和消防安全管理制度。

公安机关依法履行对高等学校消防安全工作的监督管理职责，加强消防监督检查，指导和监督高等学校做好消防安全工作。

第二章　消防安全责任

第八条　学校法定代表人是学校消防安全责任人，全面负责学校消防安全工作，履行下列消防安全职责：

（一）贯彻落实消防法律、法规和规章，批准实施学校消防安全责任制、学校消防安全管理制度；

（二）批准消防安全年度工作计划、年度经费预算，定期召开学校消防安全工作会议；

（三）提供消防安全经费保障和组织保障；

（四）督促开展消防安全检查和重大火灾隐患整改，及时处理涉及消防安全的重大问题；

（五）依法建立志愿消防队等多种形式的消防组织，开展群众性自防自救工作；

（六）与学校二级单位负责人签订消防安全责任书；

（七）组织制定灭火和应急疏散预案；

（八）促进消防科学研究和技术创新；

（九）法律、法规规定的其他消防安全职责。

第九条 分管学校消防安全的校领导是学校消防安全管理人，协助学校法定代表人负责消防安全工作，履行下列消防安全职责：

（一）组织制定学校消防安全管理制度，组织、实施和协调校内各单位的消防安全工作；

（二）组织制定消防安全年度工作计划；

（三）审核消防安全工作年度经费预算；

（四）组织实施消防安全检查和火灾隐患整改；

（五）督促落实消防设施、器材的维护、维修及检测，确保其完好有效，确保疏散通道、安全出口、消防车通道畅通；

（六）组织管理志愿消防队等消防组织；

（七）组织开展师生员工消防知识、技能的宣传教育和培训，组织灭火和应急疏散预案的实施和演练；

（八）协助学校消防安全责任人做好其他消防安全工作。

其他校领导在分管工作范围内对消防工作负有领导、监督、检查、教育和管理职责。

第十条 学校必须设立或者明确负责日常消防安全工作的机构（以下简称学校消防机构），配备专职消防管理人员，履行下列消防安全职责：

（一）拟订学校消防安全年度工作计划、年度经费预算，拟订学校消防安全责任制、灭火和应急疏散预案等消防安全管理制度，并报学校消防安全责任人批准后实施；

（二）监督检查校内各单位消防安全责任制的落实情况；

（三）监督检查消防设施、设备、器材的使用与管理，以及消防基础设施的运转，定期组织检验、检测和维修；

（四）确定学校消防安全重点单位（部位）并监督指导其做好消防安全工作；

（五）监督检查有关单位做好易燃易爆等危险品的储存、使用和管理工作，审批校内各单位动用明火作业；

（六）开展消防安全教育培训，组织消防演练，普及消防知识，提高师生员工的消防安全意识、扑救初起火灾和自救逃生技能；

（七）定期对志愿消防队等消防组织进行消防知识和灭火技能培训；

（八）推进消防安全技术防范工作，做好技术防范人员上岗培训工作；

（九）受理驻校内其他单位在校内和学校、校内各单位新建、扩建、改建及装饰装修工程和公众聚集场所投入使用、营业前消防行政许可或者备案手续的校内备案审查工作，督促其向公安机关消防机构进行申报，协助公安机关消防机构进行建设工程消防设计审核、消防验收或者备案以及公众聚集场所投入使用、营业前消防安全检查工作；

（十）建立健全学校消防工作档案及消防安全隐患台账；

（十一）按照工作要求上报有关信息数据；

（十二）协助公安机关消防机构调查处理火灾事故，协助有关部门做好火灾事故处理及善后工作。

第十一条 学校二级单位和其他驻校单位应当履行下列消防安全职责：

（一）落实学校的消防安全管理规定，结合本单位实际制定并落实本单位的消防安全制度和消防安全操作规程；

（二）建立本单位的消防安全责任考核、奖惩制度；

（三）开展经常性的消防安全教育、培训及演练；

（四）定期进行防火检查，做好检查记录，及时消除火灾隐患；

（五）按规定配置消防设施、器材并确保其完好有效；

（六）按规定设置安全疏散指示标志和应急照明设施，并保证疏散通道、安全出口畅通；

（七）消防控制室配备消防值班人员，制定值班岗位职责，做好监督检查工作；

（八）新建、扩建、改建及装饰装修工程报学校消防机构备案；

（九）按照规定的程序与措施处置火灾事故；

（十）学校规定的其他消防安全职责。

第十二条 校内各单位主要负责人是本单位消防安全责任人，驻校内其他单位主要负责人是该单位消防安全责任人，负责本单位的消防安全工作。

第十三条 除本规定第十一条外，学生宿舍管理部门还应当履行下列安全管理职责：

（一）建立由学生参加的志愿消防组织，定期进行消防演练；

（二）加强学生宿舍用火、用电安全教育与检查；

（三）加强夜间防火巡查，发现火灾立即组织扑救和疏散学生。

第三章 消防安全管理

第十四条 学校应当将下列单位（部位）列为学校消防安全重点单位（部位）：

（一）学生宿舍、食堂（餐厅）、教学楼、校医院、体育场（馆）、会堂（会议中心）、超市（市场）、宾馆（招待所）、托儿所、幼儿园以及其他文体活动、公共娱乐等人员密集场所；

（二）学校网络、广播电台、电视台等传媒部门和驻校内邮政、通信、金融等单位；

（三）车库、油库、加油站等部位；

（四）图书馆、展览馆、档案馆、博物馆、文物古建筑；

（五）供水、供电、供气、供热等系统；

（六）易燃易爆等危险化学物品的生产、充装、储存、供应、使用部门；

（七）实验室、计算机房、电化教学中心和承担国家重点科研项目或配备有先进精密仪器设备的部位，监控中心、消防控制中心；

（八）学校保密要害部门及部位；

（九）高层建筑及地下室、半地下室；

（十）建设工程的施工现场以及有人员居住的临时性建筑；

（十一）其他发生火灾可能性较大以及一旦发生火灾可能造成重大人身伤亡或者财产损失的单位（部位）。

重点单位和重点部位的主管部门，应当按照有关法律法规和本规定履行消防安全管理职责，设置防火标志，实行严格消防安全管理。

第十五条 在学校内举办文艺、体育、集会、招生和就业咨询等大型活动和展览，主办单位应当确定专人负责消防安全工作，明确并落实消防安全职责和措施，保证消防设施和消防器材配置齐全、完好有效，保证疏散通道、安全出口、疏散指示标志、应急照明和消防车通道符合消防技术标准和管理规定，制定灭火和应急疏散预案并组织演练，并经学校消防机构对活动现场检查合格后方可举办。

依法应当报请当地人民政府有关部门审批的，经有关部门审核同意后方可举办。

第十六条 学校应当按照国家有关规定，配置消防设施和器材，设置消防安全疏散指示标志和应急照明设施，每年组织检测维修，确保消防设施和器材完好有效。

学校应当保障疏散通道、安全出口、消防车通道畅通。

第十七条 学校进行新建、改建、扩建、装修、装饰等活动，必须严格执行消防法规和国家工程建设消防技术标准，并依法办理建设工程消防设计审核、消防验收或者备案手续。学校各项工程及驻校内各单位在校内的各项工程消防设施的招标和验收，应当有学校消防机构参加。

施工单位负责施工现场的消防安全，并接受学校消防机构的监督、检查。竣工后，建筑工程的有关图纸、资料、文件等应当报学校档案机构和消防机构备案。

第十八条 地下室、半地下室和用于生产、经营、储存易燃易爆、有毒有害等危险物品场所的建筑不得用作学生宿舍。

生产、经营、储存其他物品的场所与学生宿舍等居住场所设置在同一建筑物内的，应当符合国家工程建设消防技术标准。

学生宿舍、教室和礼堂等人员密集场所，禁止违规使用大功率电器，在门窗、阳台等部位不得设置影响逃生和灭火救援的障碍物。

第十九条 利用地下空间开设公共活动场所，应当符合国家有关规定，并报学校消防机构备案。

第二十条 学校消防控制室应当配备专职值班人员，持证上岗。

消防控制室不得挪作他用。

第二十一条 学校购买、储存、使用和销毁易燃易爆等危险品，应当按照国家有关规定严格管理、规范操作，并制定应急处置预案和防范措施。

学校对管理和操作易燃易爆等危险品的人员，上岗前必须进行培训，持证上岗。

第二十二条 学校应当对动用明火实行严格的消防安全管理。禁止在具有火灾、爆炸危险的场所吸烟、使用明火；因特殊原因确需进行电、气焊等明火作业的，动火单位和人员应当向学校消防机构申办审批手续，落实现场监管人，采取相应的消防安全措施。作业人员应当遵守消防安全规定。

第二十三条 学校内出租房屋的，当事人应当签订房屋租赁合同，明确消防安全责任。出租方负责对出租房屋的消防安全管理。学校授权的管理单位应当加强监督检查。

外来务工人员的消防安全管理由校内用人单位负责。

第二十四条 发生火灾时，学校应当及时报警并立即启动应急预案，迅速扑救初起火灾，及时疏散人员。

学校应当在火灾事故发生后两个小时内向所在地教育行政主管部门报告。较大以上火灾同时报教育部。

火灾扑灭后，事故单位应当保护现场并接受事故调查，协助公安机关消防机构调查火灾原因、统计火灾损失。未经公安机关消防机构同意，任何人不得擅自清理火灾现场。

第二十五条 学校及其重点单位应当建立健全消防档案。

消防档案应当全面反映消防安全和消防安全管理情况，并根据情况变化及时更新。

第四章 消防安全检查和整改

第二十六条 学校每季度至少进行一次消防安全检查。检查的主要内容包括：

（一）消防安全宣传教育及培训情况；

（二）消防安全制度及责任制落实情况；

（三）消防安全工作档案建立健全情况；

（四）单位防火检查及每日防火巡查落实及记录情况；

（五）火灾隐患和隐患整改及防范措施落实情况；

（六）消防设施、器材配置及完好有效情况；

（七）灭火和应急疏散预案的制定和组织消防演练情况；

（八）其他需要检查的内容。

第二十七条 学校消防安全检查应当填写检查记录，检查人员、被检查单位负责人或者相关人员应当在检查记录上签名，发现火灾隐患应当及时填发《火灾隐患整改通知书》。

第二十八条 校内各单位每月至少进行一次防火检查。检查的主要内容包括：

（一）火灾隐患和隐患整改情况以及防范措施的落实情况；

（二）疏散通道、疏散指示标志、应急照明和安全出口情况；

（三）消防车通道、消防水源情况；

（四）消防设施、器材配置及有效情况；

（五）消防安全标志设置及其完好、有效情况；

（六）用火、用电有无违章情况；

（七）重点工种人员以及其他员工消防知识掌握情况；

（八）消防安全重点单位（部位）管理情况；

（九）易燃易爆危险物品和场所防火防爆措施落实情况以及其他重要物资防火安全情况；

（十）消防（控制室）值班情况和设施、设备运行、记录情况；

（十一）防火巡查落实及记录情况；

（十二）其他需要检查的内容。

防火检查应当填写检查记录。检查人员和被检查部门负责人应当在检查记录上签名。

第二十九条 校内消防安全重点单位（部位）应当进行每日防火巡查，并确定巡查的人员、内容、部位和频次。其他单位可以根据需要组织防火巡查。巡查的内容主要包括：

（一）用火、用电有无违章情况；

（二）安全出口、疏散通道是否畅通，安全疏散指示标志、应急照明是否完好；

（三）消防设施、器材和消防安全标志是否在位、完整；

（四）常闭式防火门是否处于关闭状态，防火卷帘下是否堆放物品影响使用；

（五）消防安全重点部位的人员在岗情况；

（六）其他消防安全情况。

校医院、学生宿舍、公共教室、实验室、文物古建筑等应当加强夜间防火巡查。

防火巡查人员应当及时纠正消防违章行为，妥善处置火灾隐患，无法当场处置的，应当立即报告。发现初起火灾应当立即报警、通知人员疏散、及时扑救。

防火巡查应当填写巡查记录，巡查人员及其主管人员应当在巡查记录上签名。

第三十条 对下列违反消防安全规定的行为，检查、巡查人员应当责成有关人员改正并督促落实：

（一）消防设施、器材或者消防安全标志的配置、设置不符合国家标准、行业标准，或者未保持完好有效的；

（二）损坏、挪用或者擅自拆除、停用消防设施、器材的；

（三）占用、堵塞、封闭消防通道、安全出口的；

（四）埋压、圈占、遮挡消火栓或者占用防火间距的；

（五）占用、堵塞、封闭消防车通道，妨碍消防车通行的；

（六）人员密集场所在门窗上设置影响逃生和灭火救援的障碍物的；

（七）常闭式防火门处于开启状态，防火卷帘下堆放物品影响使用的；

（八）违章进入易燃易爆危险物品生产、储存等场所的；

（九）违章使用明火作业或者在具有火灾、爆炸危险的场所吸烟、使用明火等违反禁令的；

（十）消防设施管理、值班人员和防火巡查人员脱岗的；

（十一）对火灾隐患经公安机关消防机构通知后不及时采取措施消除的；

（十二）其他违反消防安全管理规定的行为。

第三十一条 学校对教育行政主管部门和公安机关消防机构、公安派出所指出的各类火灾隐患，应当及时予以核查、消除。

对公安机关消防机构、公安派出所责令限期改正的火灾隐患，学校应当在规定的期限内整改。

第三十二条 对不能及时消除的火灾隐患，隐患单位应当及时向学校及相关单位的消防安全责任人或者消防安全工作主管领导报告，提出整改方案，确定整改措施、期限以及负责整改的部门、人员，并落实整改资金。

火灾隐患尚未消除的，隐患单位应当落实防范措施，保障消防安全。对于随时可能引发火灾或者一旦发生火灾将严重危及人身安全的，应当将危险部位停止使用或停业整改。

第三十三条 对于涉及城市规划布局等学校无力解决的重大火灾隐患，学校应当及时向其上级主管部门或者当地人民政府报告。

第三十四条 火灾隐患整改完毕，整改单位应当将整改情况记录报送相应的消防安全工作责任人或者消防安全工作主管领导签字确认后存档备查。

第五章 消防安全教育和培训

第三十五条 学校应当将师生员工的消防安全教育和培训纳入学校消防安全年度工作计划。

消防安全教育和培训的主要内容包括：

（一）国家消防工作方针、政策，消防法律、法规；

（二）本单位、本岗位的火灾危险性，火灾预防知识和措施；

（三）有关消防设施的性能、灭火器材的使用方法；

（四）报火警、扑救初起火灾和自救互救技能；

（五）组织、引导在场人员疏散的方法。

第三十六条　学校应当采取下列措施对学生进行消防安全教育，使其了解防火、灭火知识，掌握报警、扑救初起火灾和自救、逃生方法。

（一）开展学生自救、逃生等防火安全常识的模拟演练，每学年至少组织一次学生消防演练；

（二）根据消防安全教育的需要，将消防安全知识纳入教学和培训内容；

（三）对每届新生进行不低于4学时的消防安全教育和培训；

（四）对进入实验室的学生进行必要的安全技能和操作规程培训；

（五）每学年至少举办一次消防安全专题讲座，并在校园网络、广播、校内报刊开设消防安全教育栏目。

第三十七条　学校二级单位应当组织新上岗和进入新岗位的员工进行上岗前的消防安全培训。

消防安全重点单位（部位）对员工每年至少进行一次消防安全培训。

第三十八条　下列人员应当依法接受消防安全培训：

（一）学校及各二级单位的消防安全责任人、消防安全管理人；

（二）专职消防管理人员、学生宿舍管理人员；

（三）消防控制室的值班、操作人员；

（四）其他依照规定应当接受消防安全培训的人员。

前款规定中的第（三）项人员必须持证上岗。

第六章　灭火、应急疏散预案和演练

第三十九条　学校、二级单位、消防安全重点单位（部位）应当制定相应的灭火和应急疏散预案，建立应急反应和处置机制，为火灾扑救和应急救援工作提供人员、装备等保障。

灭火和应急疏散预案应当包括以下内容：

（一）组织机构：指挥协调组、灭火行动组、通信联络组、疏散引导组、安全防护救护组；

（二）报警和接警处置程序；

（三）应急疏散的组织程序和措施；

（四）扑救初起火灾的程序和措施；

（五）通信联络、安全防护救护的程序和措施。

（六）其他需要明确的内容。

第四十条　学校实验室应当有针对性地制定突发事件应急处置预案，并将应急处置预案涉及到的生物、化学及易燃易爆物品的种类、性质、数量、危险性和应对措施及处置药品的名称、产地和储备等内容报学校消防机构备案。

第四十一条　校内消防安全重点单位应当按照灭火和应急疏散预案每半年至少组织一次消防演练，并结合实际，不断完善预案。

消防演练应当设置明显标识并事先告知演练范围内的人员，避免意外事故发生。

第七章　消防经费

第四十二条　学校应当将消防经费纳入学校年度经费预算，保证消防经费投入，保障消防工作的需要。

第四十三条　学校日常消防经费用于校内灭火器材的配置、维修、更新，灭火和应急疏散预案的备用设施、材料，以及消防宣传教育、培训等，保证学校消防工作正常开展。

第四十四条　学校安排专项经费，用于解决火灾隐患，维修、检测、改造消防专用给水管网、消防专用供水系统、灭火系统、自动报警系统、防排烟系统、消防通信系统、消防监控系统等消防设施。

第四十五条　消防经费使用坚持专款专用、统筹兼顾、保证重点、勤俭节约的原则。

任何单位和个人不得挤占、挪用消防经费。

第八章 奖 惩

第四十六条 学校应当将消防安全工作纳入校内评估考核内容，对在消防安全工作中成绩突出的单位和个人给予表彰奖励。

第四十七条 对未依法履行消防安全职责、违反消防安全管理制度，或者擅自挪用、损坏、破坏消防器材、设施等违反消防安全管理规定的，学校应当责令其限期整改，给予通报批评；对直接负责的主管人员和其他直接责任人员根据情节轻重给予警告等相应的处分。

前款涉及民事损失、损害的，有关责任单位和责任人应当依法承担民事责任。

第四十八条 学校违反消防安全管理规定或者发生重特大火灾的，除依据消防法的规定进行处罚外，教育行政部门应当取消其当年评优资格，并按照国家有关规定对有关主管人员和责任人员依法予以处分。

第九章 附 则

第四十九条 学校应当依据本规定，结合本校实际，制定本校消防安全管理办法。

高等学校以外的其他高等教育机构的消防安全管理，参照本规定执行。

第五十条 本规定所称学校二级单位，包括学院、系、处、所、中心等。

第五十一条 本规定自2010年1月1日起施行。

教育部办公厅　中国银监会办公厅
关于加强校园不良网络借贷风险防范和教育引导工作的通知

教思政厅函〔2016〕15号

各省、自治区、直辖市党委教育工作部门、教育厅(教委)，各银监局，新疆生产建设兵团教育局，部属各高等学校党委：

随着网络借贷的快速发展，一些P2P网络借贷平台不断向高校拓展业务，部分不良网络借贷平台采取虚假宣传的方式和降低贷款门槛、隐瞒实际资费标准等手段，诱导学生过度消费，甚至陷入“高利贷”陷阱，侵犯学生合法权益，造成不良影响。为加强对校园不良网络借贷平台的监管和整治，教育和引导学生树立正确的消费观念，现就有关事项通知如下：

一、加大不良网络借贷监管力度。建立校园不良网络借贷日常监测机制。高校宣传、财务、网络、保卫等部门和地方人民政府金融监管部门、各银监局等部门要密切关注网络借贷业务在校园内拓展情况，高校辅导员、班主任、学生骨干队伍要密切关注学生异常消费行为，及时发现学生在消费中存在的问题。地方金融办(局)要对网络借贷信息中介机构开展虚假片面宣传或促销活动、误导出借人或借款人的行为进行密切跟踪，针对网络借贷信息中介机构向不具备还款能力的大学生群体开展营销宣传活动、对借款人资格审查失职失当等行为加强监管和风险提示。建立校园不良网络借贷实时预警机制。及时发现校园不良网络借贷苗头性、倾向性、普遍性问题，及时分析评估校园不良网络借贷潜在的风险，及时以电话、短信、网络、橱窗、校园广播等多种形式向学生发布预警提示信息。建立校园不良网络借贷应对处置机制。制定完善各项应对处置预案，对侵犯学生合法权益、存在安全风险隐患、未经学校批准在校园内宣传推广信贷业务的不良网络借贷平台和个人，第一时间报请地方人民政府金融监管部门、各银监局、公安、网信、工信等部门依法处置。

二、加大学生消费观教育力度。教育引导学生树立文明的消费观。加强社会主义核心价值观学习教育，深入开展“三爱”“三节”等主题教育活动，培养选树勤俭节约、自立自强方面的先进典型，营造崇尚节约的校园文化环境，帮助学生养成文明、健康的消费习惯。教育引导学生树立理性的消费观。关心关注学生消费心理，纠正学生超前消费、过度消费和从众消费等错误观念。在生活消费、人际消费、娱乐消费等方面，教育学生不盲从、不攀比、不炫耀，引导学生合理消费、理性消费、适度消费。教育引导学生树立科学的消费观。帮助学生科学制定消费计划，结合实际，量入为出。加强与家长的沟通与联系，合理支持、适当控制学生的消费支出。鼓励学生利用业余时间开展勤工俭学，通过诚实合法劳动创造财富，培养节俭自立意识。

三、加大金融、网络安全知识普及力度。大力普及金融、网络安全知识。通过开设金融学、网络安全学等相关公共基础课或选修课，邀请金融机构、监管机构、网信安全等部门专业人员在校内开展金融、网络安全知识普及教育，帮助学生了解金融行业发展前沿动态，掌握逾期滞纳金、违约金、单利与复利等基本金融常识。切实增强学生金融、网络安全防范意识。利用校园网站、微信平台、校园广播等多种渠道向学生推送校园不良网络借贷典型案例。在重要节庆日、购物狂欢日等时间节点，开展金融、网络安全宣讲活动，强化学生对网络借贷风险的理解和认识，帮助学生增强金融、网络安全防范意识。帮助学生提升金融理财实践能力。加强与银监、公安等政府部门和银行、证券等金融机构的合作，积极开展调查研究、志愿服务等社会实践活动，帮助学生增强对有害网络借贷业务甄别、抵制能力。鼓励和支持金融理财类学生社团建设，举办模拟投资大赛等活动，提高学生金融理财实践能力。

四、加大学生资助信贷体系建设力度。加强对学生资助工作的科学管理和制度支撑，切实提高学生资助工作水平，保障国家各项资助政策落到实处，满足家庭经济困难学生学费、生活费等保障性需求。充分挖掘校内外资源，筹集专项基金，作为国家资助政策体系的有益补充，建立健全既有共性需求、又能体现个体差异的资助模式，满足学生拓展学习、创新创业等发展性需求。与金融机构合作，积极探索建设和发展校园社区银行，为学生提供渠道畅通、手续便捷、利率合理的金融借贷服务，满足学生临时性需求。

各地各高校要按照通知要求，加强组织领导，抓好工作统筹，做好本地本校工作分层对接和具体落实，及时将工作中发现的问题和相关经验做法报送教育部、中国银监会。

教育部办公厅　中国银行业监督管理委员会办公厅

2016年4月13日

教育部办公厅关于开展校园网贷风险防范集中专项教育工作的通知

教思政厅〔2016〕3号

各省、自治区、直辖市党委教育工作部门、教育厅（教委），新疆生产建设兵团教育局，部属各高等学校党委：

随着各高校相继开学，一些P2P网络借贷平台加大校园业务力度。部分不良网贷平台通过虚假宣传的方式和降低贷款门槛等手段，诱导学生过度消费、超前消费甚至为此背上高利贷。各地各高校要利用秋季开学一段时间，面向广大学生，特别是大学新生集中开展校园网贷风险防范专项教育工作。现就有关事项通知如下：

一、做好校园网贷教育引导工作。开展主题教育，加强社会主义核心价值观教育，培养选树勤俭节约、自立自强方面的先进典型，大力营造崇尚节约的校园文化环境，帮助学生养成文明、健康的生活习惯。培养勤俭意识，及时发现并纠正学生超前消费、过度消费和从众消费等错误观念，引导学生合理消费、理性消费、科学消费。加强与家长的沟通与联系，帮助学生制订消费计划，合理安排生活支出，鼓励学生利用业余时间开展勤工俭学。加强日常排查，建立校园不良网络借贷日常监测机制，高校宣传、财务、网络、保卫等部门要密切关注网络借贷业务在校园内的拓展情况。高校辅导员、班主任、党员骨干队伍要密切关注学生异常消费行为，及时发现学生在消费中存在的问题。对排查中发现的已经参与网络借贷的学生，要及时做好帮扶引导工作。

二、做好校园网贷风险防范工作。增强防范意识，将防范校园不良网贷作为学生日常教育的重要内容，利用校园网站、校园广播、“两微一端”等多种形式多种渠道全方位向学生发布预警提示信息，加强警示教育。提升防范能力，教育引导新生谨慎使用个人信息，不随意填写和泄露个人信息；对于推销的网贷产品，切勿盲目信任，尤其警惕熟人推销，增强学生对网贷业务甄别、抵制能力，保护自身合法权益。普及信贷知识，会同金融机构、网贷监管机构、网络安全等部门组织举办报告会、讲座、知识竞赛等活动，普及金融信贷和网络安全知识及相关法律法规知识。

三、做好经济困难学生精准帮扶工作。加强资助宣传，切实提高奖助学金及相关贷款政策宣传的广泛性和有效性，使那些需要资助，特别是在学费、生活费等方面有保障性需求的学生，都能够明了政策、清楚办理流程。完善资助体系，加强对学生资助工作的科学管理和制度支撑，建立健全既有共性需求、又能体现个体差异的资助体系，充分挖掘校内外资源，筹集专项基金，满足学生拓展学习、创新创业等发展性需求。拓展资助渠道，积极探索建设和发展校园社区银行，为学生提供渠道畅通、手续便捷、利率合理的金融借贷服务，满足学生临时性需求。

各地各高校要按照通知要求，加强组织领导，做好本地本校工作具体落实，及时将工作中的相关经验做法报送我部思想政治工作司。

教育部办公厅

2016年9月26日

教育部办公厅关于进一步加强和规范高校家庭经济困难学生认定工作的通知

教财厅〔2016〕6号

各省、自治区、直辖市教育厅(教委),各计划单列市教育局,新疆生产建设兵团教育局,有关部门(单位)教育司(局),部属各高等学校:

根据国务院督察组第三次大督查反馈意见,结合当前一些地方和高校学生资助工作中存在的问题,为进一步加强和规范高校家庭经济困难学生认定工作,现将有关要求通知如下:

一、进一步提高思想认识

精准认定家庭经济困难学生是做好学生资助工作的重要前提,是决定资助政策落实效果的基础性工作。各地、各高校要充分认识家庭经济困难学生认定工作的重要性,认定家庭经济困难学生应依据其家庭经济状况,不能加入其他非经济因素。要正确认识国家助学金、国家助学贷款等解困型资助项目对家庭经济困难学生"保基本、兜底线"的功能定位,坚决杜绝将"助学金"变成"奖学金"或用"助学金"代替"奖学金"的行为。

二、进一步完善认定办法、改进认定方式

1. 及时修订认定办法,合理确定认定标准。各地要根据本地经济社会发展水平、城市居民最低生活保障标准以及财力状况等因素,确定本地家庭经济困难学生的认定指导标准。各高校要根据各地指导标准,结合学校所在城市物价水平、高校收费水平、学生家庭经济能力等因素,确定家庭经济困难学生的认定标准和资助档次。对多年前制定、现已不适应新形势新情况的认定办法和条款,要尽快予以修订。修订后的办法要在学校门户网站予以公开。学生家庭经济情况证明材料,由乡镇、街道一级的民政部门出具即可。

2. 健全工作机制,强化责任意识。各高校要建立健全四级资助认定工作机制。学校学生资助工作领导小组领导、监督家庭经济困难学生认定工作,学校学生资助管理机构负责组织、审核和管理全校的认定工作,院(系)认定工作组具体负责组织、审核本院(系)的认定工作,年级(专业)认定评议小组负责民主评议工作。各高校要将班级辅导员(班主任)、院(系)资助工作负责人作为认定工作的主要责任主体,理清岗位职责,建立问责机制。

3. 精准分配资金名额,明确重点受助学生。分配资金和名额,不能搞简单的划比例、"一刀切"。各地在分配资金和名额时,要对民族院校、以农林水地矿油核等国家需要的特殊学科专业为主的高校、家庭经济困难学生多的高校予以适当倾斜。高校分配资金和名额,要统筹考虑不同专业、不同年级、学生经济困难程度等因素。要把建档立卡家庭经济困难学生、农村低保家庭学生、农村特困救助供养学生、孤残学生、烈士子女以及家庭遭遇自然灾害或突发事件等特殊情况的学生作为重点资助对象。

4. 开展调查研究工作,保护受助学生尊严。各高校应采用大数据分析、个别访谈等方式,深入、直观地了解学生家庭经济状况,及时发现那些困难但未受助、不困难却受助的学生,及时纠正认定结果存在的偏差。公示家庭经济困难学生受助情况的内容,不能涉及学生个人及家庭的隐私;评定学生家庭经济状况时,不能让学生当众诉苦、互相比困;宣传学生励志典型时,涉及到受助学生的任何事项,都应征求学生本人的同意;采用隐性的方式,避免大张旗鼓地发放款式相同、规格统一的资助物品,把困难学生与非困难学生割裂区分开。

三、进一步加强政策宣传和教育引导

1. 提高政策的透明度。要有计划、有重点地做好高校学生资助政策宣传工作。同时，要提高资助政策及执行情况的透明度，主动接受社会监督。要进一步做到“四公开”：所有资助项目要公开，所有申请条件要公开，所有评审过程要公开，所有资助结果要公开。

2. 引导学生积极受助。要通过讲解国家制定资助政策的目的，为保证资金投入所做出的努力等背景情况，让家庭经济困难学生明白，国家资助是实现教育公平、促进社会公平的一种制度安排和重要举措。要帮助家庭经济困难学生树立正确的荣辱观，正确面对眼前存在的困难，引导他们积极主动地利用国家资助完成学业。

3. 加强对学生的诚信教育。要教育引导学生如实反映家庭经济困难情况，既不应隐而不报，更不能夸大虚报。对申请资助时弄虚作假的学生，要以适当方式予以惩戒。

教育部办公厅

2016年12月30日

普通高等学校学生管理规定

中华人民共和国教育部令第41号

《普通高等学校学生管理规定》已于2016年12月16日经教育部2016年第49次部长办公会议修订通过，现将修订后的《普通高等学校学生管理规定》公布，自2017年9月1日起施行。

教育部部长
2017年2月4日

普通高等学校学生管理规定

第一章　总　则

第一条　为规范普通高等学校学生管理行为，维护普通高等学校正常的教育教学秩序和生活秩序，保障学生合法权益，培养德、智、体、美等方面全面发展的社会主义建设者和接班人，依据教育法、高等教育法以及有关法律、法规，制定本规定。

第二条　本规定适用于普通高等学校、承担研究生教育任务的科学研究机构（以下称学校）对接受普通高等学历教育的研究生和本科、专科（高职）学生（以下称学生）的管理。

第三条　学校要坚持社会主义办学方向，坚持马克思主义的指导地位，全面贯彻国家教育方针；要坚持以立德树人为根本，以理想信念教育为核心，培育和践行社会主义核心价值观，弘扬中华优秀传统文化和革命文化、社会主义先进文化，培养学生的社会责任感、创新精神和实践能力；要坚持依法治校，科学管理，健全和完善管理制度，规范管理行为，将管理与育人相结合，不断提高管理和服务水平。

第四条　学生应当拥护中国共产党领导，努力学习马克思列宁主义、毛泽东思想、中国特色社会主义理论体系，深入学习习近平总书记系列重要讲话精神和治国理政新理念新思想新战略，坚定中国特色社会主义道路自信、理论自信、制度自信、文化自信，树立中国特色社会主义共同理想；应当树立爱国主义思想，具有团结统一、爱好和平、勤劳勇敢、自强不息的精神；应当增强法治观念，遵守宪法、法律、法规，遵守公民道德规范，遵守学校管理制度，具有良好的道德品质和行为习惯；应当刻苦学习，勇于探索，积极实践，努力掌握现代科学文化知识和专业技能；应当积极锻炼身体，增进身心健康，提高个人修养，培养审美情趣。

第五条　实施学生管理，应当尊重和保护学生的合法权利，教育和引导学生承担应尽的义务与责任，鼓励和支持学生实行自我管理、自我服务、自我教育、自我监督。

第二章　学生的权利与义务

第六条　学生在校期间依法享有下列权利：

（一）参加学校教育教学计划安排的各项活动，使用学校提供的教育教学资源；

（二）参加社会实践、志愿服务、勤工助学、文娱体育及科技文化创新等活动，获得就业创业指导和服务；

（三）申请奖学金、助学金及助学贷款；

（四）在思想品德、学业成绩等方面获得科学、公正评价，完成学校规定学业后获得相应的学历证书、学位证书；

（五）在校内组织、参加学生团体，以适当方式参与学校管理，对学校与学生权益相关事务享有知情权、参与权、表达权和监督权；

（六）对学校给予的处理或者处分有异议，向学校、教育行政部门提出申诉，对学校、教职员工侵犯其人身权、财产权等合法权益的行为，提出申诉或者依法提起诉讼；

（七）法律、法规及学校章程规定的其他权利。

第七条　学生在校期间依法履行下列义务：

（一）遵守宪法和法律、法规；

（二）遵守学校章程和规章制度；

（三）恪守学术道德，完成规定学业；

（四）按规定缴纳学费及有关费用，履行获得贷学金及助学金的相应义务；

（五）遵守学生行为规范，尊敬师长，养成良好的思想品德和行为习惯；

（六）法律、法规及学校章程规定的其他义务。

第三章　学籍管理

第一节　入学与注册

第八条　按国家招生规定录取的新生，持录取通知书，按学校有关要求和规定的期限到校办理入学手续。因故不能按期入学的，应当向学校请假。未请假或者请假逾期的，除因不可抗力等正当事由以外，视为放弃入学资格。

第九条　学校应当在报到时对新生入学资格进行初步审查，审查合格的办理入学手续，予以注册学籍；审查发现新生的录取通知、考生信息等证明材料，与本人实际情况不符，或者有其他违反国家招生考试规定情形的，取消入学资格。

第十条　新生可以申请保留入学资格。保留入学资格期间不具有学籍。保留入学资格的条件、期限等由学校规定。

新生保留入学资格期满前应向学校申请入学，经学校审查合格后，办理入学手续。审查不合格的，取消入学资格；逾期不办理入学手续且未有因不可抗力延迟等正当理由的，视为放弃入学资格。

第十一条　学生入学后，学校应当在3个月内按照国家招生规定进行复查。复查内容主要包括以下方面：

（一）录取手续及程序等是否合乎国家招生规定；

（二）所获得的录取资格是否真实、合乎相关规定；

（三）本人及身份证明与录取通知、考生档案等是否一致；

（四）身心健康状况是否符合报考专业或者专业类别体检要求，能否保证在校正常学习、生活；

（五）艺术、体育等特殊类型录取学生的专业水平是否符合录取要求。

复查中发现学生存在弄虚作假、徇私舞弊等情形的，确定为复查不合格，应当取消学籍；情节严重的，学校应当移交有关部门调查处理。

复查中发现学生身心状况不适宜在校学习，经学校指定的二级甲等以上医院诊断，需要在家休养的，可以按照第十条的规定保留入学资格。

复查的程序和办法，由学校规定。

第十二条　每学期开学时，学生应当按学校规定办理注册手续。不能如期注册的，应当履行暂缓注册手续。未按学校规定缴纳学费或者有其他不符合注册条件的，不予注册。

家庭经济困难的学生可以申请助学贷款或者其他形式资助，办理有关手续后注册。

学校应当按照国家有关规定为家庭经济困难学生提供教育救助，完善学生资助体系，保证学生不因家庭经济困难而放弃学业。

第二节　考核与成绩记载

第十三条　学生应当参加学校教育教学计划规定的课程和各种教育教学环节（以下统称课程）的考核，考核成绩记入成绩册，并归入学籍档案。

考核分为考试和考查两种。考核和成绩评定方式，以及考核不合格的课程是否重修或者补考，由学校规定。

第十四条　学生思想品德的考核、鉴定，以本规定第四条为主要依据，采取个人小结、师生民主评议等形式进行。

学生体育成绩评定要突出过程管理，可以根据考勤、课内教学、课外锻炼活动和体质健康等情况综合评定。

第十五条 学生每学期或者每学年所修课程或者应修学分数以及升级、跳级、留级、降级等要求，由学校规定。

第十六条 学生根据学校有关规定，可以申请辅修校内其他专业或者选修其他专业课程；可以申请跨校辅修专业或者修读课程，参加学校认可的开放式网络课程学习。学生修读的课程成绩（学分），学校审核同意后，予以承认。

第十七条 学生参加创新创业、社会实践等活动以及发表论文、获得专利授权等与专业学习、学业要求相关的经历、成果，可以折算为学分，计入学业成绩。具体办法由学校规定。

学校应当鼓励、支持和指导学生参加社会实践、创新创业活动，可以建立创新创业档案、设置创新创业学分。

第十八条 学校应当健全学生学业成绩和学籍档案管理制度，真实、完整地记载、出具学生学业成绩，对通过补考、重修获得的成绩，应当予以标注。

学生严重违反考核纪律或者作弊的，该课程考核成绩记为无效，并应视其违纪或者作弊情节，给予相应的纪律处分。给予警告、严重警告、记过及留校察看处分的，经教育表现较好，可以对该课程给予补考或者重修机会。

学生因退学等情况中止学业，其在校学习期间所修课程及已获得学分，应当予以记录。学生重新参加入学考试、符合录取条件，再次入学的，其已获得学分，经录取学校认定，可以予以承认。具体办法由学校规定。

第十九条 学生应当按时参加教育教学计划规定的活动。不能按时参加的，应当事先请假并获得批准。无故缺席的，根据学校有关规定给予批评教育，情节严重的，给予相应的纪律处分。

第二十条 学校应当开展学生诚信教育，以适当方式记录学生学业、学术、品行等方面的诚信信息，建立对失信行为的约束和惩戒机制；对有严重失信行为的，可以规定给予相应的纪律处分，对违背学术诚信的，可以对其获得学位及学术称号、荣誉等作出限制。

第三节 转专业与转学

第二十一条 学生在学习期间对其他专业有兴趣和专长的，可以申请转专业；以特殊招生形式录取的学生，国家有相关规定或者录取前与学校有明确约定的，不得转专业。

学校应当制定学生转专业的具体办法，建立公平、公正的标准和程序，健全公示制度。学校根据社会对人才需求情况的发展变化，需要适当调整专业的，应当允许在读学生转到其他相关专业就读。

休学创业或退役后复学的学生，因自身情况需要转专业的，学校应当优先考虑。

第二十二条 学生一般应当在被录取学校完成学业。因患病或者有特殊困难、特别需要，无法继续在本校学习或者不适应本校学习要求的，可以申请转学。有下列情形之一，不得转学：

（一）入学未满一学期或者毕业前一年的；

（二）高考成绩低于拟转入学校相关专业同一生源地相应年份录取成绩的；

（三）由低学历层次转为高学历层次的；

（四）以定向就业招生录取的；

（五）研究生拟转入学校、专业的录取控制标准高于其所在学校、专业的；

（六）无正当转学理由的。

学生因学校培养条件改变等非本人原因需要转学的，学校应当出具证明，由所在地省级教育行政部门协调转学到同层次学校。

第二十三条 学生转学由学生本人提出申请，说明理由，经所在学校和拟转入学校同意，由转入学校负责审核转学条件及相关证明，认为符合本校培养要求且学校有培养能力的，经学校校长办公会或者专题会议研究决定，可以转入。研究生转学还应当经拟转入专业导师同意。

跨省转学的，由转出地省级教育行政部门商转入地省级教育行政部门，按转学条件确认后办理转学手续。须转户口的由转入地省级教育行政部门将有关文件抄送转入学校所在地的公安机关。

第二十四条 学校应当按照国家有关规定，建立健全学生转学的具体办法；对转学情况应当及时进行公示，并在转学完成后3个月内，由转入学校报所在地省级教育行政部门备案。

省级教育行政部门应当加强对区域内学校转学行为的监督和管理，及时纠正违规转学行为。

第四节　休学与复学

第二十五条　学生可以分阶段完成学业，除另有规定外，应当在学校规定的最长学习年限（含休学和保留学籍）内完成学业。

学生申请休学或者学校认为应当休学的，经学校批准，可以休学。休学次数和期限由学校规定。

第二十六条　学校可以根据情况建立并实行灵活的学习制度。对休学创业的学生，可以单独规定最长学习年限，并简化休学批准程序。

第二十七条　新生和在校学生应征参加中国人民解放军（含中国人民武装警察部队），学校应当保留其入学资格或者学籍至退役后2年。

学生参加学校组织的跨校联合培养项目，在联合培养学校学习期间，学校同时为其保留学籍。

学生保留学籍期间，与其实际所在的部队、学校等组织建立管理关系。

第二十八条　休学学生应当办理手续离校。学生休学期间，学校应为其保留学籍，但不享受在校学习学生待遇。因病休学学生的医疗费按国家及当地的有关规定处理。

第二十九条　学生休学期满前应当在学校规定的期限内提出复学申请，经学校复查合格，方可复学。

第五节　退　学

第三十条　学生有下列情形之一，学校可予退学处理：

（一）学业成绩未达到学校要求或者在学校规定的学习年限内未完成学业的；

（二）休学、保留学籍期满，在学校规定期限内未提出复学申请或者申请复学经复查不合格的；

（三）根据学校指定医院诊断，患有疾病或者意外伤残不能继续在校学习的；

（四）未经批准连续两周未参加学校规定的教学活动的；

（五）超过学校规定期限未注册而又未履行暂缓注册手续的；

（六）学校规定的不能完成学业、应予退学的其他情形。

学生本人申请退学的，经学校审核同意后，办理退学手续。

第三十一条　退学学生，应当按学校规定期限办理退学手续离校。退学的研究生，按已有毕业学历和就业政策可以就业的，由学校报所在地省级毕业生就业部门办理相关手续；在学校规定期限内没有聘用单位的，应当办理退学手续离校。

退学学生的档案由学校退回其家庭所在地，户口应当按照国家相关规定迁回原户籍地或者家庭户籍所在地。

第六节　毕业与结业

第三十二条　学生在学校规定学习年限内，修完教育教学计划规定内容，成绩合格，达到学校毕业要求的，学校应当准予毕业，并在学生离校前发给毕业证书。

符合学位授予条件的，学位授予单位应当颁发学位证书。

学生提前完成教育教学计划规定内容，获得毕业所要求的学分，可以申请提前毕业。学生提前毕业的条件，由学校规定。

第三十三条　学生在学校规定学习年限内，修完教育教学计划规定内容，但未达到学校毕业要求的，学校可以准予结业，发给结业证书。

结业后是否可以补考、重修或者补作毕业设计、论文、答辩，以及是否颁发毕业证书、学位证书，由学校规定。合格后颁发的毕业证书、学位证书，毕业时间、获得学位时间按发证日期填写。

对退学学生，学校应当发给肄业证书或者写实性学习证明。

第七节　学业证书管理

第三十四条　学校应当严格按照招生时确定的办学类型和学习形式，以及学生招生录取时填报的个人信息，填写、颁发学历证书、学位证书及其他学业证书。

学生在校期间变更姓名、出生日期等证书需填写的个人信息的，应当有合理、充分的理由，并提供有法定效力的相应证明文件。学校进行审查，需要学生生源地省级教育行政部门及有关部门协助核查的，有关部门应当予以配合。

第三十五条 学校应当执行高等教育学籍学历电子注册管理制度，完善学籍学历信息管理办法，按相关规定及时完成学生学籍学历电子注册。

第三十六条 对完成本专业学业同时辅修其他专业并达到该专业辅修要求的学生，由学校发给辅修专业证书。

第三十七条 对违反国家招生规定取得入学资格或者学籍的，学校应当取消其学籍，不得发给学历证书、学位证书；已发的学历证书、学位证书，学校应当依法予以撤销。对以作弊、剽窃、抄袭等学术不端行为或者其他不正当手段获得学历证书、学位证书的，学校应当依法予以撤销。

被撤销的学历证书、学位证书已注册的，学校应当予以注销并报教育行政部门宣布无效。

第三十八条 学历证书和学位证书遗失或者损坏，经本人申请，学校核实后应当出具相应的证明书。证明书与原证书具有同等效力。

第四章　校园秩序与课外活动

第三十九条 学校、学生应当共同维护校园正常秩序，保障学校环境安全、稳定，保障学生的正常学习和生活。

第四十条 学校应当建立和完善学生参与管理的组织形式，支持和保障学生依法、依章程参与学校管理。

第四十一条 学生应当自觉遵守公民道德规范，自觉遵守学校管理制度，创造和维护文明、整洁、优美、安全的学习和生活环境，树立安全风险防范和自我保护意识，保障自身合法权益。

第四十二条 学生不得有酗酒、打架斗殴、赌博、吸毒，传播、复制、贩卖非法书刊和音像制品等违法行为；不得参与非法传销和进行邪教、封建迷信活动；不得从事或者参与有损大学生形象、有悖社会公序良俗的活动。

学校发现学生在校内有违法行为或者严重精神疾病可能对他人造成伤害的，可以依法采取或者协助有关部门采取必要措施。

第四十三条 学校应当坚持教育与宗教相分离原则。任何组织和个人不得在学校进行宗教活动。

第四十四条 学校应当建立健全学生代表大会制度，为学生会、研究生会等开展活动提供必要条件，支持其在学生管理中发挥作用。

学生可以在校内成立、参加学生团体。学生成立团体，应当按学校有关规定提出书面申请，报学校批准并施行登记和年检制度。

学生团体应当在宪法、法律、法规和学校管理制度范围内活动，接受学校的领导和管理。学生团体邀请校外组织、人员到校举办讲座等活动，需经学校批准。

第四十五条 学校提倡并支持学生及学生团体开展有益于身心健康、成长成才的学术、科技、艺术、文娱、体育等活动。

学生进行课外活动不得影响学校正常的教育教学秩序和生活秩序。

学生参加勤工助学活动应当遵守法律、法规以及学校、用工单位的管理制度，履行勤工助学活动的有关协议。

第四十六条 学生举行大型集会、游行、示威等活动，应当按法律程序和有关规定获得批准。对未获批准的，学校应当依法劝阻或者制止。

第四十七条 学生应当遵守国家和学校关于网络使用的有关规定，不得登录非法网站和传播非法文字、音频、视频资料等，不得编造或者传播虚假、有害信息；不得攻击、侵入他人计算机和移动通信网络系统。

第四十八条 学校应当建立健全学生住宿管理制度。学生应当遵守学校关于学生住宿管理的规定。鼓励和支持学生通过制定公约，实施自我管理。

第五章　奖励与处分

第四十九条 学校、省（区、市）和国家有关部门应当对在德、智、体、美等方面全面发展或者在思想品德、学业成绩、科技创造、体育竞赛、文艺活动、志愿服务及社会实践等方面表现突出的学生，给予表彰和奖励。

第五十条　对学生的表彰和奖励可以采取授予“三好学生”称号或者其他荣誉称号、颁发奖学金等多种形式，给予相应的精神鼓励或者物质奖励。

学校对学生予以表彰和奖励，以及确定推荐免试研究生、国家奖学金、公派出国留学人选等赋予学生利益的行为，应当建立公开、公平、公正的程序和规定，建立和完善相应的选拔、公示等制度。

第五十一条　对有违反法律法规、本规定以及学校纪律行为的学生，学校应当给予批评教育，并可视情节轻重，给予如下纪律处分：

（一）警告；

（二）严重警告；

（三）记过；

（四）留校察看；

（五）开除学籍。

第五十二条　学生有下列情形之一，学校可以给予开除学籍处分：

（一）违反宪法，反对四项基本原则、破坏安定团结、扰乱社会秩序的；

（二）触犯国家法律，构成刑事犯罪的；

（三）受到治安管理处罚，情节严重、性质恶劣的；

（四）代替他人或者让他人代替自己参加考试、组织作弊、使用通信设备或其他器材作弊、向他人出售考试试题或答案牟取利益，以及其他严重作弊或扰乱考试秩序行为的；

（五）学位论文、公开发表的研究成果存在抄袭、篡改、伪造等学术不端行为，情节严重的，或者代写论文、买卖论文的；

（六）违反本规定和学校规定，严重影响学校教育教学秩序、生活秩序以及公共场所管理秩序的；

（七）侵害其他个人、组织合法权益，造成严重后果的；

（八）屡次违反学校规定受到纪律处分，经教育不改的。

第五十三条　学校对学生作出处分，应当出具处分决定书。处分决定书应当包括下列内容：

（一）学生的基本信息；

（二）作出处分的事实和证据；

（三）处分的种类、依据、期限；

（四）申诉的途径和期限；

（五）其他必要内容。

第五十四条　学校给予学生处分，应当坚持教育与惩戒相结合，与学生违法、违纪行为的性质和过错的严重程度相适应。学校对学生的处分，应当做到证据充分、依据明确、定性准确、程序正当、处分适当。

第五十五条　在对学生作出处分或者其他不利决定之前，学校应当告知学生作出决定的事实、理由及依据，并告知学生享有陈述和申辩的权利，听取学生的陈述和申辩。

处理、处分决定以及处分告知书等，应当直接送达学生本人，学生拒绝签收的，可以以留置方式送达；已离校的，可以采取邮寄方式送达；难于联系的，可以利用学校网站、新闻媒体等以公告方式送达。

第五十六条　对学生作出取消入学资格、取消学籍、退学、开除学籍或者其他涉及学生重大利益的处理或者处分决定的，应当提交校长办公会或者校长授权的专门会议研究决定，并应当事先进行合法性审查。

第五十七条　除开除学籍处分以外，给予学生处分一般应当设置6到12个月期限，到期按学校规定程序予以解除。解除处分后，学生获得表彰、奖励及其他权益，不再受原处分的影响。

第五十八条　对学生的奖励、处理、处分及解除处分材料，学校应当真实完整地归入学校文书档案和本人档案。

被开除学籍的学生，由学校发给学习证明。学生按学校规定期限离校，档案由学校退回其家庭所在地，户口应当按照国家相关规定迁回原户籍地或者家庭户籍所在地。

第六章　学生申诉

第五十九条　学校应当成立学生申诉处理委员会，负责受理学生对处理或者处分决定不服提起的申诉。

学生申诉处理委员会应当由学校相关负责人、职能部门负责人、教师代表、学生代表、负责法律事务的相关机构负责人等组成，可以聘请校外法律、教育等方面专家参加。

学校应当制定学生申诉的具体办法，健全学生申诉处理委员会的组成与工作规则，提供必要条件，保证其能够客观、公正地履行职责。

第六十条 学生对学校的处理或者处分决定有异议的，可以在接到学校处理或者处分决定书之日起10日内，向学校学生申诉处理委员会提出书面申诉。

第六十一条 学生申诉处理委员会对学生提出的申诉进行复查，并在接到书面申诉之日起15日内作出复查结论并告知申诉人。情况复杂不能在规定限期内作出结论的，经学校负责人批准，可延长15日。学生申诉处理委员会认为必要的，可以建议学校暂缓执行有关决定。

学生申诉处理委员会经复查，认为做出处理或者处分的事实、依据、程序等存在不当，可以作出建议撤销或变更的复查意见，要求相关职能部门予以研究，重新提交校长办公会或者专门会议作出决定。

第六十二条 学生对复查决定有异议的，在接到学校复查决定书之日起15日内，可以向学校所在地省级教育行政部门提出书面申诉。

省级教育行政部门应当在接到学生书面申诉之日起30个工作日内，对申诉人的问题给予处理并作出决定。

第六十三条 省级教育行政部门在处理因对学校处理或者处分决定不服提起的学生申诉时，应当听取学生和学校的意见，并可根据需要进行必要的调查。根据审查结论，区别不同情况，分别作出下列处理：

（一）事实清楚、依据明确、定性准确、程序正当、处分适当的，予以维持；

（二）认定事实不存在，或者学校超越职权、违反上位法规定作出决定的，责令学校予以撤销；

（三）认定事实清楚，但认定情节有误、定性不准确，或者适用依据有错误的，责令学校变更或者重新作出决定；

（四）认定事实不清、证据不足，或者违反本规定以及学校规定的程序和权限的，责令学校重新作出决定。

第六十四条 自处理、处分或者复查决定书送达之日起，学生在申诉期内未提出申诉的视为放弃申诉，学校或者省级教育行政部门不再受理其提出的申诉。

处理、处分或者复查决定书未告知学生申诉期限的，申诉期限自学生知道或者应当知道处理或者处分决定之日起计算，但最长不得超过6个月。

第六十五条 学生认为学校及其工作人员违反本规定，侵害其合法权益的；或者学校制定的规章制度与法律法规和本规定抵触的，可以向学校所在地省级教育行政部门投诉。

教育主管部门在实施监督或者处理申诉、投诉过程中，发现学校及其工作人员有违反法律、法规及本规定的行为或者未按照本规定履行相应义务的，或者学校自行制定的相关管理制度、规定，侵害学生合法权益的，应当责令改正；发现存在违法违纪的，应当及时进行调查处理或者移送有关部门，依据有关法律和相关规定，追究有关责任人的责任。

第七章　附　则

第六十六条 学校对接受高等学历继续教育的学生、港澳台侨学生、留学生的管理，参照本规定执行。

第六十七条 学校应当根据本规定制定或修改学校的学生管理规定或者纪律处分规定，报主管教育行政部门备案（中央部委属校同时抄报所在地省级教育行政部门），并及时向学生公布。

省级教育行政部门根据本规定，指导、检查和监督本地区高等学校的学生管理工作。

第六十八条 本规定自2017年9月1日起施行。原《普通高等学校学生管理规定》（教育部令第21号）同时废止。其他有关文件规定与本规定不一致的，以本规定为准。

关于进一步落实高等教育学生资助政策的通知

财科教〔2017〕21号

党中央有关部门，国务院有关部委、有关直属机构，各省、自治区、直辖市、计划单列市财政厅（局）、教育厅（局、教委）、银监局，新疆生产建设兵团财务局、教育局，中国人民银行上海总部及各分行、营业管理部、省会（首府）城市中心支行、副省级城市中心支行，中央部门所属各高等学校，有关银行业金融机构：

为进一步加强和规范高等教育学生（含全日制普通本专科生、研究生、预科生）资助工作，确保学生资助政策落实到位，现将有关事项通知如下：

一、进一步完善高等教育学生资助政策

（一）确保研究生奖助政策不留死角。科研院所、党校、行政学院、会计学院等研究生培养单位要按照《财政部　国家发展改革委　教育部关于完善研究生教育投入机制的意见》（财教〔2013〕19号）等要求，全面落实研究生奖助政策，确保符合条件的研究生都能享受到相应的资助，做到不留死角。所需资金按照现行规定和渠道解决，科研院所等培养单位要按照预算管理程序编列预算，并统筹利用事业收入、社会捐助等资金加大对家庭经济困难学生的资助力度。

（二）做好预科生资助相关工作。预科生可按照规定享受相应教育阶段的国家助学金、国家助学贷款政策。国家助学金、国家助学贷款贴息及风险补偿金所需资金，比照相应教育阶段资金筹集办法解决。

（三）推动国家助学贷款全覆盖。进一步拓展国家助学贷款业务覆盖范围，实现高校、科研院所、党校、行政学院、会计学院等培养单位全覆盖，实现全日制普通本专科生、研究生、预科生全覆盖。科研院所、党校、行政学院、会计学院等目前尚未开办国家助学贷款业务的培养单位，从2017年秋季学期起全面开办，其家庭经济困难的全日制在校学生可根据实际情况，自主选择申请办理校园地国家助学贷款或生源地信用助学贷款。

（四）完善基层就业学费补偿贷款代偿等政策。尚未出台高校毕业生赴基层就业学费补偿贷款代偿政策的省份，应当于2017年4月30日前出台相关政策。生源地、就读高校所在地、就业所在地不在同一省份的毕业生，按照“谁用人谁资助”的原则，由就业所在地区给予学费补偿贷款代偿。

（五）落实民办高校同等资助政策。民办高校学生与公办高校学生按照规定同等享受助学贷款、奖助学金等国家资助政策。各地区应当建立健全民办高校助学贷款业务扶持制度，提高民办高校家庭经济困难学生获得资助的比例。

二、进一步提高资助精准度

（六）加强家庭经济困难学生认定工作。各省级教育、财政部门要根据经济社会发展水平、城市居民最低生活保障标准以及财力状况等因素，确定本地区家庭经济困难学生的认定指导标准。高校等培养单位要根据指导标准，结合收费水平、学生家庭经济状况等因素，制（修）订具体的认定标准和资助档次。高校等培养单位要逐步建立学生资助数据平台，融合校园卡等信息，为家庭经济困难学生认定提供支撑。

（七）加大对建档立卡等家庭经济困难学生的资助力度。各地区、高校等培养单位要把建档立卡家庭经济困难学生、农村低保家庭学生、农村特困救助供养学生、孤残学生、烈士子女以及家庭遭遇自然灾害或突发事件等特殊情况的学生作为重点资助对象，国家助学金等相关资助政策原则上应当按照最高档次或标准给予相应资助，确保其顺利就学。

（八）优化国家奖助学金等名额和资金分配机制。各地区、高校等培养单位在分配资助名额和资金时，不能简单地划比例、“一刀切”。各省级财政、教育部门要结合实际、因地制宜，对民族院校、以农林水地矿油核等国家需要的特殊学科专业为主、家庭经济困难学生较多的高校等培养单位倾斜。高校等培养单位要统筹

考虑不同学科专业、培养层次、学生经济困难程度等因素，科学合理分配名额和资金。

（九）完善校内配套政策措施。在落实国家统一的资助政策基础上，高校等培养单位要结合实际，综合采取减免学费、发放特殊困难补助、开辟入学“绿色通道”、提供助研助教助管“三助”津贴等方式，打好“组合拳”，加大对家庭经济困难学生的资助力度。

三、进一步优化高等教育学生资助工作机制

（十）严格遵守规定程序和时间节点要求。各省级财政、教育部门要严格按照规定的时间节点，分解国家奖助学金等名额并下达所属培养单位。高校等培养单位要按时启动国家奖助学金评审等工作，严格履行各项程序。评审工作结束后，各地区、高校等培养单位应当及时将国家奖学金等有关评审材料、备案材料报送全国学生资助管理中心。

（十一）确保及时足额发放各类资助资金。高校等培养单位要严格按照规定的时间、标准、方式，及时足额将国家奖助学金等资助资金发放到符合条件的学生手中。确因特殊情况不能按时发放的，应当提前向学生说明有关情况，积极采取措施尽快发放，并保证补发到位。按月发放的资助资金，应做好寒暑假、学生毕业等特殊时段的衔接工作，确保全年发放金额达到规定的资助标准。

（十二）加强学生资助工作机构建设。尚未建立学生资助工作机构的高校等培养单位，要尽快建立机构或配备专门人员，做好学生资助服务保障工作。进一步加强县级学生资助管理机构和人员队伍建设，按照规定落实人员工资福利、职称评聘等方面待遇。

（十三）加强政策宣传和业务培训。各地区、高校等培养单位要有计划、有重点、有针对性地做好学生资助政策宣传工作，做到家喻户晓。要加强学生资助工作人员业务培训，增强资助工作人员的责任意识和服务意识，提升业务能力和工作质量。

四、进一步加强资助育人工作

（十四）更好地体现人文关怀。高校等培养单位在评定家庭经济困难学生时，要采用科学合理、更加人性化的方式，引导学生如实反映家庭经济困难情况。公示家庭经济困难学生受助情况等内容时，不应涉及学生隐私。宣传学生励志典型时，涉及受助学生的相关事项，应征得学生本人同意。

（十五）强化资助育人功能。各地区、高校等培养单位要紧紧围绕立德树人这一根本任务，将培养青年学生全面发展作为资助育人工作的目标，在奖助学金评选发放、国家助学贷款管理、开展勤工助学活动等环节，加强励志教育、诚信教育和社会责任感教育，培养青年学生自立自强、诚实守信、知恩感恩、勇于担当的良好品质。要帮助家庭经济困难学生正确面对困难，引导他们积极主动地利用国家资助完成学业，增强受助学生就业创业能力，促进受助学生成长成才。

财政部、教育部等部门将进一步加大对各地区、各培养单位学生资助工作的监督检查力度，将资助工作落实情况作为相关绩效评价和资金安排的重要依据。各地区、各培养单位要健全工作机制，狠抓工作落实，确保把好事办好，将党和政府的关怀及时传递给受助学生。

财政部　教育部　中国人民银行　银监会

2017年3月28日

教育部关于加强学生军事训练管理工作的通知

教体艺〔2017〕3号

各省、自治区、直辖市教育厅（教委），新疆生产建设兵团教育局，部属各高等学校：

青年学生是祖国的未来和民族的希望。普通高等学校和高中阶段学校学生参加军事训练是法律要求，加强军事训练对于促进学生健康成长和全面发展具有十分重要的作用。为切实加强学生军事训练管理，确保工作质量，预防事故发生，促进学生军事训练健康发展，依据《教育法》《兵役法》和《学生军事训练工作规定》，现将有关要求通知如下：

一、充分认识加强学生军事训练管理的重要性

加强学生军事训练管理，提高军事训练质量，是提升学生国防意识、军事素养和综合素质，加强国防建设和国家人才培养的重要任务，关系到学生家庭、学校乃至全社会的和谐稳定，必须高度重视。各地和普通高等学校、高中阶段学校要坚持以人为本，坚持统一领导、各司其责、科学施训、严格管理，建立健全并全面落实有关规章制度，加强工作质量监测，提高风险管理能力，确保学生军事训练工作安全有效开展。

二、切实加强学生军事训练的组织领导

各地教育行政部门和普通高等学校、高中阶段学校要会同军事机关、承训部队及其他有关部门单位建立学生军事训练工作领导小组，健全学生军事训练工作联席会议制度，切实发挥统筹协调作用；进一步健全“学校提需求，教育部门统计划，省军区搞协调”的工作运行机制，及时召开联席会议，统筹各种力量，确保工作落实；要建立健全学生军事训练安全和质量监测工作领导责任制，制定各项安全教育管理和质量保障制度，确保安全风险管理措施到位，军事理论教学和军事技能训练的内容、时间、效果等符合国家有关要求。

三、认真做好学生军事训练管理各项工作

（一）严格落实教学大纲

各地教育行政部门和普通高等学校、高中阶段学校要根据《普通高等学校军事课教学大纲》和《高级中学学生军事训练教学大纲》，科学制定计划，严格按纲施教，合理安排内容，落实保障工作。军事课应列为普通高等学校学生必修课程。军事训练和军事知识讲座作为高中阶段学校学生的必修内容，纳入社会实践活动组织实施。

按规定有计划地让学生掌握必备的军事知识、军事理论和军事技能，增强国防观念、国家安全意识以及综合素质。按照循序渐进的原则，把握训练强度和进度。根据训练科目的特点，有针对性地提出预防训练事故的要求和注意事项，并根据学生的身体反应及时调整训练强度。各地和学校要加强军事训练教学评价，采取多种方式加强学生军事训练教学质量检验。

（二）加强师生安全教育

加强学生安全教育。在军事训练开始前，学校要做到层层动员，广泛发动，学生全员参加，深刻阐明学生军事训练的重大意义，强化军事训练的安全意识、知识和技术教育。参训学生要参加入学体检，各校要严格按照《学生军事训练规定》的要求，对有严重生理缺陷、残疾或疾病的学生，经本人申请和学校批准，可以减免不适宜参加的军事技能训练科目。

加强教师专项培训。在军事训练开始前，学校要对教师进行安全教育和安全技能培训，增强教师预防和处置突发安全事件的意识和能力，凡未参加相关培训的教师不得带训。教育行政部门要商请各承训部队对帮训官兵进行安全教育和安全技能培训，增强帮训官兵科学施训、文明施训和安全施训的意识和能力；凡未参加相关培训的帮训官兵不得施训。

（三）确保训练活动安全

学校负责人应深入学生军事训练场，指导训练开展，检查训练安全，督导训练质量。教师必须全时在岗，全面掌握训练安全情况，及时解决出现的问题，指导学生正确处理突发安全事故；了解学生的身心特点，适时进行心理疏导。根据气候特点安排训练任务，在气象部门发布灾害性天气（如：高温、雷电、冰雹、暴雨、大风、雾霾和沙尘等）预报达到黄色预警以上时，应及时调整训练计划，直至停止露天训练，防止发生意外伤害等事故。

在组织学生实弹射击训练之前，必须进行专门的安全教育，制订详细的安全计划和突发事件应急预案，确保开展实弹射击训练科目中的人员、器材等各个环节的绝对安全。在组织开展其他需要动用枪支的训练科目时，必须对学生进行严格的枪支操作安全教育，强调训练纪律，精心组织实施，帮训官兵全程辅导。

（四）强化集体生活管理

学生军事训练期间，应以《中国人民解放军内务条例》为依据，加强一日生活程序的安全管理。各级学生军事训练领导机构要高度重视参训师生和承训官兵的饮食卫生安全工作。单独安排军事训练学生食堂的，要为学生食堂配置专职食品安全管理员。要配备足够的专业医护人员，配置相应的医护和急救药品、器具、急救车辆，以有效应对学生受伤等突发情况。乘车外出时，必须制定周密的运输计划，指定教师随车带队。在交通复杂时段组织大规模军事训练学生运输时，应商请交通管理部门予以协助。

学校要会同承训部队和学生军事训练基地等有关方面，有针对性地制定和完善各类安全预案。学生军事训练工作实行属地化管理。学生军事训练期间发生安全事故后，学校在采取处置措施的同时，必须及时向所在地教育行政部门及相关部门报告，并及时将处理结果及改进措施上报省级教育行政部门。

（五）规范承训基地管理

学生军事训练基地要加强人员管理，明确各类人员职责，完善各项规章制度，配套安全可靠的训练、生活和体育活动设施，满足学生军事技能训练和生活需要。省级教育行政部门要高度重视学生军事训练基地的建设与管理工作，要会同军事机关和有关部门加强对军事训练基地的指导和监督检查，确保学生军事训练基地符合承训基本条件、遵守安全管理要求和执行训练质量标准。

四、建立健全学生军事训练质量监测机制

省级教育行政部门和部属高等学校从2017年起要向教育部提交本地区、本单位学生军事训练年度工作报告。地方各级教育督导部门要将学生军事训练纳入学校综合督导内容，开展经常性的督导检查，并向社会公示。教育部将适时组织高等学校学生军事训练工作检查。

高等学校要建立学生军事训练发展年度报告制度，报告主要内容包括军事理论课程建设与实施，军事技能训练内容、时间与效果，军事课理论教学专兼职教师配备，军事训练技能训练承训人员安排，安全风险管理措施，学生军事训练工作管理机构、机制与制度，经费投入和设施设备，学生军事训练基地建设与管理，相关国防教育活动等方面的情况，并向社会公示。

高中阶段学校要把学生军事训练纳入学校办学水平综合评价体系和教育质量评估体系。加强高中学生参加军事训练情况、军事素养和国防意识的考核，结果纳入学生综合素质评价体系，并记入学生综合素质档案，作为综合评价学生发展状况的内容。

五、积极营造学生军事训练良好环境

各级教育行政部门和普通高等学校、高中阶段学校要重视学生军事训练典型经验的推广与宣传，充分利用报刊、广播、电视、互联网、走廊、宣传栏以及微信、微博等，大力宣传学校军事训练的育人功能和先进经验做法；鼓励开展学生军事训练题材的微电影大赛、摄影大赛等。在军事训练期间，要及时向社会宣传军事训练成果，发布相关信息。遇有突发事件，应及时发布准确信息，加强舆论引导，营造政府、学校、家长和社会关心、支持学生军事训练的良好氛围。

各地教育行政部门可根据本通知制定实施细则。

教育部

2017年5月3日

教育部　财政部关于印发《高等学校勤工助学管理办法（2018年修订）》的通知

教财〔2018〕12号

各省、自治区、直辖市教育厅（教委）、财政厅（局），有关部门（单位）教育司（局），教育部直属各高等学校：

为深入贯彻党的十九大精神，不断健全学生资助制度，根据当前学生勤工助学工作的新特点及新需要，教育部、财政部对现行的《高等学校学生勤工助学管理办法》进行了修订。现将修订后的《高等学校学生勤工助学管理办法（2018年修订）》印发给你们，请遵照执行。

教育部　财政部

2018年8月20日

高等学校学生勤工助学管理办法

（2018年修订）

第一章　总　则

第一条　为规范管理高等学校学生勤工助学工作，促进勤工助学活动健康、有序开展，保障学生合法权益，帮助学生顺利完成学业，发挥勤工助学育人功能，培养学生自立自强、创新创业精神，增强学生社会实践能力，特制定本办法。

第二条　本办法所称高等学校是指根据国家有关规定批准设立、实施高等学历教育的全日制普通本科高等学校、高等职业学校和高等专科学校（以下简称学校）。

第三条　本办法所称学生是指学校招收的本专科生和研究生。

第四条　本办法所称勤工助学活动是指学生在学校的组织下利用课余时间，通过劳动取得合法报酬，用于改善学习和生活条件的实践活动。

第五条　勤工助学是学校学生资助工作的重要组成部分，是提高学生综合素质和资助家庭经济困难学生的有效途径，是实现全程育人、全方位育人的有效平台。勤工助学活动应坚持“立足校园、服务社会”的宗旨，按照学有余力、自愿申请、信息公开、扶困优先、竞争上岗、遵纪守法的原则，由学校在不影响正常教学秩序和学生正常学习的前提下有组织地开展。

第六条　勤工助学活动由学校统一组织和管理。学生私自在校外兼职的行为，不在本办法规定之列。

第二章　组织机构

第七条　学校学生资助工作领导小组全面领导勤工助学工作，负责协调学校的宣传、学工、研工、财务、人事、教务、科研、后勤、团委等部门配合学生资助管理机构开展相关工作。

第八条　学校学生资助管理机构下设专门的勤工助学管理服务组织，具体负责勤工助学的日常管理工作。

第三章　学校职责

第九条　组织开展勤工助学活动是学校学生工作的重要内容。学校要加强领导，认真组织，积极宣传，校内有关职能部门要充分发挥作用，在工作安排、人员配备、资金落实、办公场地、活动场所及助学岗位设置等方面给予大力支持，为学生勤工助学活动提供指导、服务和保障。

第十条 加强对勤工助学学生的思想教育，培养学生热爱劳动、自强不息、创新创业的奋斗精神，增强学生综合素质，充分发挥勤工助学育人功能。

第十一条 对在勤工助学活动中表现突出的学生予以表彰和奖励；对违反勤工助学相关规定的学生，可按照规定停止其勤工助学活动。对在勤工助学活动中违反校纪校规的，按照校纪校规进行教育和处理。

第十二条 根据本办法规定，结合学校实际情况，制定完善本校学生勤工助学活动的实施办法。

第十三条 根据国家有关规定，筹措经费，设立勤工助学专项资金，并制定资金使用与管理办法。

第四章 勤工助学管理服务组织职责

第十四条 确定校内勤工助学岗位。引导和组织学生积极参加勤工助学活动，指导和监督学生的勤工助学活动。

第十五条 开发校外勤工助学资源。积极收集校外勤工助学信息，开拓校外勤工助学渠道，并纳入学校管理。

第十六条 接受学生参加勤工助学活动的申请，安排学生勤工助学岗位，为学生和用人单位提供及时有效的服务。

第十七条 在学校学生资助管理机构的领导下，配合学校财务部门共同管理和使用学校勤工助学专项资金，制定校内勤工助学岗位的报酬标准，并负责酬金的发放和管理工作。

第十八条 组织学生开展必要的勤工助学岗前培训和安全教育，维护勤工助学学生的合法权益。

第十九条 安排勤工助学岗位，应优先考虑家庭经济困难的学生。对少数民族学生从事勤工助学活动，应尊重其风俗习惯。

第二十条 不得组织学生参加有毒、有害和危险的生产作业以及超过学生身体承受能力、有碍学生身心健康的劳动。

第五章 校内勤工助学岗位设置

第二十一条 设岗原则：

（一）学校应积极开发校内资源，保证学生参与勤工助学的需要。校内勤工助学岗位设置应以校内教学助理、科研助理、行政管理助理和学校公共服务等为主。按照每个家庭经济困难学生月平均上岗工时原则上不低于20小时为标准，测算出学期内全校每月需要的勤工助学总工时数（20工时 × 家庭经济困难学生总数），统筹安排、设置校内勤工助学岗位。

（二）勤工助学岗位既要满足学生需求，又要保证学生不因参加勤工助学而影响学习。学生参加勤工助学的时间原则上每周不超过8小时，每月不超过40小时。寒暑假勤工助学时间可根据学校的具体情况适当延长。

第二十二条 岗位类型：

勤工助学岗位分固定岗位和临时岗位。

（一）固定岗位是指持续一个学期以上的长期性岗位和寒暑假期间的连续性岗位；

（二）临时岗位是指不具有长期性，通过一次或几次勤工助学活动即完成任务的工作岗位。

第六章 校外勤工助学活动管理

第二十三条 学校勤工助学管理服务组织统筹管理校外勤工助学活动，并注重与学生学业的有机结合。

第二十四条 校外用人单位聘用学生勤工助学，须向学校勤工助学管理服务组织提出申请，提供法人资格证书副本和相关的证明文件。经审核同意，学校勤工助学管理服务组织推荐适合工作要求的学生参加勤工助学活动。

第七章　勤工助学酬金标准及支付

第二十五条　校内固定岗位按月计酬。以每月40个工时的酬金原则上不低于当地政府或有关部门制定的最低工资标准或居民最低生活保障标准为计酬基准，可适当上下浮动。

第二十六条　校内临时岗位按小时计酬。每小时酬金可参照学校当地政府或有关部门规定的最低小时工资标准合理确定，原则上不低于每小时12元人民币。

第二十七条　校外勤工助学酬金标准不应低于学校当地政府或有关部门规定的最低工资标准，由用人单位、学校与学生协商确定，并写入聘用协议。

第二十八条　学生参与校内非营利性单位的勤工助学活动，其劳动报酬由勤工助学管理服务组织从勤工助学专项资金中支付；学生参与校内营利性单位或有专门经费项目的勤工助学活动，其劳动报酬原则上由用人单位支付或从项目经费中开支；学生参加校外勤工助学，其劳动报酬由校外用人单位按协议支付。

第八章　法律责任

第二十九条　在校内开展勤工助学活动的，学生及用人单位须遵守国家及学校勤工助学相关管理规定。学生在校外开展勤工助学活动的，勤工助学管理服务组织必须经学校授权，代表学校与用人单位和学生三方签订具有法律效力的协议书。签订协议书并办理相关聘用手续后，学生方可开展勤工助学活动。协议书必须明确学校、用人单位和学生等各方的权利和义务，开展勤工助学活动的学生如发生意外伤害事故的处理办法以及争议解决方法。

第三十条　在勤工助学活动中，若出现协议纠纷或学生意外伤害事故，协议各方应按照签订的协议协商解决。如不能达成一致意见，按照有关法律法规规定的程序办理。

第九章　附　则

第三十一条　科研院所、党校、行政学院、会计学院等研究生培养单位根据本办法规定，制定完善本单位学生勤工助学活动的实施办法。

第三十二条　本办法由教育部、财政部负责解释。

第三十三条　本办法自公布之日起施行。教育部财政部印发的《高等学校勤工助学管理办法》（教财〔2007〕7号）同时废止。

教育部　中央军委国防动员部关于印发《普通高等学校军事课教学大纲》的通知

教体艺〔2019〕1号

各省、自治区、直辖市教育厅（教委），新疆生产建设兵团教育局，各军兵种、武警部队参谋部，各省军区（卫戍区、警备区），教育部直属各高等学校、部省合建各高等学校：

根据《中华人民共和国国防法》《中华人民共和国兵役法》《中华人民共和国教育法》，为适应立德树人根本任务和强军目标根本要求，服务军民融合发展战略实施和国防后备力量建设，增强学生国防观念、国家安全意识和忧患危机意识，提高学生综合国防素质，教育部、中央军委国防动员部联合制订了《普通高等学校军事课教学大纲》（以下简称《大纲》）。现将《大纲》印发给你们，请认真学习贯彻《大纲》的内容，按照《大纲》要求，切实保障学生军事理论教学和军事技能训练课时、内容和要求的落实。《大纲》于2019年8月起在全国施行，原《大纲》（2006年修订）废止。

教育部　中央军委国防动员部

2019年1月11日

普通高等学校军事课教学大纲

依据《中华人民共和国国防法》《中华人民共和国兵役法》《中华人民共和国教育法》以及国务院、中央军委有关文件精神，结合我国高等教育发展、国防和军队建设发展的实际情况，制订《普通高等学校军事课教学大纲》（以下简称《大纲》）。

一、课程定位

军事课是普通高等学校学生的必修课程。军事课要以习近平强军思想和习近平总书记关于教育的重要论述为遵循，全面贯彻党的教育方针、新时代军事战略方针和总体国家安全观，围绕立德树人根本任务和强军目标根本要求，着眼培育和践行社会主义核心价值观，以提升学生国防意识和军事素养为重点，为实施军民融合发展战略和建设国防后备力量服务。

二、课程目标

普通高等学校通过军事课教学，让学生了解掌握军事基础知识和基本军事技能，增强国防观念、国家安全意识和忧患危机意识，弘扬爱国主义精神、传承红色基因、提高学生综合国防素质。

三、课程要求

军事课纳入普通高等学校人才培养体系，列入学校人才培养方案和教学计划，实行学分制管理，课程考核成绩记入学籍档案。

军事课由《军事理论》《军事技能》两部分组成。《军事理论》教学时数36学时，记2学分；《军事技能》训练时间2—3周，实际训练时间不得少于14天112学时，记2学分。课程内容含“必讲（必训）”内容（以“*”标识）和“选讲（选训）”内容（其他未标识者），各学校可根据本校实际情况在确保完成“必讲（必训）”内容的基础上，灵活选择“选讲（选训）”内容，但必须完成总学时。

普通高等学校要严格按纲施教、施训和考核，严禁以任何理由和方式调减、占用教学、训练内容和时数。

四、课程内容

（一）《军事理论》教学内容、教学目标与教学时数

教学内容			教学目标	建议学时	备注
中国国防	* 国防概述	国防的内涵、国防类型、国防历史与启示、现代国防观	理解国防内涵和国防历史，树立正确的国防观；了解我国国防体制、国防战略、国防政策以及国防成就，激发学生的爱国热情；熟悉国防法规、武装力量、国防动员的主要内容，增强学生国防意识	10	
	* 国防法规	国防法规体系、公民的国防权利与义务			
	* 国防建设	国防体制、国防战略、国防政策、国防成就、军民融合			
	* 武装力量	中国武装力量性质、宗旨、使命及武装力量构成，人民军队的发展历程			
	* 国防动员	国防动员内涵、国防动员主要内容及意义			
国家安全	国家安全概述	国家安全的内涵、原则、总体安全观	正确把握和认识国家安全的内涵，理解我国总体国家安全观，提升学生防间保密意识；深刻认识当前我国面临的安全形势。了解世界主要国家军事力量及战略动向，增强学生忧患意识	8	
	* 国家安全形势	我国地缘环境基本概况、地缘安全、新形势下的国家安全、新兴领域的国家安全			
	* 国际战略形势	国际战略形势现状与发展趋势、世界主要国家军事力量及战略动向			
军事思想	军事思想概述	军事思想的内涵、发展历程以及地位作用	了解军事思想的内涵和形成与发展历程，了解外国代表性军事思想，熟悉我国军事思想的主要内容、地位作用和现实意义，理解习近平强军思想的科学含义和主要内容，使学生树立科学的战争观和方法论	6	
	外国军事思想	外国军事思想的主要内容、特点以及代表性著作			
	* 中国古代军事思想	中国古代军事思想的主要内容、特点以及代表性著作			
	* 当代中国军事思想	毛泽东军事思想、邓小平新时期军队建设思想、江泽民国防和军队建设思想、胡锦涛国防和军队建设思想、习近平强军思想			
现代战争	战争概述	战争的内涵、特点、发展的历程	了解战争内涵、特点、发展历程，理解新军事革命的内涵和发展演变，掌握机械化战争、信息化战争的形成、主要形态、特征、代表性战例和发展趋势，使学生树立打赢信息化战争的信心	6	
	* 新军事革命	新军事革命的内涵、发展演变、主要内容			
	机械化战争	机械化战争的基本内涵、主要形态、特征和代表性战例			
	* 信息化战争	信息化战争的基本内涵、主要形态、特征、代表性战例，战争形态发展趋势			
信息化装备	信息化装备概述	信息化装备的内涵、分类、对现代作战的影响以及发展趋势	了解信息化装备的内涵、分类、发展及对现代作战的影响，熟悉世界主要国家信息化装备的发展情况，激发学生学习高科技的积极性，为国防科研奠定人才基础	6	
	* 信息化作战平台	各国主战飞机、坦克、军舰等信息武器装备发展趋势、战例应用			
	综合电子信息系统	指挥控制系统、预警系统、导航系统等装备电子信息系统发展趋势、战例应用			
	信息化杀伤武器	新概念、精确制导、核生化武器装备等武器装备发展趋势、战例应用			

注：带 * 的为必讲课目，其余为选讲课目。

（二）《军事技能》训练内容、教学目标与教学时数

<table>
<tr><th colspan="3">训练内容</th><th>教学目标</th><th>建议学时</th><th>备注</th></tr>
<tr><td rowspan="3">共同条令教育与训练</td><td>* 共同条令教育</td><td>《内务条令》《纪律条令》《队列条令》教育</td><td rowspan="3">了解中国人民解放军三大条令的主要内容，掌握队列动作的基本要领，养成良好的军事素养，增强组织纪律观念，培养学生令行禁止、团结奋进、顽强拼搏的过硬作风</td><td rowspan="3">40—56</td><td rowspan="3"></td></tr>
<tr><td>* 分队的队列动作</td><td>集合、离散，整齐、报数，出列、入列，行进、停止，方向变换</td></tr>
<tr><td>现地教学</td><td>走进军营，学唱军营歌曲，走进爱国主义教育基地</td></tr>
<tr><td rowspan="2">射击与战术训练</td><td>* 轻武器射击</td><td>轻武器性能、构造与保养，简易射击学理，武器操作、实弹射击</td><td rowspan="2">了解轻武器的战斗性能，掌握射击动作要领，进行体会射击；学会单兵战术基础动作，了解战斗班组攻防的基本动作和战术原则，培养学生良好的战斗素养</td><td rowspan="2">20—28</td><td rowspan="2">在训练条件不满足时，可采取模拟训练</td></tr>
<tr><td>* 战术</td><td>单兵战术基础动作、分队战术</td></tr>
<tr><td rowspan="3">防卫技能与战时防护训练</td><td>* 格斗基础</td><td>格斗常识、格斗基本功，捕俘拳等</td><td rowspan="3">了解格斗、防护的基本知识，熟悉卫生、救护基本要领，掌握战场自救互救的技能，提高学生安全防护能力</td><td rowspan="3">32—48</td><td rowspan="3"></td></tr>
<tr><td>* 战场医疗救护</td><td>救护基本知识、个人卫生，意外伤的救护、心肺复苏，战场自救互救</td></tr>
<tr><td>* 核生化防护</td><td>防护基本知识和技能，防护装备使用</td></tr>
<tr><td rowspan="6">战备基础与应用训练</td><td>* 战备规定</td><td>战备规定主要内容、要求</td><td rowspan="6">了解战备规定、紧急集合、徒步行军、野外生存的基本要求、方法和注意事项，学会识图用图、电磁频谱监测的基本技能，培养学生分析判断和应急处置能力，全面提升综合军事素质</td><td rowspan="6">20—36</td><td rowspan="6"></td></tr>
<tr><td>* 紧急集合</td><td>紧急集合要领、紧急集合训练</td></tr>
<tr><td>* 行军拉练</td><td>行军拉练基本要领、方法，徒步行军实践，宿营</td></tr>
<tr><td>野外生存</td><td>识别和采集野生食物，寻找水源和鉴别水质，野炊</td></tr>
<tr><td>识图用图</td><td>地形图基本知识、地图使用训练</td></tr>
<tr><td>电磁频谱监测</td><td>电磁频谱监测基本知识、方法训练</td></tr>
</table>

注：带 * 的为必训课目，其余为选训课目；训练日按每天 8 学时计算。

五、教师发展

军事课教师是完成军事课教学目标的具体执行者和组织者，学校应当按照教学时数和授课学生数量配备相应数量的军事课教师。军队应完善派遣军官制度，按计划派出承训力量，军地双方共同完成军事课教学任务。

军事课教师必须在政治上从严要求，努力提高自身思想素质、军事素质和业务能力，积极参加教学改革和学术研究，不断提高教学质量，开创军事课教学科研工作新局面。

各级教育行政部门、军事部门和普通高等学校应当有计划地安排军事课教师接受继续教育和培训，不断改善知识结构，提高教育教学水平以及学历、学位层次，适应现代高等教育和军事课教学科研需要。

六、教材建设

建立和完善军事课教材建设、规划、编审管理制度。加强普通高等学校军事教学指导委员会建设，规范军事课教材编写和审查。实行教材准入制度。高校应选用优质教材进行教学，确保教材的政策性、权威性和规范性。

七、教学方法

坚持课堂教学和教师面授在军事课教学中的主渠道作用，重视信息技术和慕课、微课、视频公开课等在线课程在教学中的应用和管理。

军事理论教学进入正常授课课堂，严禁以集中讲座等形式替代课堂教学。军事技能训练应坚持按纲施

训、依法治训原则，积极推广仿真训练和模拟训练，严禁违规开展商业化运营和市场化运作。

八、课程考核

军事课考核包括军事理论考试和军事技能训练考核，成绩合格者计入学分。学校要建立健全军事课考核规章制度，对考核组织实施程序、方法、标准、要求等进行规范。军事理论考试由学校组织实施，考试成绩按百分制计分，根据卷面成绩、平时作业、考勤情况和课堂表现综合评定。军事技能训练考核由学校和承训教官共同组织实施，成绩分优秀、良好、及格和不及格四个等级。根据学生参训时间、现实表现、掌握程度综合评定。军事课成绩不及格者必须进行补考，补考合格后取得相应学分。

九、教学保障

学校要加强军事课教学的组织保障、经费保障、训练场地保障。军用装备器材由各省军区（卫戍区、警备区）保障；军民通用装备器材由学校保障，纳入政府年度预算和学校经费保障范畴。

十、督导评价

军事课纳入国家教育督导体系，定期组织军事课建设教育督导。各省级教育行政部门会同军事部门成立军事课教学督导机构，制定本地区的评价方案，定期组织军事课程督导评价，充分发挥教育督导评价的导向和激励作用。通过定期举办学生军事训练营等教学展示活动检验军事课教学效果。各学校要建立军事课程评价体系和管理制度，并将军事课程评价纳入学校课程评价总体框架、教学质量年度报告和学校综合办学水平评估。完善高校军事课评价体系，把军事课纳入高校人才培养工作评估体系，作为办学评价的重要指标。

十一、附则

本《大纲》是普通高等学校开展军事课教学的基本依据，也是军事课教学教材建设和教学评价的重要依据。

本《大纲》于2019年8月起在全国施行。原《普通高等学校军事课教学大纲》（2006年修订）废止。

应急管理部教育部关于做好国家综合性消防救援队伍人员及其子女教育优待工作的通知

应急〔2019〕37号

各省、自治区、直辖市应急管理厅（局）、教育厅（教委）、消防救援总队，各森林消防总队，新疆生产建设兵团教育局：

为深入贯彻落实习近平总书记向国家综合性消防救援队伍授旗训词精神，进一步鼓舞士气、凝聚力量，增强国家综合性消防救援队伍职业荣誉感，激励广大消防救援人员许党报国、献身使命，依据中共中央办公厅、国务院办公厅印发的《组建国家综合性消防救援队伍框架方案》，经应急管理部、教育部研究，并征求财政部同意，现就做好国家综合性消防救援队伍人员（以下简称消防救援人员）及其子女教育优待工作有关事宜通知如下：

一、优待对象范围

（一）烈士的子女。

（二）因公牺牲消防救援人员的子女。

（三）一级至四级因公伤残消防救援人员的子女。

（四）平时荣获二等功以上或者战时荣获三等功以上奖励的英雄模范（含转制前获得的相应奖励，以下简称英雄模范）的子女。

（五）在职消防救援人员的子女。

（六）从国家综合性消防救援队伍退出的（不含辞职、辞退，下同）消防员。

上述人员因公牺牲、残疾，荣获二等功或者战时三等功以上奖励时，应为在职消防救援人员。因参加重大应急救援行动记功的，享受战时记功同等待遇，由国家综合性消防救援队伍总队级（含）以上单位政治部门确认。

二、教育优待措施

（一）在高等教育方面。

1. 消防救援人员及其子女报考普通高考、硕士研究生时，参照教育部关于军人相关优待政策执行。

2. 烈士、英雄模范和一级至四级因公伤残消防救援人员子女，志愿献身消防救援事业的，可免普通高考，保送录取至消防救援院校学习，保送办法由应急管理部会同教育部制定。

3. 选送优秀消防员到消防救援院校定向培养，相关办法由应急管理部、教育部联合制定。

4. 高等学校新生和在校学生入职期间保留学籍，退出国家综合性消防救援队伍后允许入学或复学，在学费补偿、助学贷款代偿等方面参照高校学生应征入伍服义务兵役国家资助相关办法享受优待。

（二）在普通高中、中等职业教育方面。

1. 烈士、英雄模范和因公牺牲、一级至四级因公伤残消防救援人员子女和驻边远艰苦地区在职消防救援人员子女，报考普通高中、中等职业学校时降分录取，具体办法可参照省级人民政府教育行政部门关于军队和武警部队的教育优待标准执行。

2. 西藏、新疆地区的烈士、英雄模范和因公牺牲、一级至四级因公伤残消防救援人员子女，可以根据其父母或者其他法定监护人的意愿，对符合内地西藏初中班、高中班、中职班和内地新疆班、中职班报考条件的，安排到内地西藏班、新疆班学习。

（三）在义务教育方面。

烈士、英雄模范和因公牺牲、一级至四级因公伤残消防救援人员子女和在职消防救援人员子女，可以在其父母或者其他法定监护人户籍所在地，就近优先安排到小学和初中就读。

（四）在学前教育方面。

烈士、英雄模范和因公牺牲、一级至四级因公伤残消防救援人员子女和在职消防救援人员子女，可以在其父母或者其他法定监护人户籍所在地，就近就便进入公办幼儿园就读。

三、有关要求

（一）提高认识，加强优待工作的组织领导。国家综合性消防救援队伍作为应急救援的主力军和国家队，承担着防范化解重大安全风险，应对处置各类灾害事故的重要职责。认真做好消防救援人员及其子女教育优待工作，是深入贯彻习近平总书记向国家综合性消防救援队伍授旗训词精神的实际举措，是在全社会大力弘扬消防救援英模精神的客观需要，也是推动培育和践行社会主义核心价值观的生动实践。各级教育行政部门和应急管理部门要高度重视、精心组织，为优待对象接受良好教育创造条件、提供保障。

（二）高度负责，准确掌握优待对象信息。应急管理部将建立烈士、英雄模范和因公牺牲、一级至四级因公伤残消防救援人员子女和在职消防救援人员子女信息数据库。每年1月份，各省区市应急管理部门要开展本地优待对象信息采集和更新工作，于月底前将年度适龄优待对象信息抄报省区（市）教育厅（教委），并上报应急管理部。各省区市综合性消防救援队伍要明确专人负责，严防迟报、漏报、误报；要加强监督，对于失职失察、弄虚作假的，一经查实，依纪依规严肃处理。

（三）严格要求，抓好优待政策贯彻落实。每年2月份，应急管理部有关部门将符合教育优待条件的消防救援人员及其子女信息印送教育部办公厅。每年3月份，教育部办公厅将上述信息转发给各省区市教育厅（教委）。各省区市教育厅（教委）要积极会同省区市应急管理部门抓好落实，要求各地市、县两级教育行政部门要组织协调本行政区域内的学校、有关单位，严格执行教育优待政策，切实传递好党和政府对国家综合性消防救援队伍的关怀和温暖。

同时，各地各级教育行政部门、应急管理部门要积极配合、密切协作，积极组织符合条件的烈士、因公牺牲和残疾消防救援人员子女申请减免学杂费。

关于印发《学生资助资金管理办法》的通知

财科教〔2019〕19号

有关中央预算单位，各省、自治区、直辖市、计划单列市财政厅（局）、教育厅（教委、教育局）、人力资源社会保障厅（局）、退役军人事务厅（局）、征兵办公室，新疆生产建设兵团财政局、教育局、人力资源社会保障局，各省军区（卫戍区、警备区）：

为规范和加强学生资助资金管理，提高资金使用效益，确保资助工作顺利开展，根据国家有关法律制度规定，财政部、教育部、人力资源社会保障部、退役军人部、中央军委国防动员部制定了《学生资助资金管理办法》，现予印发，请遵照执行。

附件：学生资助资金管理办法

财政部　教育部　人力资源社会保障部
退役军人部　中央军委国防动员部
2019年4月1日

学生资助资金管理办法

第一章　总则

第一条　为规范和加强学生资助资金管理，提高资金使用效益，确保资助工作顺利开展，按照《中华人民共和国预算法》《国务院关于建立健全普通本科高校高等职业学校和中等职业学校家庭经济困难学生资助政策体系的意见》（国发〔2007〕13号）等文件以及预算管理有关规定，制定本办法。

第二条　本办法所称学生资助资金是指中央财政安排的用于落实高等教育（含本专科生和研究生教育）、中等职业教育、普通高中教育等国家资助政策的资金，包括国家奖学金、国家励志奖学金、学业奖学金、国家助学金、免学（杂）费补助资金、服兵役国家教育资助资金、基层就业学费补偿国家助学贷款代偿资金、国家助学贷款奖补资金等。

第三条　本办法所称普通高校是指根据国家有关规定批准设立、实施全日制高等学历教育的普通本科学校、高等职业学校、高等专科学校；中等职业学校是指根据国家有关规定批准设立，实施全日制中等学历教育的各类职业学校（含技工学校）；普通高中是指根据国家有关规定批准设立的普通高中学校（含完全中学和十二年一贯制学校的高中部）。

以上所称各类学校包括民办普通高校（含独立学院）、民办中等职业学校和民办普通高中。

第四条　学生资助资金由财政部、教育部、人力资源社会保障部按职责共同管理。财政部负责学生资助资金分配和预算下达，组织教育部、人力资源社会保障部等部门编制学生资助资金中期财政规划和年度预算草案。教育部、人力资源社会保障部负责完善学生信息管理系统，加强学生学籍和资助信息管理，组织各地审核上报基础数据，提出预算分配建议方案，会同财政部等部门对资金使用和政策执行情况进行监督管理。学校是学生资助资金使用的责任主体，应当切实履行法人责任，健全内部管理机制，具体组织预算执行。

退役军人事务部负责组织各地做好自主就业退役士兵的身份认证工作。中央军委国防动员部负责组织各地兵役机关做好申请学费资助学生入伍和退役的相关认证工作。

第二章　资助范围和标准

第五条　普通高校资助范围及标准：

（一）本专科生国家奖学金。奖励特别优秀的全日制本专科生，每年奖励5万名，每生每年8000元。

（二）本专科生国家励志奖学金。奖励资助品学兼优的家庭经济困难的全日制本专科生，资助面约为全国普通高校全日制本专科在校生总数的3%，每生每年5000元。

（三）本专科生国家助学金。资助家庭经济困难的全日制本专科生（含预科生），资助面约为全国普通高校全日制本专科（含预科）在校生总数的20%，平均资助标准为每生每年3000元，具体标准由高校在每生每年2000~4000元范围内自主确定，可以分为2~3档。

（四）研究生国家奖学金。奖励特别优秀的全日制研究生，每年奖励4.5万名。其中：硕士生3.5万名，每生每年2万元；博士生1万名，每生每年3万元。

（五）研究生学业奖学金。奖励中央高校全日制研究生，中央财政按照硕士研究生每生每年8000元、博士研究生每生每年10000元的标准以及在校学生数的一定比例给予支持。

（六）研究生国家助学金。资助全日制研究生的基本生活支出。中央高校硕士研究生每生每年6000元，博士研究生每生每年15000元；地方所属高校研究生国家助学金资助标准由各省（自治区、直辖市、计划单列市，下同）财政部门会同教育部门确定，硕士研究生每生每年不低于6000元，博士研究生每生每年不低于13000元。

（七）服兵役高等学校学生国家教育资助。对应征入伍服义务兵役、招收为士官、退役后复学或入学的高等学校学生实行学费补偿、国家助学贷款代偿、学费减免。学费补偿或国家助学贷款代偿金额，按学生实际缴纳的学费或获得的国家助学贷款（包括本金及其全部偿还之前产生的利息，下同）两者金额较高者执行；复学或新生入学后学费减免金额，按高等学校实际收取学费金额执行。

学费补偿、国家助学贷款代偿以及学费减免的标准，本专科生每生每年最高不超过8000元，研究生每生每年最高不超过12000元。超出标准部分不予补偿、代偿或减免。

（八）基层就业学费补偿国家助学贷款代偿。对到中西部地区和艰苦边远地区基层单位就业的中央高校应届毕业生实行学费补偿或国家助学贷款代偿，本专科生每生每年最高不超过8000元，研究生每生每年最高不超过12000元。毕业生在校学习期间每年实际缴纳的学费或获得的国家助学贷款低于补偿代偿标准的，按照实际缴纳的学费或获得的国家助学贷款金额实行补偿代偿。毕业生在校学习期间每年实际缴纳的学费或获得的国家助学贷款高于补偿代偿标准的，按照标准实行补偿代偿。

第六条 国家助学贷款奖补资金。全部用于本地区全日制普通高校学生的资助。

第七条 中等职业学校资助范围及标准：

（一）免学费。对中等职业学校全日制学历教育正式学籍一、二、三年级在校生中所有农村（含县镇）学生、城市涉农专业学生和家庭经济困难学生免除学费（艺术类相关表演专业学生除外）。城市家庭经济困难学生比例按规定分区域确定。免学费标准按照各级人民政府及其价格、财政主管部门批准的公办学校学费标准执行（不含住宿费）。

（二）国家助学金。资助中等职业学校全日制学历教育正式学籍一、二年级在校涉农专业学生和非涉农专业家庭经济困难学生。家庭经济困难学生比例按规定分区域确定。六盘山区等11个连片特困地区和西藏、四省藏区、新疆南疆四地州中等职业学校农村学生（不含县城）全部纳入享受国家助学金范围。平均资助标准每生每年2000元，具体标准由各地结合实际在1000~3000元范围内确定，可以分为2-3档。

第八条 普通高中资助范围及标准：

（一）免学杂费。对具有正式注册学籍的普通高中建档立卡等家庭经济困难学生（含非建档立卡的家庭经济困难残疾学生、农村低保家庭学生、农村特困救助供养学生）免学杂费。西藏、四省藏区和新疆南疆四地州学生继续执行现行政策。免学杂费标准按照各级人民政府及其价格、财政主管部门批准的公办学校学杂费标准执行（不含住宿费）。

（二）国家助学金。资助具有正式注册学籍的普通高中在校生中的家庭经济困难学生。各地可结合实际，在确定资助面时适当向农村地区、贫困地区和民族地区倾斜。平均资助标准为每生每年2000元，具体标准由各地结合实际在1000~3000元范围内确定，可以分为2-3档。

第九条 国家奖学金、国家励志奖学金、学业奖学金、国家助学金、免学（杂）费补助资金、服兵役高等学校学生国家教育资助资金、基层就业学费补偿国家助学贷款代偿资金等标准，根据经济发展水平、财力状况、物价水平、相关学校收费标准等因素，实行动态调整。

第三章 资金分担和预算安排

第十条 学生资助资金采用因素法分配，根据学生人数、相关标准等进行测算。

第十一条 普通高校国家奖学金、国家励志奖学金、服兵役高等学校学生国家教育资助、国家助学贷款奖补资金由中央财政承担。中央高校的学业奖学金、国家助学金、基层就业学费补偿国家助学贷款代偿资金由中央财政承担。地方高校的学业奖学金、基层就业学费补偿国家助学贷款代偿资金由地方财政承担。地方高校的国家助学金由中央与地方分档按比例分担，按照本专科生每生每年3000元、硕士研究生每生每年6000元、博士研究生每生每年13000元的标准，不区分生源地区，第一档中央财政负担80%，第二档中央财政负担60%，第三档、第四档、第五档中央财政分别负担50%、30%、10%。

上述第一档包括内蒙古、广西、重庆、四川、贵州、云南、西藏、陕西、甘肃、青海、宁夏、新疆12个省（区、市）；第二档包括河北、山西、吉林、黑龙江、安徽、江西、河南、湖北、湖南、海南10个省；第三档包括辽宁、山东、福建3个省；第四档包括天津、江苏、浙江、广东4个省（市）和大连、青岛、宁波、厦门、深圳5个计划单列市；第五档包括北京、上海2个直辖市。分档情况下同。

第十二条 国家助学贷款奖补资金分配因素包括国家助学贷款规模，权重为25%；获贷情况，权重为25%；奖补资金使用情况，权重为15%；学生资助工作管理情况，权重为35%。财政部会同教育部适时对相关因素和权重进行完善。

第十三条 国家统一实施的中等职业教育免学费和国家助学金政策，所需资金由中央和地方财政共同承担，省级财政统筹落实。免学费补助资金和国家助学金均由中央财政统一按每生每年平均2000元的测算标准与地方分档按比例分担。其中：第一档中央财政负担80%；第二档中央财政负担60%；第三档、第四档、第五档中央财政分别负担50%、30%、10%。学生生源地为第一档但在第二档地区就读的，中央财政负担80%；生源地为第一档、第二档但在第三档、第四档、第五档地区就读的，中央财政分别负担80%、60%。

对因免学费导致学校收入减少的部分，由财政按照享受免学费政策学生人数和免学费标准补助学校，弥补学校运转出现的经费缺口。

对在经教育部门、人力资源社会保障部门依法批准的民办学校就读的一、二、三年级符合免学费政策条件的学生，按照当地同类型同专业公办学校标准给予补助。民办学校经批准的学费标准高于补助的部分，学校可以按规定继续向学生收取。

第十四条 国家统一实施的普通高中免学杂费和国家助学金政策，所需经费由中央与地方财政按比例分担，省级财政统筹落实。其中：第一档中央财政负担80%；第二档中央财政负担60%；第三档、第四档、第五档中央财政分别负担50%、30%、10%。

中央财政逐省核定免学杂费财政补助标准，原则上三年核定一次。对因免学杂费导致学校收入减少的部分，由财政按照免学杂费学生人数和免学杂费标准补助学校，弥补学校运转出现的经费缺口。

对在经教育部门依法批准的民办学校就读的符合免学杂费政策条件的学生，按照当地同类型公办学校标准给予补助。民办学校经批准的学杂费标准高于补助的部分，学校可以按规定继续向学生收取。

第十五条 财政部会同有关部门按照转移支付预算管理规定的时限等有关要求下达中央对地方转移支付预算、提前下达下一年度转移支付预计数。省级财政会同有关部门在收到转移支付预算（含提前下达预计数）后，应当按规定合理分配、及时下达，并抄送财政部驻当地财政监察专员办事处。地方各级财政部门应当加强预算管理，按有关规定及时足额拨付应负担的资金。中央高校所需资金按照部门预算管理要求下达。

第十六条 服兵役高等学校学生国家教育资助，中央高校资金由中央财政拨付全国学生资助管理中心；地方高校资金由中央财政拨付各省级财政部门，采取“当年先行预拨，次年据实结算”的办法，中央财政每年对各省份上一年度实际支出进行清算，并以上一年度实际支出金额为基数提前下拨各省份当年预算资金。

中央高校基层就业学费补偿国家助学贷款代偿资金由中央财政拨付全国学生资助管理中心，全国学生资助管理中心拨付给高校。

第四章 资金管理和监督

第十七条 学生资助资金纳入各级政府预算管理，各级财政、教育、人力资源社会保障等部门、单位要按照预算管理有关规定加强学生资助资金预算编制、执行、决算等管理。

第十八条 地方各级教育、人力资源社会保障部门要加强资金发放、执行管理，做好基础数据的审核工作，健全学生资助机构；组织学校做好家庭经济困难学生认定工作，确保应助尽助。各级各类学校要加强学生学籍、学生资助信息系统应用，规范档案管理，严格落实责任制，强化财务管理，制定学生资助资金管理使用办法。学校应将学生申请表、认定结果、资金发放等有关凭证和工作情况分年度建档备查。

第十九条 各级财政、教育、人力资源社会保障等部门要按照全面实施预算绩效管理的要求，建立健全全过程预算绩效管理机制，按规定科学合理设定绩效目标，对照绩效目标做好绩效监控、绩效评价，强化绩效结果运用，做好信息公开，提高资金使用效益。

第二十条 各级财政、教育、人力资源社会保障等部门（单位）及其工作人员在学生资助资金分配和使用过程中滥用职权、玩忽职守、徇私舞弊以及违反规定分配或挤占、挪用、虚列、套取学生资助资金的，按照《中华人民共和国预算法》《中华人民共和国公务员法》《中华人民共和国监察法》《财政违法行为处罚处分条例》等国家有关法律法规规定追究责任，涉嫌犯罪的，依法移送司法机关处理。财政部驻各地财政监察专员办事处应当按照财政部要求，开展学生资助资金监管工作。

第五章　附　则

第二十一条 各地、各校要结合实际，通过勤工助学、“三助”岗位、“绿色通道”、校内资助、社会资助等方式完善学生资助体系。公办普通高校、普通高中要从事业收入中分别足额提取4%–6%、3%–5%的经费用于资助学生，中等职业学校应从事业收入中提取一定比例的资金用于资助学生。民办学校应从学费收入中提取不少于5%的资金，用于奖励和资助学生。

第二十二条 各地要认真贯彻党中央、国务院关于脱贫攻坚的决策部署，在分配相关资金时，结合实际进一步向贫困地区和贫困人口倾斜。

第二十三条 国家鼓励企业、社会团体、个人在各类学校设立奖学金、助学金。

第二十四条 科研院所、党校（行政学院）、会计学院等研究生培养单位学生资助资金管理按照本办法执行，所需资金通过现行渠道解决。

第二十五条 新疆生产建设兵团、农垦等所属学校学生资助资金管理和财政支持方式均按照有关法律法规、现行体制和政策执行。

第二十六条 各项学生资助政策涉及的申请、评审、发放、管理等工作按照《学生资助资金管理实施细则》执行。

第二十七条 各省要根据本办法，结合实际制定实施办法，抄送财政部、教育部、人力资源社会保障部。各中央高校要根据本办法制定具体实施办法，抄送财政部、教育部和中央主管部门。

第二十八条 本办法由财政部、教育部、人力资源社会保障部、退役军人事务部、中央军委国防动员部按职责负责解释。

第二十九条 本办法自印发之日起施行。《财政部关于印发〈国家助学贷款奖补专项资金管理暂行办法〉的通知》（财教〔2006〕332号）、《财政部　教育部关于印发〈普通本科高校、高等职业学校国家奖学金管理暂行办法〉的通知》（财教〔2007〕90号）、《财政部　教育部关于印发〈普通本科高校、高等职业学校国家励志奖学金管理暂行办法〉的通知》（财教〔2007〕91号）、《财政部　教育部关于印发〈普通本科高校、高等职业学校国家助学金管理暂行办法〉的通知》（财教〔2007〕92号）、《财政部　教育部关于印发〈高等学校毕业生学费和国家助学贷款代偿暂行办法〉的通知》（财教〔2009〕15号）、《财政部　教育部　民政部　总参谋部　总政治部关于实施退役士兵教育资助政策的意见》（财教〔2011〕538号）、《财政部　教育部关于印发〈研究生国家奖学金管理暂行办法〉的通知））（财教〔2012〕342号）、《财政部　教育部关于印发〈研究生学业奖学金管理暂行办法〉的通知》（财教〔2013〕219号）、《财政部　教育部关于印发〈研究生国家助学金管理暂行办法〉的通知》（财教〔2013〕220号）、《财政部　教育部　总参谋部关于印发〈高等学校学生应征入伍服义务兵役国家资助办法〉的通知》（财教〔2013〕236号）、《财政部　教育部　总参谋部关于对直接招收为士官的高等学校学生施行国家资助的通知》（财教〔2015〕462号）、《财政部　教育部　人力资源社会保障部关于印发〈中等职业学校国家助学金管理办法〉的通知》（财科教〔2016〕35号）、《财政部　教育部　人力资源社会保障部关于印发〈中等职业学校免学费补助资金管理办法〉的通知》（财科教〔2016〕36号）、《财政部　教育部关于印发〈普通高中国家助学金管理办法〉的通知》（财科教〔2016〕37号）同时废止。

（全文公开发布）

学校食品安全与营养健康管理规定

中华人民共和国教育部、中华人民共和国国家市场监督管理总局、
中华人民共和国国家卫生健康委员会令第45号

《学校食品安全与营养健康管理规定》已经2018年8月20日教育部第20次部务会议、2018年12月18日国家市场监督管理总局第9次局务会议和2019年2月2日国家卫生健康委员会第12次委主任会议审议通过，现予公布，自2019年4月1日起施行。

教育部部长　陈宝生
国家市场监督管理总局局长　张茅
国家卫生健康委员会主任　马晓伟
2019年2月20日

学校食品安全与营养健康管理规定

第一章　总　则

第一条　为保障学生和教职工在校集中用餐的食品安全与营养健康，加强监督管理，根据《中华人民共和国食品安全法》（以下简称食品安全法）、《中华人民共和国教育法》《中华人民共和国食品安全法实施条例》等法律法规，制定本规定。

第二条　实施学历教育的各级各类学校、幼儿园（以下统称学校）集中用餐的食品安全与营养健康管理，适用本规定。

本规定所称集中用餐是指学校通过食堂供餐或者外购食品（包括从供餐单位订餐）等形式，集中向学生和教职工提供食品的行为。

第三条　学校集中用餐实行预防为主、全程监控、属地管理、学校落实的原则，建立教育、食品安全监督管理、卫生健康等部门分工负责的工作机制。

第四条　学校集中用餐应当坚持公益便利的原则，围绕采购、贮存、加工、配送、供餐等关键环节，健全学校食品安全风险防控体系，保障食品安全，促进营养健康。

第五条　学校应当按照食品安全法律法规规定和健康中国战略要求，建立健全相关制度，落实校园食品安全责任，开展食品安全与营养健康的宣传教育。

第二章　管理体制

第六条　县级以上地方人民政府依法统一领导、组织、协调学校食品安全监督管理工作以及食品安全突发事故应对工作，将学校食品安全纳入本地区食品安全事故应急预案和学校安全风险防控体系建设。

第七条　教育部门应当指导和督促学校建立健全食品安全与营养健康相关管理制度，将学校食品安全与营养健康管理工作作为学校落实安全风险防控职责、推进健康教育的重要内容，加强评价考核；指导、监督学校加强食品安全教育和日常管理，降低食品安全风险，及时消除食品安全隐患，提升营养健康水平，积极协助相关部门开展工作。

第八条　食品安全监督管理部门应当加强学校集中用餐食品安全监督管理，依法查处涉及学校的食品安全违法行为；建立学校食堂食品安全信用档案，及时向教育部门通报学校食品安全相关信息；对学校食堂食品安全管理人员进行抽查考核，指导学校做好食品安全管理和宣传教育；依法会同有关部门开展学校食品安

全事故调查处理。

第九条 卫生健康主管部门应当组织开展校园食品安全风险和营养健康监测，对学校提供营养指导，倡导健康饮食理念，开展适应学校需求的营养健康专业人员培训；指导学校开展食源性疾病预防和营养健康的知识教育，依法开展相关疫情防控处置工作；组织医疗机构救治因学校食品安全事故导致人身伤害的人员。

第十条 区域性的中小学卫生保健机构、妇幼保健机构、疾病预防控制机构，根据职责或者相关主管部门要求，组织开展区域内学校食品安全与营养健康的监测、技术培训和业务指导等工作。

鼓励有条件的地区成立学生营养健康专业指导机构，根据不同年龄阶段学生的膳食营养指南和健康教育的相关规定，指导学校开展学生营养健康相关活动，引导合理搭配饮食。

第十一条 食品安全监督管理部门应当将学校校园及周边地区作为监督检查的重点，定期对学校食堂、供餐单位和校园内以及周边食品经营者开展检查；每学期应当会同教育部门对本行政区域内学校开展食品安全专项检查，督促指导学校落实食品安全责任。

第三章　学校职责

第十二条 学校食品安全实行校长（园长）负责制。

学校应当将食品安全作为学校安全工作的重要内容，建立健全并落实有关食品安全管理制度和工作要求，定期组织开展食品安全隐患排查。

第十三条 中小学、幼儿园应当建立集中用餐陪餐制度，每餐均应当有学校相关负责人与学生共同用餐，做好陪餐记录，及时发现和解决集中用餐过程中存在的问题。

有条件的中小学、幼儿园应当建立家长陪餐制度，健全相应工作机制，对陪餐家长在学校食品安全与营养健康等方面提出的意见建议及时进行研究反馈。

第十四条 学校应当配备专（兼）职食品安全管理人员和营养健康管理人员，建立并落实集中用餐岗位责任制度，明确食品安全与营养健康管理相关责任。

有条件的地方应当为中小学、幼儿园配备营养专业人员或者支持学校聘请营养专业人员，对膳食营养均衡等进行咨询指导，推广科学配餐、膳食营养等理念。

第十五条 学校食品安全与营养健康管理相关工作人员应当按照有关要求，定期接受培训与考核，学习食品安全与营养健康相关法律、法规、规章、标准和其他相关专业知识。

第十六条 学校应当建立集中用餐信息公开制度，利用公共信息平台等方式及时向师生家长公开食品进货来源、供餐单位等信息，组织师生家长代表参与食品安全与营养健康的管理和监督。

第十七条 学校应当根据卫生健康主管部门发布的学生餐营养指南等标准，针对不同年龄段在校学生营养健康需求，因地制宜引导学生科学营养用餐。

有条件的中小学、幼儿园应当每周公布学生餐带量食谱和营养素供给量。

第十八条 学校应当加强食品安全与营养健康的宣传教育，在全国食品安全宣传周、全民营养周、中国学生营养日、全国碘缺乏病防治日等重要时间节点，开展相关科学知识普及和宣传教育活动。

学校应当将食品安全与营养健康相关知识纳入健康教育教学内容，通过主题班会、课外实践等形式开展经常性宣传教育活动。

第十九条 中小学、幼儿园应当培养学生健康的饮食习惯，加强对学生营养不良与超重、肥胖的监测、评价和干预，利用家长学校等方式对学生家长进行食品安全与营养健康相关知识的宣传教育。

第二十条 中小学、幼儿园一般不得在校内设置小卖部、超市等食品经营场所，确有需要设置的，应当依法取得许可，并避免售卖高盐、高糖及高脂食品。

第二十一条 学校在食品采购、食堂管理、供餐单位选择等涉及学校集中用餐的重大事项上，应当以适当方式听取家长委员会或者学生代表大会、教职工代表大会意见，保障师生家长的知情权、参与权、选择权、监督权。

学校应当畅通食品安全投诉渠道，听取师生家长对食堂、外购食品以及其他有关食品安全的意见、建议。

第二十二条 鼓励学校参加食品安全责任保险。

第四章 食堂管理

第二十三条 有条件的学校应当根据需要设置食堂，为学生和教职工提供服务。

学校自主经营的食堂应当坚持公益性原则，不以营利为目的。实施营养改善计划的农村义务教育学校食堂不得对外承包或者委托经营。

引入社会力量承包或者委托经营学校食堂的，应当以招投标等方式公开选择依法取得食品经营许可、能承担食品安全责任、社会信誉良好的餐饮服务单位或者符合条件的餐饮管理单位。

学校应当与承包方或者受委托经营方依法签订合同，明确双方在食品安全与营养健康方面的权利和义务，承担管理责任，督促其落实食品安全管理制度、履行食品安全与营养健康责任。承包方或者受委托经营方应当依照法律、法规、规章、食品安全标准以及合同约定进行经营，对食品安全负责，并接受委托方的监督。

第二十四条 学校食堂应当依法取得食品经营许可证，严格按照食品经营许可证载明的经营项目进行经营，并在食堂显著位置悬挂或者摆放许可证。

第二十五条 学校食堂应当建立食品安全与营养健康状况自查制度。经营条件发生变化，不再符合食品安全要求的，学校食堂应当立即整改；有发生食品安全事故潜在风险的，应当立即停止食品经营活动，并及时向所在地食品安全监督管理部门和教育部门报告。

第二十六条 学校食堂应当建立健全并落实食品安全管理制度，按照规定制定并执行场所及设施设备清洗消毒、维修保养校验、原料采购至供餐全过程控制管理、餐具饮具清洗消毒、食品添加剂使用管理等食品安全管理制度。

第二十七条 学校食堂应当建立并执行从业人员健康管理制度和培训制度。患有国家卫生健康委规定的有碍食品安全疾病的人员，不得从事接触直接入口食品的工作。从事接触直接入口食品工作的从业人员应当每年进行健康检查，取得健康证明后方可上岗工作，必要时应当进行临时健康检查。

学校食堂从业人员的健康证明应当在学校食堂显著位置进行统一公示。

学校食堂从业人员应当养成良好的个人卫生习惯，加工操作直接入口食品前应当洗手消毒，进入工作岗位前应当穿戴清洁的工作衣帽。

学校食堂从业人员不得有在食堂内吸烟等行为。

第二十八条 学校食堂应当建立食品安全追溯体系，如实、准确、完整记录并保存食品进货查验等信息，保证食品可追溯。鼓励食堂采用信息化手段采集、留存食品经营信息。

第二十九条 学校食堂应当具有与所经营的食品品种、数量、供餐人数相适应的场所并保持环境整洁，与有毒、有害场所以及其他污染源保持规定的距离。

第三十条 学校食堂应当根据所经营的食品品种、数量、供餐人数，配备相应的设施设备，并配备消毒、更衣、盥洗、采光、照明、通风、防腐、防尘、防蝇、防鼠、防虫、洗涤以及处理废水、存放垃圾和废弃物的设备或者设施。就餐区或者就餐区附近应当设置供用餐者清洗手部以及餐具、饮具的用水设施。

食品加工、贮存、陈列、转运等设施设备应当定期维护、清洗、消毒；保温设施及冷藏冷冻设施应当定期清洗、校验。

第三十一条 学校食堂应当具有合理的设备布局和工艺流程，防止待加工食品与直接入口食品、原料与成品或者半成品交叉污染，避免食品接触有毒物、不洁物。制售冷食类食品、生食类食品、裱花蛋糕、现榨果蔬汁等，应当按照有关要求设置专间或者专用操作区，专间应当在加工制作前进行消毒，并由专人加工操作。

第三十二条 学校食堂采购食品及原料应当遵循安全、健康、符合营养需要的原则。有条件的地方或者学校应当实行大宗食品公开招标、集中定点采购制度，签订采购合同时应当明确供货者食品安全责任和义务，保证食品安全。

第三十三条 学校食堂应当建立食品、食品添加剂和食品相关产品进货查验记录制度，如实准确记录名称、规格、数量、生产日期或者生产批号、保质期、进货日期以及供货者名称、地址、联系方式等内容，并保留载有上述信息的相关凭证。

进货查验记录和相关凭证保存期限不得少于产品保质期满后六个月；没有明确保质期的，保存期限不得少于二年。食用农产品的记录和凭证保存期限不得少于六个月。

第三十四条 学校食堂采购食品及原料，应当按照下列要求查验许可相关文件，并留存加盖公章（或者签字）的复印件或者其他凭证：

（一）从食品生产者采购食品的，应当查验其食品生产许可证和产品合格证明文件等；

（二）从食品经营者（商场、超市、便利店等）采购食品的，应当查验其食品经营许可证等；

（三）从食用农产品生产者直接采购的，应当查验并留存其社会信用代码或者身份证复印件；

（四）从集中交易市场采购食用农产品的，应当索取并留存由市场开办者或者经营者加盖公章（或者负责人签字）的购货凭证；

（五）采购肉类的应当查验肉类产品的检疫合格证明；采购肉类制品的应当查验肉类制品的检验合格证明。

第三十五条 学校食堂禁止采购、使用下列食品、食品添加剂、食品相关产品：

（一）超过保质期的食品、食品添加剂；

（二）腐败变质、油脂酸败、霉变生虫、污秽不洁、混有异物、掺假掺杂或者感官性状异常的食品、食品添加剂；

（三）未按规定进行检疫或者检疫不合格的肉类，或者未经检验或者检验不合格的肉类制品；

（四）不符合食品安全标准的食品原料、食品添加剂以及消毒剂、洗涤剂等食品相关产品；

（五）法律、法规、规章规定的其他禁止生产经营或者不符合食品安全标准的食品、食品添加剂、食品相关产品。

学校食堂在加工前应当检查待加工的食品及原料，发现有前款规定情形的，不得加工或者使用。

第三十六条 学校食堂提供蔬菜、水果以及按照国际惯例或者民族习惯需要提供的食品应当符合食品安全要求。

学校食堂不得采购、贮存、使用亚硝酸盐（包括亚硝酸钠、亚硝酸钾）。

中小学、幼儿园食堂不得制售冷荤类食品、生食类食品、裱花蛋糕，不得加工制作四季豆、鲜黄花菜、野生蘑菇、发芽土豆等高风险食品。省、自治区、直辖市食品安全监督管理部门可以结合实际制定本地区中小学、幼儿园集中用餐不得制售的高风险食品目录。

第三十七条 学校食堂应当按照保证食品安全的要求贮存食品，做到通风换气、分区分架分类、离墙离地存放、防蝇防鼠防虫设施完好，并定期检查库存，及时清理变质或者超过保质期的食品。

贮存散装食品，应当在贮存位置标明食品的名称、生产日期或者生产批号、保质期、生产者名称以及联系方式等内容。用于保存食品的冷藏冷冻设备，应当贴有标识，原料、半成品和成品应当分柜存放。

食品库房不得存放有毒、有害物品。

第三十八条 学校食堂应当设置专用的备餐间或者专用操作区，制定并在显著位置公示人员操作规范；备餐操作时应当避免食品受到污染。食品添加剂应当专人专柜（位）保管，按照有关规定做到标识清晰、计量使用、专册记录。

学校食堂制作的食品在烹饪后应当尽量当餐用完，需要熟制的食品应当烧熟煮透。需要再次利用的，应当按照相关规范采取热藏或者冷藏方式存放，并在确认没有腐败变质的情况下，对需要加热的食品经高温彻底加热后食用。

第三十九条 学校食堂用于加工动物性食品原料、植物性食品原料、水产品原料、半成品或者成品等的容器、工具应当从形状、材质、颜色、标识上明显区分，做到分开使用，固定存放，用后洗净并保持清洁。

学校食堂的餐具、饮具和盛放或者接触直接入口食品的容器、工具，使用前应当洗净、消毒。

第四十条 中小学、幼儿园食堂应当对每餐次加工制作的每种食品成品进行留样，每个品种留样量应当满足检验需要，不得少于125克，并记录留样食品名称、留样量、留样时间、留样人员等。留样食品应当由专柜冷藏保存48小时以上。

高等学校食堂加工制作的大型活动集体用餐，批量制售的热食、非即做即售的热食、冷食类食品、生食类食品、裱花蛋糕应当按照前款规定留样，其他加工食品根据相关规定留样。

第四十一条　学校食堂用水应当符合国家规定的生活饮用水卫生标准。

第四十二条　学校食堂产生的餐厨废弃物应当在餐后及时清除，并按照环保要求分类处理。

食堂应当设置专门的餐厨废弃物收集设施并明显标识，按照规定收集、存放餐厨废弃物，建立相关制度及台账，按照规定交由符合要求的生活垃圾运输单位或者餐厨垃圾处理单位处理。

第四十三条　学校食堂应当建立安全保卫制度，采取措施，禁止非食堂从业人员未经允许进入食品处理区。

学校在校园安全信息化建设中，应当优先在食堂食品库房、烹饪间、备餐间、专间、留样间、餐具饮具清洗消毒间等重点场所实现视频监控全覆盖。

第四十四条　有条件的学校食堂应当做到明厨亮灶，通过视频或者透明玻璃窗、玻璃墙等方式，公开食品加工过程。鼓励运用互联网等信息化手段，加强对食品来源、采购、加工制作全过程的监督。

第五章　外购食品管理

第四十五条　学校从供餐单位订餐的，应当建立健全校外供餐管理制度，选择取得食品经营许可、能承担食品安全责任、社会信誉良好的供餐单位。

学校应当与供餐单位签订供餐合同（或者协议），明确双方食品安全与营养健康的权利和义务，存档备查。

第四十六条　供餐单位应当严格遵守法律、法规和食品安全标准，当餐加工，并遵守本规定的要求，确保食品安全。

第四十七条　学校应当对供餐单位提供的食品随机进行外观查验和必要检验，并在供餐合同（或者协议）中明确约定不合格食品的处理方式。

第四十八条　学校需要现场分餐的，应当建立分餐管理制度。在教室分餐的，应当保障分餐环境卫生整洁。

第四十九条　学校外购食品的，应当索取相关凭证，查验产品包装标签，查看生产日期、保质期和保存条件。不能即时分发的，应当按照保证食品安全的要求贮存。

第六章　食品安全事故调查与应急处置

第五十条　学校应当建立集中用餐食品安全应急管理和突发事故报告制度，制定食品安全事故处置方案。发生集中用餐食品安全事故或者疑似食品安全事故时，应当立即采取下列措施：

（一）积极协助医疗机构进行救治；

（二）停止供餐，并按照规定向所在地教育、食品安全监督管理、卫生健康等部门报告；

（三）封存导致或者可能导致食品安全事故的食品及其原料、工具、用具、设备设施和现场，并按照食品安全监督管理部门要求采取控制措施；

（四）配合食品安全监管部门进行现场调查处理；

（五）配合相关部门对用餐师生进行调查，加强与师生家长联系，通报情况，做好沟通引导工作。

第五十一条　教育部门接到学校食品安全事故报告后，应当立即赶往现场协助相关部门进行调查处理，督促学校采取有效措施，防止事故扩大，并向上级人民政府教育部门报告。

学校发生食品安全事故需要启动应急预案的，教育部门应当立即向同级人民政府以及上一级教育部门报告，按照规定进行处置。

第五十二条　食品安全监督管理部门会同卫生健康、教育等部门依法对食品安全事故进行调查处理。

县级以上疾病预防控制机构接到报告后应当对事故现场进行卫生处理，并对与事故有关的因素开展流行病学调查，及时向同级食品安全监督管理、卫生健康等部门提交流行病学调查报告。

学校食品安全事故的性质、后果及其调查处理情况由食品安全监督管理部门会同卫生健康、教育等部门依法发布和解释。

第五十三条　教育部门和学校应当按照国家食品安全信息统一公布制度的规定建立健全学校食品安全信息公布机制，主动关注涉及本地本校食品安全舆情，除由相关部门统一公布的食品安全信息外，应当准确、及时、客观地向社会发布相关工作信息，回应社会关切。

第七章　责任追究

第五十四条　违反本规定第二十五条、第二十六条、第二十七条第一款、第三十三条，以及第三十四条第（一）项、第（二）项、第（五）项，学校食堂（或者供餐单位）未按规定建立食品安全管理制度，或者未按规定制定、实施餐饮服务经营过程控制要求的，由县级以上人民政府食品安全监督管理部门依照食品安全法第一百二十六条第一款的规定处罚。

违反本规定第三十四条第（三）项、第（四）项，学校食堂（或者供餐单位）未查验或者留存食用农产品生产者、集中交易市场开办者或者经营者的社会信用代码或者身份证复印件或者购货凭证、合格证明文件的，由县级以上人民政府食品安全监督管理部门责令改正；拒不改正的，给予警告，并处5000元以上3万元以下罚款。

第五十五条　违反本规定第三十六条第二款，学校食堂（或者供餐单位）采购、贮存亚硝酸盐（包括亚硝酸钠、亚硝酸钾）的，由县级以上人民政府食品安全监督管理部门责令改正，给予警告，并处5000元以上3万元以下罚款。

违反本规定第三十六条第三款，中小学、幼儿园食堂（或者供餐单位）制售冷荤类食品、生食类食品、裱花蛋糕，或者加工制作四季豆、鲜黄花菜、野生蘑菇、发芽土豆等高风险食品的，由县级以上人民政府食品安全监督管理部门责令改正；拒不改正的，给予警告，并处5000元以上3万元以下罚款。

第五十六条　违反本规定第四十条，学校食堂（或者供餐单位）未按要求留样的，由县级以上人民政府食品安全监督管理部门责令改正，给予警告；拒不改正的，处5000元以上3万元以下罚款。

第五十七条　有食品安全法以及本规定的违法情形，学校未履行食品安全管理责任，由县级以上人民政府食品安全管理部门会同教育部门对学校主要负责人进行约谈，由学校主管教育部门视情节对学校直接负责的主管人员和其他直接责任人员给予相应的处分。

实施营养改善计划的学校违反食品安全法律法规以及本规定的，应当从重处理。

第五十八条　学校食品安全的相关工作人员、相关负责人有下列行为之一的，由学校主管教育部门给予警告或者记过处分；情节较重的，应当给予降低岗位等级或者撤职处分；情节严重的，应当给予开除处分；构成犯罪的，依法移送司法机关处理：

（一）知道或者应当知道食品、食品原料劣质或者不合格而采购的，或者利用工作之便以其他方式谋取不正当利益的；

（二）在招投标和物资采购工作中违反有关规定，造成不良影响或者损失的；

（三）怠于履行职责或者工作不负责任、态度恶劣，造成不良影响的；

（四）违规操作致使师生人身遭受损害的；

（五）发生食品安全事故，擅离职守或者不按规定报告、不采取措施处置或者处置不力的；

（六）其他违反本规定要求的行为。

第五十九条　学校食品安全管理直接负责的主管人员和其他直接责任人员有下列情形之一的，由学校主管教育部门会同有关部门视情节给予相应的处分；构成犯罪的，依法移送司法机关处理：

（一）隐瞒、谎报、缓报食品安全事故的；

（二）隐匿、伪造、毁灭、转移不合格食品或者有关证据，逃避检查、使调查难以进行或者责任难以追究的；

（三）发生食品安全事故，未采取有效控制措施、组织抢救工作致使食物中毒事态扩大，或者未配合有关部门进行食物中毒调查、保留现场的；

（四）其他违反食品安全相关法律法规规定的行为。

第六十条　对于出现重大以上学校食品安全事故的地区，由国务院教育督导机构或者省级人民政府教育督导机构对县级以上地方人民政府相关负责人进行约谈，并依法提请有关部门予以追责。

第六十一条　县级以上人民政府食品安全监督管理、卫生健康、教育等部门未按照食品安全法等法律法规以及本规定要求履行监督管理职责，造成所辖区域内学校集中用餐发生食品安全事故的，应当依据食品安全法和相关规定，对直接负责的主管人员和其他直接责任人员，给予相应的处分；构成犯罪的，依法移送司法机关处理。

第八章 附 则

第六十二条 本规定下列用语的含义：

学校食堂，指学校为学生和教职工提供就餐服务，具有相对独立的原料存放、食品加工制作、食品供应及就餐空间的餐饮服务提供者。

供餐单位，指根据服务对象订购要求，集中加工、分送食品但不提供就餐场所的食品经营者。

学校食堂从业人员，指食堂中从事食品采购、加工制作、供餐、餐饮具清洗消毒等与餐饮服务有关的工作人员。

现榨果蔬汁，指以新鲜水果、蔬菜为主要原料，经压榨、粉碎等方法现场加工制作的供消费者直接饮用的果蔬汁饮品，不包括采用浓浆、浓缩汁、果蔬粉调配成的饮料。

冷食类食品、生食类食品、裱花蛋糕的定义适用《食品经营许可管理办法》的有关规定。

第六十三条 供餐人数较少，难以建立食堂的学校，以及以简单加工学生自带粮食、蔬菜或者以为学生热饭为主的小规模农村学校的食品安全，可以参照食品安全法第三十六条的规定实施管理。

对提供用餐服务的教育培训机构，可以参照本规定管理。

第六十四条 本规定自2019年4月1日起施行，2002年9月20日教育部、原卫生部发布的《学校食堂与学生集体用餐卫生管理规定》同时废止。

教育部关于加强和规范普通本科高校实习管理工作的意见

教高函〔2019〕12号

各省、自治区、直辖市教育厅（教委），新疆生产建设兵团教育局，有关部门（单位）教育司（局），部属各高等学校、部省合建各高等学校：

加强大学生实践能力、创新精神和社会责任感的培养，是提高高等教育人才培养质量的重要内容。实习是高校实践教学的重要环节之一。近年来，在高校和政府机关、企事业单位和社会团体等用人单位共同努力下，产学研融合不断深入，大学生实习工作稳定开展、质量稳步提高。同时，部分高校对实习不够重视、实习经费投入不足、实习基地建设不规范、实习组织管理不到位等现象仍然存在，在一定程度上影响了人才培养质量整体提升。为进一步提高实习质量，切实维护学生、学校和实习单位的合法权益，现就加强和规范普通本科高校实习管理工作提出以下意见。

一、充分认识实习的意义和要求

1. 充分认识实习的意义。实习是人才培养的重要组成部分，是深化课堂教学的重要环节，是学生了解社会、接触生产实际，获取、掌握生产现场相关知识的重要途径，在培养学生实践能力、创新精神，树立事业心、责任感等方面有着重要作用。

2. 准确把握新时代实习的要求。当前，新一轮科技革命和产业革命奔腾而至，正在迅速改变着生产模式和生活模式。以数字化、网络化、智能化、绿色化为代表的新型生产方式，对产业运营、人力资源组织管理提出了新的要求。高校必须坚持以本为本、落实四个回归，积极应变、主动求变，把实习摆在更加重要的位置，加强实习教学改革与研究，健全实习教学体系、规范实习安排、加强条件保障和组织管理，切实加强和规范实习工作，确保人才培养质量不断提升。

二、规范实习教学安排

3. 加强实习教学体系建设。高校要根据《普通高等学校本科专业类教学质量国家标准》和相关政策对实践教学的基本要求，结合专业特点和人才培养目标，系统设计实习教学体系，制定实习大纲，健全实习质量标准，科学安排实习内容。鼓励根据实习单位实际工作需求凝练实习项目，开展研究性实习，推动多专业知识能力交叉融合。

4. 合理安排实习组织形式。高校要根据专业特点和实习内容，确定实习的组织形式。各类实习原则上由学校统一组织，开展集中实习。根据专业特点，毕业实习、顶岗实习可以允许学生自行选择单位分散实习。对分散实习的学生，要严格实习基地条件、实习内容的审核，加强实习过程指导和管理，确保实习质量。

5. 科学制订实习方案。高校要根据实习内容，按照就地就近、相对稳定、节省经费的原则，选择专业对口、设施完备、技术先进、管理规范、符合安全生产等法律法规要求的单位进行实习。要打破理论教学固化安排，根据单位生产实际和接收能力，错峰灵活安排实习时间，合理确定实习流程。

6. 选好配强实习指导教师。高校和实习单位应当分别选派经验丰富、业务素质好、责任心强、安全防范意识高的教师和技术人员全程管理、指导学生实习。对自行选择单位分散实习的学生，也要安排校内教师跟踪指导。高校要根据实习教学指导和管理需要，合理确定校内指导教师与实习学生的比例。

三、加强实习组织管理

7. 抓好实习的组织实施。高校应当会同实习单位共同制订实习计划，明确实习目标、任务、考核标准等，共同组织实施学生实习。实习指导教师要做好实习学生的培训，现场跟踪指导学生实习工作，检查学生实习情况，及时处理实习中出现的问题，做好实习考核。严禁委托中介机构或者个人代为组织和管理学生实习工作。

8. 明晰各方的权利义务。高校在确定实习单位前须进行实地考察评估，确定满足实习条件后，应与实习单位签订合作协议，明确双方的权利、义务以及管理责任。未按规定签订合作协议的，不得安排学生实习。

9. 加强学生教育管理。高校要做好学生的安全和纪律教育及日常管理。实习单位要做好学生的安全生产、职业道德教育。学生应当尊重实习指导教师和现场技术人员，遵守学校和实习单位的规章制度和劳动纪律，保守实习单位秘密，服从现场教育管理。

10. 做好学生权益保障。高校和实习企业要为学生提供必要的条件及安全健康的环境，不得安排学生到娱乐性场所实习，不得违规向学生收取费用，不得扣押学生财物和证件。实习前，高校应当为学生购买实习责任险或人身伤害意外险。

11. 加强跟岗、顶岗实习管理。跟岗、顶岗实习是培养应用型人才必不可少的实践环节，各高校要科学组织，依法实施。严格学校、实习单位、学生三方实习协议的签订，明确各自的权利义务和责任。严格遵守工作时间和休息休假的规定，除临床医学等相关专业及实习岗位有特殊要求外，每天工作时间不得超过8小时、每周工作时间不得超过44小时，不得安排加班和夜班。要保障顶岗实习学生获得合理报酬的权益，劳动报酬原则上不低于相同岗位试用期工资标准的80%。要保障未成年人的合法权益，不得安排未满16周岁的学生顶岗实习。

四、强化实习组织保障

12. 健全工作责任体系。高校是实习管理的主体，学校党政主要负责人是第一责任人，要负责建立实习运行保障体系。教务部门是实习管理的责任部门，要组织开展实习教学改革与研究，建立健全实习管理制度，明确相关部门工作职责和工作流程，做好实习工作的检查督导。各教学单位要会同实习单位落实管理责任，加强实习组织管理，做好安全及其它突发事件的风险处置。

13. 加强实习基地建设。高校要不断深化产教融合，大力推动实习基地建设，鼓励建设满足多专业实习需求的综合性、开放共享型实习基地。要加强实习基地质量建设，充分发挥国家级工程实践教育中心等高水平实习基地的示范引领作用，以国家级、省级一流专业建设带动一流实习基地建设。要结合实习基地条件和实习效果，对实习基地进行动态调整。

14. 推进实习信息化建设。支持有条件的省级教育行政部门和高校加强实习信息化建设，建立实习信息化管理平台，实现校企双方的实习需求信息对接，加强实习全过程管理。支持高校加强现代信息技术、虚拟仿真技术在实习中的应用，鼓励开发相应的虚拟仿真项目替代因生产技术、工艺流程等因素限制无法开展的现场实习。

15. 加大实习经费投入。高校要加大实习经费投入，确保实习基本需求。要积极争取实习单位支持，降低实习成本，确保实习质量。

16. 加强实习工作监管。省级教育行政部门要加强对高校实习工作的监管，重点监督高校本科生培养方案中实习环节设置是否科学合理、实习组织管理是否规范、学生安全和正当权益是否得到保障、实习经费是否充足、实习效果是否达到预定目标等。对实习工作扎实、实习教学改革与研究成效显著的高校予以表彰。对实习过程中存在的违规行为及时查处，对监管不力、问题频发、社会反响强烈的学校和地方，要约谈相关负责人，督促其落实主体责任，并在一定范围内进行通报批评。

教育部
2019年7月10日

教育部办公厅关于进一步支持高校校园实体书店发展的指导意见

教发厅〔2019〕6号

各省、自治区、直辖市教育厅（教委），新疆生产建设兵团教育局，部属各高等学校、部省合建各高等学校：

中央宣传部、国家新闻出版广电总局、教育部等11部委联合印发《关于支持实体书店发展的指导意见》（新广出发〔2016〕46号，以下简称《指导意见》）以来，在各有关部门的支持下，高校校园实体书店得到了一定的发展。但是受移动互联网发展带来的数字阅读和网络购书的冲击，部分校园实体书店仍然经营困难。为贯彻落实党中央、国务院有关部署要求，进一步支持高校校园实体书店建设和健康发展，现提出以下指导意见。

一、深刻认识进一步支持校园实体书店发展的重要意义。校园实体书店是高校重要的文化设施和文明载体，在传播先进文化、推动全民阅读、建设书香校园、促进学生全面成长成才等方面具有十分重要的作用。把支持校园实体书店高质量发展摆在高校思想政治和校园文化建设的重要位置，是贯彻全国宣传思想工作会议、全国教育大会精神的重要举措，对于高校落实“三全育人”职能，培养德智体美劳全面发展的社会主义建设者和接班人具有重要的现实意义。各地要加强领导，指导高校根据本校实际，建立健全由学校领导牵头，宣传、资产、财务等多部门协同的工作机制，明确任务分工，细化落实各项支持措施。

二、明确校园实体书店发展的总体要求和目标。各地各高校要以习近平新时代中国特色社会主义思想为指导，以社会主义核心价值观为引领，牢记立德树人根本任务，坚持把社会效益放在首位，兼顾校园实体书店文化服务和产业经营的双重属性，以改革创新提升市场活力，以多元发展增强经营能力，加大政策扶持和引导力度，实现社会效益和经济效益相统一。各高校应至少有一所图书经营品种、规模与本校特点相适应的校园实体书店，没有的应尽快补建，基本形成全国高校校园实体书店的发展与全社会实体书店的总体布局、服务功能相匹配，主业突出、各具特色、多元经营的良好格局，更好地满足高校校园日益增长的多样文化需求。

三、加强校园实体书店的建设规划和扶持力度。各高校要将校园实体书店纳入校园建设总体规划，综合考虑校园面积、功能分区、人流分布、交通便捷等因素，为校园实体书店提供规模适度、位置适当的经营空间。大学城和高教园区所在地教育主管部门要积极协调相关部门，统筹规划所辖区域校园实体书店的布局，鼓励资源共享。高校要积极提供便利条件，从场地租金、水电费等日常运营费用方面对校园实体书店给予必要的减免优惠，根据实际情况在设备设施投入方面给予一定的支持，以保证校园书店服务功能的稳定性和长效运营，对长期坚持立足校园、服务师生的优秀校园实体书店给予奖励。同时，各地要支持、指导符合条件的校园实体书店积极争取扶持政策和专项支持资金。

四、引导校园实体书店丰富产品和服务供给。各地各高校要推动校园实体书店不断加大优秀出版物供给，发挥实体书店传播先进文化阵地作用，采购供应宣传党的理论和路线方针政策的重点出版物、提高师生专业知识和综合素质的优秀出版物。鼓励校园实体书店针对本校学科专业特点和师生实际需求向“专、精、特、新”方向发展，强化专业、特色服务，做精做大细分市场。要积极引导、加强协调、提供条件，支持有条件的校园实体书店依法依规开展二手图书的回收与经营，为促进资源节约和循环利用，创建“绿色学校”和“无废城市”作出积极贡献。指导校园实体书店把好选书关，确保正确导向，提升图书品位，引导读者健康阅读。

五、打造开放多元、特色鲜明的校园实体书店。充分调动社会企业、社会资本进校开办实体书店的积极性，支持有品牌优势的连锁书店进校园做优做强，鼓励多元业态、多种所有制良性竞争，不断提升校园实体书店的创新力和竞争力。积极引导和支持校园实体书店在经营模式、空间布局和环境营造方面科学调整，打造特色鲜明的校园文化空间。支持校园实体书店积极承担政府和高校文化建设相关工作，开展读书会、学术沙龙等多种形式的读书文化活动，努力探索把校园实体书店建设成集图书销售、阅读学习、展示交流、聚会休闲、创意生活等多功能于一体的复合式校园文化活动场所。鼓励校园实体书店参与文化扶贫和其他社会公益活动。

六、促进校园实体书店与图书馆、出版社和后勤服务实体互动合作。鼓励高校图书馆、出版社与校园实体书店信息互通、资源共享，准确掌握师生需求，利用好图书馆资源优势拓展实体书店经营空间。鼓励高校出版社开办“前店后厂”式的读者服务场所，支持高校出版社的读者服务部、教材代办站拓展经营范围，改善设施环境，提升服务能力。支持校园实体书店与后勤服务实体共建书香餐厅、公寓书屋等，将图书展示、阅读、销售与学生生活服务深度融合，共同打造校园书香生活产品和环境。

七、促进校园实体书店提升信息化经营管理水平。支持校园实体书店积极应对移动互联网时代数字阅读和网购图书的冲击，在发挥实体书店不可替代的空间优势的同时，充分利用互联网、人工智能等新兴技术手段，拓展网络发行销售业务，推动实体书店通过电子商务平台开展“网订店送”和“网订店取”等形式的图书配送业务，实现线上线下精准对接、融合经营、协调发展；鼓励实体书店推进数字化、智能化升级改造，增强店面展示功能。力争到2020年底，在全国范围打造一批独具高校特色的“校园智慧书店”。

八、支持校园实体书店与勤工助学和创新创业工作相结合。各地各高校要积极落实国务院关于做好新形势下就业创业工作的意见和大力推进大众创业万众创新的政策措施，支持校园实体书店为大学生提供勤工助学岗位，支持将校园实体书店建设纳入大学生创业引领计划，鼓励高校毕业生自主创办校园实体书店。为在校大学生提供一定数量勤工俭学、实习实训和创业机会的校园实体书店，高校要指导和帮助其争取相关创业扶持政策。

九、严格规范校园图书经营秩序。各地各高校要积极配合有关部门加强对校园实体书店的监督管理，引导校园实体书店完善诚信体系建设，坚决打击侵权盗版、制售非法出版物等违法违规行为。配合有关部门进一步规范图书市场秩序，完善图书市场价格管理机制，打击恶意打折、无序竞争行为，为校园实体书店发展营造公平有序的市场环境。

教育部办公厅
2019年7月17日

教育部　财政部关于印发《本专科生国家奖学金评审办法》的通知

教财函〔2019〕105号

各省、自治区、直辖市教育厅（教委）、财政厅（局），各计划单列市教育局、财政局，新疆生产建设兵团教育局、财政局，有关部门（单位）教育司（局）、财务司（局），中央部门所属各高等学校：

为进一步规范本专科生国家奖学金评审工作，确保评审工作公平、公正、公开，根据学生资助管理有关规定，教育部、财政部研究制定了《本专科生国家奖学金评审办法》，现印发给你们，请遵照执行。

教育部　财政部

2019年9月18日

本专科生国家奖学金评审办法

第一条　为规范本专科生国家奖学金评审工作，保证评审工作的公正、公平、公开，根据学生资助管理有关规定，制定本办法。

第二条　教育部、财政部成立评审领导小组，设立评审委员会。评审领导小组由教育部、财政部有关负责人组成，全面领导评审工作，研究决定有关评审工作的重大事项，负责聘请评审委员会组成人员，批准评审委员会提交的本专科生国家奖学金评审意见。

评审委员会由具有代表性的管理人员、专家学者和学生代表组成，负责组织评审工作，向评审领导小组提出本专科生国家奖学金评审意见。根据评审工作需要，评审委员会下可设立若干评审工作小组，负责具体评审工作。

第三条　评审工作按下列程序进行：

（一）召开预备会。评审领导小组主持预备会，向评审委员会介绍有关情况，提出评审工作要求。

（二）开展评审工作。评审委员会组织评审工作小组对各单位上报的评审材料进行书面审查，提出评审意见。

（三）形成评审报告。评审工作小组完成评审工作后，由评审委员会汇总各评审工作小组的评审意见，讨论形成评审报告。

（四）审定评审报告。评审报告经评审委员会主任委员签字同意，报评审领导小组审定。

（五）公布评审结果。评审领导小组审定同意后，由教育部公告获奖学生名单。

第四条　评审的内容主要包括：

（一）材料的完整性。主要是指上报的材料是否及时、齐全、完备。

（二）程序的规范性。主要是指本专科生国家奖学金初评和审核工作是否符合规定程序。

（三）条件的相符性。主要是指入选学生的综合表现是否符合申请条件。

第五条　国家奖学金评审坚持公平、公正、公开、择优的原则，实行等额评审，每学年评审一次。

第六条　申请国家奖学金的基本条件：

（一）具有中华人民共和国国籍；

（二）热爱社会主义祖国，拥护中国共产党的领导；

（三）遵守宪法和法律，遵守学校规章制度；

（四）诚实守信，道德品质优良；

（五）在校期间学习成绩优异，创新能力、社会实践、综合素质等方面特别突出。

第七条 在符合基本条件的前提下，申请人还应满足以下具体条件：

（一）年级要求：二年级及以上年级本专科学生方可申请本专科生国家奖学金。特殊学制的学生，根据当年所修课程层次确定参与相应学段的国家奖学金评定，原则上从入学第六年开始不再具备本专科生国家奖学金申请资格。

（二）成绩要求：学习成绩排名与综合考评成绩排名均位于前10%（含10%）的学生，可以申请本专科生国家奖学金。学习成绩排名和综合考评成绩排名没有进入前10%，但达到前30%（含30%）的学生，如在其他方面表现非常突出，也可申请本专科生国家奖学金，但需提交详细的证明材料，证明材料须经学校审核盖章确认。

其他方面表现非常突出是指在道德风尚、学术研究、学科竞赛、创新发明、社会实践、社会工作、体育竞赛、艺术展演等某一方面表现特别优秀。具体是指：

1. 在社会主义精神文明建设中表现突出，具有见义勇为、助人为乐、奉献爱心、服务社会、自立自强的实际行动，在本校、本地区产生重大影响，在全国产生较大影响，有助于树立良好的社会风尚。

2. 在学术研究上取得显著成绩，以第一作者发表的通过专家鉴定的高水平论文，以第一、二作者出版的通过专家鉴定的学术专著。

3. 在学科竞赛方面取得显著成绩，在国际和全国性专业学科竞赛、课外学术科技竞赛、中国“互联网+”大学生创新创业大赛、全国职业院校技能大赛等竞赛中获一等奖（或金奖）及以上奖励。

4. 在创新发明方面取得显著成绩，科研成果获省、部级以上奖励或获得通过专家鉴定的国家专利（不包括实用新型专利、外观设计专利）。

5. 在体育竞赛中取得显著成绩，为国家争得荣誉。非体育专业学生参加省级以上体育比赛获得个人项目前三名，集体项目前二名；高水平运动员参加国际和全国性体育比赛获得个人项目前三名、集体项目前二名。集体项目应为上场主力队员。

6. 在艺术展演方面取得显著成绩，参加全国大学生艺术展演获得一、二等奖，参加省级艺术展演获得一等奖；艺术类专业学生参加国际和全国性比赛获得前三名。集体项目应为主要演员。

7. 获全国十大杰出青年、中国青年五四奖章、中国大学生年度人物等全国性荣誉称号。

8. 其他应当认定为表现非常突出的情形。

第八条 各地各校要根据本办法，制定评审实施方案，成立本专科生国家奖学金评审领导小组，设立评审委员会。本专科生国家奖学金评审领导小组由各单位分管领导任组长，相关部门负责人为成员，全面领导评审工作。评审委员会由具有代表性的管理人员、专家学者和学生代表组成，具体负责评审工作，向评审领导小组提出本专科生国家奖学金评审意见。评审领导小组和评审委员会可根据本单位具体情况合并设立。

第九条 高校学生资助管理机构具体负责组织评审工作，提出本校当年本专科生国家奖学金获奖学生建议名单，报学校评审领导小组审定后，在校内进行不少于5个工作日的公示。

公示无异议后，每年10月31日前，中央高校将评审结果报中央主管部门，同时抄送全国学生资助管理中心。地方高校将评审结果逐级报至省级教育行政部门。中央主管部门和省级教育行政部门审核、汇总后，于当年11月10日前统一报教育部审批。

第十条 本办法由教育部、财政部负责解释。

第十一条 本办法自印发之日起施行。《教育部 财政部关于印发〈国家奖学金评审办法〉的通知》（教财〔2007〕24号）、《教育部办公厅关于进一步规范普通高校国家奖学金评审与材料填报工作的通知》（教财厅函〔2010〕16号）同时废止。

教育部中央军委国防动员部关于印发《普通高等学校军事课建设标准》的通知

教体艺〔2019〕4号

各省、自治区、直辖市教育厅(教委),新疆生产建设兵团教育局,各军兵种、武警部队参谋部,各省军区(卫戍区、警备区),教育部直属各高等学校、部省合建各高等学校:

根据《中华人民共和国国防法》《中华人民共和国兵役法》《中华人民共和国教育法》,为全面贯彻党的教育方针和新时代军事战略方针,适应立德树人根本任务和强军目标根本要求,服务军民融合发展战略实施和国防后备力量建设,以提升学生国防意识和军事素养为重点,进一步加强普通高等学校军事课的宏观指导,规范组织管理、教学管理、队伍管理和学科建设,教育部、中央军委国防动员部联合制订了《普通高等学校军事课建设标准》,现印发给你们,请遵照执行。

教育部　中央军委国防动员部

2019年9月27日

普通高等学校军事课建设标准

一级指标	二级指标	三级指标	指标类型
基本原则	党的领导	坚持党对学生军事训练工作的绝对领导,确保军事课建设的正确方向,确保我党我军优良传统和红色基因在军事课教学中赓续传承。	A
	军民融合	落实军民融合深度发展国家战略,发挥军地结合优势,共建共享资源,确保军事课建设各项任务落细落小落实。	A
	集约高效	遵循教育教学规律和学生成长规律,整合军地教学训练资源,创新组训模式方法,全面提高学校军事课建设质量效益。	A
	依法治教	依法落实主体责任,确保按纲施教、依法治教,不断提高军事课建设规范化和科学化水平。	A
组织管理	领导体制	1. 学校要把军事课建设纳入党委常委会议或校长办公会议议事日程,建立健全党委领导、校长负责、党政分工落实的军事课建设管理体制。	A
		2. 学校教务、人事、财务、科研、规划、学科、学工等有关职能部门分工负责,确保军事课教学、师资、经费、科研、规划、学科建设等全面落地落实。	A
	工作机制	1. 学校党委(常委)会议或校长办公会根据需要定期召开会议研究军事课建设工作,听取军事课教学科研、管理机构意见,分析军事课发展形势,解决军事课建设中出现的问题。	A
		2. 军事课要纳入普通高等学校人才培养体系,列入学校人才培养方案和教学计划。	A
		3. 按照教育部和中央军委国防动员部有关要求,及时呈报《军事技能》训练所需承训力量,按照教育部门和属地军事职能部门安排计划,组织做好《军事技能》训练工作。	B
	机构建设	1. 学校应明确承担学生军事训练教学科研工作的机构,配齐配强工作人员,提升教学科研质量。	A
		2. 军事课教学科研和管理机构的房屋使用和设备配置等,与校内其他教学科研和管理机构同等对待。针对军事课建设的特殊性,加强军事教研室(部)图书资料室、专用教室建设。	B
	经费保障	落实军事课经费,按照国家生均定额拨款要求,足额保障军事课教学、科研、训练经费。	B
	组训保障	加强军事课场地和装备器材保障,场地配置和器材性能由属地军事职能部门指导把关,军民通用装备器材由学校保障。	B

续表

一级指标	二级指标	三级指标	指标类型
教学管理	课程设置	1. 军事课设《军事理论》和《军事技能》，为必修课程。	A
		2. 军事课实行学分制管理。《军事理论》教学时数36学时，记2学分。	A
		3.《军事技能》训练时间2–3周，实际训练时间不得少于14天112学时，记2学分。	A
		4. 学校要严格按纲施教、施训和考核，严禁以任何理由和方式调减、占用教学、训练内容和时数。	A
	教材使用	建立军事课教材国家准入制度，规范军事课教材编写、审查、选用。高校选用国家准入教材，确保教材的政治性、科学性。	A
	教学方式	1. 坚持课堂教学和教师面授在军事课教学中的主渠道作用，重视信息技术、多媒体技术和慕课、微课、视频公开课等在线课程应用，不得以慕课等在线形式整体代替正常的课堂授课。	B
		2.《军事理论》教学进入正常授课课堂，实行小班授课，严禁以集中讲座等形式替代课堂教学。	B
		3.《军事技能》训练应坚持按纲施训、依法治训原则，积极推广仿真训练和模拟训练，严禁违规开展商业化运营和市场化运作。	B
		4. 结合各地爱国主义教育基地资源，组织学生现地教学。	C
		5. 积极组织参加国家、省学生军事训练营、军事课教学检验等，探索建立学生军事训练营地育人长效机制。	C
	教学研究	学校发布军事课教学研究计划，支持军事课教学研究，支持军事课教学研究成果申报国家、省（部）教学成果奖。	B
	考核评价	1. 军事课考核成绩记入学籍档案。	A
		2. 军事课建设纳入本科教学评价体系。	A
队伍管理	政治方向	军事课教师具有很强的政治觉悟，思想上与党中央保持高度一致。	A
	师德师风	军事课教师具有良好的职业道德和学术修养，爱国守法、爱岗敬业。	A
	军事素养	军事课教师具有良好的军事知识储备，熟悉国防政策法规和军事思想，了解现代军事建设发展。	A
	师资配备	1. 普通高等学校应当根据军事课教学任务的需要，配备相应数量的军事课教师。	B
		2. 加强军事课兼职教师队伍建设，完善军事课兼职教师管理办法，落实军事课兼职教师经费。	B
	培养培训	1. 对军事课教师定期进行军事知识培训，鼓励军事课教师开展军事热点问题讲座、研讨。	C
		2. 军事课教师积极参加教育行政部门、军事机关组织的军事课教师研修或课程培训。	B
		3. 支持军事课教师攻读相关学科或方向的博士、硕士学位，提升军事课教师学历。	B
	职称待遇	1. 军事课教师职称评审纳入学校职称评审系列，根据军事课和军事课教师的特殊情况，实行分类评价，积极创造条件支持军事课教师职称晋升。	A
		2. 军事课教师在职称评聘、科研课题申报、课酬计算标准、福利待遇、奖励、评优评先、进修、培训等方面享受与其他学科教师同等待遇。	A
学科建设	学科点建设	根据本校学生军事教育相关学科的博士点、硕士点建设情况，在本校相关一级学科下建设学生军事教育博士、硕士二级学科点或在相关二级学科点下设立学生军事教育培养方向，加强学科建设。	B
	学术研究	积极申报国家、省、市各级各类军事教学科研课题，军事教学科研课题与其他学科课题同等对待。	B
	学术交流	积极支持本校军事课教师参加全国、省、市军事课相关领域学术会议，积极进行同行专业学术交流，提升学术研究能力。	B
	学术成果	在专业性期刊发表军事教学科研成果，出版论著，或向有关部门提交研究报告。	B

注：1. 指标分 A、B、C 三类。A 类为核心指标 21 项（每项 4 分），B 类为重点指标 16 项（每项 3 分），C 类为发展指标 3 项（每项 2 分），总计 40 项（138 分）。A 类指标完成 18 项（含）以上为合格。对于合格的普通高校，总分 80 分（含）–99（含）分为良好，100 分（含）以上为优秀。

2. 检查依据。校长办公会议有关文件和会议记录；教务处、人事处、科研处等有关教学文件、教学计划、师资配备、教学支持等档案和记录；专家实地考察座谈。

关于印发《生源地信用助学贷款风险补偿金管理办法》的通知

财教〔2022〕1号

各省、自治区、直辖市、计划单列市财政厅(局)、教育厅(局、教委),有关金融机构:

根据《财政部　教育部　人民银行　银保监会关于进一步完善国家助学贷款政策的通知》(财教〔2021〕164号)要求,我们对《财政部　教育部关于印发〈生源地信用助学贷款风险补偿金管理办法〉的通知》(财教〔2014〕16号)进行了修订。现将修订后的《生源地信用助学贷款风险补偿金管理办法》印发你们,请遵照执行。

附件

生源地信用助学贷款风险补偿金管理办法

第一条　为进一步落实生源地信用助学贷款风险补偿机制,充分发挥风险补偿金的风险防控和奖励引导作用,促进生源地信用助学贷款工作健康持续开展,制定本办法。

第二条　国家开发银行办理生源地信用助学贷款的风险补偿金管理适用本办法。

第三条　国家开发银行收到风险补偿金,应确认为递延收益,待核销生源地信用助学贷款损失时,计入当期损益;已核销的生源地信用助学贷款损失,以后又收回的,相应回拨递延收益。

风险补偿金若低于生源地信用助学贷款损失,不足部分由国家开发银行承担;若超出生源地信用助学贷款损失,超出部分由国家开发银行按规定进行结余奖励。

第四条　生源地信用助学贷款风险补偿金结余奖励资金管理办法由国家开发银行总行商全国学生资助管理中心制定,报财政部、教育部备案后执行。

第五条　生源地信用助学贷款风险补偿金结余奖励工作每年开展一次,以省(自治区、直辖市、计划单列市,以下统称省)为单位进行计算。

第六条　国家开发银行省级分行商省级学生资助管理中心确定年度结余奖励资金提取金额和分配方案,报省级财政部门、教育部门以及国家开发银行总行和全国学生资助管理中心备案。

第七条　国家开发银行省级分行根据备案后的分配方案将结余奖励资金分别拨付省级学生资助管理中心和县级学生资助管理中心。省级学生资助管理中心和县级学生资助管理中心应按规定纳税。

第八条　国家开发银行省级分行应于每年6月30日前,将上一年度风险补偿金结余奖励资金拨付到位。

第九条　省级学生资助管理中心和县级学生资助管理中心收到风险补偿金结余奖励资金,应专账核算、专款专用。

(一)省级学生资助管理中心用于弥补学生因死亡、失踪、丧失劳动力能力、丧失民事行为能力、家庭遭遇重大自然灾害、家庭成员患有重大疾病以及经济收入特别低确实无力归还生源地信用助学贷款所形成的风险。已由省级学生资助管理中心代偿的生源地信用助学贷款,承办银行不得重复核销损失。

(二)县级学生资助管理中心用于与生源地信用助学贷款管理工作直接相关的支出,包括宣传教育经费、办公设备购置经费、业务培训经费、交通费、住宿费、通讯费以及临时聘用人员劳务费等方面的支出。

第十条　结余奖励资金不得用于平衡预算、偿还债务、支付利息、对外投资等支出,不得用于工资、奖金、津贴补贴和福利支出,不得用于其他与国家助学贷款管理工作无关的支出。

第十一条　国家开发银行和相关学生资助管理中心要严格按照国家相关法规和本办法规定使用和管理生源地信用助学贷款风险补偿金,并自觉接受财政、审计、纪检监察等部门的监督和检查。

第十二条 每年1月31日前，国家开发银行总行应汇总分析上一年度风险补偿金使用管理情况，报送财政部、教育部并抄送全国学生资助管理中心。财政部、教育部将适时对风险补偿金使用管理情况开展专项检查或抽查。

第十三条 每年1月31日前，各省级学生资助管理中心应汇总分析上一年度风险补偿金结余奖励资金使用情况，包括资金总额、分配情况、县级学生资助管理中心结余奖励资金使用管理情况、结余情况、对资金使用的下一步打算等，报全国学生资助管理中心。全国学生资助管理中心形成总报告报送财政部、教育部。

第十四条 各级财政、教育部门及其工作人员，在风险补偿金分配和审核工作中，存在违反规定分配或挤占、挪用、虚列、套取风险补偿金行为，以及其他滥用职权、玩忽职守、徇私舞弊等违法违规行为的，依法追究相应责任。

申报、使用风险补偿金的单位、企业及个人在资金申报、使用过程中存在违法违规行为的，依照《中华人民共和国预算法》及其实施条例、《财政违法行为处罚处分条例》等国家有关规定追究相应责任。

五对其他银行业金融机构开展生源地信用助学贷款业务的，风险补偿金管理由各省财政、教育、人民银行、银保监部门与该金融机构参照本办法根据实际情况确定。

第十六条 本办法由财政部、教育部负责解释。

第十七条 本办法自印发之日起施行。《财政部　教育部关于印发〈生源地信用助学贷款风险补偿金管理办法〉的通知》（财教〔2014〕16号）同时废止。

财政部

教育部

2022年1月7日

教育部办公厅　国铁集团办公厅关于进一步便利普通高等学校学生购买优惠火车票的通知

教学厅函〔2023〕4号

各省、自治区、直辖市教育厅（教委），新疆生产建设兵团教育局，部属各高等学校、部省合建各高等学校，各铁路局集团公司：

为进一步做好普通高等学校学生优惠火车票购售工作，方便学生乘车出行，教育部、国铁集团决定自2023年起，对全国普通高等学校（含研究生培养单位）学生往返家庭与学校区间乘坐火车，提供在线优惠资质核验服务。现将有关事项通知如下。

一、各地教育行政部门、各高校和各铁路部门要充分认识实施在线优惠资质核验是推进信息化建设、方便学生购票出行的重要举措，具有重要意义。各地教育行政部门和高校要及时准确在中国高等教育学生信息网（http://www.chsi.com.cn，以下简称学信网）上注册学生信息，铁路部门要及时提供学生优惠资质核验服务，确保高校学生顺利出行。

二、普通高等学校在校生在铁路12306客户端学生专区（以下简称12306学生专区）中准确填写个人信息和与学生证上一致的优惠乘车区间，经铁路12306系统与学信网进行线上信息比对，完成学生优惠资质核验后，即可享受火车票优惠购票政策。

三、铁路部门仍保留线下核验渠道，普通高等学校持有火车票学生优惠卡的学生，仍可选择在铁路线下渠道进行优惠资质核验。

四、被普通高等学校录取的新生从家庭所在地前往高校报到时，仍需持录取通知书到车站人工窗口核验优惠资质，购买学生优惠火车票。

五、非普通高等学校符合优惠条件的学生目前仍按原方式在铁路线下渠道进行优惠资质核验。

六、工作要求

（一）各地教育行政部门、各高校要严格按照《高等学校学生学籍学历电子注册办法》要求，按时完成新生学籍电子注册和在校生学年电子注册，确保注册信息及时、准确、完整。

（二）各高校仍要在学生证上准确填写学生往返家庭与学校优惠乘车区间，并加盖学校公章，以便铁路部门核验学生优惠乘车区间。

（三）使用火车票学生优惠卡的学生所在学校要规范优惠卡的发放和管理，做好学生优惠信息录入、更改等工作。

（四）各地教育行政部门、各高校和各铁路局要密切配合，加强对学生购票工作的组织管理。要不断增强服务意识，每学期放假前后对12306学生专区购票进行宣传，在车站售票、候车等公共场所进行公告，提醒学生使用铁路12306网（https：//www.12306.cn，APP名称为“铁路12306”）购买火车票，注意保护个人信息。

（五）请各省、自治区、直辖市教育厅（教委），新疆生产建设兵团教育局，及时将本通知转发至本行政区域内普通高等学校。

（六）在12306学生专区优惠资质核验无法通过的学生，若为学籍电子注册相关问题请及时联系所在高校，其他问题请咨询国铁集团铁路客服或学信网客服。

联系单位及电话：

国铁集团铁路客服电话 12306

学信网客服电话 010-67410388

教育部办公厅
国铁集团办公厅
2023年2月6日

高校“一站式”学生社区综合管理模式建设工作指南

建设内容	基本要求	拓展要求
1. 党建引领	1.1 学校党委高度重视，党委书记履行“一站式”学生社区建设工作第一责任人职责，领导班子成员强化“一岗双责”，将“一站式”学生社区建设工作作为常委会、全委会和校长办公会重要议题，每学期专题研究，及时协调解决机制构建、资源配置、经费保障等问题，形成党委统一领导、有关单位各负其责、全员协同配合的工作格局。 1.2 明确党委学生工作部门或其他部门作为牵头单位，强化统筹协调、组织推进、管理监督，确保多方力量和资源在学生社区实现整合协同。 1.3 在学生社区建立党团组织，实现对楼宇、楼层的全覆盖，建立学生党员网格化管理体系，健全线上线下责任区、先锋岗、工作坊等机制。 1.4 建立接诉即办工作机制，完善“学生反映—集中转办—限期反馈—跟踪问效”的工作闭环。	1.5 打破年级、专业、师生界限，在学生社区灵活设置党支部，积极与其他党支部结对共建。 1.6 创新学生社区党团组织功能实现方式，强化党团组织和党员、团员的作用发挥。 1.7 将较为成熟的学生社区育人模式从部分学生覆盖向各年级各学段延伸，推动形成覆盖全校学生、具有学校特色的学生社区育人新生态。
2. 队伍入驻	2.1 学校、部处、院系领导干部带头践行“一线规则”，常态化深入学生社区，建立与学生常态化交流互动机制，及时解决涉及学生思想、学习、生活、发展等实际问题。 2.2 辅导员在学生社区与学生同吃、同住、同生活，做到全员覆盖、全时保障。 2.3 选拔有一定工作经历的优秀专任教师在学生社区担任学业导师，指导学生学业发展、科研训练、技能实训、项目实践、生涯规划等。 2.4 在学生社区常态化引入心理服务、生涯规划、就业创业指导等专业力量，满足学生个性化需求。 2.5 明确各育人队伍在学生社区的角色定位，完善选聘、培训、管理、考核、激励机制，实现各展所长、功能互补、合力凝聚。	2.6 校院两级领导班子成员和职能部门负责人带头担任学生社区“楼长”“层长”，校领导每周至少面对面与学生交流1次。 2.7 建立学生社区党支部工作联系点，校院两级领导干部每季度至少到所联系的党支部参加1次组织生活或主题党日活动。 2.8 为学生配备学业导师，每月“一对一”交流不少于2次，搭建师生交流平台，组织学业指导品牌活动。 2.9 选聘校党政团干部、思想政治理论课和优秀青年教师担任学生社区兼职辅导员。 2.10 邀请两院院士、大国工匠、时代楷模，国家勋章、国家荣誉称号获得者，党政领导干部、国企管理人员，以及“五老”等先进群体进入社区开展教育活动。 2.11 结合学校情况，整合资源力量，积极依托学生社区开展思想政治教育活动，形成有社区特点的教育品牌活动。
3. 学生参与	3.1 建立学生自我管理自我服务组织，遴选学生党员、入党积极分子担任负责人。 3.2 组织学生通过社团活动、志愿服务、勤工助学、实践锻炼等方式参与社区建设、楼宇管理。 3.3 建立健全以服务奉献为导向、以素质养成为目标、以经历认证为保障、以制度规范为基础的学生综合评价长效机制，培养学生自主意识和自律能力。	3.4 充分发挥学生在朋辈教育帮扶、校园文化营造等方面的作用，在学生社区建立活动场所集群，培育品牌活动项目。 3.5 挖掘社区劳动教育资源，开展富有学校风格特点的劳动教育实践活动，增强学生劳动意识，此外，发挥学生群体主观能动性，营造社区体育和美育氛围，促进学生德、智、体、美、劳全面发展。
4. 条件保障	4.1 在学生社区设置一定面积的公共物理空间，配备必要的软硬件设施，满足学生学习、师生交流、生活服务、活动开展等需要。 4.2 发挥环境育人功能，大力开展社区文化建设，充分利用社区公共空间，有机深入融入新时代伟大成就和中华优秀传统文化，打造文化识别系统，形成特色鲜明的楼宇文化，实现理想信念、专业发展“浸入式”宣传教育。 4.3 为入驻队伍提供方便务实的办公、生活等条件。 4.4 建设学生社区线下服务大厅或线上服务平台，精准对接学生需求，常态化提供便捷服务。 4.5 从工作量认定、津贴发放、职务（职级）晋升、职称评定、培训提升等方面为参与“一站式”学生社区建设人员提供政策保障。	4.6 打造功能齐全、设备先进的公共物理空间，充分满足学生阅读、研讨、咨询、展示、健身、休闲等需求，建立健全学生社区软硬件建设。 4.7 建设大数据集成平台，深度挖掘学生学习生活、成长发展纪实数据，实现一键画像、过程记录、趋势预警、智能推荐、科学评价等功能。 4.8 营造良好氛围，充分利用校内外媒体阵地，大力宣传学生社区建设过程中的进展和成效，加强信息开放共享，共谋、共建、共享新型学生社区。 4.9 提高学生社区安全防范水平，打造学生社区网格化日常管理模式，构建群防群治网络，建设平安社区。

关于调整高等教育阶段和高中阶段国家奖助学金政策的通知

财教〔2024〕181号

有关中央部门，各省、自治区、直辖市、计划单列市财政厅（局）、教育厅（教育局、教委）、人力资源社会保障厅（局），新疆生产建设兵团财政局、教育局、人力资源社会保障局：

为全面贯彻党的二十大和二十届二中、三中全会精神，落实立德树人根本任务，完善覆盖全学段学生资助体系，调整高等教育阶段和高中阶段国家奖助学金政策。现将有关事项通知如下：

一、增加高等教育阶段国家奖学金名额，提高奖助学金标准

（一）增加本专科生国家奖学金奖励名额、提高奖励标准。从2024年起，将本专科生国家奖学金奖励名额由每年6万名增加到12万名，奖励标准由每生每年8000元提高到10000元。

（二）提高本专科生国家励志奖学金奖励标准。从2024年起，将本专科生国家励志奖学金奖励标准由每生每年5000元提高到6000元。

（三）提高本专科生国家助学金资助标准。从2024年秋季学期起，将本专科生（含预科生，不含退役士兵学生）国家助学金平均资助标准由每生每年3300元提高到3700元，具体标准由高校在每生每年2500—5000元范围内自主确定，可以分为2—3档。全日制在校退役士兵学生全部享受本专科生国家助学金，资助标准由每生每年3300元提高到3700元。

（四）增加研究生国家奖学金名额。从2024年起，将研究生国家奖学金奖励名额由每年4.5万名增加到9万名，其中：硕士生由3.5万名增加到7万名，博士生由1万名增加到2万名。

（五）提高研究生学业奖学金支持标准。从2025年起，提高中央高校研究生学业奖学金中央财政支持标准，其中：硕士生由每生每年8000元提高到10000元，博士生由每生每年10000元提高到12000元。中央高校根据研究生学业成绩、科研成果、社会服务等因素，确定研究生学业奖学金的覆盖面、等级、奖励标准（可分档设定奖励标准），并根据实际情况动态调整，最高不超过硕士生每生每年20000元、博士生每生每年30000元。研究生学业奖学金名额分配应向基础学科和国家急需的学科（专业、方向）倾斜，向拔尖创新人才、急需紧缺人才倾斜，向学术型研究生倾斜。各地可根据本次调整精神并结合实际，完善地方财政对所属高校研究生学业奖学金的支持政策。

二、提高高中阶段国家助学金资助标准，扩大中等职业学校国家助学金覆盖面

（一）提高普通高中国家助学金资助标准。从2025年春季学期起，将普通高中国家助学金平均资助标准由每生每年2000元提高到2300元，具体标准由各地结合实际在1200—3500元范围内确定，可以分为2—3档。

（二）扩大中等职业学校国家助学金覆盖面、提高资助标准。从2025年春季学期起，将中等职业学校（含技工院校，下同）全日制学历教育正式学籍三年级在校涉农专业学生和非涉农专业家庭经济困难学生纳入国家助学金资助范围。六盘山区等11个原连片特困地区和西藏、四省涉藏州县、新疆南疆四地州中等职业学校三年级农村学生（不含县城）全部纳入国家助学金资助范围。平均资助标准由每生每年2000元提高到2300元，具体标准由各地结合实际在1200—3500元范围内确定，可以分为2—3档。

三、切实抓好政策落实，及时分配下达新增名额和奖励资助资金

（一）加强组织领导，做好基础工作。各级财政、教育、人力资源社会保障等有关部门和学校要切实加强组织领导，修订本地本校奖助学金政策，强化政策落实落地力度。各级教育、人力资源社会保障部门要做好学生人数、资助范围、资助标准等基础数据的审核工作，对上报的可能影响资金分配结果的有关数据和信息的真实性、准确性负责。各级教育、人力资源社会保障等部门要组织学校做好国家奖学金评审、家庭经济困

难学生认定等工作，做好2024年本专科生、研究生国家奖学金名额增补工作。

（二）落实经费责任，强化资金管理。本次政策调整所需资金，继续由中央财政和地方财政按照现行渠道和分担方式共同承担。各地要按照《学生资助资金管理办法》（财教〔2021〕310号）有关要求，统筹安排中央对地方转移支付资金和地方应承担的资金，及时下达预算，加强资金管理，及时足额将国家奖助学金发放到符合条件的学生手中。教育部、人力资源社会保障部会同财政部等部门对资金使用和政策执行情况进行监督管理。

（三）加大宣传力度，提升资助成效。各有关部门和学校要认真学习、准确把握国家奖助学金政策调整内容，通过多种形式加强政策宣传解读，确保学校和学生应知尽知，切实打通政策落地“最后一公里”，不断提升资助育人水平。

本通知自印发之日起施行。此前规定与本通知不一致的，以本通知为准。本通知未规定事项，按照原政策执行。

财政部　教育部　人力资源社会保障部

2024年10月25日

第五篇

心理健康教育与咨询

关于印发《普通高等学校大学生心理健康教育工作实施纲要（试行）》的通知

教社政厅〔2002〕3号

为贯彻落实《中共中央国务院关于深化教育改革全面推进素质教育的决定》精神，进一步加强对全国普通高等学校大学生心理健康教育工作的领导和指导，根据《教育部关于加强普通高等学校大学生心理健康教育工作的意见》（教社政〔2001〕1号），特制定本实施纲要。

一、高等学校大学生心理健康教育工作的指导思想和主要任务

1. 全面贯彻党的教育方针，以全面推进素质教育为目标，以提高大学生的心理素质为重点，促进学生全面发展和健康成长。推进高等学校大学生心理健康教育工作，要坚持重在建设、立足教育的方针。根据素质教育的基本要求，加强大学生心理健康教育的理论建设、制度建设、师资队伍建设和教育教学研究；坚持面向全体学生，坚持正面教育，根据学生身心发展特点和教育规律，提高大学生适应社会生活的能力，培养大学生良好的个性心理品质，促进大学生心理素质与思想道德素质、科学文化素质和身体素质的协调发展，增强高等学校德育工作的时代感以及针对性、实效性和主动性。推进高等学校大学生心理健康教育工作，要坚持以辩证唯物主义和历史唯物主义为指导，坚持科学性原则，防止唯心主义、封建迷信和伪科学的干扰，确保大学生心理健康教育工作的正确方向。

2. 普通高等学校大学生心理健康教育工作的主要任务是：根据大学生的心理特点，有针对性地讲授心理健康知识，开展辅导或咨询活动，帮助大学生树立心理健康意识，优化心理品质，增强心理调适能力和社会生活的适应能力，预防和缓解心理问题。帮助他们处理好环境适应、自我管理、学习成才、人际交往、交友恋爱、求职择业、人格发展和情绪调节等方面的困惑，提高健康水平，促进德智体美等方面全面发展。

二、高等学校大学生心理健康教育工作的主要内容

3. 宣传普及心理科学基础知识，使学生认识自身的心理活动与个性特点；宣传普及心理健康知识，使大学生认识到心理健康的重要作用，特别是心理健康对成才的重要意义，树立心理健康意识。

4. 培训心理调适的技能，提供维护心理健康和提高心理素质的方法，使大学生学会自我心理调适，有效消除心理困惑，及时调节负性情绪；使大学生养成良好的学习习惯，掌握科学、有效的学习方法，提高学习能力，自觉地开发智力潜能，培养创新精神和实践能力；使大学生树立积极的交往态度，掌握人际沟通的方法，学会协调人际关系，增强适应社会生活的能力；使大学生自觉培养坚韧不拔的意志品质和艰苦奋斗的精神，提高承受和应对挫折的能力。

5. 认识与识别心理异常现象，使大学生了解常见心理问题的表现、类型及其成因，初步掌握心理保健常识，以科学的态度对待各种心理问题。

6. 根据大学生活不同阶段以及各层次、各学科门类学生、特殊群体学生的心理特点，有针对性地实施心理健康教育。新生心理健康教育重点放在适应新环境等内容上，帮助他们尽快完成从中学到大学的转变与适应；二、三年级学生心理健康教育要以帮助他们了解心理科学基础知识、初步掌握心理调适技能以及处理好学习成才、人际交往、交友恋爱、人格发展等方面的困惑为重点；对于毕业生，要配合就业指导工作，帮助他们正确认识职业特点，客观分析自我职业倾向，做好就业心理准备。在日常的学习、生活中，要针对大学生普遍存在的、较为集中的心理问题安排专题教育。要特别重视经济困难学生等特殊群体学生的心理健康教育工作。

三、高等学校大学生心理健康教育工作的途径和方法

7. 大学生心理健康教育工作是一项系统工程。要以课堂教学、课外教育指导为主要渠道和基本环节，形成课内与课外、教育与指导、咨询与自助紧密结合的心理健康教育的网络和体系。

8. 按照中宣部、教育部《关于印发〈关于普通高等学校“两课”课程设置的规定及其实施工作的意见〉的通知》（教社科［1998］6号）以及《中国普通高等学校德育大纲（试行）》《思想道德修养教学大纲》的要求，在思想道德修养课中，科学安排有关心理健康教育的内容。各高等学校应创造条件，为大学生开设心理健康教育的课程或专题讲座、报告等。

9. 高等学校的教职员工，特别是教师要树立心理健康教育意识，科学实施教育教学工作。班主任、政治辅导员不仅要在日常思想政治教育中发挥作用，也要在增进大学生心理健康，提高大学生心理素质中发挥积极作用。

10. 重视开展大学生心理辅导或咨询工作。各高等学校要积极创造条件建立心理健康教育工作体系，开展经常性的心理辅导或咨询工作。心理辅导或咨询工作要以发展性辅导或咨询为主，面向全校学生，通过个别面询、团体辅导活动、心理行为训练、书信咨询、电话咨询、网络咨询等多种形式，有针对性地向大学生提供经常、及时、有效的心理健康指导与服务。辅导或咨询机构要科学地把握高等学校大学生心理健康教育工作的任务和内容，严格区分心理辅导或咨询中心与专业精神卫生机构所承担工作的性质、任务。在心理辅导或咨询中发现严重心理障碍和心理疾病的学生，要将他们及时转介到专业卫生机构治疗。

11. 积极创造条件，运用具有较高信度与效度、适合我国国情的心理评估工具，为实现大学生心理问题的早期发现、及时干预和跟踪服务提供参考，提高大学生心理健康教育工作的科学性和针对性。

12. 充分利用高等学校广播、电视、计算机网络、校刊、校报、橱窗、板报等宣传媒体，多渠道、多形式地正面宣传、普及心理健康知识。要加强校园文化建设，营造积极、健康、高雅的氛围，陶冶大学生高尚的情操，增强学生相互关怀与支持的意识。

13. 大力开展有益于提高大学生心理健康的第二课堂活动。高等学校要积极支持大学生成立心理健康教育方面的社团，通过举办生动活泼、丰富多彩的活动，强化学生的自觉参与意识，提高广大学生学习心理健康知识的兴趣，加深对心理知识的理解，解决一些在学习、生活中产生的心理困扰，达到自助与助人的目的。开展第二课堂活动，要配备专门的指导教师，以正面教育引导为主。

四、高等学校大学生心理健康教育工作的领导、管理以及师资队伍建设

14. 教育部对全国普通高等学校大学生心理健康教育工作实施统一领导，统筹规划。组织国内心理科学专家、学者，以及大学生心理健康教育实际工作者对大学生心理健康教育工作进行研究、咨询、评价和指导；组织编写师资培训使用的正式教材和大学生心理健康教育科普读物；组织开展全国普通高等学校大学生心理健康教育师资培训工作。大学生心理健康教育工作是高等学校德育工作的重要组成部分。各地教育工作部门和各高等学校，要切实加强对大学生心理健康教育工作的领导，把心理健康教育工作纳入学校德育工作管理体系中，积极支持开展大学生心理健康教育工作，帮助解决工作中的困难和问题。各高等学校要成立大学生心理健康教育工作领导小组，由主管学生德育工作的党委副书记或副校长任组长，并明确职能部门具体负责协调和组织全校心理健康教育的教学、科研以及辅导或咨询工作。各高等学校应进一步完善或健全心理健康教育的工作体制和体系，充分利用有关资源和条件并积极创造条件开展工作，保证经费投入，为开展工作提供必要条件。

15. 要通过专、兼、聘等多种形式，建设一支以专职教师为骨干，专兼结合、专业互补、相对稳定、素质较高的高等学校大学生心理健康教育工作队伍。专职从事大学生心理健康教育工作的教师要少量、精干，数量可根据实际需要自行确定，编制可从学校总编制或专职学生思想政治工作编制中统筹解决，原则上应纳入学生思想政治工作队伍管理序列，评聘相应的教师职务。设有教育学、心理学教学机构的高等学校，也可纳入相应专业队伍管理序列。兼职教师和心理辅导或咨询人员，按学校有关规定计算工作量或给予报酬。

16. 大学生心理健康教育是一项专业性强、要求高的工作，从事这项工作的教师必须经过系统培训，恪守职业道德，不断提高专业水平。建立全国高校大学生心理健康教育教师培训中心，积极开展对从事大学

生心理健康教育工作的专、兼职教师的业务培训.培训工作列入学校师资培训计划。培训内容包括职业道德、理论知识学习、操作技能训练、案例分析和实习督导等。要通过培训，不断提高他们从事大学生心理健康教育工作的职业道德以及所必备的基本理论、专业知识和技能水平。培训工作应规范化，坚持长期分类进行。对于通过培训达到上岗要求者，由教育部认定的有关承训机构颁发资格证书，逐步做到持证上岗。此外，还要重视对班主任、政治辅导员以及其他从事学生思想政治工作的干部、教师进行有关心理健康方面的业务培训。

17.组织开展普通高等学校大学生心理健康教育的督导工作。为了使大学生心理健康教育工作健康发展、落到实处，教育部将组织研究制定大学生心理健康教育工作的评价与督导指标体系，组织或委托国内心理科学的专家、学者以及大学生心理健康教育实际工作者对各地、各高等学校开展大学生心理健康教育工作的情况进行督导。督导内容包括学校重视和支持程度，机构设置，师资队伍建设，教学、科研和开展辅导或咨询的情况以及工作的实效等。

18.教育部将进一步研究制定加强普通高等学校大学生心理健康教育工作的有关政策，组织开展大学生心理健康教育工作的课题研究和工作、学术交流。各地教育工作部门和各高等学校要结合本地、本校的实际情况，制定明确的政策并予以必要的保证，切实做到领导责任落实、机构设置落实、队伍建设落实、制度建设落实、工作场地落实、经费投入落实，努力把大学生心理健康教育工作提高到一个新水平。

教育部　卫生部　共青团中央关于进一步加强和改进大学生心理健康教育的意见

教社政〔2005〕1号

各省、自治区、直辖市党委教育工作部门、教育厅（教委），团委，卫生厅（局），新疆生产建设兵团教育局，有关部门（单位）教育司（局），教育部属各高等学校：

为贯彻落实《中共中央国务院关于进一步加强和改进大学生思想政治教育的意见》（中发〔2004〕16号）精神，现就进一步加强和改进大学生心理健康教育，切实做好心理咨询工作提出以下意见。

一、进一步明确大学生心理健康教育的总体要求

加强和改进大学生心理健康教育是新形势下全面贯彻党的教育方针、推进素质教育的重要举措，是促进大学生健康成长、培养高素质合格人才的重要途径，是加强和改进大学生思想政治教育的重要任务。

加强和改进大学生心理健康教育的总体要求是：以邓小平理论和“三个代表”重要思想为指导，遵循思想政治教育和大学生心理发展规律，开展心理健康教育，做好心理咨询工作，提高心理调节能力，培养良好心理品质，促进大学生思想道德素质、科学文化素质和身心健康素质协调发展。

加强和改进大学生心理健康教育的基本原则是：（1）坚持心理健康教育与思想教育相结合。既要帮助大学生优化心理素质，又要帮助大学生培养积极进取的人生态度。（2）坚持普及教育与个别咨询相结合。既要开展面向全体大学生的心理健康教育，更要根据不同情况，开展心理辅导和咨询工作。（3）坚持课堂教育与课外活动相结合。既要通过课堂教学传授心理健康知识，又要组织大学生参加陶冶情操、磨炼意志的课外文体活动，不断提高大学生心理健康水平。（4）坚持教育与自我教育相结合。既要充分发挥教师的教育引导作用，又要充分调动学生的积极性和主动性，增强大学生心理调适能力。（5）坚持解决心理问题与解决实际问题相结合。既要加强大学生心理健康教育，又要为大学生办实事办好事。

加强和改进大学生心理健康教育、做好心理咨询工作的主要任务是：（1）宣传普及心理健康知识，帮助大学生认识健康心理对成长成才的重要意义。（2）介绍增进心理健康的方法和途径，帮助大学生培养良好的心理品质和自尊、自爱、自律、自强的优良品格，有效开发心理潜能，培养创新精神。（3）解析心理现象，帮助大学生了解常见心理问题产生的主要原因及其表现，以科学的态度对待心理问题。（4）传授心理调适方法，帮助大学生消除心理困惑，增强克服困难、承受挫折的能力，珍爱生命、关心集体，悦纳自己、善待他人。

二、努力提高大学生心理健康教育和心理咨询工作水平

积极引导大学生保持健康向上的心理状态。要把心理健康教育融入思想政治教育之中，开展深入细致的思想教育活动，做到“一把钥匙开一把锁”，化解矛盾，润物无声。要组织并引导大学生参加丰富多彩、形式多样的校园文化和社会实践活动，陶冶大学生高尚情操，促进其全面发展。通过各种活动，加强大学生思想、感情上的交流与沟通，努力营造有利于大学生健康成长的良好氛围。

切实帮助大学生解决实际问题。要开展深入细致的谈心活动，帮助大学生解疑释惑。采取切实措施，帮助大学生缓解来自经济、就业、学习和生活等方面的压力，帮助他们培养良好的心理素质。

认真做好大学生心理辅导和咨询工作。高校要面向全体大学生，做好心理辅导和咨询工作。通过个别咨询、团体咨询、电话咨询、网络咨询、书信咨询、班级辅导、心理行为训练等多种形式，为大学生提供及时、有效、高质量的心理健康指导与服务。要做好新生、应届毕业生、家庭贫困学生，特别是学习困难学生、失恋学生、违纪学生、言行异常学生的心理辅导和咨询工作，帮助他们化解心理压力，克服心理障碍。

发现存在严重心理障碍和心理疾病的学生，要及时转介到专业卫生机构进行治疗。

充分发挥课堂教学在大学生心理健康教育中的重要作用。高校要普及大学生心理健康教育，发挥哲学社会科学特别是思想政治理论课中相关课程教学对提高大学生心理素质的重要作用。要结合实际，有针对性地开设相关选修课程。要不断丰富心理健康教学内容，改进教学方法，通过案例教学、体验活动、行为训练等形式提高课堂教学效果。

积极开展心理健康宣传教育活动。高校要充分发挥学校广播、电视、校刊、校报、橱窗、板报以及校园网络的作用，大力宣传普及心理健康知识。要积极组织大学生心理健康宣传日或宣传周、心理剧场、心理沙龙、心理知识竞赛等活动，努力开办网上心理健康栏目，经常举办心理健康讲座。要支持大学生成立心理健康教育社团组织，发挥大学生在心理健康教育中互助和自助的重要作用。

努力构建和完善大学生心理问题高危人群预警机制。高校要认真开展大学生心理健康状况摸排工作，积极做好心理问题高危人群的预防和干预工作，要特别注意防止因严重心理障碍引发自杀或伤害他人事件发生，做到心理问题及早发现、及时预防、有效干预。要建立咨询教师值班制、异常情况及时报告制，建立从学生骨干、辅导员、班主任到院系、部门、学校的快速危机反应机制，建立从心理健康教育机构到校医院、专业精神卫生机构的快速危机干预通道。

三、大力加强大学生心理健康教育队伍建设

建设一支以专职教师为骨干，专兼结合、专业互补、相对稳定、素质较高的大学生心理健康教育和心理咨询工作队伍。要坚持少量、精干的原则，配备一定数量专职从事大学生心理健康教育的教师。专职人员原则上要纳入大学生思想政治教育队伍序列。设有教育学、心理学、生理学、医学等教学机构的学校，也可纳入相应专业序列。兼职教师开展心理辅导和咨询活动要计算工作量或给予合理报酬。

加强大学生心理健康教育和咨询工作专兼职教师的培训。教育部要分批对大学生心理健康教育骨干教师开展重点培训。各省（自治区、直辖市）教育部门和高校要采取有效措施，对大学生心理健康教育队伍进行培训，并参照国家有关部门心理咨询专业人员相关规定和要求，逐步使专职心理健康教育和咨询人员达到持证上岗要求。

高校所有教职员工都负有教育引导大学生健康成长的责任。要根据学生思想动态和心理状况，在教学、管理和服务中，有意识、有针对性地做好教育引导工作。要重视大学生思想政治教育工作人员，特别是辅导员和班主任在大学生心理健康教育中的重要作用，加强培训，使他们了解和掌握心理健康教育的基本知识和方法，帮助大学生处理好学习成才、择业交友、健康生活等方面遇到的具体问题，提高思想政治教育的针对性和实效性。

四、切实建立和完善大学生心理健康教育领导体制与工作机制

教育部成立全国大学生心理健康教育专家指导委员会，对全国大学生心理健康教育提供咨询与指导。各省（自治区、直辖市）教育部门要高度重视并统筹规划本地大学生心理健康教育工作，在政策指导、人才培养、资源共享和督导检查等方面发挥重要作用。

高校要把大学生心理健康教育和咨询工作纳入学校思想政治教育重要议事日程，加强领导。不断完善和健全心理健康教育的工作机制，形成课内与课外、教育与指导、咨询与自助相结合的心理健康教育工作体系。要在学生工作系统设立大学生心理健康教育和心理咨询工作的专门机构，配备专职专业人员，具体负责组织实施大学生心理健康教育，切实做好心理咨询工作。

不断完善大学生心理健康教育的保障机制。各省（自治区、直辖市）教育部门和高校要保证大学生心理健康教育必需的工作经费和条件，确保工作顺利开展。要组织专家和高校从事大学生心理健康教育的工作队伍积极开展科学研究，为加强和改进大学生心理健康教育提供理论支持及决策依据。

各省（自治区、直辖市）教育部门和高校要根据本意见，结合实际，制定贯彻落实本意见的具体实施办法。

关于《普通高等学校学生心理健康教育工作基本建设标准（试行）》的通知

教思政厅〔2011〕1号

各省、自治区、直辖市党委教育工作部门、教育厅（教委），新疆生产建设兵团教育局，有关部门（单位）教育司（局），部属各高等学校：

为深入贯彻落实全国教育工作会议、教育规划纲要以及全国加强和改进大学生思想政治教育工作座谈会精神，进一步深入贯彻落实《中共中央　国务院关于进一步加强和改进大学生思想政治教育的意见》（中发〔2004〕16号），推进大学生心理健康教育工作科学化建设，现将《普通高等学校学生心理健康教育工作基本建设标准（试行）》印发给你们，请结合本地本校实际情况，认真贯彻执行。

本标准自印发之日起试行，适用于普通高等学校，其他类型高校可参照执行。各地各校制定的实施方案和政策措施请及时报送我部思想政治工作司。

附件：普通高等学校学生心理健康教育工作基本建设标准（试行）

教育部办公厅

二〇一一年二月二十三日

附件

普通高等学校学生心理健康教育工作基本建设标准（试行）

加强和改进大学生心理健康教育是新形势下贯彻落实全国教育工作会议和《国家中长期教育改革和发展规划纲要（2010—2020年）》精神，促进大学生健康成长、培养造就拔尖创新人才的重要途径，是全面贯彻党的教育方针、建设人力资源强国的重要举措，是推动高等教育改革、加强和改进大学生思想政治教育的重要任务。为推进大学生心理健康教育工作科学化建设，根据《中共中央　国务院关于进一步加强和改进大学生思想政治教育的意见》（中发〔2004〕16号）和《教育部　卫生部　共青团中央关于进一步加强和改进大学生心理健康教育的意见》（教社政〔2005〕1号）等文件精神，特制订本标准。

一、大学生心理健康教育体制机制建设

1. 高校应将大学生心理健康教育纳入学校人才培养体系。应成立专门工作领导小组，指定主管校领导负责，心理健康教育和咨询机构、学生工作部门、宣传部门、教务部门、人事部门、财务部门、安全保卫部门、后勤保障服务部门、校医院以及各院（系）、研究生院和相关学科教学研究单位等负责人为成员，负责研究制订大学生心理健康教育工作的规划和相关制度，统筹领导全校大学生心理健康教育工作。党委常委会或校长办公会应定期听取专门工作汇报，研究部署工作任务，解决存在的问题。

2. 高校应有健全的校、院（系）、学生班级三级心理健康教育工作网络，各级各部门应有明确的职责分工和协调机制。学校应有机构负责大学生心理健康教育和咨询，纳入学校思想政治教育工作体系，具体组织协调开展全校学生心理健康教育工作；院（系）应安排专兼职教师负责落实心理健康教育工作；组织学生班委会、党团支部等学生组织积极协助辅导员、班主任和研究生导师开展心理健康教育工作。

3. 高校应根据实际情况，研究制订大学生心理健康教育工作的意见或实施办法。应建立考核、奖惩机制，制订年度工作计划。

4. 高校应围绕心理健康教育和咨询机构的规范管理、心理危机预防与干预、心理咨询工作流程、心理健

康教育课程教学、心理健康教育从业者职业道德规范等内容，建立健全各项规章制度。

二、大学生心理健康教育师资队伍建设

5. 高校应建设一支以专职教师为骨干，专兼结合、相对稳定、素质较高的大学生心理健康教育和心理咨询工作队伍。高校应按学生数的一定比例配备专职从事大学生心理健康教育的教师，每校配备专职教师的人数不得少于2名，同时可根据学校的实际情况配备兼职教师。

6. 高校应将大学生心理健康教育师资队伍建设纳入学校整体教师队伍建设工作中，加强选拔、配备、培养和管理。从事大学生心理健康教育的教师，特别是直接从事心理咨询服务的教师，应具有从事大学生心理健康教育的相关学历和专业资质。专职教师的专业技术职务评聘应纳入大学生思想政治教育教师队伍序列，设有教育学、心理学、医学等教学研究机构的学校，也可纳入相应专业序列。专兼职教师开展心理辅导和咨询活动应计算相应工作量。

7. 高校应重视大学生心理健康教育专兼职教师的专业培训工作，将师资培训工作纳入年度工作计划和年度经费预算。应保证心理健康教育专职教师每年接受不低于40学时的专业培训，或参加至少2次省级以上主管部门及二级以上心理专业学术团体召开的学术会议。适时安排从事大学生心理咨询的教师接受专业督导。应支持大学生心理健康教育教师结合实际工作开展科学研究。

8. 高校所有教职员工都负有教育引导学生健康成长的责任，要着力构建和谐、良好的师生关系，强化大学生心理健康教育的全员参与意识。学校应将心理健康教育内容纳入新进教师岗前培训课程体系。辅导员、班主任、研究生导师是大学生心理健康教育工作的重要力量，每年应为他们至少组织一次心理健康教育专题培训。应对学生宿舍管理员等后勤服务人员开展相关常识培训。

三、大学生心理健康教育教学体系建设

9. 高校应充分发挥课堂教学在大学生心理健康教育工作中的主渠道作用，根据心理健康教育的需要建立或完善相应的课程体系。学校应开设必修课或必选课，给予相应学分，保证学生在校期间普遍接受心理健康课程教育。

10. 高校应充分考虑学生的心理发展规律和特点，科学规范大学生心理健康教育课程的教学内容，切实改进教育教学方法。应有专门的教学大纲或教学基本要求。教学内容设计应注重理论联系实际，力求贴近学生。应通过案例教学、体验活动、行为训练等多种形式提高课堂教学效果，通过教学研究和改革不断提升教学质量。

四、大学生心理健康教育活动体系建设

11. 高校应面向全体学生开展心理健康教育活动，不断创新心理健康教育活动形式，拓展心理健康教育途径，积极营造良好的心理健康教育氛围。

12. 高校应通过广播、电视、校刊等多种媒介，积极开展心理健康教育宣传活动，应重视心理健康教育网络平台建设，开办专题网站（网页），充分开发利用网上教育资源。

13. 高校应充分发挥广大学生在心理健康教育工作中的主体作用，满足学生自我成长的心理需要。应重视发挥班集体建设在大学生心理健康教育中的重要作用，支持学生成立心理社团，组织开展心理健康教育活动，普及心理健康知识，充分调动学生自我认识、自我教育、自我成长的积极性、主动性。

五、大学生心理咨询服务体系建设

14. 高校应根据行业要求设立心理咨询室，为学生提供心理咨询服务。有条件的高校可在院（系）及学生宿舍设立心理健康教育辅导室。心理咨询室开放的时间应能满足学生的咨询需求。

15. 高校应加强心理咨询制度建设，遵循心理咨询的伦理规范，保证心理咨询工作按规定有效运行。应建立健全心理咨询的值班、预约、重点反馈等制度。应加强心理咨询个案记录与档案管理工作，坚持保密原则，按规定严格管理心理咨询记录和有关档案材料。应定期开展心理咨询个案的研讨与督导活动，不断提高心理咨询的专业水平。

16. 高校应通过多种途径开展心理咨询服务。应经常开展团体辅导活动，针对不同学生群体的需求，研究制订相应的团体辅导计划和实施方案，努力帮助学生解决心理问题，促进健康发展。应向全校学生公布心理健康教育和咨询机构的咨询信箱、咨询电话和网址。有条件的学校可提供网上咨询预约和网络咨询服务。

六、大学生心理危机预防与干预体系建设

17. 高校应坚持预防为主的原则，重视心理健康知识的普及宣传工作，充分发挥心理健康教育工作网络的作用，通过新生心理健康状况普查、心理危机定期排查等途径和方式，及时发现学生中存在的心理危机情况。学校要对有较严重心理障碍的学生予以重点关注，并根据心理状况及时加以疏导和干预。应加强对患精神疾病学生康复及康复后的关注跟踪。

18. 高校应制订心理危机干预工作预案，明确工作流程及相关部门的职责。应积极在院（系）、学校心理健康教育和咨询机构、校医院、精神疾病医疗机构等部门之间建立科学有效的心理危机转介机制。有条件的高校可在校医院设立精神科门诊，或聘请精神专科职业医师到校医院坐诊。对有较严重障碍性心理问题的学生，应及时指导学生到精神疾病医疗机构就诊；对有严重心理危机的学生，应及时通知其法定监护人，协助监护人做好监控工作，并及时将学生按有关规定转介给精神疾病医疗机构进行处理。转介过程应详细记录，做到有据可查。

19. 高校应按照有关规定做好心理危机事件善后工作，应重视对危机事件当事人及其相关人员提供支持性心理辅导，最大程度地减少危机事件的负面影响。应及时总结经验教训，提高师生对心理危机事件的认识以及应对心理危机的能力。

七、大学生心理健康教育工作条件建设

20. 高校应保障心理健康教育工作经费，并纳入学校预算，确保大学生心理健康教育的日常工作需要。

21. 高校应加强心理健康教育和咨询场地建设。心理健康教育和咨询场地的建设应符合大学生心理健康教育工作的特点和要求，能够满足学生接受教育和咨询的需求。心理健康教育和咨询场地包括预约等候室、个体咨询室、团体辅导室、心理测评室等。

22. 高校应为心理健康教育和机构配备必要的办公设备、常用心理测量工具、统计分析软件和心理健康类书籍等心理健康教育产品。

关于加强心理健康服务的指导意见

国卫疾控发〔2016〕77号

各省、自治区、直辖市卫生计生委、党委宣传部、综治办、发展改革委、教育厅（委、局）、科技厅（委）、公安厅（局）、民政厅（局）、司法厅（局）、财政厅（局）、人力资源社会保障厅（局）、文化厅（局）、工商局、新闻出版广电局、科学院、中医药局、工会、共青团省委、妇联、科协、残联、老龄办，新疆生产建设兵团卫生局、党委宣传部、综治办、发展改革委、教育局、科技局、公安局、民政局、司法局、财政局、人力资源社会保障局、文化局、工商局、新闻出版广电局、工会、共青团团委、妇联、科协、残联、老龄办；教育部各直属高校：

心理健康是影响经济社会发展的重大公共卫生问题和社会问题。为深入贯彻落实党的十八届五中全会和习近平总书记在全国卫生与健康大会上关于加强心理健康服务的要求，根据《精神卫生法》《"健康中国2030"规划纲要》和相关政策，现就加强心理健康服务、健全社会心理服务体系提出如下指导意见。

一、充分认识加强心理健康服务的重要意义

心理健康是人在成长和发展过程中，认知合理、情绪稳定、行为适当、人际和谐、适应变化的一种完好状态。心理健康服务是运用心理学及医学的理论和方法，预防或减少各类心理行为问题，促进心理健康，提高生活质量，主要包括心理健康宣传教育、心理咨询、心理疾病治疗、心理危机干预等。心理健康是健康的重要组成部分，关系广大人民群众幸福安康、影响社会和谐发展。加强心理健康服务、健全社会心理服务体系是改善公众心理健康水平、促进社会心态稳定和人际和谐、提升公众幸福感的关键措施，是培养良好道德风尚、促进经济社会协调发展、培育和践行社会主义核心价值观的基本要求，是实现国家长治久安的一项源头性、基础性工作。

党中央、国务院高度重视心理健康服务和社会心理服务体系建设工作。习近平总书记在2016年全国卫生与健康大会上提出，要加大心理健康问题基础性研究，做好心理健康知识和心理疾病科普工作，规范发展心理治疗、心理咨询等心理健康服务。《国民经济和社会发展第十三个五年规划纲要》明确提出要加强心理健康服务。《"健康中国2030"规划纲要》要求加强心理健康服务体系建设和规范化管理。近年来，各地区各部门结合各自实际情况，从健全心理健康服务体系、搭建心理关爱服务平台、拓展心理健康服务领域、开展社会心理疏导和危机干预、建立专业化心理健康服务队伍等方面进行了积极探索，取得了一定成效，为进一步做好加强心理健康服务、健全社会心理服务体系工作奠定了基础。

当前，我国正处于经济社会快速转型期，人们的生活节奏明显加快，竞争压力不断加剧，个体心理行为问题及其引发的社会问题日益凸显，引起社会各界广泛关注。一方面，心理行为异常和常见精神障碍人数逐年增多，个人极端情绪引发的恶性案（事）件时有发生，成为影响社会稳定和公共安全的危险因素。另一方面，心理健康服务体系不健全，政策法规不完善，社会心理疏导工作机制尚未建立，服务和管理能力严重滞后。现有的心理健康服务状况远远不能满足人民群众的需求及经济建设的需要。加强心理健康服务、健全社会心理服务体系迫在眉睫。

加强心理健康服务，开展社会心理疏导，是维护和增进人民群众身心健康的重要内容，是社会主义核心价值观内化于心、外化于行的重要途径，是全面推进依法治国、促进社会和谐稳定的必然要求。各地区各部门要认真贯彻落实中央决策部署，从深化健康中国建设的战略高度，充分认识加强心理健康服务、健全社会心理服务体系的重要意义，坚持问题导向，增强责任意识，自觉履行促进群众心理健康责任，加强制度机制建设，为实现"两个一百年"奋斗目标和中华民族伟大复兴中国梦作出积极贡献。

二、总体要求

1. 指导思想

全面贯彻党的十八大和十八届三中、四中、五中、六中全会精神，深入学习贯彻习近平总书记系列重要讲话精神和治国理政新理念、新思想、新战略，按照《精神卫生法》《国民经济和社会发展第十三个五年规划纲要》等法律政策要求，落实健康中国建设战略部署，强化政府领导，明确部门职责，完善心理健康服务网络，加强心理健康人才队伍建设。加强重点人群心理健康服务，培育心理健康意识，最大限度满足人民群众心理健康服务需求，形成自尊自信、理性平和、积极向上的社会心态。

2. 基本原则

——预防为主，以人为本。全面普及和传播心理健康知识，强化心理健康自我管理意识，加强人文关怀和生命教育，消除对心理问题的偏见与歧视，预防和减少个人极端案（事）件发生。

——党政领导，共同参与。进一步强化党委政府加强心理健康服务、健全社会心理服务体系的领导责任，加强部门协调配合，促进全社会广泛参与，单位、家庭、个人尽力尽责。

——立足国情，循序渐进。从我国基本国情和各地实际出发，将满足群众需求与长远制度建设相结合，逐步建立健全心理健康和社会心理服务体系。

——分类指导，规范发展。坚持全民心理健康素养提高和个体心理疏导相结合，满足不同群体心理健康服务需求，促进心理健康服务科学、规范、有序发展。

3. 基本目标

到2020年，全民心理健康意识明显提高。各领域各行业普遍开展心理健康教育及心理健康促进工作，加快建设心理健康服务网络，服务能力得到有效提升，心理健康服务纳入城乡基本公共服务体系，重点人群心理健康问题得到关注和及时疏导，社会心理服务体系初步建成。

到2030年，全民心理健康素养普遍提升。符合国情的心理健康服务体系基本健全，心理健康服务网络覆盖城乡，心理健康服务能力和规范化水平进一步提高，常见精神障碍防治和心理行为问题识别、干预水平显著提高，心理相关疾病发生的上升势头得到缓解。

三、大力发展各类心理健康服务

4. 全面开展心理健康促进与教育。各地要结合培育和践行社会主义核心价值观，将提高公民心理健康素养作为精神文明建设的重要内容，充分发挥我国优秀传统文化对促进心理健康的积极作用。结合“世界精神卫生日”及心理健康相关主题活动等，广泛开展心理健康科普宣传。各级宣传和新闻出版广播电视部门要充分利用广播、电视、书刊、影视、动漫等传播形式，组织创作、播出心理健康宣传教育精品和公益广告，利用影视、综艺和娱乐节目的优势传播自尊自信、乐观向上的现代文明理念和心理健康意识。各地基层文化组织要采用群众喜闻乐见的形式，将心理健康知识融入群众文化生活。创新宣传方式，广泛运用门户网站、微信、微博、手机客户端等平台，传播心理健康知识，倡导健康生活方式，提升全民心理健康素养，培育良好社会心态。各类媒体要树立正确的舆论导向，在传播心理健康知识与相关事件报导中要注重科学性、适度性和稳定性，营造健康向上的社会心理氛围。倡导“每个人是自己心理健康第一责任人”的理念，引导公民在日常生活中有意识地营造积极心态，预防不良心态，学会调适情绪困扰与心理压力，积极自助。（国家卫生计生委、中宣部、文化部、新闻出版广电总局按职责分工负责）

5. 积极推动心理咨询和心理治疗服务。充分发挥心理健康专业人员的引导和支持作用，帮助公民促进个性发展和人格完善，更好地进行人生选择，发展自身潜能，解决生活、学习、职业发展、婚姻、亲子、人际交往等方面的心理困扰，预防心理问题演变为心理疾病，促进和谐生活，提升幸福感。

倡导大众科学认识心理行为问题和心理疾病对健康的影响，将提高心理健康意识贯穿终生，逐步消除公众对心理疾病的病耻感，引导心理异常人群积极寻求专业心理咨询和治疗。各级各类医疗机构和专业心理健康服务机构要主动发现心理疾病患者，提供规范的心理疾病诊疗服务，减轻患者心理痛苦，促进患者康复。（国家卫生计生委、国家中医药局按职责分工负责）

6. 重视心理危机干预和心理援助工作。建立和完善心理健康教育、心理热线服务、心理评估、心理咨询、心理治疗、精神科治疗等衔接递进、密切合作的心理危机干预和心理援助服务模式，重视和发挥社会组织和社会工作者的作用。将心理危机干预和心理援助纳入各类突发事件应急预案和技术方案，加强心理危机干预和援助队伍的专业化、系统化建设，定期开展培训和演练。在突发事件发生时，立即开展有序、高效的个体危机干预和群体危机管理，重视自杀预防。在事件善后和恢复重建过程中，依托各地心理援助专业机构、社会工作服务机构、志愿服务组织和心理援助热线，对高危人群持续开展心理援助服务。（国家卫生计生委牵头，中央综治办、民政部等相关部门按职责分工负责）

四、加强重点人群心理健康服务

7. 普遍开展职业人群心理健康服务。各机关、企事业和其他用人单位要把心理健康教育融入员工思想政治工作，制定实施员工心理援助计划，为员工提供健康宣传、心理评估、教育培训、咨询辅导等服务，传授情绪管理、压力管理等自我心理调适方法和抑郁、焦虑等常见心理行为问题的识别方法，为员工主动寻求心理健康服务创造条件。对处于特定时期、特定岗位、经历特殊突发事件的员工，及时进行心理疏导和援助。（各部门分别负责）

8. 全面加强儿童青少年心理健康教育。学前教育机构应当关注和满足儿童心理发展需要，保持儿童积极的情绪状态，让儿童感受到尊重和接纳。特殊教育机构要针对学生身心特点开展心理健康教育，注重培养学生自尊、自信、自强、自立的心理品质。中小学校要重视学生的心理健康教育，培养积极乐观、健康向上的心理品质，促进学生身心可持续发展。高等院校要积极开设心理健康教育课程，开展心理健康教育活动；重视提升大学生的心理调适能力，保持良好的适应能力，重视自杀预防，开展心理危机干预。共青团等组织要与学校、家庭、社会携手，开展“培育积极的心理品质，培养良好的行为习惯”的心理健康促进活动，提高学生自我情绪调适能力，尤其要关心留守儿童、流动儿童心理健康，为遭受学生欺凌和校园暴力、家庭暴力、性侵犯等儿童青少年提供及时的心理创伤干预。（教育部牵头，民政部、共青团中央、中国残联按职责分工负责）

9. 关注老年人、妇女、儿童和残疾人心理健康。各级政府及有关部门尤其是老龄办、妇联、残联和基层组织要将老年人、妇女、儿童和残疾人心理健康服务作为工作重点。充分利用老年大学、老年活动中心、基层老年协会、妇女之家、残疾人康复机构、有资质的社会组织等宣传心理健康知识。通过培训专兼职社会工作者和心理工作者、引入社会力量等多种途径，为空巢、丧偶、失能、失智、留守老年人、妇女、儿童、残疾人和计划生育特殊家庭提供心理辅导、情绪疏解、悲伤抚慰、家庭关系调适等心理健康服务。鼓励有条件的地区适当扩展老年活动场所，组织开展健康有益的老年文体活动，丰富广大老年人精神文化生活，在老年人生病住院、家庭出现重大变故时及时关心看望。加强对孕产期、更年期等特定时期妇女的心理关怀，对遭受性侵犯、家庭暴力等妇女及时提供心理援助。加强对流动、留守妇女和儿童的心理健康服务。鼓励婚姻登记机构、婚姻家庭纠纷调解组织等积极开展婚姻家庭辅导服务。发挥残疾人社区康复协调员、助残社会组织作用，依托城乡社区综合服务设施，广泛宣传心理健康知识，为残疾儿童家长、残疾人及其亲友提供心理疏导、康复经验交流等服务。通过开展“志愿助残阳光行动”、“邻里守望”等群众性助残活动，为残疾人提供心理帮助。护理院、养老机构、残疾人福利机构、康复机构要积极引入社会工作者、心理咨询师等力量开展心理健康服务。（民政部、全国妇联、中国残联、全国老龄办按职责分工负责）

10. 重视特殊人群心理健康服务。健全政府、社会、家庭“三位一体”的帮扶体系，加强人文关怀和心理疏导，消除对特殊人群的歧视，帮助特殊人群融入社会。各地综治、公安、司法行政、民政、卫生计生等部门要高度关注流浪乞讨人员、服刑人员、刑满释放人员、强制隔离戒毒人员、社区矫正人员、社会吸毒人员、易肇事肇祸严重精神障碍患者等特殊人群的心理健康。加强心理疏导和危机干预，提高其承受挫折、适应环境能力，预防和减少极端案（事）件的发生。（中央综治办牵头，公安部、民政部、司法部、国家卫生计生委、中国残联按职责分工负责）

11. 加强严重精神障碍患者服务。各级综治、公安、民政、司法行政、卫生计生、残联等单位建立精神卫生综合管理小组，多渠道开展患者日常发现、登记、随访、危险性评估、服药指导等服务。动员社区组织、患者家属参与居家患者管理服务。做好基本医疗保险、城乡居民大病保险、医疗救助、疾病应急救助等制度的衔接，逐步提高患者医疗保障水平。做好贫困患者的社会救助工作。建立健全精神障碍社区康复服务体系，大力推广“社会化、综合性、开放式”的精神障碍康复模式，做好医疗康复和社区康复的有效衔接。（中央综治办、公安部、民政部、司法部、人力资源社会保障部、国家卫生计生委、中国残联按职责分工负责）

五、建立健全心理健康服务体系

12. 建立健全各部门各行业心理健康服务网络。各级机关和企事业单位依托本单位工会、共青团、妇联、人力资源部门、卫生室（或计生办），普遍设立心理健康辅导室，培养心理健康服务骨干队伍，配备专（兼）职心理健康辅导人员。教育系统要进一步完善学生心理健康服务体系，提高心理健康教育与咨询服务的专业化水平。每所高等院校均设立心理健康教育与咨询中心（室），按照师生比不少于1：4000配备从事心理辅导与咨询服务的专业教师。中小学校设立心理辅导室，并配备专职或兼职教师。学前教育和特殊教育机构要配备专（兼）职心理健康工作人员。公安、司法行政等部门要根据行业特点普遍设立心理服务机构，配备专业人员，成立危机干预专家组，对系统内人员和工作对象开展心理健康教育、心理健康评估和心理训练等服务。（各部门分别负责）

13. 搭建基层心理健康服务平台。将心理健康服务作为城乡社区服务的重要内容，依托城乡社区综合服务设施或基层综治中心建立心理咨询（辅导）室或社会工作室（站），配备心理辅导人员或社会工作者，协调组织志愿者，对社区居民开展心理健康宣传教育和心理疏导。各级政府及有关部门要发挥社会组织和社会工作者在婚姻家庭、邻里关系、矫治帮扶、心理疏导等服务方面的优势，进一步完善社区、社会组织、社会工作者三社联动机制，通过购买服务等形式引导社会组织、社会工作者、志愿者积极参与心理健康服务，为贫困弱势群体和经历重大生活变故群体提供心理健康服务，确保社区心理健康服务工作有场地、有设施、有保障。（中央综治办、民政部、国家卫生计生委按职责分工负责）

14. 鼓励培育社会化的心理健康服务机构。鼓励心理咨询专业人员创办社会心理健康服务机构。各级政府有关部门要积极支持培育专业化、规范化的心理咨询、辅导机构，通过购买社会心理机构的服务等形式，向各类机关、企事业单位和其他用人单位、基层组织及社区群众提供心理咨询服务，逐步扩大服务覆盖面，并为弱势群体提供公益性服务。社会心理咨询服务机构要加大服务技能和伦理道德的培训，提升服务能力和常见心理疾病的识别能力。（国家卫生计生委、民政部、工商总局按职责分工负责）

15. 加强医疗机构心理健康服务能力。卫生计生等部门要整合现有资源，进一步加强心理健康服务体系建设，支持省、市、县三级精神卫生专业机构提升心理健康服务能力，鼓励和引导综合医院开设精神（心理）科。基层医疗卫生机构普遍配备专职或兼职精神卫生防治人员。各级各类医疗机构在诊疗服务中加强人文关怀，普及心理咨询、治疗技术在临床诊疗中的应用。精神卫生专业机构要充分发挥引领示范作用，对各类临床科室医务人员开展心理健康知识和技能培训，注重提高抑郁、焦虑、老年痴呆、孤独症等心理行为问题和常见精神障碍的筛查识别、处置能力。要建立多学科心理和躯体疾病联络会诊制度，与高等院校和社会心理服务机构建立协作机制，实现双向转诊。妇幼保健机构要为妇女儿童开展心理健康教育，提供心理健康咨询与指导、心理疾病的筛查与转诊服务。各地要充分发挥中医药在心理健康服务中的作用，加强中医院相关科室建设和人才培养，促进中医心理学发展。基层医疗卫生机构和全科医师要大力开展心理健康宣传和服务工作，在专业机构指导下，探索为社区居民提供心理评估服务和心理咨询服务，逐步将儿童常见心理行为问题干预纳入儿童保健服务。监管场所和强制隔离戒毒场所的医疗机构应当根据需要积极创造条件，为被监管人员和强制隔离戒毒人员提供心理治疗、心理咨询和心理健康指导。（国家卫生计生委牵头，教育部、公安部、司法部、国家中医药局按职责分工负责）

六、加强心理健康人才队伍建设

16. 加强心理健康专业人才培养。教育部门要加大应用型心理健康专业人才培养力度，完善临床与咨询心理学、应用心理学等相关专业的学科建设，逐步形成学历教育、毕业后教育、继续教育相结合的心理健康专业人才培养制度。鼓励有条件的高等院校开设临床与咨询心理学相关专业，建设一批实践教学基地，探索符合我国特色的人才培养模式和教学方法。医学、教育、康复、社会工作等相关专业要加强心理学理论教学和实践技能培养，促进学生理论素养和实践技能的全面提升。依托具有资质和良好声誉的医疗机构、高等院

校、科研院所及社会心理健康服务机构建立实践督导体系。（教育部牵头，民政部、国家卫生计生委、中科院配合）

17. 促进心理健康服务人才有序发展。人力资源社会保障部门要加强心理咨询师资格鉴定的规范管理，进一步完善全国统一的心理咨询师国家职业标准。加强对心理咨询师培训的管理，改进鉴定考核方式，加强实践操作技能考核。对理论知识考试和实践操作技能考核都合格的考生核发职业资格证书，并将其信息登记上网，向社会提供查询服务，加强监督管理。（人力资源社会保障部牵头）

卫生计生部门要进一步加强心理健康专业人员培养和使用的制度建设。各级各类医疗机构要重视心理健康专业人才培养，鼓励医疗机构引进临床与咨询心理、社会工作专业的人才，加强精神科医师、护士、心理治疗师、心理咨询师、康复师、医务社会工作者等综合服务团队建设。积极培育医务社会工作者队伍，充分发挥其在医患沟通、心理疏导、社会支持等方面优势，强化医疗服务中的人文关怀。（国家卫生计生委牵头）

各部门、各行业对所属心理健康服务机构和人员加强培训、继续教育及规范管理，制定本部门本行业心理健康服务标准和工作规范，明确岗位工作要求，定期进行考评。（各部门分别负责）

18. 完善心理健康服务人才激励机制。各有关部门要积极设立心理健康服务岗位，完善人才激励机制，逐步将心理健康服务人才纳入专业技术岗位设置与管理体系，畅通职业发展渠道，根据行业特点分类制定人才激励和保障政策。在医疗服务价格改革中，要注重体现心理治疗服务的技术劳务价值。要加大专业人才的培训和继续教育工作力度，帮助专业人才实现自我成长和能力提升。鼓励具有相关专业背景并热心大众心理健康服务的组织和个人，积极参加心理健康知识宣传普及等志愿服务。（国家发展改革委、民政部、财政部、人力资源社会保障部、国家卫生计生委按职责分工负责）

19. 发挥心理健康服务行业组织作用。在卫生计生行政部门指导下，建立跨专业、跨部门的国家心理健康服务专家组，充分发挥心理健康服务行业组织作用，对各部门各领域开展心理健康服务提供技术支持和指导。依托专家组和行业组织，制订心理健康服务机构和人员登记、评价、信息公开等工作制度，建立国家和区域心理健康服务机构和人员信息管理体系，将相关信息纳入国家企业信用信息公示系统和国家统一的信用信息共享交换平台。对各类心理健康机构服务情况适时向社会公布，逐步形成"优胜劣汰"的良性运行机制。要建设一批心理健康服务示范单位。心理健康服务行业组织要充分发挥桥梁纽带作用，协助政府部门制定行业技术标准和规范，建立行规行约和行业自律制度，向行业主管部门提出违规者惩戒和退出建议。要开展心理健康服务机构管理者和从业人员的继续教育，不断提升心理健康服务行业整体服务水平。发挥心理健康相关协会、学会等社团组织作用，加强心理健康学术交流、培训、科学研究等工作，促进心理健康服务规范发展。（国家卫生计生委牵头，民政部、科协、中科院等相关部门配合）

七、加强组织领导和工作保障

20. 加强组织领导。各级党委、政府要将加强心理健康服务、健全社会心理服务体系作为健康中国建设重要内容，纳入当地经济和社会发展规划，并作为政府目标管理和绩效考核的重要内容。要建立健全党政领导、卫生计生牵头、综治协调、部门各负其责、各方积极配合的心理健康服务和社会心理服务体系建设工作机制和目标责任制，推动形成部门齐抓共管、社会力量积极参与、单位家庭个人尽力尽责的工作格局。要把心理健康教育作为各级各类领导干部教育培训的重要内容，把良好的心理素质作为衡量干部综合能力的重要方面，全面提升党员领导干部的心理素质。（各相关部门按职责分工负责）

21. 明确部门职责。各部门各行业要做好本部门本行业内人员的心理健康教育和心理疏导等工作。卫生计生部门牵头心理健康服务相关工作，制订行业发展相关政策和服务规范，指导行业组织开展工作，并会同有关部门研究心理健康服务相关法律及制度建设问题。综治机构做好社会心理服务疏导和危机干预，并将其纳入综治（平安建设）考评内容。宣传、文化、新闻出版广播电视部门负责协调新闻媒体、各类文化组织开展心理健康宣传教育。发展改革部门负责将心理健康服务、社会心理服务体系建设纳入国民经济和社会发展规划，完善心理健康服务项目价格政策。教育部门负责完善心理健康相关学科建设，加强专业人才培养，健全各级教育机构心理健康服务体系，组织各级各类学校开展学生心理健康服务工作。科技部门加大对心理健康服务相关科学技术研究的支持力度，并加强科技成果转化。公安、司法行政部门负责完善系统内心理健康服务体系建设，建立重大警务任务前后心理危机干预机制，组织开展被监管人员和强制隔离戒毒人员的心理健康相关工作。民政部门负责引导与管理城乡社区组织、社会组织、社会工作者参与心理健康服务，推动心理健康领域社会工作专业人才队伍建设。财政部门加大心理健康服务投入并监督使用。人力资源社会保障部门负责心理咨询师职业资格鉴定工作的规范管理。工商部门对未经许可擅自从事心理咨询和心理治疗的机构，依有关主管部门提请，依法予以吊销营业执照。中医药管理部门负责指导中医医疗机构做好心理健康服务相关工作。工会、共青团、妇联、残联、老龄办等组织负责职业人群和儿童青少年、妇女、残疾人、老年人等特定工作对象的心理健康服务工作。各相关部门要根据本指导意见制定实施方案。（各相关部门按职责分工负责）

22. 完善法规政策。不断完善心理健康服务的规范管理，研究心理健康服务相关法律问题，探索将心理健康专业人员和机构纳入法制化管理轨道，加快心理健康服务法制化建设。各地各部门要认真贯彻执行《精神卫生法》，并根据工作需要，及时制定加强心理健康服务、健全社会心理服务体系的相关制度和管理办法。鼓励各地结合本地实际情况，建立心理健康服务综合试点，充分发挥先行先试优势，不断改革创新，将实践探索得来的好经验好方法通过地方性法规、规章制度、政策等形式固化下来，为其他地区加强心理健康服务、健全社会心理服务体系提供示范引导。（国家卫生计生委牵头，相关部门配合）

23. 强化基础保障。要积极落实基层组织开展心理健康服务和健全社会心理服务体系的相关政策，加大政府购买社会工作服务力度，完善政府购买社会工作服务成本核算制度与标准规范。要建立多元化资金筹措机制，积极开拓心理健康服务公益性事业投融资渠道。鼓励社会资本投入心理健康服务领域。（民政部、财政部、国家卫生计生委按职责分工负责）

24. 加强行业监管。以规范心理健康服务行为、提高服务质量和提升服务水平为核心，完善心理健康服务监督机制，创新监管方式，推行属地化管理，规范心理健康服务机构从业行为，强化服务质量监管和日常监管。心理健康服务行业组织要定期对心理健康服务机构进行评估，将评估结果作为示范单位、实践基地建设和承接政府购买服务项目的重要依据。加强对心理健康数据安全的保护意识，建立健全数据安全保护机制，防范因违反伦理、安全意识不足等造成的信息泄露，保护个人隐私。（国家卫生计生委牵头，相关部门配合）

25. 加强心理健康相关科学研究。大力开展心理健康相关的基础和应用研究，开展本土化心理健康基础理论的研究和成果转化及应用。针对重点人群的心理行为问题和危害人民群众健康的重点心理疾病，开展生物、心理、社会因素综合研究和心理健康问题的早期识别与干预研究，推广应用效果明确的心理干预技术和方法；鼓励开展以中国传统文化、中医药为基础的心理健康相关理论和技术的实证研究，逐步形成有中国文化特色的心理学理论和临床服务规范。加强心理健康服务相关法律与政策等软科学研究，为政策法规制定实施提供科学依据。鼓励开展基于互联网技术的心理健康服务相关设备和产品研发，完善基础数据采集和平台建设。加强国际交流与合作，吸收借鉴国际先进科学技术及成功经验。（科技部牵头，教育部、国家卫生计生委、中科院、国家中医药局等相关部门配合）

国家卫生计生委、中宣部
中央综治办、国家发展改革委
教育部、科技部
公安部、民政部
司法部、财政部
人力资源社会保障部、文化部
工商总局、新闻出版广电总局
中科院、国家中医药局
全国总工会、共青团中央
全国妇联、中国科协
中国残联、全国老龄办
2016年12月30日

教育部关于印发《普通高等学校健康教育指导纲要》的通知

教体艺〔2017〕5号

各省、自治区、直辖市教育厅(教委),新疆生产建设兵团教育局,部属各高等学校:

为贯彻落实《"健康中国2030"规划纲要》对学校健康教育提出的工作要求,加强高校健康教育,提高高校学生健康素养和体质健康水平,现将《普通高等学校健康教育指导纲要》印发给你们,请认真遵照执行,(原《大学生健康教育基本要求》同时废止)。

教育部

2017年6月14日

普通高等学校健康教育指导纲要

《"健康中国2030"规划纲要》明确提出"加大学校健康教育力度。将健康教育纳入国民教育体系,把健康教育作为所有教育阶段素质教育的重要内容"。健康是青少年全面发展的基础,加强高校健康教育、提升学生健康素养,是贯彻落实党的教育方针,全面实施素质教育、促进学生全面发展、加快推进教育现代化的必然要求,是贯彻落实《"健康中国2030"规划纲要》,建设健康中国、全面提升中华民族健康素质的重要内容。近年来,各地各高校在推进健康教育、提升学生健康素养方面做了大量工作,取得了积极进展,但健康教育的覆盖面不广、针对性不强、措施落实不到位等问题仍然突出;部分学生健康意识淡漠,维护和促进自身健康能力不足,锻炼不够、睡眠不足、作息不规律、膳食不合理等不健康生活方式正在成为影响学生健康的危险因素。为进一步加强高校健康教育,提升学生健康素养,促进学生身心健康,特制定本指导纲要。

一、总体要求

(一)指导思想

高校健康教育要全面贯彻落实党的十八大、十八届三中、四中、五中全会和习近平总书记系列重要讲话精神,全面贯彻党的教育方针,按照《国家中长期教育改革和发展规划纲要(2010—2020年)》《"健康中国2030"规划纲要》的部署和要求,不断更新观念、创新形式、落实载体、完善制度,全方位、多途径、多形式开展高校健康教育和健康促进,充分发挥健康教育在培育和践行社会主义核心价值观、推进素质教育中的综合作用,帮助学生树立健康意识,掌握维护健康的知识和技能,形成文明、健康生活方式,提高自身健康管理能力,增强维护全民健康的社会责任感,促进学生身心健康和全面发展。

(二)基本原则

高等教育阶段是高校学生身心成长成熟、健康素养形成的重要时期。高校学生是传播健康理念、引领健康生活方式的重要人群。高校健康教育重在增强学生的健康意识、提高学生的健康素养和健全学生的人格品质。

开展高校健康教育应遵循以下基本原则:

——问题导向与健康需求相衔接。围绕学生的健康需求,针对学生的主要健康问题及其影响因素,合理科学选择健康教育的内容和形式,确保健康教育取得实效。

——知识传授与行为养成相促进。健康行为是维护和促进健康的关键。健康知识和技能是促进健康行为形成的前提。要以健康行为养成为出发点,传播健康知识和技能,提升学生健康素养。

——课堂教学与课外实践相协调。课堂教学是传授健康知识和技能的主要渠道。课外实践是践行健康知识和技能的主要场域。要结合课堂教育教学内容，合理安排健康实践活动，促进学生健康知识的运用与行为的形成。

——维护个体健康与增强社会责任相统一。个体健康是全民健康的基础，促进全民健康需要每个人的共同努力。既要提升学生的健康素养，也要增强学生在维护和促进全民健康方面的社会责任感和示范引领作用。

——总体要求与地方实际相结合。各地学生面临的健康问题及影响健康的危险因素不尽相同，各地应在国家有关健康教育的总体规划和原则指导下，结合本地实际，对健康教育的内容进行合理安排，并适当调整补充。

二、主要内容

高校健康教育是中小学健康教育的延续和深化，是全民健康教育的重要组成部分。高校健康教育内容主要包括健康生活方式、疾病预防、心理健康、性与生殖健康、安全应急与避险五个方面，其目标和核心内容分别为：

（一）健康生活方式。

目标：树立现代健康意识，掌握健康管理和健康决策的基本方法，养成文明健康的生活方式，提高自觉规避、有效应对健康风险的能力。

核心内容：现代健康的概念；高校学生面临的主要健康问题和影响因素；健康决策和健康管理的基本原则；饮食行为与健康，中国居民膳食指南及其应用，日常生活常见的食品安全隐患与防范（食品安全五要素）；睡眠与健康，睡眠不足与睡眠障碍的危害，劳逸结合，规律作息，预防网络成瘾；运动与健康，科学锻炼原则及方法、运动负荷的自我监测；烟草危害及戒烟策略，毒品（新型毒品）危害及禁毒，物质滥用（酗酒、滥用镇静催眠药和镇痛剂等成瘾性药物等）的危害及防范；环境卫生与健康。

（二）疾病预防。

目标：增强防病意识，掌握常见疾病的预防原则和常规措施，提高防控传染病和慢性非传染性疾病的能力。

核心内容：常见传染病（如流感、结核病、病毒性肝炎等）的预防；慢性非传染性疾病（如高血压、糖尿病、肿瘤等）的基本知识、预防原则和常规措施；抗生素滥用对健康的危害，在医生指导下使用抗生素；定期进行健康体检的意义和项目选择；常用的健康指标、正常范围，测定身体健康状况的常用方法（如测量腋温和脉搏、血压等）；正确选择必要、有效的保健与保险服务。

（三）心理健康。

目标：树立自觉维护心理健康的意识，掌握正确应对学业、人际关系等方面的不良情绪和心理压力必需的相关技能，提高心理适应能力。

核心内容：心理健康的概念；心理健康与身体健康的关系；学生心理发展特点和相关社会因素；抑郁症和焦虑症的表现，自我心理调适与技能，促进积极情绪与缓解不良情绪的基本方法；维护良好人际关系与有效交流的方法；心理咨询与服务利用，常见心理问题或危机的辨识与求助；珍爱生命。

（四）性与生殖健康。

目标：树立自我保健意识，掌握维护性与生殖健康的知识和技能，提高维护性与生殖健康的能力。

核心内容：性与生殖健康的基本知识；友谊、爱情、婚恋、家庭与伦理道德；优生优育与适宜有效的避孕方法；非意愿怀孕和应对措施；常见生殖健康问题与自我保健方法；无保护性行为对生殖健康的影响；常见性传播疾病和预防；艾滋病的传播、流行与控制，易感染艾滋病的高危行为和预防措施，艾滋病咨询检测和服务，不歧视艾滋病感染者和病人；预防性侵害的方法和技能。

（五）安全应急与避险。

目标：树立安全避险意识，掌握常见突发事件和伤害的应急处置方法，提高自救与互救能力。

核心内容：突发事件与个人安全防范，意外伤害（触电、溺水、中暑、中毒、运动创伤等）的预防、自救与互救的基本原则和方法；无偿献血基本知识，无偿献血是公民的义务；休克、晕厥、骨折等急症的现场救护原则，心肺复苏、创伤救护（止血、包扎、固定、搬运）等院前急救技能；动物（犬、猫、蛇等）抓伤、咬伤后的应急处置；防范网络安全风险，甄别不科学、不健康信息的技能与方法；实验、实习等场所安全要求与防护技能，注意个人防护，避免职业伤害；旅行卫生保健的基本要求，规避旅行中的健康与安全风险的基本措施和策略。

三、实施途径

（一）多渠道开展健康教育。

发挥课堂教学主渠道作用。高校应按照本纲要确定的原则、内容，因校制宜制定健康教育教学计划，开设健康教育公共选修课，安排必要的课时，确定相应的学分。针对高校学生关注的健康问题，精选教学内容，吸引学生选修健康教育课程。

拓展健康教育载体。充分利用新生入学教育、军训等时机，开展艾滋病、结核病等传染病预防、安全应急与急救等专题健康教育活动。充分利用广播、宣传栏、学生社团活动、校园网络、微博、微信等传统媒体和新兴媒体，经常性开展健康教育宣传活动。结合各种卫生主题宣传日，集中开展各类卫生主题宣传教育活动。结合阶段性、季节性疾病预防，以防病为切入点，传播健康生活方式及疾病预防知识和技能。

（二）多形式开展健康实践。

融入学生管理工作。注重培养学生健康素养和生活作息等行为习惯，及时了解学生心理状况和心理需求，有针对性开展心理健康教育、心理辅导与咨询。

发挥学生社团作用。把学生参与健康教育活动纳入学生志愿服务管理，鼓励学生积极参与健康教育实践活动，传播健康理念和知识。

创设良好的校园卫生环境。配备必要的公共卫生设施，设置必要的卫生警示和标识，潜移默化地培养学生的公共卫生意识和卫生行为习惯。

（三）多途径加强健康教育教学能力建设。

创新教学方法和模式。充分发挥在线课程作用，开发健康教育网络课程、慕课、微课等，为全体学生提供便捷的健康教育学习平台，增强学生运用网络资源学习的能力，扩大健康教育覆盖面。

开展健康教育教学研究。充分发挥高校学科优势和人才优势，开展健康教育教学和科研活动，培育健康教育特色，提高健康教育教学质量。

丰富教育教学资源。结合本校实际，开发学生健康教育科普读物、教学图文资料、多媒体课件等，丰富健康教育教学资源，保障健康教育教学活动顺利开展。

发挥专业组织的协同推进作用。积极争取卫生部门和健康教育专业机构的技术支持和专业指导。聘请专业人员培训健康教育师资、开展专题讲座等健康教育活动，增强健康教育的针对性和实效性。

四、保障措施

（一）完善推进机制。学校要切实把健康融入高校工作的各个环节，要把维护和促进学生健康放在重要的地位，全力提升学生健康素养和身心健康水平。要加强组织领导和统筹协调，把健康教育作为高校学生素质教育的重要内容，纳入学校教育教学体系。整合健康教育资源，制定符合学校实际的健康教育实施方案。明确一名校领导具体负责健康教育工作，建立专兼职相结合的健康教育师资队伍，完善教务、学工、校医院、团委等多部门各负其责、协同推进的健康教育工作机制。设有医学院的高校，要充分发挥其专业优势，加强对学校健康教育的技术支撑和专业指导。

（二）加大经费投入。各地各高校要切实加大健康教育经费投入，强化健康教育的条件保障。配备必要的公共卫生设施，充分发挥健康环境育人功能，促进学生健康行为和习惯的养成。

（三）加强评估督导。高校把健康教育作为学校教育教学评估的重要内容。各地教育行政部门要把健康教育纳入高等教育教学评估体系，督促高校落实健康教育的相关规定和要求，定期对高校健康教育工作进行督查，通报督查结果。

（四）营造良好环境。各地各高校要充分利用报刊、广播、电视、网络等手段和途径，加强高校健康教育工作宣传力度，总结交流典型经验和有效做法，传播科学的健康观，营造全社会关心、重视和支持高校健康教育的良好氛围。

中共教育部党组关于印发《高等学校学生心理健康教育指导纲要》的通知

教党〔2018〕41号

各省、自治区、直辖市党委教育工作部门、教育厅（教委），新疆生产建设兵团教育局，部属各高等学校党委、部省合建各高等学校党委：

《高等学校学生心理健康教育指导纲要》已经部党组会议审议通过，现印发给你们，请结合实际认真贯彻执行。有关落实情况，请及时报告我部思想政治工作司。

中共教育部党组

2018年7月4日

高等学校学生心理健康教育指导纲要

心理健康教育是提高大学生心理素质、促进其身心健康和谐发展的教育，是高校人才培养体系的重要组成部分，也是高校思想政治工作的重要内容。为深入学习贯彻习近平新时代中国特色社会主义思想和党的十九大精神，推动全国高校思想政治工作会议精神落地生根，切实加强高校思想政治工作体系建设，进一步提升心理育人质量，根据原国家卫生计生委、教育部等22部门联合印发的《关于加强心理健康服务的指导意见》和中共教育部党组《高校思想政治工作质量提升工程实施纲要》的工作要求，特制定本指导纲要。

一、指导思想

深入学习贯彻习近平新时代中国特色社会主义思想，全面贯彻党的教育方针，把立德树人的成效作为检验学校一切工作的根本标准，着力培养德智体美全面发展的社会主义建设者和接班人。坚持育心与育德相统一，加强人文关怀和心理疏导，规范发展心理健康教育与咨询服务，更好地适应和满足学生心理健康教育服务需求，引导学生正确认识义和利、群和己、成和败、得和失，培育学生自尊自信、理性平和、积极向上的健康心态，促进学生心理健康素质与思想道德素质、科学文化素质协调发展。

二、总体目标

教育教学、实践活动、咨询服务、预防干预“四位一体”的心理健康教育工作格局基本形成。心理健康教育的覆盖面、受益面不断扩大，学生心理健康意识明显增强，心理健康素质普遍提升。常见精神障碍和心理行为问题预防、识别、干预能力和水平不断提高。学生心理健康问题关注及时、措施得当、效果明显，心理疾病发生率明显下降。

三、基本原则

——科学性与实效性相结合。根据学生身心发展规律和心理健康教育规律，科学开展心理健康教育工作，逐步完善心理健康教育和咨询服务体系，切实提高学生心理健康水平，有效解决学生思想、心理和行为问题。

——普遍性与特殊性相结合。坚持心理健康教育工作面向全体学生开展，对每个学生心理健康发展负责，关注学生个体差异，注重方式方法创新，分层分类开展心理健康教育，满足不同学生群体心理健康服务需求。

——主导性与主体性相结合。充分发挥心理健康教育教师、心理咨询师、辅导员、班主任等育人主体的主导作用，强化家校育人合力。尊重学生主体地位，充分调动学生主动性、积极性，培养自主自助维护心理健康的意识和能力。

——发展性与预防性相结合。加强心理健康知识的普及和传播，充分挖掘学生心理潜能，培养积极心理品质，促进学生身心和谐发展。重视心理问题的及时疏导，加强心理危机预防干预，最大限度预防和减少严重心理危机个案的发生。

四、主要任务

1. 推进知识教育。健全心理健康教育课程体系，结合实际，把心理健康教育课程纳入学校整体教学计划，规范课程设置，对新生开设心理健康教育公共必修课，大力倡导面向全体学生开设心理健康教育选修和辅修课程，实现大学生心理健康教育全覆盖。公共必修课程原则上应设置2个学分、32—36个学时。完善心理健康教育教材体系，组织编写大学生心理健康教育示范教材，科学规范教学内容。开发建设《大学生心理健康》等在线课程，丰富教育教学形式。创新心理健康教育教学手段，有效改进教学方法，通过线下线上、案例教学、体验活动、行为训练、心理情景剧等多种形式，激发大学生学习兴趣，提高课堂教学效果，不断提升教学质量。

2. 开展宣传活动。加强宣传普及，通过举办心理健康教育月、“5·25”大学生心理健康节等形式多样的主题教育活动，组织开展各种有益于大学生身心健康的文体娱乐活动和心理素质拓展活动，不断增强心理健康教育吸引力和感染力。拓展传播渠道，充分利用广播、电视、书刊、影视、动漫等传播形式，组织创作、展示心理健康宣传教育精品和公益广告，传播自尊自信、乐观向上的现代文明理念和心理健康意识。创新宣传方式，主动占领网络心理健康教育新阵地，建设好融思想性、知识性、趣味性、服务性于一体的心理健康教育网站、网页和新媒体平台，广泛运用门户网站、微信、微博、手机客户端等媒介，宣传心理健康知识，倡导健康生活方式，提高心理保健能力。发挥学生主体作用，支持学生成立心理健康教育社团，组织开展心理健康教育活动，增长心理健康知识，提升心理调适能力，积极进行心理健康自助互助。强化家校育人合力，引导家长树立正确教育观念，以健康和谐的家庭环境影响学生，有效提升心理健康教育实效。

3. 强化咨询服务。优化心理咨询服务平台，加强硬件设施建设，设立心理发展辅导室、心理测评室、积极心理体验中心、团体活动室、综合素质训练室等，积极构建教育与指导、咨询与自助、自助与他助紧密结合的心理健康教育与咨询服务体系。完善体制机制，健全心理健康教育与咨询的值班、预约、转介、重点反馈等制度，通过个体咨询、团体辅导、电话咨询、网络咨询等多种形式，向学生提供经常、及时、有效的心理健康指导与咨询服务。实施分类引导，针对不同学段、不同专业学生，精准施策，因材施教，把解决思想问题、心理问题与解决实际问题结合起来，在关心呵护和暖心帮扶中开展教育引导。遵循保密原则，建立心理健康数据安全保护机制，保护学生隐私，杜绝信息泄露。

4. 加强预防干预。完善心理测评方式，优化量表选用，禁止使用可能损害学生心理健康的方法和仪器。科学分析经济社会快速发展、互联网新媒体应用快速推进、个人成长历程、家庭环境等因素对学生心理健康的深刻影响，准确把握学生心理健康状况及变化规律，不断提高心理健康素质测评覆盖面和科学性。健全心理危机预防和快速反应机制，建立学校、院系、班级、宿舍“四级”预警防控体系，完善心理危机干预工作预案，做好对心理危机学生的跟踪服务，注重做好特殊时期、不同季节的心理危机预防与干预工作，定期开展案例督导和个案研讨，不断提高心理危机预防干预专业水平。建立心理危机转介诊疗机制，畅通从学校心理健康教育与咨询机构到校医院、精神卫生专业机构的心理危机转介绿色通道，及时转介疑似患有严重心理或精神疾病的学生到专业机构接受诊断和治疗。

五、工作保障

1. 队伍建设。各高校要建设一支以专职教师为骨干、以兼职教师为补充，专兼结合、专业互补、相对稳定、素质良好的心理健康教育师资队伍。心理健康教育专职教师要具有从事大学生心理健康教育的相关学历和专业资质，要按照师生比不低于1：4000配备，每校至少配备2名。心理健康教育师资队伍原则上应纳入高校思想政治工作队伍管理，要落实好职务（职称）评聘工作。设有教育学、心理学教学机构的高校，可同时纳入相应专业队伍管理。积极组织开展师资队伍培训，保证心理健康教育专职教师每年接受不低于40学时的专业培训，或参加至少2次省级以上主管部门及二级以上心理学专业学术团体召开的学术会议。充分调动全体教职员工参与心理健康教育的主动性和积极性，重视对班主任、辅导员以及其他从事高校思想政治工作的干部、教师开展心理健康教育知识培训。

2. 条件保障。各高校应落实心理健康教育专项工作经费，配备必要的办公场地和设备。有条件的高校，要建立相对独立的心理健康教育与咨询机构和院（系）二级心理辅导站。要建设校内外心理健康教育素质拓展基地，培育高校心理健康教育优秀工作案例，辐射推动区域和全国高校心理健康教育工作。

六、组织实施

1. 组织管理。各级教育工作部门要切实加强对学生心理健康教育工作的统一领导和统筹规划，积极支持开展大学生心理健康教育工作，要将心理健康教育工作作为高校思想政治工作测评和文明校园创建的重要内容。各高校要将心理健康教育纳入学校改革发展整体规划，纳入人才培养体系、思想政治工作体系和督导评估指标体系。要明确心理健康教育工作牵头负责职能部门，构建校内各部门统筹协调机制，研究制定心理健康教育的工作规划和相关制度。

2. 评估督导。各级教育工作部门要研究制定大学生心理健康教育工作的评价与督导指标体系，组织或委托心理学专家以及实践工作者，定期对学生心理健康教育工作开展评估、督导。评估、督导内容包括学校重视和支持程度、机构设置情况、专项经费保障、师资队伍建设、教学科研、开展辅导或咨询情况以及工作实效等。

3. 科学研究。各级教育工作部门和各高校要推动开展心理健康教育基础理论研究，逐步形成具有中国特色的心理学、教育学学科体系、学术体系、话语体系，促进研究成果转化及应用。开展心理健康教育相关理论和技术的实证研究，促进临床服务规范。开展心理健康问题的早期识别与干预研究，推广应用效果明确的心理干预技术和方法。

全国民办高校和中外合作办学类高校学生心理健康教育工作，参照本指导纲要执行。

教育部办公厅关于加强学生心理健康管理工作的通知

教思政厅函〔2021〕10号

各省、自治区、直辖市教育厅(教委),新疆生产建设兵团教育局,部属各高等学校:

为进一步提高学生心理健康工作针对性和有效性,切实加强专业支撑和科学管理,着力提升学生心理健康素养,现就有关要求通知如下。

一、加强源头管理,全方位提升学生心理健康素养

1. 加强心理健康课程建设。发挥课堂教学主渠道作用,帮助学生掌握心理健康知识和技能,树立自助互助求助意识,学会理性面对挫折和困难。高校要面向本专科生开设心理健康公共必修课,原则上应设置2个学分(32—36学时),有条件的高校可开设更具针对性的心理健康选修课。中小学要将心理健康教育课纳入校本课程,同时注重安排形式多样的生命教育、挫折教育等。

2. 大力培育学生积极心理品质。充分发挥体育、美育、劳动教育以及校园文化的重要作用,全方位促进学生心理健康发展。严格落实开齐开足上好体育课和美育课的刚性要求,积极推广中华传统体育项目,广泛开展普及性体育运动和丰富的艺术实践活动,结合各学段特点系统加强劳动教育,吸引学生积极参加各种健康向上的校园文化生活和学生社团活动,切实培养学生珍视生命、热爱生活的心理品质,增强学生的责任感和使命感。

3. 及早分类疏导各种压力。针对学生在学习、生活、人际关系和自我意识等方面可能遇到的心理失衡问题,主动采取举措,避免因压力无法缓解而造成心理危机。注重关心帮助学习遭遇困难、学业表现不佳的学生,教师要及时给予个别指导,鼓励同学间开展朋辈帮扶,帮助学生纾解心理压力、提振学习信心。重点关注临近毕业仍未获得用人单位录用意向的学生,积极提供就业托底帮助,缓解就业焦虑。重点关注家庭经济困难学生,在学生资助的各环节把解决实际问题与解决心理问题相结合。及时了解学生在人际交往、恋爱情感、集体生活中所遇到的困难和问题,有针对性地开展个别谈话、团体辅导等,帮助青年学生树立正确的交友观、恋爱观。

4. 增强学校、家庭和社会教育合力。学校及时了解学生是否存在早期心理创伤、家庭重大变故、亲子关系紧张等情况,积极寻求学生家庭成员及相关人员的有效支持。在家庭访问等家校联系中帮助家长更加了解孩子所处年龄段的心理特点和规律,在家长学校、社区家长课堂中将青少年发展心理学知识列为必修内容,防止因家庭矛盾或教育方式不当造成孩子心理问题。充分利用广播、电视、网络媒体等平台和渠道,传播心理健康知识,积极营造有利于学生健康成长成才的社会环境。

二、加强过程管理,提升及早发现能力和日常咨询辅导水平

5. 做好心理健康测评工作。积极借助专业工具和手段,加快研制更符合中国学生特点的心理测评量表,定期开展学生心理健康测评工作,健全筛查预警机制,及早实施精准干预。高校每年在新生入校后适时开展全覆盖的心理健康测评,注重对测评结果的科学分析和合理应用,分类制定心理健康教育方案。县级教育部门要设立或依托相关专业机构,牵头负责组织区域内中小学开展心理健康测评工作,每年面向小学高年级、初中、高中开展一次心理健康测评,指导学校科学运用学生心理健康测评结果,推动建立"一生一策"的心理成长档案。

6. 强化日常预警防控。高校要健全完善"学校-院系-班级-宿舍/个人"四级预警网络,依托班级心理委员、学生党团骨干、学生寝室室长等群体,重点关注学生是否遭遇重大变故、重大挫折及出现明显异常等情况。辅导员、班主任每月要遍访所有学生寝室,院系要定期召开学生心理异常情况研判会,对出现高危倾向苗头的学生及时给予干预帮扶。针对中小学生出现的异常情况,中小学教师要与家长进行密切沟通,共同

加强心理疏导，帮助孩子渡过难关。

7. 加强心理咨询辅导服务。高校要强化心理咨询服务平台建设，设立心理发展辅导室、积极心理体验中心、团体活动室、综合素质训练室等，为开展个体心理咨询与团体心理辅导提供优质的实时实地服务。创造条件开通24小时阳光心理援助热线、网络预约专线和咨询邮箱等途径，做好常态化心理咨询服务。县级教育部门要建立区域性的中小学生心理辅导中心，积极开展线上线下多种形式咨询辅导服务，定期面向所在区域中小学提供业务指导、技能培训。

三、加强结果管理，提高心理危机事件干预处置能力

8. 大力构建家校协同干预机制。对于入学时就确定有抑郁症等心理障碍的学生，学校组织校内外相关专业人员进行研判，及时将干预方案告知家长，与家长共同商定任务分工。学生出现自杀自伤、伤人毁物倾向等严重心理危机时，学校及时协助家长送医诊治。

9. 积极争取专业机构协作支持。持续强化教育部门和各级学校与精神卫生医疗机构协同合作。各高校要主动争取与精神卫生医疗机构建立定点合作关系。县级教育部门要加强与卫生健康部门的协同联动，建立精神卫生医疗机构对学校心理健康教育及心理危机干预的支持协作机制，为所在区域中小学提供医疗帮助。

10. 妥善做好学生突发事件善后工作。加快提升学校应急处置能力。学生因心理问题在校发生意外事件后，学校要立即启动应急工作预案，第一时间联系学生家长，并在当地教育、公安等部门指导下核实情况、及时处理。针对可能的社会关注，学校要按照公开透明原则及时回应，对在网上进行恶意炒作者，争取网信、公安等部门支持，合力做好工作。

四、加强保障管理，加大综合支撑力度

11. 配齐建强骨干队伍。高校按师生比不低于1：4000比例配备心理健康教育专职教师且每校至少配备2名。加大心理健康教育培训力度，对新入职的辅导员、研究生导师开展心理健康教育基本知识和技能全覆盖培训，对所有辅导员每3年至少开展1次心理健康教育专题培训。支持辅导员攻读心理学相关专业第二专业硕士学位，适当增加思想政治工作骨干在职攻读博士学位专项计划心理学相关专业名额，为一线思想政治工作队伍提升心理健康教育专业化水平创造更好保障。每所中小学至少要配备1名专职心理健康教育教师，县级教研机构要配备心理教研员。中小学要在班主任及各学科教师岗前培训、业务进修、日常培训等各类培训中，将心理健康教育作为必修内容予以重点安排。

12. 落实场地和经费保障。高校要为心理健康教育与咨询配备必要的办公场地和设备。县级教育部门要为区域性中小学生心理辅导中心配备专门场地空间及软硬件设备，各地教育部门要进一步推动中小学建立健全心理辅导室。学校应在年度预算中统筹各类资金保障心理健康教育工作基础经费，确定生均标准，足额按时拨付，并视情建立增长机制。

教育部办公厅
2021年7月7日

教育部等十七部门关于印发《全面加强和改进新时代学生心理健康工作专项行动计划（2023—2025年）》的通知

教体艺〔2023〕1号

各省、自治区、直辖市教育厅（教委）、检察院、党委宣传部、网信办、科技厅（局）、公安厅（局）、民政厅（局）、财政厅（局）、卫生健康委、广电局、体育局、妇儿工委办公室、团委、妇联、关工委、科协，新疆生产建设兵团教育局、检察院、党委宣传部、网信办、科技局、公安局、民政局、财政局、卫生健康委、文体广电和旅游局、妇儿工委办公室、团委、妇联、关工委、科协，中国科学院各相关研究院所：

《全面加强和改进新时代学生心理健康工作专项行动计划（2023—2025年）》已经中央教育工作领导小组会议审议通过。现印发给你们，请结合实际认真贯彻执行。

教育部　最高人民检察院　中央宣传部
中央网信办　科技部　公安部
民政部　财政部　国家卫生健康委
广电总局　体育总局　中国科学院
国务院妇儿工委办公室　共青团中央　全国妇联
中国关心下一代工作委员会　中国科学技术协会
2023年4月20日

全面加强和改进新时代学生心理健康工作专项行动计划（2023—2025年）

促进学生身心健康、全面发展，是党中央关心、人民群众关切、社会关注的重大课题。随着经济社会快速发展，学生成长环境不断变化，叠加新冠疫情影响，学生心理健康问题更加凸显。为认真贯彻党的二十大精神，贯彻落实《中国教育现代化2035》《国务院关于实施健康中国行动的意见》，全面加强和改进新时代学生心理健康工作，提升学生心理健康素养，制定本行动计划。

一、总体要求

（一）指导思想

以习近平新时代中国特色社会主义思想为指导，全面贯彻党的教育方针，坚持为党育人、为国育才，落实立德树人根本任务，坚持健康第一的教育理念，切实把心理健康工作摆在更加突出位置，统筹政策与制度、学科与人才、技术与环境，贯通大中小学各学段，贯穿学校、家庭、社会各方面，培育学生热爱生活、珍视生命、自尊自信、理性平和、乐观向上的心理品质和不懈奋斗、荣辱不惊、百折不挠的意志品质，促进学生思想道德素质、科学文化素质和身心健康素质协调发展，培养担当民族复兴大任的时代新人。

（二）基本原则

——坚持全面发展。完善全面培养的教育体系，推进教育评价改革，坚持学习知识与提高全面素质相统一，培养德智体美劳全面发展的社会主义建设者和接班人。

——坚持健康第一。把健康作为学生全面发展的前提和基础，遵循学生成长成才规律，把解决学生心理问题与解决学生成才发展的实际问题相结合，把心理健康工作质量作为衡量教育发展水平、办学治校能力和人才培养质量的重要指标，促进学生身心健康。

——坚持提升能力。统筹教师、教材、课程、学科、专业等建设，加强学生心理健康工作体系建设，全方位强化学生心理健康教育，健全心理问题预防和监测机制，主动干预，增强学生心理健康工作科学性、针对性和有效性。

——坚持系统治理。健全多部门联动和学校、家庭、社会协同育人机制，聚焦影响学生心理健康的核心要素、关键领域和重点环节，补短板、强弱项，系统强化学生心理健康工作。

（三）工作目标

健康教育、监测预警、咨询服务、干预处置“四位一体”的学生心理健康工作体系更加健全，学校、家庭、社会和相关部门协同联动的学生心理健康工作格局更加完善。2025年，配备专（兼）职心理健康教育教师的学校比例达到95%，开展心理健康教育的家庭教育指导服务站点比例达到60%。

二、主要任务

（一）五育并举促进心理健康

1. 以德育心。将学生心理健康教育贯穿德育思政工作全过程，融入教育教学、管理服务和学生成长各环节，纳入“三全育人”大格局，坚定理想信念，厚植爱国情怀，引导学生扣好人生第一粒扣子，树立正确的世界观、人生观、价值观。

2. 以智慧心。优化教育教学内容和方式，有效减轻义务教育阶段学生作业负担和校外培训负担。教师要注重学习掌握心理学知识，在学科教学中注重维护学生心理健康，既教书，又育人。

3. 以体强心。发挥体育调节情绪、疏解压力作用，实施学校体育固本行动，开齐开足上好体育与健康课，支持学校全覆盖、高质量开展体育课后服务，着力保障学生每天校内、校外各1个小时体育活动时间，熟练掌握1—2项运动技能，在体育锻炼中享受乐趣、增强体质、健全人格、锤炼意志。

4. 以美润心。发挥美育丰富精神、温润心灵作用，实施学校美育浸润行动，广泛开展普及性强、形式多样、内容丰富、积极向上的美育实践活动，教会学生认识美、欣赏美、创造美。

5. 以劳健心。丰富、拓展劳动教育实施途径，让学生动手实践、出力流汗，磨炼意志品质，养成劳动习惯，珍惜劳动成果和幸福生活。

（二）加强心理健康教育

6. 开设心理健康相关课程。中小学校要结合相关课程开展心理健康教育。中等职业学校按规定开足思想政治课“心理健康与职业生涯”模块学时。高等职业学校按规定将心理健康教育等课程列为公共基础必修或限定选修课。普通高校要开设心理健康必修课，原则上应设置2个学分（32—36学时），有条件的高校可开设更多样、更有针对性的心理健康选修课。举办高等学历继续教育的高校要按规定开设适合成人特点的心理健康课程。托幼机构应遵循儿童生理、心理特点，创设活动场景，培养积极心理品质。

7. 发挥课堂教学作用。结合大中小学生发展需要，分层分类开展心理健康教学，关注学生个体差异，帮助学生掌握心理健康知识和技能，树立自助、求助意识，学会理性面对困难和挫折，增强心理健康素质。

8. 全方位开展心理健康教育。组织编写大中小学生心理健康读本，扎实推进心理健康教育普及。向家长、校长、班主任和辅导员等群体提供学生常见心理问题操作指南等心理健康“服务包”。依托“师生健康　中国健康”主题教育、“全国大中学生心理健康日”、职业院校“文明风采”活动、中考和高考等重要活动和时间节点，多渠道、多形式开展心理健康教育。发挥共青团、少先队、学生会（研究生会）、学生社团、学校聘请的社会工作者等作用，增强同伴支持，融洽师生同学关系。

（三）规范心理健康监测

9. 加强心理健康监测。组织研制符合中国儿童青少年特点的心理健康测评工具，规范量表选用、监测实施和结果运用。依托有关单位组建面向大中小学的国家级学生心理健康教育研究与监测专业机构，构建完整的学生心理健康状况监测体系，加强数据分析、案例研究，强化风险预判和条件保障。国家义务教育质量监测每年监测学生心理健康状况。地方教育部门和学校要积极开展学生心理健康监测工作。

10. 开展心理健康测评。坚持预防为主、关口前移，定期开展学生心理健康测评。县级教育部门要组织区域内中小学开展心理健康测评，用好开学重要时段，每学年面向小学高年级、初中、高中、中等职业学校等学生至少开展一次心理健康测评，指导学校科学规范运用测评结果，建立“一生一策”心理健康档案。高校每年应在新生入校后适时开展心理健康测评，鼓励有条件的高校合理增加测评频次和范围，科学分析、合理应用测评结果，分类制定心理健康教育方案。建立健全测评数据安全保护机制，防止信息泄露。

（四）完善心理预警干预

11. 健全预警体系。县级教育部门要依托有关单位建设区域性中小学生心理辅导中心，规范心理咨询辅导服务，定期面向区域内中小学提供业务指导、技能培训。中小学校要加强心理辅导室建设，开展预警和干预工作。鼓励高中、高校班级探索设置心理委员。高校要强化心理咨询服务平台建设，完善“学校—院系—班级—宿舍/个人”四级预警网络，辅导员、班主任定期走访学生宿舍，院系定期研判学生心理状况。重点关注面临学业就业压力、经济困难、情感危机、家庭变故、校园欺凌等风险因素以及校外实习、社会实践等学习生活环境变化的学生。发挥心理援助热线作用，面向因自然灾害、事故灾难、公共卫生事件、社会安全事件等重大突发事件受影响学生人群，强化应急心理援助，有效安抚、疏导和干预。

12. 优化协作机制。教育、卫生健康、网信、公安等部门指导学校与家庭、精神卫生医疗机构、妇幼保健机构等建立健全协同机制，共同开展学生心理健康宣传教育，加强物防、技防建设，及早发现学生严重心理健康问题，网上网下监测预警学生自伤或伤人等危险行为，畅通预防转介干预就医通道，及时转介、诊断、治疗。教育部门会同卫生健康等部门健全精神或心理健康问题学生复学机制。

（五）建强心理人才队伍

13. 提升人才培养质量。完善《心理学类教学质量国家标准》。加强心理学、应用心理学、社会工作等相关学科专业和心理学类拔尖学生培养基地建设。支持高校辅导员攻读心理学、社会工作等相关学科专业硕士学位，适当增加高校思想政治工作骨干在职攻读博士学位专项计划心理学相关专业名额。

14. 配齐心理健康教师。高校按师生比例不低于1：4000配备专职心理健康教育教师，且每校至少配备2名。中小学每校至少配备1名专（兼）职心理健康教育教师，鼓励配备具有心理学专业背景的专职心理健康教育教师。建立心理健康教育教师教研制度，县级教研机构配备心理教研员。

15. 畅通教师发展渠道。组织研制心理健康教育教师专业标准，形成与心理健康教育教师资格制度、教师职称制度相互衔接的教师专业发展制度体系。心理健康教育教师职称评审可纳入思政、德育教师系列或单独评审。面向中小学校班主任和少先队辅导员、高校辅导员、研究生导师等开展个体心理发展、健康教育基本知识和技能全覆盖培训，定期对心理健康教育教师开展职业技能培训。多措并举加强教师心理健康工作，支持社会力量、专业医疗机构参与教师心理健康教育能力提升行动，用好家校社协同心理关爱平台，推进教师心理健康教育学习资源开发和培训，提升教师发现并有效处置心理健康问题的能力。

（六）支持心理健康科研

16. 开展科学研究。针对学生常见的心理问题和心理障碍，汇聚心理科学、脑科学、人工智能等学科资源，支持全国和地方相关重点实验室开展学生心理健康基础性、前沿性和国际性研究。鼓励有条件的高校、科研院所等设置学生心理健康实验室，开展学生心理健康研究。

17. 推动成果应用。鼓励支持将心理健康科研成果应用到学生心理健康教育、监测预警、咨询服务、干预处置等领域，提升学生心理健康工作水平。

（七）优化社会心理服务

18. 提升社会心理服务能力。卫生健康部门加强儿童医院、精神专科医院和妇幼保健机构儿童心理咨询及专科门诊建设，完善医疗卫生机构儿童青少年心理健康服务标准规范，加强综合监管。民政、卫生健康、共青团和少先队、妇联等部门协同搭建社区心理服务平台，支持专业社工、志愿者等开展儿童青少年心理健康服务。对已建有热线的精神卫生医疗机构及12345政务服务便民热线（含12320公共卫生热线）、共青团12355青少年服务热线等工作人员开展儿童青少年心理健康知识培训，提供专业化服务，向儿童青少年广泛宣传热线电话，鼓励有需要时拨打求助。

19. 加强家庭教育指导服务。妇联、教育、关工委等部门组织办好家长学校或网上家庭教育指导平台，推动社区家庭教育指导服务站点建设，引导家长关注孩子心理健康，树立科学养育观念，尊重孩子心理发展规律，理性确定孩子成长预期，积极开展亲子活动，保障孩子充足睡眠，防止沉迷网络或游戏。家长学校或家庭教育指导服务站点每年面向家长至少开展一次心理健康教育。

20. 加强未成年人保护。文明办指导推动地方加强未成年人心理健康成长辅导中心建设，拓展服务内容，增强服务能力。检察机关推动建立集取证、心理疏导、身体检查等功能于一体的未成年被害人“一站式”办案区，在涉未成年人案件办理中全面推行“督促监护令”，会同有关部门全面开展家庭教育指导工作。关工委组织发挥广大“五老”优势作用，推动“五老”工作室建设，关注未成年人心理健康教育。

（八）营造健康成长环境

21. 规范开展科普宣传。科协、教育、卫生健康等部门充分利用广播、电视、网络等媒体平台和渠道，广泛开展学生心理健康知识和预防心理问题科普。教育、卫生健康、宣传部门推广学生心理健康工作经验做法，稳妥把握心理健康和精神卫生信息发布、新闻报道和舆情处置。

22. 加强日常监督管理。网信、广播电视、公安等部门加大监管力度，及时发现、清理、查处与学生有关的非法有害信息及出版物，重点清查问题较多的网络游戏、直播、短视频等，广泛汇聚向真、向善、向美、向上的力量，以时代新风塑造和净化网络空间，共建网上美好精神家园。全面治理校园及周边、网络平台等面向未成年人无底线营销危害身心健康的食品、玩具等。

三、保障措施

（一）加强组织领导。将学生心理健康工作纳入对省级人民政府履行教育职责的评价，纳入学校改革发展整体规划，纳入人才培养体系和督导评估指标体系，作为各级各类学校办学水平评估和领导班子年度考核重要内容。成立全国学生心理健康工作咨询委员会。各地要探索建立省级统筹、市为中心、县为基地、学校布点的学生心理健康分级管理体系，健全部门协作、社会动员、全民参与的学生心理健康工作机制。

（二）落实经费投入。各地要加大统筹力度，优化支出结构，切实加强学生心理健康工作经费保障。学校应将所需经费纳入预算，满足学生心理健康工作需要。要健全多渠道投入机制，鼓励社会力量支持开展学生心理健康服务。

（三）培育推广经验。建设学生心理健康教育名师、名校长工作室，开展学生心理健康教育交流，遴选优秀案例。支持有条件的地区和学校创新学生心理健康工作模式，探索积累经验，发挥引领和带动作用。

第六篇

网络思想政治教育

全国青少年网络文明公约

（2001年11月22日发布　2001年11月22日实施）

为贯彻江泽民总书记“三个代表”重要思想，促进“依法治国”和“以德治国”相结合方略的实施，落实《公民道德建设实施纲要》中关于“要引导网络机构和广大网民增强网络道德意识，共同建设网络文明”的精神，增强青少年自觉抵御网上不良信息的意识，团中央、教育部、文化部、国务院新闻办、全国青联、全国学联、全国少工委、中国青少年网络协会2001年11月向社会发布《全国青少年网络文明公约》。

要善于网上学习，不浏览不良信息
要诚实友好交流，不侮辱欺诈他人
要增强自护意识，不随意约会网友
要维护网络安全，不破坏网络秩序
要有益身心健康，不沉溺虚拟时空
要树立良好榜样，不违反行为准则

丰富多采的网络世界，为广大青少年益智广识提供了前所未有的便利条件。不过面对良莠不齐，泥沙俱下的网上咨讯，年轻一代的辨别和自律能力就显得尤其重要了。为增强青少年自觉抵御网上不良信息的意识，团中央、教育部、文化部、国务院新闻办、全国青联、全国学联、全国少工委、中国青少年网络协会向全社会发布了《全国青少年网络文明公约》。公约内容如下：

1. 要善于网上学习不浏览不良信息

将网络作为课外学习的一种新工具和了解大千世界的新途径，不接触不浏览有关色情、愤恨、暴力、邪教或者怂恿进行非法活动等一适当的内容，如果已接触了这些不良信息，要及时告诉父母和老师以取得帮助。

2. 要诚实友好交流不侮辱欺诈他人

在通过网络进行交流时，仍要礼貌待人，不使用脏话；要态度诚恳，不欺诈他人；要遵守礼节，不随心所欲。总之，要尊重他人，自己才能得到别人的尊重。

3. 要增强自护意识不随意约会网友

不要透露有关家庭的任何资料，包括姓名、地址、电话等；不要轻易相信别人；在没有得到父母的同意前，不要约会网上的朋友；不要与日俱增恶意挑衅；不参与不良的网上游戏等。遇到令自己不适的信息时，不要回复并马上告诉父母和老师。

4. 要维护网络安全不破坏网络秩序

要敢于担当“网络安全小使者”的责任，在保证自己不参与违背道德、法律活动的前提下，对于周围的小伙伴有不良行为者，要加以劝阻说服或告诉家长和老师。

5. 要有益身心健康不沉溺虚拟时空

要培养自我约束的能力。制定一些上网规则，把它贴在计算机附近，时时刻刻提醒自己；每次连续上网时间不超过1小时，要坚持做眼保健操；要制定学习计划，不盲目上网；要坚持户外运行，保证健康体魄。

6. 要树立良好榜样不违反行为准则

要时刻提醒自己“我是网络安全小使者”；要佩带“网络安全小使者”胸章；要乐于帮助周围需要帮助的人；要是非善恶分明；要敢于和坏人坏事作斗争；要树立良好的榜样，不违反思想美德行为准则。

所遇到各种问题。因此，应该全社会都行动起来，加速网络德育工作研究，净化网络环境，在网络上筑起一道网络德育长城，建立一道百毒不侵的防火墙，让我们的青少年健康成长。

教育部　共青团中央关于进一步加强高等学校校园网络管理工作的意见

各省、自治区、直辖市党委教育工作部门、教育厅（教委）、团委，新疆生产建设兵团教育局、团委，有关部门（单位）教育司（局），部属各高等学校党委：

为贯彻落实《中共中央国务院关于进一步加强和改进大学生思想政治教育的意见》（中发〔2004〕16号）精神，按照《中共中央办公厅国务院办公厅关于进一步加强互联网管理工作的意见》（中办发〔2004〕32号）要求，现就进一步加强高等学校校园网络管理工作提出如下意见。

一、充分认识加强高校校园网络管理工作的重要性和紧迫性，切实增强使命感和责任感

1. 近年来，在各地党委和政府的领导下，各地教育工作部门和高校按照“积极发展、加强管理、趋利避害、为我所用”的方针，一手抓建设，一手抓管理，高校校园网络建设取得明显成效，校园网已深入到教学、科研、社会服务等各个领域，成为高校师生获取信息、丰富知识、学习交流的重要渠道，在推动教育改革发展、促进思想文化交流、丰富师生精神生活等方面起到了积极作用。校园网络技术的发展和普及，拓展了思想政治教育工作的新途径，为加强大学生思想政治教育带来了新的机遇。

2. 互联网上信息十分繁杂。各种敌对势力把互联网作为渗透、煽动和破坏的重要工具，借助网站论坛、聊天室、虚拟社区、新闻跟贴等多种方式，散布资产阶级自由化言论，攻击党的路线方针政策；利用热点和敏感问题，蓄意制造谣言，煽动社会不满情绪，破坏正常社会秩序；传播淫秽色情、凶杀暴力和封建迷信等不良信息，进行网上违法犯罪活动。这些问题对大学生健康成长带来不可估量的负面影响，对高校校园网络管理工作提出了新的挑战和要求。

3. 各地教育工作部门、团组织和高校要充分认识到，加强高校校园网络管理，是推动高校校园网络持续健康发展的迫切需要，是培养高素质合格人才的迫切需要，是维护高校和社会稳定的迫切需要。要坚持以邓小平理论和“三个代表”重要思想为指导，遵循互联网发展规律和社会主义精神文明建设规律，体现社会信息化进程要求和大学生思想政治教育要求，把高校校园网建设成为传播先进文化和弘扬主旋律的重要渠道、加强大学生思想政治教育的重要阵地和全面服务大学生的重要平台。

二、主动占领网络新阵地，牢牢把握网络思想政治教育主动权

4、建设思想政治教育专题网站，构筑高校网络思想政治教育重要阵地。各高校要结合实际，大力建设思想政治教育专题网站，牢牢把握网络思想政治教育主动权。专题网站要以马克思列宁主义、毛泽东思想、邓小平理论和“三个代表”重要思想为指导，宣传党的基本理论、基本路线、基本纲领和基本经验；坚持以理想信念教育为核心，深入进行树立正确世界观、人生观和价值观教育；以爱国主义教育为重点，深入进行弘扬和培育民族精神教育；以基本道德规范为基础，深入进行公民道德教育；以大学生全面发展为目标，全面推进素质教育。专题网站建设要贴近实际、贴近生活、贴近学生，适应大学生成长成才的需要。

5. 建设校园主网站，构筑大学生获取信息、学习知识和交流思想的主流网络平台。各高校要努力建设融思想性、知识性、趣味性、服务性于一体的校园主网站，为大学生学习生活提供全面、优质、高效的服务，使高校校园网真正成为广泛吸引大学生、为大学喜爱、受大学生关注的重要媒体，成为大学生获取健康信息的重要渠道。要支持以人为本，在网上为大学生提供学习、生活、就业、心理咨询等服务，广泛开展丰富多彩、积极向上的学术、科技、艺术和娱乐等活动。要加强网上互动交流，及时解决大学生关心的理论问题和实际问题，把解决思想问题和解决实际问题结合起来，寓教育于服务之中。

6. 掌握校园网舆情，引导网上舆论。各地教育工作部门、团组织和高校要主动工作、正面引导，形成统一协调、反应灵敏、高效畅通的网上舆情收集反馈机制。教育工作部门、团组织要加强校园网舆情研究，认

真分析舆情产生的原因、发展趋势及对大学生思想的影响，准确把握本地区高校校园网整体舆情动态。高校要及时了解舆情信息，密切关注校园网动态，敏锐捕捉一些苗头性、倾向性、群体性问题。要整合学校报刊、广播、电视等各种传统媒体资源，丰富网上宣传内容，形成网上正面舆论强势。各高校都要组建一支政治可靠、知识丰富、数量充足并熟悉网络语言特点和规律的网上评论员队伍，围绕热点问题主动撰写贴文，吸引学生点击和跟贴，有效引导网上舆论。

三、综合运用技术、行政和法律手段，全面加强高校校园网络管理

7. 加大高校校园网络信息技术防范和行政监管力度。高校要根据国家互联网管理的有关法规，切实抓好校园网站的登记、备案工作，落实用户实名登记制度，加强校内网站与网络用户的统一归口管理。要按照IP地址管理办法，建立IP地址使用信息数据库和IP地址分配使用逐级责任制。高校校园网BBS是校内网络用户信息交流的平台，要严格实行用户实名注册制度。要加强对校园网BBS的规范和管理，及时发现和删除各类有害信息。对有害信息防范不力的要限期整改，对有害信息蔓延、管理失控的要依法予以关闭。要建立和完善校园网络安全防护、信息过滤、信息适时监测与跟踪、路由路径控制等系统，构建网络技术防控体系。

8. 提高高校校园网络信息和应急处置能力。各地教育工作部门、团组织和高校要对有害信息实施有效监控和防范。要加强校园网络突发事件应急预案建设，做好预案的实战演练和队伍的培训工作，提高预案的针对性和实效性。一旦发生网络突发事件，要做到快速反应、有效处置。高校要充分调动各方面的积极性，努力形成领导重视、专兼结合、师生广泛参与、共同抵御网上有害信息的安全管理机制。

9. 加强对高校校园及周边网络环境的综合治理。各地教育工作部门、团组织要在地方党委和政府领导下，在地方综治委的学校及周边治安综合治理工作领导小组的协调下，积极配合公安、司法、文化、工商、信息等部门专项整治工作，依法查处学校及周边各类违法违规网络经营行为和淫秽色情网站，严厉打击网上违法犯罪活动和网络违法犯罪分子。高校要切实加强对学校所属网络教室（实验室）、计算机房、图书馆电子阅览室等设施的管理，严禁利用校园网络设施进行经营活动，并对违规违纪的单位和个人进行严肃处理。要加强对卫星网传送教育电视节目和远程教育信息信号的监控与管理，加强对教育教学内容的前置审查，及时发现和妥善处置传输异常情况，防止出现各类有害信息和反动攻击信号。

四、切实加强领导，建立健全高校校园网络管理长效工作机制

10. 加强对高校园网络管理工作的领导。坚持属地化归口管理和“谁主管、谁负责，谁主办、谁负责”的原则。校园网络管理实行地方党委教育工作部门和高校党委一把手负责制。各地教育工作部门和高校党委要明确一名分管领导具体负责校园网络管理工作。教育工作部门要主动配合有关部门加强对高校校园网络管理工作的切实领导、组织协调、宏观指导和督促检查，形成互联互通、严密高效的管理网络。高校要进一步理顺管理体制，明确管理职责。高校网络中心（网络技术部门）负责建设和维护校园网络与信息安全技术平台，保证校园网络安全平稳运行。高校党委宣传部以及党委学生工作部、团委等部门负责专题教育网站和主网站建设、网上舆论引导、网络信息监控、网络文化建设等工作，保证校园网络信息内容安全。要将技术管理和内容管理各项职责逐条细化，分解到具体岗位和人员，落实到具体工作环节中。

11. 加强高校校园网络管理工作队伍建设。各地教育工作部门和高校要按照“提高素质，优化结构，主动建设，相对稳定”的要求，建设一支思想水平高、网络业务强、熟悉学生上网特点的网络管理工作队伍。高校要根据形势发展和实际工作的需要，在党委宣传部设立校园网络管理工作的专门岗位。要充分发挥学生思想政治工作队伍和有关专家、教师的作用。要加强校园网站负责人的思想政治和形势政策教育，提高其思想政治素质和政策理论水平；要加强校园网络管理工作队伍政治和业务培训，建立和完善网络管理工作考评与激励机制，不断提高队伍整体水平。要坚持教育与自我教育相结合，在充分发挥党团组织、教师教育引导作用的同时，充分调动大学生的积极性和主动性，引导他们在网上自我教育、自我管理和自我服务。

12. 组织实施“绿色校园网络”计划。要努力把高校校园网建设成为系统安全、制度完备、管理规范、内容丰富、信息健康的“绿色网络”。各地教育工作部门、团组织要积极组织高校大力开展“绿色校园网络”创建活动，努力拓展“绿色网络空间”，积极营造“绿色网络环境”。高校要加强大学生网络文明和网络道德教育，开展文明上网和文明网站创建活动，引导校园网站工作人员和大学生自觉遵守国家有关法律法规，讲

求职业道德和社会公德，积极传播健康信息，扩大主流舆论，自觉抵制有害信息、网络滥用行为和低俗之风。各地教育工作部门和高校要深入进行网络与信息安全技术研究，为“绿色校园网络”建设提供支持，推进高校校园网络持续、健康、快速发展。

各地教育工作部门、团组织和高校要结合本地、本校实际，提出贯彻落实本意见的具体实施办法。

2005年1月13日

教育部办公厅　国家互联网信息办公室秘书局关于印发《“易班”推广行动计划和中国大学生在线引领工程实施方案》的通知

教思政厅函〔2014〕42号

各省、自治区、直辖市党委教育工作部门、教育厅（教委）、网信办，新疆生产建设兵团教育局、网信办，部委属各高等学校：

为贯彻落实中央关于进一步加强和改进新形势下高校宣传思想工作的决策部署，按照《教育部　国家互联网信息办公室关于进一步加强高等学校网络建设和管理工作的意见》（教思政〔2013〕3号）要求，切实推进高校学生网络互动社区和主题教育网站建设，经研究决定，部署实施“易班”推广行动计划和中国大学生在线引领工程。现将《“易班”推广行动计划和中国大学生在线引领工程实施方案》印发给你们，请遵照执行。

各地教育、网信部门和高校要按照方案要求，加强组织领导，抓好工作统筹，做好本地本校工作的分层对接和具体落实，充分利用和发挥“易班”网、中国大学生在线的教育主阵地作用，加大学生网络互动社区和主题教育网站建设，促进网络思想政治教育创新和网络舆论生态改善，为全面深化教育领域综合改革、提高人才培养质量、营造清朗网络空间提供坚实支撑、创造良好条件。

“易班”推广行动计划和中国大学生在线引领工程实施方案（2014—2017年）

根据教育部、国家互联网信息办公室关于进一步加强高等学校网络建设和管理的工作部署，现就实施“易班”推广行动计划（以下简称“推广计划”）和中国大学生在线引领工程（以下简称“引领工程”），制订计划如下。

一、建设目标

按照中央对创新高校网络思想政治教育的总体部署，结合教育信息化建设，发挥“易班”网、中国大学生在线的主体作用，调动各地各校积极性，推动实现“易班”网和中国大学生在线内容、技术、服务全面升级。力争用三年左右时间，把“易班”建设成为集思想教育、教务教学、生活服务、文化娱乐为一体的全国性大学生网络互动示范社区，把中国大学生在线打造成覆盖面宽、影响力大、引领性强的高水平综合性大学生主题教育网站，促进各地各校学生网络互动社区和主题教育网站建设，支撑全国高校校园网站联盟发展，为教育改革、发展和稳定营造清朗的网络空间。

二、主要任务

（一）拓展应用，丰富思想文化供给

围绕落实立德树人根本任务，大力推进中国特色社会主义理论和中国梦网上弘扬传播，引导高校师生自觉培育和践行社会主义核心价值观，丰富高校师生网上精神文化生活。依托“易班”网和中国大学生在线，发挥全国高校校园网站联盟资源聚合、力量整合、协同配合优势，搭建高校网络思想政治教育优质资源互联互通平台、数字资源服务平台，大力引进精品视频公开课、精品资源共享课等教学资源。开设网络思想政治理论课，建设辅导员网络培训课程体系，推进思想政治工作队伍网络培训。构建高校网络文化研究示范平台，集聚大学生网络文化工作室成果，搭建学生创新创业网络载体，促进学生创业实践能力培育。

（二）扩大覆盖，筑牢网络育人阵地

以应用服务输出、运行模式输出、管理方法输出为重点，争取教育部直属高校和20个左右省区市所属高校加入"易班"，探索形成可复制、可推广、可辐射的网络互动社区建设模式。建立中国大学生在线与高校网站内容共建机制，争取共建高校达到1000所，注册用户覆盖大部分高校大学生，打造全国大学生思想教育类网站"旗舰"。发挥集聚效应，提升育人效果，促进校校合作、地校合作、地地合作，实现"易班"网、中国大学生在线与各地各校校园网络有序衔接、有机结合、有效运行。以"易班"网、中国大学生在线为主干，支撑建设全国高校校园网站联盟网络活动平台，形成各地各校网络活动联办、网络服务共享的格局。组建成立"易班"辅导员联盟和学生站长联盟、中国大学生在线校园网络通讯社，面向全国高校学生提供思想教育、教育教学、文化娱乐、信息咨询等一站式服务。开展网络名编名师、名站名栏、名作名篇评选活动，探索建立网络期刊名篇索引。

（三）引领示范，促进校园网站建设

发挥"易班"网和中国大学生在线引领示范作用，有效推动高校校园网站建设，着力增强校园网站的思想性、教育性、服务性、互动性，打造一批示范性学生网络互动社区、主题教育网站和思想理论教育资源网站。推进辅导员博客、思想政治理论教师博客、校务微博、班级微博、校园微信公众账号等网络新媒体建设，扩大校园网络文化的育人覆盖面和社会服务面。以弘扬主旋律、传播正能量为主旨，积极构建重大理论学习、重要时间节点、重要舆情应对时高校统一联动、集体发声、一呼百应的网络宣传工作机制。在"易班"网、中国大学生在线上开设专栏专题，把握时、度、效，主动设置议题，占领舆论制高点，疏导师生思想情绪。汇聚高校专家学者、辅导员、学生骨干等群体，选拔组建网络评论队伍，组织开展网评骨干培训，探索建立网评队伍作用发挥机制，提升网络评论的针对性实效性。

三、实施步骤

围绕建设目标，通过3年左右时间，采取"三步走"办法，基本实现"易班"走向全国的战略目标，基本构建以中国大学生在线为龙头、各地各校思想政治教育网站资源共享、相互联动、协调运行的工作格局。

第一阶段（2014年11月—2015年6月），全面启动实施。一是依托上海"易班"发展中心冠名成立教育部"易班"发展中心，在试点基础上，部分教育部直属及福建、广西两地所属40所左右高校首批开展"易班"建设，探索形成"易班"全国推广模式和机制；着力加强全国高校校园网站联盟建设，完善中国大学生在线共建机制，争取共建高校达到500所，校园网络通信站设立300个。二是制订实施教育系统网评队伍建设规划，初步建立一支结构合理、规模适当的网评骨干队伍。三是充分利用国家教育资源公共服务平台，实现平台互联互通、资源共建共享，完善"易班"系统功能，完成中国大学生在线服务器托管升级工作。

第二阶段（2015年7月—2016年6月），推进内涵建设。一是扩大覆盖面，选取8个左右省区市和15所左右教育部直属高校开展"易班"建设，增强"易班"优质教育教学资源服务辐射西部省区和民族地区的力度。争取中国大学生在线网站移动终端覆盖全国大部分高校，共建高校达到800所，校园网络通信站达到500个。二是在"易班"网、中国大学生在线上集聚高校思想政治教育、教育教学、创业就业等资源，开展辅导员网络课程培训和大学生网络主题教育活动，争取每年在线培训规模达到3000人左右、活动覆盖面达到300万大学生。三是立足弘扬正能量，定期设置议题，发布权威信息，提高开展网络舆论热点问题正面评论和有效引导的水平。

第三阶段（2016年7月—2017年12月），构建长效机制。制定、实施高校开展"易班"建设指导标准，加大各类优质教育资源注入力度，全面提升相关省区市及高校"易班"建设水平，争取20个左右省区市所属高校和所有部属高校加入"易班"，将"易班"建设成为全国最具影响力的大学生网络互动社区。完善中国大学生在线网络活动、网络思政工作和网络学习平台建设，网站注册用户覆盖全国大部分高校学生，网络培训基本覆盖全体辅导员，基本实现引领工程建设目标。

四、条件保障

（一）加强统筹指导。教育部、国信办加强对"易班"发展中心、中国大学生在线发展中心指导，统筹谋划、组织实施推广计划和引领工程。教育部思想政治工作司负责日常组织协调，相关司局在政策安排、资源分享、教育服务公共平台共享等方面支持建设。各地教育部门、网信部门加强组织领导，指导高校积极推广“易班”建设经验，共建共享中国大学生在线。参与高校要将“易班”推广、中国大学生在线频道共建等工作作为学校党建和思想政治工作的重要内容，加强网络利用、拓展网络功用、丰富网络应用，为建设全国示范性网络互动社区、主题教育网站提供坚实支撑。

（二）完善工作机制。教育部、国信办相关司局会同上海市教育部门、高等教育出版社分别建立“易班”、中国大学生在线工作协调机制，加强政策、技术、服务、宣传等方面的统筹协调，督导落实推广计划、引领工程各项工作。上海市教育部门完善政府主导、各方协同的“易班”发展模式和企业化管理运营模式。高等教育出版社进一步完善中国大学生在线管理机制、运行机制和保障机制，探索建立符合网站发展规律、适应社会竞争的运营机制，提升工作活力和效率。

（三）加强条件保障。统筹协调“易班”、中国大学生在线纳入国家网络安全与信息化整体部署，作为教育信息化建设重点工作。支持“易班”、中国大学生在线建成全国性网络文化示范中心，完善新闻宣传和舆论引导功能，为“易班”、中国大学生在线申请取得新闻、视频传播等资质提供政策支持。推广计划、引领工程实施经费纳入国家网络安全和信息化建设、教育信息化建设有关专项经费保障，主要用于“易班”中心经验集成、人员培训、服务推广，沪外高校“易班”运行维护、技术改造、应用研发、队伍建设等工作；用于支持中国大学生在线开展网络思想政治教育内容建设、应用系统研发和安全保障工作。上海市教育部门、高等教育出版社分别强化“易班”、中国大学生在线队伍建设、办公运行等基础保障，升级改造网络平台，拓展网络应用服务，增强用户体验，优化服务环境。

教育部国信办《关于进一步加强高等学校网络建设和管理工作的意见》

教思政〔2013〕3号

各省、自治区、直辖市教育厅（教委）、互联网信息办公室，新疆生产建设兵团教育局，教育部直属各高等学校：

为深入贯彻落实党的十八大精神，围绕落实立德树人根本任务，推进高校网络文化健康有序发展，唱响网上思想文化主旋律，现就进一步加强高校网络建设和管理工作提出如下意见。

一、高度重视高校网络建设和管理工作。当前，互联网等信息网络对高校师生的科学文化素质、思想道德素质以及精神文化生活产生越来越深刻的影响。加强和改进高校网络建设和管理，要以中国特色社会主义理论体系为指导，按照积极利用、科学发展、依法管理、确保安全的方针，遵循信息网络规律，树立正确导向，着力内容建设，营造文明健康、积极向上的网络育人环境，维护高校网络文化信息安全。

二、加强高校网络文化供给与服务。各级教育部门和高校要大力推进中国特色社会主义理论体系网络化传播，深入开展中国梦教育，引导高校师生自觉践行社会主义核心价值体系，丰富高校师生网上精神文化生活，牢牢把握网络文化育人主动权。高校要整合教育教学资源，积极实施数字图书馆、虚拟仿真实验室、网络思想政治理论课、大学生网络文化工作室等项目，主动制作适合新兴媒体传播的网络应用和优秀文化作品，增强校园网络文化的吸引力。不断提高精品视频公开课、精品资源共享课及高职专业教学资源库建设水平，推动优质文化资源、教育资源在更大范围内普及共享。加强网络文化产品研发和应用服务，支持学生网络社团建设，搭建学生网络创新创业平台，举办网络文化产品设计比赛，促进学生创新实践能力培育。教育部指导建立一批高校网络文化示范中心。

三、构筑高校网络思想文化阵地。教育部指导实施中国大学生在线引领工程，结合教育信息化建设，推动技术、服务升级，整合高校网络信息、思想政治理论课程和思想政治工作资源，把中国大学生在线打造成覆盖面宽、影响力大、引领性强的高水平综合性大学生主题教育网站。实施"易班"推广行动计划，逐步把"易班"建设成集思想教育、教务教学、生活服务、文化娱乐为一体的大学生网络互动示范社区。高校要着力增强校园网站的思想性、教育性、服务性、互动性，加强综合性门户网站、主题性教育网站、专业性学术网站建设，推进辅导员博客、思政课教师博客、校务微博、班级微博及校园微信公共账号建设，扩大网络文化的育人覆盖面和社会服务面。

四、加强高校网络信息安全管理。分级分类指导高校网络信息安全工作，实施高校网络信息管理系统建设工程，加强对网络新应用的研究和应对，及时掌握师生在校园网、主流社交网站及微博、微信上的动态，形成覆盖全面、及时准确、正确引导、有效管理的高校网络信息管理机制。高校要落实国家关于网站、域名、IP地址备案的有关规定，完善校园网信息安全管理制度。加强校园网接入管理，规范校内单位接入移动互联网、使用社会网络资源管理。加强校内公共上网场所管理，建立上网场所对个人及无责任能力单位零出租、网络使用实名登记备案和可追溯制度。继续严格落实"校内用户信息交流"和"用户实名注册"两项措施。

五、提高高校网络舆论引导能力。推动成立高校校园网站联盟，加强教育系统官方微博联盟建设，整合高校网络宣传内容，增强高校间主流网络舆论的互联互动，拓宽先进文化、正面声音传播途径。各级教育部门和高校要制定网上信息发布、报送和舆论引导工作规程，形成教育部、各地教育部门、各高校之间信息共享、定期会商、联动反应的舆情工作模式。结合师生关注的重点、热点和难点问题，加强对校园交互社区、网络即时通信特别是网络群组的舆论引导，有针对性地回应网上关切。建立教育部门与互联网信息内容主管部门舆情沟通协作机制和突发事件应急反应机制，制订完善高校网络舆情应急工作预案，综合利用传统、网络媒体，统筹协调网上、网下工作，主动加强与工信部门、公安部门及互联网接入企业、网络信息服务企业的沟通联系，形成突发事件应对合力。

六、统筹推进队伍建设。各级教育部门和高校要立足全员育人，统筹推进网络建设、网络监管、网络评论队伍建设。高校要设专岗专人负责网络内容建设，配备专职人员负责校园网站编审。引导支持学术大师、教学名师、优秀导师参与网络文化建设。专兼结合建立校园网络监管队伍，汇集研判网上师生思想动态，及时发现处置网上不良信息。注重从思想政治工作骨干、专家学者、优秀学生中选拔人员组建网络评论队伍，有效开展网上舆论引导和思想疏导。推动形成高校网络文化相关专业师生、先进典型人物、知名公众人物等参与网络评论的机制和办法。依托教育系统培训资源和优势，发挥互联网信息内容主管部门行业指导作用，建设高校网络建设和管理培训基地，加大骨干队伍培训力度。

七、推进激励评价机制改革。教育部选取若干具备良好基础的高校开展校园网络文化建设专项试点，实行特殊政策，设立专项经费，组建专门队伍，创新工作机制，统筹校报校刊等传统媒体与校园网络媒体，探索优秀网络文章纳入科研成果统计、列为职务（职称）评聘条件的办法，着力培育一批网络名编名师、开办一批网络名站名栏、发表评选一批网络名篇名作。在试点成熟的基础上，及时总结经验，适时推广。各级教育部门和高校要支持网络建设和管理人员承担相关课题研究，将符合条件人员纳入高校辅导员在职攻读思想政治教育博士学位专项计划，将专职人员纳入思想政治教育或信息技术专业的专业技术职务（职称）评聘。

八、大力开展师生网络素养教育。各级教育部门和高校要广泛开展学生网络文明教育和网络法治教育，引导广大学生形成科学、文明、健康、守法的上网习惯。高校要加强学生教育管理，完善学生管理规定，增强学生对网上有害信息的甄别、抵制、批判能力，实现学生网上自我教育、自我约束和自我保护。发挥思想道德修养与法律基础课、互联网专业课等主渠道作用，将大学生网络道德教育纳入课程教育。把文明用网作为师德建设重要内容，在教师岗前培训、业务学习、工作考核等环节提出相关要求。

九、加强组织领导。各级互联网信息内容主管部门要发挥统筹协调作用，会同其他互联网管理部门，把高校网络建设和管理工作摆在加强和改进网络内容建设、推进网络依法规范有序运行的重要位置，进行全面规划、整体部署。教育部成立高校网络建设和管理工作领导小组，各地教育部门要主动加强与当地互联网信息内容主管部门的配合协调，明确专门处室，组织推进本地区高校网络建设和管理工作。各高校要建立由学校负责同志担任组长的工作领导小组，完善党委统一领导、党政齐抓共管的工作格局，明确党委宣传部门对这项工作的牵头职责，充实工作力量，会同学生工作部门，信息化建设部门抓好组织实施。

十、强化工作保障。各级教育部门和高校要加大对网络建设和管理的经费投入，将其纳入高校事业发展总体布局，纳入高校党的建设、大学生思想政治教育、平安校园建设、文明单位创建、教育教学评估等工作体系，做到同步规划、同步推进、同步督查。依托高校建立若干个网络人才培养基地、网络舆情研究中心、互联网新技术研发中心，支持各地区搭建大学网络文化学术研究交流平台，加强网络文化复合型人才培养，促进专家队伍和网络文化相关学科建设，推动重大理论实践课题研究，为互联网发展和管理提供智力支持、人才支持和技术支撑。

教育部　国家互联网信息办公室

2013年8月2日

教育部办公厅关于开展
高校校园网络文化建设专项试点工作的通知

教思政厅函〔2013〕31号

清华大学、中国传媒大学、天津大学、上海交通大学、南京大学、中山大学、电子科技大学：经研究，确定清华大学等7所部属高校作为试点单位，开展高校校园网络文化建设专项试点工作。

希望试点学校按照《高校校园网络文化建设专项试点工作方案》要求，进一步细化实施方案，抓好组织领导，落实条件保障，切实完成好加强思想引领、推进机制创新、着力内容建设、形成品牌特色、汇集研究成果等工作任务，示范引领高校网络建设和管理工作开展。试点中遇到的重要情况和问题请及时报我部思政司。

教育部办公厅

2013年11月1日

高校校园网络文化建设专项试点工作方案

根据《教育部、国家互联网信息办公室关于进一步加强高等学校网络建设和管理工作的意见》(教思政〔2013〕3号)精神，决定开展全国高校校园网络文化建设专项试点工作并制定本方案。

一、试点目的

试点工作以探索创新高校网络文化建设和管理机制为核心，以着力培育一批网络名编名师、开办一批网络名站名栏、发表评选一批网络名篇名作为重点，以弘扬网上思想文化主旋律、推进网络思想文化阵地建设、增强网络文化育人功效为目标。通过试点，调动高校加强网络建设和管理的积极性，探索掌握网络文化育人主动权、网上舆论引导话语权、网络管理主导权的经验和办法，促进高校网络建设和管理工作取得新成效、呈现新局面。

二、试点条件

——学校党政领导高度重视，成立学校网络建设和管理工作领导小组，设有实体性网络文化建设管理机构，配备有专职网络文化建设管理工作队伍，其中专职人员不少于3人。

——学校新闻传播、信息技术等学科特色鲜明，专家队伍水平高，具有与相关高校、科研机构开展协同创新的能力和条件。

——学校校园网站影响力大、成熟度高，相关网站或栏目频道在“全国高校百佳网站”或其他大学生喜爱的网站(栏目)评选中取得较好成绩。

——学校人事制度改革力度大、基础好，在岗位设置改革、基层学术组织改革、薪酬分配改革等方面取得积极成效，具有良好的改革氛围和工作基础。

——学校大学生思想政治教育工作机制完善、队伍健全、保障到位。积极探索网络文化建设管理工作机制创新，已积累一定的网络文化建设和管理经验。具有活跃的大学生网络社团。

——学校设有专项预算经费支持，具有良好的网络硬件、软件条件。

三、试点任务

确定为高校网络文化建设专项试点的高校，围绕以下任务开展工作。

1. 加强思想引领。试点高校要积极推进社会主义核心价值体系融入校园网络文化，主动占领意识形态领域的网络阵地，把握校园网络舆论的正确导向，弘扬主旋律，传递正能量。

2. 推动机制创新。试点高校要在组织机构、队伍建设、激励评价、工作协作等方面探索创新，研究形成有利于网络文化队伍建设、内容创作、弘扬传播的新机制、新途径、新办法。

（1）组织机构。试点高校要按照宣传思想文化工作重点到哪儿力量配备就到哪儿的精神，探索建立由宣传（或学工）部门牵头，学工（或宣传）、科研、人事、信息化建设等部门共同参与的工作机制，将网络文化建设和管理工作部门实体化，配备专职工作人员，并为机构运转、人员发展提供政策支持和条件保障。

（2）队伍建设。推进网络建设、网络管理和网络评论队伍建设，形成专人负责校园网站管理、编审，专兼结合开展网络评论的工作格局。研究制订思想政治工作骨干、专家学者、优秀学生参与网络评论的机制办法，形成每校不少于20人的网络评论员队伍。探索建立网络文化骨干队伍培训体系。

（3）激励评价。研究制订校园网络优秀文章优质优酬办法。研究制订优秀网络文章纳入科研成果统计、列为职务（职称）评聘条件的办法。研究制订将网络文化育人工作情况列为优秀教师、优秀教育工作者等先进人物评选条件的办法。

（4）协同创新。统筹校内、校际网络文化相关专业，整合传统媒体与网络媒体资源，加强学校与政府管理部门、社会研究机构、社会网络媒体协作，推进高校网络文化研究协同创新，提高研究成果质量和水平。

3. 着力内容建设。

（1）培育网络名编名师。加强校园网站编辑队伍培养培训，提升网络文章编辑能力和推送水平。鼓励和支持学校教职员工尤其是学术大师、教学名师、优秀导师利用专业知识、结合岗位工作参与网络文章写作和网络文化产品创作，做好学生思想疏导和社会舆论引导。研究制订网络名编名师评选办法。

（2）开办网络名站名栏。按照思想性、教育性、服务性、互动性的要求，加强校园综合性门户网站、主题性教育网站、专业性学术网站、BBS、网络互动社区等建设，着力办好校园网站专题教育栏目、社会网络媒体上开设的校园频道栏目、校务微博、校园微信公共账号等，不断提高服务师生能力和社会影响力。在现有“全国高校百佳网站”评选办法的基础上研究制订名站名栏评选办法。

（3）创作名篇名作。组织动员学校教职员工尤其是专家学者，围绕理论和现实热点、难点和重点问题，运用网言网语在校内外网络媒体上发表思想教育、宣传评论和舆论引导文章。研究制订按照文章质量、传播效果、决策参考情况评选名篇名作办法。

4. 形成品牌特色。试点高校要紧密结合区域特点和学校特色，建设具有显著优势，能够发挥示范引领作用的校园网络文化品牌，形成可总结、易实现、能推广的网络文化成果，探索辐射和引领高校网络文化建设的机制和办法。

5. 汇集研究成果。试点高校及时向教育部提交优秀网络评论文章，教育部选送至教育部门户网站、教育部新闻办官方微博、中国大学生在线、“易班”大学生网络社区、高校网站、社会主流网站，并定期集结出版《网上热点问题面对面》，扩大优秀网络文章育人覆盖面和社会影响力。

四、组织领导

试点工作在教育部高校网络建设和管理工作领导小组领导下开展，日常工作由教育部思政司会同新闻办负责。教育部统筹现有经费渠道加大对试点工作的经费支持，并在教育部人文社科课题中设立专项委托研究课题予以支持。

各试点高校要确保领导到位、机构到位、人员到位，为试点工作提供特殊政策，在队伍建设、软硬件条件配备、专业技术支撑等方面创造条件，保障试点工作所需经费。

五、工作安排

教育部思政司、新闻办加强对试点工作的指导，加强试点动态跟踪，协调各方力量，形成工作合力，及时帮助试点高校解决试点工作中遇到的困难和问题，推动试点工作顺利开展。试点高校要及时总结工作经验。试点结束后，教育部将组织专家验收，优秀试点成果向全国高校推广。

教育部思想政治工作司
关于培育建设大学生网络文化工作室的通知

教思政司函〔2014〕40号

各省、自治区、直辖市党委教育工作部门、教育厅(教委),新疆生产建设兵团教育局,部属各高等学校:

为深入学习贯彻党的十八大和十八届三中全会精神,深化教育领域综合改革,探索创新高校学生参与校园网络文化建设的新模式、新机制,引导青年学生自觉培育和践行社会主义核心价值观,提升思想政治教育工作质量,根据教育部、国家互联网信息办公室《关于进一步加强高等学校网络建设和管理工作的意见》要求和教育部改革工作计划安排,决定启动大学生网络文化工作室(以下简称工作室)培育建设工作。现将有关事项通知如下:

一、建设条件

大学生网络文化工作室,应具备以下条件:

1. 学校高度重视,确定专门指导部门,配备专业指导教师;

2. 学校有活跃的学生网络社团和一定规模的学生网络骨干队伍,相关社团和学生骨干积极组织或参与网络文化创新实践活动,取得有显示度的网络文化成果和相关工作成果;

3. 学校具有网络文化建设相关学科和研究支撑,具有较为完善的工作室建设规划和制度体系;

4. 学校给予政策支持,提供必要经费、场所和网络技术等条件。

二、建设任务

高校建设大学生网络文化工作室,重点围绕以下任务开展:

1. 注重组织培育。统筹推进工作室建设,制定建设方案,明确建设数量、方向、重点、特色和实施步骤。依托网络社团等学生组织,充实人员、提供条件、完备设施。建立管理、运行、评价机制,出台专家学者、学生骨干等参与培育建设的激励措施,推进工作室品牌化建设、项目化运作、优质化产出,带动校园网络文化建设,提升学生网络素养,增强学生创新创业能力。

2. 开展重点建设。立足学校情况,结合学校特色,聚焦师生需求,引导工作室从网络文化、网络思政、网络舆情、网络技术等内容中选取方向、明确重点、凝炼特色,在校内外广泛开展网络主题活动、网络课题研究、网络产品研发和网络技术服务,充实校园网络文化内涵,形成校园网络文化品牌,破解网络文化建设难题,营造校园网络文化建设良好氛围。

3. 推动成果转化。及时做好工作室建设成果的总结应用、转化推广,把相关成果融入高校学生思想政治教育、网络素养教育、科研能力培育、创业就业教育等人才培养环节中,应用到网络思想文化阵地建设、网上主题教育活动开展、网络舆情引导管理等网络建设管理工作中。深入挖掘建设典型案例,探索建立长效机制,做好经验推广,辐射和带动校内外工作室建设,形成百花齐放、各具特色的良好局面。

三、实施步骤

1. 培育遴选重点项目,2014年7月—2014年9月。各地各校结合工作实际,按照建设条件和任务要求,开展大学生网络文化工作室建设。2014年9月,启动遴选首批20个“教育部大学生网络文化工作室”。教育部直属高校直接申报,每校限报1个;各省级教育部门负责遴选推荐3—4个所属地方院校工作室申报。《申报表》见附件。2014年9月30日以前,有关申报材料电子版刻制成光盘,和纸质版材料一起,邮寄至教育部思想政治工作司网络教育管理处。教育部直属高校直接邮寄,地方院校由省级教育部门统一邮寄,截至日期以邮戳为准。教育部思想政治工作司组织评审，并将评审结果通报各地各校。入选的工作室或其他特色鲜明、有培育潜质的工作室可在“易班”网上开设平台、在线建设。

2. 打造评选优秀产品，2014年10月—2015年4月。各地各高校指导大学生网络文化工作室积极开展研究，打造网络思想政治工作案例、学生网络创新平台、新媒体网络传播应用、网络技术服务等产品，形成项目成果。2015年4月，教育部思想政治工作司指导举办全国高校学生优秀网络文化产品评选活动。建有“教育部大学生网络文化工作室”的高校，可由工作室选送2件特色网络文化产品直接申报；其他教育部直属高校，可由本校工作室选送1件产品直接申报；各省区市教育部门可推荐选送本地区高校工作室5—10件产品申报。获奖产品经专家评审、网络投票后产生。具体评选活动另行通知。

3. 宣传推广建设成果。2015年5月—2015年6月。及时总结首批“教育部大学生网络文化工作室”培育建设经验，整合中国大学生在线、“易班”网、社会网络媒体等资源，搭建平台，宣传推广工作室建设成果。依托“易班”网建立网络文化推广平台，汇聚优秀网络文化产品，进行全媒体展示和传播，形成大学生网络文化示范品牌。引入社会资源和市场机制，加快网络文化成果转化应用，促进高校人才培养、科学研究、社会服务等工作开展。

四、组织领导

教育部思想政治工作司加强统筹指导，对入选的“教育部大学生网络文化工作室”，强化过程管理，推进重点建设，根据所取得的网络文化成果，以奖补政策予以经费支持。相关建设成果纳入全国高校百佳网站评选、全国大学生网络文化比赛等活动中。有关工作室申报遴选、队伍建设、交流研讨，研究成果征集展示、评估评选、宣传推介等具体工作由“易班”网在教育部思想政治工作司指导下组织实施。

各地教育部门、各高校要加强工作领导，将大学生网络文化工作室建设纳入高校党建和思想政治教育工作、网络安全和信息化工作总体部署，出台配套政策，搭建工作平台，强化人员培训，做好思想动员、组织开展、宣传推广等工作，推进本地区、本校工作室培育建设。各高校要将工作室建设纳入学校人才培养体系，有关研究成果纳入学生学业评价体系，在队伍建设、场地配备、技术支撑、经费支持等方面提供保障。

联系人及电话：教育部思政司　张凤寒010-66096673、莎日娜010-66096657，

电子信箱：wlc@moe.edu.cn

“易班”网　冯俊峰021-25653257、朱宇杰010-60161016，网址：www.yiban.cn

教育部思想政治工作司

2014年7月4日

国务院关于积极推进“互联网+”行动的指导意见

国发〔2015〕40号

各省、自治区、直辖市人民政府，国务院各部委、各直属机构：

“互联网+”是把互联网的创新成果与经济社会各领域深度融合，推动技术进步、效率提升和组织变革，提升实体经济创新力和生产力，形成更广泛的以互联网为基础设施和创新要素的经济社会发展新形态。在全球新一轮科技革命和产业变革中，互联网与各领域的融合发展具有广阔前景和无限潜力，已成为不可阻挡的时代潮流，正对各国经济社会发展产生着战略性和全局性的影响。积极发挥我国互联网已经形成的比较优势，把握机遇，增强信心，加快推进“互联网+”发展，有利于重塑创新体系、激发创新活力、培育新兴业态和创新公共服务模式，对打造大众创业、万众创新和增加公共产品、公共服务“双引擎”，主动适应和引领经济发展新常态，形成经济发展新动能，实现中国经济提质增效升级具有重要意义。

近年来，我国在互联网技术、产业、应用以及跨界融合等方面取得了积极进展，已具备加快推进“互联网+”发展的坚实基础，但也存在传统企业运用互联网的意识和能力不足、互联网企业对传统产业理解不够深入、新业态发展面临体制机制障碍、跨界融合型人才严重匮乏等问题，亟待加以解决。为加快推动互联网与各领域深入融合和创新发展，充分发挥“互联网+”对稳增长、促改革、调结构、惠民生、防风险的重要作用，现就积极推进“互联网+”行动提出以下意见。

一、行动要求

（一）总体思路。

顺应世界“互联网+”发展趋势，充分发挥我国互联网的规模优势和应用优势，推动互联网由消费领域向生产领域拓展，加速提升产业发展水平，增强各行业创新能力，构筑经济社会发展新优势和新动能。坚持改革创新和市场需求导向，突出企业的主体作用，大力拓展互联网与经济社会各领域融合的广度和深度。着力深化体制机制改革，释放发展潜力和活力；着力做优存量，推动经济提质增效和转型升级；着力做大增量，培育新兴业态，打造新的增长点；着力创新政府服务模式，夯实网络发展基础，营造安全网络环境，提升公共服务水平。

（二）基本原则。

坚持开放共享。营造开放包容的发展环境，将互联网作为生产生活要素共享的重要平台，最大限度优化资源配置，加快形成以开放、共享为特征的经济社会运行新模式。

坚持融合创新。鼓励传统产业树立互联网思维，积极与“互联网+”相结合。推动互联网向经济社会各领域加速渗透，以融合促创新，最大程度汇聚各类市场要素的创新力量，推动融合性新兴产业成为经济发展新动力和新支柱。

坚持变革转型。充分发挥互联网在促进产业升级以及信息化和工业化深度融合中的平台作用，引导要素资源向实体经济集聚，推动生产方式和发展模式变革。创新网络化公共服务模式，大幅提升公共服务能力。

坚持引领跨越。巩固提升我国互联网发展优势，加强重点领域前瞻性布局，以互联网融合创新为突破口，培育壮大新兴产业，引领新一轮科技革命和产业变革，实现跨越式发展。

坚持安全有序。完善互联网融合标准规范和法律法规，增强安全意识，强化安全管理和防护，保障网络安全。建立科学有效的市场监管方式，促进市场有序发展，保护公平竞争，防止形成行业垄断和市场壁垒。

（三）发展目标。

到2018年，互联网与经济社会各领域的融合发展进一步深化，基于互联网的新业态成为新的经济增长动力，互联网支撑大众创业、万众创新的作用进一步增强，互联网成为提供公共服务的重要手段，网络经济与实体经济协同互动的发展格局基本形成。

——经济发展进一步提质增效。互联网在促进制造业、农业、能源、环保等产业转型升级方面取得积极成效，劳动生产率进一步提高。基于互联网的新兴业态不断涌现，电子商务、互联网金融快速发展，对经济提质增效的促进作用更加凸显。

——社会服务进一步便捷普惠。健康医疗、教育、交通等民生领域互联网应用更加丰富，公共服务更加多元，线上线下结合更加紧密。社会服务资源配置不断优化，公众享受到更加公平、高效、优质、便捷的服务。

——基础支撑进一步夯实提升。网络设施和产业基础得到有效巩固加强，应用支撑和安全保障能力明显增强。固定宽带网络、新一代移动通信网和下一代互联网加快发展，物联网、云计算等新型基础设施更加完备。人工智能等技术及其产业化能力显著增强。

——发展环境进一步开放包容。全社会对互联网融合创新的认识不断深入，互联网融合发展面临的体制机制障碍有效破除，公共数据资源开放取得实质性进展，相关标准规范、信用体系和法律法规逐步完善。

到2025年，网络化、智能化、服务化、协同化的“互联网+”产业生态体系基本完善，“互联网+”新经济形态初步形成，“互联网+”成为经济社会创新发展的重要驱动力量。

二、重点行动

（一）“互联网+”创业创新。

充分发挥互联网的创新驱动作用，以促进创业创新为重点，推动各类要素资源聚集、开放和共享，大力发展众创空间、开放式创新等，引导和推动全社会形成大众创业、万众创新的浓厚氛围，打造经济发展新引擎。（发展改革委、科技部、工业和信息化部、人力资源社会保障部、商务部等负责，列第一位者为牵头部门，下同）

1. 强化创业创新支撑。鼓励大型互联网企业和基础电信企业利用技术优势和产业整合能力，向小微企业和创业团队开放平台入口、数据信息、计算能力等资源，提供研发工具、经营管理和市场营销等方面的支持和服务，提高小微企业信息化应用水平，培育和孵化具有良好商业模式的创业企业。充分利用互联网基础条件，完善小微企业公共服务平台网络，集聚创业创新资源，为小微企业提供找得着、用得起、有保障的服务。

2. 积极发展众创空间。充分发挥互联网开放创新优势，调动全社会力量，支持创新工场、创客空间、社会实验室、智慧小企业创业基地等新型众创空间发展。充分利用国家自主创新示范区、科技企业孵化器、大学科技园、商贸企业集聚区、小微企业创业示范基地等现有条件，通过市场化方式构建一批创新与创业相结合、线上与线下相结合、孵化与投资相结合的众创空间，为创业者提供低成本、便利化、全要素的工作空间、网络空间、社交空间和资源共享空间。实施新兴产业“双创”行动，建立一批新兴产业“双创”示范基地，加快发展“互联网+”创业网络体系。

3. 发展开放式创新。鼓励各类创新主体充分利用互联网，把握市场需求导向，加强创新资源共享与合作，促进前沿技术和创新成果及时转化，构建开放式创新体系。推动各类创业创新扶持政策与互联网开放平台联动协作，为创业团队和个人开发者提供绿色通道服务。加快发展创业服务业，积极推广众包、用户参与设计、云设计等新型研发组织模式，引导建立社会各界交流合作的平台，推动跨区域、跨领域的技术成果转移和协同创新。

（二）“互联网+”协同制造。

推动互联网与制造业融合，提升制造业数字化、网络化、智能化水平，加强产业链协作，发展基于互联网的协同制造新模式。在重点领域推进智能制造、大规模个性化定制、网络化协同制造和服务型制造，打造一批网络化协同制造公共服务平台，加快形成制造业网络化产业生态体系。（工业和信息化部、发展改革委、科技部共同牵头）

1. 大力发展智能制造。以智能工厂为发展方向，开展智能制造试点示范，加快推动云计算、物联网、智能工业机器人、增材制造等技术在生产过程中的应用，推进生产装备智能化升级、工艺流程改造和基础数据共享。着力在工控系统、智能感知元器件、工业云平台、操作系统和工业软件等核心环节取得突破，加强工业大数据的开发与利用，有效支撑制造业智能化转型，构建开放、共享、协作的智能制造产业生态。

2. 发展大规模个性化定制。支持企业利用互联网采集并对接用户个性化需求，推进设计研发、生产制造和供应链管理等关键环节的柔性化改造，开展基于个性化产品的服务模式和商业模式创新。鼓励互联网企业整合市场信息，挖掘细分市场需求与发展趋势，为制造企业开展个性化定制提供决策支撑。

3. 提升网络化协同制造水平。鼓励制造业骨干企业通过互联网与产业链各环节紧密协同，促进生产、质量控制和运营管理系统全面互联，推行众包设计研发和网络化制造等新模式。鼓励有实力的互联网企业构建网络化协同制造公共服务平台，面向细分行业提供云制造服务，促进创新资源、生产能力、市场需求的集聚与对接，提升服务中小微企业能力，加快全社会多元化制造资源的有效协同，提高产业链资源整合能力。

4. 加速制造业服务化转型。鼓励制造企业利用物联网、云计算、大数据等技术，整合产品全生命周期数据，形成面向生产组织全过程的决策服务信息，为产品优化升级提供数据支撑。鼓励企业基于互联网开展故障预警、远程维护、质量诊断、远程过程优化等在线增值服务，拓展产品价值空间，实现从制造向“制造+服务”的转型升级。

（三）“互联网+”现代农业。

利用互联网提升农业生产、经营、管理和服务水平，培育一批网络化、智能化、精细化的现代“种养加”生态农业新模式，形成示范带动效应，加快完善新型农业生产经营体系，培育多样化农业互联网管理服务模式，逐步建立农副产品、农资质量安全追溯体系，促进农业现代化水平明显提升。（农业部、发展改革委、科技部、商务部、质检总局、食品药品监管总局、林业局等负责）

1. 构建新型农业生产经营体系。鼓励互联网企业建立农业服务平台，支撑专业大户、家庭农场、农民合作社、农业产业化龙头企业等新型农业生产经营主体，加强产销衔接，实现农业生产由生产导向向消费导向转变。提高农业生产经营的科技化、组织化和精细化水平，推进农业生产流通销售方式变革和农业发展方式转变，提升农业生产效率和增值空间。规范用好农村土地流转公共服务平台，提升土地流转透明度，保障农民权益。

2. 发展精准化生产方式。推广成熟可复制的农业物联网应用模式。在基础较好的领域和地区，普及基于环境感知、实时监测、自动控制的网络化农业环境监测系统。在大宗农产品规模生产区域，构建天地一体的农业物联网测控体系，实施智能节水灌溉、测土配方施肥、农机定位耕种等精准化作业。在畜禽标准化规模养殖基地和水产健康养殖示范基地，推动饲料精准投放、疾病自动诊断、废弃物自动回收等智能设备的应用普及和互联互通。

3. 提升网络化服务水平。深入推进信息进村入户试点，鼓励通过移动互联网为农民提供政策、市场、科技、保险等生产生活信息服务。支持互联网企业与农业生产经营主体合作，综合利用大数据、云计算等技术，建立农业信息监测体系，为灾害预警、耕地质量监测、重大动植物疫情防控、市场波动预测、经营科学决策等提供服务。

4. 完善农副产品质量安全追溯体系。充分利用现有互联网资源，构建农副产品质量安全追溯公共服务平台，推进制度标准建设，建立产地准出与市场准入衔接机制。支持新型农业生产经营主体利用互联网技术，对生产经营过程进行精细化信息化管理，加快推动移动互联网、物联网、二维码、无线射频识别等信息技术在生产加工和流通销售各环节的推广应用，强化上下游追溯体系对接和信息互通共享，不断扩大追溯体系覆盖面，实现农副产品“从农田到餐桌”全过程可追溯，保障“舌尖上的安全”。

（四）“互联网+”智慧能源。

通过互联网促进能源系统扁平化，推进能源生产与消费模式革命，提高能源利用效率，推动节能减排。加强分布式能源网络建设，提高可再生能源占比，促进能源利用结构优化。加快发电设施、用电设施和电网智能化改造，提高电力系统的安全性、稳定性和可靠性。（能源局、发展改革委、工业和信息化部等负责）

1. 推进能源生产智能化。建立能源生产运行的监测、管理和调度信息公共服务网络，加强能源产业链上下游企业的信息对接和生产消费智能化，支撑电厂和电网协调运行，促进非化石能源与化石能源协同发电。鼓励能源企业运用大数据技术对设备状态、电能负载等数据进行分析挖掘与预测，开展精准调度、故障判断和预测性维护，提高能源利用效率和安全稳定运行水平。

2. 建设分布式能源网络。建设以太阳能、风能等可再生能源为主体的多能源协调互补的能源互联网。突破分布式发电、储能、智能微网、主动配电网等关键技术，构建智能化电力运行监测、管理技术平台，使电力设备和用电终端基于互联网进行双向通信和智能调控，实现分布式电源的及时有效接入，逐步建成开放共享的能源网络。

3. 探索能源消费新模式。开展绿色电力交易服务区域试点，推进以智能电网为配送平台，以电子商务为交易平台，融合储能设施、物联网、智能用电设施等硬件以及碳交易、互联网金融等衍生服务于一体的绿色能源网络发展，实现绿色电力的点到点交易及实时配送和补贴结算。进一步加强能源生产和消费协调匹配，推进电动汽车、港口岸电等电能替代技术的应用，推广电力需求侧管理，提高能源利用效率。基于分布式能源网络，发展用户端智能化用能、能源共享经济和能源自由交易，促进能源消费生态体系建设。

4. 发展基于电网的通信设施和新型业务。推进电力光纤到户工程，完善能源互联网信息通信系统。统筹部署电网和通信网深度融合的网络基础设施，实现同缆传输、共建共享，避免重复建设。鼓励依托智能电网发展家庭能效管理等新型业务。

（五）“互联网+”普惠金融。

促进互联网金融健康发展，全面提升互联网金融服务能力和普惠水平，鼓励互联网与银行、证券、保险、基金的融合创新，为大众提供丰富、安全、便捷的金融产品和服务，更好满足不同层次实体经济的投融资需求，培育一批具有行业影响力的互联网金融创新型企业。（人民银行、银监会、证监会、保监会、发展改革委、工业和信息化部、网信办等负责）

1. 探索推进互联网金融云服务平台建设。探索互联网企业构建互联网金融云服务平台。在保证技术成熟和业务安全的基础上，支持金融企业与云计算技术提供商合作开展金融公共云服务，提供多样化、个性化、精准化的金融产品。支持银行、证券、保险企业稳妥实施系统架构转型，鼓励探索利用云服务平台开展金融核心业务，提供基于金融云服务平台的信用、认证、接口等公共服务。

2. 鼓励金融机构利用互联网拓宽服务覆盖面。鼓励各金融机构利用云计算、移动互联网、大数据等技术手段，加快金融产品和服务创新，在更广泛地区提供便利的存贷款、支付结算、信用中介平台等金融服务，拓宽普惠金融服务范围，为实体经济发展提供有效支撑。支持金融机构和互联网企业依法合规开展网络借贷、网络证券、网络保险、互联网基金销售等业务。扩大专业互联网保险公司试点，充分发挥保险业在防范互联网金融风险中的作用。推动金融集成电路卡（IC卡）全面应用，提升电子现金的使用率和便捷性。发挥移动金融安全可信公共服务平台（MTPS）的作用，积极推动商业银行开展移动金融创新应用，促进移动金融在电子商务、公共服务等领域的规模应用。支持银行业金融机构借助互联网技术发展消费信贷业务，支持金融租赁公司利用互联网技术开展金融租赁业务。

3. 积极拓展互联网金融服务创新的深度和广度。鼓励互联网企业依法合规提供创新金融产品和服务，更好满足中小微企业、创新型企业和个人的投融资需求。规范发展网络借贷和互联网消费信贷业务，探索互联网金融服务创新。积极引导风险投资基金、私募股权投资基金和产业投资基金投资于互联网金融企业。利用大数据发展市场化个人征信业务，加快网络征信和信用评价体系建设。加强互联网金融消费权益保护和投资者保护，建立多元化金融消费纠纷解决机制。改进和完善互联网金融监管，提高金融服务安全性，有效防范互联网金融风险及其外溢效应。

（六）“互联网+”益民服务。

充分发挥互联网的高效、便捷优势，提高资源利用效率，降低服务消费成本。大力发展以互联网为载体、线上线下互动的新兴消费，加快发展基于互联网的医疗、健康、养老、教育、旅游、社会保障等新兴服务，创新政府服务模式，提升政府科学决策能力和管理水平。（发展改革委、教育部、工业和信息化部、民政部、人力资源社会保障部、商务部、卫生计生委、质检总局、食品药品监管总局、林业局、旅游局、网信办、信访局等负责）

1. 创新政府网络化管理和服务。加快互联网与政府公共服务体系的深度融合，推动公共数据资源开放，促进公共服务创新供给和服务资源整合，构建面向公众的一体化在线公共服务体系。积极探索公众参与的网络化社会管理服务新模式，充分利用互联网、移动互联网应用平台等，加快推进政务新媒体发展建设，加强政府与公众的沟通交流，提高政府公共管理、公共服务和公共政策制定的响应速度，提升政府科学决策能力和社会治理水平，促进政府职能转变和简政放权。深入推进网上信访，提高信访工作质量、效率和公信力。鼓励政府和互联网企业合作建立信用信息共享平台，探索开展一批社会治理互联网应用试点，打通政府部门、企事业单位之间的数据壁垒，利用大数据分析手段，提升各级政府的社会治理能力。加强对“互联网+”行动的宣传，提高公众参与度。

2. 发展便民服务新业态。发展体验经济，支持实体零售商综合利用网上商店、移动支付、智能试衣等新技术，打造体验式购物模式。发展社区经济，在餐饮、娱乐、家政等领域培育线上线下结合的社区服务新模式。发展共享经济，规范发展网络约租车，积极推广在线租房等新业态，着力破除准入门槛高、服务规范难、个人征信缺失等瓶颈制约。发展基于互联网的文化、媒体和旅游等服务，培育形式多样的新型业态。积极推广基于移动互联网入口的城市服务，开展网上社保办理、个人社保权益查询、跨地区医保结算等互联网应用，让老百姓足不出户享受便捷高效的服务。

3. 推广在线医疗卫生新模式。发展基于互联网的医疗卫生服务，支持第三方机构构建医学影像、健康档案、检验报告、电子病历等医疗信息共享服务平台，逐步建立跨医院的医疗数据共享交换标准体系。积极利用移动互联网提供在线预约诊疗、候诊提醒、划价缴费、诊疗报告查询、药品配送等便捷服务。引导医疗机构面向中小城市和农村地区开展基层检查、上级诊断等远程医疗服务。鼓励互联网企业与医疗机构合作建立医疗网络信息平台，加强区域医疗卫生服务资源整合，充分利用互联网、大数据等手段，提高重大疾病和突发公共卫生事件防控能力。积极探索互联网延伸医嘱、电子处方等网络医疗健康服务应用。鼓励有资质的医学检验机构、医疗服务机构联合互联网企业，发展基因检测、疾病预防等健康服务模式。

4. 促进智慧健康养老产业发展。支持智能健康产品创新和应用，推广全面量化健康生活新方式。鼓励健康服务机构利用云计算、大数据等技术搭建公共信息平台，提供长期跟踪、预测预警的个性化健康管理服务。发展第三方在线健康市场调查、咨询评价、预防管理等应用服务，提升规范化和专业化运营水平。依托现有互联网资源和社会力量，以社区为基础，搭建养老信息服务网络平台，提供护理看护、健康管理、康复照料等居家养老服务。鼓励养老服务机构应用基于移动互联网的便携式体检、紧急呼叫监控等设备，提高养老服务水平。

5. 探索新型教育服务供给方式。鼓励互联网企业与社会教育机构根据市场需求开发数字教育资源，提供网络化教育服务。鼓励学校利用数字教育资源及教育服务平台，逐步探索网络化教育新模式，扩大优质教育资源覆盖面，促进教育公平。鼓励学校通过与互联网企业合作等方式，对接线上线下教育资源，探索基础教育、职业教育等教育公共服务提供新方式。推动开展学历教育在线课程资源共享，推广大规模在线开放课程等网络学习模式，探索建立网络学习学分认定与学分转换等制度，加快推动高等教育服务模式变革。

（七）“互联网+”高效物流。

加快建设跨行业、跨区域的物流信息服务平台，提高物流供需信息对接和使用效率。鼓励大数据、云计算在物流领域的应用，建设智能仓储体系，优化物流运作流程，提升物流仓储的自动化、智能化水平和运转效率，降低物流成本。（发展改革委、商务部、交通运输部、网信办等负责）

1. 构建物流信息共享互通体系。发挥互联网信息集聚优势，聚合各类物流信息资源，鼓励骨干物流企业和第三方机构搭建面向社会的物流信息服务平台，整合仓储、运输和配送信息，开展物流全程监测、预警，提高物流安全、环保和诚信水平，统筹优化社会物流资源配置。构建互通省际、下达市县、兼顾乡村的物流信息互联网络，建立各类可开放数据的对接机制，加快完善物流信息交换开放标准体系，在更广范围促进物流信息充分共享与互联互通。

2. 建设深度感知智能仓储系统。在各级仓储单元积极推广应用二维码、无线射频识别等物联网感知技术和大数据技术，实现仓储设施与货物的实时跟踪、网络化管理以及库存信息的高度共享，提高货物调度效率。鼓励应用智能化物流装备提升仓储、运输、分拣、包装等作业效率，提高各类复杂订单的出货处理能力，缓解货物囤积停滞瓶颈制约，提升仓储运管水平和效率。

3. 完善智能物流配送调配体系。加快推进货运车联网与物流园区、仓储设施、配送网点等信息互联，促进人员、货源、车源等信息高效匹配，有效降低货车空驶率，提高配送效率。鼓励发展社区自提柜、冷链储藏柜、代收服务点等新型社区化配送模式，结合构建物流信息互联网络，加快推进县到村的物流配送网络和村级配送网点建设，解决物流配送“最后一公里”问题。

（八）“互联网+”电子商务。

巩固和增强我国电子商务发展领先优势，大力发展农村电商、行业电商和跨境电商，进一步扩大电子商务发展空间。电子商务与其他产业的融合不断深化，网络化生产、流通、消费更加普及，标准规范、公共服务等支撑环境基本完善。（发展改革委、商务部、工业和信息化部、交通运输部、农业部、海关总署、税务总局、质检总局、网信办等负责）

1. 积极发展农村电子商务。开展电子商务进农村综合示范，支持新型农业经营主体和农产品、农资批发市场对接电商平台，积极发展以销定产模式。完善农村电子商务配送及综合服务网络，着力解决农副产品标准化、物流标准化、冷链仓储建设等关键问题，发展农产品个性化定制服务。开展生鲜农产品和农业生产资料电子商务试点，促进农业大宗商品电子商务发展。

2. 大力发展行业电子商务。鼓励能源、化工、钢铁、电子、轻纺、医药等行业企业，积极利用电子商务平台优化采购、分销体系，提升企业经营效率。推动各类专业市场线上转型，引导传统商贸流通企业与电子商务企业整合资源，积极向供应链协同平台转型。鼓励生产制造企业面向个性化、定制化消费需求深化电子商务应用，支持设备制造企业利用电子商务平台开展融资租赁服务，鼓励中小微企业扩大电子商务应用。按照市场化、专业化方向，大力推广电子招标投标。

3. 推动电子商务应用创新。鼓励企业利用电子商务平台的大数据资源，提升企业精准营销能力，激发市场消费需求。建立电子商务产品质量追溯机制，建设电子商务售后服务质量检测云平台，完善互联网质量信息公共服务体系，解决消费者维权难、退货难、产品责任追溯难等问题。加强互联网食品药品市场监测监管体系建设，积极探索处方药电子商务销售和监管模式创新。鼓励企业利用移动社交、新媒体等新渠道，发展社交电商、“粉丝”经济等网络营销新模式。

4. 加强电子商务国际合作。鼓励各类跨境电子商务服务商发展，完善跨境物流体系，拓展全球经贸合作。推进跨境电子商务通关、检验检疫、结汇等关键环节单一窗口综合服务体系建设。创新跨境权益保障机制，利用合格评定手段，推进国际互认。创新跨境电子商务管理，促进信息网络畅通、跨境物流便捷、支付及结汇无障碍、税收规范便利、市场及贸易规则互认互通。

（九）“互联网+”便捷交通。

加快互联网与交通运输领域的深度融合，通过基础设施、运输工具、运行信息等互联网化，推进基于互联网平台的便捷化交通运输服务发展，显著提高交通运输资源利用效率和管理精细化水平，全面提升交通运输行业服务品质和科学治理能力。（发展改革委、交通运输部共同牵头）

1. 提升交通运输服务品质。推动交通运输主管部门和企业将服务性数据资源向社会开放，鼓励互联网平台为社会公众提供实时交通运行状态查询、出行路线规划、网上购票、智能停车等服务，推进基于互联网平台的多种出行方式信息服务对接和一站式服务。加快完善汽车健康档案、维修诊断和服务质量信息服务平台建设。

2. 推进交通运输资源在线集成。利用物联网、移动互联网等技术，进一步加强对公路、铁路、民航、港口等交通运输网络关键设施运行状态与通行信息的采集。推动跨地域、跨类型交通运输信息互联互通，推广船联网、车联网等智能化技术应用，形成更加完善的交通运输感知体系，提高基础设施、运输工具、运行信息等要素资源的在线化水平，全面支撑故障预警、运行维护以及调度智能化。

3. 增强交通运输科学治理能力。强化交通运输信息共享，利用大数据平台挖掘分析人口迁徙规律、公众出行需求、枢纽客流规模、车辆船舶行驶特征等，为优化交通运输设施规划与建设、安全运行控制、交通运输管理决策提供支撑。利用互联网加强对交通运输违章违规行为的智能化监管，不断提高交通运输治理能力。

（十）“互联网+”绿色生态。

推动互联网与生态文明建设深度融合，完善污染物监测及信息发布系统，形成覆盖主要生态要素的资源环境承载能力动态监测网络，实现生态环境数据互联互通和开放共享。充分发挥互联网在逆向物流回收体系中的平台作用，促进再生资源交易利用便捷化、互动化、透明化，促进生产生活方式绿色化（发展改革委、环境保护部、商务部、林业局等负责）

1. 加强资源环境动态监测。针对能源、矿产资源、水、大气、森林、草原、湿地、海洋等各类生态要素，充分利用多维地理信息系统、智慧地图等技术，结合互联网大数据分析，优化监测站点布局，扩大动态监控范围，构建资源环境承载能力立体监控系统。依托现有互联网、云计算平台，逐步实现各级政府资源环境动态监测信息互联共享。加强重点用能单位能耗在线监测和大数据分析。

2. 大力发展智慧环保。利用智能监测设备和移动互联网，完善污染物排放在线监测系统，增加监测污染物种类，扩大监测范围，形成全天候、多层次的智能多源感知体系。建立环境信息数据共享机制，统一数据交换标准，推进区域污染物排放、空气环境质量、水环境质量等信息公开，通过互联网实现面向公众的在线查询和定制推送。加强对企业环保信用数据的采集整理，将企业环保信用记录纳入全国统一的信用信息共享交换平台。完善环境预警和风险监测信息网络，提升重金属、危险废物、危险化学品等重点风险防范水平和应急处理能力。

3. 完善废旧资源回收利用体系。利用物联网、大数据开展信息采集、数据分析、流向监测，优化逆向物流网点布局。支持利用电子标签、二维码等物联网技术跟踪电子废物流向，鼓励互联网企业参与搭建城市废弃物回收平台，创新再生资源回收模式。加快推进汽车保险信息系统、“以旧换再”管理系统和报废车管理系统的标准化、规范化和互联互通，加强废旧汽车及零部件的回收利用信息管理，为互联网企业开展业务创新和便民服务提供数据支撑。

4. 建立废弃物在线交易系统。鼓励互联网企业积极参与各类产业园区废弃物信息平台建设，推动现有骨干再生资源交易市场向线上线下结合转型升级，逐步形成行业性、区域性、全国性的产业废弃物和再生资源在线交易系统，完善线上信用评价和供应链融资体系，开展在线竞价，发布价格交易指数，提高稳定供给能力，增强主要再生资源品种的定价权。

（十一）“互联网+”人工智能。

依托互联网平台提供人工智能公共创新服务，加快人工智能核心技术突破，促进人工智能在智能家居、智能终端、智能汽车、机器人等领域的推广应用，培育若干引领全球人工智能发展的骨干企业和创新团队，形成创新活跃、开放合作、协同发展的产业生态。（发展改革委、科技部、工业和信息化部、网信办等负责）

1. 培育发展人工智能新兴产业。建设支撑超大规模深度学习的新型计算集群，构建包括语音、图像、视频、地图等数据的海量训练资源库，加强人工智能基础资源和公共服务等创新平台建设。进一步推进计算机视觉、智能语音处理、生物特征识别、自然语言理解、智能决策控制以及新型人机交互等关键技术的研发和产业化，推动人工智能在智能产品、工业制造等领域规模商用，为产业智能化升级夯实基础。

2. 推进重点领域智能产品创新。鼓励传统家居企业与互联网企业开展集成创新，不断提升家居产品的智能化水平和服务能力，创造新的消费市场空间。推动汽车企业与互联网企业设立跨界交叉的创新平台，加快智能辅助驾驶、复杂环境感知、车载智能设备等技术产品的研发与应用。支持安防企业与互联网企业开展合作，发展和推广图像精准识别等大数据分析技术，提升安防产品的智能化服务水平。

3. 提升终端产品智能化水平。着力做大高端移动智能终端产品和服务的市场规模，提高移动智能终端核心技术研发及产业化能力。鼓励企业积极开展差异化细分市场需求分析，大力丰富可穿戴设备的应用服务，提升用户体验。推动互联网技术以及智能感知、模式识别、智能分析、智能控制等智能技术在机器人领域的深入应用，大力提升机器人产品在传感、交互、控制等方面的性能和智能化水平，提高核心竞争力。

三、保障支撑

（一）夯实发展基础。

1. 巩固网络基础。加快实施“宽带中国”战略，组织实施国家新一代信息基础设施建设工程，推进宽带网络光纤化改造，加快提升移动通信网络服务能力，促进网间互联互通，大幅提高网络访问速率，有效降低网络资费，完善电信普遍服务补偿机制，支持农村及偏远地区宽带建设和运行维护，使互联网下沉为各行业、各领域、各区域都能使用，人、机、物泛在互联的基础设施。增强北斗卫星全球服务能力，构建天地一体化互联网络。加快下一代互联网商用部署，加强互联网协议第6版（IPv6）地址管理、标识管理与解析，构建未来网络创新试验平台。研究工业互联网网络架构体系，构建开放式国家创新试验验证平台。（发展改革委、工业和信息化部、财政部、国资委、网信办等负责）

2. 强化应用基础。适应重点行业融合创新发展需求，完善无线传感网、行业云及大数据平台等新型应用基础设施。实施云计算工程，大力提升公共云服务能力，引导行业信息化应用向云计算平台迁移，加快内容分发网络建设，优化数据中心布局。加强物联网网络架构研究，组织开展国家物联网重大应用示范，鼓励具

备条件的企业建设跨行业物联网运营和支撑平台。(发展改革委、工业和信息化部等负责)

3. 做实产业基础。着力突破核心芯片、高端服务器、高端存储设备、数据库和中间件等产业薄弱环节的技术瓶颈,加快推进云操作系统、工业控制实时操作系统、智能终端操作系统的研发和应用。大力发展云计算、大数据等解决方案以及高端传感器、工控系统、人机交互等软硬件基础产品。运用互联网理念,构建以骨干企业为核心、产学研用高效整合的技术产业集群,打造国际先进、自主可控的产业体系。(工业和信息化部、发展改革委、科技部、网信办等负责)

4. 保障安全基础。制定国家信息领域核心技术设备发展时间表和路线图,提升互联网安全管理、态势感知和风险防范能力,加强信息网络基础设施安全防护和用户个人信息保护。实施国家信息安全专项,开展网络安全应用示范,提高“互联网+”安全核心技术和产品水平。按照信息安全等级保护等制度和网络安全国家标准的要求,加强“互联网+”关键领域重要信息系统的安全保障。建设完善网络安全监测评估、监督管理、标准认证和创新能力体系。重视融合带来的安全风险,完善网络数据共享、利用等的安全管理和技术措施,探索建立以行政评议和第三方评估为基础的数据安全流动认证体系,完善数据跨境流动管理制度,确保数据安全。(网信办、发展改革委、科技部、工业和信息化部、公安部、安全部、质检总局等负责)

(二)强化创新驱动。

1. 加强创新能力建设。鼓励构建以企业为主导,产学研用合作的“互联网+”产业创新网络或产业技术创新联盟。支持以龙头企业为主体,建设跨界交叉领域的创新平台,并逐步形成创新网络。鼓励国家创新平台向企业特别是中小企业在线开放,加大国家重大科研基础设施和大型科研仪器等网络化开放力度。(发展改革委、科技部、工业和信息化部、网信办等负责)

2. 加快制定融合标准。按照共性先立、急用先行的原则,引导工业互联网、智能电网、智慧城市等领域基础共性标准、关键技术标准的研制及推广。加快与互联网融合应用的工控系统、智能专用装备、智能仪表、智能家居、车联网等细分领域的标准化工作。不断完善“互联网+”融合标准体系,同步推进国际国内标准化工作,增强在国际标准化组织(ISO)、国际电工委员会(IEC)和国际电信联盟(ITU)等国际组织中的话语权。(质检总局、工业和信息化部、网信办、能源局等负责)

3. 强化知识产权战略。加强融合领域关键环节专利导航,引导企业加强知识产权战略储备与布局。加快推进专利基础信息资源开放共享,支持在线知识产权服务平台建设,鼓励服务模式创新,提升知识产权服务附加值,支持中小微企业知识产权创造和运用。加强网络知识产权和专利执法维权工作,严厉打击各种网络侵权假冒行为。增强全社会对网络知识产权的保护意识,推动建立“互联网+”知识产权保护联盟,加大对新业态、新模式等创新成果的保护力度。(知识产权局牵头)

4. 大力发展开源社区。鼓励企业自主研发和国家科技计划(专项、基金等)支持形成的软件成果通过互联网向社会开源。引导教育机构、社会团体、企业或个人发起开源项目,积极参加国际开源项目,支持组建开源社区和开源基金会。鼓励企业依托互联网开源模式构建新型生态,促进互联网开源社区与标准规范、知识产权等机构的对接与合作。(科技部、工业和信息化部、质检总局、知识产权局等负责)

(三)营造宽松环境。

1. 构建开放包容环境。贯彻落实《中共中央国务院关于深化体制机制改革加快实施创新驱动发展战略的若干意见》,放宽融合性产品和服务的市场准入限制,制定实施各行业互联网准入负面清单,允许各类主体依法平等进入未纳入负面清单管理的领域。破除行业壁垒,推动各行业、各领域在技术、标准、监管等方面充分对接,最大限度减少事前准入限制,加强事中事后监管。继续深化电信体制改革,有序开放电信市场,加快民营资本进入基础电信业务。加快深化商事制度改革,推进投资贸易便利化。(发展改革委、网信办、教育部、科技部、工业和信息化部、民政部、商务部、卫生计生委、工商总局、质检总局等负责)

2. 完善信用支撑体系。加快社会征信体系建设,推进各类信用信息平台无缝对接,打破信息孤岛。加强信用记录、风险预警、违法失信行为等信息资源在线披露和共享,为经营者提供信用信息查询、企业网上身份认证等服务。充分利用互联网积累的信用数据,对现有征信体系和评测体系进行补充和完善,为经济调节、市场监管、社会管理和公共服务提供有力支撑。(发展改革委、人民银行、工商总局、质检总局、网信办等负责)

3. 推动数据资源开放。研究出台国家大数据战略,显著提升国家大数据掌控能力。建立国家政府信息开放统一平台和基础数据资源库，开展公共数据开放利用改革试点，出台政府机构数据开放管理规定。按照重要性和敏感程度分级分类，推进政府和公共信息资源开放共享，支持公众和小微企业充分挖掘信息资源的商业价值，促进互联网应用创新。（发展改革委、工业和信息化部、国务院办公厅、网信办等负责）

4. 加强法律法规建设。针对互联网与各行业融合发展的新特点，加快“互联网+”相关立法工作，研究调整完善不适应“互联网+”发展和管理的现行法规及政策规定。落实加强网络信息保护和信息公开有关规定，加快推动制定网络安全、电子商务、个人信息保护、互联网信息服务管理等法律法规。完善反垄断法配套规则，进一步加大反垄断法执行力度，严格查处信息领域企业垄断行为，营造互联网公平竞争环境。（法制办、网信办、发展改革委、工业和信息化部、公安部、安全部、商务部、工商总局等负责）

（四）拓展海外合作。

1. 鼓励企业抱团出海。结合“一带一路”等国家重大战略，支持和鼓励具有竞争优势的互联网企业联合制造、金融、信息通信等领域企业率先走出去，通过海外并购、联合经营、设立分支机构等方式，相互借力，共同开拓国际市场，推进国际产能合作，构建跨境产业链体系，增强全球竞争力。（发展改革委、外交部、工业和信息化部、商务部、网信办等负责）

2. 发展全球市场应用。鼓励“互联网+”企业整合国内外资源，面向全球提供工业云、供应链管理、大数据分析等网络服务，培育具有全球影响力的“互联网+”应用平台。鼓励互联网企业积极拓展海外用户，推出适合不同市场文化的产品和服务。（商务部、发展改革委、工业和信息化部、网信办等负责）

3. 增强走出去服务能力。充分发挥政府、产业联盟、行业协会及相关中介机构作用，形成支持“互联网+”企业走出去的合力。鼓励中介机构为企业拓展海外市场提供信息咨询、法律援助、税务中介等服务。支持行业协会、产业联盟与企业共同推广中国技术和中国标准，以技术标准走出去带动产品和服务在海外推广应用。（商务部、外交部、发展改革委、工业和信息化部、税务总局、质检总局、网信办等负责）

（五）加强智力建设。

1. 加强应用能力培训。鼓励地方各级政府采用购买服务的方式，向社会提供互联网知识技能培训，支持相关研究机构和专家开展“互联网+”基础知识和应用培训。鼓励传统企业与互联网企业建立信息咨询、人才交流等合作机制，促进双方深入交流合作。加强制造业、农业等领域人才特别是企业高层管理人员的互联网技能培训，鼓励互联网人才与传统行业人才双向流动。（科技部、工业和信息化部、人力资源社会保障部、网信办等负责）

2. 加快复合型人才培养。面向“互联网+”融合发展需求，鼓励高校根据发展需要和学校办学能力设置相关专业，注重将国内外前沿研究成果尽快引入相关专业教学中。鼓励各类学校聘请互联网领域高级人才作为兼职教师，加强“互联网+”领域实验教学。（教育部、发展改革委、科技部、工业和信息化部、人力资源社会保障部、网信办等负责）

3. 鼓励联合培养培训。实施产学合作专业综合改革项目，鼓励校企、院企合作办学，推进“互联网+”专业技术人才培训。深化互联网领域产教融合，依托高校、科研机构、企业的智力资源和研究平台，建立一批联合实训基地。建立企业技术中心和院校对接机制，鼓励企业在院校建立“互联网+”研发机构和实验中心。（教育部、发展改革委、科技部、工业和信息化部、人力资源社会保障部、网信办等负责）

4. 利用全球智力资源。充分利用现有人才引进计划和鼓励企业设立海外研发中心等多种方式，引进和培养一批“互联网+”领域高端人才。完善移民、签证等制度，形成有利于吸引人才的分配、激励和保障机制，为引进海外人才提供有利条件。支持通过任务外包、产业合作、学术交流等方式，充分利用全球互联网人才资源。吸引互联网领域领军人才、特殊人才、紧缺人才在我国创业创新和从事教学科研等活动。（人力资源社会保障部、发展改革委、教育部、科技部、网信办等负责）

（六）加强引导支持。

1. 实施重大工程包。选择重点领域，加大中央预算内资金投入力度，引导更多社会资本进入，分步骤组织实施“互联网+”重大工程，重点促进以移动互联网、云计算、大数据、物联网为代表的新一代信息技术与制造、能源、服务、农业等领域的融合创新，发展壮大新兴业态，打造新的产业增长点。（发展改革委牵头）

2. 加大财税支持。充分发挥国家科技计划作用，积极投向符合条件的“互联网+”融合创新关键技术研发及应用示范。统筹利用现有财政专项资金，支持“互联网+”相关平台建设和应用示范等。加大政府部门采购云计算服务的力度，探索基于云计算的政务信息化建设运营新机制。鼓励地方政府创新风险补偿机制，探索“互联网+”发展的新模式。（财政部、税务总局、发展改革委、科技部、网信办等负责）

3. 完善融资服务。积极发挥天使投资、风险投资基金等对“互联网+”的投资引领作用。开展股权众筹等互联网金融创新试点，支持小微企业发展。支持国家出资设立的有关基金投向“互联网+”，鼓励社会资本加大对相关创新型企业的投资。积极发展知识产权质押融资、信用保险保单融资增信等服务，鼓励通过债券融资方式支持“互联网+”发展，支持符合条件的“互联网+”企业发行公司债券。开展产融结合创新试点，探索股权和债权相结合的融资服务。降低创新型、成长型互联网企业的上市准入门槛，结合证券法修订和股票发行注册制改革，支持处于特定成长阶段、发展前景好但尚未盈利的互联网企业在创业板上市。推动银行业金融机构创新信贷产品与金融服务，加大贷款投放力度。鼓励开发性金融机构为“互联网+”重点项目建设提供有效融资支持。（人民银行、发展改革委、银监会、证监会、保监会、网信办、开发银行等负责）

（七）做好组织实施。

1. 加强组织领导。建立“互联网+”行动实施部际联席会议制度，统筹协调解决重大问题，切实推动行动的贯彻落实。联席会议设办公室，负责具体工作的组织推进。建立跨领域、跨行业的“互联网+”行动专家咨询委员会，为政府决策提供重要支撑。（发展改革委牵头）

2. 开展试点示范。鼓励开展“互联网+”试点示范，推进“互联网+”区域化、链条化发展。支持全面创新改革试验区、中关村等国家自主创新示范区、国家现代农业示范区先行先试，积极开展“互联网+”创新政策试点，破除新兴产业行业准入、数据开放、市场监管等方面政策障碍，研究适应新兴业态特点的税收、保险政策，打造“互联网+”生态体系。（各部门、各地方政府负责）

3. 有序推进实施。各地区、各部门要主动作为，完善服务，加强引导，以动态发展的眼光看待“互联网+”，在实践中大胆探索拓展，相互借鉴“互联网+”融合应用成功经验，促进“互联网+”新业态、新经济发展。有关部门要加强统筹规划，提高服务和管理能力。各地区要结合实际，研究制定适合本地的“互联网+”行动落实方案，因地制宜，合理定位，科学组织实施，杜绝盲目建设和重复投资，务实有序推进“互联网+”行动。（各部门、各地方政府负责）

国务院

2015年7月1日

教育部等八部门关于引导规范教育移动互联网应用有序健康发展的意见

教技函〔2019〕55号

各省、自治区、直辖市教育厅（教委）、网信办、通信管理局、公安厅（局）、民政厅（局）、市场监管局、新闻出版局、“扫黄打非”办公室，新疆生产建设兵团教育局、网信办、公安局、民政局、市场监管局，部属各高等学校，各直属单位，中国教育和科研计算机网网络中心：

教育移动互联网应用程序（教育APP，以下简称教育移动应用）是指以教职工、学生、家长为主要用户，以教育、学习为主要应用场景，服务于学校教学与管理、学生学习与生活以及家校互动等方面的互联网移动应用。近年来，教育移动应用快速发展、广泛应用，在提高教学效率和管理水平、满足学生个性化学习需求和兴趣发展、优化师生体验等方面发挥了积极作用。但一些学校出现了应用泛滥、平台垄断、强制使用等现象，一些教育移动应用存在有害信息传播、广告丛生等问题，给广大师生、家长带来了困扰，产生了不良的社会影响。为引导和规范教育移动应用有序健康发展，更好地发挥教育信息化的驱动引领作用，现提出以下意见。

一、总体要求

（一）指导思想

以习近平新时代中国特色社会主义思想为指导，深入贯彻党的十九大精神，全面落实全国教育大会精神、全国网络安全和信息化工作会议精神，根据《中华人民共和国教育法》《中华人民共和国网络安全法》等国家有关法律法规，围绕落实立德树人根本任务，积极发展“互联网+教育”、办好网络教育，全面深化“放管服”改革，实施包容审慎监管，引导教育移动应用健康有序发展，为广大师生营造健康、有序、安全的网络空间和学习环境。

（二）基本原则

科学施策、分类引导。正确处理政府与市场、管理与服务、安全与发展的关系。分类引导不同教育阶段和类型、不同用户群体、不同功能用途的教育移动应用，构建良好教育生态。

问题导向、标本兼治。围绕群众反映强烈的问题，从供给侧和需求侧两端进行规范。开展专项行动治理乱象，建章立制规范管理，提质增效支撑发展，综合施策打好组合拳。

多方参与、协同联动。以构建常态化的治理体系为关键，建立政府管理、企业履责、专家献策、学校把关、家长监护、社会监督、行业自律等多主体参与、职责明晰的综合协同治理体系。

（三）工作目标

全面治理教育移动应用乱象，补齐监督短板，规范全生命周期管理，提高开发供给质量，营造优良发展生态，促进教育移动应用有序健康发展。2019年底，完成教育移动应用备案工作。开展教育移动应用专项治理行动，群众反映强烈的问题得到有效缓解。2020年底，建立健全教育移动应用管理制度、规范和标准，形成常态化的监管机制，初步建成科学高效的治理体系。

二、提高供给质量

（四）建立备案制度。教育移动应用提供者应当在取得ICP备案（涉及经营电信业务的，还应当申请电信业务经营许可）、网络安全等级保护定级备案的证明、等级测评报告后，向机构住所地的省级教育行政部门进行教育业务备案，登记单位基本信息和所开发的教育移动应用信息。已备案的教育移动应用提供者上线新应用前，应当在备案单位更新相关信息。教育部制定备案办法，明确备案流程和内容，依托国家教育资源公共服务平台为备案登记工作提供信息化支撑，汇总各省级教育行政部门备案信息，并向社会提供查询渠道。

（五）加强内容建设。教育移动应用提供者呈现的内容应当严格遵守国家法律法规，符合党的教育方针，体现素质教育导向，呈现的广告应当与提供的服务相契合。以未成年人为主要用户的教育移动应用应当限制使用时长、明确适龄范围，对内容进行严格把关。鼓励以高校师生为主要用户的教育移动应用增强优质网络教育资源供给能力，成为加强网络思想政治工作的有效载体。具备论坛、社区、留言等功能的教育移动应用应当建立信息审核制度。面向各教育阶段实施培训的教育移动应用应当对提供服务的主体进行审核、登记，其中：在校外线上培训机构实施学科类培训的人员应当取得教师资格证；聘用外籍人员实施培训的应当审查教学资质、学历和能力，并严格落实国家相关要求。

（六）规范数据管理。教育移动应用提供者应当建立覆盖个人信息收集、储存、传输、使用等环节的数据保障机制。按照“后台实名、前台自愿”的原则，对注册用户进行身份信息认证。收集使用个人信息应当明示收集使用信息的目的、方式和范围，并经用户同意。收集使用未成年人信息应当取得监护人同意、授权。不得以默认、捆绑、停止安装使用等手段变相强迫用户授权，不得收集与其提供服务无关的个人信息，不得违反法律法规与用户约定，不得泄露、非法出售或非法向他人提供个人信息。

（七）保障网络安全。教育移动应用提供者应当落实网络安全主体责任，采取有效措施，防范应对网络攻击，保障系统的平稳、安全运行。教育移动应用和后台系统应当统一落实网络安全等级保护要求。应用商店等移动应用分发平台提供者应当加强教育移动应用上架审核管理，建立开发者真实身份信息登记制度，对教育移动应用开展安全审核，及时处理违法违规教育移动应用。鼓励教育移动应用提供者参加网络安全认证、检测，全面提高网络安全保障水平。

三、规范应用管理

（八）落实主体责任。教育行政部门和学校是本单位自主开发的教育移动应用的主管单位和选用第三方教育移动应用的责任单位，应当加强统筹管理，明确职能部门归口，将教育移动应用、公众号和小程序等移动互联网平台纳入本地区、本单位的重要议事日程予以部署。按照“谁主管谁负责、谁开发谁负责、谁选用谁负责”的原则，建立健全教育移动应用管理责任体系，切实维护广大师生和家长的切身利益。

（九）建立推荐机制。省级教育行政部门应当根据地方实际，会同网信等职能部门探索本地区教育移动应用的推荐机制，按照公平、公正、公开原则，组织开展教育移动应用的评议，形成推荐名单并向社会公开，同时报教育部。推荐名单应保证质量，并保持动态更新。鼓励通过第三方评估，组织对教育移动应用的合法合规、功能性能、安全保障等方面进行检测，对教育移动应用呈现的内容进行检查，为推荐工作提供技术支撑。

（十）健全选用机制。教育行政部门和学校应当制定教育移动应用的选用制度。选用应当充分尊重教职工、学生和家长的意见，并严格选用标准、控制数量，避免造成不必要的负担。确定选用的教育移动应用应当报上级教育行政部门进行备案。未经教育行政部门、学校集体决策选用的教育移动应用，不得要求学生使用。中小学学习类教育移动应用应当落实教育行政部门和学校的“双审核”制度；各省级教育行政部门可根据地方实际结合推荐制度简化审核流程。

（十一）规范进校合作。教育行政部门和学校应当规范教育移动应用的进校管理。作为教学、管理工具要求统一使用的教育移动应用，不得向学生及家长收取任何费用，不得植入商业广告和游戏。推荐使用的教育移动应用应当遵循自愿原则，不得与教学管理行为绑定，不得与学分、成绩和评优挂钩。对于承担招生录取、考试报名、成绩查询等重要业务的教育移动应用，原则上应当由教育行政部门和学校自行运行管理。确需选用第三方应用的，不得签订排他协议，或实际由单一应用垄断业务。鼓励高校联合省级教育行政部门、招生考试机构、教育部“阳光高考”平台优化公共服务。

（十二）促进整合共享。教育行政部门和学校应当创新教育资源供给模式，探索通过国家数字教育资源公共服务体系，汇聚优质教育资源，集成各类应用，使网络学习空间成为教育移动应用的主要入口。面向师生提供管理和服务的教育移动应用应当整合为“互联互通、业务协同、信息共享”的综合性教育移动应用。鼓励教育移动应用将收集的机构、师生信息与国家基础数据库进行统一校验，并统一汇聚至国家教育基础数据库。

四、健全监管体系

（十三）加强行业规范。教育移动应用提供者应当自觉接受社会监督，设置便捷的投诉举报渠道，及时处理投诉。应用商店等移动应用分发平台提供者应当落实监督责任，健全资质核验、内容审核，配合进行适龄提示管理，并将教育业务备案作为上架应用商店的重要条件。鼓励移动终端提供者为家长监护提供技术支撑，提供未成年人监管功能。积极发挥行业协会的作用，制定行业公约，建立行业信用评价体系和服务评议制度，促进行业规范发展。

（十四）建立协同机制。建立多部门协同联动的监管机制。教育行政部门牵头负责教育移动应用治理工作，负责统筹协调，指导和监督学校落实主体责任，会同相关部门开展联合治理。网信部门、电信主管部门、公安部门依据职责重点做好教育移动应用提供者、应用商店等移动应用分发平台提供者、移动终端制造商的监管工作。新闻出版部门重点做好教材、教辅等网络出版物的监管工作。民政部门重点做好教育类民办非企业单位的登记管理工作。市场监管部门重点做好线上营利性教育机构的登记管理，依法查处违规收费，虚假、违法广告等行为。公安部门重点做好打击整治相关违法犯罪活动。

（十五）拓展监督渠道。教育行政部门应当加强与有关职能部门、专业机构、行业协会和企业的合作，通过技术检测和人工查看相结合的方式，建立常态化的监测预警通报机制。通过家长委员会，满足家长对学校教学管理工作的知情权、评议权、参与权和监督权。引导家长履行监护责任，通过加强家庭交流互动、设置移动终端限制等方式，引导学生正确使用教育移动应用。教育行政部门应当全面掌握教育动态，及时受理投诉建议，主动回应社会关切，切实解决群众痛点难点问题。

（十六）加强考核问责。省级教育行政部门应当建立教育移动应用的选用退出机制、负面清单和黑名单制度，推动将黑名单信息纳入全国信用信息共享平台，按有关规定实施联合惩戒。教育督导部门应当将教育移动应用治理情况纳入对下级政府履行教育职责督导评估和对学校的综合督导评估。教育行政部门应当将教育移动应用治理纳入网络安全责任制等相关考核。对责任不落实、措施不到位的教育行政部门和学校予以约谈、通报。对因失职、渎职造成严重后果的，依法依规对相关负责人严肃问责。

五、加强支撑保障

（十七）加强组织领导。教育行政部门和学校应当将引导规范教育移动应用工作纳入重要议事日程，建立由教育行政部门牵头，宣传、“扫黄打非”、网信、电信、公安、民政、市场监管等部门共同参与的部门协同机制，制订工作方案，明确职责分工、时间节点、实施路径和保障措施。建立本地区的教育移动应用重点任务台账，统筹协调校外线上培训机构治理等重点工作，监督指导各项任务落实到位。

（十八）健全制度规范。教育行政部门应当完善教育移动应用的备案、推荐、选用、监督检查等制度，构建覆盖全生命周期的管理机制。健全教育移动应用评估、监测、检查、防护等技术规范，推进教育移动应用治理制度化、规范化、标准化。组织行业专家和相关企业共同完善教育移动应用的标准，规范程序开发、运行管理等环节，提高教育移动应用的服务质量和保障水平。

（十九）提升信息素养。教育行政部门和学校应当组织管理和技术人员培训，将规范教育移动应用管理作为重要内容，切实提高管理水平和保障能力。同时，应当加强宣传引导和教育，以开学教育、网络安全宣传周等活动为契机，培养在校师生科学的使用习惯；通过家长会、家长学校、专题报告等形式，促进家长树立正确的用网观念，全方位地提高广大师生、家长的信息素养。

（二十）落实工作保障。教育行政部门应当加强对教育移动应用管理的经费支持，保障备案推荐、监测评估、监督检查等重点任务开展。教育行政部门和学校应当利用国家教育资源公共服务体系和国家教育管理公共服务平台为教育移动应用治理工作提供信息化支撑，探索“政府统筹引导、企业参与建设、学校购买服务”的教育移动应用供给机制，提供优质的教育资源和应用服务。

教育部　中央网信办　工业和信息化部
公安部　民政部　市场监管总局
国家新闻出版署　全国“扫黄打非”工作小组办公室
2019年8月10日

教育部等十一部门关于促进在线教育健康发展的指导意见

教发〔2019〕11号

各省、自治区、直辖市人民政府，新疆生产建设兵团：

在线教育是运用互联网、人工智能等现代信息技术进行教与学互动的新型教育方式，是教育服务的重要组成部分。发展在线教育，有利于构建网络化、数字化、个性化、终身化的教育体系，有利于建设“人人皆学、处处能学、时时可学”的学习型社会。为促进在线教育健康、规范、有序发展，经国务院同意，现提出以下意见。

一、总体要求

（一）指导思想

坚持以习近平新时代中国特色社会主义思想为指导，全面贯彻党的教育方针，落实立德树人根本任务，遵循教育发展规律，充分运用现代信息技术手段，提供在线教育服务，增加教育资源有效供给，创新教育组织形态，丰富现代学习方式，加快建设学习型社会，努力培养德智体美劳全面发展的社会主义建设者和接班人。

（二）基本原则

坚持育人为本。以促进人的全面发展为导向，遵循教育规律和受教育者身心发展规律，加速推广新一代信息通信技术在教育领域的应用，以技术进步支撑人才培养，实现全员全过程全方位育人。

坚持改革创新。精准把握和对接教育新需求，完善共建共享、开放灵活的在线教育模式，变革教育服务供给方式，解决教育传统模式难以有效处理的难点堵点问题，拓展教育发展新空间。

坚持融合融通。加快科技与教育深度融合，推动线上教育与线下教育良性互动、校内教育与校外教育有机衔接，培育教育服务新业态，全面提升教育服务经济社会发展能力。

坚持多元治理。加强部门协同监管，统筹兼顾安全与发展，综合运用财政、金融、知识产权保护等政策，推动形成政府引导、机构自治、行业自律、社会监督的在线教育治理格局。

（三）发展目标

到2020年，在线教育的基础设施建设水平大幅提升，互联网、大数据、人工智能等现代信息技术在教育领域的应用更加广泛，资源和服务更加丰富，在线教育模式更加完善。

到2022年，现代信息技术与教育实现深度融合，在线教育质量不断提升，资源和服务标准体系全面建立，发展环境明显改善，治理体系更加健全，网络化、数字化、个性化、终身化的教育体系初步构建，学习型社会建设取得重要进展。

二、扩大优质资源供给

（四）满足多样化教育需求。鼓励社会力量举办在线教育机构，开发在线教育资源，提供优质教育服务。支持互联网企业与在线教育机构深度合作，综合运用大数据分析、云计算等手段，充分挖掘新兴教育需求，大力发展智能化、交互式在线教育模式，增强在线教育体验感。针对退役军人、新型职业农民、农民工等不同群体的教育需求，研发课程包、课件包和资源包，建设一批通识课程、五分钟课程、全媒体数字教材课程、“三农”特色课程等专项共建共享课程，提高教育供给精准度。（教育部负责）

（五）推动线上线下教育融通。鼓励学校通过国家数字教育资源公共服务体系，加大在线教育资源研发和共享力度，扩大名校名师网络课堂等教学资源的辐射面。支持学校研究制定具体办法，将符合条件的在线课程纳入教育教学体系。高校应保证纳入高等学历教育的在线课程质量不低于本校原有的面授课程。深入推进“三通两平台”（即“宽带网络校校通、优质资源班班通、网络学习空间人人通”，教育资源公共服务平台、教育管理公共服务平台）建设，推动信息技术和智能技术融入教育教学全过程。优化结构，统筹利用现有资源，通过“网络学习空间人人通”专项培训，到2022年，培训10000名中小学校长、20000名中小学教师、3000名职业院校校长、6000名职业院校教师，实现信息化教与学应用覆盖全体师生。（教育部负责）

（六）培育优质在线教育资源。实施“教育大资源共享计划”，汇聚互联网教学、科研、文化资源，拓展完善国家数字教育资源公共服务体系。建设一批高质量在线教育课程，探索学习成果认证和学分积累转换制度。优化结构，统筹利用现有资源，到2022年，推出3000门国家精品在线开放课程、1000个国家虚拟仿真实验教学项目，建设6000门左右国家级和10000门左右省级线上线下高等教育一流课程、10000堂基础教育示范课、1000堂职业教育示范课、200堂继续教育示范课。支持面向深度贫困地区开发英语、数学及音、体、美等在线教育资源，补齐教育基本公共服务短板。（教育部负责）

（七）推进产学研用一体化发展。鼓励职业院校、普通高校、科研院所、企业等密切合作，深入实施产学合作协同育人项目，围绕在线教育打造资源共享、开放共建的创新联合体。鼓励在线教育企业在职业院校、普通高校建立研发机构和实验中心，促进科研与教学实现良性互动。加强智能教学助手、人工智能（AI）教师等新技术在教育领域的应用，推动教育模式变革。（教育部、工业和信息化部按职责分工负责）

（八）加强在线教育人才培养。鼓励职业院校、普通高校结合社会需要和办学特色，加强人工智能、物联网、大数据、网络安全等相关专业建设，大力推进“互联网+”“智能+”教育教学改革，促进学科交叉融合，培养在线教育行业发展各类急需人才。鼓励企业与职业院校、普通高校搭建在线教育创新人才培养基地和供需对接平台，推动互联网与教育行业人才的双向流动，培训一批会技术、懂教育的高水平从业人员。（教育部负责）

三、构建扶持政策体系

（九）建立规范化准入体系。按照包容审慎原则，完善在线教育准入制度，明确准入条件与资质认证流程，建立健全在线教育资源的备案审查制度，切实维护国家安全、社会公共利益和师生个人信息安全。制定在线教育准入负面清单，允许各类主体依法平等进入未纳入负面清单管理的领域，对负面清单适时动态调整。按照国家有关规定，规范面向中小学生利用互联网技术实施的学科类校外线上培训活动。（教育部、中央网信办、工业和信息化部、市场监管总局按职责分工负责）

（十）加强基础设施建设。抓住第五代移动通信技术（5G）商用契机，加快推动物联网、云计算、虚拟现实等技术在教育领域的规模化应用，提升教育服务数字化、网络化、智能化水平。实施“数字校园规范建设行动”，全面改善学校网络和接入条件，加快建设教育专网，到2022年实现所有学校接入快速稳定的互联网。鼓励社会力量参与在线教育基础设施建设和运营管理，提供专业化服务。（教育部、国家发展改革委、财政部、工业和信息化部按职责分工负责）

（十一）落实财政支持政策。各地完善政府购买优质在线教育资源与服务的相关制度，将在线教育资源与服务纳入地方政府购买服务指导性目录。统筹利用现有资金渠道，加强在线教育平台建设与示范应用。（财政部、教育部按职责分工负责）

（十二）拓展金融支持渠道。鼓励银行等金融机构开发符合在线教育特点的金融产品。利用创业投资基金、天使投资及资本市场融资等多种渠道，引导社会资本支持在线教育发展。支持符合条件的在线教育企业发行“双创”专项债务融资工具、创新创业公司债券。（中国人民银行、中国银保监会、中国证监会按职责分工负责）

（十三）加强知识产权保护。依托国家数字教育资源公共服务体系，完善在线教育知识产权服务机制，在知识产权创造、转化、交易、托管、权益维护等方面提供专业服务。依法严厉打击侵犯知识产权违法犯罪行为，推动形成公平竞争的市场秩序。（教育部、中央宣传部、国家知识产权局、市场监管总局、公安部按职责分工负责）

四、形成多元管理服务格局

（十四）保护消费者权益。加强教育与互联网等相关领域各项法律制度衔接，完善在线教育机构的备案、选用、监督、检查、通报、退出等全周期制度体系。推动在线教育机构按照公开、公平、公正原则，建立质量标准，明确服务规则。畅通在线教育消费投诉渠道，完善投诉响应、纠纷处理和多方调节机制。加大在线教育机构信息强制公开力度，充分发挥社会公众、新闻媒体、消费者协会、行业协会的外部监督作用，实现共治共管。（教育部、市场监管总局按职责分工负责）

（十五）创新管理服务方式。利用现代信息技术手段推动对在线教育机构的大数据比对分析，通过信息监测、在线识别、源头追溯等方式，识别行业风险和违法违规线索，实现以网管网。强化对在线教育机构的实时监测和风险预警，建立在线教育机构和从业人员信用记录，完善身份认证、双向评价、信用管理机制，维护良好教育秩序。（教育部、中央网信办、工业和信息化部、公安部、国家发展改革委、中国人民银行按职责分工负责）

（十六）加强部门协同监管。适应在线教育跨领域、跨区域的特点，加强监管部门协同和区域协同，充分发挥民办教育工作、职业教育工作、“互联网+”行动、网络市场监管、消费者权益保护等部际联席会议机制作用，提高监管效能。借助全国一体化在线政务服务平台、国家数据共享交换平台、全国信用信息共享平台、国家企业信用信息公示系统，加大对在线教育机构基本信息和各类许可信息的归集力度，加强部门间数据共享，形成管理合力。（相关部门按职责分工负责）

（十七）强化行业自律。支持在线教育行业组织建设，在机构自治、行业自律、交流合作、协同创新、履行社会责任方面发挥桥梁和纽带作用。鼓励行业协会等第三方机构根据在线教育行业特点，制定行业公约，开展在线教育机构服务质量认证和从业人员能力认证。鼓励行业协会加强政策宣传，积极推广在线教育的优秀经验和成功案例，引导行业健康有序发展。（相关部门按职责分工负责）

教育部　中央网信办　国家发展改革委
工业和信息化部　公安部　财政部
中国人民银行　市场监管总局　中国银保监会
中国证监会　国家知识产权局
2019年9月19日

关于服务全民终身学习　促进现代远程教育试点高校网络教育高质量发展有关工作的通知

教职成厅〔2019〕8号

各省、自治区、直辖市教育厅（教委），新疆生产建设兵团教育局，有关部门（单位）教育司（局），各现代远程教育试点高校：

多年来，现代远程教育试点高校网络高等学历教育（以下简称网络教育）快速发展，在促进现代信息技术与教育教学深度融合，服务高等教育大众化，构建服务全民终身学习的教育体系，建设学习型社会等方面发挥了重要作用。但在发展过程中还存在一些不容忽视的问题，如有的高校办学定位不清，招生管理粗放，教学管理制度不健全，出口把关不严，对学习中心监管乏力等，严重影响了网络教育的人才培养质量。

为贯彻落实党的十九大和十九届二中、三中、四中全会精神，落实全国教育大会精神，加强党对继续教育工作的全面领导，服务全民终身学习，落实立德树人根本任务，推动高校不忘初心、牢记使命，加强高校继续教育治理能力建设，强化办学主体责任，完善人才培养体系，规范发展网络教育，提高人才培养质量，现将有关事项通知如下。

一、严把入口关，加强招生管理工作

1. 合理确定招生规模。遵循教育教学规律，根据高校自身办学定位、发展规划、条件能力，合理确定网络教育招生规模。网络教育学生数将按国家规定计入各高校折合在校生规模，作为测算学校办学条件的基础数据之一。

2. 规范招生行为秩序。高校应当依据国家和教育部有关规定制定并发布网络教育招生章程。严格组织入学考试，加强政治素质和思想道德的把关，择优录取，保证生源质量。严格按规定审查学生前置学历。指导和规范学习中心协助高校做好招生宣传、学生报名等工作，不得以任何形式转移、下放招生录取的职责和权利，严禁通过个人、中介机构及培训机构代理招生和收费。

3. 严格规范招生宣传。加强招生宣传管理，不得发布模糊、虚假、违规招生信息误导学生。对于社会上冒用学校名义进行违规宣传的社会机构和个人，高校要主动发布公告，澄清事实，提醒学习者通过正规渠道咨询、报名，并采取必要措施依法维护权益、消除影响。

二、严把过程关，规范人才培养环节

4. 加强思想政治教育。落实网络教育党建主体责任，发挥教师教书育人和学生党员示范引领作用，努力拓宽思想政治工作载体，形成全员、全过程、全方位育人的工作格局。要严格按照教育部有关要求设置思想政治理论课程，加强思政课程与课程思政建设，探索新时代网络教育学生思想政治工作新思路，提高思政工作水平。

5. 完善教学全程管理。科学制定人才培养方案，严格落实教学计划，规范教学组织、课程讲授、学习支持、实践教学、课程考核等教学管理环节，切实保障实现人才培养目标。深入研究、精准把握从业人员学习需求，改进教学模式和方法，推进线上线下混合教学，保证适当比例的面授教学，鼓励开展师生实时互动教学。加强过程管理，做到教学全过程可记录、可监控、可评价、可追溯。完善学生学习过程监测、评估与反馈机制。

6. 切实加强考试管理。科学制定学生考核与评价体系。严格学习过程考核，不得组织“清考”。重视学生诚信教育，严肃考风考纪，加强考试监督和巡查力度，严防替考，依法依规严肃处理各类考试作弊行为。建立试卷命题和质量检查制度，合理设定考试考查标准，严格评分标准。加强试卷保密管理。

7. 从严管理学习中心。坚持高校办学主体地位，鼓励高校自建直属学习中心，慎重选择合作办学机构。校外学习中心应当具备相应条件，依规设置，符合学校发展规划，保证布局合理，并向社会公示。不得以任何形式转移专业和课程设置、招生录取、考试命题和评阅、论文答辩、毕业和学位申请资格审核等办学职责和权利。高校在校本部所在省（区、市）以外设置校外学习中心，要向学习中心所在地的省级教育行政部门进行信息报备并接受监管。

三、严把出口关，做好毕业管理工作

8. 规范毕业论文（设计）管理。强化指导教师责任，加强对选题、指导、答辩等环节的全过程管理，对形式、内容、难度进行严格监控。加强学术诚信建设，严格实行毕业论文（设计）查重制度，严查论文（设计）的买卖、代写、造假、抄袭等学术不端行为，确保学生独立完成有质量的毕业论文（设计）。

9. 严格毕业资格审查。高校要按照国家有关规定，制定完善网络教育学生学籍管理、学位管理相关措施，应根据网络教育特点适当延长修业年限，并明确毕（结）业标准、学士学位授予标准以及相关审查工作内容与程序。严格按照规定做好毕业资格、学位资格审查工作，推动网络教育毕业生达到相当于本校全日制同类专业的水平。试点高校要制定关于加强网络教育学生毕业管理、保证人才培养质量的具体实施方案，经学校审议通过后报教育部备案（同时抄送属地省级教育行政部门及有关高校主管部门）。

四、高校要将办学治校主体责任落到实处

10. 坚持党的全面领导。高校党委要加强对继续教育的领导，应当在学校章程中对继续教育的地位、作用、实施方式等重大问题作出规定，并纳入高校整体发展规划和学校党委、行政议事议程。要全面贯彻党的教育方针，坚持社会主义办学方向，全面落实立德树人根本任务，树立全民教育、终身教育理念，准确把握以网络方式开展继续教育的规律，牢固树立人才培养中心地位。一流大学要发挥示范引领作用，努力办好继续教育。

11. 明确总体发展定位。高校要统筹网络教育与全日制教育及其他教育的协调发展，结合学校办学定位、办学条件、办学特色和学科优势，科学合理地确定网络教育的办学层次、结构、规模和专业，集中力量办好符合学校办学定位、体现学校优势特色的本科专业。

12. 加大办学投入保障。高校要担当服务全民终身学习的使命，创新教育和学习方式，加大办学资源和经费投入，规范经费管理，保证学费收入主要用于网络教育自身发展。着重加强课程资源建设和教学平台建设，完善学习支持服务体系，加快发展面向每个学习者、适合每个学习者、更加开放灵活的继续教育体系。

13. 加强师资队伍建设。优化师资力量配置，以本校教师为主体加强师资队伍建设，激励更多优秀教师参与教学，将相关工作量纳入学校教师绩效考核体系，积极培育网络教育教学名师和教学团队。严格兼职教师和外聘教师资格审核把关。加强师德师风建设和考核，开展师资业务培训，不断提升教师及管理队伍的思想道德水平和素质能力。

14. 强化质量保证措施。坚持依法依规办学，完善各项规章制度，明晰权利和责任。加强自我约束和管理，规范工作流程，严格做好招生、教学、考试、学籍、证书、收费等各环节的质量监控工作。组建教学督导检查队伍，建立办学质量自我评估制度，将高校继续教育发展年度报告作为校务公开的重要内容向社会公开。鼓励高校接受第三方评估。

15. 严格落实责任制。要认真排查梳理办学中存在的各类问题，特别是可能影响学校稳定的突出问题和风险隐患，进一步健全管理制度，建立责任清单。试点高校党政主要领导是第一责任人、分管校领导是直接负责人。要严格落实工作责任制和责任追究制度，完善发现问题、纠正偏差、精准问责的有效机制，防止在招生、教学、考试、毕业等方面引发安全稳定事故。

五、教育行政部门要加强综合监管指导

16. 落实属地监管职责。省级教育行政部门要因地制宜，创新监管方式和手段，通过调研检查评估等方式持续加强对本行政区域内网络教育的事中事后监管。加强对主办高校和学习中心的管理，对教学过程开展定期与不定期相结合、常规与专项相结合的检查，切实履行好监管指导职责。

17. 建立协同联动机制。省级教育行政部门之间探索建立规范管理协同联动工作机制，对有关高校网络教育专业设置、学习中心站点设置、跨省办学等协同加强规范管理和督促指导，促进信息共享，形成工作合力。有关高校主管部门也要切实履行对所属高校办学秩序和办学行为的监管职责，采取各种有效措施督促高校提高网络教育人才培养质量，加强与教育行政部门的协同联动。

18. 加强质量监测评估。教育部将把试点高校网络教育办学情况纳入质量常态监测和高校评估范围，适时开展检查评估，对相关课程教学及考核质量进行抽测监督。对学校办学中存在教学过程缺失、教学秩序混乱、考试管理不规范、教育质量低下等问题，将依法依规依纪视情节对有关高校给予责令限期整改、通报批评、限制招生和暂停招生等处理，并对相关责任人进行问责。

各地各高校在上述文件执行过程中出现的有关情况和问题，请及时向教育部报告。

教育部办公厅
2019年12月6日

关于提高高等学校网络管理和服务质量的通知

教科信厅函〔2021〕33号

各省、自治区、直辖市教育厅（教委）、通信管理局，新疆生产建设兵团教育局、工业和信息化主管部门，部属各高等学校、部省合建各高等学校：

校园网络是学校为教职员工和学生提供网络接入，满足教学、科研、管理服务需求的信息化基础设施，包括有线宽带网络、无线局域网络和移动通信网络。为提高高等学校网络管理和服务质量，提升校园网络用户上网体验，保障校园网络安全，现就有关事项通知如下。

一、加强校园网络管理统筹协调

各单位应充分认识校园网络管理工作的重要性，将提高校园网络管理和服务质量作为重要任务予以部署。各地由教育行政部门牵头，会同本地电信主管部门建立协同工作机制，协商解决本地区校园网络的共性重大问题，加强对高等学校和基础电信企业相关行为的规范管理，全面掌握学校校园网络建设和应用情况。高等学校应加强对校园网络的统筹管理，建立由网信职能部门牵头，基建、后勤、资产、学工等多部门协同配合的工作机制，明确职责分工，加强与基础电信企业的沟通协调，形成重大事项协商机制，明确各自工作职责，共同提升校园网络质量。

二、提高校园网络环境建设水平

高等学校应会同基础电信企业加强对校园网络的总体规划，组织科学论证，统筹通信管道、光缆、基站、室内分布系统等设施建设布局，保障校园网络服务质量，推进基础设施共建共享，避免重复建设。鼓励高等学校建设校园局域网，统筹有线宽带和无线局域网，由学校统一为教职员工和学生接入校园局域网，再由校园局域网统一接入公用通信网络。学校新建的建筑应按照《公共建筑光纤宽带接入工程技术标准》等要求，同步设计、部署宽带网络设施，验收通过后方可统一接入公用通信网络。基础电信企业应对学校建立出口宽带网络弹性带宽保障机制，根据学校流量实际使用情况及时调整带宽；保障校园移动通信信号质量，确保基站对周围环境影响符合国家要求。高等学校会同基础电信企业扩大5G（第五代移动通信）信号在高等学校的覆盖范围，推动5G技术在校园的深入应用。

三、规范基础电信企业进校管理

高等学校不得签订排他性合作协议，限制或通过第三方限制、禁止其他基础电信企业开展校园业务；向基础电信企业平等开放校内通信配套设施，提供平等接入条件，为基础电信企业在校园内从事通信设施建设提供相应条件。基础电信企业应严格遵守工业和信息化部关于校园电信市场禁止性经营行为规范要求，守法经营，严格履行与学校的合作协议，杜绝恶意竞争，不得形成价格联盟和市场垄断；尊重广大教职员工和学生的选择权和知情权，不得进行捆绑式、强制性销售，不得以任何方式限定用户使用指定的基础电信企业提供的电信业务和终端设备；不得过度营销，不在校园及其周边开展影响校园秩序的电信业务营销活动。

四、健全校园网络服务费用机制

高等学校应完善校园局域网服务费用分摊机制，科学确定面向教职员工和学生的网络服务费用分摊模式和标准，并建立费用公示制度，及时响应用户需求；面向教职员工和学生的网络费用分摊遵循非营利性原则，不得面向社会提供经营性网络服务。基础电信企业应建立面向学校的网络资费优惠政策，原则上学校网络资费不应高于所在城市网络资费平均水平。因公用通信网络建设需要使用校园配套资源的，基础电信企业应按照省级人民政府规定的或与学校按照公益性原则协商确定的费用标准支付相应费用，费用标准应报所在省级教育行政部门和电信主管部门备案，不得设置不合理的收费名目。

五、强化校园网络运维服务能力

高等学校应加强校园网络运维保障，对校园网络运行进行监测，配置专业、稳定的运维队伍，保障网络访问流畅，为更新升级设施、购买服务等工作提供稳定的经费支持，保障校园网络正常运行；应建立用户服务与支持机制，及时排查、处理用户网络故障，提升教职员工和学生的上网体验。鼓励高等学校和基础电信企业进行服务质量监测，建立以用户为导向的服务质量考评机制，提高校园网络服务水平。鼓励高等学校通过购买社会服务的方式引入外部资源，提供质优价廉的网络服务保障。

六、保障校园网络绿色安全稳定

高等学校应严格按照《中华人民共和国网络安全法》《中华人民共和国数据安全法》《中华人民共和国个人信息保护法》等法律法规和政策文件要求，落实各项安全防护要求；应对本单位主管的信息系统（网站）统一分配IP（网络互联协议）地址和域名，建立校园局域网的出口集中管理机制；严格落实互联网访问实名认证制度，规范外来访客网络访问管理，实行上网地址统一管理和网络准入统一认证制度，按规定做好上网访问日志记录和存储；建立网络流量监测机制，及时识别网络攻击行为、屏蔽不良网络信息，提升校园局域网安全态势感知能力；健全应急管理机制，建立网络安全事件协同处置机制，确保各类网络故障和安全事件得到快速响应、有效处置。

教育部办公厅　工业和信息化部办公厅

2021年10月28日

第七篇

危机事件应对

学生伤害事故处理办法

教育部令第12号
（2002年6月25日发布）

第一章　总　则

第一条　为积极预防、妥善处理在校学生伤害事故，保护学生、学校的合法权益，根据《中华人民共和国教育法》《中华人民共和国未成年人保护法》和其他相关法律、行政法规及有关规定，制定本办法。

第二条　在学校实施的教育教学活动或者学校组织的校外活动中，以及在学校负有管理责任的校舍、场地、其他教育教学设施、生活设施内发生的，造成在校学生人身损害后果的事故的处理，适用本办法。

第三条　学生伤害事故应当遵循依法、客观公正、合理适当的原则，及时、妥善地处理。

第四条　学校的举办者应当提供符合安全标准的校舍、场地、其他教育教学设施和生活设施。

教育行政部门应当加强学校安全工作，指导学校落实预防学生伤害事故的措施，指导、协助学校妥善处理学生伤害事故，维护学校正常的教育教学秩序。

第五条　学校应当对在校学生进行必要的安全教育和自护自救教育；应当按照规定，建立健全安全制度，采取相应的管理措施，预防和消除教育教学环境中存在的安全隐患；当发生伤害事故时，应当及时采取措施救助受伤害学生。

学校对学生进行安全教育、管理和保护，应当针对学生年龄、认知能力和法律行为能力的不同，采用相应的内容和预防措施。

第六条　学生应当遵守学校的规章制度和纪律；在不同的受教育阶段，应当根据自身的年龄、认知能力和法律行为能力，避免和消除相应的危险。

第七条　未成年学生的父母或者其他监护人（以下称为监护人）应当依法履行监护职责，配合学校对学生进行安全教育、管理和保护工作。

学校对未成年学生不承担监护职责，但法律有规定的或者学校依法接受委托承担相应监护职责的情形除外。

第二章　事故与责任

第八条　学生伤害事故的责任，应当根据相关当事人的行为与损害后果之间的因果关系依法确定。

因学校、学生或者其他相关当事人的过错造成的学生伤害事故，相关当事人应当根据其行为过错程度的比例及其与损害后果之间的因果关系承担相应的责任。当事人的行为是损害后果发生的主要原因，应当承担主要责任；当事人的行为是损害后果发生的非主要原因，承担相应的责任。

第九条　因下列情形之一造成的学生伤害事故，学校应当依法承担相应的责任：

（一）学校的校舍、场地、其他公共设施，以及学校提供给学生使用的学具、教育教学和生活设施、设备不符合国家规定的标准，或者有明显不安全因素的；

（二）学校的安全保卫、消防、设施设备管理等安全管理制度有明显疏漏，或者管理混乱，存在重大安全隐患，而未及时采取措施的；

（三）学校向学生提供的药品、食品、饮用水等不符合国家或者行业的有关标准、要求的；

（四）学校组织学生参加教育教学活动或者校外活动，未对学生进行相应的安全教育，并未在可预见的范围内采取必要的安全措施的；

（五）学校知道教师或者其他工作人员患有不适宜担任教育教学工作的疾病，但未采取必要措施的；

（六）学校违反有关规定，组织或者安排未成年学生从事不宜未成年人参加的劳动、体育运动或者其他活动的；

（七）学生有特异体质或者特定疾病，不宜参加某种教育教学活动，学校知道或者应当知道，但未予以必要的注意的；

（八）学生在校期间突发疾病或者受到伤害，学校发现，但未根据实际情况及时采取相应措施，导致不良后果加重的；

（九）学校教师或者其他工作人员体罚或者变相体罚学生，或者在履行职责过程中违反工作要求、操作规程、职业道德或者其他有关规定的；

（十）学校教师或者其他工作人员在负有组织、管理未成年学生的职责期间，发现学生行为具有危险性，但未进行必要的管理、告诫或者制止的；

（十一）对未成年学生擅自离校等与学生人身安全直接相关的信息，学校发现或者知道，但未及时告知未成年学生的监护人，导致未成年学生因脱离监护人的保护而发生伤害的；

（十二）学校有未依法履行职责的其他情形的。

第十条 学生或者未成年学生监护人由于过错，有下列情形之一，造成学生伤害事故，应当依法承担相应的责任：

（一）学生违反法律法规的规定，违反社会公共行为准则、学校的规章制度或者纪律，实施按其年龄和认知能力应当知道具有危险或者可能危及他人的行为的；

（二）学生行为具有危险性，学校、教师已经告诫、纠正，但学生不听劝阻、拒不改正的；

（三）学生或者其监护人知道学生有特异体质，或者患有特定疾病，但未告知学校的；

（四）未成年学生的身体状况、行为、情绪等有异常情况，监护人知道或者已被学校告知，但未履行相应监护职责的；

（五）学生或者未成年学生监护人有其他过错的。

第十一条 学校安排学生参加活动，因提供场地、设备、交通工具、食品及其他消费与服务的经营者，或者学校以外的活动组织者的过错造成的学生伤害事故，有过错的当事人应当依法承担相应的责任。

第十二条 因下列情形之一造成的学生伤害事故，学校已履行了相应职责，行为并无不当的，无法律责任：

（一）地震、雷击、台风、洪水等不可抗的自然因素造成的；

（二）来自学校外部的突发性、偶发性侵害造成的；

（三）学生有特异体质、特定疾病或者异常心理状态，学校不知道或者难于知道的；

（四）学生自杀、自伤的；

（五）在对抗性或者具有风险性的体育竞赛活动中发生意外伤害的；

（六）其他意外因素造成的。

第十三条 下列情形下发生的造成学生人身损害后果的事故，学校行为并无不当的，不承担事故责任；事故责任应当按有关法律法规或者其他有关规定认定：

（一）在学生自行上学、放学、返校、离校途中发生的；

（二）在学生自行外出或者擅自离校期间发生的；

（三）在放学后、节假日或者假期等学校工作时间以外，学生自行滞留学校或者自行到校发生的；

（四）其他在学校管理职责范围外发生的。

第十四条 因学校教师或者其他工作人员与其职务无关的个人行为，或者因学生、教师及其他个人故意实施的违法犯罪行为，造成学生人身损害的，由致害人依法承担相应的责任。

第三章　事故处理程序

第十五条 发生学生伤害事故，学校应当及时救助受伤害学生，并应当及时告知未成年学生的监护人；有条件的，应当采取紧急救援等方式救助。

第十六条 发生学生伤害事故，情形严重的，学校应当及时向主管教育行政部门及有关部门报告；属于重大伤亡事故的，教育行政部门应当按照有关规定及时向同级人民政府和上一级教育行政部门报告。

第十七条　学校的主管教育行政部门应学校要求或者认为必要，可以指导、协助学校进行事故的处理工作，尽快恢复学校正常的教育教学秩序。

第十八条　发生学生伤害事故，学校与受伤害学生或者学生家长可以通过协商方式解决；双方自愿，可以书面请求主管教育行政部门进行调解。

成年学生或者未成年学生的监护人也可以依法直接提起诉讼。

第十九条　教育行政部门收到调解申请，认为必要的，可以指定专门人员进行调解，并应当在受理申请之日起60日内完成调解。

第二十条　经教育行政部门调解，双方就事故处理达成一致意见的，应当在调解人员的见证下签订调解协议，结束调解；在调解期限内，双方不能达成一致意见，或者调解过程中一方提起诉讼，人民法院已经受理的，应当终止调解。

调解结束或者终止，教育行政部门应当书面通知当事人。

第二十一条　对经调解达成的协议，一方当事人不履行或者反悔的，双方可以依法提起诉讼。

第二十二条　事故处理结束，学校应当将事故处理结果书面报告主管的教育行政部门；重大伤亡事故的处理结果，学校主管的教育行政部门应当向同级人民政府和上一级教育行政部门报告。

第四章　事故损害的赔偿

第二十三条　对发生学生伤害事故负有责任的组织或者个人，应当按照法律法规的有关规定，承担相应的损害赔偿责任。

第二十四条　学生伤害事故赔偿的范围与标准，按照有关行政法规、地方性法规或者最高人民法院司法解释中的有关规定确定。

教育行政部门进行调解时，认为学校有责任的，可以依照有关法律法规及国家有关规定，提出相应的调解方案。

第二十五条　对受伤害学生的伤残程度存在争议的，可以委托当地具有相应鉴定资格的医院或者有关机构，依据国家规定的人体伤残标准进行鉴定。

第二十六条　学校对学生伤害事故负有责任的，根据责任大小，适当予以经济赔偿，但不承担解决户口、住房、就业等与救助受伤害学生、赔偿相应经济损失无直接关系的其他事项。

学校无责任的，如果有条件，可以根据实际情况，本着自愿和可能的原则，对受伤害学生给予适当的帮助。

第二十七条　因学校教师或者其他工作人员在履行职务中的故意或者重大过失造成的学生伤害事故，学校予以赔偿后，可以向有关责任人员追偿。

第二十八条　未成年学生对学生伤害事故负有责任的，由其监护人依法承担相应的赔偿责任。

学生的行为侵害学校教师及其他工作人员以及其他组织、个人的合法权益，造成损失的，成年学生或者未成年学生的监护人应当依法予以赔偿。

第二十九条　根据双方达成的协议、经调解形成的协议或者人民法院的生效判决，应当由学校负担的赔偿金，学校应当负责筹措；学校无力完全筹措的，由学校的主管部门或者举办者协助筹措。

第三十条　县级以上人民政府教育行政部门或者学校举办者有条件的，可以通过设立学生伤害赔偿准备金等多种形式，依法筹措伤害赔偿金。

第三十一条　学校有条件的，应当依据保险法的有关规定，参加学校责任保险。

教育行政部门可以根据实际情况，鼓励中小学参加学校责任保险。

提倡学生自愿参加意外伤害保险。在尊重学生意愿的前提下，学校可以为学生参加意外伤害保险创造便利条件，但不得从中收取任何费用。

第五章　事故责任者的处理

第三十二条　发生学生伤害事故，学校负有责任且情节严重的，教育行政部门应当根据有关规定，对学校的直接负责的主管人员和其他直接责任人员，分别给予相应的行政处分；有关责任人的行为触犯刑律的，应当移送司法机关依法追究刑事责任。

第三十三条 学校管理混乱，存在重大安全隐患的，主管的教育行政部门或者其他有关部门应当责令其限期整顿；对情节严重或者拒不改正的，应当依据法律法规的有关规定，给予相应的行政处罚。

第三十四条 教育行政部门未履行相应职责，对学生伤害事故的发生负有责任的，由有关部门对直接负责的主管人员和其他直接责任人员分别给予相应的行政处分；有关责任人的行为触犯刑律的，应当移送司法机关依法追究刑事责任。

第三十五条 违反学校纪律，对造成学生伤害事故负有责任的学生，学校可以给予相应的处分；触犯刑律的，由司法机关依法追究刑事责任。

第三十六条 受伤害学生的监护人、亲属或者其他有关人员，在事故处理过程中无理取闹，扰乱学校正常教育教学秩序，或者侵犯学校、学校教师或者其他工作人员的合法权益的，学校应当报告公安机关依法处理；造成损失的，可以依法要求赔偿。

第六章 附 则

第三十七条 本办法所称学校，是指国家或者社会力量举办的全日制的中小学（含特殊教育学校）、各类中等职业学校、高等学校。

本办法所称学生是指在上述学校中全日制就读的受教育者。

第三十八条 幼儿园发生的幼儿伤害事故，应当根据幼儿为完全无行为能力人的特点，参照本办法处理。

第三十九条 其他教育机构发生的学生伤害事故，参照本办法处理。

在学校注册的其他受教育者在学校管理范围内发生的伤害事故，参照本办法处理。

第四十条 本办法自2002年9月1日起实施，原国家教委、教育部颁布的与学生人身安全事故处理有关的规定，与本办法不符的，以本办法为准。

在本办法实施之前已处理完毕的学生伤害事故不再重新处理。

突发公共卫生事件应急条例

（2023年5月9日　中华人民共和国国务院令第376号公布　根据2011年1月8日《国务院关于废止和修改部分行政法规的决定》修订）

第一章　总　则

第一条　为了有效预防、及时控制和消除突发公共卫生事件的危害，保障公众身体健康与生命安全，维护正常的社会秩序，制定本条例。

第二条　本条例所称突发公共卫生事件（以下简称突发事件），是指突然发生，造成或者可能造成社会公众健康严重损害的重大传染病疫情、群体性不明原因疾病、重大食物和职业中毒以及其他严重影响公众健康的事件。

第三条　突发事件发生后，国务院设立全国突发事件应急处理指挥部，由国务院有关部门和军队有关部门组成，国务院主管领导人担任总指挥，负责对全国突发事件应急处理的统一领导、统一指挥。

国务院卫生行政主管部门和其他有关部门，在各自的职责范围内做好突发事件应急处理的有关工作。

第四条　突发事件发生后，省、自治区、直辖市人民政府成立地方突发事件应急处理指挥部，省、自治区、直辖市人民政府主要领导人担任总指挥，负责领导、指挥本行政区域内突发事件应急处理工作。

县级以上地方人民政府卫生行政主管部门，具体负责组织突发事件的调查、控制和医疗救治工作。

县级以上地方人民政府有关部门，在各自的职责范围内做好突发事件应急处理的有关工作。

第五条　突发事件应急工作，应当遵循预防为主、常备不懈的方针，贯彻统一领导、分级负责、反应及时、措施果断、依靠科学、加强合作的原则。

第六条　县级以上各级人民政府应当组织开展防治突发事件相关科学研究，建立突发事件应急流行病学调查、传染源隔离、医疗救护、现场处置、监督检查、监测检验、卫生防护等有关物资、设备、设施、技术与人才资源储备，所需经费列入本级政府财政预算。

国家对边远贫困地区突发事件应急工作给予财政支持。

第七条　国家鼓励、支持开展突发事件监测、预警、反应处理有关技术的国际交流与合作。

第八条　国务院有关部门和县级以上地方人民政府及其有关部门，应当建立严格的突发事件防范和应急处理责任制，切实履行各自的职责，保证突发事件应急处理工作的正常进行。

第九条　县级以上各级人民政府及其卫生行政主管部门，应当对参加突发事件应急处理的医疗卫生人员，给予适当补助和保健津贴；对参加突发事件应急处理作出贡献的人员，给予表彰和奖励；对因参与应急处理工作致病、致残、死亡的人员，按照国家有关规定，给予相应的补助和抚恤。

第二章　预防与应急准备

第十条　国务院卫生行政主管部门按照分类指导、快速反应的要求，制定全国突发事件应急预案，报请国务院批准。

省、自治区、直辖市人民政府根据全国突发事件应急预案，结合本地实际情况，制定本行政区域的突发事件应急预案。

第十一条　全国突发事件应急预案应当包括以下主要内容：

（一）突发事件应急处理指挥部的组成和相关部门的职责；

（二）突发事件的监测与预警；

（三）突发事件信息的收集、分析、报告、通报制度；

（四）突发事件应急处理技术和监测机构及其任务；

（五）突发事件的分级和应急处理工作方案；

（六）突发事件预防、现场控制，应急设施、设备、救治药品和医疗器械以及其他物资和技术的储备与调度；

（七）突发事件应急处理专业队伍的建设和培训。

第十二条 突发事件应急预案应当根据突发事件的变化和实施中发现的问题及时进行修订、补充。

第十三条 地方各级人民政府应当依照法律、行政法规的规定，做好传染病预防和其他公共卫生工作，防范突发事件的发生。

县级以上各级人民政府卫生行政主管部门和其他有关部门，应当对公众开展突发事件应急知识的专门教育，增强全社会对突发事件的防范意识和应对能力。

第十四条 国家建立统一的突发事件预防控制体系。

县级以上地方人民政府应当建立和完善突发事件监测与预警系统。

县级以上各级人民政府卫生行政主管部门，应当指定机构负责开展突发事件的日常监测，并确保监测与预警系统的正常运行。

第十五条 监测与预警工作应当根据突发事件的类别，制定监测计划，科学分析、综合评价监测数据。对早期发现的潜在隐患以及可能发生的突发事件，应当依照本条例规定的报告程序和时限及时报告。

第十六条 国务院有关部门和县级以上地方人民政府及其有关部门，应当根据突发事件应急预案的要求，保证应急设施、设备、救治药品和医疗器械等物资储备。

第十七条 县级以上各级人民政府应当加强急救医疗服务网络的建设，配备相应的医疗救治药物、技术、设备和人员，提高医疗卫生机构应对各类突发事件的救治能力。

设区的市级以上地方人民政府应当设置与传染病防治工作需要相适应的传染病专科医院，或者指定具备传染病防治条件和能力的医疗机构承担传染病防治任务。

第十八条 县级以上地方人民政府卫生行政主管部门，应当定期对医疗卫生机构和人员开展突发事件应急处理相关知识、技能的培训，定期组织医疗卫生机构进行突发事件应急演练，推广最新知识和先进技术。

第三章 报告与信息发布

第十九条 国家建立突发事件应急报告制度。

国务院卫生行政主管部门制定突发事件应急报告规范，建立重大、紧急疫情信息报告系统。

有下列情形之一的，省、自治区、直辖市人民政府应当在接到报告1小时内，向国务院卫生行政主管部门报告：

（一）发生或者可能发生传染病暴发、流行的；

（二）发生或者发现不明原因的群体性疾病的；

（三）发生传染病菌种、毒种丢失的；

（四）发生或者可能发生重大食物和职业中毒事件的。

国务院卫生行政主管部门对可能造成重大社会影响的突发事件，应当立即向国务院报告。

第二十条 突发事件监测机构、医疗卫生机构和有关单位发现有本条例第十九条规定情形之一的，应当在2小时内向所在地县级人民政府卫生行政主管部门报告；接到报告的卫生行政主管部门应当在2小时内向本级人民政府报告，并同时向上级人民政府卫生行政主管部门和国务院卫生行政主管部门报告。

县级人民政府应当在接到报告后2小时内向设区的市级人民政府或者上一级人民政府报告；设区的市级人民政府应当在接到报告后2小时内向省、自治区、直辖市人民政府报告。

第二十一条 任何单位和个人对突发事件，不得隐瞒、缓报、谎报或者授意他人隐瞒、缓报、谎报。

第二十二条 接到报告的地方人民政府、卫生行政主管部门依照本条例规定报告的同时，应当立即组织力量对报告事项调查核实、确证，采取必要的控制措施，并及时报告调查情况。

第二十三条 国务院卫生行政主管部门应当根据发生突发事件的情况，及时向国务院有关部门和各省、自治区、直辖市人民政府卫生行政主管部门以及军队有关部门通报。

突发事件发生地的省、自治区、直辖市人民政府卫生行政主管部门，应当及时向毗邻省、自治区、直辖市人民政府卫生行政主管部门通报。

接到通报的省、自治区、直辖市人民政府卫生行政主管部门，必要时应当及时通知本行政区域内的医疗卫生机构。

县级以上地方人民政府有关部门，已经发生或者发现可能引起突发事件的情形时，应当及时向同级人民政府卫生行政主管部门通报。

第二十四条 国家建立突发事件举报制度，公布统一的突发事件报告、举报电话。

任何单位和个人有权向人民政府及其有关部门报告突发事件隐患，有权向上级人民政府及其有关部门举报地方人民政府及其有关部门不履行突发事件应急处理职责，或者不按照规定履行职责的情况。接到报告、举报的有关人民政府及其有关部门，应当立即组织对突发事件隐患、不履行或者不按照规定履行突发事件应急处理职责的情况进行调查处理。

对举报突发事件有功的单位和个人，县级以上各级人民政府及其有关部门应当予以奖励。

第二十五条 国家建立突发事件的信息发布制度。

国务院卫生行政主管部门负责向社会发布突发事件的信息。必要时，可以授权省、自治区、直辖市人民政府卫生行政主管部门向社会发布本行政区域内突发事件的信息。

信息发布应当及时、准确、全面。

第四章 应急处理

第二十六条 突发事件发生后，卫生行政主管部门应当组织专家对突发事件进行综合评估，初步判断突发事件的类型，提出是否启动突发事件应急预案的建议。

第二十七条 在全国范围内或者跨省、自治区、直辖市范围内启动全国突发事件应急预案，由国务院卫生行政主管部门报国务院批准后实施。省、自治区、直辖市启动突发事件应急预案，由省、自治区、直辖市人民政府决定，并向国务院报告。

第二十八条 全国突发事件应急处理指挥部对突发事件应急处理工作进行督察和指导，地方各级人民政府及其有关部门应当予以配合。

省、自治区、直辖市突发事件应急处理指挥部对本行政区域内突发事件应急处理工作进行督察和指导。

第二十九条 省级以上人民政府卫生行政主管部门或者其他有关部门指定的突发事件应急处理专业技术机构，负责突发事件的技术调查、确证、处置、控制和评价工作。

第三十条 国务院卫生行政主管部门对新发现的突发传染病，根据危害程度、流行强度，依照《中华人民共和国传染病防治法》的规定及时宣布为法定传染病；宣布为甲类传染病的，由国务院决定。

第三十一条 应急预案启动前，县级以上各级人民政府有关部门应当根据突发事件的实际情况，做好应急处理准备，采取必要的应急措施。

应急预案启动后，突发事件发生地的人民政府有关部门，应当根据预案规定的职责要求，服从突发事件应急处理指挥部的统一指挥，立即到达规定岗位，采取有关的控制措施。

医疗卫生机构、监测机构和科学研究机构，应当服从突发事件应急处理指挥部的统一指挥，相互配合、协作，集中力量开展相关的科学研究工作。

第三十二条 突发事件发生后，国务院有关部门和县级以上地方人民政府及其有关部门，应当保证突发事件应急处理所需的医疗救护设备、救治药品、医疗器械等物资的生产、供应；铁路、交通、民用航空行政主管部门应当保证及时运送。

第三十三条 根据突发事件应急处理的需要，突发事件应急处理指挥部有权紧急调集人员、储备的物资、交通工具以及相关设施、设备；必要时，对人员进行疏散或者隔离，并可以依法对传染病疫区实行封锁。

第三十四条 突发事件应急处理指挥部根据突发事件应急处理的需要，可以对食物和水源采取控制措施。

县级以上地方人民政府卫生行政主管部门应当对突发事件现场等采取控制措施，宣传突发事件防治知识，及时对易受感染的人群和其他易受损害的人群采取应急接种、预防性投药、群体防护等措施。

第三十五条 参加突发事件应急处理的工作人员，应当按照预案的规定，采取卫生防护措施，并在专业人员的指导下进行工作。

第三十六条 国务院卫生行政主管部门或者其他有关部门指定的专业技术机构，有权进入突发事件现场进行调查、采样、技术分析和检验，对地方突发事件的应急处理工作进行技术指导，有关单位和个人应当予以配合；任何单位和个人不得以任何理由予以拒绝。

第三十七条 对新发现的突发传染病、不明原因的群体性疾病、重大食物和职业中毒事件，国务院卫生行政主管部门应当尽快组织力量制定相关的技术标准、规范和控制措施。

第三十八条 交通工具上发现根据国务院卫生行政主管部门的规定需要采取应急控制措施的传染病病人、疑似传染病病人，其负责人应当以最快的方式通知前方停靠点，并向交通工具的营运单位报告。交通工具的前方停靠点和营运单位应当立即向交通工具营运单位行政主管部门和县级以上地方人民政府卫生行政主管部门报告。卫生行政主管部门接到报告后，应当立即组织有关人员采取相应的医学处置措施。

交通工具上的传染病病人密切接触者，由交通工具停靠点的县级以上各级人民政府卫生行政主管部门或者铁路、交通、民用航空行政主管部门，根据各自的职责，依照传染病防治法律、行政法规的规定，采取控制措施。

涉及国境口岸和入出境的人员、交通工具、货物、集装箱、行李、邮包等需要采取传染病应急控制措施的，依照国境卫生检疫法律、行政法规的规定办理。

第三十九条 医疗卫生机构应当对因突发事件致病的人员提供医疗救护和现场救援，对就诊病人必须接诊治疗，并书写详细、完整的病历记录；对需要转送的病人，应当按照规定将病人及其病历记录的复印件转送至接诊的或者指定的医疗机构。

医疗卫生机构内应当采取卫生防护措施，防止交叉感染和污染。

医疗卫生机构应当对传染病病人密切接触者采取医学观察措施，传染病病人密切接触者应当予以配合。

医疗机构收治传染病病人、疑似传染病病人，应当依法报告所在地的疾病预防控制机构。接到报告的疾病预防控制机构应当立即对可能受到危害的人员进行调查，根据需要采取必要的控制措施。

第四十条 传染病暴发、流行时，街道、乡镇以及居民委员会、村民委员会应当组织力量，团结协作，群防群治，协助卫生行政主管部门和其他有关部门、医疗卫生机构做好疫情信息的收集和报告、人员的分散隔离、公共卫生措施的落实工作，向居民、村民宣传传染病防治的相关知识。

第四十一条 对传染病暴发、流行区域内流动人口，突发事件发生地的县级以上地方人民政府应当做好预防工作，落实有关卫生控制措施；对传染病病人和疑似传染病病人，应当采取就地隔离、就地观察、就地治疗的措施。对需要治疗和转诊的，应当依照本条例第三十九条第一款的规定执行。

第四十二条 有关部门、医疗卫生机构应当对传染病做到早发现、早报告、早隔离、早治疗，切断传播途径，防止扩散。

第四十三条 县级以上各级人民政府应当提供必要资金，保障因突发事件致病、致残的人员得到及时、有效的救治。具体办法由国务院财政部门、卫生行政主管部门和劳动保障行政主管部门制定。

第四十四条 在突发事件中需要接受隔离治疗、医学观察措施的病人、疑似病人和传染病病人密切接触者在卫生行政主管部门或者有关机构采取医学措施时应当予以配合；拒绝配合的，由公安机关依法协助强制执行。

第五章 法律责任

第四十五条 县级以上地方人民政府及其卫生行政主管部门未依照本条例的规定履行报告职责，对突发事件隐瞒、缓报、谎报或者授意他人隐瞒、缓报、谎报的，对政府主要领导人及其卫生行政主管部门主要负责人，依法给予降级或者撤职的行政处分；造成传染病传播、流行或者对社会公众健康造成其他严重危害后果的，依法给予开除的行政处分；构成犯罪的，依法追究刑事责任。

第四十六条 国务院有关部门、县级以上地方人民政府及其有关部门未依照本条例的规定，完成突发事件应急处理所需要的设施、设备、药品和医疗器械等物资的生产、供应、运输和储备的，对政府主要领导人和政府部门主要负责人依法给予降级或者撤职的行政处分；造成传染病传播、流行或者对社会公众健康造成其他严重危害后果的，依法给予开除的行政处分；构成犯罪的，依法追究刑事责任。

第四十七条 突发事件发生后，县级以上地方人民政府及其有关部门对上级人民政府有关部门的调查不予配合，或者采取其他方式阻碍、干涉调查的，对政府主要领导人和政府部门主要负责人依法给予降级或者撤职的行政处分；构成犯罪的，依法追究刑事责任。

第四十八条 县级以上各级人民政府卫生行政主管部门和其他有关部门在突发事件调查、控制、医疗救治工作中玩忽职守、失职、渎职的，由本级人民政府或者上级人民政府有关部门责令改正、通报批评、给予警告；对主要负责人、负有责任的主管人员和其他责任人员依法给予降级、撤职的行政处分；造成传染病传播、流行或者对社会公众健康造成其他严重危害后果的，依法给予开除的行政处分；构成犯罪的，依法追究刑事责任。

第四十九条 县级以上各级人民政府有关部门拒不履行应急处理职责的，由同级人民政府或者上级人民政府有关部门责令改正、通报批评、给予警告；对主要负责人、负有责任的主管人员和其他责任人员依法给予降级、撤职的行政处分；造成传染病传播、流行或者对社会公众健康造成其他严重危害后果的，依法给予开除的行政处分；构成犯罪的，依法追究刑事责任。

第五十条 医疗卫生机构有下列行为之一的，由卫生行政主管部门责令改正、通报批评、给予警告；情节严重的，吊销《医疗机构执业许可证》；对主要负责人、负有责任的主管人员和其他直接责任人员依法给予降级或者撤职的纪律处分；造成传染病传播、流行或者对社会公众健康造成其他严重危害后果，构成犯罪的，依法追究刑事责任：

（一）未依照本条例的规定履行报告职责，隐瞒、缓报或者谎报的；

（二）未依照本条例的规定及时采取控制措施的；

（三）未依照本条例的规定履行突发事件监测职责的；

（四）拒绝接诊病人的；

（五）拒不服从突发事件应急处理指挥部调度的。

第五十一条 在突发事件应急处理工作中，有关单位和个人未依照本条例的规定履行报告职责，隐瞒、缓报或者谎报，阻碍突发事件应急处理工作人员执行职务，拒绝国务院卫生行政主管部门或者其他有关部门指定的专业技术机构进入突发事件现场，或者不配合调查、采样、技术分析和检验的，对有关责任人员依法给予行政处分或者纪律处分；触犯《中华人民共和国治安管理处罚条例》，构成违反治安管理行为的，由公安机关依法予以处罚；构成犯罪的，依法追究刑事责任。

第五十二条 在突发事件发生期间，散布谣言、哄抬物价、欺骗消费者，扰乱社会秩序、市场秩序的，由公安机关或者工商行政管理部门依法给予行政处罚；构成犯罪的，依法追究刑事责任。

第六章 附 则

第五十三条 中国人民解放军、武装警察部队医疗卫生机构参与突发事件应急处理的，依照本条例的规定和军队的相关规定执行。

第五十四条 本条例自公布之日起施行。

教育部等五部门关于完善安全事故处理机制维护学校教育教学秩序的意见

教政法〔2019〕11号

各省、自治区、直辖市教育厅（教委）、高级人民法院、人民检察院、公安厅（局）、司法厅（局），新疆生产建设兵团教育局、新疆维吾尔自治区高级人民法院生产建设兵团分院、新疆生产建设兵团人民检察院、公安局、司法局：

为贯彻落实全国教育大会精神，完善学校安全事故预防与处理机制，形成依法依规、客观公正、多元参与、部门协作的工作格局，为学校（含幼儿园）办学安全托底，解决学校后顾之忧，维护老师和学校应有的尊严，保护学生生命安全，根据教育法、治安管理处罚法、刑法等法律法规和《国务院办公厅关于加强中小学幼儿园安全风险防控体系建设的意见》等有关规定，现提出如下意见。

一、健全学校安全事故预防与处置机制

1. 着重加强学校安全事故预防。各级教育部门要依法加强对学校安全工作的督导、检查，会同、配合有关部门加强对学校校舍、场地、消防、食品安全和传染病防控等事项的监管，指导学校完善安全风险防控体系，完善学校安全管理组织机构和责任体系，健全问责机制。各级各类学校要树立预防为先的理念，落实安全标准，健全安全管理制度，完善安全风险排查和防范机制，压实安全责任，加强学生的安全教育、法治教育、生命教育和心理健康教育，建立并严格执行学校教职工聘用资质检查制度，从源头上预防和消除安全风险，杜绝责任事故。健全学校安全隐患投诉机制，对学生、家长和相关方面就学校安全存在问题的投诉、提出的意见建议，及时办理回复。

2. 规范学校安全事故处置程序。各级教育部门要指导、监督学校健全安全事故处置机制，制定处置预案、明确牵头部门、规范处置程序，完善报告制度，提高工作规范化、科学化、专业化水平。安全事故发生后，学校应当立即启动预案，及时开展救助。发生重大事故，要建立由学校主要负责人牵头的处置机制，必要时由当地人民政府或者学校主管部门、其他相关部门牵头处理。学校应当建立便捷的沟通渠道，及时通知受伤害者监护人或者近亲属，告知事故纠纷处理的途径、程序和相关规定，主动协调，积极引导以法治方式处置纠纷。学校要关心受伤害者，保障受伤害者及其监护人、近亲属的知情权和依法合理表达诉求的权利。

3. 健全学校安全事故处理的法律服务机制。司法行政机关应当组织法律援助机构依法为符合条件的学校安全事故受伤害者提供法律援助，指导律师事务所、公证机构等为当事人提供法律服务，指导律师做好代理服务工作，引导当事人依法、理性表达意见，合理提出诉求。有条件的地方可以设立学生权益法律保护中心，以政府购买服务等方式，聘请法律专业服务机构或人员，为学生提供法律服务。纠纷处理过程中，需要鉴定以明确责任的，由双方共同委托或者经当事人申请，由主持调解的机构、组织委托司法鉴定机构进行鉴定。

4. 形成多元化的学校安全事故损害赔偿机制。学校或者学校举办者应按规定投保校方责任险，有条件的可以购买校方无过失责任险和食品安全、校外实习、体育运动伤害等领域的责任保险。要通过财政补贴、家长分担等多种渠道筹措经费，推动设立学校安全综合险，加大保障力度。要增强师生和家长的保险意识，引导家长为学生购买人身保险，有条件的地方可以予以补贴。学校可以引导、利用社会捐赠资金等设置安全风险基金或者学生救助基金，健全救助机制。鼓励有条件的地方建立学校安全赔偿准备基金，或者开展互助计划，健全学校安全事故赔偿机制。

二、依法处理学校安全事故纠纷

5. 健全学校安全事故纠纷协商机制。学校安全事故责任明确、各方无重大分歧或异议的，可以协商解

决。协商解决纠纷应当坚持自愿、合法、平等的原则，尊重客观事实、注重人文关怀，文明、理性表达意见和诉求。学校应当指定、委托协商代表，或者由法治副校长、学校法律顾问等专业人员主持或参与协商。协商一般应在配置录音、录像、安保等条件的场所进行。受伤害者亲属人数较多的，应当推举代表进行协商，代表人数一般不超过5人并相对固定。双方经协商达成一致的，应当签署书面协议。推动学校建立专业化的安全事故处理委员会，统筹学校安全事故预防与处置。

6. 建立学校安全事故纠纷调解制度。教育部门应当会同司法行政机关推进学校安全事故纠纷调解组织建设，聘任人大代表、政协委员、法治副校长、教育和法律工作者等具备相应专业知识或能力的人员参与调解。建立由教育、法律、医疗、保险、心理、社会工作等方面专业人员组成的专家咨询库，为调解工作提供支持和服务。市县两级行政区域内可根据需要设立学校安全事故人民调解委员会，对学校难于自行协商或者协商不成的安全事故纠纷实现能调尽调。司法行政机关应当会同教育部门、人民法院加强对学校安全事故人民调解委员会的指导，帮助完善受理、调解、回访、反馈等各项工作制度，加强人民调解员队伍建设和业务培训，确保调解依法、规范、公正、有效进行。地方教育部门根据需要可以直接组织行政调解。区域内的高等学校可以加强合作，联合建立事故纠纷调处机制。

7. 依法裁判学校安全事故侵权责任。人民法院对起诉的学校安全事故侵权赔偿案件应当及时立案受理，积极开展诉讼调解，对调解不成的，要按照《中华人民共和国侵权责任法》和相关法律法规，参照《学生伤害事故处理办法》等规章，明确划分责任，及时依法判决；对学校已经依法履行教育、管理职责，行为无过错的，应当依法裁判学校不承担责任。诉讼调解、裁判过程中，要切实保护双方权利，杜绝片面加重学校赔偿责任的情形。最高人民法院通过发布指导性案例等方式，加强审判指导。人民法院在诉讼过程中应当加强法律宣传教育，并做好判后释疑工作。

8. 杜绝不顾法律原则的“花钱买平安”。学校安全事故纠纷处理过程中，要坚守法律底线，根据事故客观事实和法律法规规定，明确各方责任。责任认定前，学校不得赔钱息事。经认定，学校确有责任的，要积极主动、按标准依法确定赔偿金额，给予损害赔偿，不得推诿塞责、拖延不办。学校负责人或者直接管理者有责任的，学校主管部门应当依法依规及时处理、严肃问责。学校无责任的，要澄清事实、及时说明。任何组织和个人不得非法干涉纠纷处理。坚决避免超越法定责任边界，片面加重学校负担、“花钱买平安”，坚决杜绝“大闹大赔”“小闹小赔”。原则上，公办中小学、幼儿园人身伤害事故纠纷涉及赔偿金额请求较大的，应当积极引导当事人通过人民调解等方式解决。各地可以根据实际，规定公办中小学校、幼儿园协商赔偿的限额。

三、及时处置、依法打击“校闹”行为

9. 及时制止“校闹”行为。学校安全事故处置过程中，如发生家属及其他校外人员实施围堵学校、在校园内非法聚集、聚众闹事等扰乱学校教育教学和管理秩序，侵犯学校和师生合法权益等“校闹”行为的，学校应当立即向所在地公安机关报案，提供当事方人数、具体行为、有无人员受伤等现场情况，并保护好现场，配合公安机关做好调查取证等工作。公安机关到达前，学校保卫部门可依法采取必要的措施，阻止相关人员进入教育教学区域，防止其干扰教育教学活动。公安机关接到报案后应当立即组织警力赶赴现场，维持现场秩序，控制事态，协助有关部门进行疏导劝阻，防止事态扩大。对现场发生的违法犯罪行为，要坚决果断制止，对涉嫌违法犯罪人员依法查处。

10. 依法惩处“校闹”人员。实施下列“校闹”行为，构成违反治安管理行为的，公安机关应当依照治安管理处罚法相关规定予以处罚：(1)殴打他人、故意伤害他人或者故意损毁公私财物的；(2)侵占、毁损学校房屋、设施设备的；(3)在学校设置障碍、贴报喷字、拉挂横幅、燃放鞭炮、播放哀乐、摆放花圈、泼洒污物、断水断电、堵塞大门、围堵办公场所和道路的；(4)在学校等公共场所停放尸体的；(5)以不准离开工作场所等方式非法限制学校教职工、学生人身自由的；(6)跟踪、纠缠学校相关负责人，侮辱、恐吓教职工、学生的；(7)携带易燃易爆危险物品和管制器具进入学校的；(8)其他扰乱学校教育教学秩序或侵害他人人身财产权益的行为。“校闹”行为造成学校、教职工、学生财产损失或人身伤害，被侵权人依法追究“校闹”人员侵权责任的，应当予以支持。同时，可以通过联合惩戒机制，对实施“校闹”、聚众扰乱社会秩序的人员实施惩戒。

11. 严厉打击涉及“校闹”的犯罪行为。实施“校闹”行为涉嫌构成寻衅滋事罪、聚众扰乱社会秩序罪、故意毁坏财物罪、非法拘禁罪、故意伤害罪和聚众扰乱公共场所秩序、交通秩序罪等，需要追究刑事责任的，公安机关要依法及时立案侦查，全面客观地收集、调取证据，确保侦查质量。人民检察院应当及时依法批捕、起诉。人民法院应当加快审理进度，在全面查明案件事实的基础上依法准确定罪量刑。对故意扩大事态，教唆他人实施针对学校和教职工、学生的违法犯罪行为，或者以受他人委托处理纠纷为名实施敲诈勒索、寻衅滋事等行为的，依法从严惩处。

师生、家长或者校外人员因其他原因在校内非法聚集、游行或者实施其他影响学校正常教育教学秩序行为的，参照上述规定予以处置。

四、建立多部门协调配合工作机制

12. 加强学校及周边安全风险防控。各地要加强校园周边综合治理，在城镇幼儿园、中小学周边全面实行学生安全区域制度。教育部门应当会同公安机关指导学校建立健全突发事件预警应对机制和警校联动联防联控机制，提高应对突发事件的现场处置能力。公安机关要加强校园及周边警务室建设，加强校园周边巡逻防控，及时受理报警求助。

13. 有效应对涉及学校安全事故纠纷的舆情。学校要做好安全事故的信息发布工作，按照规定主动、适时公布或者通报事故信息；在处置预案中明确接待媒体、应对舆情的部门和人员，增强舆情应对的意识和能力。对恶意炒作、报道严重失实的，学校要及时发声、澄清事实。对有较大影响的安全事故事件，属地教育部门应在党委、政府统一领导下，会同相关部门做好舆情引导工作。对于虚假报道引起社会不良影响的，学校应当向有关部门反映或提起诉讼，追究其侵权责任。

14. 营造依法解决学校安全事故纠纷的社会氛围。推动学校安全法律制度建设，鼓励各地制定或修改、完善学校安全方面的地方性法规。司法行政机关要协调指导有关部门加强法治宣传教育，增强社会公众的法治意识，培养尊法学法守法用法的社会氛围，推动形成依法理性解决学校安全事故纠纷的共识。要通过家长学校、家长委员会等多种方式拓宽学生父母或其他监护人参与学校管理和监督的渠道，加强对学生父母或其他监护人的法治宣传，形成和谐家校关系。学校要切实树立依法治校、依法办学理念，通过法治思维和法治方式化解矛盾纠纷，不得为防止发生安全事故而限制或取消正常的课间活动、体育活动和其他社会实践活动。

15. 建立学校安全工作部门协调机制。各地、各有关部门要深刻认识保障学校安全的重要意义，加强组织领导与协调配合，形成工作合力。地方教育部门应当积极协调相关部门建立联席会议等工作制度，定期互通信息，及时研究解决问题，共同维护学校安全，切实为学校办学安全托底，解除学校后顾之忧，保障学校安心办学、静心育人。

各地可以结合实际，制定贯彻实施本意见的具体办法。

教育部　最高人民法院
最高人民检察院　公安部　司法部
2019年6月25日

国务院办公厅关于印发《突发事件应急预案管理办法》的通知

国办发〔2024〕5号

各省、自治区、直辖市人民政府，国务院各部委、各直属机构：

经国务院同意，现将修订后的《突发事件应急预案管理办法》印发给你们，请结合实际认真贯彻落实。2013年10月25日经国务院同意、由国务院办公厅印发的《突发事件应急预案管理办法》同时废止。

国务院办公厅

2024年1月31日

突发事件应急预案管理办法

第一章　总　则

第一条　为加强突发事件应急预案（以下简称应急预案）体系建设，规范应急预案管理，增强应急预案的针对性、实用性和可操作性，依据《中华人民共和国突发事件应对法》等法律、行政法规，制定本办法。

第二条　本办法所称应急预案，是指各级人民政府及其部门、基层组织、企事业单位和社会组织等为依法、迅速、科学、有序应对突发事件，最大程度减少突发事件及其造成的损害而预先制定的方案。

第三条　应急预案的规划、编制、审批、发布、备案、培训、宣传、演练、评估、修订等工作，适用本办法。

第四条　应急预案管理遵循统一规划、综合协调、分类指导、分级负责、动态管理的原则。

第五条　国务院统一领导全国应急预案体系建设和管理工作，县级以上地方人民政府负责领导本行政区域内应急预案体系建设和管理工作。

突发事件应对有关部门在各自职责范围内，负责本部门（行业、领域）应急预案管理工作；县级以上人民政府应急管理部门负责指导应急预案管理工作，综合协调应急预案衔接工作。

第六条　国务院应急管理部门统筹协调各地区各部门应急预案数据库管理，推动实现应急预案数据共享共用。各地区各部门负责本行政区域、本部门（行业、领域）应急预案数据管理。

县级以上人民政府及其有关部门要注重运用信息化数字化智能化技术，推进应急预案管理理念、模式、手段、方法等创新，充分发挥应急预案牵引应急准备、指导处置救援的作用。

第二章　分类与内容

第七条　按照制定主体划分，应急预案分为政府及其部门应急预案、单位和基层组织应急预案两大类。

政府及其部门应急预案包括总体应急预案、专项应急预案、部门应急预案等。

单位和基层组织应急预案包括企事业单位、村民委员会、居民委员会、社会组织等编制的应急预案。

第八条　总体应急预案是人民政府组织应对突发事件的总体制度安排。

总体应急预案围绕突发事件事前、事中、事后全过程，主要明确应对工作的总体要求、事件分类分级、预案体系构成、组织指挥体系与职责，以及风险防控、监测预警、处置救援、应急保障、恢复重建、预案管理等内容。

第九条　专项应急预案是人民政府为应对某一类型或某几种类型突发事件，或者针对重要目标保护、重大活动保障、应急保障等重要专项工作而预先制定的涉及多个部门职责的方案。

部门应急预案是人民政府有关部门根据总体应急预案、专项应急预案和部门职责，为应对本部门（行业、领域）突发事件，或者针对重要目标保护、重大活动保障、应急保障等涉及部门工作而预先制定的方案。

第十条　针对突发事件应对的专项和部门应急预案，主要规定县级以上人民政府或有关部门相关突发事件应对工作的组织指挥体系和专项工作安排，不同层级预案内容各有侧重，涉及相邻或相关地方人民政府、部门、单位任务的应当沟通一致后明确。

国家层面专项和部门应急预案侧重明确突发事件的应对原则、组织指挥机制、预警分级和事件分级标准、响应分级、信息报告要求、应急保障措施等，重点规范国家层面应对行动，同时体现政策性和指导性。

省级专项和部门应急预案侧重明确突发事件的组织指挥机制、监测预警、分级响应及响应行动、队伍物资保障及市县级人民政府职责等，重点规范省级层面应对行动，同时体现指导性和实用性。

市县级专项和部门应急预案侧重明确突发事件的组织指挥机制、风险管控、监测预警、信息报告、组织自救互救、应急处置措施、现场管控、队伍物资保障等内容，重点规范市（地）级和县级层面应对行动，落实相关任务，细化工作流程，体现应急处置的主体职责和针对性、可操作性。

第十一条　为突发事件应对工作提供通信、交通运输、医学救援、物资装备、能源、资金以及新闻宣传、秩序维护、慈善捐赠、灾害救助等保障功能的专项和部门应急预案侧重明确组织指挥机制、主要任务、资源布局、资源调用或应急响应程序、具体措施等内容。

针对重要基础设施、生命线工程等重要目标保护的专项和部门应急预案，侧重明确关键功能和部位、风险隐患及防范措施、监测预警、信息报告、应急处置和紧急恢复、应急联动等内容。

第十二条　重大活动主办或承办机构应当结合实际情况组织编制重大活动保障应急预案，侧重明确组织指挥体系、主要任务、安全风险及防范措施、应急联动、监测预警、信息报告、应急处置、人员疏散撤离组织和路线等内容。

第十三条　相邻或相关地方人民政府及其有关部门可以联合制定应对区域性、流域性突发事件的联合应急预案，侧重明确地方人民政府及其部门间信息通报、组织指挥体系对接、处置措施衔接、应急资源保障等内容。

第十四条　国家有关部门和超大特大城市人民政府可以结合行业（地区）风险评估实际，制定巨灾应急预案，统筹本部门（行业、领域）、本地区巨灾应对工作。

第十五条　乡镇（街道）应急预案重点规范乡镇（街道）层面应对行动，侧重明确突发事件的预警信息传播、任务分工、处置措施、信息收集报告、现场管理、人员疏散与安置等内容。

村（社区）应急预案侧重明确风险点位、应急响应责任人、预警信息传播与响应、人员转移避险、应急处置措施、应急资源调用等内容。

乡镇（街道）、村（社区）应急预案的形式、要素和内容等，可结合实际灵活确定，力求简明实用，突出人员转移避险，体现先期处置特点。

第十六条　单位应急预案侧重明确应急响应责任人、风险隐患监测、主要任务、信息报告、预警和应急响应、应急处置措施、人员疏散转移、应急资源调用等内容。

大型企业集团可根据相关标准规范和实际工作需要，建立本集团应急预案体系。

安全风险单一、危险性小的生产经营单位，可结合实际简化应急预案要素和内容。

第十七条　应急预案涉及的有关部门、单位等可以结合实际编制应急工作手册，内容一般包括应急响应措施、处置工作程序、应急救援队伍、物资装备、联络人员和电话等。

应急救援队伍、保障力量等应当结合实际情况，针对需要参与突发事件应对的具体任务编制行动方案，侧重明确应急响应、指挥协同、力量编成、行动设想、综合保障、其他有关措施等具体内容。

第三章　规划与编制

第十八条　国务院应急管理部门会同有关部门编制应急预案制修订工作计划，报国务院批准后实施。县级以上地方人民政府应急管理部门应当会同有关部门，针对本行政区域多发易发突发事件、主要风险等，编制本行政区域应急预案制修订工作计划，报本级人民政府批准后实施，并抄送上一级人民政府应急管理部门。

县级以上人民政府有关部门可以结合实际制定本部门（行业、领域）应急预案编制计划，并抄送同级应急管理部门。县级以上地方人民政府有关部门应急预案编制计划同时抄送上一级相应部门。

应急预案编制计划应当根据国民经济和社会发展规划、突发事件应对工作实际，适时予以调整。

第十九条 县级以上人民政府总体应急预案由本级人民政府应急管理部门组织编制，专项应急预案由本级人民政府相关类别突发事件应对牵头部门组织编制。县级以上人民政府部门应急预案，乡级人民政府、单位和基层组织等应急预案由有关制定单位组织编制。

第二十条 应急预案编制部门和单位根据需要组成应急预案编制工作小组，吸收有关部门和单位人员、有关专家及有应急处置工作经验的人员参加。编制工作小组组长由应急预案编制部门或单位有关负责人担任。

第二十一条 编制应急预案应当依据有关法律、法规、规章和标准，紧密结合实际，在开展风险评估、资源调查、案例分析的基础上进行。

风险评估主要是识别突发事件风险及其可能产生的后果和次生（衍生）灾害事件，评估可能造成的危害程度和影响范围等。

资源调查主要是全面调查本地区、本单位应对突发事件可用的应急救援队伍、物资装备、场所和通过改造可以利用的应急资源状况，合作区域内可以请求援助的应急资源状况，重要基础设施容灾保障及备用状况，以及可以通过潜力转换提供应急资源的状况，为制定应急响应措施提供依据。必要时，也可根据突发事件应对需要，对本地区相关单位和居民所掌握的应急资源情况进行调查。

案例分析主要是对典型突发事件的发生演化规律、造成的后果和处置救援等情况进行复盘研究，必要时构建突发事件情景，总结经验教训，明确应对流程、职责任务和应对措施，为制定应急预案提供参考借鉴。

第二十二条 政府及其有关部门在应急预案编制过程中，应当广泛听取意见，组织专家论证，做好与相关应急预案及国防动员实施预案的衔接。涉及其他单位职责的，应当书面征求意见。必要时，向社会公开征求意见。

单位和基层组织在应急预案编制过程中，应根据法律法规要求或实际需要，征求相关公民、法人或其他组织的意见。

第四章 审批、发布、备案

第二十三条 应急预案编制工作小组或牵头单位应当将应急预案送审稿、征求意见情况、编制说明等有关材料报送应急预案审批单位。因保密等原因需要发布应急预案简本的，应当将应急预案简本一并报送审批。

第二十四条 应急预案审核内容主要包括：

（一）预案是否符合有关法律、法规、规章和标准等规定；

（二）预案是否符合上位预案要求并与有关预案有效衔接；

（三）框架结构是否清晰合理，主体内容是否完备；

（四）组织指挥体系与责任分工是否合理明确，应急响应级别设计是否合理，应对措施是否具体简明、管用可行；

（五）各方面意见是否一致；

（六）其他需要审核的内容。

第二十五条 国家总体应急预案按程序报党中央、国务院审批，以党中央、国务院名义印发。专项应急预案由预案编制牵头部门送应急管理部衔接协调后，报国务院审批，以国务院办公厅或者有关应急指挥机构名义印发。部门应急预案由部门会议审议决定、以部门名义印发，涉及其他部门职责的可与有关部门联合印发；必要时，可以由国务院办公厅转发。

地方各级人民政府总体应急预案按程序报本级党委和政府审批，以本级党委和政府名义印发。专项应急预案按程序送本级应急管理部门衔接协调，报本级人民政府审批，以本级人民政府办公厅（室）或者有关应急指挥机构名义印发。部门应急预案审批印发程序按照本级人民政府和上级有关部门的应急预案管理规定执行。

重大活动保障应急预案、巨灾应急预案由本级人民政府或其部门审批，跨行政区域联合应急预案审批由相关人民政府或其授权的部门协商确定，并参照专项应急预案或部门应急预案管理。

单位和基层组织应急预案须经本单位或基层组织主要负责人签发，以本单位或基层组织名义印发，审批方式根据所在地人民政府及有关行业管理部门规定和实际情况确定。

第二十六条　应急预案审批单位应当在应急预案印发后的20个工作日内，将应急预案正式印发文本（含电子文本）及编制说明，依照下列规定向有关单位备案并抄送有关部门：

（一）县级以上地方人民政府总体应急预案报上一级人民政府备案，径送上一级人民政府应急管理部门，同时抄送上一级人民政府有关部门；

（二）县级以上地方人民政府专项应急预案报上一级人民政府相应牵头部门备案，同时抄送上一级人民政府应急管理部门和有关部门；

（三）部门应急预案报本级人民政府备案，径送本级应急管理部门，同时抄送本级有关部门；

（四）联合应急预案按所涉及区域，依据专项应急预案或部门应急预案有关规定备案，同时抄送本地区上一级或共同上一级人民政府应急管理部门和有关部门；

（五）涉及需要与所在地人民政府联合应急处置的中央单位应急预案，应当报所在地县级人民政府备案，同时抄送本级应急管理部门和突发事件应对牵头部门；

（六）乡镇（街道）应急预案报上一级人民政府备案，径送上一级人民政府应急管理部门，同时抄送上一级人民政府有关部门。村（社区）应急预案报乡镇（街道）备案；

（七）中央企业集团总体应急预案报应急管理部备案，抄送企业主管机构、行业主管部门、监管部门；有关专项应急预案向国家突发事件应对牵头部门备案，抄送应急管理部、企业主管机构、行业主管部门、监管部门等有关单位。中央企业集团所属单位、权属企业的总体应急预案按管理权限报所在地人民政府应急管理部门备案，抄送企业主管机构、行业主管部门、监管部门；专项应急预案按管理权限报所在地行业监管部门备案，抄送应急管理部门和有关企业主管机构、行业主管部门。

第二十七条　国务院履行应急预案备案管理职责的部门和省级人民政府应当建立应急预案备案管理制度。县级以上地方人民政府有关部门落实有关规定，指导、督促有关单位做好应急预案备案工作。

第二十八条　政府及其部门应急预案应当在正式印发后20个工作日内向社会公开。单位和基层组织应急预案应当在正式印发后20个工作日内向本单位以及可能受影响的其他单位和地区公开。

第五章　培训、宣传、演练

第二十九条　应急预案发布后，其编制单位应做好组织实施和解读工作，并跟踪应急预案落实情况，了解有关方面和社会公众的意见建议。

第三十条　应急预案编制单位应当通过编发培训材料、举办培训班、开展工作研讨等方式，对与应急预案实施密切相关的管理人员、专业救援人员等进行培训。

各级人民政府及其有关部门应将应急预案培训作为有关业务培训的重要内容，纳入领导干部、公务员等日常培训内容。

第三十一条　对需要公众广泛参与的非涉密的应急预案，编制单位应当充分利用互联网、广播、电视、报刊等多种媒体广泛宣传，制作通俗易懂、好记管用的宣传普及材料，向公众免费发放。

第三十二条　应急预案编制单位应当建立应急预案演练制度，通过采取形式多样的方式方法，对应急预案所涉及的单位、人员、装备、设施等组织演练。通过演练发现问题、解决问题，进一步修改完善应急预案。

专项应急预案、部门应急预案每3年至少进行一次演练。

地震、台风、风暴潮、洪涝、山洪、滑坡、泥石流、森林草原火灾等自然灾害易发区域所在地人民政府，重要基础设施和城市供水、供电、供气、供油、供热等生命线工程经营管理单位，矿山、金属冶炼、建筑施工单位和易燃易爆物品、化学品、放射性物品等危险物品生产、经营、使用、储存、运输、废弃处置单位，公共交通工具、公共场所和医院、学校等人员密集场所的经营单位或者管理单位等，应当有针对性地组织开展应急预案演练。

第三十三条　应急预案演练组织单位应当加强演练评估，主要内容包括：演练的执行情况，应急预案的实用性和可操作性，指挥协调和应急联动机制运行情况，应急人员的处置情况，演练所用设备装备的适用性，对完善应急预案、应急准备、应急机制、应急措施等方面的意见和建议等。

各地区各有关部门加强对本行政区域、本部门（行业、领域）应急预案演练的评估指导。根据需要，应急管理部门会同有关部门组织对下级人民政府及其有关部门组织的应急预案演练情况进行评估指导。

鼓励委托第三方专业机构进行应急预案演练评估。

第六章　评估与修订

第三十四条　应急预案编制单位应当建立应急预案定期评估制度，分析应急预案内容的针对性、实用性和可操作性等，实现应急预案的动态优化和科学规范管理。

县级以上地方人民政府及其有关部门应急预案原则上每3年评估一次。应急预案的评估工作，可以委托第三方专业机构组织实施。

第三十五条　有下列情形之一的，应当及时修订应急预案：

（一）有关法律、法规、规章、标准、上位预案中的有关规定发生重大变化的；

（二）应急指挥机构及其职责发生重大调整的；

（三）面临的风险发生重大变化的；

（四）重要应急资源发生重大变化的；

（五）在突发事件实际应对和应急演练中发现问题需要作出重大调整的；

（六）应急预案制定单位认为应当修订的其他情况。

第三十六条　应急预案修订涉及组织指挥体系与职责、应急处置程序、主要处置措施、突发事件分级标准等重要内容的，修订工作应参照本办法规定的应急预案编制、审批、备案、发布程序组织进行。仅涉及其他内容的，修订程序可根据情况适当简化。

第三十七条　各级人民政府及其部门、企事业单位、社会组织、公民等，可以向有关应急预案编制单位提出修订建议。

第七章　保障措施

第三十八条　各级人民政府及其有关部门、各有关单位要指定专门机构和人员负责相关具体工作，将应急预案规划、编制、审批、发布、备案、培训、宣传、演练、评估、修订等所需经费纳入预算统筹安排。

第三十九条　国务院有关部门应加强对本部门（行业、领域）应急预案管理工作的指导和监督，并根据需要编写应急预案编制指南。县级以上地方人民政府及其有关部门应对本行政区域、本部门（行业、领域）应急预案管理工作加强指导和监督。

第八章　附　则

第四十条　国务院有关部门、地方各级人民政府及其有关部门、大型企业集团等可根据实际情况，制定相关应急预案管理实施办法。

第四十一条　法律、法规、规章另有规定的从其规定，确需保密的应急预案按有关规定执行。

第四十二条　本办法由国务院应急管理部门负责解释。

第四十三条　本办法自印发之日起施行。

第八篇

职业规划与就业指导

关于实施大学生志愿服务西部计划的通知

中青联发〔2003〕26号

各省、自治区、直辖市团委、教育厅(教委)、财政厅(局)、人事厅(局):

根据国务院常务会议、《国务院办公厅关于做好2003年普通高等学校毕业生就业工作的通知》(国办发〔2003〕49号)和2003年全国高校毕业生就业工作电视电话会议精神，国家决定从2003年开始实施大学生志愿服务西部计划。现将有关事项通知如下。

一、指导思想

鼓励青年知识分子到实践中去、到基层和艰苦地区去，经受磨练，健康成长，是我们党和政府的一贯方针，在新的形势下，站在执政兴国和人才强国的战略高度，需要长期坚持和不断完善并逐步形成制度。实施大学生志愿服务西部计划要以邓小平理论和“三个代表”重要思想为指导，引导大学生到西部去、到基层去、到祖国和人民最需要的地方去建功立业；促进西部贫困地区教育、卫生、农技、扶贫等社会事业的发展；拓展大学生就业、创业的渠道；培养造就一大批既有现代科学文化知识、又有基层工作经验和强烈社会责任感的优秀青年人才；弘扬“奉献、友爱、互助、进步”的志愿精神，推动经济社会的全面发展。

二、工作内容

大学生志愿服务西部计划从2003年开始，按照公开招募、自愿报名、组织选拔、集中派遣的方式，每年招募一定数量的普通高等学校(以下简称“高校”)应届毕业生，到西部贫困县的乡镇从事为期1–2年的教育、卫生、农技、扶贫以及青年中心建设和管理等方面的志愿服务工作。志愿者服务期满后，鼓励其扎根基层，或者自主择业和流动就业。

三、政策支持

参加大学生志愿服务西部计划的志愿者除享受国家规定的高校毕业生就业优惠政策外，给予以下政策支持:

1. 服务期间，享受一定的生活补贴(含交通补贴和人身意外伤害、住院医疗保险)。

2. 服务期间，计算工龄，党团关系转至服务单位。本人要求户口和档案保留在学校的，按规定保留两年，在此期间，档案管理机构对保管其档案免收服务费用；本人要求将户口转回入学前户籍所在地的，公安机关按照规定为其办理落户手续，人事、教育部门所属人才交流机构负责办理相关手续，人事部门所属人才交流服务机构免费提供人事代理服务。服务期满落实工作单位后，公安机关按有关规定办理户口迁移手续。

3. 服务期间，可兼职或专职担任所在乡镇团委副书记、学校及其他服务单位的管理职务。

4. 服务期满考核合格的，报考研究生给予加分，在同等条件下，优先录取，具体规定在当年的研究生招生政策中予以明确。

5. 服务期满考核合格报考党政机关公务员的，可适当加分，同等条件下，应优先录用，具体规定由省级公务员考试录用主管机关在当年招考中予以明确。

6. 服务期满，对志愿者作出鉴定，存入本人档案；考核合格的，颁发证书，作为志愿者服务经历和就业、创业的证明。

7. 服务单位应向志愿者提供住宿等必要的生活条件；在录用党政机关公务员和新增国有企事业单位专业技术人员、管理人员时优先录用、招聘志愿者。

8. 服务期为1年、服务期满考核合格的，授予中国青年志愿服务铜奖奖章。服务期为2年、服务期满考核合格的，授予中国青年志愿服务银奖奖章，表现优秀的授予中国青年志愿服务金奖奖章，表现特别优秀的推荐参加中国青年五四奖章、中国十大杰出青年、中国十大杰出青年志愿者、国际青少年消除贫困奖等评选。

鼓励各高校和社会各方面对高校毕业生的工作、生活、学习、就业和创业提供帮助和支持。

四、组织机构

1. 共青团中央、教育部联合成立全国大学生志愿服务西部计划领导小组和项目管理办公室，负责这项工作的总体规划、协调和指导。

2. 各省、区、市团委、教育厅（教委）要相应联合成立省、区、市领导小组和项目管理办公室，负责本省这项工作的协调组织；服务省项目管理办公室同时要负责志愿者的培训及协调指导服务县项目管理办公室的工作。

3. 各高校要加强领导。高校团委和毕业生就业指导中心要联合成立学校项目管理办公室，主要负责志愿者招募的具体工作。高校毕业生参加这项计划，可列入学校该年度就业率统计。

4. 各服务县要成立县领导小组，县团委、教育局及有关部门要联合成立县项目管理办公室，主要负责协调指导服务单位工作和对志愿者进行日常管理。服务单位负责落实工作岗位，提供免费住宿等相关保障，并对志愿者的工作进行业务管理。

各级项目管理办公室设在团组织，具体负责日常工作。

五、工作要求

各级团组织、教育部门要密切配合、形成合力，精心组织、狠抓落实，以项目运作的方式扎实推进这项工作。各级财政、人事部门要给予积极支持。

1. 加强领导。加强项目领导机构和项目管理机制的建设，明晰职责、相互支持，加强沟通、紧密合作，保障计划的顺利实施。

2. 广泛动员。要唱响“到西部去”的时代强音，以报效祖国、服务人民的崇高理想感召和动员大学毕业生自觉选择到基层、到艰苦环境中锻炼成才，同人民紧密结合、为祖国奉献青春。

3. 按需选拔。要在面向全国公开招募、自愿报名的基础上，根据西部贫困地区的需求，选拔思想过硬、品学兼优、具有较强奉献精神的毕业生参加这项计划，尤其要鼓励西部高校和农业、林业、水利、医学、师范类专业的毕业生参与，对入学前户籍所在地在西部地区的毕业生要优先选拔。

4. 搞好服务。要为志愿者安排好服务岗位，提供必要的工作和生活条件；积极协调有关部门、有关单位，落实相关保障政策，努力为志愿者服务期满后升学、就业以及创业等创造有利条件。

5. 严格管理。各服务地区、服务单位要切实负起责任，加强对志愿者培训和日常管理，关心大学生志愿者的生活和安全，确保这项计划规范、有序地实施。同时，要加强项目资金管理，严格做到专款专用，提高资金使用效率。

有条件的省、区、市可实施地方性项目，纳入全国项目的表彰范围，志愿者享受同等政策待遇。

附件：全国大学生志愿服务西部计划领导小组名单（略）

共青团中央
教育部
财政部人事部
二○○三年六月八日

关于印发《培养少数民族高层次骨干人才计划的实施方案》的通知

教民〔2005〕11号

各省、自治区、直辖市教育厅（教委）、发改委（计委）、财政厅（局）、民（宗）委（厅、局）、人事厅（局），新疆生产建设兵团教育局，有关部门（单位）教育司（局），教育部部属各高等学校：

根据《教育部　国家发展改革委　国家民委　财政部　人事部关于大力培养少数民族高层次骨干人才的意见》（教民〔2004〕5号）精神，制定了《培养少数民族高层次骨干人才计划的实施方案》，现印发给你们，请认真贯彻执行。

教育部　发展改革委
国家民委　财政部
人事部
二〇〇五年六月十日

培养少数民族高层次骨干人才计划的实施方案

根据《国务院关于深化改革加快发展民族教育的决定》的有关精神和《教育部、国家发展改革委、国家民委、财政部、人事部关于大力培养少数民族高层次骨干人才的意见》（教民〔2004〕5号）（以下简称《意见》）的要求，为确保少数民族高层次骨干人才培养计划（简称《民族骨干人才计划》）的顺利实施，保证教育质量，不断提高培养工作的社会效益，促进西部大开发和我国各民族的共同发展繁荣，特制订本方案。

一、指导思想和目标要求

以邓小平理论和“三个代表”重要思想为指导，全面贯彻党的教育方针和民族政策，落实《中共中央国务院关于进一步加强人才工作的决定》、《国务院关于深化改革加快发展民族教育的决定》和第五次全国民族教育工作会议精神，充分认识少数民族高层次骨干人才培养工作在促进民族地区经济社会发展、增强民族团结和维护国家统一中的战略作用。努力培养造就一大批坚定地拥护党的领导和社会主义制度、坚定地维护民族团结和国家统一、为西部大开发和民族地区的发展乐于奉献、具有较高科学人文素质和创新能力的少数民族高层次骨干人才；逐步缓解和扭转西部和民族地区少数民族高层次人才匮乏的状况，改善少数民族人才的层次结构，提升少数民族人才存量的综合水平，为我国民族团结进步事业和全面建设小康社会伟大目标的实现提供强有力的人才和智力支撑。

二、培养任务、主要措施和计划管理

（一）2006年度的招生规模为2500人，其中博士生500人，硕士生2000人；到2007年度招生规模为5000人，其中博士生1000人，硕士生4000人。

（二）少数民族高层次骨干人才的培养任务主要由国家部委所属重点高等学校和有关科研院（所）承担和组织实施。按照“定向招生、定向培养、定向就业”的要求，采取“自愿报考、统一考试、适当降分、单独统一划线”等特殊措施招收学生。

（三）被录取的少数民族硕士研究生先在基础培训点集中进行一年的强化基础培训，重点补修英语、大学语文（汉语）、计算机、高等数学等基础知识，兼顾其他专业理论知识，以及加强马克思主义民族和宗教理论

的学习。基础培训结束经考核合格者，转入招生学校硕士阶段研究生课程教学。

三、招生范围、招生计划和经费

（一）招生范围。主要面向西部12个省、自治区、直辖市和新疆生产建设兵团招生，兼顾享受西部政策待遇的民族自治地方和需要特别支持的少数民族散杂居地区以及内地西藏班、内地新疆高中班、民族院校、高校少数民族预科培养基地和少数民族硕士基础培训基地的教师和管理人才的培养，重点确保上述地区和单位教育、科技、医学和特色文化艺术、信息技术以及经济、公共事业管理等领域对少数民族高层次人才的需要。

（二）招生计划。本方案的招生计划属于国家定向培养计划，纳入招生单位总规模。根据少数民族和西部地区对人才的需求，教育部单独下达指导性定向培养专项招生计划。

招生计划的投放，按各省、自治区、直辖市少数民族人口总数确定招生计划的投放比例；同时，兼顾国家重点扶持的民族地区的特殊需要。在考生综合素质达到基本要求的前提下，各有关招生单位按各少数民族在当地民族总人口中的比例安排复试和录取。汉族考生占各有关省、自治区、直辖市招生总数的10%。定向省区合格考生不足时，将招生名额调剂到其他有需求的省区按规定录取合格考生。

（三）生源地区要根据当地国民经济和社会发展需要，制定2006—2010年少数民族高层次骨干人才需求第一期规划和年度培养计划。每年8月底前将下一年度的招生建议计划、专业安排等报教育部。由教育部牵头商有关培养单位落实招生任务，编制招生计划方案，商国家发改委和财政部，纳入年度中央级部属高校研究生招生计划，单独下达管理。各有关学校和单位根据国家下达的招生计划做好年度招生工作，于每年6月将招生计划的落实和招生录取的情况报教育部。

（四）培养经费。硕士研究生（四年）和博士研究生的经费按国家统一标准由国家财政核拨，其中硕士基础培训阶段的经费核拨到承担基础培训任务的高校和单位；硕士、博士生攻读学位阶段的经费按标准核拨到培养学校；中国科学院、中国社会科学院和中国农业科学院承担培养任务所需经费，按标准从现行财政渠道解决。生源地区和定向单位对家庭经济困难学生给予适当的学习和生活费补助。

四、报考条件

（一）拥护中国共产党的领导，拥护社会主义制度，维护国家统一和民族团结。

（二）具有国民教育序列普通高等教育本科和硕士研究生学历的少数民族在职和非在职（具有上述学历还未就业的应届、往届毕业生，下同）人员。非在职人员的招生比例要占招生计划总数的50%以上。

（三）品学兼优，汉语文、外语和民族语文成绩根据学科、专业要求达到一定标准和要求。

（四）报考硕士研究生年龄不超过40周岁，报考博士研究生年龄不超过45周岁。

（五）毕业后保证按定向培养协议到定向地区或单位就业。

五、考试和录取

（一）硕士研究生参加全国研究生统一招生考试，民族语文或汉语文及专业考试科目由招生学校和单位自行确定并组织命题；报考博士研究生的考试科目和考试时间由招生学校和单位自行确定。招生单位对符合国家确定的基本要求分数的考生实行差额复试。

（二）在职考生，由拟录考生与报考学校、所在单位或者隶属的上一级主管部门签订“定向培养”协议书，非在职考生的录取，由拟录考生与报考学校、省级教育行政部门签订“定向培养”协议书后方可录取。优先录取在学术、科研、教学等领域有突出贡献或在民族医药、民族文化艺术等有一定造诣的考生，优先录取兼通民族语文的汉族考生。未签订“定向培养”协议书者，培养学校和单位不予录取。录取名单要在招生单位以适当形式公示。

（三）各招生学校和单位按照教育部制定的当年招生工作的要求组织招生录取工作。被录取的博士研究生由培养学校和单位发录取通知书，按期入学就读；被录取的硕士研究生由培养学校和单位发录取通知书，学生持录取通知书到基础培训点进行一年的强化基础培训。

（四）各相关部门要积极配合，按职责分工组织实施和管理。省级教育行政部门主管民族教育的处（室）

会同相关处（室）进行招生计划的申报、提出各民族录取比例的建议，负责考生民族身份的审核、定向培养协议的组织签订、对本地区定向生的协助管理等。招生考试工作由教育招生部门和有关高校负责组织实施，各有关部门按职责给予必要的支持和配合。

六、毕业生就业

研究生毕业后，在职人员回定向单位工作；非在职人员按定向协议回定向地区就业，也可以由生源地区在本地区调剂就业。硕士服务期为5年，博士服务期为8年（内地西藏班、内地新疆高中班、高校少数民族预科培养基地和民族硕士基础培训基地的教师和管理人员参加本计划学习毕业的，硕士服务期为8年，博士服务期为12年）。毕业生不按协议就业者，要支付培养成本和违约金。违约金的具体标准、支付方式等另行规定。

七、教学、培养工作的要求

（一）少数民族研究生教学、培养工作的基本要求是大力加强基础，全面提高科学和人文素养，重点增强实践能力，着力提高科研和创新能力，为使其在西部大开发和民族地区社会主义现代化建设事业中发挥骨干带头作用打下坚实的基础。基础强化培训阶段，重点是强基固本，强化规定课程的教学和培养，使学生的基础综合水平接近或者达到攻读硕士研究生课程的基本要求；博士、硕士研究生课程教学阶段，在大力加强专业理论教学的同时，要高度重视和重点加强学生的实践能力、科研能力和创新能力的培养。培养学校和单位要多为学生创造实践教学和课题研究的机会和条件，选配优秀的专家、教授担任导师和授课，确保教育、教学质量。在基础强化培训、硕士、博士课程学习阶段，都要对学生加强政治思想和马克思主义民族宗教理论政策的教育。根据国家有关法律，宗教不得干预国民教育。培养学校和单位要采取有效措施防止宗教和邪教对培养工作的干扰；学生不得从事任何宗教活动。

（二）党和国家采取特殊措施培养少数民族高层次骨干人才，是一项意义深远的政治任务。各民族学生要有高度的使命感和责任感，发奋图强，刻苦研读，完成规定的学习任务。弘扬爱国主义精神，始终维护民族团结和国家统一，提高道德和人文修养，遵纪守法，诚信待人、处事，为西部大开发和民族地区繁荣发展做出自己应有的贡献。

八、职责和管理

（一）教育部和国家民委负责对少数民族高层次骨干人才培养计划宏观政策的制订协调。教育部负责培养计划的协调和制定招生、教学、管理以及有关政策措施，组织招生录取工作，并检查督促执行情况；协调解决办学中出现的重大问题；组织评估办学情况，总结交流经验，表彰先进等。国家民委负责提出有关政策性建议；督促检查党的民族政策的贯彻落实情况；协调和协助解决涉及民族宗教等方面的特殊性问题。

（二）承担培养任务的中央部委所属院校和有关科研院（所）在主管部门的领导下，根据国家下达的年度招生计划，负责考生报名、考试和招生录取工作；负责博士、硕士阶段的常规管理、教学和毕业生派遣工作；对基础强化培训基地教学、管理等提出建议。基础强化培训基地负责基础强化培训阶段的管理、教学和结业考核等项工作。

（三）学生的学籍、后勤、生活等管理和其他工作要严格执行教育部关于研究生管理工作的有关规定和学校各项规章制度，做到统一管理，统一要求。培养学校和单位要根据国家的有关政策，并按少数民族学生生活习惯的要求，严格按规定办好清真餐饮。

（四）生源地区省级教育行政部门负责会同组织、人事、科技等部门每年向全社会发布教育、科技、经济等领域人才需求信息，引导优秀考生报考《民族骨干人才计划》研究生；在此基础上制定人才需求规划和提出年度培养需求计划；加强与当地组织人事部门、用人单位以及教育部的联系与协调等有关工作；协助学校和有关单位做好本地区生源管理等方面的特殊性工作；协调财政部门落实按规定由生源地区财政对学生的补助经费；负责组织和协调签订定向培养、就业协议等工作；配合做好招生、录取等工作；对招生、培养工作提出建议。

九、加强监督管理

（一）生源地区省级教育行政部门、招生部门和招生学校及单位要认真履行自己的职责，严格按本方案、年度招生计划和工作要求落实招生任务，并按规定的标准和条件录取新生。接受纪检部门和社会的广泛监督。

（二）被录取考生未按规定签订定向协议的、冒名顶替少数民族的、考试作弊的、不按规定程序录取的，一经查实，无论在基础培训和研究生学习阶段，都要取消学籍，退回生源地区，两年内不得参加《民族骨干人才计划》的报考。对直接责任者要给予相应处罚。

（三）如定向省区和单位不能按协议为合格的毕业生提供就业机会的，扣减该省区下1年的招生计划。

十、其他有关要求

（一）培养学校和单位要把培养少数民族高层次骨干人才作为一项光荣而艰巨的政治任务加以高度重视。在培养工作中，要全面贯彻党和国家的教育方针和民族政策，认真贯彻落实《意见》和本方案。按培养目标的要求，严格执行教学计划，培养出政治上合格，业务上过硬的各民族人才。

（二）西部和各民族地区党政部门要高度重视少数民族高层次骨干人才培养、使用工作，按学以致用的要求，为他们创造必要的生活、工作条件，力求避免人才浪费和闲置。

新疆等西部地区少数民族科技骨干特殊培养工作实施方案，由人事部牵头另行制定。

教育部　财政部　人事部　中央编办关于实施农村义务教育阶段学校教师特设岗位计划的通知

教师〔2006〕2号

内蒙古、湖北、广西、海南、重庆、四川、贵州、云南、陕西、甘肃、宁夏、新疆、青海省（自治区、直辖市）教育厅（教委）、财政厅（局）、人事厅（局）、编办，新疆生产建设兵团教育局、财务局、人事局、编办：

为贯彻落实党的十六届五中全会精神，进一步加强农村教师队伍建设，促进义务教育均衡发展，根据《中共中央国务院关于推进社会主义新农村建设的若干意见》（中发〔2006〕1号）和《中共中央办公厅　国务院办公厅印发〈关于引导和鼓励高校毕业生面向基层就业的意见〉的通知》（中办发〔2005〕18号）精神，经研究，决定实施农村义务教育阶段学校教师特设岗位计划（以下简称“计划”）。通过公开招募高校毕业生到西部“两基”攻坚县县以下农村义务教育阶段学校任教，引导和鼓励高校毕业生从事农村教育工作，逐步解决农村师资总量不足和结构不合理等问题，提高农村教师队伍的整体素质。

实施“计划”，是创新教师补充机制，吸引高学历人才从事农村义务教育的重要改革；是扩大高校毕业生就业渠道，促进青年人才健康成长的有效途径；是巩固“两基”攻坚成果，完善农村义务教育保障机制的必然要求；是提高农村教育质量，促进社会主义新农村建设的有效措施。各级有关部门要充分认识实施这一计划的重大意义和作用。

为妥善实施好“计划”，各级有关部门要高度重视，加强领导，结合本地实际，研究制订具体实施办法。各有关部门要明确职责，密切配合，共同努力。省级教育行政部门要结合本地实际，将特设岗位落实到受援学校，并认真做好教师招聘、岗前培训、跟踪服务和评估等各项工作。省级财政部门要负责统筹协调特设岗位的经费保障，落实资金，规范管理。机构编制部门要加强中小学编制工作的监督、检查。省级人事部门要积极推动和支持中小学人事制度改革，并按照事业单位人员公开招聘的要求，会同教育行政部门共同做好教师招聘工作。设置特设岗位县的县级有关部门，要为特设岗位教师提供周转宿舍及其他必要生活条件。

当前2006届高校毕业生毕业在即，请各地按照《农村义务教育阶段学校教师特设岗位计划实施方案》（见附件）的要求，抓紧做好各项工作，并加大宣传力度，认真做好特设岗位教师招聘等工作，切实将工作做实、做细，务求开好局、起好步，确保按计划招聘的特设岗位教师，于2006年秋季开学前准时到校任教。

当前，实施“计划”时间紧，任务重，各地各有关部门必须高度重视，精心组织，认真落实，确保各项目标如期实现。并请将实施过程中的新情况和新问题及时向教育部、财政部等相关部门报告请示。

联系人：

教育部师范教育司　葛振江，电话：66096556，传真：66020522，E-mail：gezhj@moe.edu.cn。

财政部教科文司　胡成玉，电话：68551208，传真：68551232，E-mail：mofjyc1342@yahoo.com.cn。

附件：农村义务教育阶段学校教师特设岗位计划实施方案

教育部　财政部　人事部　中央编办

二〇〇六年五月十五日

附件

农村义务教育阶段学校教师特设岗位计划实施方案

为贯彻落实《中共中央　国务院关于推进社会主义新农村建设的若干意见》（中发〔2006〕1号）和《中共中央办公厅　国务院办公厅印发〈关于引导和鼓励高校毕业生面向基层就业的意见〉的通知》（中办发

〔2005〕18号)精神，积极稳妥地实施农村义务教育阶段学校教师特设岗位计划(以下简称“计划”)，特制定如下方案。

一、“计划”的目标和任务

1. 通过公开招聘高校毕业生到西部地区“两基”攻坚县县以下农村学校任教，引导和鼓励高校毕业生从事农村义务教育工作，创新农村学校教师的补充机制，逐步解决农村学校师资总量不足和结构不合理等问题，提高农村教师队伍的整体素质。

2. 从2006年起，用5年的时间实施。特设岗位教师聘期3年。

二、“计划”的实施范围和资金安排

3.“计划”的实施范围以国家西部地区“两基”攻坚县为主(含新疆生产建设兵团的部分团场)，包括纳入国家西部开发计划的部分中部省份的少数民族自治州，适当兼顾西部地区一些有特殊困难的边境县、少数民族自治县和少小民族县。

相关省(自治区、直辖市)在安排特设岗位时，要注意重点向藏区、“双语教学”区、少小民族聚居区倾斜。

4.“计划”所需资金由中央和地方财政共同承担，以中央财政为主。

中央财政设立专项资金，用于特设岗位教师的工资性支出，并按人均年1.5万元的标准，与地方财政据实结算。特设岗位教师在聘任期间，执行国家统一的工资制度和标准；其他津贴补贴由各地根据当地同等条件公办教师年收入水平和中央补助水平综合确定。凡特设岗位教师工资性年收入水平高于1.5万元的，高出部分由地方政府承担。

省级财政负责统筹落实资金，用于解决特设岗位教师的地方性补贴、必要的交通补助、体检费和按规定纳入当地社会保障体系，享受相应的社会保障待遇(政府不安排商业保险)应缴纳的相关费用，以及特设岗位教师岗前集中培训和招聘的相关工作等费用。

三、“计划”的实施原则和步骤

5. 事权不变，创新机制。“计划”是中央对西部农村贫困和边远地区解决教师问题的支持，不改变事权划分。纳入“计划”的县(市)，必须是教师总体缺编、结构性矛盾突出，财力比较困难，但工作基础好、积极性高的县(市)，“计划”实施期内不得再以其他方式补充新教师。

各相关省(自治区、直辖市)要在核定的编制总额内招聘特设岗位教师。

6. 中央统筹，地方实施。教育部、财政部牵头制订总体规划和年度计划，提出特设岗位教师总量指导性意见。相关省(自治区、直辖市)要研究制订实施“计划”的具体政策和落实办法，并精心组织实施。受援县(市)负责教师的日常管理和考核，并向省级有关部门报告。

7. 相对集中，成组配置。特设岗位教师的安排应注意结合当地实际需求，按照学科结构，科学搭配。岗位的设置要相对集中，避免过于分散。一般在1个县(市)安排100个左右，1所学校安排3—5人。

8. 侧重初中，兼顾小学。特设岗位教师原则上安排在县以下农村初中，适当兼顾乡镇中心学校。人口较少的边境县、少数民族自治县和少小民族县可安排在农村生源占60%左右的县城学校。

9. 先行试点，逐步扩大。“计划”的实施采取先试点，后推开的办法。2006年拟安排2-3万个特设岗位教师。相关省(自治区、直辖市)要精心选择部分教师紧缺、工作基础好的“两基”攻坚县作为试点县，并认真抓好试点工作。

2007年至2010年在不断总结试点工作的基础上，根据中小学生数量变动情况，每年另行确定招聘人数。中央财政视实际招聘人数据实核定经费。

四、特设岗位教师的招聘

10. 特设岗位教师实行公开招聘，合同管理。合同中应详细明确规定用人单位和应聘人员双方的权利和义务。

11. 招聘工作由省级教育、人事、财政、编办等相关部门共同负责，遵循“公开、公平、自愿、择优”和“三定”（定县、定校、定岗）原则，按下列程序进行：（1）公布需求。（2）自愿报名。（3）资格审查。（4）考试考核。（5）集中培训。（6）资格认定。（7）签订合同。（8）上岗任教。

招聘可采取组织专场招聘会、网上招聘会、组织设岗所在地有关部门到高校招聘等多种方式进行。

12. 招聘对象和条件：

（1）以高等师范院校和其他全日制普通高校应届本科毕业生为主，可招少量应届师范类专业专科毕业生。

（2）取得教师资格，具有一定教育教学实践经验，年龄在30岁以下的全日制普通高校往届本科毕业生。

（3）参加过“大学生志愿服务西部计划”、有从教经历的志愿者和参加过半年以上实习支教的师范院校毕业生同等条件下优先。

（4）报名者应同时符合教师资格条件要求和招聘岗位要求。

五、“计划”的相关保障政策

13. 特设岗位教师享受《中共中央办公厅　国务院办公厅印发〈关于引导和鼓励高校毕业生面向基层就业的意见〉的通知》（中办发〔2005〕18号）和人事部等部门《关于组织开展高校毕业生到农村基层从事支教、支农、支医和扶贫工作的通知》（国人部发〔2006〕16号）规定的各项优惠政策。相关省（自治区、直辖市）负责制定具体落实政策和措施。

14.“计划”的实施可与“农村学校教育硕士师资培养计划”相结合。符合相应条件要求的特设岗位教师，可按规定推荐免试攻读教育硕士。特设岗位教师3年聘期视同“农村学校教育硕士师资培养计划”要求的3年基层教学实践。

15. 特设岗位教师在聘期内，由地方教育行政部门对其进行跟踪评估。对成绩突出、表现优秀的，给予表彰；对不按合同要求履行义务的，要及时进行批评教育，督促改正；对不适合继续在教师岗位工作的，应及时将其调整出教师队伍并相应取消其享受的相关政策优惠。

16. 相关省（自治区、直辖市）要研究制定政策措施，鼓励特设岗位教师在3年聘期结束后，继续扎根基层从事农村教育事业。对自愿留在本地学校的，要负责落实工作岗位，将其工资发放纳入当地财政统发范围，保证其享受当地教师同等待遇。

实施“计划”的地区要进一步创新教师补充机制，今后城市、县镇学校教师岗位空缺需补充人员时，应优先聘用特设岗位教师。

对重新择业的，各地要为其重新选择工作岗位提供方便条件和必要的帮助。

西部地区相关省（自治区、直辖市）在实施“计划”的同时，要研究制订具体可行办法，将“计划”的实施与大力推进城镇教师支援农村教育、积极稳妥地处理好代课人员问题等工作有机结合起来。

六、其他有关事宜

17. 聘任期间，特设岗位教师户口和档案关系的管理，由省级人民政府根据当地实际情况确定。档案关系原则上统一转至工作学校所在地的县级政府教师人事档案管理部门。

18. 各受援县（市）和学校，要为特设岗位教师提供相应的周转住房和必要的生活条件。

19. 西部地区相关省（自治区、直辖市）应按照本实施方案的要求，结合各地实际，制订具体实施细则，报教育部、财政部备案。

20. 本方案由教育部、财政部负责解释。

关于印发《关于选聘高校毕业生到村任职工作的意见（试行）》的通知

各省、自治区、直辖市党委组织部、政府教育、财政、人事、劳动和社会保障厅（局），部分中央和国家机关、人民团体组织人事部门，新疆生产建设兵团党委组织部、教育、财务、人事、劳动和社会保障部门，部分高等学校党委：

经中央领导同志同意，现将《关于选聘高校毕业生到村任职工作的意见（试行）》印发给你们，请结合实际，认真抓好贯彻落实。

中共中央组织部
教育部
财政部
人力资源和社会保障部
2008年4月10日

关于选聘高校毕业生到村任职工作的意见（试行）

为加强农村基层组织建设，培养有知识、有文化的新农村建设带头人；培养具有坚定理想信念和奉献精神，对人民群众有深厚感情的党政干部后备人才，形成来自基层和生产一线的党政干部培养链；引导高校毕业生转变就业观念，面向基层就业，建设社会主义新农村、实现全面建设小康社会宏伟目标提供人才支持和组织保证，决定在全国范围内开展选聘高校毕业生到村任职工作。现就做好这项工作提出如下意见：

一、选聘数量和名额分配

选聘高校毕业生到村任职工作从2008年开始，连续选聘5年。选聘数量为10万名，每年选聘2万名。各省（区、市）和新疆生产建设兵团的选聘名额，由各地结合实际提出选聘计划，报中央组织部统筹研究后具体下达。

二、选聘对象、条件和程序

选聘对象为30岁以下应届和往届毕业的全日制普通高校专科以上学历的毕业生，重点是应届毕业和毕业1至2年的本科生、研究生，原则上为中共党员（含预备党员），非中共党员的优秀团干部、优秀学生干部也可以选聘。选聘的基本条件是：（1）思想政治素质好，作风踏实，吃苦耐劳，组织纪律观念强。（2）学习成绩良好，具备一定的组织协调能力。（3）自愿到农村基层工作。（4）身体健康。

参加人力资源和社会保障部、团中央等部门组织的到农村基层服务的“三支一扶”“志愿服务西部计划”等活动期满的高校毕业生，本人自愿且具备选聘条件的，经组织推荐可作为选聘对象。对于各省（区、市）此前已经选聘到村任职的高校毕业生，本人自愿，通过组织考察推荐，可转为选聘对象。

选聘工作要坚持公开、平等、竞争、择优和德才兼备的原则，一般通过个人报名、资格审查、组织考察、体检、公示、决定聘用、培训上岗等程序进行。

三、选聘任职

选聘的高校毕业生是中共正式党员的，一般安排担任村党委组织书记助理职务；是中共预备党员的或非中共党员的，一般安排担任村委会主任助理职务；是共青团员的，可安排兼任村团组织书记、副书记职务。经过一段时间的实际工作、被大多数党员和群众认可的，可通过推荐参加选举担任村党组织书记、副书记等职务。

四、待遇和保障政策

选聘到村任职的高校毕业生，享受以下政策待遇。

（1）比照本地乡镇从高校毕业生中新录用公务员试用期满后工资水平确定工作、生活补贴标准，在艰苦边远地区工作的，按规定发放艰苦边远地区津贴，补贴、津贴按月发放；参加养老社会保险。

（2）在村任职期间，办理医疗、人身意外伤害商业保险。

（3）符合国家助学贷款代偿政策规定、聘期考核合格的，其在校期间的国家助学贷款本息由国家代为偿还。

（4）在村任职2年以上，具备“选调生”条件和资格的，经组织推荐，可参加选调生统一招考。

（5）在村任职2年后报考党政机关公务员的，享受放宽报名条件、增加分数等优惠政策，同等条件下优先录用。县乡机关公务员应重点从选聘到村任职的高校毕业生中招录。

（6）聘期工作表现良好、考核合格的，报考研究生享受增加分数等优惠政策，在同等条件下优先录取。

（7）被党政机关或企事业单位正式录用（聘用）后，在村任职工作时间可计算工龄、社会保险缴费年限。

（8）到西部和艰苦地区农村任职的，户口可留在现户籍所在地。

各地可根据《关于引导和鼓励高校毕业生面向基层就业的意见》（中办发〔2005〕18号）精神和上述政策规定，结合本地实际，细化选聘高校毕业生到村任职工作的有关规定。

五、管理及服务

（1）选聘到村任职的高校毕业生为“村级组织特设岗位”人员，系非公务员身份，工作管理及考核比照公务员的有关规定进行，由乡镇党委、政府负责；人事档案由县委组织部门管理或县级人事部门所属人才服务机构免费代理，党团关系转至所在村。工作期间，县级组织人事部门与高校毕业生签订聘任合同，合同中要明确各自遵守的条文。

（2）选聘的高校毕业生在村工作期限一般为2—3年。工作期满后，经组织考核合格、本人自愿的，可继续聘任。不再续聘的、引导和鼓励其就业、创业。

（3）要组织开展到村任职高校毕业生的岗前培训和岗位培训，内容主要是农村工作的基本知识和有关政策规定，也可组织他们到本地先进村进行短期考察见习，掌握做好农村基层工作的基本方法。

（4）乡镇党委、政府要安排好选聘到村任职高校毕业生的食宿及日常生活，为他们开展工作创造条件、提供方便。到村任职的高校毕业生可安排住在村级组织活动场所。

（5）选聘到村任职的高校毕业生聘用期间必须在村里工作，乡镇以上机关及其他单位均不得借调使用。

六、财政补贴

对选聘到村任职的高校毕业生给予一定补贴。补贴主要用于到村任职高校毕业生的工作、生活补助和享受保障待遇应缴纳的相关费用等。补贴资金由中央财政和地方财政共同承担。中央财政补贴西部地区的费用按人均每年1.5万元的标准拨付，补贴中部地区的费用按人均每年1万元的标准拨付，补贴东部地区的费用按人均每年0.5万元的标准拨付。不足部分由地方财政承担。

对选聘到村任职的高校毕业生，中央财政按人均2000元的标准发放一次性安置费。

中央财政补贴资金通过财政部门下拨各地。

七、组织实施

选聘高校毕业生到村任职工作的宏观指导由中央组织部牵头，会同中农办、教育部、公安部、民政部、财政部、人力资源和社会保障部、农业部、国家林业局、国务院扶贫办、团中央共同组织开展。各地的选聘工作由省（区、市）党委、政府组织人事部门负责组织，要重点把好选聘“入口”关，抓好政策待遇的落实、搞好服务保障工作，切实为选聘到村任职高校毕业生干事创业、发挥作用创作良好的环境和条件。各省（区、市）可根据本《意见》精神，结合本地实际，制定《选聘高校毕业生到村任职工作实施细则》。各级各有关部门要注重做好宣传动员工作，为高校毕业生到村任职营造良好的舆论氛围。要坚持高校毕业生自觉自愿的原则，不硬性分配，不追求数量，确保质量，讲求实效。各地实施的情况报中央组织部备案。

各地可结合选聘高校毕业生到村任职工作，有计划地选派省、市、县机关年轻干部到村任职或挂职。对选派下村的干部也应给予适当补贴。各地在做好选聘高校毕业生到村任职工作的同时，要加强对农村现有人才的培养和使用，充分发挥农村高校和中等职业学校毕业生、复退军人、回乡务工经商人员等在建设社会主义新农村的作用；要进一步建立健全本地农村基层干部的激励保障机制，逐步提高村干部的报酬待遇，逐步建立和完善村干部养老保险、医疗保险、离职补偿等制度，逐步解除他们的后顾之忧，进一步调动他们的工作积极性。

各省（区、市）在做好选聘高校毕业生到村任职工作的同时，要继续鼓励和引导大学生志愿服务西部和基层，参加支农、支教、支医和扶贫等工作，充分发挥他们在推进社会主义新农村建设中的作用。

国务院办公厅转发人力资源社会保障部等部门关于促进以创业带动就业工作指导意见的通知

国办发〔2008〕111号

各省、自治区、直辖市人民政府，国务院各部委、各直属机构：

人力资源社会保障部、发展改革委、教育部、工业和信息化部、财政部、国土资源部、住房城乡建设部、商务部、人民银行、税务总局、工商总局《关于促进以创业带动就业工作的指导意见》已经国务院同意，现转发给你们，请认真贯彻执行。

国务院办公厅

二〇〇八年九月二十六日

关于促进以创业带动就业工作的指导意见

人力资源社会保障部　发展改革委　教育部

工业和信息化部　财政部　国土资源部　住房城乡建设部

商务部　人民银行　税务总局　工商总局

为贯彻落实党的十七大提出的“实施扩大就业的发展战略，促进以创业带动就业”的总体部署，全面实施《中华人民共和国就业促进法》的有关规定，现就促进以创业带动就业工作提出以下指导意见：

一、统一思想认识，明确目标任务

（一）统一思想认识。创业是劳动者通过自主创办生产服务项目、企业或从事个体经营实现市场就业的重要形式。劳动者通过创业，在实现自身就业的同时，吸纳带动更多劳动者就业，促进了社会就业的增加。当前及今后一个时期，我国就业形势依然严峻，促进以创业带动就业，有利于发挥创业的就业倍增效应，对缓解就业压力具有重要的现实意义。以创业带动就业工作是实施扩大就业发展战略的重要内容，是新时期实施积极就业政策的重要任务。各地区、各有关部门要高度重视，通过政策支持和服务保障，优化创业环境，鼓励和扶持更多劳动者成为创业者。

（二）明确指导思想。各地区、各有关部门要深入贯彻落实科学发展观，按照构建社会主义和谐社会的总体要求，解放思想，改革创新，着眼于经济社会发展全局，从创业意识、创业能力和创业环境着手，逐步形成以创业带动就业的工作新格局。坚持政府促进、社会支持、市场导向、自主创业的基本原则，强化创业服务和创业培训，改善创业环境，加快形成政策扶持、创业培训、创业服务“三位一体”的工作机制，不断激发劳动者的创业激情，增强创业意识，鼓励更多的城乡劳动者通过自主创业实现就业。

（三）突出工作重点。各地区、各有关部门要紧密结合地方的优势产业、特色经济，确定鼓励创业的产业指导目录，制定扶持政策，鼓励创业者进入国家和地方优先和重点发展的科技型、资源综合利用型、劳动密集型、农副产品加工型、贸易促进型、社区服务型、建筑劳务型和信息服务型等产业或行业。鼓励和支持个体私营等非公有制经济和中小企业发展，扩大创业领域。重点指导和促进高校毕业生、失业人员和返乡农民工创业。积极采取措施促进军队复员转业人员、留学回国人员等创业。力争用3到5年的时间，实现劳动者创业人数和通过创业带动就业人数的大幅增加，基本形成促进以创业带动就业的政策体系，使更多有创业意愿和创业能力的劳动者成功创业。

二、完善扶持政策，改善创业环境

（四）放宽市场准入。加快清理和消除阻碍创业的各种行业性、地区性、经营性壁垒。法律、法规未禁止的行业和领域向各类创业主体开放，国家有限制条件和标准的行业和领域平等对待各类创业主体。在法律、法规规定许可的范围内，对初创企业，可按照行业特点，合理设置资金、人员等准入条件，并允许注册资金分期到位。按照法律、法规规定的条件、程序和合同约定允许创业者将家庭住所、租借房、临时商业用房等作为创业经营场所。扩大政府采购范围，制定促进小企业发展的政府采购优惠政策。各地区、各有关部门可根据实际情况，适当放宽高校毕业生、失业人员以及返乡农民工创业的市场准入条件。

（五）改善行政管理。全面实行收费公示制度和企业交费登记卡制度，禁止任何部门、单位和个人干预创业企业的正常经营，严格制止乱收费、乱摊派、乱罚款、乱检查、乱培训行为。进一步清理和规范涉及创业的行政审批事项，简化立项、审批和办证手续，公布各项行政审批、核准、备案事项和办事指南，推行联合审批、一站式服务、限时办结和承诺服务等，开辟创业“绿色通道”。依法保护创业者的合法私有财产，对严重侵犯创业者或其所创办实体合法权益的违法行为，有关部门要依法查处。对创业者提出的行政复议申请，政府部门要及时受理，公平对待，限时答复。登记失业人员、残疾人、退役士兵，以及毕业2年以内的普通高校毕业生从事个体经营的，要按有关规定，自其在工商部门首次注册登记之日起3年内，免收管理类、登记类和证照类等有关行政事业性收费。

（六）强化政策扶持。全面落实有利于劳动者创业的税收优惠、小额担保贷款、资金补贴、场地安排等扶持政策，促进中小企业和个体私营等非公有制经济发展，扶持劳动者创业。从实际出发，建立健全促进以创业带动就业的政策措施，细化操作办法。多渠道筹集安排资金，支持以创业带动就业工作的展开。要针对经营成本上升以及政策和市场环境变化的情况，兼顾行业稳定发展和结构调整升级，积极采取有效措施，扶持、保护创业企业的生存和发展，鼓励创业企业扩大就业规模。对农民工返乡创业的，劳务输出地区要积极探索完善相关扶持政策。

（七）拓宽融资渠道。积极推动金融产品和金融服务创新，支持推动以创业带动就业。积极探索抵押担保方式创新，对于符合国家政策规定、有利于促进创业带动就业的项目，鼓励金融机构积极提供融资支持。全面落实小额担保贷款政策，创新管理模式，提高贷款服务的质量和效率，并进一步加大对符合条件的劳动密集型小企业的支持力度。鼓励和支持发展适合农村需求特点的多种所有制金融组织，创新农村贷款担保模式，积极做好对农民工返乡创业的金融服务。建立健全创业投资机制，鼓励利用外资和国内社会资本投资创业企业，有条件的地区可设立各种形式的创业投资引导基金，引导和促进创业投资企业的设立与发展。

三、强化创业培训，提高创业能力

（八）加大培训力度。建立满足城乡各类劳动者创业的创业培训体系，扩大创业培训范围，逐步将所有有创业愿望和培训需求的劳动者纳入创业培训。加强普通高校和职业学校的创业课程设置和师资配备，开展创业培训和创业实训。落实职业培训补贴政策，对参加创业培训的创业者，按有关政策规定，给予职业培训补贴。对领取失业保险金人员参加创业培训的，其按规定享受的职业培训补贴由失业保险基金开支。

（九）提高培训质量。从规范培训标准、提高师资水平、完善培训模式等方面入手，不断提高创业培训的质量。定期组织开展教师培训进修、研讨交流活动，加强师资力量的培养和配备，提高教育水平。采用案例剖析、知识讲座、企业家现身说法等多种方式，增强创业培训的针对性和实用性。根据不同群体的不同需求，开发推广创业培训技术，不断提高创业成功率。

（十）建立孵化基地。地方各级人民政府要统筹安排劳动者创业所需的生产经营场地，搞好基础设施及配套建设，优先保障创业场地。可在土地利用总体规划确定的城镇建设用地范围内，或利用原有经批准的经济技术开发区、工业园区、高新技术园区、大学科技园区、小企业孵化园等建设创业孵化基地，为进入基地的小企业提供有效的培训指导服务和一定期限的政策扶持，增强创业企业的经营管理和市场竞争能力，提高创业稳定率。

四、健全服务体系，提供优质服务

（十一）健全服务组织。依托公共就业服务体系，健全创业指导服务组织，开发创业指导技术，完善创业服务功能，提高创业服务效率，承担创业带动就业工作的组织、服务和实施责任。充分发挥中小企业服务机构、高校毕业生就业指导机构和各类创业咨询服务机构的作用，共同做好创业带动就业工作。推动创业咨询服务工作的开展，建立由企业家、创业成功人士、专家学者及政府工作人员共同组成的创业服务专家队伍，逐步形成创业服务指导专兼职队伍。

（十二）完善服务内容。根据城乡创业者的需求，组织开展项目开发、方案设计、风险评估、开业指导、融资服务、跟踪扶持等“一条龙”创业服务，建立创业信息、政策发布平台，搭建创业者交流互助的有效渠道。建立政府支持并监管、企业与个人开发、市场运作的创业项目评估和推介制度，建立创业项目资源库，形成有效采集和定期发布制度。通过上门服务、集中服务、电话服务等多种形式，为创业者提供个性化、专业化的开业指导和咨询服务。建立创业者信息管理服务系统，设立创业服务热线，接受创业者的咨询和投诉，提供及时有效的后续服务和跟踪指导，注重对创业失败者的指导和服务，帮助他们重树信心，再创新业。

（十三）提供用工服务。为创业者、新创办企业及其所吸纳的员工提供公共就业服务。指导创业企业结合生产经营需要，落实职工教育经费，做好职工的岗前培训和在职培训。组织各类培训机构按照用工需求开展定向、订单培训，为创业企业提供合适人才。对参加职业技能培训的符合条件人员，按规定给予相应的职业培训补贴和职业技能鉴定补贴。推进社会保障制度和户籍制度改革，加强社会诚信体系建设和社会治安综合治理，为创业者及其招聘的劳动者提供社会保障、人事管理、教育培训、职称评定等方面的政策便利，吸引人才去新创办企业工作，扩大创业带动就业的规模。

五、加强组织领导，推动工作开展

（十四）强化政府责任。地方各级人民政府要将促进创业作为一项重要任务，摆上就业工作的重要议事日程，落实扶持政策，改善创业环境，推广经验典型，积极推动创业带动就业工作的全面开展。重点指导推动工作基础较好，条件相对成熟的城市，根据本意见的要求，实施以创业带动就业相关扶持政策，在组织领导、创业培训、创业服务和社会参与等方面积极探索，率先完善创业带动就业的政策体系，建立以创业带动就业的创业型城市。

（十五）完善工作机制。各地区要发挥促进就业工作协调机制的作用，建立人力资源社会保障、发展改革、中小企业管理、教育、建设、国土资源、财政、商务、银行、税务、工商等部门共同参与、分工负责、协调配合的工作小组，共同研究制定和实施促进以创业带动就业的政策措施和工作计划。把优化创业环境、完善落实创业政策以及提高创业培训效果、创业服务质量、创业初始成功率、创业稳定率、创业带动就业率等作为衡量促进以创业带动就业的主要工作指标，列入当地就业工作考核的重要内容。充分发挥工商联、工会、共青团、妇联、残联以及其他社会组织的作用，共同做好创业带动就业工作。

（十六）营造良好氛围。加强创业教育，提高创业意识，建设创业文化，使更多的劳动者乐于创业、敢于创业；发挥社会各方面支持和推动创业工作的积极作用，营造全民创业的社会氛围；加强舆论引导，弘扬创业精神，树立一批创业典型，特别是面对失败不屈不挠成功实现再创业的典型，营造崇尚创业、竞相创业、褒奖成功、宽容失败的和谐创业环境和良好舆论氛围。对在创业带动就业工作中取得显著成绩的单位和个人要给予表彰。

各地区、各有关部门要结合实际，研究制定贯彻本意见的具体办法。

国务院办公厅关于加强普通高等学校毕业生就业工作的通知

国办发〔2009〕3号

各省、自治区、直辖市人民政府，国务院各部委、各直属机构：

普通高等学校毕业生（以下简称高校毕业生）是我国宝贵的人力资源。当前，受国际金融危机影响，我国就业形势十分严峻，高校毕业生就业压力加大。各地区、各有关部门要把高校毕业生就业摆在当前就业工作的首位，采取切实有效措施，拓宽就业门路，鼓励高校毕业生到城乡基层、中西部地区和中小企业就业，鼓励自主创业，鼓励骨干企业和科研项目单位吸纳和稳定高校毕业生就业。为进一步加强高校毕业生就业工作，经国务院同意，现就有关问题通知如下：

一、鼓励和引导高校毕业生到城乡基层就业。鼓励高校毕业生积极参加社会主义新农村建设、城市社区建设和应征入伍。围绕基层面向群众的社会管理、公共服务、生产服务、生活服务、救助服务等领域，大力开发适合高校毕业生就业的基层社会管理和公共服务岗位，引导高校毕业生到基层就业。对到农村基层和城市社区从事社会管理和公共服务工作的高校毕业生，符合公益性岗位就业条件并在公益性岗位就业的，按照国家现行促进就业政策的规定，给予社会保险补贴和公益性岗位补贴，所需资金从就业专项资金列支；对到农村基层和城市社区其他社会管理和公共服务岗位就业的，给予薪酬或生活补贴，所需资金按现行渠道解决，同时按规定参加有关社会保险。对到中西部地区和艰苦边远地区县以下农村基层单位就业、并履行一定服务期限的高校毕业生，以及应征入伍服义务兵役的高校毕业生，按规定实施相应的学费和助学贷款代偿。对具有基层工作经历的高校毕业生，在研究生招录和事业单位选聘时实行优先，在地市级以上党政机关考录公务员时也要进一步扩大招考录用的比例。

继续实施和完善面向基层就业的专门项目，扩大项目范围。相关项目由各有关部门继续加强组织领导，省级人民政府负责做好各类基层就业项目之间的政策衔接。2009年，中央有关部门继续组织实施“选聘高校毕业生到村任职”、“三支一扶”（支教、支农、支医和扶贫）、“大学生志愿服务西部计划”、“农村义务教育阶段学校教师特设岗位计划”等项目，各地也要因地制宜开展地方项目，鼓励和引导更多的高校毕业生报名参加。鼓励高校毕业生在项目结束后留在当地就业，今后相对应的自然减员空岗全部聘用服务期满的高校毕业生。对参加项目的高校毕业生给予生活补贴，所需资金按现行资金渠道解决，同时按规定参加有关社会保险。各专门项目相关待遇政策的衔接办法，由人力资源社会保障部、财政部、教育部、中央组织部、共青团中央等有关部门另行研究制定。

二、鼓励高校毕业生到中小企业和非公有制企业就业。各类中小企业和非公有制企业是高校毕业生就业的主要渠道。要进一步清理影响高校毕业生就业的制度性障碍和限制，为他们提供档案管理、人事代理、社会保险办理和接续、职称评定以及权益保障等方面的服务，形成有利于高校毕业生到企业就业的社会环境。对企业招用非本地户籍的普通高校专科以上毕业生，各地城市应取消落户限制（直辖市按有关规定执行）。企业招用符合条件的高校毕业生，可按规定享受相关就业扶持政策。劳动密集型小企业招用登记失业高校毕业生等城镇登记失业人员达到规定比例的，可按规定享受最高为200万元的小额担保贷款扶持。

三、鼓励骨干企业和科研项目单位积极吸纳和稳定高校毕业生就业。鼓励国有大中型企业特别是创新型企业创造条件，更多地吸纳有技术专长的高校毕业生就业。充分发挥高新技术开发区、经济技术开发区和高科技企业集中吸纳高校毕业生就业的作用，加强人才培养使用和储备。各地在实施支持困难企业稳定员工队伍的工作中，要引导企业不裁员或少裁员，更多地保留高校毕业生技术骨干，对符合条件的困难企业可按规定在2009年内给予6个月以内的社会保险补贴或岗位补贴，由失业保险基金支付；困难企业开展在岗培训的，按规定给予资金补助。承担国家和地方重大科研项目的单位要积极聘用优秀高校毕业生参与研究，其劳务性费用和有关社会保险费补助按规定从项目经费中列支，具体办法由科技、教育、财政等部门研究制定。高校毕业生参与项目研究期间，其户口、档案可存放在项目单位所在地或入学前家庭所在地人才交流中心。

聘用期满，根据工作需要可以续聘或到其他岗位就业，就业后工龄与参与项目研究期间的工作时间合并计算，社会保险缴费年限连续计算。

四、鼓励和支持高校毕业生自主创业。鼓励高校积极开展创业教育和实践活动。对高校毕业生从事个体经营符合条件的，免收行政事业性收费，落实鼓励残疾人就业、下岗失业人员再就业以及中小企业、高新技术企业发展等现行税收优惠政策和创业经营场所安排等扶持政策。在当地公共就业服务机构登记失业的自主创业高校毕业生，自筹资金不足的，可申请不超过5万元的小额担保贷款；对合伙经营和组织起来就业的，可按规定适当扩大贷款规模；从事当地政府规定微利项目的，可按规定享受贴息扶持。有创业意愿的高校毕业生参加创业培训的，按规定给予职业培训补贴。强化高校毕业生创业指导服务，提供政策咨询、项目开发、创业培训、创业孵化、小额贷款、开业指导、跟踪辅导的“一条龙”服务。各地要建设完善一批投资小、见效快的大学生创业园和创业孵化基地，并给予相关政策扶持。鼓励支持高校毕业生通过多种形式灵活就业，并保障其合法权益，符合规定的，可享受社会保险补贴政策。

五、强化高校毕业生就业服务和就业指导。充分发挥人力资源市场配置资源的作用，强化公共就业服务的功能。人力资源社会保障、教育等部门及高校要加强协作，采取网络招聘、专场招聘、供求洽谈会和用人单位进校园等多种方式，大力开展面向高校毕业生的就业服务系列活动，为应届高校毕业生提供更多、更快、更好的免费就业信息和各类就业服务。高校要强化对大学生的就业指导，开设就业指导课并作为必修课程，重点帮助毕业生了解就业政策，提高求职技巧，调整就业预期。加强高校就业指导服务机构建设，落实人员、场地和经费。加强人力资源市场管理，严厉打击违法违规行为，加强招聘活动安全保障，维护高校毕业生就业权益。

六、提升高校毕业生就业能力。大力组织以促进就业为目的的实习实践，确保高校毕业生在离校前都能参加实习实践活动。完善离校未就业高校毕业生见习制度，鼓励见习单位优先录用见习高校毕业生。见习期间由见习单位和地方政府提供基本生活补助。拓展一批社会责任感强、管理规范的用人单位作为高校毕业生实习见习基地。从2009年起，用3年时间组织100万未就业的高校毕业生参加见习。加强高等职业院校学生的技能培训，实施毕业证书和职业资格证书“双证书”制度，努力使相关专业符合条件的应届毕业生通过职业技能鉴定获得相应职业资格证书。人力资源社会保障部门根据高校毕业生需要，提供专场或其他形式的职业技能鉴定服务，教育部门及高校要给予积极配合。对符合就业困难人员条件的高校毕业生，按规定给予鉴定补贴。

七、强化对困难高校毕业生的就业援助。对困难家庭的高校毕业生，高校可根据实际情况给予适当的求职补贴。各级机关考录公务员、事业单位招聘工作人员时，免收困难家庭高校毕业生的报名费和体检费。对离校后未就业回到原籍的高校毕业生，各地公共就业服务机构要摸清底数，免费提供政策咨询、职业指导、职业介绍和人事档案托管等服务，并组织他们参加就业见习、职业技能培训等促进就业的活动。对登记失业的高校毕业生，各地要将他们纳入当地失业人员扶持政策体系。对就业困难的高校毕业生和零就业家庭的高校毕业生，实施一对一职业指导、向用人单位重点推荐、公益性岗位安置等帮扶措施，按规定落实社会保险补贴、公益性岗位补贴等就业援助政策。

八、加强领导，明确责任。各地要加强对高校毕业生就业工作的组织领导，将高校毕业生就业纳入当地就业总体规划，统筹安排，确定目标任务，实行目标责任制，加强工作考核和督查。各有关部门要切实发挥职能，落实工作责任。各级人力资源社会保障部门要牵头制定和实施高校毕业生就业政策，并做好高校毕业生离校后的就业指导和就业服务工作。教育部门要指导高校大力加强在校生的就业指导和服务工作，并继续深化高等教育改革。财政部门要根据高校毕业生就业形势和实际需要，统筹安排资金用于促进高校毕业生就业。其他有关部门要认真履行职责，加强协调配合，共同推动工作。要大力开展高校毕业生就业工作的宣传，引导高校毕业生树立正确的就业观和成才观，形成全社会共同促进高校毕业生多渠道就业的良好舆论环境。各地要按照本通知要求，结合本地实际，制定切实有效的政策措施，创造性地开展工作，千方百计促进高校毕业生就业。

国务院办公厅

二〇〇九年一月十九日

财政部　教育部关于印发《高等学校毕业生学费和国家助学贷款代偿暂行办法》的通知

（财教〔2009〕15号）

党中央有关部门，国务院有关部委、有关直属机构，各省、自治区、直辖市、计划单列市财政厅（局）、教育厅（教委、局），新疆生产建设兵团财务局、教育局，中央部门直属各高等学校，中国邮电集团：

为引导和鼓励高校毕业生面向中西部地区和艰苦边远地区基层单位就业，根据《中共中央关于推进农村改革发展若干重大问题的决定》（中发〔2008〕16号）和《国务院办公厅关于加强普通高等学校毕业生就业工作的通知》（国办发〔2009〕3号）有关精神，财政部、教育部决定自2009年起，对中央部门所属全日制普通高等学校应届毕业生，自愿到中西部地区和艰苦边远地区县以下基层单位工作、服务期达到3年以上（含3年）的学生，实施相应的学费和助学贷款代偿。各地要按照《国务院办公厅关于加强普通高等学校毕业生就业工作的通知》（国办发〔2009〕3号）要求，结合当地实际，抓紧研究制定本地所属高等学校毕业生学费和国家助学贷款代偿办法并认真组织实施。

现将《高等学校毕业生学费和国家助学贷款代偿暂行办法》印发给你们，请遵照执行。

附件：高等学校毕业生学费和国家助学贷款代偿暂行办法

财政部　教育部

二○○九年三月十一日

高等学校毕业生学费和国家助学贷款代偿暂行办法

第一条　为引导和鼓励高校毕业生面向中西部地区和艰苦边远地区基层单位就业，根据《中共中央关于推进农村改革发展若干重大问题的决定》（中发〔2008〕16号）和《国务院办公厅关于加强普通高等学校毕业生就业工作的通知》（国办发〔2009〕3号）有关精神，制定本办法。

第二条　高校毕业生到中西部地区和艰苦边远地区基层单位就业、服务期在3年以上（含3年）的，其学费由国家实行代偿。在校学习期间获得国家助学贷款（含高校国家助学贷款和生源地信用助学贷款，下同）的，代偿的学费优先用于偿还国家助学贷款本金及其全部偿还之前产生的利息。

第三条　本办法中高校毕业生是指中央部门所属普通高等学校中的全日制本专科生（含高职）、研究生、第二学士学位应届毕业生。定向、委培以及在校学习期间已享受免除学费政策的学生除外。

第四条　本办法中，西部地区是指西藏、内蒙古、广西、重庆、四川、贵州、云南、陕西、甘肃、青海、宁夏、新疆等12个省（自治区、直辖市）。

中部地区是指河北、山西、吉林、黑龙江、安徽、江西、河南、湖北、湖南、海南等10个省。

艰苦边远地区是指除上述地区外，国务院规定的艰苦边远地区。

第五条　本办法中的基层单位是指：

（一）中西部地区和艰苦边远地区县以下机关、企事业单位，包括乡（镇）政府机关、农村中小学、国有农（牧、林）场、农业技术推广站、畜牧兽医站、乡镇卫生院、计划生育服务站、乡镇文化站等；

（二）工作现场地处中西部地区和艰苦边远地区县以下的气象、地震、地质、水电施工、煤炭、石油、航海、核工业等中央单位艰苦行业生产第一线。

第六条　凡符合以下全部条件的高校毕业生，可申请学费和国家助学贷款代偿：

（一）拥护中国共产党的领导，热爱祖国，遵守宪法和法律；

（二）在校期间遵守学校各项规章制度，诚实守信，道德品质良好，学习成绩合格；

（三）毕业时自愿到中西部地区和艰苦边远地区基层单位工作、服务期在3年以上（含3年）。

第七条 每个高校毕业生每学年代偿学费和国家助学贷款的金额最高不超过6000元。毕业生在校学习期间每年实际缴纳的学费或获得的国家助学贷款低于6000元的，按照实际缴纳的学费或获得的国家助学贷款金额实行代偿。毕业生在校学习期间每年实际缴纳的学费或获得的国家助学贷款高于6000元的，按照每年6000元的金额实行代偿。

本科、专科（高职）、研究生和第二学士学位毕业生代偿学费和国家助学贷款的年限，分别按照国家规定的相应学制计算。

第八条 国家对到中西部地区和艰苦边远地区基层单位就业的获得学费和国家助学贷款代偿资格的高校毕业生采取分年度代偿的办法，学生毕业后每年代偿学费或国家助学贷款总额的1/3，3年代偿完毕。

第九条 按本办法确定的学费和国家助学贷款代偿所需资金，由中央财政安排。

第十条 符合条件的高校毕业生，按以下程序申请学费和国家助学贷款代偿：

（一）高校毕业生本人在办理离校手续时向学校递交《学费和国家助学贷款代偿申请表》和毕业生本人、就业单位与学校三方签署的到中西部地区和艰苦边远地区基层单位服务3年以上的就业协议。

（二）在校学习期间获得国家助学贷款的高校毕业生，在与国家助学贷款经办银行签订毕业后的还款计划书时，应注明已申请国家助学贷款代偿，如果获得国家助学贷款代偿资格，不需自行向银行还款。

（三）高校根据上述材料，按本办法规定，审查申请资格；在每年6月底前，将符合条件的高校毕业生相关材料集中报送全国学生资助管理中心审批。对存在“二次定岗”的毕业生，高校应在毕业生提交有关证明材料并经审查后，最迟于当年12月底前将申请材料集中报送全国学生资助管理中心审批。

全国学生资助管理中心在收到高校申请材料后一个月内，将审批确定的获得学费和国家助学贷款代偿资格的学生名单通知有关高校及国家助学贷款经办银行，同时将有关审批文件报教育部、财政部备案。

第十一条 高校需在每年6月30日前将获得学费和国家助学贷款代偿资格的高校毕业生当年在职在岗情况报送全国学生资助管理中心。

高校毕业生所在高校要建立与就业单位和国家助学贷款经办银行定期联系制度。高校要专门为经资格审查合格的学费和国家助学贷款代偿的高校毕业生建立完整准确的档案，并将高校毕业生在本学段学习期间获得学费和国家助学贷款代偿情况书面通知毕业生本人、就业单位人事部门及国家助学贷款经办银行。同时，还应主动了解并定期向全国学生资助管理中心和国家助学贷款经办银行通报毕业生的工作情况，以便经办银行及时掌握借款学生的动态情况，做好国家助学贷款业务贷后管理工作。

第十二条 除因正常调动、提拔、工作需要换岗而离开中西部地区和艰苦边远地区基层单位外，对于未满3年服务年限，提前离开中西部地区和艰苦边远地区基层单位的高校毕业生，就业单位人事部门应要求其及时向办理代偿的原高校申请取消学费和国家助学贷款代偿资格。

对于取消学费代偿资格的毕业生，高校应及时将有关情况报送全国学生资助管理中心。全国学生资助管理中心从当年开始停止对其学费的代偿。

对于取消国家助学贷款代偿资格的毕业生，改由其本人负责偿还余下的国家助学贷款本息。就业单位应当及时将有关情况通报给高校，并凭毕业生重新签订的国家助学贷款还款计划书为其办理离职手续。高校应将有关情况及时通知全国学生资助管理中心和国家助学贷款经办银行。

对于不及时向高校提出取消学费和国家助学贷款代偿资格申请、不与银行重新签订还款计划书、提前离岗的高校毕业生，一律视为严重违约，国家有关部门要将其不良信用记录及时录入国家金融业统一征信平台相关数据库。

第十三条 学费和国家助学贷款代偿资格经全国学生资助管理中心审定后，有关部门（单位）应按照部门预算管理的有关规定，将学费和国家助学贷款代偿资助项目经费编入部门预算。财政部及时将代偿资金拨付给全国学生资助管理中心。全国学生资助管理中心应在收到财政部拨付的代偿资金15个工作日内，将代偿资金拨付给高校。高校应于15个工作日内将代偿资金代为偿还给高校毕业生国家助学贷款经办银行或返还给高校毕业生本人。

第十四条 有关高校要严格执行国家相关财经法规和本办法的规定，对代偿资金实行分账核算，专款专用，不得截留、挤占、挪用，同时应接受财政、审计、纪检监察、主管机关等部门的检查和监督。

第十五条 对于弄虚作假的高校和高校毕业生，一经查实，除收回国家代偿资金外，将按有关规定追究相关责任。

第十六条 各省、自治区、直辖市、计划单列市要参照本办法规定的原则，制定吸引和鼓励高校毕业生面向本辖区艰苦边远地区基层单位就业的学费和国家助学贷款代偿办法。

第十七条 本办法自公布之日起施行。财政部、教育部印发的《高等学校毕业生国家助学贷款代偿资助暂行办法》（财教〔2006〕133号）同时废止。

国家卫生计生委等7部门关于建立住院医师规范化培训制度的指导意见

国卫科教发〔2013〕56号

各省、自治区、直辖市卫生计生委（卫生厅局）、编办、发展改革委、教育厅（教委）、财政厅（局）、人力资源社会保障厅（局）、中医药管理局，新疆生产建设兵团卫生局、编办、发展改革委、教育局、财务局、人力资源社会保障局：

住院医师规范化培训是培养合格临床医师的必经途径，是加强卫生人才队伍建设、提高医疗卫生工作质量和水平的治本之策，是深化医药卫生体制改革和医学教育改革的重大举措。为贯彻《中共中央国务院关于深化医药卫生体制改革的意见》（中发〔2009〕6号）和《国家中长期人才发展规划纲要（2010—2020年）》精神，培养和建设一支适应人民群众健康保障需要的临床医师队伍，现就建立住院医师规范化培训制度提出如下意见，请结合本地实际认真执行。

一、指导思想、基本原则和工作进程

（一）指导思想。深入贯彻落实科学发展观，实施“科教兴国、人才强国”战略，紧密结合我国经济社会发展要求，按照深化医药卫生体制改革的总体部署，立足基本国情，借鉴国际经验，遵循医学教育和医学人才成长规律，从制度建设入手，完善政策，健全体系，严格管理，建立健全住院医师规范化培训制度，全面提高我国医师队伍的综合素质和专业水平。

（二）基本原则。坚持政府主导、部门协同、行业牵头、多方参与，建立健全住院医师规范化培训工作机制。坚持统筹规划、需求导向、稳妥推进、逐步完善，积极开展住院医师规范化培训工作。坚持统一标准、突出实践、规范管理、注重实效，切实提高医师队伍执业素质和实际诊疗能力。

（三）工作进程。到2015年，各省（区、市）全面启动住院医师规范化培训工作；到2020年，基本建立住院医师规范化培训制度，所有新进医疗岗位的本科及以上学历临床医师均接受住院医师规范化培训。

二、逐步建立健全住院医师规范化培训制度

（四）制度内涵。住院医师规范化培训是指医学专业毕业生在完成医学院校教育之后，以住院医师的身份在认定的培训基地接受以提高临床能力为主的系统性、规范化培训。住院医师规范化培训制度是对招收对象、培训模式、培训招收、培训基地、培训内容和考核认证等方面的政策性安排。

（五）招收对象。拟从事临床医疗工作的高等院校医学类专业（指临床医学类、口腔医学类、中医学类和中西医结合类，下同）本科及以上学历毕业生，或已从事临床医疗工作并取得执业医师资格证书，需要接受培训的人员。

（六）培训模式。“5+3”是住院医师规范化培训的主要模式，即完成5年医学类专业本科教育的毕业生，在培训基地接受3年住院医师规范化培训。

（七）培训招收。卫生计生行政部门会同有关部门制订中长期规划和年度培训计划。培训基地依据核定规模，按照公开公平、双向选择、择优录取的原则，主要通过招收考试形式，招收符合条件的医疗卫生单位委派人员和社会人员参加培训。根据医疗保健工作需求，适当加大全科以及儿科、精神科等紧缺专业的招收规模。

（八）培训基地。培训基地是承担住院医师规范化培训的医疗卫生机构，依据培训需求和基地标准进行认定，实行动态管理，原则上设在三级甲等医院，并结合当地医疗资源实际情况，将符合条件的其他三级医院和二级甲等医院作为补充，合理规划布局。区域内培训基地可协同协作，共同承担有关培训工作。全科医生

规范化培养基地除临床基地外还应当包括基层医疗卫生机构和专业公共卫生机构。

（九）培训内容。包括医德医风、政策法规、临床实践技能、专业理论知识、人际沟通交流等，重点提高临床诊疗能力。

（十）考核认证。包括过程考核和结业考核。合格者颁发统一制式的《住院医师规范化培训合格证书》。

三、完善保障措施

（十一）编制保障。机构编制部门在制订医疗卫生机构编制标准时，将有关机构承担的住院医师规范化培训任务作为核定编制时统筹考虑的因素。

（十二）人员管理与待遇。

培训对象是培训基地住院医师队伍的一部分，应遵守培训基地的有关管理规定，并依照规定享受相关待遇。

单位委派的培训对象，培训期间原人事（劳动）、工资关系不变，委派单位、培训基地和培训对象三方签订委托培训协议，委派单位发放的工资低于培训基地同等条件住院医师工资水平的部分由培训基地负责发放。面向社会招收的培训对象与培训基地签订培训协议，其培训期间的生活补助由培训基地负责发放，标准参照培训基地同等条件住院医师工资水平确定。具有研究生身份的培训对象执行国家研究生教育有关规定，培训基地可根据培训考核情况向其发放适当生活补贴。

临床医学专科学历毕业生参加2年毕业后培训（3+2），培训期间的有关人员管理和待遇参照上述原则并结合当地实际执行，培训内容及标准等另行制订。

（十三）经费保障。建立政府投入、基地自筹、社会支持的多元投入机制。政府对按规划建设设置的培训基地基础设施建设、设备购置、教学实践活动以及面向社会招收和单位委派培训对象给予必要补助，中央财政通过专项转移支付予以适当支持。各地要充分利用已支持建设的全科医生规范化培养基地的条件，在住院医师规范化培训中发挥应有的作用。

四、密切相关政策衔接

（十四）学位衔接。探索住院医师规范化培训与医学硕士专业学位（指临床、口腔、中医，下同）研究生教育有机衔接的办法，逐步统一住院医师规范化培训和医学硕士专业学位研究生培养的内容和方式。取得《住院医师规范化培训合格证书》并符合国家学位要求的临床医师，可授予医学硕士专业学位；符合住院医师规范化培训管理要求，按照住院医师规范化培训标准内容进行培训并考核合格的医学硕士专业学位研究生，可取得《住院医师规范化培训合格证书》。

（十五）执业注册。规范化培训前已取得《执业医师资格证书》的培训对象，应当将培训基地注册为执业地点，可不限执业范围。培训期间尚未取得《执业医师资格证书》的，可在具有执业资格的带教师资指导下进行临床诊疗工作。培训期间，可依照《执业医师法》相关规定参加国家医师资格考试，取得执业医师资格后，医师执业证书应当注明类别，可不限执业范围，但应当按照有关规定填写相应规范化培训信息。培训结束后，根据实际情况确定执业范围和地点，依法办理相应执业注册变更手续。

（十六）政策引导。在全面启动住院医师规范化培训的省（区、市），将取得《住院医师规范化培训合格证书》作为临床医学专业中级技术岗位聘用的条件之一。住院医师规范化培训合格者到基层医疗卫生机构工作，可提前1年参加全国卫生专业技术中级资格考试，同等条件下优先聘用。培训对象到基层实践锻炼的培训时间，可计入本人晋升中高级职称前到基层卫生单位累计服务年限。申请个体行医，在符合规定条件的前提下，卫生计生行政部门应当予以优先，并逐步将参加住院医师规范化培训合格作为必备条件。

（十七）建立培训供需匹配机制。加强部门协同，逐步建立临床医学专业毕业生数量、住院医师规范化培训基地培训容量与临床医师岗位需求量相匹配的机制。

五、强化组织领导

（十八）抓好组织落实。各省（区、市）要按照本指导意见，制订适合本地区情况的具体实施方案。卫生计生、编制、发展改革、教育、财政、人力资源社会保障、中医药等部门要健全工作协调机制，制订政策，发布相关实施细则，并及时研究解决贯彻实施中的有关问题，不断探索完善相关政策措施，推动本地区住院医师规范化培训工作扎实稳妥有效推进。

（十九）促进各地均衡发展。发达地区要积极支持欠发达地区开展住院医师规范化培训工作，在师资队伍建设、基地建设、培训名额等方面给予帮扶。年度招收计划要有一定比例的培训名额用于支持欠发达地区。

（二十）发挥有关行业组织作用。加强行业协会、专业学会及相关机构能力建设，在制订培训标准、开展考核认证等方面充分发挥行业组织的优势与作用。

（二十一）做好舆论宣传。通过多种形式加强宣传，增强全社会对住院医师规范化培训必要性及重要性的认识，为全面建立住院医师规范化培训制度营造良好氛围。

国家卫生计生委　中央编办
国家发展改革委　教育部
财政部　人力资源社会保障部
国家中医药管理局
2013年12月31日

国务院办公厅关于深化高等学校创新创业教育改革的实施意见

国办发〔2015〕36号

各省、自治区、直辖市人民政府，国务院各部委、各直属机构：

深化高等学校创新创业教育改革，是国家实施创新驱动发展战略、促进经济提质增效升级的迫切需要，是推进高等教育综合改革、促进高校毕业生更高质量创业就业的重要举措。党的十八大对创新创业人才培养作出重要部署，国务院对加强创新创业教育提出明确要求。近年来，高校创新创业教育不断加强，取得了积极进展，对提高高等教育质量、促进学生全面发展、推动毕业生创业就业、服务国家现代化建设发挥了重要作用。但也存在一些不容忽视的突出问题，主要是一些地方和高校重视不够，创新创业教育理念滞后，与专业教育结合不紧，与实践脱节；教师开展创新创业教育的意识和能力欠缺，教学方式方法单一，针对性实效性不强；实践平台短缺，指导帮扶不到位，创新创业教育体系亟待健全。为了进一步推动大众创业、万众创新，经国务院同意，现就深化高校创新创业教育改革提出如下实施意见。

一、总体要求

（一）指导思想。

全面贯彻党的教育方针，落实立德树人根本任务，坚持创新引领创业、创业带动就业，主动适应经济发展新常态，以推进素质教育为主题，以提高人才培养质量为核心，以创新人才培养机制为重点，以完善条件和政策保障为支撑，促进高等教育与科技、经济、社会紧密结合，加快培养规模宏大、富有创新精神、勇于投身实践的创新创业人才队伍，不断提高高等教育对稳增长促改革调结构惠民生的贡献度，为建设创新型国家、实现“两个一百年”奋斗目标和中华民族伟大复兴的中国梦提供强大的人才智力支撑。

（二）基本原则。

坚持育人为本，提高培养质量。把深化高校创新创业教育改革作为推进高等教育综合改革的突破口，树立先进的创新创业教育理念，面向全体、分类施教、结合专业、强化实践，促进学生全面发展，提升人力资本素质，努力造就大众创业、万众创新的生力军。

坚持问题导向，补齐培养短板。把解决高校创新创业教育存在的突出问题作为深化高校创新创业教育改革的着力点，融入人才培养体系，丰富课程、创新教法、强化师资、改进帮扶，推进教学、科研、实践紧密结合，突破人才培养薄弱环节，增强学生的创新精神、创业意识和创新创业能力。

坚持协同推进，汇聚培养合力。把完善高校创新创业教育体制机制作为深化高校创新创业教育改革的支撑点，集聚创新创业教育要素与资源，统一领导、齐抓共管、开放合作、全员参与，形成全社会关心支持创新创业教育和学生创新创业的良好生态环境。

（三）总体目标。

2015年起全面深化高校创新创业教育改革。2017年取得重要进展，形成科学先进、广泛认同、具有中国特色的创新创业教育理念，形成一批可复制可推广的制度成果，普及创新创业教育，实现新一轮大学生创业引领计划预期目标。到2020年建立健全课堂教学、自主学习、结合实践、指导帮扶、文化引领融为一体的高校创新创业教育体系，人才培养质量显著提升，学生的创新精神、创业意识和创新创业能力明显增强，投身创业实践的学生显著增加。

二、主要任务和措施

（一）完善人才培养质量标准。

制订实施本科专业类教学质量国家标准，修订实施高职高专专业教学标准和博士、硕士学位基本要求，明确本科、高职高专、研究生创新创业教育目标要求，使创新精神、创业意识和创新创业能力成为评价人才培养质量的重要指标。相关部门、科研院所、行业企业要制修订专业人才评价标准，细化创新创业素质能力要求。不同层次、类型、区域高校要结合办学定位、服务面向和创新创业教育目标要求，制订专业教学质量标准，修订人才培养方案。

（二）创新人才培养机制。

实施高校毕业生就业和重点产业人才供需年度报告制度，完善学科专业预警、退出管理办法，探索建立需求导向的学科专业结构和创业就业导向的人才培养类型结构调整新机制，促进人才培养与经济社会发展、创业就业需求紧密对接。深入实施系列“卓越计划”、科教结合协同育人行动计划等，多形式举办创新创业教育实验班，探索建立校校、校企、校地、校所以及国际合作的协同育人新机制，积极吸引社会资源和国外优质教育资源投入创新创业人才培养。高校要打通一级学科或专业类下相近学科专业的基础课程，开设跨学科专业的交叉课程，探索建立跨院系、跨学科、跨专业交叉培养创新创业人才的新机制，促进人才培养由学科专业单一型向多学科融合型转变。

（三）健全创新创业教育课程体系。

各高校要根据人才培养定位和创新创业教育目标要求，促进专业教育与创新创业教育有机融合，调整专业课程设置，挖掘和充实各类专业课程的创新创业教育资源，在传授专业知识过程中加强创新创业教育。面向全体学生开发开设研究方法、学科前沿、创业基础、就业创业指导等方面的必修课和选修课，纳入学分管理，建设依次递进、有机衔接、科学合理的创新创业教育专门课程群。各地区、各高校要加快创新创业教育优质课程信息化建设，推出一批资源共享的慕课、视频公开课等在线开放课程。建立在线开放课程学习认证和学分认定制度。组织学科带头人、行业企业优秀人才，联合编写具有科学性、先进性、适用性的创新创业教育重点教材。

（四）改革教学方法和考核方式。

各高校要广泛开展启发式、讨论式、参与式教学，扩大小班化教学覆盖面，推动教师把国际前沿学术发展、最新研究成果和实践经验融入课堂教学，注重培养学生的批判性和创造性思维，激发创新创业灵感。运用大数据技术，掌握不同学生学习需求和规律，为学生自主学习提供更加丰富多样的教育资源。改革考试考核内容和方式，注重考查学生运用知识分析、解决问题的能力，探索非标准答案考试，破除“高分低能”积弊。

（五）强化创新创业实践。

各高校要加强专业实验室、虚拟仿真实验室、创业实验室和训练中心建设，促进实验教学平台共享。各地区、各高校科技创新资源原则上向全体在校学生开放，开放情况纳入各类研究基地、重点实验室、科技园评估标准。鼓励各地区、各高校充分利用各种资源建设大学科技园、大学生创业园、创业孵化基地和小微企业创业基地，作为创业教育实践平台，建好一批大学生校外实践教育基地、创业示范基地、科技创业实习基地和职业院校实训基地。完善国家、地方、高校三级创新创业实训教学体系，深入实施大学生创新创业训练计划，扩大覆盖面，促进项目落地转化。举办全国大学生创新创业大赛，办好全国职业院校技能大赛，支持举办各类科技创新、创意设计、创业计划等专题竞赛。支持高校学生成立创新创业协会、创业俱乐部等社团，举办创新创业讲座论坛，开展创新创业实践。

（六）改革教学和学籍管理制度。

各高校要设置合理的创新创业学分，建立创新创业学分积累与转换制度，探索将学生开展创新实验、发表论文、获得专利和自主创业等情况折算为学分，将学生参与课题研究、项目实验等活动认定为课堂学习。为有意愿有潜质的学生制定创新创业能力培养计划，建立创新创业档案和成绩单，客观记录并量化评价学生开展创新创业活动情况。优先支持参与创新创业的学生转入相关专业学习。实施弹性学制，放宽学生修业年限，允许调整学业进程、保留学籍休学创新创业。设立创新创业奖学金，并在现有相关评优评先项目中拿出一定比例用于表彰优秀创新创业的学生。

（七）加强教师创新创业教育教学能力建设。

各地区、各高校要明确全体教师创新创业教育责任，完善专业技术职务评聘和绩效考核标准，加强创新创业教育的考核评价。配齐配强创新创业教育与创业就业指导专职教师队伍，并建立定期考核、淘汰制度。聘请知名科学家、创业成功者、企业家、风险投资人等各行各业优秀人才，担任专业课、创新创业课授课或指导教师，并制定兼职教师管理规范，形成全国万名优秀创新创业导师人才库。将提高高校教师创新创业教育的意识和能力作为岗前培训、课程轮训、骨干研修的重要内容，建立相关专业教师、创新创业教育专职教师到行业企业挂职锻炼制度。加快完善高校科技成果处置和收益分配机制，支持教师以对外转让、合作转化、作价入股、自主创业等形式将科技成果产业化，并鼓励带领学生创新创业。

（八）改进学生创业指导服务。

各地区、各高校要建立健全学生创业指导服务专门机构，做到“机构、人员、场地、经费”四到位，对自主创业学生实行持续帮扶、全程指导、一站式服务。健全持续化信息服务制度，完善全国大学生创业服务网功能，建立地方、高校两级信息服务平台，为学生实时提供国家政策、市场动向等信息，并做好创业项目对接、知识产权交易等服务。各地区、各有关部门要积极落实高校学生创业培训政策，研发适合学生特点的创业培训课程，建设网络培训平台。鼓励高校自主编制专项培训计划，或与有条件的教育培训机构、行业协会、群团组织、企业联合开发创业培训项目。各地区和具备条件的行业协会要针对区域需求、行业发展，发布创业项目指南，引导高校学生识别创业机会、捕捉创业商机。

（九）完善创新创业资金支持和政策保障体系。

各地区、各有关部门要整合发展财政和社会资金，支持高校学生创新创业活动。各高校要优化经费支出结构，多渠道统筹安排资金，支持创新创业教育教学，资助学生创新创业项目。部委属高校应按规定使用中央高校基本科研业务费，积极支持品学兼优且具有较强科研潜质的在校学生开展创新科研工作。中国教育发展基金会设立大学生创新创业教育奖励基金，用于奖励对创新创业教育作出贡献的单位。鼓励社会组织、公益团体、企事业单位和个人设立大学生创业风险基金，以多种形式向自主创业大学生提供资金支持，提高扶持资金使用效益。深入实施新一轮大学生创业引领计划，落实各项扶持政策和服务措施，重点支持大学生到新兴产业创业。有关部门要加快制定有利于互联网创业的扶持政策。

三、加强组织领导

（一）健全体制机制。

各地区、各高校要把深化高校创新创业教育改革作为“培养什么人，怎样培养人”的重要任务摆在突出位置，加强指导管理与监督评价，统筹推进本地本校创新创业教育工作。各地区要成立创新创业教育专家指导委员会，开展高校创新创业教育的研究、咨询、指导和服务。各高校要落实创新创业教育主体责任，把创新创业教育纳入改革发展重要议事日程，成立由校长任组长、分管校领导任副组长、有关部门负责人参加的创新创业教育工作领导小组，建立教务部门牵头，学生工作、团委等部门齐抓共管的创新创业教育工作机制。

（二）细化实施方案。

各地区、各高校要结合实际制定深化本地本校创新创业教育改革的实施方案，明确责任分工。教育部属高校需将实施方案报教育部备案，其他高校需报学校所在地省级教育部门和主管部门备案，备案后向社会公布。

（三）强化督导落实。

教育部门要把创新创业教育质量作为衡量办学水平、考核领导班子的重要指标，纳入高校教育教学评估指标体系和学科评估指标体系，引入第三方评估。把创新创业教育相关情况列入本科、高职高专、研究生教学质量年度报告和毕业生就业质量年度报告重点内容，接受社会监督。

（四）加强宣传引导。

各地区、各有关部门以及各高校要大力宣传加强高校创新创业教育的必要性、紧迫性、重要性，使创新创业成为管理者办学、教师教学、学生求学的理性认知与行动自觉。及时总结推广各地各高校的好经验好做法，选树学生创新创业成功典型，丰富宣传形式，培育创客文化，努力营造敢为人先、敢冒风险、宽容失败的氛围环境。

国务院办公厅
2015年5月4日

国务院关于大力推进大众创业万众创新若干政策措施的意见

国发〔2015〕32号

各省、自治区、直辖市人民政府，国务院各部委、各直属机构：

推进大众创业、万众创新，是发展的动力之源，也是富民之道、公平之计、强国之策，对于推动经济结构调整、打造发展新引擎、增强发展新动力、走创新驱动发展道路具有重要意义，是稳增长、扩就业、激发亿万群众智慧和创造力，促进社会纵向流动、公平正义的重大举措。根据2015年《政府工作报告》部署，为改革完善相关体制机制，构建普惠性政策扶持体系，推动资金链引导创业创新链、创业创新链支持产业链、产业链带动就业链，现提出以下意见。

一、充分认识推进大众创业、万众创新的重要意义

——推进大众创业、万众创新，是培育和催生经济社会发展新动力的必然选择。随着我国资源环境约束日益强化，要素的规模驱动力逐步减弱，传统的高投入、高消耗、粗放式发展方式难以为继，经济发展进入新常态，需要从要素驱动、投资驱动转向创新驱动。推进大众创业、万众创新，就是要通过结构性改革、体制机制创新，消除不利于创业创新发展的各种制度束缚和桎梏，支持各类市场主体不断开办新企业、开发新产品、开拓新市场，培育新兴产业，形成小企业“铺天盖地”、大企业“顶天立地”的发展格局，实现创新驱动发展，打造新引擎、形成新动力。

——推进大众创业、万众创新，是扩大就业、实现富民之道的根本举措。我国有13亿多人口、9亿多劳动力，每年高校毕业生、农村转移劳动力、城镇困难人员、退役军人数量较大，人力资源转化为人力资本的潜力巨大，但就业总量压力较大，结构性矛盾凸显。推进大众创业、万众创新，就是要通过转变政府职能、建设服务型政府，营造公平竞争的创业环境，使有梦想、有意愿、有能力的科技人员、高校毕业生、农民工、退役军人、失业人员等各类市场创业主体“如鱼得水”，通过创业增加收入，让更多的人富起来，促进收入分配结构调整，实现创新支持创业、创业带动就业的良性互动发展。

——推进大众创业、万众创新，是激发全社会创新潜能和创业活力的有效途径。目前，我国创业创新理念还没有深入人心，创业教育培训体系还不健全，善于创造、勇于创业的能力不足，鼓励创新、宽容失败的良好环境尚未形成。推进大众创业、万众创新，就是要通过加强全社会以创新为核心的创业教育，弘扬“敢为人先、追求创新、百折不挠”的创业精神，厚植创新文化，不断增强创业创新意识，使创业创新成为全社会共同的价值追求和行为习惯。

二、总体思路

按照“四个全面”战略布局，坚持改革推动，加快实施创新驱动发展战略，充分发挥市场在资源配置中的决定性作用和更好发挥政府作用，加大简政放权力度，放宽政策、放开市场、放活主体，形成有利于创业创新的良好氛围，让千千万万创业者活跃起来，汇聚成经济社会发展的巨大动能。不断完善体制机制、健全普惠性政策措施，加强统筹协调，构建有利于大众创业、万众创新蓬勃发展的政策环境、制度环境和公共服务体系，以创业带动就业、创新促进发展。

——坚持深化改革，营造创业环境。通过结构性改革和创新，进一步简政放权、放管结合、优化服务，增强创业创新制度供给，完善相关法律法规、扶持政策和激励措施，营造均等普惠环境，推动社会纵向流动。

——坚持需求导向，释放创业活力。尊重创业创新规律，坚持以人为本，切实解决创业者面临的资金需求、市场信息、政策扶持、技术支撑、公共服务等瓶颈问题，最大限度释放各类市场主体创业创新活力，开辟就业新空间，拓展发展新天地，解放和发展生产力。

——坚持政策协同，实现落地生根。加强创业、创新、就业等各类政策统筹，部门与地方政策联动，确

保创业扶持政策可操作、能落地。鼓励有条件的地区先行先试，探索形成可复制、可推广的创业创新经验。

——坚持开放共享，推动模式创新。加强创业创新公共服务资源开放共享，整合利用全球创业创新资源，实现人才等创业创新要素跨地区、跨行业自由流动。依托“互联网+”、大数据等，推动各行业创新商业模式，建立和完善线上与线下、境内与境外、政府与市场开放合作等创业创新机制。

三、创新体制机制，实现创业便利化

（一）完善公平竞争市场环境。进一步转变政府职能，增加公共产品和服务供给，为创业者提供更多机会。逐步清理并废除妨碍创业发展的制度和规定，打破地方保护主义。加快出台公平竞争审查制度，建立统一透明、有序规范的市场环境。依法反垄断和反不正当竞争，消除不利于创业创新发展的垄断协议和滥用市场支配地位以及其他不正当竞争行为。清理规范涉企收费项目，完善收费目录管理制度，制定事中事后监管办法。建立和规范企业信用信息发布制度，制定严重违法企业名单管理办法，把创业主体信用与市场准入、享受优惠政策挂钩，完善以信用管理为基础的创业创新监管模式。

（二）深化商事制度改革。加快实施工商营业执照、组织机构代码证、税务登记证“三证合一”“一照一码”，落实“先照后证”改革，推进全程电子化登记和电子营业执照应用。支持各地结合实际放宽新注册企业场所登记条件限制，推动“一址多照”、集群注册等住所登记改革，为创业创新提供便利的工商登记服务。建立市场准入等负面清单，破除不合理的行业准入限制。开展企业简易注销试点，建立便捷的市场退出机制。依托企业信用信息公示系统建立小微企业名录，增强创业企业信息透明度。

（三）加强创业知识产权保护。研究商业模式等新形态创新成果的知识产权保护办法。积极推进知识产权交易，加快建立全国知识产权运营公共服务平台。完善知识产权快速维权与维权援助机制，缩短确权审查、侵权处理周期。集中查处一批侵犯知识产权的大案要案，加大对反复侵权、恶意侵权等行为的处罚力度，探索实施惩罚性赔偿制度。完善权利人维权机制，合理划分权利人举证责任，完善行政调解等非诉讼纠纷解决途径。

（四）健全创业人才培养与流动机制。把创业精神培育和创业素质教育纳入国民教育体系，实现全社会创业教育和培训制度化、体系化。加快完善创业课程设置，加强创业实训体系建设。加强创业创新知识普及教育，使大众创业、万众创新深入人心。加强创业导师队伍建设，提高创业服务水平。加快推进社会保障制度改革，破除人才自由流动制度障碍，实现党政机关、企事业单位、社会各方面人才顺畅流动。加快建立创业创新绩效评价机制，让一批富有创业精神、勇于承担风险的人才脱颖而出。

四、优化财税政策，强化创业扶持

（五）加大财政资金支持和统筹力度。各级财政要根据创业创新需要，统筹安排各类支持小微企业和创业创新的资金，加大对创业创新支持力度，强化资金预算执行和监管，加强资金使用绩效评价。支持有条件的地方政府设立创业基金，扶持创业创新发展。在确保公平竞争前提下，鼓励对众创空间等孵化机构的办公用房、用水、用能、网络等软硬件设施给予适当优惠，减轻创业者负担。

（六）完善普惠性税收措施。落实扶持小微企业发展的各项税收优惠政策。落实科技企业孵化器、大学科技园、研发费用加计扣除、固定资产加速折旧等税收优惠政策。对符合条件的众创空间等新型孵化机构适用科技企业孵化器税收优惠政策。按照税制改革方向和要求，对包括天使投资在内的投向种子期、初创期等创新活动的投资，统筹研究相关税收支持政策。修订完善高新技术企业认定办法，完善创业投资企业享受70%应纳税所得额税收抵免政策。抓紧推广中关村国家自主创新示范区税收试点政策，将企业转增股本分期缴纳个人所得税试点政策、股权奖励分期缴纳个人所得税试点政策推广至全国范围。落实促进高校毕业生、残疾人、退役军人、登记失业人员等创业就业税收政策。

（七）发挥政府采购支持作用。完善促进中小企业发展的政府采购政策，加强对采购单位的政策指导和监督检查，督促采购单位改进采购计划编制和项目预留管理，增强政策对小微企业发展的支持效果。加大创新产品和服务的采购力度，把政府采购与支持创业发展紧密结合起来。

五、搞活金融市场，实现便捷融资

（八）优化资本市场。支持符合条件的创业企业上市或发行票据融资，并鼓励创业企业通过债券市场筹集资金。积极研究尚未盈利的互联网和高新技术企业到创业板发行上市制度，推动在上海证券交易所建立战略新兴产业板。加快推进全国中小企业股份转让系统向创业板转板试点。研究解决特殊股权结构类创业企业在境内上市的制度性障碍，完善资本市场规则。规范发展服务于中小微企业的区域性股权市场，推动建立工商登记部门与区域性股权市场的股权登记对接机制，支持股权质押融资。支持符合条件的发行主体发行小微企业增信集合债等企业债券创新品种。

（九）创新银行支持方式。鼓励银行提高针对创业创新企业的金融服务专业化水平，不断创新组织架构、管理方式和金融产品。推动银行与其他金融机构加强合作，对创业创新活动给予有针对性的股权和债权融资支持。鼓励银行业金融机构向创业企业提供结算、融资、理财、咨询等一站式系统化的金融服务。

（十）丰富创业融资新模式。支持互联网金融发展，引导和鼓励众筹融资平台规范发展，开展公开、小额股权众筹融资试点，加强风险控制和规范管理。丰富完善创业担保贷款政策。支持保险资金参与创业创新，发展相互保险等新业务。完善知识产权估值、质押和流转体系，依法合规推动知识产权质押融资、专利许可费收益权证券化、专利保险等服务常态化、规模化发展，支持知识产权金融发展。

六、扩大创业投资，支持创业起步成长

（十一）建立和完善创业投资引导机制。不断扩大社会资本参与新兴产业创投计划参股基金规模，做大直接融资平台，引导创业投资更多向创业企业起步成长的前端延伸。不断完善新兴产业创业投资政策体系、制度体系、融资体系、监管和预警体系，加快建立考核评价体系。加快设立国家新兴产业创业投资引导基金和国家中小企业发展基金，逐步建立支持创业创新和新兴产业发展的市场化长效运行机制。发展联合投资等新模式，探索建立风险补偿机制。鼓励各地方政府建立和完善创业投资引导基金。加强创业投资立法，完善促进天使投资的政策法规。促进国家新兴产业创业投资引导基金、科技型中小企业创业投资引导基金、国家科技成果转化引导基金、国家中小企业发展基金等协同联动。推进创业投资行业协会建设，加强行业自律。

（十二）拓宽创业投资资金供给渠道。加快实施新兴产业“双创”三年行动计划，建立一批新兴产业“双创”示范基地，引导社会资金支持大众创业。推动商业银行在依法合规、风险隔离的前提下，与创业投资机构建立市场化长期性合作。进一步降低商业保险资金进入创业投资的门槛。推动发展投贷联动、投保联动、投债联动等新模式，不断加大对创业创新企业的融资支持。

（十三）发展国有资本创业投资。研究制定鼓励国有资本参与创业投资的系统性政策措施，完善国有创业投资机构激励约束机制、监督管理机制。引导和鼓励中央企业和其他国有企业参与新兴产业创业投资基金、设立国有资本创业投资基金等，充分发挥国有资本在创业创新中的作用。研究完善国有创业投资机构国有股转持豁免政策。

（十四）推动创业投资“引进来”与“走出去”。抓紧修订外商投资创业投资企业相关管理规定，按照内外资一致的管理原则，放宽外商投资准入，完善外资创业投资机构管理制度，简化管理流程，鼓励外资开展创业投资业务。放宽对外资创业投资基金投资限制，鼓励中外合资创业投资机构发展。引导和鼓励创业投资机构加大对境外高端研发项目的投资，积极分享境外高端技术成果。按投资领域、用途、募集资金规模，完善创业投资境外投资管理。

七、发展创业服务，构建创业生态

（十五）加快发展创业孵化服务。大力发展创新工场、车库咖啡等新型孵化器，做大做强众创空间，完善创业孵化服务。引导和鼓励各类创业孵化器与天使投资、创业投资相结合，完善投融资模式。引导和推动创业孵化与高校、科研院所等技术成果转移相结合，完善技术支撑服务。引导和鼓励国内资本与境外合作设立新型创业孵化平台，引进境外先进创业孵化模式，提升孵化能力。

（十六）大力发展第三方专业服务。加快发展企业管理、财务咨询、市场营销、人力资源、法律顾问、知识产权、检验检测、现代物流等第三方专业化服务，不断丰富和完善创业服务。

（十七）发展“互联网+”创业服务。加快发展“互联网+”创业网络体系，建设一批小微企业创业创新基地，促进创业与创新、创业与就业、线上与线下相结合，降低全社会创业门槛和成本。加强政府数据开放共享，推动大型互联网企业和基础电信企业向创业者开放计算、存储和数据资源。积极推广众包、用户参与

设计、云设计等新型研发组织模式和创业创新模式。

（十八）研究探索创业券、创新券等公共服务新模式。有条件的地方继续探索通过创业券、创新券等方式对创业者和创新企业提供社会培训、管理咨询、检验检测、软件开发、研发设计等服务，建立和规范相关管理制度和运行机制，逐步形成可复制、可推广的经验。

八、建设创业创新平台，增强支撑作用

（十九）打造创业创新公共平台。加强创业创新信息资源整合，建立创业政策集中发布平台，完善专业化、网络化服务体系，增强创业创新信息透明度。鼓励开展各类公益讲坛、创业论坛、创业培训等活动，丰富创业平台形式和内容。支持各类创业创新大赛，定期办好中国创新创业大赛、中国农业科技创新创业大赛和创新挑战大赛等赛事。加强和完善中小企业公共服务平台网络建设。充分发挥企业的创新主体作用，鼓励和支持有条件的大型企业发展创业平台、投资并购小微企业等，支持企业内外部创业者创业，增强企业创业创新活力。为创业失败者再创业建立必要的指导和援助机制，不断增强创业信心和创业能力。加快建立创业企业、天使投资、创业投资统计指标体系，规范统计口径和调查方法，加强监测和分析。

（二十）用好创业创新技术平台。建立科技基础设施、大型科研仪器和专利信息资源向全社会开放的长效机制。完善国家重点实验室等国家级科研平台（基地）向社会开放机制，为大众创业、万众创新提供有力支撑。鼓励企业建立一批专业化、市场化的技术转移平台。鼓励依托三维（3D）打印、网络制造等先进技术和发展模式，开展面向创业者的社会化服务。引导和支持有条件的领军企业创建特色服务平台，面向企业内部和外部创业者提供资金、技术和服务支撑。加快建立军民两用技术项目实施、信息交互和标准化协调机制，促进军民创新资源融合。

（二十一）发展创业创新区域平台。支持开展全面创新改革试验的省（区、市）、国家综合配套改革试验区等，依托改革试验平台在创业创新体制机制改革方面积极探索，发挥示范和带动作用，为创业创新制度体系建设提供可复制、可推广的经验。依托自由贸易试验区、国家自主创新示范区、战略性新兴产业集聚区等创业创新资源密集区域，打造若干具有全球影响力的创业创新中心。引导和鼓励创业创新型城市完善环境，推动区域集聚发展。推动实施小微企业创业基地城市示范。鼓励有条件的地方出台各具特色的支持政策，积极盘活闲置的商业用房、工业厂房、企业库房、物流设施和家庭住所、租赁房等资源，为创业者提供低成本办公场所和居住条件。

九、激发创造活力，发展创新型创业

（二十二）支持科研人员创业。加快落实高校、科研院所等专业技术人员离岗创业政策，对经同意离岗的可在3年内保留人事关系，建立健全科研人员双向流动机制。进一步完善创新型中小企业上市股权激励和员工持股计划制度规则。鼓励符合条件的企业按照有关规定，通过股权、期权、分红等激励方式，调动科研人员创业积极性。支持鼓励学会、协会、研究会等科技社团为科技人员和创业企业提供咨询服务。

（二十三）支持大学生创业。深入实施大学生创业引领计划，整合发展高校毕业生就业创业基金。引导和鼓励高校统筹资源，抓紧落实大学生创业指导服务机构、人员、场地、经费等。引导和鼓励成功创业者、知名企业家、天使和创业投资人、专家学者等担任兼职创业导师，提供包括创业方案、创业渠道等创业辅导。建立健全弹性学制管理办法，支持大学生保留学籍休学创业。

（二十四）支持境外人才来华创业。发挥留学回国人才特别是领军人才、高端人才的创业引领带动作用。继续推进人力资源市场对外开放，建立和完善境外高端创业创新人才引进机制。进一步放宽外籍高端人才来华创业办理签证、永久居留证等条件，简化开办企业审批流程，探索由事前审批调整为事后备案。引导和鼓励地方对回国创业高端人才和境外高端人才来华创办高科技企业给予一次性创业启动资金，在配偶就业、子女入学、医疗、住房、社会保障等方面完善相关措施。加强海外科技人才离岸创业基地建设，把更多的国外创业创新资源引入国内。

十、拓展城乡创业渠道，实现创业带动就业

（二十五）支持电子商务向基层延伸。引导和鼓励集办公服务、投融资支持、创业辅导、渠道开拓于一体

的市场化网商创业平台发展。鼓励龙头企业结合乡村特点建立电子商务交易服务平台、商品集散平台和物流中心，推动农村依托互联网创业。鼓励电子商务第三方交易平台渠道下沉，带动城乡基层创业人员依托其平台和经营网络开展创业。完善有利于中小网商发展的相关措施，在风险可控、商业可持续的前提下支持发展面向中小网商的融资贷款业务。

（二十六）支持返乡创业集聚发展。结合城乡区域特点，建立有市场竞争力的协作创业模式，形成各具特色的返乡人员创业联盟。引导返乡创业人员融入特色专业市场，打造具有区域特点的创业集群和优势产业集群。深入实施农村青年创业富民行动，支持返乡创业人员因地制宜围绕休闲农业、农产品深加工、乡村旅游、农村服务业等开展创业，完善家庭农场等新型农业经营主体发展环境。

（二十七）完善基层创业支撑服务。加强城乡基层创业人员社保、住房、教育、医疗等公共服务体系建设，完善跨区域创业转移接续制度。健全职业技能培训体系，加强远程公益创业培训，提升基层创业人员创业能力。引导和鼓励中小金融机构开展面向基层创业创新的金融产品创新，发挥社区地理和软环境优势，支持社区创业者创业。引导和鼓励行业龙头企业、大型物流企业发挥优势，拓展乡村信息资源、物流仓储等技术和服务网络，为基层创业提供支撑。

十一、加强统筹协调，完善协同机制

（二十八）加强组织领导。建立由发展改革委牵头的推进大众创业万众创新部际联席会议制度，加强顶层设计和统筹协调。各地区、各部门要立足改革创新，坚持需求导向，从根本上解决创业创新中面临的各种体制机制问题，共同推进大众创业、万众创新蓬勃发展。重大事项要及时向国务院报告。

（二十九）加强政策协调联动。建立部门之间、部门与地方之间政策协调联动机制，形成强大合力。各地区、各部门要系统梳理已发布的有关支持创业创新发展的各项政策措施，抓紧推进“立、改、废”工作，将对初创企业的扶持方式从选拔式、分配式向普惠式、引领式转变。建立健全创业创新政策协调审查制度，增强政策普惠性、连贯性和协同性。

（三十）加强政策落实情况督查。加快建立推进大众创业、万众创新有关普惠性政策措施落实情况督查督导机制，建立和完善政策执行评估体系和通报制度，全力打通决策部署的“最先一公里”和政策落实的“最后一公里”，确保各项政策措施落地生根。

各地区、各部门要进一步统一思想认识，高度重视、认真落实本意见的各项要求，结合本地区、本部门实际明确任务分工、落实工作责任，主动作为、敢于担当，积极研究解决新问题，及时总结推广经验做法，加大宣传力度，加强舆论引导，推动本意见确定的各项政策措施落实到位，不断拓展大众创业、万众创新的空间，汇聚经济社会发展新动能，促进我国经济保持中高速增长、迈向中高端水平。

国务院

2015年6月11日

印发兵团贯彻落实《国务院办公厅关于发展众创空间推进大众创新创业的指导意见》实施方案的通知

新兵办发〔2015〕61号

各师（市）、院（校），兵团机关各部门、各直属机构：

《兵团贯彻落实〈国务院办公厅关于发展众创空间推进大众创新创业的指导意见〉实施方案》已经兵团同意，现印发给你们，请认真贯彻执行。

2015年8月15日

（此件公开发布）

兵团贯彻落实《国务院办公厅关于发展众创空间推进大众创新创业的指导意见》实施方案

推进大众创业、万众创新，是稳增长、扩就业、激发亿万群众智慧和创造活力，促进社会纵向流动、公平正义的重大举措。根据《党中央国务院关于深化体制机制改革加快实施创新驱动发展战略的若干意见》和《国务院办公厅关于发展众创空间推进大众创新创业的指导意见》（国办发〔2015〕9号）精神要求，为加快发展兵团众创空间等新型创业服务平台，构建普惠性政策扶持体系，激发全社会创新创业活力，营造良好的创新创业生态环境，探索兵团特有体制机制下依靠大众创业、万众创新，实现跨越发展的新模式，积极打造经济发展新业态和新引擎，结合兵团实际，特提出以下实施方案，请认真贯彻落实。

一、推进大众创业、万众创新的重要意义

——推进大众创业、万众创新，是培育和催生经济社会发展新动力的必然选择。随着兵团资源环境约束日益强化，要素的规模驱动力逐步减弱，传统的高投入、高消耗、粗放式发展方式难以为继，经济发展进入新常态，需要从要素驱动、投资驱动逐步转向创新驱动、要素驱动和投资驱动并重。推进大众创业、万众创新，就是要通过结构性改革、体制机制创新，消除不利于创业创新发展的各种制度束缚，支持各类市场主体不断开办新企业、开发新产品、开拓新市场，培育新兴产业，形成小企业“铺天盖地”、大企业“顶天立地”的发展格局，实现创新驱动发展，打造新引擎、形成新动力。

——推进大众创业、万众创新，是扩大就业、实现富民之道的根本举措。随着兵团城镇化建设的快速发展，团场连队功能区转型改革，人力资源转化为人力资本的潜力巨大，就业结构性矛盾凸显。推进大众创业、万众创新，就是要通过转变行政职能、建设服务型机关，营造公平竞争的创业环境，使有梦想、有意愿、有能力的科技人员、高校毕业生、大学生、职工、退役军人、失业人员等各类市场创业主体“如鱼得水”，通过创业增加收入，让更多的人富起来，促进收入分配结构调整，实现创新支持创业、创业带动就业的良性互动发展。

——推进大众创业、万众创新，是激发全社会创新潜能和创业活力的有效途径。目前，在兵团创业创新理念还未深入人心，创业教育培训体系还不健全，善于创造、勇于创业的能力不足，鼓励创新、宽容失败的良好环境尚未形成。推进大众创业、万众创新，就是要通过加强全社会以创新为核心的创业教育，弘扬“敢为人先、追求创新、百折不挠”的创业精神，厚植创新文化，不断增强创新创业意识，使创新创业成为全社会共同的价值追求和行为习惯。

二、总体要求

（一）指导思想。

全面贯彻落实党的十八大和十八届三中、四中全会精神，按照党中央、国务院决策部署，以及“四个全面”战略布局，以丝绸之路经济带核心区建设为契机，以营造良好创新创业生态环境为目标，以激发全社会创新创业活力为主线，以提高区域创新创业能力为核心，以构建众创空间等创业服务平台为载体，充分发挥兵团组织优势，有效整合资源，优化体制机制、集成落实政策，完善服务模式，培育创新文化，加快形成兵团大众创业、万众创新的生动局面。

（二）基本原则。

坚持市场导向。充分发挥市场配置资源的决定性作用，以社会力量为主构建市场化的众创空间，以满足个性化多样化消费需求和用户体验为出发点，促进创新创业与市场需求和社会资本有效对接。

加强政策集成。进一步转变行政职能，优化市场竞争环境。完善创新创业政策体系，加大政策落实力度，降低创新创业成本，壮大创新创业群体。完善股权激励和利益分配机制，保障创新创业者的合法权益。

强化开放共享。充分运用互联网和开源技术，构建开放创新创业平台，促进更多创业者加入和集聚。加强跨区域技术转移，整合利用区内外创新资源。推动产学研协同创新，促进科技资源开放共享。

创新服务模式。通过市场化机制、专业化服务和资本化途径，有效集成创业服务资源，提供全链条增值服务。强化创业辅导，培育企业家精神，发挥资本推力作用，提高创新创业效率。

（三）发展目标。

到2020年，形成一批有效满足大众创新创业需求、具有较强专业化服务能力的众创空间等新型创业服务平台，兵团创业孵化器数量达到30家以上，探索利用互联网建立虚拟孵化器。孵化培育一批创新型中小微企业，并从中成长出能够引领经济发展的高新技术产业和战略性新兴产业。培育创业投资机构和天使投资人20家以上，进一步拓展投融资渠道。培育创新创业人才20000人以上，产生一批具有影响力和兵团特色的众创队伍，初步形成创业主体大众化、孵化主体多元化、创业服务专业化、组织体系网络化、创业路径资本化、建设运营市场化、创业模式多样化的发展格局。创新创业政策体系进一步健全，服务体系进一步完善，全社会创新创业文化氛围更加浓厚。

三、重点任务

（一）加快构建众创空间。

1. 引进推广创客空间、创新工场等新型孵化模式，充分利用国家高新技术产业开发区、国家经济技术开发区、国家农业科技园区、国家大学科技园、科技企业孵化器、文化创业园、大学生创业实习基地和高等院校、科研院所等有利条件，积极盘活闲置的商业用房、工业厂房、企业库房、物流设施等资源，发挥行业领军企业、创业投资机构、社会组织等社会力量的主力军作用，构建一批低成本、便利化、全要素、开放式的众创空间。（责任单位：兵团科技局、发展改革委、教育局、工信委）

2. 鼓励各师（市）、院校和团场紧密结合区域资源禀赋、特色支柱产业和园区功能布局，重点在新材料、先进制造、煤化工、纺织服装、互联网+、现代服务业、现代农业、文化传媒等领域，建立形成“创业苗圃+孵化器+加速器+产业园”的全产业链孵化链条。（责任单位：兵团科技局、发展改革委、教育局、工信委）

3. 发挥政策集成和协同效应，实现创新与创业相结合、线上与线下相结合、孵化与投资相结合，为广大创新创业者提供良好的工作空间、网络空间、社交空间和资源共享空间。（责任单位：兵团科技局、教育局、工信委）

（二）降低创新创业门槛。

4. 进一步完善公平竞争市场环境，为创业者和小微企业提供更多机会。逐步建立公平竞争审查机制，建立统一透明、有序规范的市场环境。各师（市）要放宽市场准入，充分发挥市场在资源配置中的决定性作用，进一步简化与创业密切相关的审批事项，全面落实各项鼓励创业的扶持政策，为企业做好系统辅导和咨询服务。（责任单位：兵团发展改革委、工信委、科技局、国资委）

5. 建市的师要加快实施工商营业执照、组织机构代码证、税务登记证“三证合一”“一照一码”，落实

“先照后证”改革，推进全程电子化登记和电子营业执照应用。支持各地结合实际放宽新注册企业场所登记条件限制，推动“一址多照”、集群注册等住所登记改革，为创新创业提供便利的工商登记服务。开展企业简易注销试点，建立便捷的市场退出机制。（责任单位：兵团财务局、发展改革委、工信委）

（三）鼓励科技人员和大学生创业。

6. 加快落实高校、科研院所等专业技术人员离岗创业政策，符合条件的科研院所的科研人员经所在单位批准，可带着科研项目和成果、保留基本待遇到企业开展创新工作或创办企业。允许高等学校和科研院所设立一定比例流动岗位，建立人才双向流动机制。鼓励各类企业通过股权、期权、分红权等激励方式，调动科研人员创新积极性。探索促进国有企业创新的激励制度，对在创新中作出重要贡献的技术人员实施股权或分红权激励。支持鼓励学会、协会、研究会等科技社团为科技人员和创业企业提供咨询服务。持续实施科技特派员创业行动，鼓励科技特派员围绕兵团优势产业发展进行创业服务。（责任单位：兵团科技局、人力资源社会保障局、财务局、教育局、国资委）

7. 深入实施大学生创业引领计划。创新高校人才培养机制，健全创新创业教育课程体系，改革教学方法和考核方式，强化创新创业实践。设立大学生创新创业试验班，建立创新创业实验室，吸引社会力量共同支持大学生创新创业培育活动，开展大学生创新创业暑假培训班，邀请成功创业者、知名企业家、创业投资人、专家学者等，提供包括创业方案、创业渠道等创业辅导。建立健全弹性学制管理办法，支持大学生保留学籍休学创业。（责任单位：兵团教育局、科技局、团委）

（四）支持创新创业公共服务。

8. 综合运用行政购买服务、无偿资助、业务奖励等方式，加快推动科技服务业集聚发展，大力培育科技咨询机构、投资机构、知识产权机构、产权交易市场等创业创新服务机构，为创业企业提供科学化、标准化、便利化的公共服务。围绕兵团重点发展产业的需求，着力打造检验检测服务标准体系和品牌，创新检验检测信息化服务模式。各师（市）要探索通过创业券、创新券等方式对创业者和创新企业提供社会培训、管理咨询、检验检测、软件开发、研发设计等服务，建立和规范相关管理制度和运行机制，逐步形成可复制、可推广的经验。（责任单位：兵团科技局、财务局、发展改革委）

9. 针对初创企业、成长企业需求，在企业家精神培育、团队打造、商业模式等方面对创业者开展培训。建立兵团创业导师资源库，实施创业导师制度，支持各类创业服务平台聘请成功创业者、天使投资人、知名专家担任创业导师，形成高端化的创业导师队伍，为创业者提供创业培训、创业辅导、创投对接等服务。整合各级各类重点实验室、工程实验室、工程（技术）研究中心和团场的资源优势，建立面向中小微企业有效开放机制。鼓励高校、科研院所和大中型企业将现有兵团重大科研基础设施、大型科研仪器与装备、文献资料与知识库、农业种质资源和专利信息等资源向全社会开放共享。完善专利审查快速通道，对小微企业亟需获得授权的核心专利申请予以优先辅导。（责任单位：兵团科技局、教育局、国资委）

10. 加强区内外的交流与合作。利用科技援疆机制和喀什、霍尔果斯经济开发区兵团分区、国家高新技术产业开发区、国家经济技术产业开发区、国家大学科技园、国家农业科技园区和团场等载体，引进区内外知名科技企业孵化器，大学科技园、技术转移中心、成果转化中心等在兵团设立分支机构，在项目实施、资源共享、人才交流等方面建立协同创新机制，扩大对外开放，强化引资引智。争取对口援疆省市在创新创业方面人才、项目、资金的支持。利用国家支持兵团在南疆发展重要机遇，积极打造南疆各师（市）城市和城镇众创空间。加强同丝绸之路经济带沿线国家的科技交流与合作，建立国际科技合作基地、技术转移基地等。（责任单位：兵团科技局、援疆办、商务局、人力资源社会保障局、工信委）

（五）加强财政资金引导。

11. 各级财务部门要根据创新创业需要，统筹安排各类支持小微企业和创新创业的资金，加大对创新创业支持力度，强化资金预算执行和监管，加强资金使用绩效评价。在确保公平竞争前提下，鼓励对众创空间等孵化机构的办公用房、用水、用能、网络等软硬件设施给予适当优惠，减轻创业者负担。通过科技金融试点，运用风险补助和投资保障等方式，引导创业投资机构投资于初创期科技型中小企业。发挥财务资金杠杆作用，通过市场机制引导社会资金和金融资本支持创业活动。发挥各师（市）财税政策作用支持天使投资、创业投资发展，培育发展天使投资群体，推动大众创新创业。（责任单位：兵团财务局、科技局、发展改革委）

12. 推进普惠性税收优惠政策的落实。落实科技企业孵化器、大学科技园、研发费用加计扣除、固定资产加速折旧等税收优惠政策。对符合条件的众创空间等新型孵化机构适用科技企业孵化器税收优惠政策。按照税制改革方向和要求，各师（市）对包括天使投资在内的投向种子期、初创期等创新活动的投资，加快落实国家相关税收支持政策。完善促进中小微企业发展的行政采购政策，加强对采购单位的政策指导和监督检查，督促采购单位改进采购计划编制和项目预留管理，增强政策对中小微企业发展的支持效果。加大创新产品和服务的采购力度，把行政采购与支持创业发展紧密结合起来。（责任单位：兵团财务局、工信委、科技局）

（六）拓展创业渠道实现创业带动就业。

13. 以丝绸之路经济带核心区建设为契机，加快发展“互联网+”创业网络体系，建立新兴产业“双创”示范基地，促进创业与创新、创业与就业、线上与线下相结合，降低全社会创业门槛和成本。加强兵、师、团各级行政部门和大专院校与科研院所向创业者开放计算、存储和数据资源，积极推广众包、用户参与设计、云设计等新型研发组织模式和创新创业模式。结合地缘优势和自身特色，重点支持、鼓励企业和大众在先进制造、物流、医疗、文化创意、智慧旅游、多语种数字教育、特色农产品及手工制品等领域开展“互联网+”新兴业态的创新创业活动。（责任单位：兵团工信委、科技局、发展改革委）

14. 引导和鼓励集办公服务、投融资支持、创业辅导、渠道开拓于一体的市场化网商创业平台发展。鼓励兵团行业龙头企业结合资源禀赋建立电子商务交易服务平台、商品集散平台和物流中心。针对兵团城镇化建设快速发展，团场连队功能区转型改革特点，鼓励电子商务第三方交易平台渠道下沉，带动团场、连队创业人员依托其平台和经营网络开展创业。完善有利于中小网商发展的相关措施，在风险可控、商业可持续的前提下开展面向中小网商的融资担保试点。（责任单位：兵团商务局、工信委、科技局、发展改革委）

（七）营造创新创业氛围。

15. 鼓励社会力量围绕大众创业、万众创新组织开展各类公益活动。鼓励具有行业特色或人群特色创业服务组织聚合，采集有价值的创新创业内容，通过线上渠道统一推送和发布。推进创客联盟、创业沙龙等创业者组织建设，加强创业者之间的合作交流、资源共享。组织多领域的创客、草根创业、大学生、职工创新创业活动，鼓励社会力量围绕大众创业、万众创新组织开展各类公益活动，支持各类创新创业大赛，定期办好兵团创新创业大赛，积极参加中国创新创业大赛。（责任单位：兵团科技局、教育局）

16. 大力倡导敢为人先、宽容失败的创新创业文化，培育企业家精神和创客文化，广泛挖掘和持续宣传一批创业明星、创客、优秀创业导师、天使投资人及孵化器管理者，适时表彰一批有特色、有建树、有引领作用的单位和个人，通过各种媒介的广泛宣传在全社会形成浓厚的创新创业文化氛围。（责任单位：兵团科技局、教育局）

四、保障措施

（一）加强组织领导。兵团各级、各部门要高度重视推进大众创业、万众创新工作，积极落实促进创新创业的各项政策措施，认真作好顶层设计和统一规划，加快众创空间硬件建设，促进大众创业、万众创新工作的有序开展。各师（市）和高等院校要加强对创新创业工作的组织领导，结合自身实际制定具体实施细则，明确工作部署，切实加大资金投入、政策支持和条件保障力度，将大众创业、万众创新贯彻实施情况纳入兵团各师（市）、院校党政主要领导科技进步目标责任制考核，确保各项政策措施落地生根。兵团科技局启动实施“大众创业、万众创新”科技示范工程，加快推进大众创业、万众创新的试点与示范。

（二）加强政策联动。建立部门之间政策协调联动机制，形成强大合力。各部门要系统梳理已发布的有关支持创业创新发展的各项政策措施，将对初创企业的扶持方式从选拔式、分配式向普惠式、引领式转变。建立健全创业创新政策协调推进机制，增强政策普惠性、连贯性和协同性，形成上下联动、统一高效的工作机制。各师（市）、院校要做好大众创新创业政策落实情况调研、发展情况统计汇总等工作，及时报告有关进展情况。

（三）加强示范引导。重点在霍尔果斯经济开发区兵团分区、石河子国家高新技术产业开发区、各国家经济技术开发区、石河子大学国家大学科技园、第七师天北新区和一师阿拉尔市开展创新创业试点示范。鼓励各师（市）、院校和团场积极探索推进大众创新创业的新机制、新政策，不断完善创新创业服务体系，营造良好的创新创业环境。

国家卫生计生委办公厅关于印发住院医师规范化培训招收实施办法（试行）和住院医师规范化培训考核实施办法（试行）的通知

国卫办科教发〔2015〕49号

各省、自治区、直辖市卫生计生委，新疆生产建设兵团卫生局：

为贯彻落实《关于建立住院医师规范化培训制度的指导意见》和《住院医师规范化培训管理办法（试行）》精神，进一步促进工作规范化，提升培训质量，我委组织制定了《住院医师规范化培训招收实施办法（试行）》和《住院医师规范化培训考核实施办法（试行）》。现印发给你们（可从国家卫生计生委网站下载），请结合实际认真贯彻执行。

附件：

1. 住院医师规范化培训招收实施办法（试行）
2. 住院医师规范化培训考核实施办法（试行）

国家卫生计生委办公厅
2015年9月14日

住院医师规范化培训招收实施办法（试行）

第一章　总　则

第一条　为加强住院医师规范化培训招收（以下简称培训招收）管理，规范培训招收工作，保证培训招收质量，根据《关于建立住院医师规范化培训制度的指导意见》和《住院医师规范化培训管理办法（试行）》，制定本办法。

第二条　培训招收工作以需求为导向，推动区域协同，兼顾专业均衡，遵循公开公平、双向选择、择优录取的原则。

第三条　本办法适用的培训招收对象包括单位委派的培训人员和面向社会招收的培训人员。

第二章　职责分工

第四条　培训招收工作实行分级管理。国务院卫生计生行政部门（含中医药管理部门，下同）负责全国培训招收工作的政策制定和监督指导，省级卫生计生行政部门负责本辖区培训招收工作的组织协调和监督管理，培训基地落实培训招收主体责任，负责本基地培训招收工作的组织实施。

第五条　国务院卫生计生行政部门的主要职责是：研究制定全国培训招收工作的有关政策；研究下达全国培训招收年度计划；统筹培训资源，推动各地、各专业均衡发展；指导监督各省（区、市）工作实施。根据需要，国务院卫生计生行政部门可指定有关行业组织、单位协助开展相关具体工作。

第六条　省级卫生计生行政部门的主要职责是：贯彻执行国务院卫生计生行政部门培训招收工作的有关规定；制订本省（区、市）年度招收计划；落实省域间工作协同任务；指导监督本省（区、市）培训基地的招收实施工作。根据需要，省级卫生计生行政部门可指定有关行业组织、单位协助开展相关具体工作。

第七条　培训基地的主要职责是：落实上级卫生计生行政部门的有关要求；开展本基地培训招收工作并

及时上报工作信息。

第三章　招收计划

第八条　国家根据医疗卫生事业发展需要，探索建立培训招收匹配机制，综合考虑岗位需求以及培训能力、保障条件、毕业生供给等因素确定年度招收计划，招收名额向全科等紧缺专业和县级及以下医疗卫生机构倾斜。

第九条　国务院卫生计生行政部门协调各有关方面的力量，加大对中西部地区的支持力度，依据需求和东部地区培训能力，每年将东部地区招收名额的一定比例用于帮助中西部地区培训部分学员。

第十条　省级卫生计生行政部门在深入调查研究本辖区培训需求的基础上，于每年9月向国务院卫生计生行政部门上报下一年度培训招收需求计划。

第十一条　省级卫生计生行政部门要发挥医学教育工作协调机制作用，推进医教协同，探索做好住院医师规范化培训招收与临床医学硕士专业学位研究生招生的有机衔接。有条件的培训基地经所在地省级卫生计生行政部门同意，可试行提前批招收。

第四章　报　名

第十二条　省级卫生计生行政部门根据国家下达的培训招收计划，向社会公布培训基地情况、各专业招收人数、招收工作流程等相关信息。

第十三条　申请参加住院医师规范化培训的人员，须符合下列条件：

（一）热爱医疗卫生事业，品德良好，遵纪守法；

（二）符合临床、中医、口腔类别医师资格考试报考条件规定专业范围的应、往届本科及以上学历医学毕业生，或已取得《医师资格证书》需要接受培训的人员，以应届毕业生为主；

（三）培训基地所在地省级卫生计生行政部门规定的其他培训招收条件。

第十四条　符合报名条件的人员应当根据省级卫生计生行政部门公布的招收计划选报培训基地与培训专业。

第十五条　培训申请人应当按要求提供有关报名材料，单位委派人员还需出具本单位同意报考的证明材料，申请人需通过网络或现场报名等方式提交相关信息。培训基地依据国家对培训对象资质条件的有关规定对申请材料进行审核，确定申请人的报考资格。

第五章　考核与调剂

第十六条　培训基地根据所在地省级卫生计生行政部门的规定，自主对培训申请人进行招收考核，重点为非培训基地医疗卫生机构招收培训住院医师。

第十七条　培训基地在组织招收考核时可采取笔试、面试相结合等形式进行，通过对培训申请人的综合素质和临床实践能力的测评，确定拟录取的培训对象及其接受培训的具体时间和内容。

第十八条　培训基地要按时完成培训招收工作，及时向所在地省级卫生计生行政部门报送拟招收录取信息，各省（区、市）可在招收计划剩余名额内对未被录取的申请培训人员进行调剂，优先满足全科等紧缺专业和县级及以下医疗卫生机构需求，确保完成国家下达的招收计划。

第六章　公示与录取

第十九条　培训基地根据培训申请人填报志愿的顺序及招收考核结果，择优确定拟招收名单，并通过省级卫生计生行政部门规定的网络平台或其他适宜形式对拟招收名单进行公示，公示时间不少于7个工作日。

第二十条　培训基地根据公示结果确定培训招收人员，并将录取结果通知相关培训对象。

第二十一条　新招收培训对象按录取通知要求，在规定时限内到培训基地报到，原则上从9月开始接受培训。无故逾期2周不报到者，视为自动放弃本次培训资格。

第二十二条　新招收对象到培训基地报到时，应当按规定签订培训协议。对于单位委派的培训对象，由培训基地、委派单位和培训对象三方签订委托培训协议；面向社会招收的培训对象，由培训基地与培训对象双方签订培训协议。

第二十三条 培训招收工作结束后，省级卫生计生行政部门将本地本年度的招收结果向社会公布，并于每年9月底前将本年度实际招收情况报告国务院卫生计生行政部门。培训基地要做好培训招收工作有关资料的归档与管理，建立培训对象信息库。

第七章　监督管理

第二十四条 将东部省（市）落实支持中西部地区培训招收情况，作为下一年度相关省（区、市）培训招收名额分配的重要依据。将各培训基地招收计划特别是全科等紧缺专业计划完成情况以及非培训基地学员招收完成情况，作为培训基地动态管理、财政补助、创先争优和下一年度招收名额分配的重要依据。

第二十五条 对在培训招收工作中出现违纪违规的培训基地，视情节轻重给予通报批评直至取消其基地资格，并根据有关规定提请其主管机关、单位对当事人予以相应处分。

第二十六条 对在培训招收工作中弄虚作假的培训申请人，取消其本次报名、录取资格；对录取后无故不报到或报到后无故自行退出等情节严重者，3年内不得报名参加住院医师规范化培训。

第八章　附　则

第二十七条 本办法由国务院卫生计生行政部门负责解释。

第二十八条 本办法自发布之日起施行。

中共中央组织部　人力资源社会保障部等九部门关于实施第三轮高校毕业生“三支一扶”计划的通知

人社部发〔2016〕41号

各省、自治区、直辖市及新疆生产建设兵团党委组织部、人力资源社会保障厅（局）、教育厅（教委、教育局）、财政厅（财政局、财务局）、水利（水务）厅（局）、农业（农牧、农村经济）厅（委、局、办）、卫生计生委（卫生局）、扶贫办（局）、团委：

自2006年高校毕业生“三支一扶”（支教、支农、支医和扶贫）计划实施以来，各地区、各有关部门紧贴基层需求，不断拓展服务领域，规范日常管理，强化培养使用，完善政策措施，取得良好效果，在促进高校毕业生就业、推动基层经济社会发展方面发挥了重要作用。为深入实施人才强国战略和就业优先战略，健全鼓励高校毕业生到基层工作的服务保障机制，人力资源社会保障部、中央组织部、教育部、财政部、水利部、农业部、国家卫生计生委、国务院扶贫办、共青团中央等部门决定，2016—2020年实施第三轮高校毕业生“三支一扶”计划。现就有关事项通知如下：

一、实施第三轮“三支一扶”计划的基本思路和目标任务

“十三五”时期是全面建成小康社会决胜阶段，打赢脱贫攻坚战是实现全面建成小康社会目标的重大任务。实施第三轮“三支一扶”计划，要深入学习贯彻习近平总书记系列重要讲话精神，紧紧围绕全面建成小康社会奋斗目标，围绕打赢脱贫攻坚战的战略部署，坚持立足教育、农业、卫生、水利和扶贫等事业发展对人才的需求，坚持为基层输送和培养青年人才、引导高校毕业生到基层就业创业的工作定位，坚持“稳定规模、优化领域、改进管理、提升质量、强化保障”的基本思路，全国每年选拔招募2.5万名、五年共12.5万名高校毕业生到基层从事“三支一扶”服务。各地要充分认识“十三五”时期继续实施“三支一扶”计划的重要意义，切实增强做好工作的责任感和使命感，总结经验，拓宽思路，按照新的目标定位和任务要求，进一步加大工作力度，完善相关政策措施，健全管理服务制度，确保“三支一扶”工作取得更大成效。

二、完善选拔招募机制

（一）合理确定招募规模。各地要立足本地“十三五”时期基层经济社会发展实际，逐级开展基层岗位需求统计，合理编制年度招募计划。要着重加强对当前或未来2-3年有空编的基层服务单位岗位征集，招募计划适当向辖区内的贫困地区、艰苦边远地区和少数民族地区倾斜。

（二）统筹开发服务岗位。各地要在重点开发支教、支农、支医和扶贫岗位的基础上，落实中央新的部署要求，进一步加大扶贫岗位开发力度，积极拓展供销合作、农村合作经济、农村电子商务、农村饮水安全、农田水利、生态保护、文化建设等领域服务岗位，努力满足基层公共服务体系建设和民生事业发展的需要。要统筹考虑其他基层服务项目实施情况，推动各项目在服务岗位覆盖上优势互补、各有侧重，形成服务基层工作合力。

（三）规范选拔招募工作。各地要科学设置选拔招募条件，提高人员岗位匹配度，努力提升招募人员素质。要通过校园宣讲、媒体宣传等方式，广泛发布招募公告，引导优秀高校毕业生积极报名参加。要进一步完善选拔招募制度，坚持平等竞争、择优录取，做到招募信息公开、过程公开、结果公开，坚决杜绝选拔招募过程中的不正之风。

三、加强人员培养和使用

（一）实施能力提升专项培训计划。各地要建立“三支一扶”人员教育培训制度，自2016年起在全国实

施“三支一扶”人员能力提升专项培训计划，每年为“三支一扶”人员提供不少于5天的岗前或在岗脱产培训，由省级“三支一扶”办负责组织。人力资源社会保障部会同有关部门，每年举办“三支一扶”计划示范培训班，补助标准为每人每年3000元，2016年培训5000人，以后年度可根据培训实施情况调整培训人数。具体培训和资金管理办法由人力资源社会保障部、财政部另行制定。

（二）实施岗位成长培养计划。各地要指导基层单位加强“三支一扶”人员的培养和使用。要结合岗位制定专门的成长培养计划，明确帮扶导师、岗位职责和工作要求，经常开展谈心活动，定期进行工作总结，组织交流工作经验，充分发挥“三支一扶”人员作用，促进其在实践中成长成才。要积极创造条件，扶持有相应能力和意愿的“三支一扶”人员在基层创新创业，带动基层群众兴业致富。县级“三支一扶”办要加强沟通协调，推动每个接收“三支一扶”人员的乡镇从“三支一扶”人员中择优选拔1–2人兼任乡镇团委副书记、基层供销社主任助理。对服务期间积极要求入党的，由乡镇一级党组织按规定程序办理。

四、进一步健全服务保障机制

（一）建立工作生活补贴标准动态调整机制。各级财政要加大投入力度，严格按照当地乡镇机关或事业单位从高校毕业生中新聘用工作人员试用期满后工资收入水平，确定“三支一扶”人员工作生活补贴标准，建立工作生活补贴标准动态调整机制。从2015年9月1日起，中央财政补助标准提高到西部地区每人每年2.5万元（其中新疆南疆四地州、西藏自治区每人每年3.5万元），中部地区每人每年1.8万元，东部地区每人每年0.8万元。2016年中央财政对中西部地区调标进行补发，补发范围为本通知印发时仍在岗的国家计划内“三支一扶”人员。地方各级财政应结合实际给予相应配套资金。在艰苦边远地区服务的“三支一扶”人员可享受艰苦边远地区津补贴。各地要按月足额发放“三支一扶”人员工作生活补贴。

（二）全面落实社会保险政策。各地要加强指导协调和督促检查，确保为每名“三支一扶”人员落实各项社会保险。社会保险的单位缴纳部分由地方财政负担，个人缴纳部分从“三支一扶”人员工作生活补贴中代扣代缴。鼓励有条件的地方为“三支一扶”人员办理补充医疗保险，重大疾病、人身意外伤害等商业保险以及住房公积金。

（三）加大其他保障力度。从2016年起，中央财政按照每人2000元标准，给予每名新招募且在岗服务满6个月以上的“三支一扶”人员一次性安家费补贴。鼓励有条件的地方建立年度考核奖励机制，按考核结果等次给予“三支一扶”人员一定奖励。鼓励基层服务单位积极为“三支一扶”人员提供交通、住宿和伙食等方面的便利，提高保障水平。

五、切实做好日常管理和服务工作

（一）强化人员管理。各地要结合实际，进一步完善各项管理制度。定期开展“三支一扶”人员在岗履职情况检查，严格按招募岗位安排使用“三支一扶”人员，原则上不允许外单位借用。“三支一扶”人员中的党员、团员在服务期间按照当地农村党员、团员的标准按时缴纳党费、团费。县级“三支一扶”办负责“三支一扶”人员的年度考核和服务期满考核工作，考核情况存入本人人事档案，并报省级“三支一扶”办备案。完善考核制度，强化日常表现考核和工作实绩考核，考核结果与奖惩、培养、使用挂钩。加强全国高校毕业生“三支一扶”工作管理信息系统应用，实现与财政等相关部门信息共享，落实专人负责，及时做好信息采集、上报和更新工作。

（二）完善日常服务。各地“三支一扶”办要会同有关部门，妥善做好“三支一扶”人员服务期间的户口、人事档案保管工作，户口可由指定机构统一管理，也可根据本人意愿转回原籍。人事档案原则上统一转至服务单位所在地的县级人力资源社会保障部门的公共就业和人才服务机构，党团组织关系转至服务单位。对服务期满并已落实接收单位的“三支一扶”人员，要及时将其户口、人事档案和党团组织关系转入接收单位；暂未就业的，原则上转回原籍。对服务期间通过正常手续离岗的人员，要及时为其办理上述相关手续。

（三）做好证书发放管理。各地要及时为服务期满考核合格的“三支一扶”人员颁发《高校毕业生“三支一扶”服务证书》。“三支一扶”服务证书是服务期满人员享受相关政策扶持的重要凭证，由全国“三支一扶”工作领导小组办公室（以下简称全国“三支一扶”办）制定统一格式和编码，由省级“三支一扶”办统一制作、加盖印章并发放。省级“三支一扶”办要按规定做好证书发放管理工作。

六、畅通服务期满就业创业渠道

（一）落实和完善机关事业单位定向考录（招聘）政策。各地要认真落实《关于做好艰苦边远地区基层公务员考试录用工作的意见》（人社部发〔2014〕61号）和《关于统筹实施引导高校毕业生到农村基层服务项目工作的通知》（人社部发〔2009〕42号）等文件要求，切实做好从服务期满“三支一扶”人员中定向考录公务员和优先招聘事业单位工作人员的工作。各级机关考录公务员、事业单位招聘工作人员时，免收困难家庭“三支一扶”人员的报名费和体检费。凡符合《中华人民共和国执业医师法》及卫生计生委医师资格考试报名有关规定的支医人员，由服务地相应医疗机构出具试用期考核合格证明，当地县级卫生行政部门要帮助办理参加执业医师资格考试的有关手续，确保他们能顺利参加考试。

（二）鼓励创业。各地要将有创业意愿的服务期满“三支一扶”人员及时纳入本地“大学生创业引领计划”、“现代青年农场主培育计划”、农村青年创业富民行动等，提供创业培训、创业指导、创业孵化等创业公共服务，按规定给予培训补贴、税费减免、创业担保贷款等扶持。发挥服务期满“三支一扶”人员熟悉基层的优势，鼓励他们立足农村，在农产品加工业、休闲农业和乡村旅游、农村服务业等领域因地制宜地开展创业。支持服务期满“三支一扶”人员创办农民合作社、家庭农场等新型农业经营主体，符合农业补贴政策支持条件的，可按规定同等享受相应的政策支持。鼓励服务期满“三支一扶”人员在“互联网+”、电子商务领域网上创业，经工商注册登记的网络商户从业人员，同等享受各项就业创业扶持政策；未经工商注册登记的网络商户从业人员，可认定为灵活就业人员，享受灵活就业人员扶持政策。

（三）促进自主择业。各级“三支一扶”办要充分发挥各有关成员单位作用，大力挖掘就业岗位，拓宽服务期满“三支一扶”人员转岗就业渠道。服务期满人员较多的省、市级人力资源社会保障部门每年应至少组织一场专门的岗位对接活动，向国有企业、大型民营企业、社会组织等推荐服务期满人员。各级公共就业和人才服务机构要为服务期满人员免费提供政策咨询、职业指导和职业介绍。对实现灵活就业的服务期满人员，按规定落实社会保险补贴政策。对服务期满未能及时就业的人员，要作为重点服务对象提供岗位信息、职业培训等有针对性的就业服务，帮助其尽快实现就业。“三支一扶”人员在基层服务年限计算为工龄，其参加工作时间按其到基层报到之日起算。

（四）支持继续学习深造。服务期满考核合格的“三支一扶”人员，3年内报考硕士研究生的，初试总分加10分，同等条件下优先录取。对于已被录取为研究生的应届高校毕业生参加“三支一扶”计划的，学校应为其保留入学资格。高职（高专）毕业生参加“三支一扶”计划服务期满考核合格的，可免试入读成人高等学历教育专科起点本科。服务期满考核合格且符合相应条件的，可按规定享受相应的学费补偿和助学贷款代偿政策。

七、加强组织领导

（一）完善工作机制。各地要进一步完善“三支一扶”工作领导小组运行机制，明确议事规则，加强对重大事项、重要政策、重点工作和难点问题的研究，切实加强组织领导。各有关部门要充分发挥职能优势，共同推进“三支一扶”工作。全国“三支一扶”办将根据各地招募到岗率、服务期间流失率、期满就业率、政策落实到位等情况，研究制定工作绩效考核指标体系，对各地“三支一扶”工作进行考核，考核结果将作为中央财政补助名额分配的重要参考依据。各地要将“三支一扶”工作所需经费纳入同级财政预算，确保相关活动和日常项目管理的正常开展。

（二）把握时间节点。“三支一扶”工作计划性强，各地要把握工作规律，提前谋划，制定年度工作方案，周密组织，严格按照时间节点要求完成各环节工作。今后，各地要在1月底前申报当年岗位需求计划，国家在3月底前下达招募计划，各地要在7月底前完成招募，将拟招募人员基本信息上传至管理信息系统，8月底前完成实际招募到岗人员基本信息核校，8月底至9月初组织新招募人员上岗。各地要在11月底前将当年服务期满人员的基本信息和就业信息上传至管理信息系统。同时，要在12月15日前将年度工作情况总结上报全国“三支一扶”办。目前实际工作进度与上述时间节点要求有较大出入的部分省份，要积极协调，调整安排，确保全国工作进度保持一致。

（三）严格资金管理。各省级财政部门、人力资源社会保障部门要按照国家下达的招募计划完成情况和补助标准，做好中央补助经费的测算工作，于8月15日前联合上报财政部和人力资源社会保障部。中央财政根据人力资源社会保障部的审核结果和各地资金管理使用情况，于9月底前将当年中央补助经费下达到省级（含计划单列市，下同）财政部门。同时，中央财政每年按一定比例提前下达下一年度部分中央补助经费，以提高预算完整性，保障工作需要。省级财政部门要按照“三支一扶”计划中央补助资金管理办法，做好经费保障和管理工作，加强绩效评价，加快执行进度，消化结余资金，提高财政资金使用效益。财政部将会同有关部门或委托各地财政监察专员办事处，适时开展资金管理使用情况专项检查。

（四）深入开展宣传。大力弘扬以勇于担当的责任意识、甘于奉献的精神追求、全心全意的服务态度、锐意进取的创新激情为主要内容的“三支一扶”精神，引导“三支一扶”人员扎根基层、服务基层。充分利用各类媒体，多渠道宣传“三支一扶”工作，全面解读相关政策，扩大“三支一扶”计划社会影响力，营造良好舆论氛围。深入挖掘“三支一扶”人员优秀典型，通过组织表彰、宣讲、风采展示等活动，广泛宣传大学生服务基层的感人事迹和在基层成长成才的突出业绩，引导高校毕业生树立面向基层就业的观念。

2016年“三支一扶”计划实施工作启动在即，各地要高度重视，按照时间节点和工作要求，认真做好各项组织实施工作。

中共中央组织部、人力资源社会保障部、教育部、财政部
水利部、农业部、国家卫生计生委、国务院扶贫办
共青团中央
2016年4月20日

教育部办公厅关于进一步做好高校毕业生就业创业工作的通知

教学厅〔2016〕5号

各省、自治区、直辖市教育厅（教委），有关省、自治区人力资源社会保障厅，部属各高等学校：

党中央、国务院高度重视高校毕业生就业创业工作。习近平总书记强调，高校毕业生的就业问题关乎社会安定稳定，一定要高度重视。要做好以高校毕业生为重点的青年就业工作，支持帮助学生们迈好走向社会的第一步。5月6日李克强总理主持召开就业工作座谈会并作重要讲话，5月20日国务院召开全国普通高等学校毕业生就业创业工作电视电话会议，对做好高校毕业生就业创业工作进行全面部署。目前，正值高校毕业生就业创业关键期，为深入贯彻落实习近平总书记、李克强总理等中央领导同志的重要指示批示精神和国务院会议要求，确保今年高校毕业生就业水平不降低，现就有关事项通知如下：

一、持续推进高校毕业生就业。各地各高校要围绕战略性新兴产业、现代服务业，面向民营经济、小微企业，开发更多适合高校毕业生的就业岗位。充分发挥校园招聘主渠道作用，主动“走出去，请进来”，采取网上网下相结合，多渠道收集发布就业信息，办好各类招聘活动，确保校园招聘活动热度不减、数量提高。继续做好“特岗计划”“三支一扶”“西部计划”“大学生村官”等基层项目组织招募、政策落实、后续服务等工作，各地要结合实际，启动实施社区服务、健康养老等新项目。尚未制定鼓励基层就业学费补偿贷款代偿办法的省份，要在毕业生离校前出台相关政策并组织实施。

二、着力抓好大学生创新创业。各地各高校要将就业创业结合起来，释放创业带动就业的“倍增效应”。要把深化创新创业教育改革作为推进高等教育综合改革的突破口，融入人才培养体系，健全课程体系，促进专业教育、实习实践等与创新创业教育有机融合。要抓紧制定鼓励学生创新创业的学分转换、弹性学制、保留学籍休学创业等具体政策措施。要根据学生创新创业不同阶段的实际需求，不断提高指导服务的针对性和有效性。高校要加大在科技成果转化、场地建设、资金投入等方面的帮扶，开辟专门场地用于学生创新创业。做好“全国高校实践育人创新创业基地”培育建设。要在明晰科研成果产权前提下，支持在校学生带着科研成果创业，并提供实验室、实验设备等各类资源。要充分发挥校友等社会资源作用，多渠道为创新创业学生提供资金支持。要积极引导鼓励学生返乡创业，并积极协调有关部门为返乡创业的学生提供土地、资金、技术指导等方面的支持。要组织举办好第二届中国“互联网+”大学生创新创业大赛和2016年全国职业院校技能大赛，通过各类大赛激发学生创新创业热情。要做好全国高校创新创业总结宣传工作，提供各类学校可借鉴的典型经验。

三、精准推送就业创业指导服务。各地各高校要建立健全精准推送就业服务机制，准确掌握就业信息，完善毕业生求职意愿信息数据库和用人单位岗位需求信息数据库，搭建精准对接服务平台。充分利用“互联网+就业”新模式，根据毕业生自身条件、个性特点进行智能化供需匹配，减少毕业生求职盲目性。要广泛使用手机等移动终端，开展个性化订制服务，为毕业生送政策、送指导、送信息。要加强就业创业指导课程和学科建设，按要求配备专兼职就业指导教师，加强对就业指导教师的培训，不断提高就业指导能力和水平。要高度重视心理健康辅导，及时疏导毕业生求职焦虑等心理问题，帮助毕业生调整就业预期，科学规划职业生涯，积极主动就业创业。

四、抓紧做好大学生征兵工作。各地各高校要认真贯彻落实中央军委国防动员部、教育部《关于进一步做好大学生征兵工作的通知》（军动〔2016〕41号），建立健全征兵工作定期会商机制，以更大力度做好宣传发动和组织实施，细化分解征集任务，实时掌握学生应征报名、体格检查、政治考核和预定兵工作进展情况，确保放暑假前完成在校生和毕业生的预定兵工作。要进一步提高宣传动员精准化水平，按照学生征兵工作阶段要求，针对毕业生、在校生、新生三个群体不同特点，开展点对点、面对面宣传发动。要进一步加强政策落实，鼓励因地制宜出台新措施，今年要重点落实好高考录取通知书中寄送征兵宣传单、退役大学生士兵专项研究生招生计划、复学升学、转专业、就业创业等政策，努力实现学生征兵数量和质量进一步提高。

五、切实加强困难帮扶。各地各高校要抓紧建立健全有就业意愿尚未就业毕业生统计机制，以精准统计为基础，重点摸清有就业意愿尚未就业毕业生状况。要带着深厚的感情像对待自己的亲人一样做就业帮扶工作，突出重点、狠抓落实，切实帮助他们解决就业中遇到的困难和问题。对家庭困难毕业生、少数民族毕业生、女性毕业生、农村生源毕业生、残疾毕业生等各类就业困难群体，要建立台账，通过发放求职创业补贴、举办专场招聘活动、开展个性化辅导、推荐岗位信息等多种方式，帮助他们尽快实现就业。对建档立卡贫困家庭毕业生和零就业家庭毕业生，高校领导要亲自过问、指定专人具体负责，千方百计帮助他们实现就业。对离校未就业毕业生，要积极主动和人社部门做好信息衔接和服务接续工作，持续为离校未就业毕业生提供就业指导和信息服务，努力使他们都能在毕业半年内实现就业或参加到就业准备活动中。

六、维护高校毕业生合法权益。各地各高校要高度重视毕业生权益保护，进一步加强法制教育，提高维权意识，坚决制止就业欺诈行为，帮助毕业生识别虚假或欺诈就业信息，防范招聘陷阱，保护自身权益。要进一步加强校园招聘活动监管，校园招聘活动严禁发布含限定院校、性别、户籍、民族等歧视性条款的就业信息，坚决反对任何形式的就业歧视。各高校不准以任何方式强迫毕业生签订就业协议或劳动合同，不准将毕业证书、学位证书发放与毕业生签约挂钩，不准以户档托管为由劝说毕业生签订虚假就业协议，不准将毕业生顶岗实习、见习证明材料作为就业证明材料。

七、做好思想教育和宣传引导工作。各地各高校要不断创新思想教育方式方法，采取青年学生喜闻乐见的形式，组织毕业生深入学习习近平总书记、李克强总理关于青年人成长成才和就业创业重要讲话及指示精神，引导广大毕业生积极主动就业，自觉到国家需要的地方实现自己的人生价值。要密切关注毕业生就业形势变化，加强形势研判和舆情监控，及时发现和处理毕业生就业过程中可能出现的不稳定因素和问题。要大力营造良好氛围，积极宣传学生爱岗敬业艰苦创业典型事迹。坚决防止不利于毕业生就业创业，不利于社会安全稳定的新闻炒作。要积极举办主题班会、毕业典礼等，组织开展形式丰富的文明离校活动，确保校园安全稳定。

教育部办公厅

2016年5月27日

中共中央办公厅　国务院办公厅印发《关于进一步引导和鼓励高校毕业生到基层工作的意见》

（2017年1月）

新华社北京1月24日电　近日，中共中央办公厅、国务院办公厅印发了《关于进一步引导和鼓励高校毕业生到基层工作的意见》，并发出通知，要求各地区各部门结合实际认真贯彻落实。

《关于进一步引导和鼓励高校毕业生到基层工作的意见》全文如下。

高校毕业生是国家宝贵的人才资源。党中央、国务院高度重视高校毕业生就业工作，把基层作为高校毕业生成长成才的重要平台，对引导和鼓励高校毕业生到基层工作提出了明确要求。各地区各有关部门创新政策措施，完善服务保障机制，引导大批高校毕业生到基层工作，有力推动了基层事业发展。同时也要看到，与全面建成小康社会目标和基层发展对各类人才需求相比，高校毕业生到基层工作还存在动力不足、渠道不畅、发挥作用不够、发展空间有限、服务保障不力等问题。为进一步引导和鼓励高校毕业生到基层工作，发挥高校毕业生在促进基层经济社会发展中的作用，现提出如下意见。

一、总体要求

（一）指导思想。全面贯彻党的十八大和十八届三中、四中、五中、六中全会精神，深入贯彻习近平总书记系列重要讲话精神和治国理政新理念新思想新战略，认真落实党中央、国务院决策部署，紧紧围绕统筹推进“五位一体”总体布局和协调推进“四个全面”战略布局，牢固树立新发展理念，深入实施人才强国战略和就业优先战略，以培育和践行社会主义核心价值观为引领，以服务基层发展为目标，以更好发挥高校毕业生作用为核心，进一步创新体制机制，完善政策措施，健全服务体系，加快构建引导和鼓励高校毕业生到基层工作长效机制，确保下得去、留得住、干得好、流得动。

（二）基本原则

——坚持服务基层和培养人才相结合。将促进基层经济社会发展作为出发点和落脚点，积极营造有利于高校毕业生立足基层成长成才的良好环境，更好鼓励高校毕业生扎根基层、服务基层。

——坚持市场主导和政府推动相结合。充分发挥市场在人力资源配置中的决定性作用和更好发挥政府作用，健全统一规范的人力资源市场，加强对在校大学生的思想引导，实施基层服务示范引领项目，建立健全有利于高校毕业生向基层流动的长效机制。

——坚持政策支持和完善服务相结合。把转变政府职能和创新管理方式结合起来，着力完善各项支持政策，加强公共就业和人才服务体系建设，建立健全有利于高校毕业生到基层工作的服务保障机制。

二、多渠道开发基层岗位，为高校毕业生到基层工作搭建平台

（三）结合政府购买基层公共管理和社会服务开发就业岗位。认真落实政府购买基层公共管理和社会服务岗位更多用于吸纳高校毕业生就业的要求，结合基层实际需求和转变政府职能、创新公共服务供给模式需要，加大在基层公共教育、医疗卫生、文化体育、农业技术、农村水利、扶贫开发、社会救助、城乡社区建设、社会工作、法律援助、信息化建设与管理等领域购买服务的力度，创造更多适合高校毕业生的就业岗位。从基层实际需求出发，精准聚焦短缺人才，以县域为单位定期梳理本地区迫切急需的岗位信息，依托各级公共就业人才服务机构信息发布平台等渠道，加强信息发布和政策引导，鼓励用人单位优先吸纳高校毕业生就业。集中政策资源精准发力，落实好各项就业扶持政策。

（四）引导高校毕业生投身扶贫开发和农业现代化建设。围绕打赢脱贫攻坚战和农业现代化部署，结合推进农业科技创新、扶贫开发需求，积极引导和鼓励高校毕业生投身现代种业、农业技术、农产品加工、休

闲农业、乡村旅游、农村电子商务、农村合作经济和基层水利等事业。鼓励高校毕业生到贫困村从事扶贫工作，到贫困村创业并带领建档立卡贫困人口脱贫致富的高校毕业生，可按规定申报扶贫项目支持、享受扶贫贴息贷款等扶贫开发政策。到农业生产经营主体就业的高校毕业生，可按规定享受就业培训、继续教育、项目申报、成果审定等政策，符合条件的可优先评聘相应专业技术资格。

（五）引导高校毕业生到中西部地区、东北地区和艰苦边远地区工作。在深入实施中部崛起、西部大开发和振兴东北地区等老工业基地战略中，积极拓展高校毕业生就业新空间，引导和鼓励高校毕业生到中西部地区、东北地区就业。艰苦边远地区基层机关招录高校毕业生可适当放宽学历、专业等条件，降低开考比例，可设置一定数量的职位面向具有本市、县户籍或在本市、县长期生活的高校毕业生。抓好《关于进一步做好艰苦边远地区县乡事业单位公开招聘工作的通知》的贯彻执行，落实好艰苦边远地区事业单位公开招聘高校毕业生各项倾斜政策。

（六）鼓励高校毕业生到基层机关事业单位工作。根据基层发展需要和财力状况，编制政策和编制标准适当向基层机关事业单位倾斜，为适度扩大招聘高校毕业生创造条件。基层单位出现岗位空缺，择优招录高校毕业生或者拿出一定数量的岗位专门招录高校毕业生。研究制定符合县乡机关工作特点的公务员考录测评办法。市地级以上机关新录用高校毕业生没有基层工作经历的，可安排到县乡机关锻炼1年。加大招录国家重点高校优秀毕业生到乡镇一线和其他基层单位工作的力度，为基层干部队伍建设提供源头活水。

（七）鼓励大学生参军入伍。适应深化国防和军队改革形势，将大学生参军入伍纳入军民融合发展战略，鼓励和吸引更多优秀高校毕业生到军营建功立业。进一步完善高校学生参军入伍优惠政策，重点落实好退役大学生士兵专项研究生招生计划、学费资助、复学升学、就业创业等政策。进一步优化工作流程，为大学生入伍开辟绿色通道，落实预定兵工作机制。完善鼓励高校毕业生在部队长期服役政策，部队服役经历视为基层工作经历，按有关规定享受在基层工作高校毕业生同等政策待遇。认真细致做好服务，对大学新生、在校生、毕业生等不同群体开展有针对性的宣传动员，持续关心大学生士兵锻炼成长，进一步提高大学生征兵数量和质量。

（八）鼓励高校毕业生到中小微企业就业。发挥中小微企业吸纳高校毕业生就业主渠道作用，鼓励中小微企业在适应供给侧结构性改革、推进产业优化升级以及发展新经济、培育新动能过程中，进一步开发有利于发挥高校毕业生专长的管理型、技术型就业岗位。引导新兴业态与传统行业融合发展，支持发展就业新模式、新形态。综合运用财政、金融等政策，加大对中小微企业支持力度。对小微企业新招用毕业年度高校毕业生，按规定给予社会保险补贴和职业培训补贴。

（九）支持高校毕业生到基层创新创业。落实国家关于清障减负各项政策，为高校毕业生创新创业营造良好环境。加快发展众创空间，依托大学生创业园、国家农业科技园区、创业孵化基地等，为高校毕业生搭建低成本、全方位、专业化的创新创业平台。发挥财政、信贷、创投以及社会公益等各类资金的作用，为高校毕业生创业创新提供多渠道资金支持。充分挖掘社会组织吸纳高校毕业生就业的潜力，积极发挥社会组织帮扶高校毕业生创新创业的作用。鼓励高校毕业生根据自身专长和区域经济特色，在基层创办企业、从事个体经营或网络创业，并按规定给予就业创业政策支持。支持高校毕业生以资金入股、技术参股等方式，加入农民专业合作社等经济组织，鼓励其兴办家庭农场，对其中符合扶贫扶持政策、农业补贴政策条件的，按规定给予政策支持。鼓励高校毕业生充分利用闲暇时间，通过互联网远程技术为基层和艰苦边远地区提供公益性志愿服务或兼职工作，以多种形式为基层发展贡献才智。

三、健全保障措施，为高校毕业生在基层成长成才创造良好条件

（十）加大教育培训力度。建立健全面向基层高校毕业生的多层次、多元化培训和实训体系，组织开展有针对性的教育培训，多渠道组织引导高校毕业生到基层实践锻炼。各地组织实施的专业技术人才知识更新工程、创新创业培训项目等，应安排一定比例班次或人次专门面向在基层工作的高校毕业生。

（十一）营造有利于高校毕业生发展的制度环境。认真落实县以下机关公务员职务与职级并行制度。建立事业单位管理岗位职员等级晋升制度。优化基层事业单位岗位设置，适当提高基层中、高级专业技术岗位比例。对到条件特别艰苦乡镇事业单位工作的高校毕业生，要统筹做好交流工作。

（十二）完善基层职称评审制度。建立体现基层一线特别是脱贫攻坚一线专业技术人才工作实际特点的职

称评价标准，合理设置评审条件，对论文、科研、外语、计算机应用等不作硬性要求。对长期在基层一线工作或作出重要贡献的基层专业技术人才，可破格晋升职称等级。有条件的地区可试行基层专业技术人才申报高级职称单独分组、单独评审、单独确定通过率。推广中小学教师、卫生等重点领域专业技术人才晋升高级职称须有1年以上农村基层工作服务经历的做法。

（十三）逐步提高基层工作人员工资待遇。对到中西部地区、东北地区或艰苦边远地区、国家扶贫开发工作重点县县以下机关事业单位工作的高校毕业生，新录用为公务员的，试用期工资可直接按试用期满后工资确定，试用期满考核合格后的级别工资，在未列入艰苦边远地区或国家扶贫开发工作重点县的中西部地区和东北地区的高定一档，在三类及以下艰苦边远地区或国家扶贫开发工作重点县的高定两档，在四类及以上艰苦边远地区的高定三档；招聘为事业单位正式工作人员的，可提前转正定级，转正定级时的薪级工资，在未列入艰苦边远地区或国家扶贫开发工作重点县的中西部地区和东北地区的高定一级，在三类及以下艰苦边远地区或国家扶贫开发工作重点县的高定两级，在四类及以上艰苦边远地区的高定三级。落实对乡镇机关事业单位工作人员实行的工作补贴政策，当前补贴水平不低于月人均200元，并向条件艰苦的偏远乡镇和长期在乡镇工作的人员倾斜。落实艰苦边远地区津贴增长机制。

（十四）加强其他待遇保障。各类基层用人单位招用高校毕业生，应依法签订劳动合同或聘用合同，参加社会保险，兑现劳动报酬。高校毕业生从非公有制经济组织和社会组织考录或招聘到机关事业单位或其他用人单位工作时，及时转移其社会保险关系，缴费年限合并计算。支持高校毕业生从事多种形式的灵活就业，符合条件的给予社会保险补贴。更好实施高校毕业生赴基层就业学费补偿和助学贷款代偿政策。对到农村基层急需紧缺专业（行业）就业的高校毕业生可给予专项安家费。落实省会及以下城市放开对高校毕业生落户限制的规定，高校毕业生在基层就业可根据需要自愿迁移户口。技师学院高级工班、预备技师班和特殊教育院校职业教育类毕业生可参照高校毕业生享受相关就业补贴政策。

四、实施高校毕业生基层项目，发挥项目示范引领作用

（十五）实施基层服务项目。继续组织实施大学生村官、农村教师特岗计划、“三支一扶”计划、志愿服务西部计划和农技特岗计划等专门项目，每年选派一批高校毕业生到基层服务。规范项目组织管理，加强人员培养使用，强化日常考核监督，切实发挥项目示范引领作用。进一步加大服务基层项目统筹实施力度，促进项目间政策协调平衡，有条件的地区可探索基层服务项目统一征集岗位、统一发布公告、统一组织考试、统一服务管理。

（十六）完善基层服务项目政策措施。适时提高基层服务项目人员工作生活补贴标准，落实社会保险、人员培训等相关政策。基层服务项目人员服务满1年且考核合格后，可按规定参加职称评定。参加基层服务项目前无工作经历的人员服务期满且考核合格后2年内，在参加机关事业单位考录（招聘）、各类企业吸纳就业、自主创业、落户、升学等方面可同等享受应届高校毕业生的相关政策。落实机关事业单位定向考录（招聘）、升学扶持等政策，组织开展专场招聘，加强职业指导和职业介绍，促进服务期满人员就业。

（十七）实施高校毕业生基层成长计划。将在基层重点领域就业创业的优秀高校毕业生作为后备人才，实行导师制培养模式，由用人单位负责同志或业务带头人进行“一对一”传帮带，原则上放在校长助理、所长助理、专家助理、总经理助理等重要岗位上进行锻炼培养，促进高校毕业生扎根基层、在基层成长成才。各地区各有关部门和用人单位要积极创造条件，加大对后备人才支持力度，为其在基层工作生活提供便利。上级机关事业单位选拔干部人才、同级单位岗位职务（等级）晋升和评聘专业技术职务（岗位），应当将纳入后备人才的优秀高校毕业生作为重点人选对象。

五、畅通流动渠道，为在基层工作的高校毕业生职业发展提供支持

（十八）注重拓展在基层工作的高校毕业生职业发展渠道。在干部人才选拔任用机制上，进一步强化基层工作经历的政策导向，向在基层工作的优秀高校毕业生倾斜。省级以上机关录用公务员，除特殊职位外，按照有关规定一律从具有2年以上基层工作经历的人员中考录。市地级以上机关应拿出一定数量职位面向具有基层工作经历的公务员进行公开遴选。省、市级所属事业单位面向社会公开招聘时，应拿出一定数量岗位公开招聘有基层事业单位工作经历的人员。有条件的地区，可明确具体公开遴选或招聘的比例。鼓励国有大

中型企业建立健全人力资源管理激励机制，将在基层生产和管理一线表现优秀的高校毕业生纳入后备人才队伍，加大从基层一线选拔任用中层干部的力度。

（十九）完善基层人才顺畅流动机制。健全统一规范的人力资源市场，打破户籍、地域、身份、学历、人事关系等制约，促进高校毕业生在不同地域和不同性质单位间合理流动。实施“互联网+”人力资源服务行动，建立健全人力资源市场供求信息发布制度，加大基层急需紧缺人才宣传推介力度，加强区域性、行业性人才市场间的交流合作，推动政策互通、资格互认、信息共享，加快人事档案管理服务信息化建设，完善社会保险关系转移接续办法，为在基层工作的高校毕业生跨地区、跨行业、跨体制流动提供便利条件。

（二十）优化公共就业和人才服务。健全公共就业和人才服务体系，不断丰富服务内容，满足高校毕业生多样化服务需求。进一步简化优化服务流程，明确服务标准，规范服务行为，提升服务水平。充分运用各类信息通信技术创新就业信息服务方式，开发移动客户端等信息服务平台，提供精准、高效的就业服务。

六、加强组织领导

（二十一）健全工作机制。各地要将引导和鼓励高校毕业生到基层工作纳入政府就业和人才工作总体规划，建立健全党委和政府领导、人力资源社会保障部门牵头、各有关部门参与的工作协调机制。人力资源社会保障部门要认真履行牵头抓总职责，加强统筹协调。各有关部门要按照职责分工，积极参与，形成齐抓共管、整体推进的工作格局。

（二十二）强化教育引导。教育部门和高校要强化对在校大学生的理想信念教育和思想教育，引导高校毕业生切实转变择业观念，树立科学的就业观和成才观。要完善引导在校大学生基层服务和基层实践体系，积极组织在校大学生到基层开展实习实践、志愿服务、社会公益等活动，增强对国情、社情、民情的了解，自觉把个人理想同国家与社会需要紧密结合起来，激发高校毕业生到基层就业创业的热情。

（二十三）加大财政支持力度。各地要优化和调整财政支出结构，统筹安排使用好人才发展、就业等各方面资金，加大支持力度，引导高校毕业生到基层就业工作。

（二十四）加强监督检查。各地区各部门各单位要加强对引导和鼓励高校毕业生到基层工作各项政策落实情况的监督检查，对不落实或者故意拖延落实的，要及时纠正，并依纪依法追究相关人员责任。

（二十五）开展宣传表彰。加强舆论引导，准确解读相关政策，广泛宣传报道扎根基层、建功立业的优秀高校毕业生典型，营造良好社会氛围。按照有关规定将在基层工作的高校毕业生纳入国家表彰奖励范围，对扎根基层、干事创业、敬业奉献、表现突出或作出重大贡献的高校毕业生适时开展评选表彰。鼓励各地按照有关规定对在基层工作的优秀高校毕业生进行表彰奖励。

国务院印发
《关于做好当前和今后一段时期就业创业工作的意见》

（2017年4月）

新华社北京4月19日电　经李克强总理签批，国务院日前印发《关于做好当前和今后一段时期就业创业工作的意见》（以下简称《意见》）。

《意见》指出，就业是13亿多人口最大的民生，也是经济发展最基本的支撑。面对就业形势的新变化和新挑战，必须把就业作为重中之重，坚持实施就业优先战略和更加积极的就业政策，坚决打好稳定和扩大就业的硬仗。《意见》提出了五个方面的政策措施。

一是坚持实施就业优先战略。促进经济增长与扩大就业联动，把稳定和扩大就业作为区间调控的下限。加强经济政策与就业政策衔接，在制定财税、金融、产业、贸易、投资等重大政策时，要综合评价对就业失业的影响。促进产业结构、区域发展与就业协同。发挥小微企业就业主渠道作用，搭建公共服务示范平台，支持小微企业创新。缓解重点困难地区就业压力，促进资源型城市转型发展，对困难地区实施就业援助行动。

二是支持新就业形态发展。将鼓励创业创新发展的优惠政策面向新兴业态企业开放，推动政府部门带头购买新兴业态企业产品和服务。完善适应新就业形态特点的用工和社保等制度，新兴业态企业的从业者中，签订劳动合同的可参加职工社会保险，其他从业者可按灵活就业人员身份参加养老、医疗保险和缴纳住房公积金，探索适应灵活就业人员的失业、工伤保险保障方式。

三是促进以创业带动就业。优化创业环境，深化商事制度改革，进一步减少审批事项。发展创业载体，加快创业孵化基地、众创空间等建设，允许各地对创业孵化基地给予一定奖补。鼓励地方对首次创办小微企业或从事个体经营的高校毕业生、就业困难人员开展一次性创业补贴试点。拓宽融资渠道，有条件的地区可通过财政出资引导社会资本投入，设立高校毕业生就业创业基金，为高校毕业生创业提供股权投资、融资担保等服务。

四是抓好重点群体就业创业。鼓励高校毕业生多渠道就业，扩大高校毕业生求职创业补贴对象范围，实施留学人员回国创新创业启动支持计划。稳妥安置化解过剩产能企业职工，促进分流职工转岗就业创业。健全城乡劳动者平等就业制度，探索对劳动者在农村常住地进行失业登记，并提供相应的就业服务和政策扶持。完善就业援助长效机制，确保零就业家庭、低保家庭至少一人稳定就业。进一步落实退役军人就业创业政策。

五是强化教育培训和就业创业服务。提高教育培训质量，加快发展现代职业教育，大力发展技工教育。完善职业培训补贴方式，允许采取整建制购买培训项目、直接补贴培训机构等方式开展集中培训，参加失业保险3年以上、当年取得职业资格证书或技能等级证书的企业职工可申请技能提升补贴。推进公共就业创业服务专业化、信息化建设，促进妇女、残疾人等公平就业。简化劳动者求职手续，推动建立入职定点体检和结果互认机制。

教育部关于促进普通高校毕业生到国际组织实习工作的通知

（教学〔2017〕6号）

各省、自治区、直辖市教育厅（教委），新疆生产建设兵团教育局，部属各高等学校：

国际组织是制定国际规则、协调多边事务、分配国际资源的重要平台，是全球治理的重要阵地。加快培养推送高校毕业生到国际组织实习任职，有助于扩大到国际组织工作的后备人才队伍，提升我国在国际组织人员规模，对于更好地统筹国内和国际两个大局、增强我国在国际规则制定中的话语权，对于提高高等教育人才培养质量、实现毕业生更宽领域和更高质量就业，具有重要意义。各地各高校要切实增强紧迫感和责任感，抢抓机遇，采取有效措施，把培养推送高校学生到国际组织实习任职工作提高到一个新水平。为促进高校毕业生到国际组织实习，现就有关事项通知如下：

一、加强政策支持

1. 加大资助力度。国家留学基金委进一步拓展国际组织实习项目领域和范围，制定选派管理办法，将高校与有关国际组织开展合作进行选派的学生以及自行联系获得国际组织实习岗位的学生，纳入资助范畴，经评审后予以资助。鼓励各地各高校采取地方专项扶持、高校配套、社会捐助和学生个人共同承担的经费支持方式，积极推送高校学生到国际组织实习。

2. 完善教学管理。各地各高校要根据《普通高等学校学生管理规定》，进一步完善现行政策，建立灵活的学习制度，给予计算相应学分等政策支持。高校在校生到国际组织实习，学校可为其保留学籍，最长至两年；学生实习期满后应向学校提出复学申请，学校经审查合格后同意复学，并可根据其实习经历和实习内容认定为公共必修课或实践实习课程的学分。

3. 优化就业服务。到国际组织实习的毕业年度内高校毕业生，毕业时其户口档案可申请保留在学校两年（直辖市按有关规定执行）。两年内落实就业单位的，可视为应届毕业生，根据相关规定，为其办理就业手续。超过两年的，学校将其在校户口及档案迁回家庭所在地。

4. 支持升学深造。高校在制订本校推免生遴选办法时，结合本校具体情况，将学生到国际组织实习情况纳入推免生遴选指标体系。

二、加强指导服务

1. 强化信息服务。教育部新职业网已开通高校毕业生到国际组织实习任职信息服务平台（http：//gj.ncss.cn），收集整理国际组织情况介绍，实时跟踪采集国际组织招聘信息。各地各高校要在本地、本校就业网显著位置分享平台链接，及时向平台报送国际组织招聘信息、工作动态、典型事迹等内容，积极组织学生使用平台，并将国际组织招聘信息精准推送至有需求的学生。高校要通过科研合作、出国访学、项目交流等契机广泛联系对口国际组织，充分挖掘国际组织的实习任职岗位。

2. 广泛宣传发动。各地各高校要通过举办讲座报告、编印宣传手册、开展咨询、开设相关课程、举行国际组织项目推介会、有计划地组织参观国际组织机构、支持学生组建社团等形式，利用网络、手机新媒体等多种渠道，帮助学生认识国际组织、了解到国际组织实习任职对国家和个人发展的重要意义，知晓相关政策，引导更多优秀毕业生积极报名应聘国际组织。

3. 做好指导培训。各地各高校要将国际组织实习任职等相关内容纳入就业指导课程，积极邀请有国际组织工作经验的官员、考官、专家等到学校开展有针对性的培训，提高学生应试、应聘能力。要发掘各种资源，充分利用国际、国内和校友资源，为毕业生到国际组织实习任职和参加志愿活动等，提供信息、资金、咨询指导等帮助。

三、加强人才培养

1. 推进人才培养改革。各地各高校要整合办学资源配置，改革人才培养模式，主动适应国家发展战略新需求，加快培养多层次、多类型具有参与全球治理能力和素质的各类人才。要进一步完善和改进高校外语教学模式，推动有关高校特别是语言类高校开展英法语等复合语种人才培养，开设外语非通用语种新专业，建立多语种、跨学科的人才培养平台。针对性加强双学位、辅修、兼修学位等培养项目建设，鼓励非外语类专业学生兼修外语类学位或课程。

2. 开展项目合作交流。具备条件的高校要开设相关专业课程和选修课程，建立国际组织人才培养基地或项目，加强国际组织相关学科建设，完善课程体系和人才培养方案。鼓励和支持高校与国际组织机构间合作，签订实习生协议，联合建立实习和培训基地，积极输送学生到国际组织实习。

四、加强组织管理

1. 建立工作机制。各地各高校要落实责任，把培养推送高校毕业生到国际组织实习任职工作摆上重要议事日程。有条件的高校要成立工作领导小组，明确牵头校领导，建立健全就业、学工、教学、外事等多部门联动的工作机制，围绕办学特色和优势，制订具体工作方案和详细工作进度，明确目标任务并分解到相应部门和院（系），落实工作责任。要结合学校实际，制订相应管理办法，做好学生到国际组织实习核查等管理服务工作；采取切实措施，为学生到国际组织实习任职提供资金、人员、场地等条件保障，鼓励和支持更多高校毕业生到国际组织实习任职。

2. 做好信息报送。各高校要全面准确掌握本校学生到国际组织实习任职情况，每年7月底和12月底，通过全国高校毕业生就业管理系统向教育部高校学生司集中报送当年度本校在校生和应届毕业生到国际组织实习任职信息。

关于“高校毕业生到国际组织实习任职信息服务平台”开通的通知

为进一步鼓励支持高校毕业生到国际组织实习任职，教育部大学生就业网开通了高校毕业生到国际组织实习任职平台。该平台的主要功能是提供国际组织背景情况和招聘、考试信息，为有志于赴国际组织任职的高校毕业生提供信息服务。网址：http：//gj.ncss.org.cn/，请同学们积极参与。

2017年4月30日

关于促进新时代退役军人就业创业工作的意见

退役军人部发〔2018〕26号

各省、自治区、直辖市党委组织部、政法委，政府办公厅、教育厅（局）、公安厅（局）、民政厅（局）、财政厅（局）、人力资源社会保障厅（局）、国资委、扶贫办，国家税务总局各省、自治区、直辖市、计划单列市税务局，各战区、各军兵种、军委机关各部门、军事科学院、国防大学、国防科技大学、武警部队政治工作部（局、处）：

退役军人是重要的人力资源，是建设中国特色社会主义的重要力量。促进他们就业创业、引导他们积极投身“大众创业、万众创新”实践，对于更好实现退役军人自身价值、助推经济社会发展、服务国防和军队建设具有重要意义。新时代退役军人就业创业工作要以习近平新时代中国特色社会主义思想为指导，坚持政府推动、政策优先，市场导向、需求牵引，自愿选择、自主作为，社会支持、多方参与，调动各方面力量共同推进，保障退役军人在享受普惠性就业创业扶持政策和公共服务基础上再给予特殊优待。现就促进退役军人（自主就业退役士兵、自主择业军转干部、复员干部）就业创业工作提出如下意见：

一、提升就业创业能力

（一）完善多层次、多样化的教育培训体系。将退役军人就业创业培训纳入国家学历教育和职业教育体系，依托普通高校、职业院校（含技工院校）等教育资源，促进现役军人与退役军人教育培训相衔接、学历教育与技能培训互为补充，改善知识结构，提升能力素质。

（二）开展退役前技能储备培训。组织开展退役前技能储备培训和职业指导，深入开展“送政策进军营”活动，加强经济社会发展和就业形势介绍、政策咨询、心理调适、“一对一”职业规划，有条件的部队可在军人退役前开展技能培训，努力把退役军人服役期间锤炼的品质转化为就业创业的优势。

（三）加强退役后职业技能培训。引导退役军人积极参加职业技能培训，退役后可选择接受一次免费（免学杂费、免住宿费、免技能鉴定费）培训，并享受培训期间生活补助。教育培训期限一般为2年，最短不少于3个月。督促指导承训机构突出提高社会适应能力和就业所需知识及技能，按需求进行实用性培训，开展“订单式”“定向式”“定岗式”培训，推进培训精细化、个性化。坚持谁培训、谁推荐就业，压实目标责任，提高就业成功率。

（四）推行终身职业技能培训。将退役军人纳入国家终身职业技能培训政策和组织实施体系，鼓励用人单位定期组织退役军人参加岗位技能提升和知识更新培训。对下岗失业退役军人，及时纳入失业人员特别职业培训计划、职业技能培训等范围，并按规定予以补贴。

（五）鼓励参加学历教育。鼓励各地将符合高考报名条件的退役军人纳入高等职业院校单独考试招生范围。退役军人参加全国普通高考、成人高考、研究生考试，符合条件的可享受加分照顾，同等条件下优先录取。成人高校招生专升本免试入学，服役期间立二等功以上且符合报考条件的，可申请免初试攻读硕士研究生。退役军人接受中等职业教育可实行注册入学。中等职业教育期间，按规定享受免学费和国家助学金资助；对退役一年以上、参加全国统一高考，考入全日制普通本科和高专高职学校的自主就业退役士兵，学历教育期间按规定享受学费资助和相关奖助学金资助，家庭经济困难退役士兵享受学生生活费补助。国家鼓励军人服役期间参加开放教育、自学考试等学历继续教育，退役后可根据需要继续完成学业，获得相应国民高等教育学历文凭。

（六）加强教育培训管理。建立退役军人职业技能承训机构目录、承训企业目录和普通高校、职业学校目录，及时向社会公开并实行定期考核、动态管理。各类目录由省级退役军人事务部门每年发布。经省级退役军人事务部门同意，退役军人可参加跨省异地教育培训。加强对承训单位教育培训质量考核，建立激励机制。

二、加大就业支持力度

（七）适当放宽招录（聘）条件。机关、社会团体、企业事业单位在招收录用工作人员或聘用职工时，对退役军人的年龄和学历条件适当放宽，同等条件下优先招录聘用退役军人。

（八）加大公务员招录力度。在军队服役5年（含）以上的高校毕业生士兵退役后可以报考面向服务基层项目人员定向考录的职位，同服务基层项目人员共享公务员定向考录计划，优先录用建档立卡贫困户家庭高校毕业生退役士兵。各地特别是边疆地区、深度贫困地区结合实施乡村振兴、脱贫攻坚等战略，设置一定数量基层公务员职位面向退役军人招考，西藏和四川、云南、甘肃、青海四省藏区以及新疆南疆地区县乡逐步扩大招考数量。各级党政机关在组织开展选调生工作时，注意选调有服役经历的优秀大学生。适当提高政法干警招录培养体制改革试点定向招录退役军人比例，应征入伍的高校毕业生退役后报考试点班的，教育考试笔试成绩总分加10分。有效拓宽从反恐特战等退役军人中招录公安机关人民警察渠道。

（九）拓展就业渠道。研究制定适合退役军人就业的岗位目录，提高退役军人服务保障以及安保等岗位招录退役军人的比例，辅警岗位同等条件下优先招录退役军人。选派退役军人参与社会治理、稳边固边、脱贫攻坚等重点工作，鼓励退役军人到党的基层组织、城乡社区担任专职工作人员。

（十）鼓励企业招用。吸纳退役军人就业的企业，符合条件的可享受相关税收优惠。对退役军人就业作出突出贡献的企业，给予表彰、奖励。

（十一）强化就业服务。各级公共就业服务机构设立退役军人窗口或实行退役军人优先制度，为其提供便捷高效服务。县级以上地方人民政府每年至少组织2次退役军人专场招聘活动，为其就业搭建平台。国家鼓励专业人力资源企业和社会组织为退役军人就业提供免费服务。

（十二）实施后续扶持。建立退役军人就业台账，实行实名制管理，动态掌握就业情况，对出现下岗失业的，及时纳入再就业帮扶范围。接收退役军人的单位裁减人员的，优先留用退役军人。单位依法关闭、破产、改制的，当地人民政府优先推荐退役军人再就业，优先保障退役军人合法权益。

三、积极优化创业环境

（十三）开展创业培训。组织有创业意愿的退役军人，依托专业培训机构和大学科技园、众创空间、网络平台等，开展创业意识教育、创业项目指导、企业经营管理等培训，增强创业信心，提升创业能力。加强创业培训质量评估，对培训质量好的培训机构给予奖励。

（十四）优先提供创业场所。政府投资或社会共建的创业孵化基地和创业园区可设立退役军人专区，有条件的地区可专门建立退役军人创业孵化基地、众创空间和创业园区，并按规定落实经营场地、水电减免、投融资、人力资源、宣传推广等优惠服务。

（十五）享受金融税收优惠。符合条件的退役军人及其创办的小微企业可申请创业担保贷款，并按国家规定享受贷款贴息。鼓励有条件的地方因地制宜加大对退役军人就业创业的支持力度。退役军人从事个体经营，符合条件的可享受国家相关税收优惠。适时研究完善支持退役军人就业创业的税收优惠政策。

（十六）探索设立创业基金。引导企业和社会组织积极扶持退役军人创业，鼓励社会资本设立退役军人创业基金，拓宽资金保障渠道。

四、建立健全服务体系

（十七）搭建信息平台。加强信息化建设，形成全国贯通、实时共享、上下联动的退役军人就业创业服务信息平台，充分运用大数据，畅通信息渠道，促进供需有效对接，为退役军人就业创业提供精准服务。

（十八）建立指导队伍。组织动员创业经验丰富、关爱退役军人、热心公益事业的企业家和专家学者等人员，组成退役军人就业创业指导团队，发挥其在职业规划、创业指导、吸纳就业等方面的传帮带作用。

（十九）建设实训基地。依托现有专为退役军人服务的机构，按照分级分类管理原则，加快建立优势互补、资源共享、专为退役军人服务的区域化实训基地，将其纳入国家政策支持范围，给予适当补助。

（二十）引导多元服务。积极倡导全社会共同参与退役军人就业创业，把政府提供公共服务、社会力量补充服务、退役军人自我服务结合起来，支持为退役军人就业创业服务的社会组织依法开展工作。

五、切实加强组织领导

（二十一）健全工作机制。要把退役军人就业创业工作作为一项政治任务摆上重要议事日程，健全工作机制，统筹协调、组织指导退役军人就业创业工作，重点做好研究制定政策、拟定实施方案、选定承训单位和就业创业指导服务机构、开展监督考评等重要事项。

（二十二）明确任务分工。退役军人事务部门负责退役军人就业创业的组织协调、宣传发动、监督考评等工作。教育部门负责推荐并指导所属教育培训机构做好招生录取、教学管理、就业推荐等组织实施工作。财政部门负责退役军人就业创业经费的安排与监管工作。人力资源社会保障部门负责指导职业培训机构、公共就业服务机构为退役军人提供职业技能培训、基本公共就业服务。军地有关部门按照职责共同做好退役军人就业创业相关工作。

（二十三）严格追责问责。要把退役军人就业创业工作纳入年度绩效考核内容，加强监督检查，严格追踪问效，确保政策落实落地。对在中央政策之外增设条件、提高门槛的，坚决予以清理和纠正；对政策落实不到位、工作推进不力的，及时进行督查督办；对严重违反政策规定、造成不良影响的，严肃追究相关人员责任。

（二十四）强化宣传教育。加强退役军人思想政治和择业观念教育，帮助他们尽快实现角色转换，顺利融入社会，退役不褪色、退伍不褪志，继续保持发扬人民军队的光荣传统和优良作风，在社会主义现代化建设事业中再立新功、赢得全社会尊重。同时，大力宣传退役军人就业创业典型，弘扬自信自强、积极向上的精神风貌。宣传社会各界关心支持退役军人就业创业的先进事迹，营造有利于退役军人就业创业的良好氛围。

各地结合实际制定实施细则，贯彻落实情况及时报告。

退役军人事务部\中共中央组织部
中共中央政法委员会\教育部
公安部\民政部\财政部
人力资源和社会保障部
国务院国有资产监督管理委员会
国家税务总局
国务院扶贫开发领导小组办公室
中央军委政治工作部
2018年7月27日

国务院关于做好当前和今后一个时期促进就业工作的若干意见

国发〔2018〕39号

各省、自治区、直辖市人民政府，国务院各部委、各直属机构：

就业是最大的民生，也是经济发展的重中之重。当前，我国就业局势保持总体稳定，但经济运行稳中有变，经济下行压力有所加大，对就业的影响应高度重视。必须把稳就业放在更加突出位置，深入贯彻习近平新时代中国特色社会主义思想和党的十九大精神，全面落实党中央、国务院关于稳就业工作的决策部署，坚持实施就业优先战略和更加积极的就业政策，支持企业稳定岗位，促进就业创业，强化培训服务，确保当前和今后一个时期就业目标任务完成和就业局势持续稳定。为此，提出以下意见：

一、支持企业稳定发展

（一）加大稳岗支持力度。对不裁员或少裁员的参保企业，可返还其上年度实际缴纳失业保险费的50%。2019年1月1日至12月31日，对面临暂时性生产经营困难且恢复有望、坚持不裁员或少裁员的参保企业，返还标准可按6个月的当地月人均失业保险金和参保职工人数确定，或按6个月的企业及其职工应缴纳社会保险费50%的标准确定。上述资金由失业保险基金列支。（人力资源社会保障部、财政部负责。列第一位者为牵头单位，下同）

（二）发挥政府性融资担保机构作用支持小微企业。充分发挥国家融资担保基金作用，引导更多金融资源支持创业就业。各地政府性融资担保基金应优先为符合条件的小微企业提供低费率的担保支持，提高小微企业贷款可获得性。（财政部、工业和信息化部、人民银行、银保监会负责）

二、鼓励支持就业创业

（三）加大创业担保贷款贴息及奖补政策支持力度。符合创业担保贷款申请条件的人员自主创业的，可申请最高不超过15万元的创业担保贷款。小微企业当年新招用符合创业担保贷款申请条件的人员数量达到企业现有在职职工人数25%（超过100人的企业达到15%）并与其签订1年以上劳动合同的，可申请最高不超过300万元的创业担保贷款。各地可因地制宜适当放宽创业担保贷款申请条件，由此产生的贴息资金由地方财政承担。推动奖补政策落到实处，按各地当年新发放创业担保贷款总额的一定比例，奖励创业担保贷款基金运营管理机构等单位，引导其进一步提高服务创业就业的积极性。（财政部、人力资源社会保障部、人民银行、银保监会负责）

（四）支持创业载体建设。鼓励各地加快建设重点群体创业孵化载体，为创业者提供低成本场地支持、指导服务和政策扶持，根据入驻实体数量、孵化效果和带动就业成效，对创业孵化基地给予一定奖补。支持稳定就业压力较大地区为失业人员自主创业免费提供经营场地。（人力资源社会保障部、科技部、财政部、住房城乡建设部、市场监管总局，各省级人民政府按职责分工负责）

（五）扩大就业见习补贴范围。从2019年1月1日起，实施三年百万青年见习计划；将就业见习补贴范围由离校未就业高校毕业生扩展至16—24岁失业青年；组织失业青年参加3—12个月的就业见习，按规定给予就业见习补贴，并适当提高补贴标准。（人力资源社会保障部等有关部门和单位负责）

三、积极实施培训

（六）支持困难企业开展职工在岗培训。2019年1月1日至12月31日，困难企业可组织开展职工在岗培训，所需经费按规定从企业职工教育经费中列支，不足部分经所在地人力资源社会保障部门审核评估合格后，可由就业补助资金予以适当支持。（人力资源社会保障部、财政部负责）

（七）开展失业人员培训。支持各类职业院校（含技工院校）、普通高等学校、职业培训机构和符合条件的企业承担失业人员职业技能培训或创业培训。对培训合格的失业人员给予职业培训补贴，补贴标准根据培训成本、培训时长、市场需求和取得相关证书情况等确定；2019年1月1日至2020年12月31日，对其中就业困难人员和零就业家庭成员在培训期间再给予生活费补贴。生活费补贴政策每人每年只享受一次，且不可同时领取失业保险金。（人力资源社会保障部、财政部、教育部等有关部门和单位负责）

（八）放宽技术技能提升补贴申领条件。2019年1月1日至2020年12月31日，将技术技能提升补贴申领条件由企业在职职工参加失业保险3年以上放宽至参保1年以上。参保职工取得职业资格证书或职业技能等级证书的，可在参保地申请技术技能提升补贴。所需资金由失业保险基金列支。（人力资源社会保障部、财政部负责）

四、及时开展下岗失业人员帮扶

（九）实行失业登记常住地服务。失业人员可在常住地公共就业服务机构办理失业登记，申请享受当地就业创业服务、就业扶持政策、重点群体创业就业税收优惠政策。其中，大龄、残疾、低保家庭等劳动者可在常住地申请认定为就业困难人员，享受就业援助。（人力资源社会保障部、财政部、税务总局，各省级人民政府按职责分工负责）

（十）落实失业保险待遇。对符合条件的失业人员，由失业保险基金发放失业保险金，其个人应缴纳的基本医疗保险费从失业保险基金中列支。（人力资源社会保障部、医保局负责）

（十一）保障困难群众基本生活。对符合条件的生活困难下岗失业人员，给予临时生活补助，补助标准根据家庭困难程度、地区消费水平等综合确定。对符合最低生活保障条件的家庭，及时纳入最低生活保障范围。对符合临时救助条件的，给予临时救助。通过综合施策，帮助困难群众解困脱困。（财政部、人力资源社会保障部、民政部等有关部门和单位按职责分工负责）

五、落实各方责任

（十二）落实地方政府主体责任。地方各级人民政府要切实承担本地区促进就业工作的主体责任，建立由政府负责人牵头、相关部门共同参与的工作机制，因地制宜，多措并举，统筹做好本地区促进就业工作，分级预警、分层响应、分类施策。各省、自治区、直辖市人民政府要在本意见印发之日起30日内，制定出台具体实施办法，组织有关部门结合本地实际和财力水平合理确定享受政策的困难企业范围，突出重点帮扶对象，合理确定补贴等标准，确保各项政策尽快落地。（各省级人民政府负责）

（十三）明确部门组织协调责任。人力资源社会保障部要统筹协调促进就业政策制定、督促落实、统计监测等工作。财政部要加大资金支持力度，保障促进就业政策落实。其他有关部门和单位要立足职能职责，积极出台促进就业创业的政策措施，开展更多有利于促进就业的专项活动，共同做好促进就业工作。（各有关部门和单位按职责分工负责）

（十四）切实抓好政策服务。各地各有关部门要积极开展政策宣传，向社会公布政策清单、申办流程、补贴标准、服务机构及联系方式、监督投诉电话，深入企业宣讲政策、了解困难、做好帮扶。对申请享受就业创业扶持政策和就业创业服务的困难企业、下岗失业人员，要建立实名制管理服务信息系统。要优化流程，精简证明，加强监管，确保各项政策资金规范便捷地惠及享受对象。（各有关部门和单位，各省级人民政府按职责分工负责）

（十五）指导企业等各方履行社会责任。要引导困难企业更加注重运用市场机制、经济手段，通过转型转产、培训转岗、支持“双创”等，多渠道分流安置职工，依法处理劳动关系。引导职工关心企业生存与发展，困难企业与职工协商一致的，可采取协商薪酬、调整工时、轮岗轮休、在岗培训等措施，保留就业岗位，稳定劳动关系。引导劳动者树立正确就业观，主动提升就业能力，通过自身努力实现就业创业。广泛调动社会各界积极性，形成稳定、扩大就业的合力。（各有关部门和单位，各省级人民政府按职责分工负责）

从工业企业结构调整专项奖补资金中安排部分资金并适时下达，由地方统筹纳入就业补助资金，专项用于当前稳就业工作。各地要对现有补贴项目进行梳理，在保持政策连续性、稳定性的基础上，对补贴项目、补贴方式进行归并简化，提高资金使用效益。各地贯彻落实本意见的有关情况及发现的重要问题，要及时报送人力资源社会保障部。

国务院
2018年11月16日

教育部办公厅关于进一步规范和加强研究生考试招生工作的通知

教学厅〔2019〕2号

各省、自治区、直辖市高等学校招生委员会、教育厅（教委）、教育招生考试机构，新疆生产建设兵团教育局，有关部门（单位）教育司（局），各研究生招生单位：

研究生考试招生是国家选拔培养高层次专门人才的重要途径，关系广大考生切身利益，关系教育公平，关系国家经济社会发展。党的十八大以来，教育行政部门、教育招生考试机构和研究生招生单位认真贯彻党中央国务院决策部署，深入推进研究生考试招生改革，分类考试、综合评价、多元录取、严格监管的考试招生制度体系不断完善，但仍出现了个别招生单位和人员违规违纪现象，反映出一些地方和单位存在政策规定不落实、制度机制不健全、组织管理不到位等问题。

各地各招生单位要充分认识做好研究生考试招生工作的重要性、复杂性和敏感性，认真学习贯彻习近平新时代中国特色社会主义思想和党的十九大精神，深入贯彻落实全国教育大会精神，始终把立德树人成效作为检验研究生考试招生工作的根本标准，牢固树立“考试招生也是育人”的理念，坚持“择优录取、宁缺毋滥”原则，进一步提高考试招生治理体系和治理能力现代化水平，确保研究生考试招生工作科学规范、公平公正。

一、严格考试组织管理，维护教育公平公正

考试安全是教育公平的前提和基础，没有考试安全就没有教育公平，容不得半点马虎和闪失。各地各招生单位要把维护考试安全作为一项重要政治责任，牢牢守住考试安全这条底线。要充分发挥各级政府主导作用，加强组织领导，进一步健全部门协作机制，形成统筹有力、多方参与、共同治理的工作合力，为实现研究生考试招生安全平稳提供组织和制度保障。要严格落实试卷安全保密、考场监督管理等制度要求，确保试题试卷安全，考场秩序井然。要强化考试环境综合治理，严厉打击各类涉考违法违规行为。

自命题考试是研究生招生考试的重要组成部分，是发挥招生单位招生自主权、体现办学特色和科学选才的重要机制。招生单位作为自命题工作的组织管理主体，要严格落实主体责任，切实加强对自命题工作的组织领导，在学校层面对自命题工作进行统筹和推进，坚决杜绝简单下放、层层转交。要加强规章制度建设，对标国家教育考试有关规定，进一步完善本单位自命题工作规范，扎紧制度笼子，防止出现命题制卷错误和失泄密情况。自命题各科目必须成立2人以上的命题小组，命题小组人员名单须报招生单位研究生招生管理部门严格审核，命题组长要对试卷内容严格审查把关，确保命题不出差错。试卷印制、封装过程要有专人监督，认真核对，严防错装漏装。鼓励招生单位选用统考科目试卷。使用自命题试卷的一般应按一级学科命题，并大力推进题库命题。试卷评阅要严格执行考生个人信息密封、多人分题评阅、评卷场所集中封闭管理等要求，确保评卷统分客观准确。要选派政治过硬、品行优良、业务熟悉、责任心强的人员承担命题、评卷工作，并加强相关人员培训，切实提高其法律意识、责任意识和业务能力。要切实落实安全保密责任制，所有命题、评卷等涉密人员必须签订《保密责任书》。

二、切实规范复试工作，强化能力素质考核

复试工作是研究生考试招生的重要组成部分，是保证选拔质量的重要环节。要加强对学生的全面考查和综合评价，既要注重学业知识考核，也要加强对考生专业能力素质和科研创新潜质的考查，既要注重学生的考试成绩，也要注重学生的一贯表现。要进一步完善复试工作制度机制，加强复试工作规范管理，确保择优选拔、公平公正。复试工作办法须由招生单位研究生招生工作领导小组集体研究决定并提前公布。招生单位应统一制定复试小组工作基本规范，复试小组一般不少于5人，小组成员须现场独立评分，评分记录和考生作答情况要交招生单位研究生招生管理部门集中统一保管，任何人不得改动。复试全程要录音录像。招生单

位要制定复试工作人员遴选、培训办法和行为规范，选派经验丰富、业务水平高、公道正派的人员参与复试工作。要对所有人员进行政策、业务、纪律等方面的培训，使其明确工作纪律和工作程序、评判规则和评判标准。要充分发挥和规范导师作用，明确招生导师在复试工作中的权利、责任和纪律要求。

三、加强调剂工作管理，提升招生服务水平

调剂工作是硕士研究生招生录取工作的重要环节，是满足考生志愿选择、保障考生权益的重要渠道。招生单位要规范调剂工作程序，提升服务质量，确保择优选拔。招生单位接收调剂考生必须通过全国统一的“全国硕士研究生招生调剂服务系统”进行。对申请同一招生单位同一专业、初试科目完全相同的调剂考生，招生单位应当按考生初试成绩择优确定进入复试的考生名单，不得简单以考生提交调剂志愿的时间先后顺序等非学业水平标准作为遴选依据。招生单位要坚持以考生为中心，提前在“全国硕士研究生招生调剂服务系统”和本单位网站公布调剂工作办法，精准发布调剂要求，防止考生盲目报考。要在政策规定的时间内尽可能缩短考生调剂等待时间。要及时解答考生咨询，确保信息沟通畅通。

四、坚持择优录取，确保招生质量

招生单位要在研究生招生工作领导小组的统一领导下，按照教育部有关招生录取政策规定及各省级教育招生考试机构的补充规定，根据本单位招生计划、复试录取办法以及考生初试和复试成绩、思想政治表现、身心健康状况等择优确定拟录取名单。录取工作要依法保护残疾考生的合法权益。要严格按照教育部下达的招生计划及相关要求开展招生录取工作。录取人数不得超过本单位招生计划规模。招生单位要严格执行国家政策规定，不得按单位、行业、地域、学校层次类别等限定生源范围，也不得设置其他歧视性条件。

五、深入落实信息公开，确保招生工作规范透明

各级教育招生考试机构和招生单位应按照教育部有关政策要求和“谁公开、谁把关”“谁公开、谁解释”的原则，积极推进本地区、本单位研究生招生信息公开。招生单位是研究生招生信息公开工作的责任主体，要提前在本单位网站上公布招生章程、招生政策规定、招生专业目录、分专业招生计划、复试录取办法等信息。所有拟录取名单由招生单位研究生招生管理部门统一公示，公示时间不少于10个工作日，并在“全国硕士研究生招生信息公开平台”统一公开，未经招生单位公示的考生，一律不得录取，不予学籍注册。省级教育招生考试机构对本地区所有研究生招生单位的招生信息公开工作负有监管责任，对招生单位上报公开的信息要认真审核。教育行政部门、教育招生考试机构和招生单位要提供考生咨询及申诉渠道，并按有关规定对相关申诉和举报及时调查处理。

六、加强组织领导，强化监督检查

招生单位是本单位研究生考试招生工作的责任主体，主要负责同志是第一责任人，分管负责同志是直接责任人。主要负责同志对本单位研究生考试招生工作要亲自把关、亲自协调、亲自督查，慎而又慎、细而又细、实而又实做好研究生考试招生工作，坚决杜绝草率大意、粗糙行事。招生单位研究生招生工作领导小组成员如有人事变动，领导小组组成人员应及时调整。各招生单位应按教育部有关规定，制定本单位研究生招生工作实施细则，并报省级教育招生考试机构备案。

省级高校招生委员会是监管本行政区域内所有招生单位研究生考试招生工作的责任主体，主要负责同志负领导责任，省级教育行政部门主要负责同志是第一责任人，省级教育招生考试机构主要负责同志是直接责任人。教育部将把规范和加强研究生考试招生工作纳入国家教育督导范畴，各省级高校招生委员会、教育行政部门要加强对本地区研究生考试招生工作的监督检查，对本地区研究生考试招生工作中的问题，特别是多发性、趋势性的问题要及早发现、及早纠正。对考试招生工作中的违规违纪行为，发现一起、严查一起，一律按有关规定严肃处理，决不姑息。造成严重后果和恶劣影响的，将按规定对有关责任人员进行追责问责，构成违法犯罪的，由司法机关依法追究法律责任。

人力资源社会保障部等五部门印发通知部署做好当前形势下高校毕业生就业创业工作

人社部发〔2019〕72号

各省、自治区、直辖市及新疆生产建设兵团人力资源社会保障厅（局）、教育厅（委、局）、公安厅（局）、财政厅（局），中国人民银行上海总部、各分行、营业管理部、各省会（首府）城市中心支行、各副省级城市中心支行，部属各高等学校、部省合建各高等学校：

促进高校毕业生就业创业，关系经济持续健康发展、民生改善和社会大局稳定。今年高校毕业生人数再创新高，促进就业任务更加繁重，必须高度重视。各地要以习近平新时代中国特色社会主义思想为指导，全面贯彻党中央、国务院关于稳就业的决策部署，落实就业优先政策，把高校毕业生就业作为重中之重，深入实施高校毕业生就业创业促进计划和基层成长计划，拓渠道、优服务、强保障，确保就业水平总体稳定、就业局势基本平稳。现就有关工作通知如下：

一、积极拓宽就业领域

（一）支持多渠道就业。鼓励高校毕业生到基层就业，对艰苦边远地区县以下基层单位服务期满并考核合格的基层服务项目人员，可通过直接考察的方式择优聘用到服务地乡镇事业单位。对小微企业吸纳离校2年内未就业高校毕业生就业的，按规定给予社会保险补贴。对离校2年内未就业高校毕业生灵活就业的，按规定给予社会保险补贴。

（二）鼓励创业带动就业。加强创新创业教育，在符合学位论文规范要求的前提下，允许本科生用创业成果申请学位论文答辩。将创业培训向校园延伸，提升大学生创新创业能力。放宽创业担保贷款申请条件，对获得市级以上荣誉称号以及经金融机构评估认定信用良好的大学生创业者，原则上取消反担保。支持高校毕业生返乡入乡创业创新，对到贫困村创业符合条件的，优先提供贷款贴息、场地安排、资金补贴。支持建设大学生创业孵化基地，对入驻实体数量多、带动就业成效明显的，给予一定奖补。

二、大力加强就业服务

（三）提前启动信息交接。教育部门和人力资源社会保障部门要在高校毕业生离校时，同步启动有就业意愿的未就业毕业生实名信息交接工作，7月底前全面完成，并确保高校毕业生个人基本信息完整和信息安全。完善实名信息服务系统，有条件的地方要建立部门信息共享的高校毕业生就业管理服务平台，及时记载就业状况、政策服务落实等内容，实现动态管理。人力资源社会保障部门要对离校未就业高校毕业生实施实名制服务，有针对性地提供岗位信息、职业指导、培训见习等服务措施。高校要持续为离校未就业高校毕业生提供就业信息和指导等服务，及时通知他们参加线上线下校园招聘，各院系也要主动与他们联系，推荐岗位信息。

（四）强化针对性职业指导。高校要加强学生职业生涯发展教育，对低年级学生着重进行职业生涯启蒙，对高年级学生着重提升职业素质和求职技能。将组织毕业生参观公共就业创业服务机构、企业和创业园区纳入就业指导课程实践，开展模拟求职、现场观摩、职业体验等活动，增强其职业认知和职业能力。人力资源社会保障部门会同教育部门统筹资源，建立职业指导师联系毕业班制度，每个班指定一名职业指导师，讲解就业形势政策、求职方法，加强就业观念引导，促进毕业生积极就业、理性择业。加强深度贫困地区高校毕业生职业指导工作。

（五）着力推进精准服务。教育部门和高校要及时向社会发布高校毕业生相关信息，组织分层次、分类别、分行业的校园招聘活动。人力资源社会保障部门要组织公共就业人才服务进校园，将本地政策清单、服务清单、服务机构联络清单向毕业生普遍推送。加强就业信息精准投放，运用大数据技术促进供需智能匹配。对公共就业创业服务机构和高校开展的招聘活动和创业服务，按规定给予一定补贴。将留学归国人员、港澳台青年全面纳入公共就业人才服务体系，同等提供就业创业服务。

（六）充分发挥人力资源市场作用。健全统一规范、竞争有序的人力资源市场，大力发展人力资源服务业，支持发展专业化、行业化人力资源服务机构，更好满足高校毕业生多元化服务需求。落实政府购买服务机制，支持符合条件的人力资源服务机构为高校毕业生提供专场招聘、就业创业指导等公共就业创业服务。建立健全人力资源市场供求信息发布制度，及时发布职业供求、市场工资指导价位等信息，编制本地区急需紧缺人才目录并加大宣传推介，提高人力资源市场供求匹配效率。

（七）加大职业技能培训力度。将有培训需求的高校毕业生纳入职业技能提升行动，对接就业意向和重点行业领域发展需要，提供有针对性的培训项目，提升专业技能水平和社会适应能力，按规定落实职业培训补贴政策。对其中的建档立卡贫困家庭、城乡低保家庭、零就业家庭高校毕业生，按规定给予一定生活费补贴。启动“学历证书+若干职业技能等级证书”制度试点，鼓励职业院校和应用型本科高校学生在获得学历证书的同时，积极取得多个职业技能等级证书，拓展就业创业本领。

三、强化就业权益保护

（八）简化就业手续。省会及以下城市要全面放开对高校毕业生、职业院校毕业生、留学归国人员的落户限制，精简落户凭证，简化办理手续。各高校可根据实际情况决定是否安排毕业体检，有条件的地方可建立入职定点体检和体检结果互认机制，尽力避免手续烦琐、重复体检。

（九）加强招聘领域监管。加强对用人单位和人力资源服务机构招聘行为监管，禁止招聘信息发布中含有性别、民族等歧视性内容。指导用人单位根据招聘岗位需求合理制定招聘条件，对同等学历不同培养方式的高校毕业生提供同等就业机会。健全多部门执法联动机制，严肃查处“黑中介”、虚假招聘、违规检测乙肝项目等违法行为，严厉打击以求职、就业、创业为名义的信贷陷阱和传销、诈骗等违法犯罪活动，依法保护高校毕业生就业权益。

（十）规范就业签约。高校要严格执行“四不准”规定，不准以任何方式强迫毕业生签订就业协议和劳动合同，不准将毕业证书、学位证书发放与毕业生签约挂钩，不准以户档托管为由劝说毕业生签订虚假就业协议，不准将毕业生顶岗实习、见习证明材料作为就业证明材料。人力资源服务机构不得参与签订不实就业协议。就业协议签订过程中，用人单位不得签订虚假就业协议，不得出具虚假用人证明，不得随意违约。加强高校毕业生就业统计核查，健全就业状况反馈、评估机制，真实反映就业情况。

四、全力做好兜底保障

（十一）扩大就业见习规模。全面推进三年百万青年见习计划，及时摸排锁定有见习需求的高校毕业生和失业青年，有针对性地开发见习岗位，做好见习服务对接，帮助他们获得岗位实践机会。承担援藏援疆援青任务的省市要根据受援地见习对象需求，组织一批人员到内地见习。对见习期满留用率达到50%以上的见习单位，适当提高见习补贴标准。

（十二）扎实做好困难帮扶。将求职创业补贴对象范围扩大到中等职业学校（含技工院校）符合条件的困难毕业生，补贴时限从目前的毕业年度调整为毕业学年，补贴发放工作在毕业学年10月底前完成。对民办高校毕业生符合条件的，要确保同等享受政策。人力资源社会保障、教育和财政部门要做好政策申办、凭证简化、资金安排等工作，确保补贴按时发放到位。对建档立卡贫困家庭、残疾毕业生以及就业困难少数民族毕业生、长期失业青年实施“一对一”援助，量身定制求职就业计划，在深度贫困地区开展送岗位上门活动，集中帮扶高校毕业生就业。

五、狠抓工作责任落实

（十三）强化组织领导。各地要坚持以人民为中心的发展思想，把做好高校毕业生就业创业工作作为重要政治责任，健全就业工作目标责任制，层层抓好落实。人力资源社会保障部门要加强统筹谋划，协调各有关方面推动工作落地，及时解决工作中遇到的困难和问题。教育部门和高校要认真落实就业工作“一把手”工程，保障“机构、场地、人员、经费”四到位。公安、财政、银行等部门和单位要发挥职能优势，密切协作，合力促进高校毕业生就业创业。

（十四）抓好政策落实。加强就业创业政策宣传解读，运用年轻人喜闻乐见的方式，帮助高校毕业生知晓政策、用好政策。全面精简政策凭证，凡可联网查询或承诺保证事项，一律不再要求申请人出具证明。加快政策申请、审核、发放全程信息化，确保政策及时兑现。综合运用人力资源市场供求监测、大数据分析等手段，密切跟踪经济运行变化对高校毕业生就业的影响，及时采取有针对性的政策措施。

（十五）加强宣传引导。各地要深入学习贯彻习近平总书记关于新时代青年成长成才的重要论述，教育引导高校毕业生坚定爱国主义理想信念，把职业选择与国家发展相结合，面向祖国最需要的地方和基层一线建功立业。培育弘扬奋斗精神、劳动精神、工匠精神，树立一批就业创业先进典型。加强舆情监测和舆论引导，主动回应社会关切，稳定就业预期，营造关心支持高校毕业生就业创业的良好氛围。

人力资源社会保障部　教育部
公安部　财政部　中国人民银行
2019年7月3日

教育部关于印发
《国家级大学生创新创业训练计划管理办法》的通知

教高函〔2019〕13号

各省、自治区、直辖市教育厅（教委），新疆生产建设兵团教育局，有关部门（单位）教育司（局），部属各高等学校、部省合建各高等学校：

为贯彻落实全国教育大会和新时代全国高等学校本科教育工作会议精神，根据《国务院办公厅关于深化高等学校创新创业教育改革的实施意见》（国办发〔2015〕36号）等有关文件精神，结合国家大学生创新创业训练计划实施情况，我部制定了《国家级大学生创新创业训练计划管理办法》，现印发给你们。

请各地各高校秉承“兴趣驱动、自主实践、重在过程”的原则，深化高校创新创业教育教学改革，加强大学生创新创业能力培养，全面提高人才培养质量。

教育部

2019年7月10日

国家级大学生创新创业训练计划管理办法

第一章　总　则

第一条　为贯彻落实全国教育大会和新时代全国高等学校本科教育工作会议精神，根据《国务院办公厅关于深化高等学校创新创业教育改革的实施意见》（国办发〔2015〕36号）要求，深入推进国家级大学生创新创业训练计划（以下简称国创计划）工作，深化高校创新创业教育改革，提高大学生创新创业能力，培养造就创新创业生力军，加强国创计划的实施管理，特制定本办法。

第二条　国创计划是大学生创新创业训练计划中的优秀项目，是培养大学生创新创业能力的重要举措，是高校创新创业教育体系的重要组成部分，是深化创新创业教育改革的重要载体。

第三条　国创计划坚持以学生为中心的理念，遵循“兴趣驱动、自主实践、重在过程”原则，旨在通过资助大学生参加项目式训练，推动高校创新创业教育教学改革，促进高校转变教育思想观念、改革人才培养模式、强化学生创新创业实践，培养大学生独立思考、善于质疑、勇于创新的探索精神和敢闯会创的意志品格，提升大学生创新创业能力，培养适应创新型国家建设需要的高水平创新创业人才。

第四条　国创计划围绕经济社会发展和国家战略需求，重点支持直接面向大学生的内容新颖、目标明确、具有一定创造性和探索性、技术或商业模式有所创新的训练和实践项目。国创计划实行项目式管理，分为创新训练项目、创业训练项目和创业实践项目三类。

（一）创新训练项目是本科生个人或团队，在导师指导下，自主完成创新性研究项目设计、研究条件准备和项目实施、研究报告撰写、成果（学术）交流等工作。

（二）创业训练项目是本科生团队，在导师指导下，团队中每个学生在项目实施过程中扮演一个或多个具体角色，完成商业计划书编制、可行性研究、企业模拟运行、撰写创业报告等工作。

（三）创业实践项目是学生团队，在学校导师和企业导师共同指导下，采用创新训练项目或创新性实验等成果，提出具有市场前景的创新性产品或服务，以此为基础开展创业实践活动。

第二章　管理职责

第五条　教育部是国创计划的宏观管理部门，主要职责是：

（一）制定国创计划实施的有关政策，编制发展规划，发布相关信息。

（二）制定国创计划管理办法，组织开展项目立项、结题验收等工作，加强项目的规范化管理。

（三）制定国创计划成效评价指标体系，定期组织开展实施情况评价。

（四）组建国创计划专家组织，加强大学生创新创业工作研究，推进高校创新创业教育经验交流。

（五）组织举办全国大学生创新创业年会，推进大学生创新创业学术交流和成果推介。

第六条 省级教育行政部门主要职责是：

（一）根据本区域经济社会发展特点，指导、规范本区域大学生创新创业训练计划运行和管理，推动本区域高校加强大学生创新创业教育工作。

（二）负责组织区域内高校国创计划立项申报、过程管理、结题验收等工作，按照工作要求向教育部报送相关材料。

（三）负责区域内参与国创计划高校交流合作、评估监管等工作。

第七条 高校是国创计划实施和管理的主体，主要职责是：

（一）制定本校大学生创新创业教育管理办法，开展创新创业教育教学研究与改革。

（二）负责国创计划项目的组织管理，开展项目遴选推荐、过程管理、结题验收等工作。

（三）制定相关激励措施，引导教师和学生参与国创计划。

（四）为参与项目的学生提供技术、场地、实验设备等条件支持和创业孵化服务。

（五）搭建项目交流平台，定期开展交流活动，支持学生参加相关学术会议，为学生创新创业提供交流经验、展示成果、共享资源的机会。

（六）做好本校国创计划年度总结和上报工作。

第三章 项目发布与立项

第八条 教育部根据国家经济社会发展和国家战略需求，结合创新创业教育发展趋势，确定重点资助领域，制定重点资助领域项目指南，引导国创计划项目申请。

第九条 国创计划项目申报基本条件：

（一）项目选题具有一定的学术价值、理论意义或现实意义。鼓励面向国家经济社会发展、具有一定理论和现实意义的选题，鼓励直接来源于产业一线、科技前沿的选题。

（二）选题具有创新性或明显创业教育效果。鼓励开展具有一定创新性的基础理论研究和有针对性的应用研究课题，鼓励新兴边缘学科研究和跨学科的交叉综合研究选题。

（三）选题方向正确，内容充实，论证充分，难度适中，拟突破的重点难点明确，研究思路清晰，研究方法科学、可行。鼓励支持学生大胆创新，包容失败，营造良好创新创业教育文化。

（四）项目团队成员原则上为全日制普通本科在读学生，成员基本稳定，专业、能力结构较为合理。每位学生同一学年原则上只能参与一个项目。鼓励跨学科、跨院系、跨专业的学生组成团队。

（五）项目申请团队应选择具有较高学术造诣、较好创新性成果、热心教书育人、关爱学生成长的教师作为导师，鼓励企业人员参与指导或共同担任导师。

（六）创新训练项目和创业训练项目获得经费支持平均不低于2万元/项，创业实践项目获得经费支持平均不低于10万元/项。高校根据学科专业特点，确定项目资助额度标准。

第十条 根据教育部发布的国创计划申报要求，符合立项申请基本条件的项目向所在高校提出申请，高校评审遴选后报省级教育行政部门和教育部审核备案。

第十一条 教育部组织专家对申报项目进行审核后发布立项通知。

第四章 项目过程管理

第十二条 高校应加强对国创计划的管理，成立由校领导牵头、相关职能部门组成的国创计划管理机构，确定主管部门。管理机构负责协调落实条件保障，主管部门负责国创计划日常管理。

第十三条 项目负责人要负责项目的整体推进，按照计划开展工作，加强团队建设和管理，加强与导师和管理人员的沟通联系，并组织好相关报告撰写工作。项目负责人和项目内容原则上不得变更，特殊情况经学校有关部门审批后执行。

第十四条 国创计划经费应专款专用。学生要在相关教师指导下，严格执行学校相关财务管理规定。

第十五条 国创计划项目所在高校应建立国创计划师生培养培训机制，加强对国创计划项目团队成员和导师的培训和管理。

第十六条 鼓励项目团队积极参加中国“互联网+”大学生创新创业大赛等创新创业赛事和“青年红色筑梦之旅”等活动。

第十七条 推动国创项目不断提高整体水平和发挥示范带动作用。高校应充分发挥国创计划引领示范作用，及时总结学生在项目中取得的成绩，协调解决存在的问题。支持高校通过举办大学生创新创业年会等方式加强国创计划成员之间的学习交流。

第五章 项目结题与公布

第十八条 国创计划项目完成后，均需进行结题验收，履行必要的结项手续。

（一）国创计划项目结题验收工作由所在学校组织。学校应组织校内外专家对国创计划项目进行结题验收，并将验收结果报省级教育行政部门审核备案。

（二）省级教育行政部门按年度向教育部报送本区域高校国创计划项目验收结果，并组织开展项目抽查。

（三）教育部对省级教育行政部门报送的验收结果进行审核，并将审核结果公布。

第十九条 国创计划项目结题验收结论的申诉。国创计划项目团队成员、导师，如对结题验收结论有异议，可向高校有关部门提出。

第二十条 国创计划项目结题信息公开对外服务。相关网站向公众提供结题信息服务，助推高校创新创业教育深入发展。

第六章 项目后期管理

第二十一条 高校对通过结题验收的项目团队成员可根据实际贡献给予学分认定，对导师给予相应工作量认定。

第二十二条 建立国创计划年度进展报告制度。高校要按年度编制国创计划项目进展报告，内容应包括项目整体概况、教育教学改革探索、项目组织实施与管理、支持措施和实施成效等。年度报告报省级教育行政部门和教育部备案。

第二十三条 国创计划项目执行较好的高校可向教育部申请承办全国大学生创新创业年会。

第七章 附 则

第二十四条 在国创计划实施中，凡是属于国家涉密范围的，均按照相关保密法规执行。

第二十五条 各省级教育行政部门、各高校根据本办法制定实施细则。

第二十六条 本办法自公布之日起施行。

国务院办公厅关于进一步做好高校毕业生等青年就业创业工作的通知

国办发〔2022〕13号

各省、自治区、直辖市人民政府，国务院各部委、各直属机构：

高校毕业生等青年就业关系民生福祉、经济发展和国家未来。为贯彻落实党中央、国务院决策部署，做好当前和今后一段时期高校毕业生等青年就业创业工作，经国务院同意，现就有关事项通知如下。

一、多渠道开发就业岗位

（一）扩大企业就业规模。坚持在推动高质量发展中强化就业优先导向，加快建设现代化经济体系，推进制造业转型升级，壮大战略性新兴产业，大力发展现代服务业，提供更多适合高校毕业生的就业岗位。支持中小微企业更多吸纳高校毕业生就业，按规定给予社会保险补贴、创业担保贷款及贴息、税费减免等扶持政策，对吸纳高校毕业生就业达到一定数量且符合相关条件的中小微企业，在安排纾困资金、提供技术改造贷款贴息时予以倾斜；对招用毕业年度高校毕业生并签订1年以上劳动合同的中小微企业，给予一次性吸纳就业补贴，政策实施期限截至2022年12月31日；建立中小微企业专业技术人员职称评定绿色通道和申报兜底机制，健全职业技能等级（岗位）设置，完善职业技能等级认定机制，落实科研项目经费申请、科研成果等申报与国有企事业单位同类人员同等待遇。设置好“红灯”“绿灯”，促进平台经济健康发展，带动更多就业。稳定扩大国有企业招聘规模，指导企业规范发布招聘信息，推进公开招聘。（国家发展改革委、科技部、工业和信息化部、财政部、人力资源社会保障部、商务部、人民银行、国务院国资委、税务总局、市场监管总局等按职责分工负责）

（二）拓宽基层就业空间。结合实施区域协调发展、乡村振兴等战略，适应基层治理能力现代化建设需要，统筹用好各方资源，挖掘基层就业社保、医疗卫生、养老服务、社会工作、司法辅助等就业机会。社区专职工作岗位出现空缺要优先招用或拿出一定数量专门招用高校毕业生。继续实施“三支一扶”计划、农村特岗教师计划、大学生志愿服务西部计划等基层服务项目，合理确定招募规模。对到中西部地区、艰苦边远地区、老工业基地县以下基层单位就业的高校毕业生，按规定给予学费补偿和国家助学贷款代偿、高定工资等政策，对其中招聘为事业单位正式工作人员的，可按规定提前转正定级。（中央组织部、最高人民法院、最高人民检察院、教育部、民政部、财政部、人力资源社会保障部、农业农村部、国家卫生健康委、共青团中央等按职责分工负责）

（三）支持自主创业和灵活就业。落实大众创业、万众创新相关政策，深化高校创新创业教育改革，健全教育体系和培养机制，汇集优质创新创业培训资源，对高校毕业生开展针对性培训，按规定给予职业培训补贴。支持高校毕业生自主创业，按规定给予一次性创业补贴、创业担保贷款及贴息、税费减免等政策，政府投资开发的创业载体要安排30%左右的场地免费向高校毕业生创业者提供。支持高校毕业生发挥专业所长从事灵活就业，对毕业年度和离校2年内未就业高校毕业生实现灵活就业的，按规定给予社会保险补贴。（国家发展改革委、教育部、科技部、财政部、人力资源社会保障部、人民银行、税务总局、市场监管总局等按职责分工负责）

（四）稳定公共部门岗位规模。今明两年要继续稳定机关事业单位招录（聘）高校毕业生的规模。深化落实基层法官检察官助理规范便捷招录机制，畅通政法专业高校毕业生进入基层司法机关就业渠道。支持承担国家科技计划（专项、基金等）的高校、科研院所和企业扩大科研助理岗位规模。充分考虑新冠肺炎疫情影响和高校毕业生就业需要，合理安排公共部门招录（聘）和相关职业资格考试时间。受疫情影响严重地区，在2022年12月31日前可实施中小学、幼儿园、中等职业学校教师资格“先上岗、再考证”阶段性措施。（中

央组织部、最高人民法院、最高人民检察院、教育部、科技部、人力资源社会保障部等按职责分工负责）

二、强化不断线就业服务

（五）精准开展困难帮扶。要把有劳动能力和就业意愿的脱贫家庭、低保家庭、零就业家庭高校毕业生，以及残疾高校毕业生和长期失业高校毕业生作为就业援助的重点对象，提供“一人一档”“一人一策”精准服务，为每人至少提供3—5个针对性岗位信息，优先组织参加职业培训和就业见习，及时兑现一次性求职创业补贴，千方百计促进其就业创业。对通过市场渠道确实难以就业的困难高校毕业生，可通过公益性岗位兜底安置。实施“中央专项彩票公益金宏志助航计划”，面向困难高校毕业生开展就业能力培训。实施共青团促进大学生就业行动，面向低收入家庭高校毕业生开展就业结对帮扶。及时将符合条件的高校毕业生纳入临时救助等社会救助范围。实施国家助学贷款延期还款、减免利息等支持举措，延期期间不计复利、不收罚息、不作为逾期记录报送。（教育部、民政部、财政部、人力资源社会保障部、人民银行、共青团中央、中国残联、开发银行等按职责分工负责）

（六）优化招聘服务。推进公共就业服务进校园，逐步实现公共就业招聘平台和高校校园网招聘信息共享。建立高校毕业生就业岗位归集机制，广泛收集机关事业单位、各类企业、重大项目等高校毕业生就业岗位需求计划，集中向社会发布并动态更新。构建权威公信的高校毕业生就业服务平台，密集组织线上线下专项招聘服务，扩大国家24365大学生就业服务平台、百日千万网络招聘、“千校万岗”、中小企业网上百日招聘等招聘平台和活动影响力。积极组织服务机构、用人单位进校园招聘。（教育部、工业和信息化部、人力资源社会保障部、国务院国资委、共青团中央、全国工商联等按职责分工负责）

（七）加强就业指导。健全高校学生生涯规划与就业指导体系，开展就业育人主题教育活动，引导高校毕业生树立正确的职业观、就业观和择业观。注重理论与实践相结合，开展多种形式的模拟实训、职业体验等实践教学，组织高校毕业生走进人力资源市场，参加职业能力测评，接受现场指导。高校要按一定比例配齐配强就业指导教师，就业指导教师可参加相关职称评审。打造一批大学生就业指导名师、优秀职业指导师、优秀就业指导课程和教材。举办全国大学生职业规划大赛，增强大学生生涯规划意识，指导其及早做好就业准备。（教育部、人力资源社会保障部、共青团中央等按职责分工负责）

（八）落实实名服务。深入实施离校未就业高校毕业生就业创业促进计划，强化教育、人力资源社会保障部门离校前后信息衔接，持续跟进落实实名服务。运用线上失业登记、求职登记小程序、基层摸排等各类渠道，与有就业意愿的离校未就业高校毕业生普遍联系，为每人免费提供1次职业指导、3次岗位推荐、1次职业培训或就业见习机会。（人力资源社会保障部牵头，教育部等按职责分工负责）

（九）维护就业权益。开展平等就业相关法律法规和政策宣传，坚决防止和纠正性别、年龄、学历等就业歧视，依法打击“黑职介”、虚假招聘、售卖简历等违法犯罪活动，坚决治理付费实习、滥用试用期、拖欠试用期工资等违规行为。督促用人单位与高校毕业生签订劳动（聘用）合同或就业协议书，明确双方的权利义务、违约责任及处理方式，维护高校毕业生合法就业权益。对存在就业歧视、欺诈等问题的用人单位，及时向高校毕业生发布警示提醒。（教育部、公安部、人力资源社会保障部、市场监管总局、全国妇联等按职责分工负责）

三、简化优化求职就业手续

（十）稳妥有序推动取消就业报到证。从2023年起，不再发放《全国普通高等学校本专科毕业生就业报到证》和《全国毕业研究生就业报到证》（以下统称就业报到证），取消就业报到证补办、改派手续，不再将就业报到证作为办理高校毕业生招聘录用、落户、档案接收转递等手续的必需材料。（中央组织部、教育部、公安部、人力资源社会保障部等按职责分工负责）

（十一）提供求职就业便利。取消高校毕业生离校前公共就业人才服务机构在就业协议书上签章环节，取消高校毕业生离校后到公共就业人才服务机构办理报到手续。应届高校毕业生可凭普通高等教育学历证书、与用人单位签订的劳动（聘用）合同或就业协议书，在就业地办理落户手续（超大城市按现有规定执行）；可凭普通高等教育学历证书，在原户籍地办理落户手续。教育部门要健全高校毕业生网上签约系统，方便用人单位与高校毕业生网上签约，鼓励受疫情影响地区用人单位与高校毕业生实行网上签约。对延迟离校的应届

高校毕业生，相应延长报到入职、档案转递、落户办理时限。（教育部、公安部、人力资源社会保障部等按职责分工负责）

（十二）积极稳妥转递档案。高校要及时将毕业生登记表、成绩单等重要材料归入学生档案，按照有关规定有序转递。到机关、国有企事业单位就业或定向招生就业的，转递至就业单位或定向单位；到非公单位就业的，转递至就业地或户籍地公共就业人才服务机构；暂未就业的，转递至户籍地公共就业人才服务机构。档案涉密的应通过机要通信或派专人转递。公共就业人才服务机构要主动加强与高校的沟通衔接，动态更新机构服务信息，积极推进档案政策宣传服务进校园，及时接收符合转递规定的学生档案。档案管理部门要及时向社会公布服务机构名录和联系方式。（中央组织部、教育部、人力资源社会保障部、国家邮政局等按职责分工负责）

（十三）完善毕业去向登记。从2023年起，教育部门建立高校毕业生毕业去向登记制度，作为高校为毕业生办理离校手续的必要环节。高校要指导毕业生（含结业生）及时完成毕业去向登记，核实信息后及时报省级教育部门备案。实行定向招生就业办法的高校毕业生，省级教育部门和高校要指导其严格按照定向协议就业并登记去向信息。高校毕业生到户籍和档案接收管理部门办理相关手续时，教育部门应根据有关部门需要和毕业生本人授权，提供毕业生离校时相应去向登记信息查询核验服务。（教育部、人力资源社会保障部等按职责分工负责）

（十四）推进体检结果互认。指导用人单位根据工作岗位实际，合理确定入职体检项目，不得违法违规开展乙肝、孕检等检测。对外科、内科、胸透X线片等基本健康体检项目，高校毕业生近6个月内已在合规医疗机构进行体检的，用人单位应当认可其结果，原则上不得要求其重复体检，法律法规另有规定的从其规定。用人单位或高校毕业生对体检结果有疑问的，经协商可提出复检、补检要求。高校可不再组织毕业体检。（教育部、人力资源社会保障部、国家卫生健康委等按职责分工负责）

四、着力加强青年就业帮扶

（十五）健全青年就业服务机制。强化户籍地、常住地就业失业管理服务责任，允许到本地就业创业的往届高校毕业生、留学回国毕业生及失业青年进行求职登记、失业登记，提供均等化基本公共就业服务，按规定落实就业创业扶持政策。实施青年就业启航计划，对有就业意愿的失业青年，开展职业素质测评，制定求职就业计划，提供针对性岗位信息，组织志愿服务、创业实践等活动。对长期失业青年，开展实践引导、分类指导、跟踪帮扶，提供就业援助，引导他们自强自立、及早就业创业。（人力资源社会保障部、共青团中央等按职责分工负责）

（十六）提升职业技能水平。适应产业转型升级和市场需求，高质量推动产训结合和职业技能培训资源共建共享，扩大青年职业技能培训规模，拓展学徒培训、技能研修、新职业培训等多种模式，举办各类职业技能竞赛活动。鼓励高校毕业生等青年在获得学历证书的同时获得相关职业资格证书或职业技能等级证书，对需要学历学位证书作为报考条件的，允许先参加考试评定，通过考试评定的，待取得相关学历学位证书后再发放职业资格证书或职业技能等级证书。（国家发展改革委、教育部、财政部、人力资源社会保障部等按职责分工负责）

（十七）扩大就业见习规模。实施百万就业见习岗位募集计划，支持企事业单位、社会组织、政府投资项目、科研项目等设立见习岗位，按规定给予就业见习补贴。鼓励有条件的地方或用人单位为见习人员购买商业医疗保险，提高见习保障水平。离校未就业高校毕业生到基层实习见习基地参加见习或者到企事业单位参加项目研究的，视同基层工作经历，自报到之日起算。实施大学生实习“扬帆计划”，广泛开展各级政务实习、企业实习和职业体验活动。（人力资源社会保障部牵头，中央组织部、教育部、科技部、工业和信息化部、民政部、财政部、商务部、国务院国资委、共青团中央、全国工商联等按职责分工负责）

五、压紧压实工作责任

（十八）加强组织领导。各地区各部门各高校要以习近平新时代中国特色社会主义思想为指导，认真贯彻落实党中央、国务院决策部署，把高校毕业生等青年就业作为就业工作重中之重，作为政府绩效考核和高校绩效考核内容，将帮扶困难高校毕业生就业作为重点，明确目标任务，细化具体举措，强化督促检查。各有关部门要立足职责，密切配合，同向发力，积极拓宽就业渠道，加快政策落实。（各有关部门和单位、各省级人民政府按职责分工负责）

（十九）强化工作保障。要根据本地区高校毕业生等青年就业形势和实际需要，统筹安排资金，加强人员保障，确保工作任务和政策服务落实。健全公共就业服务体系，实施提升就业服务质量工程，增强对高校毕业生等青年就业指导服务的针对性有效性。运用政府购买服务机制，支持经营性人力资源服务机构、社会组织等市场力量参与就业服务、职业指导、职业培训等工作。（各有关部门和单位、各省级人民政府按职责分工负责）

（二十）做好宣传引导。开展就业政策服务专项宣传，及时提供通俗易懂的政策解读。开展“最美基层高校毕业生”“基层就业出征仪式”等典型宣传活动，引导高校毕业生等青年将职业选择融入国家发展，在奋斗中实现人生价值。做好舆论引导，及时回应社会关切，稳定就业预期。（各有关部门和单位、各省级人民政府按职责分工负责）

国务院办公厅

2022年5月5日

中共中央组织部　人力资源社会保障部　教育部　公安部　国务院国资委　关于做好取消普通高等学校毕业生就业报到证有关衔接工作的通知

人社部发〔2023〕26号

各省、自治区、直辖市及新疆生产建设兵团党委组织部，政府人力资源社会保障厅（局）、教育厅（教委、教育局）、公安厅（局）、国资委，中央和国家机关各部委、各人民团体组织人事部门，各中央企业，部属各高等学校，部省合建各高等学校：

为深入贯彻党的二十大精神，全面落实党中央、国务院关于高校毕业生就业工作决策部署和《国务院办公厅关于进一步做好高校毕业生等青年就业创业工作的通知》（国办发〔2022〕13号）要求，切实做好普通高等学校毕业生就业报到证取消后有关衔接工作，更加便利高校毕业生求职就业，现就有关事项通知如下：

一、简化求职就业材料。2023年起，不再发放《全国普通高等学校本专科毕业生就业报到证》和《全国毕业研究生就业报到证》（以下统称就业报到证），取消就业报到证补办、改派手续，不再将就业报到证作为办理高校毕业生招聘录用、落户、档案接收转递等手续的必需材料。

二、建立去向登记制度。教育部门建立高校毕业生毕业去向登记制度，作为高校为毕业生办理离校手续的必要环节。高校要指导毕业生（含结业生）及时完成毕业去向登记，核实信息后及时报省级教育部门备案。实行定向招生就业办法的高校毕业生，省级教育部门和高校要指导其严格按照定向协议就业并登记去向信息。高校毕业生到户籍和档案接收管理部门办理相关手续时，教育部门应根据有关部门需要和毕业生本人授权，提供毕业生离校时相应去向登记信息查询核验服务。

三、做好户口迁移衔接。高校毕业生户籍可以迁往就业创业地（超大城市按现有规定执行），也可以迁往入学前户籍所在地。迁入地公安机关要根据毕业生就业情况、本人意愿和迁入地落户政策要求，办理户口迁移手续。

四、做好档案转递衔接。2023年起，组织人事部门和档案管理服务机构在审核和管理人事档案时，就业报到证不再作为必需的存档材料，之前档案材料中的就业报到证应继续保存，缺失的无需补办。高校要及时将高校毕业生登记表、成绩单等重要材料归入学生档案，按规定有序转递，个人不能自带和保管。到机关、国有企事业单位就业或定向招生就业的，转递至就业单位或定向单位；到非公单位就业、灵活就业及自主创业的，转递至就业创业地或户籍地公共就业人才服务机构，其中转递至就业创业地的，应提供相关就业创业信息；暂未就业的，可根据本人意愿转递至户籍地公共就业人才服务机构，或按规定在高校保留两年。档案接收管理部门要及时向社会公布服务机构和联系方式，各相关单位和公共就业人才服务机构要认真做好毕业生档案接收工作。

五、做好报到入职衔接。用人单位可凭劳动（聘用）合同或就业协议书（含网签协议）或普通高等教育学历证书或其他双方约定的证明材料，为高校毕业生办理报到入职手续，参加工作时间按照高校毕业生毕业后实际入职之日计算，法律法规另有规定的从其规定。

六、完善信息查询渠道。用人单位、户籍和档案接收管理部门、公共就业人才服务机构在办理招聘录用、落户、档案接收转递等业务时，可通过查看学历证书、劳动（聘用）合同（就业协议、录用接收函）等，或通过全国高校毕业生毕业去向登记系统，查询离校时相应毕业去向信息。高校毕业生和有关单位可通过中国高等教育学生信息网查询和验证高校毕业生学历、学位信息。

各地各有关部门、用人单位和高校要按照通知要求，认真梳理调整原涉及就业报到证的办事规则流程并及时公告，进一步精简证明材料，不得额外或变相增加办理环节和申请材料，切实做好取消就业报到证有关工作衔接，为高校毕业生就业创业提供便利。

2023年4月23日

人力资源社会保障部　教育部　财政部关于做好高校毕业生等青年就业创业工作的通知

人社部发〔2024〕44号

各省、自治区、直辖市及新疆生产建设兵团人力资源社会保障厅（局）、教育厅（教委、教育局）、财政厅（局）：

高校毕业生等青年就业关系民生福祉、社会稳定和高质量发展。各地要以习近平新时代中国特色社会主义思想为指导，落实党的二十大精神，强化就业优先导向，把促进青年特别是高校毕业生就业工作摆在更加突出的位置，综合施策，多措并举，着力促进高校毕业生等青年就业创业，确保就业局势总体稳定。现就有关工作通知如下：

一、整合优化吸纳就业补贴和扩岗补助政策。合并实施一次性吸纳就业补贴和一次性扩岗补助政策，对招用毕业年度及离校两年内未就业高校毕业生及16—24岁登记失业青年，签订劳动合同，并按规定为其足额缴纳3个月以上的失业、工伤、职工养老保险费的企业，可按每招用1人不超过1500元的标准发放一次性扩岗补助。所需资金从失业保险基金支出，上年度失业保险基金滚存结余备付期限不足1年的省份，从就业补助资金支出。政策执行至2025年12月31日。

二、延续实施国有企业增人增资政策。激励国有企业发挥示范带动作用，对按照工资效益联动机制确定的工资总额难以满足扩大高校毕业生招聘需求的国有企业，经履行出资人职责机构或其他企业主管部门同意，统筹考虑企业招聘高校毕业生人数、自然减员情况和现有职工工资水平等因素，可给予一次性增人增资，核增部分据实计入工资总额并作为下一年度工资总额预算基数。政策执行至2025年12月31日。

三、实施先进制造业青年就业行动。开展先进制造业职业体验活动，组织高校毕业生等青年参观企业园区、车间厂房，感受工作氛围，增强职业认知。指定人社服务专员归集适合高校毕业生等青年的就业岗位，依托就业信息资源库和招聘平台，加强数据比对，促进高效匹配，并打包办理支持企业吸纳就业和助力人才发展系列政策。建立先进制造业企业集群职称评审“绿色通道”，赋予相关企业高层次人才举荐权，推动具备条件的先进制造业企业试点开展高级职称自主评审。

四、鼓励引导基层一线就业。实施“三支一扶”计划，统筹推动其他基层服务项目实施，鼓励有条件的地方结合实际适当扩大招募规模。结合实施乡村振兴战略，适应基层治理模式创新需要，挖掘医疗卫生、养老服务、社会工作、司法辅助、科研助理等基层就业机会。对到基层就业的高校毕业生，按规定落实学费补偿、国家助学贷款代偿、高定工资、提前转正定级等政策，畅通职业发展通道。

五、支持自主创业和灵活就业。强化青年创业支持，构建创业信息发布、政策咨询、流程办理、孵化服务等全周期服务机制，推进创业服务集成办理。对符合条件的高校毕业生创业项目，按规定给予一次性创业补贴。落实灵活就业社保补贴政策，扩大新就业形态就业人员职业伤害保障试点，保障青年灵活就业合法权益。

六、大规模组织招聘对接服务。组织公共就业服务进校园，开展政策宣传、校园招聘、指导培训等活动。人社厅局长要结对帮扶就业压力大的高校，定向送资源、送岗位、送服务。组织开展“10+N”公共就业服务活动，将高校毕业生等青年群体作为服务重点，普遍设立招聘专区。加密招聘频次，高校毕业生集中的地市每周至少举办一次专业性招聘、每月至少举办一次综合性招聘。强化数字赋能，推进线上线下一体服务，探索岗位发布、组织对接、面试洽谈等“一站式”在线服务，便利青年求职应聘。

七、强化青年求职能力训练和学徒培训。要加强高校毕业生等青年职业指导和求职能力训练，组织青年求职能力实训营，注重理论与实践相结合，开展模拟面试、简历诊断、职业规划等互动教学，组织企业参观、行业调研、岗位锻炼等体验活动。组织青年和毕业年度学生参加新型学徒培训，提高技能水平，按规定对承担学徒培训任务的企业和学校给予学徒培训补贴。

八、实施百万就业见习岗位募集计划。支持企业、政府投资项目、事业单位开展就业见习，更多开发科研类、技术类、管理类、社会服务类见习岗位。2024年起，每年募集不少于100万个就业见习岗位，按规定给予就业见习补贴。对见习期未满与见习人员签订劳动合同的，各地可给予剩余期限见习补贴，政策执行至2025年12月31日。

九、实施就业困难青年专项帮扶行动。强化未就业高校毕业生实名帮扶，建立实名台账，普遍提供至少1次政策宣介、1次职业指导、3次岗位推荐及1次培训或见习机会。强化困难高校毕业生结对帮扶，加强与农业农村、残联部门信息共享，及时将脱贫家庭毕业生、残疾毕业生、长期失业青年、求职补贴发放对象纳入帮扶台账，制定专项计划，开展“一对一”结对帮扶，针对性提供高质量岗位信息。

十、高效办成高校毕业生就业一件事。统筹就业与人才政策服务事项，公开办理流程，明确办理时限，加快办理进度，推进档案接收、补贴申领、社保缴纳、落户手续等政策服务“一件事打包办”。有条件的地区可给予高校毕业生等青年人才公寓等支持，为青年就业提供便利。指导各级公共就业人才服务机构普遍设立青年就业服务窗口，有条件的地区要依托零工市场（零工驿站）、家门口就业服务站等现有资源建设一批青年就业驿站，为高校毕业生等青年就业提供一站式服务。

十一、加强就业权益维护。加强人力资源市场监管，依法查处虚假招聘、违规收费、“黑中介”等违法违规行为，规范人力资源市场秩序。加大就业权益知识普及，在招聘会现场、服务大厅和相关网站发布防范求职陷阱的专门提示、典型案例、维权警示和投诉渠道，增强高校毕业生等青年风险防范意识和权益保护意识。加强公共就业服务活动和各类校园招聘活动参与企业资质及岗位审核，避免不合理招聘信息。

各地要提高思想认识，把促进高校毕业生等青年就业作为重大政治责任，作为为民办实事重要内容，细化实施方案，明确职责分工、时间进度和工作要求。要细化完善政策，结合实际优化调整本地促进青年就业政策，能出早出、能出尽出，推动惠企利民。要加强协同配合，人力资源社会保障部门要加强工作统筹协调，建立工作调度机制，强化人员保障，确保各项工作任务落地见效；教育部门要加强高校毕业生就业指导服务，配合相关部门落实落细各项促就业政策；财政部门要做好就业补助资金保障，支持高校毕业生等青年就业政策落实。要强化宣传引导，加强对本地促进青年就业创业政策、经验做法和典型的宣传，引导高校毕业生等青年从实际出发选择就业方向。

人力资源社会保障部

教育部

财政部

2024年5月17日

中共中央　国务院关于实施就业优先战略促进高质量充分就业的意见

（2024年9月15日）

就业是最基本的民生，事关人民群众切身利益，事关经济社会健康发展，事关国家长治久安。为实施就业优先战略，促进高质量充分就业，现提出如下意见。

一、总体要求

坚持以习近平新时代中国特色社会主义思想为指导，深入贯彻党的二十大和二十届二中、三中全会精神，坚持以人民为中心的发展思想，全面贯彻劳动者自主就业、市场调节就业、政府促进就业和鼓励创业的方针，以推动高质量发展为基础，以实施就业优先战略为引领，以强化就业优先政策为抓手，以破解结构性就业矛盾为着力点，以深化就业体制机制改革为动力，以不发生规模性失业风险为底线，持续促进就业质的有效提升和量的合理增长，推动实现劳动者工作稳定、收入合理、保障可靠、职业安全等，不断增强广大劳动者获得感幸福感安全感，为以中国式现代化全面推进强国建设、民族复兴伟业提供有力支撑。

经过努力，就业机会充分、就业环境公平、就业结构优化、人岗匹配高效、劳动关系和谐的局面逐步形成，系统集成、协调联动、数字赋能、管理科学、法治保障的就业工作体系更加健全。城镇就业稳定增长，失业水平有效控制，劳动参与率基本稳定，现代化人力资源加快塑造，就业公共服务体系更加完善，中等收入群体规模稳步扩大，社会保险覆盖面不断扩大，劳动者就业权益有效维护，使人人都有通过辛勤努力实现自身发展的机会。

二、推动经济社会发展与就业促进协调联动

（一）强化宏观调控就业优先导向。把高质量充分就业作为经济社会发展优先目标，纳入国民经济和社会发展规划，促进财政、货币、产业、价格、就业等政策协同发力，提高发展的就业带动力。健全就业影响评估机制，重大政策制定、重大项目确定、重大生产力布局要同步开展岗位创造、失业风险评估，构建就业友好型发展方式。

（二）增强现代化产业体系就业协同性。因地制宜发展新质生产力，改造提升传统产业，培育壮大新兴产业，布局建设未来产业，加快发展先进制造业集群，努力创造更多高质量就业岗位。推进生产性服务业融合发展，加快生活性服务业多样化发展，扩大第三产业就业容量。深入实施乡村振兴战略，发展现代农业，提高农业劳动生产率，增强农业就业吸引力。

（三）支持各类经营主体稳岗扩岗。发挥国有企业就业引领作用，综合运用财政支持、税收优惠、金融支持、社会保障等政策，引导各类主体更好履行稳岗扩岗社会责任。支持发展吸纳就业能力强的产业和企业，对就业示范效应好的经营主体，同等条件下优先保障建设用地计划，优先提供用工支持服务。

（四）提升区域协调发展就业承载力。深入实施区域协调发展战略、区域重大战略，加快形成一批服务融通、政策贯通、渠道畅通的就业集聚区和增长极。引导资金、技术、劳动密集型产业从东部向中西部、从中心城市向腹地有序转移，加大对革命老区、边境地区、资源枯竭地区等政策倾斜，促进区域间就业均衡发展。

（五）培育就业扩容提质新动能。拓展数字经济就业新空间，大力推进产业数字化、数字产业化，支持平台经济健康发展，做好数字转型中的岗位挖潜、职业转换。增加绿色就业新机会，积极发展节能降碳、环境保护、生态保护修复和利用等绿色产业，推动绿色发展和就业增长协同增效。开辟康养就业新领域，发展银发经济，促进健康与养老、旅游、休闲、食品等产业深度融合，催生新的就业增长点。

三、着力解决结构性就业矛盾

（六）提高教育供给与人才需求的匹配度。适应新一轮科技革命和产业变革，科学研判人力资源发展趋

势，统筹抓好教育、培训和就业。推动高等教育高质量发展，扩大理工农医类专业招生规模，根据社会需要、产业需求、职业开发优化调整学科专业设置。将就业状况作为办学资源配置、教育质量评估、招生计划安排的重要依据，对就业质量不高的专业实行红黄牌提示制度。加快发展现代职业教育，推进职普融通、产教融合、科教融汇，培养更多高素质技术技能人才。推进技工教育高质量特色发展，组建一批技工教育联盟（集团），遴选建设一批优质技工院校和优质专业。将职业生涯教育融入高校人才培养全过程，推动在普通高中阶段开展职业启蒙、职业认知、职业体验。

（七）健全终身职业技能培训制度。实施技能中国行动，大力开展职业技能培训，全面推行企业新型学徒制培训，构建贯穿劳动者学习工作终身、覆盖职业生涯全程的技能培训制度。加强公共实训基地、高技能人才培训基地建设，鼓励企业建设职业技能培训基地，形成以市场化培训为主导、行业企业自主培训为主体的职业技能培训供给体系。指导企业按规定足额提取和使用职工教育经费，保证60%以上的经费用于一线职工教育培训，允许用于企业建立职业学校（含技工院校）。

（八）拓宽技能人才发展通道。建立完善国家资历框架，推动职业资格、职业技能等级与相应职称、学历双向比照认定，推进“学历证书+若干职业技能证书”制度实施，积极挖掘培育新的职业序列，及时发布新职业。畅通职业发展通道，支持符合条件的企业开展特级技师、首席技师评聘工作，建立一批技能大师工作室、劳模工匠创新工作室。动态发布技能人才薪酬价位信息，引导企业逐步提高技能人才薪酬待遇。健全以世界技能大赛为引领、全国职业技能大赛为龙头、全国行业和地方各级职业技能竞赛以及专项赛为主体、企业和院校职业技能比赛为基础的职业技能竞赛体系，完善相关表彰奖励政策。

四、完善重点群体就业支持体系

（九）拓展高校毕业生等青年就业成才渠道。促进市场化就业，完善工资待遇、职称评聘、培训升学等政策，开发更多有利于发挥所学所长的就业岗位，鼓励青年投身重点领域、重点行业、城乡基层和中小微企业就业创业，有条件的地方可对到位于县乡中小微企业就业的高校毕业生加大政策支持力度。提升青年就业服务效能，强化针对性职业指导、职业介绍、技能培训、见习实习，形成衔接校内校外、助力成长成才的服务支撑。实施青年就业启航、“宏志助航”等专项计划，强化对困难家庭毕业生、长期失业青年的就业帮扶，促进其尽早就业、融入社会。支持留学回国人员同等享受就业创业政策和服务。

（十）做好退役军人就业服务保障。健全学历教育与职业技能培训、创业培训、个性化培训并行的退役军人教育培训体系。挖掘岗位资源，探索“教培先行、岗位跟进”就业模式，鼓励优秀退役军人按有关规定到党的基层组织、城乡社区和退役军人服务机构工作。引导退役军人围绕国家重点扶持领域创业。

（十一）拓宽农村劳动力就业增收空间。壮大县域富民产业，推出一批适应乡村全面振兴需要的新职业，注重引导外出人才返乡、城市人才下乡创业，实施以工代赈，加快形成双向流动、互融互通的统筹城乡就业格局。组建区域劳务协作联盟，开展劳务品牌认定培育，完善就业服务、职业培训、权益维护一体化外出务工服务体系。推动农村低收入人口就业帮扶常态化，防止因失业导致规模性返贫。

（十二）完善困难人员就业援助制度。加强对大龄、残疾、较长时间失业等就业困难群体的帮扶，合理确定、动态调整就业困难人员认定标准，完善及时发现、优先服务、精准帮扶、动态管理的就业援助制度。鼓励支持企业吸纳就业、自主创业，统筹用好公益性岗位，确保零就业家庭动态清零。创造适合老年人的多样化、个性化就业岗位，加强求职就业、技能培训等服务。招用超过法定退休年龄劳动者的用人单位，要依法保障劳动者获得劳动报酬、劳动安全卫生保护、工伤保障等基本权益，支持用人单位按规定参加社会保险。

（十三）优化自主创业灵活就业保障制度。健全创业培训、创业服务、创业孵化、创业活动支持体系，优化创业促进就业政策环境，提升创业质量。支持灵活就业健康发展，建设区域性行业性零工市场、功能化便捷化零工驿站。支持和规范发展新就业形态，扩大新就业形态劳动者职业伤害保障试点，保障新就业形态劳动者对平台劳动规则的知情权、参与权，畅通劳动者维权渠道。对就业困难人员、离校2年内未就业高校毕业生灵活就业的，按照规定给予一定的社会保险补贴。

五、健全精准高效的就业公共服务体系

（十四）完善覆盖全民的就业公共服务制度。坚持普惠性、基础性、兜底性，完善服务清单，强化常住

地、就业地服务责任，推动就业公共服务常住人口广覆盖、用人主体广惠及、就业创业全贯通。提升服务专业化水平，发挥公共就业服务能力提升示范项目作用，定期开展业务练兵、技能比武，支持就业公共服务机构、高校等的就业服务从业者申报相关专业职称，推动人力资源服务业创新发展、扩大服务供给。

（十五）夯实基层导向的就业公共服务基础。将就业公共服务体系建设纳入经济社会发展及国土空间相关规划，综合区位特点、人群特征、服务半径，布局服务设施、人员队伍，促进服务资源向基层延伸、向农村覆盖、向边远地区和就业困难群体倾斜。将基层就业公共服务融入以党建引领基层治理范畴，纳入基层民生保障服务事项，打造“家门口”就业服务站、“15分钟”就业服务圈，健全标识统一、布局合理、服务规范、运行高效的基层就业公共服务网络。

（十六）推行数字赋能的就业公共服务模式。建立全国统一的就业信息资源库，推出全国就业公共服务平台，实现就业事项一体化办理、精准化服务、智能化监管。推广数字赋能、实地摸排、精准服务的模式，推进人力资源社会保障、教育、公安、民政、税务、市场监管等部门数据共享比对，将政策和服务主动精准推送给用人单位和劳动者。

六、提升劳动者就业权益保障水平

（十七）保障平等就业权利。坚决破除影响劳动力、人才流动的体制机制障碍，同步推进户籍、用人、档案等服务改革，消除地域、身份、性别、年龄等影响平等就业的不合理限制和就业歧视，畅通社会流动渠道。健全就业歧视救济机制，依法纳入劳动保障监察范围，完善民事支持起诉机制，稳妥开展公益诉讼检察工作。完善残疾人按比例就业、集中就业、自主就业促进机制，发挥好残疾人就业保障金促进就业作用。保障妇女在就业创业、职业发展、技能培训、职业健康与安全等方面的合法权益，健全生育保障、普惠托育、就业扶持等支持体系，构建生育友好的就业环境。

（十八）促进劳动报酬合理增长。健全劳动、知识、技术等要素按贡献参与分配的初次分配机制，提高劳动报酬在初次分配中的比重。加强对企业工资收入分配的宏观指导，完善劳动者工资决定、合理增长、支付保障机制。

（十九）构建和谐劳动关系。完善劳动关系协商协调机制，推动企业依法保障劳动者取得劳动报酬、休息休假、获得劳动安全卫生保护等合法权益。加强劳动保障监察、劳动人事争议调解仲裁队伍建设，持续整治人力资源市场秩序，有效治理欠薪欠保、违法裁员、求职陷阱等乱象。

（二十）扩大社会保障覆盖面。推动用人单位及职工依法参加社会保险，健全灵活就业人员、农民工、新就业形态人员社会保障制度，全面取消在就业地参保户籍限制。推动失业保险、工伤保险、住房公积金向职业劳动者广覆盖。完善就业与失业保险、最低生活保障联动机制，按规定兑现失业保险待遇，提供分层分类社会救助，调整完善低保渐退期限和就业成本扣减规定。

七、凝聚促进高质量充分就业的工作合力

（二十一）加强组织领导。坚持把党的领导贯彻到促进高质量充分就业工作的各领域全过程。将就业工作作为县以上党政领导班子绩效考核重要内容，按有关规定开展就业工作表彰。各地区、各有关部门和单位要把就业当作民生头等大事，加强组织实施，健全制度机制，增强工作合力，结合实际抓好本意见贯彻落实，确保党中央、国务院决策部署落地见效。

（二十二）强化支撑保障。研究完善就业促进、反就业歧视相关法律制度。合理安排就业补助资金，统筹用好失业保险基金、各类产业引导基金等促进就业，完善政府购买就业公共服务制度。加快建构中国就业理论体系，加强就业理论研究和咨询智库建设。强化就业领域国际合作，建立常态化对话机制，提升我国在就业领域的国际话语权和影响力。

（二十三）防范化解重大风险。建立健全高质量充分就业统计监测体系，建立就业岗位调查制度，适时开展高质量充分就业评估。完善规模性失业风险防范化解机制，加强监测预警、政策储备和应急处置，有条件的地方可设立就业风险储备金，妥善应对就业领域重大风险。积极应对人工智能等新兴技术快速发展对就业的影响。

（二十四）营造良好氛围。适时开展集中性就业促进和技能宣传活动，加大政策宣传解读力度，及时总结宣传典型经验和实施成效，加强舆论引导，推动形成全社会关心支持就业的良好氛围。

教育部关于举办第二届全国大学生职业规划大赛的通知

教学函〔2024〕3号

各省、自治区、直辖市教育厅（教委），新疆生产建设兵团教育局，有关省、自治区人力资源社会保障厅，部属各高等学校、部省合建各高等学校，分行业就业创业指导委员会：

为贯彻落实党中央、国务院决策部署，落实《国务院关于印发“十四五”就业促进规划的通知》精神，加强高校生涯教育和就业指导，增强大学生职业规划意识，指导其及早做好就业准备，以择业新观念打开就业新天地，促进高质量充分就业，定于2024年10月至2025年4月举办第二届全国大学生职业规划大赛。现将有关事项通知如下。

一、大赛主题

筑梦青春志在四方，规划启航职引未来。

二、大赛目标

努力将大赛打造成强化生涯教育的大课堂、促进人才供需对接的大平台、服务毕业生就业的大市场。通过举办大赛，更好实现以赛促学，引导大学生树立正确的成长成才观和择业就业观，科学合理规划学业与职业发展，提升就业竞争力；以赛促教，促进高校强化生涯教育，做实做细就业指导服务；以赛促就，广泛发动行业企业和高校参与赛事活动，推动人才供需有效对接，全力促进高校毕业生高质量充分就业。

三、组织机构

（一）大赛由教育部、湖南省人民政府共同主办。全国总决赛由湖南省教育厅、中南大学、湖南大学、湖南师范大学承办。

（二）大赛设立组织委员会（简称大赛组委会），负责大赛的组织实施。教育部和湖南省人民政府主要负责同志担任主任，教育部和湖南省人民政府分管负责同志担任执行主任。大赛组委会秘书处设在教育部学生服务与素质发展中心。

（三）大赛设立专家委员会，负责评审等工作。

（四）大赛设立纪律与监督委员会，负责对赛事组织、评审等相关工作进行监督，对违反大赛纪律行为予以处理。

（五）各省级高校毕业生就业工作部门可参照成立相应赛事机构，负责本地比赛的组织实施、评审和推荐等工作。

四、大赛内容

（一）主体赛事。包括学生成长赛道和就业赛道。成长赛道设高教组和职教组，就业赛道设高教本科生组、高教研究生组和职教组。本届大赛不设大学生职业发展与就业指导课程教学赛道。

1.成长赛道。主要面向本、专科中低年级学生，考察其树立生涯发展理念并合理设定职业目标、围绕实现目标持续行动并不断调整的成长过程，通过学习实践提升综合素质和专业能力，体现正确的择业就业观念。参赛学生可获得实习机会。（详见附件1）

2.就业赛道。面向本、专科高年级计划求职学生（不含已通过推免等确定升学的毕业年级学生）和研究生，考察其求职实战能力，对照目标职业及岗位要求，个人综合素质和专业能力等方面的契合度，个人发展路径与就业市场需求的适应度。参赛学生可获得岗位录用意向。（详见附件2）

（二）同期活动。全国总决赛期间将举办校企供需对接、职业体验、课程教学研讨交流等系列活动，在湖南举办“以创促就”专项活动。各地各高校参照总决赛系列同期活动，围绕主体赛事精心设计并广泛开展内容丰富、形式多样的同期活动。

五、大赛赛制

（一）大赛采用校赛、省赛、全国总决赛三级赛制。

（二）校赛由各高校负责组织，省赛由各地负责组织。各地各高校参照大赛成长、就业赛道方案，自主确定参赛名额、分组设置、比赛环节、评审方式和奖项设置等。各地完成省赛选拔后，择优推荐全国总决赛参赛选手（本科生、研究生、专科生须保持合适比例）。

（三）全国总决赛参赛学生选手约700人，其中成长赛道约350人，就业赛道约350人，结合参赛选手专业背景、目标职业及所属行业等划分赛场。成长赛道、就业赛道各组别每所高校入围选手不超过1人。大赛组委会将综合考虑各地参赛人数、就业指导和招聘活动情况、用人单位参与数量等因素分配全国总决赛参赛名额，赛前发布大赛提供的实习和就业岗位信息。

（四）全国总决赛设金奖、银奖、铜奖，以及地方和高校优秀组织奖、优秀指导教师奖等奖项。

六、赛程安排

（一）参赛报名（2024年10月—2025年1月）。参赛选手通过全国大学生职业规划大赛平台（简称大赛平台，网址：zgs.chsi.com.cn）报名。大赛平台登录页面可下载操作手册。大赛平台开放时间为2024年10月22日，报名截止时间由各地各高校根据省赛安排决定，不晚于2025年1月31日。

（二）校赛省赛（2024年10月—2025年3月中旬）。各地各高校按要求设省级、校级管理员，使用大赛组委会分配的账号登录大赛平台管理、查看省赛和校赛信息。各地完成省赛组织工作不晚于2025年3月15日。

校赛期间，大赛平台开放成长赛道生涯闯关功能、就业赛道职业适配度测评功能，参赛选手可根据需要选择使用。

（三）全国总决赛（2025年4月）。参加总决赛选手通过现场比赛决出各类奖项。现场比赛及同期活动等具体安排另行通知。

七、参赛要求

（一）参赛选手须为普通高等学校在校学生。每名选手结合自身条件选择符合要求的一个赛道报名参赛。首届大赛全国总决赛获金奖、银奖选手，不得再次报名原赛道比赛。

（二）参赛选手应按要求在大赛平台准确填写报名信息，提交材料应坚持真实性原则，不得含有违法违规内容，否则将被取消参赛资格及所获奖项等，并承担相应法律责任。

（三）各地各高校应认真做好参赛选手资格审查和参赛材料审查工作，确保符合相关要求。

八、工作要求

（一）充分发动。各地各高校要认真做好大赛宣传动员工作，把大赛作为加强和改进生涯教育、促进高质量充分就业的重要载体，发动更多大学生了解和参与大赛，将大赛与各类就业指导、实习实践、校园招聘等活动统筹组织，形成工作合力。各省级高校毕业生就业工作部门要指定一名工作人员作为联络员，负责赛事的沟通交流工作。

（二）精心组织。各地各高校要高度重视、周密部署，为举办赛事和同期活动提供必要的场地、经费支持。各分行业就业创业指导委员会要推荐相关专家参与大赛，发动相关用人单位参加企业心选团、汇集实习和就业岗位资源，为校赛省赛举办提供必要支持。坚持公平办赛、公益办赛、开放办赛、节俭办赛、廉洁办赛、安全办赛，确保比赛平稳有序、取得实效。

（三）广泛宣传。各地各高校要主动联系中央主流媒体及地方媒体、卫视等，充分利用校园媒体、新媒体等多元传播渠道，全方位对赛事进行宣传推广，不断提升生涯教育与就业指导工作的覆盖面和影响力，营造全社会关心支持大学生就业的良好氛围。大赛组委会将适时发布大赛徽标、主视觉、吉祥物形象、主题曲等宣传元素，供各级赛事使用，打造大赛品牌形象。

（四）总结经验。各地各高校要认真总结梳理办赛经验，推动校赛省赛办出水平、办出特色，推出可复制推广的典型做法。各地在省赛结束后按要求及时向大赛组委会报送总结材料。有条件的地方可根据需要组织高校开展经验交流。

九、其他事项

（一）本通知所涉及内容的最终解释权，归大赛组委会所有。大赛组委会根据需要组织赛事说明会或相关工作培训，不委托任何第三方机构或个人开展上述活动。主动接受社会监督，严格监管评委和工作人员。

（二）大赛组委会联系人：

教育部高校学生司（高校毕业生就业服务司） 周紫阳
联系电话：010-66097455
电子邮箱：xsszdc@moe.edu.cn
地址：北京市西城区大木仓胡同37号
邮编：100816

教育部学生服务与素质发展中心　李玉洁
联系电话：010-68352207
电子邮箱：qgzgs@chsi.com.cn
地址：北京市西城区西直门外大街18号金贸大厦C3座
邮编：100044

湖南省教育厅学生处　鲁光杰
联系电话：0731-84715492
电子邮箱：jytxsc0731@126.com
地址：湖南省长沙市东二环二段238号湖南省教育厅
邮编：410000

湖南省大中专学校学生信息咨询与就业指导中心　曾静
联系电话：0731-82116089
电子邮箱：hnsjyzdzx@163.com
地址：湖南省长沙市岳麓区中建智慧谷2区7栋
邮编：410008

附件：1.第二届全国大学生职业规划大赛成长赛道方案（略）
　　　2.第二届全国大学生职业规划大赛就业赛道方案（略）

教　育　部
2024年10月13日

教育部关于做好2025届全国普通高校毕业生就业创业工作的通知

教就业〔2024〕5号

各省、自治区、直辖市教育厅（教委），新疆生产建设兵团教育局，有关省、自治区人力资源社会保障厅，部属各高等学校、部省合建各高等学校：

高校毕业生是党和国家宝贵的人才资源。为深入学习领会习近平新时代中国特色社会主义思想，全面贯彻党的二十届三中全会精神和全国教育大会精神，坚持把高校毕业生就业作为重中之重，加快构建高校毕业生高质量就业服务体系，完善高校学科设置调整机制和人才培养模式，促进高校毕业生高质量充分就业，教育部决定实施2025届全国普通高校毕业生就业创业促进和服务体系建设行动。现就有关事项通知如下。

一、促进人才培养与经济社会发展供需适配

1.加强就业市场需求分析研判。各地各高校和分行业就业指导委员会要定期开展高校毕业生就业市场需求调查，通过调研走访企业、委托专门机构开展调查等方式，广泛收集行业、区域人才供求信息，及时掌握就业市场需求变化。鼓励各地积极会同相关行业主管部门，建立就业市场需求分析会商机制，协同开展人才需求分析预测工作，编制发布人才需求报告和急需紧缺人才目录，引导优化人才资源配置。

2.加强学科专业动态调整优化。各地各高校要结合本区域发展实际，以科技发展、国家战略需求为牵引，主动布局新兴学科专业，扩大急需紧缺学科专业布点，提高高校学科专业设置对高质量发展的响应度，更好促进供需适配。对就业质量不高的专业实行红黄牌提示制度，及时调整或更新升级已经不适应社会需要的学科专业。

3.加强就业与招生、培养联动。各地各高校要将高校毕业生就业状况作为高校办学资源配置、教学质量评估、招生计划安排的重要依据。综合考虑高校办学质量和毕业生就业状况，优化招生计划分配方式。主动对接经济社会发展需要，有针对性优化人才培养方案，全面提升高校毕业生专业素养、创新思维和就业能力。

二、充分发挥促就业政策的引领作用

4.加力落实助企稳岗促就业政策。各地各高校要积极配合相关部门，加力落实税收优惠、社保补贴、培训补贴、创业担保贷款等政策，多措并举激发经营主体吸纳高校毕业生就业的积极性。要加大促就业政策宣传解读，组织“高校毕业生就业政策宣传月”活动，系统梳理本地高校毕业生就业创业政策，通过制作政策地图、政策海报、政策汇编，积极推进就业政策进园区、进企业、进高校、进社区，推动各项政策加快落地见效、惠企利生。

5.优化规范招聘安排和秩序。各地各高校要按照“能早尽早”“能扩尽扩”的原则，统筹协调好本地党政机关、事业单位、国有企业招聘（录）高校毕业生和各类升学考试时间安排，确保全部在8月底前完成。积极推动相关部门合理确定各类职业资格考试时间，稳定并扩大政策性岗位招录规模。畅通入伍绿色通道，积极配合兵役机关做好兵员预征预储和大学生精准征兵工作。各高校要统筹安排好教育教学与就业工作进程，确保有序开展、有效衔接，为毕业生在校期间求职预留时间。发挥国有企业示范作用，办好“国聘行动”。

6.支持灵活就业和自主创业。各地各高校要充分挖掘新产业、新业态、新模式带动就业潜力，引导毕业生发挥专业所长，在数字经济、绿色经济、银发经济、创意经济、低空经济等多领域灵活就业。配合有关部门落实灵活就业社会保障政策。充分发挥创业带动就业作用，落实创业支持和减税降费政策，在资金、场地等方面向高校毕业生创业者倾斜，为高校毕业生创新创业孵化、成果转化等提供服务。

7.强化高校毕业生就业相关支持政策研究。鼓励各地各高校围绕贯彻落实国家重大战略部署、发展新质生产力、推动经济社会高质量发展，系统梳理国家和地方出台的系列稳就业政策，研究新的就业增长点，结

合本地本校实际推出促进高校毕业生就业的政策举措。聚焦高校毕业生就业工作理论和现实问题，开展促进高校毕业生供需适配、就业政策论证与效果评估等前瞻性、实证性研究，探索高校毕业生就业工作规律，强化政策支撑。

三、开发更多有利于发挥所学所长的就业岗位

8.深入开展“访企拓岗”行动。各地各高校要按照“秋季校园招聘月”“寒假暖心行动”“春季攻坚行动”“百日冲刺行动”安排，持续不断开拓就业岗位。各高校要认真落实“两个100”和“不少于10家”要求，调动高校全员力量，用好校友资源优势，密切联系合作企业，持续深入开展“高校书记校长访企拓岗促就业专项行动”，足质足量开拓就业岗位。各地要加强统筹协调，指导高校与相关地方政府、行业企业、产业园区等建立常态化就业合作，发掘一批吸纳毕业生稳定就业的优质企业和单位。鼓励引导群团组织、慈善组织、社会组织和社会招聘服务机构等开发岗位资源，提供面向高校毕业生的专业化就业服务。

9.充分用好校园招聘主渠道。各地各高校要拓展实施“万企进校园”计划，主动邀请用人单位进校招聘，鼓励联合公共就业创业服务机构开展校园招聘活动，在活动现场设置政策咨询、就业指导、直播带岗等专区，丰富校园招聘活动形式。支持二级院系积极开展小而精、专而优的小型专场招聘活动，提高校园招聘活动实效。鼓励各地加强与政府部门沟通合作，充分发挥全国普通高校毕业生就业创业指导委员会和行业协会作用，归集分行业、分区域、分领域就业岗位，组织用人单位组团进校招聘，共建一批区域性、行业性、联盟性就业市场。要重点关注就业工作基础薄弱的高校，加大招聘活动支持力度，加密招聘活动频次，定向送资源、送岗位、送服务。

10.支持中小企业吸纳就业。开展民营企业招聘高校毕业生专项行动。鼓励主动服务本地区科技领军企业、瞪羚企业、专精特新中小企业等重点企业人才需求，支持民营企业、中小企业进校宣讲，加大宣传推介力度，主动提供多元化就业服务。配合相关部门落实鼓励民营企业、中小企业稳岗拓岗支持政策，办好“‘百城千校万企’民企高校携手促就业行动”、“中小企业网上百日招聘高校毕业生”、“民营企业服务月”等活动，汇聚更多岗位资源。

11.创新挖掘基层就业空间。各地各高校要配合有关部门组织实施好“特岗计划”“三支一扶”“西部计划”“大学生乡村医生专项计划”等基层项目，加大科研助理岗位开发力度。支持各地围绕乡村振兴、基层治理、产业发展，用好现有各类资金和政策渠道，开发城乡社区、养老服务、农业科技等岗位。鼓励结合地方实际和高校办学特色，创新实施基层就业项目，出台配套支持政策，为毕业生提供更多基层就业渠道。

12.全面推广使用国家大学生就业服务平台。依托平台建立就业信息归集机制，推进国家、省级、高校三级毕业生就业服务网络互联共享，实时对接社会招聘机构岗位信息，持续举办网络招聘活动。加快就业服务智慧化升级，优化完善平台功能，实现高校毕业生就业服务一体化办理、精准化服务、智能化管理。主动精准向毕业生推送就业指南、岗位资源。各地各高校要主动与平台共享岗位信息，组织就业工作人员、毕业班辅导员和有就业意愿的高校毕业生及时注册使用。

四、做实做细就业指导帮扶

13.强化生涯教育与就业指导。各地各高校要将职业生涯教育融入高校人才培养全过程，完善生涯教育与就业指导课程体系，推动把相关课程作为必修课列入人才培养方案，给予学时学分保障。打造一批名师金课及精品教材，鼓励培育教学成果。办好第二届全国大学生职业规划大赛，将大赛与各类就业指导、实习实践、校园招聘等活动统筹组织，引导大学生科学合理规划学业与职业发展，提升就业竞争力。聚焦社会需求、产业变化，探索面向高年级学生开设专业微课程、职业培训课程，提升学生综合素养。

14.加强就业育人与观念引导。各地各高校要把就业教育作为全员全过程全方位育人的重要内容，推动与思想政治教育、专业教育深度融合。加强就业心理健康教育，推进个性化求职心理疏导。开展“永远跟党走、到祖国需要的地方去”“高校毕业生基层就业卓越奖学（教）金”推荐宣传等活动，营造劳动光荣的社会风尚，激励高校毕业生到新疆、西藏等西部地区就业，引导高校毕业生投身重点领域、重点行业、城乡基层和中小微企业就业创业，以择业新观念打开就业新天地。

15.健全重点群体就业帮扶机制。各地各高校要重点关注脱贫家庭、低保家庭、零就业家庭以及残疾等就

业困难毕业生群体，建立帮扶台账，落实“一人一档”“一人一策”精准帮扶要求，优先提供指导咨询、优先推荐岗位、优先组织培训和就业实习实践。高校和院系领导班子成员、专任教师、就业指导教师、辅导员等落实帮扶责任，与困难毕业生开展“一对一”结对帮扶。组织实施好“宏志助航计划”，有序扩大培训覆盖面，提升培训帮扶实效。配合人力资源社会保障部门做好离校未就业毕业生服务接续，帮助他们及时享受公共就业服务。

16.完善就业实习实践制度。各地各高校要将就业实习实践作为促就业重要举措，纳入人才培养方案，做好政策制度保障。统筹就业实习与教学实习、社会实践，推动大学生利用寒暑假开展实习实践活动。强化实习责任保险保障，做好就业实习安全教育。持续发挥教育部供需对接就业育人项目作用，深化政校企合作，协同建设一批大学生就业实习实践基地，有组织地开展就业实习实践活动，推动更多毕业生通过实习实践实现就业。鼓励支持更多高校毕业生到国际组织实习任职。

五、持续推进就业监测与综合评价改革

17.加强就业进展监测。各地各高校要认真落实毕业去向登记制度，准确把握就业监测指标，严格审核毕业生就业材料和去向信息，规范做好毕业去向登记，确保数据真实准确。各地要不断健全完善就业监测机制，加强就业监测工作业务培训，切实提高就业监测工作质量。各地各高校要严格执行“四不准”“三不得”规定，分级开展就业监测数据自查，对违反相关规定的单位和人员，依法依规严肃追责处理。

18.深入推进就业评价改革。各地要探索开展就业工作综合评价，建立健全科学高效的就业评价体系，破除就业工作单一评价导向。坚持分类评价，突出质量导向，探索长周期评价，以就业评价赋能高校就业工作转型，促进高校就业工作制度化、规范化。全面开展高校毕业生就业状况跟踪调查，加强与有关部门政务数据比对分析，将就业状况纳入综合研判，为教育教学评估、就业工作质量评价提供参考。

六、提升高校毕业生就业工作保障水平

19.压实工作责任。各地各高校要把高校毕业生就业作为民生头等大事、摆在突出重要位置，纳入领导班子重要议事日程和绩效考核重要内容，建立健全主要负责同志亲自部署、亲自指导，分管负责同志靠前指挥、统筹协调的工作机制，推动逐级压实工作责任。各高校要把就业工作列入学校党委常委会重要议题定期研究推进，充分发挥“校—院（系）”两级就业工作领导小组作用，调动全校力量形成工作合力。各省级教育部门要牵头成立高校毕业生就业工作专班，制定工作方案，推进任务落实。各地各高校要加强与组织、人力资源社会保障、财政等部门沟通联系，协调各方资源支持高校毕业生就业，强化风险防控，完善各类突发事件应急处置工作预案，确保高校毕业生就业安全稳定。

20.强化工作保障。各地各高校要按规定落实高校毕业生就业工作“四到位”要求，加强就业部门和服务机构工作力量，给予必要的人员、经费保障。配齐配强校级专职就业指导教师和专职就业工作人员，畅通就业指导教师职业发展路径，鼓励生涯教育与就业指导人员按要求参加相关职称评审。健全校外专家担任兼职就业指导教师的保障机制。

21.加强权益维护。各地各高校要严格落实校园招聘“三严禁”要求，积极营造公平就业环境。配合有关部门维护人力资源市场秩序，及时处置各类恶意解约等损害毕业生就业权益的事件，依法打击招聘欺诈、泄露隐私等涉就业违法违规行为。加强就业安全教育，发布招聘求职陷阱提示，加大防电信诈骗宣传，帮助毕业生提升防范就业风险意识。加大校园招聘审核力度，严格规范招聘信息采集，及时清除各类虚假信息。

22.开展总结宣传。各地各高校要运用新闻媒体、微博微信、广播电视等渠道，开展形式多样、内容丰富的宣传活动。大力宣传党和政府对毕业生的关心关爱、对就业工作的高度重视，加力宣传地方、用人单位和高校全力拓资源、优指导、强帮扶、促就业的举措和成效。持续开展就业典型案例和毕业生就业创业典型人物总结宣传，积极营造全社会关心支持高校毕业生就业的良好氛围。各地各高校毕业生就业工作进展情况要及时报教育部。

教 育 部

2024年11月11日

第九篇
理论和实践研究

教育部办公厅关于印发《教育部高校辅导员培训和研修基地建设与管理办法（试行）》等文件的通知

教思政厅〔2011〕3号

各省、自治区、直辖市党委教育工作部门、教育厅（教委），新疆生产建设兵团教育局，各教育部高校辅导员培训和研修基地：

为贯彻落实《中共中央国务院关于进一步加强和改进大学生思想政治教育的意见》（中发〔2004〕16号）和《普通高等学校辅导员队伍建设规定》（教育部令第24号）精神，进一步加强高校辅导员队伍建设，我部于2007年建立了第一批21个教育部高校辅导员培训和研修基地（以下简称辅导员基地）。近年来，辅导员基地在我部和有关省（区、市）教育工作部门的指导下，在依托高校的支持下，积极承担培训、研究、咨询等方面的任务，取得了一定的成绩。

为进一步加强辅导员基地建设与管理，提高辅导员培训和研修质量，我部制定了《教育部高校辅导员培训和研修基地建设与管理办法（试行）》和《教育部高校辅导员培训和研修基地建设与管理基本标准（试行）》，现印发给你们。请各辅导员基地遵照执行，各省（区、市）教育工作部门建立的省级辅导员基地可参照执行。

附件：1. 教育部高校辅导员培训和研修基地建设与管理办法（试行）
　　　2. 教育部高校辅导员培训和研修基地建设与管理基本标准（试行）

附件1

教育部高校辅导员培训和研修基地建设与管理办法（试行）

第一章　总　则

第一条　为加强教育部高校辅导员培训和研修基地（以下简称辅导员基地）的建设与管理，根据《普通高等学校辅导员队伍建设规定》（教育部令第号），特制定本办法。

第二条　高校辅导员队伍是加强和改进大学生思想政治教育的骨干力量。加强辅导员基地建设与管理是加强辅导员队伍建设的重要举措，有利于提高辅导员队伍的整体水平，建设一支政治强、业务精、纪律严、作风正的高素质队伍。

第三条　辅导员基地要承担培训、研究、咨询等方面的任务。

1. 辅导员基地要承担辅导员的上岗培训、日常培训、高级研修、学历学位教育等任务。

2. 辅导员基地要积极开展大学生思想政治教育特别是辅导员队伍建设等方面的专题研究，不断加强相关理论探索和创新。

3. 辅导员基地要为教育部和省（区、市）教育工作部门制订大学生思想政治教育特别是辅导员队伍建设等相关政策提供决策咨询，努力成为上级主管部门的智库。

第二章　管理体制

第四条　辅导员基地由教育部主管，所在省（区、市）教育工作部门协管。

第五条　教育部思想政治工作司具体负责辅导员基地建设与管理工作。其主要职责是：

1. 加强对辅导员基地的管理与指导。围绕辅导员基地建设和发展，研究制订相关政策，给予政策支持。组织专家对辅导员基地建设与管理及培训质量进行检查考核。

2. 加强工作总结与交流。及时总结辅导员基地建设与管理的特色做法和经验，以适当方式进行宣传推广。建立辅导员基地联席会议制度，组织召开全国辅导员基地工作会、研讨会等。

3. 建立全国辅导员培训师资专家库，组织编写培训大纲和示范性培训教材。

4. 协调辅导员跨省（区、市）培训工作。

5. 主持全国性的示范培训等其他事项。

第六条 省（区、市）教育工作部门负责同志要高度重视辅导员基地建设和发展，有关职能处室要有专人负责辅导员基地相关工作。其主要职责是：

1. 根据教育部制定的辅导员培训规划和本地区辅导员培训的实际需求，编制本地区的培训规划，并及时下达给辅导员基地，明确具体培训任务和要求。

2. 研究制订推动辅导员基地建设和发展的有关政策，积极协调有关部门和单位，在政策、资金等方面给予辅导员基地必要的支持。

3. 加强对辅导员基地的管理与指导，帮助其选聘校外优秀培训师资，着力提升培训质量。

第七条 辅导员基地依托高校要确定辅导员基地建设与管理领导机构。辅导员基地主任要由学校党委主要负责同志或分管负责同志担任；办公室可挂靠在相关职能部门或教学单位，并有专人负责日常工作，有条件的高校也可独立设置办公室。其主要职责是：

1. 加强统筹规划和协调，充分调动校内外各方面力量为辅导员基地建设和发展提供保障。

2. 根据教育部和省（区、市）教育工作部门的辅导员培训规划及下达的培训任务，编制本基地的年度培训计划。

3. 制订具体培训方案并负责实施，对培训项目进行质量监控。

4. 协调有关部门，做好辅导员学历学位教育工作。

5. 组织开展大学生思想政治教育特别辅导员队伍建设相关研究，承担上级主管部门交办的其他任务。

6. 负责向教育部思想政治工作司提交年度工作计划和工作总结。

第三章　日常建设与管理

第八条 制订科学合理的培训方案。要以促进辅导员提高综合素质、增强解决实际问题能力为目标，结合辅导员多层次培训的实际需要，通过研究和论证，有针对性地设置培训课程，做到理论与实践相结合、教学与科研相结合、系统学习与专题研究相结合。

第九条 加强相关学科建设。进一步凝练学科方向、汇聚学科队伍、构建学科基地，大力加强本校马克思主义理论一级学科及思想政治教育等二级学科建设，为大学生思想政治教育特别是辅导员队伍建设提供强有力的学理支撑。

第十条 加强师资队伍建设。注重本校相关学科教师梯队的构建，着力建设一支相对稳定、业务水平较高的辅导员培训师资队伍。积极挖掘利用校内外师资力量，注重从一线大学生思想政治教育工作骨干中选拔培训师资。

第十一条 加强科学研究和学术交流。积极组织开展大学生思想政治教育特别是辅导员队伍建设等方面的理论研究，推动理论创新。积极承办全国性或地区性学术会议，加大辅导员基地间和高校间在工作实践、理论研讨等多方面的交流。

第十二条 加强经费投入与管理。各依托高校每年要为辅导员基地投入不少于万元的专项经费，主要用于辅导员基地的日常办公、图书资料、师资培训、科学研究和学术交流等。该经费应专款专用，列入学校年度经费预算，由学校财务部门统一管理核算。各辅导员基地组织的任何培训均不得以谋利为目的。各省（区、市）教育工作部门应将辅导员培训纳入本地教师培训计划，与受训辅导员所在高校共同承担相关费用。

第四章　检查考核

第十三条 为促使辅导员基地全面履行职责，教育部和省（区、市）教育工作部门负责对辅导员基地进行检查考核，并帮助其解决有关实际问题。

第十四条 每年为一个考核周期，期间辅导员基地至少要接受一次检查考核。检查考核采取自查和抽查相结合的方式进行：

1. 自查：辅导员基地依托高校要对辅导员基地承担的培训、研究、咨询等方面的任务完成情况进行自查，及时总结经验，发现并解决问题。各依托高校要将自查报告及时报送教育部思想政治工作司。

2. 抽查：教育部组织专家对辅导员基地进行随机抽查。对考核结果为优秀的基地，在政策方面予以倾斜。对考核结果为不合格的基地，予以警告，限期整改；一年后复查结果仍不合格的，撤销辅导员基地资格。

第五章 附 则

第十五条 本办法从发布之日起施行。

第十六条 本办法由教育部思想政治工作司负责解释和修改。

附件2

教育部高校辅导员培训和研修基地建设与管理基本标准（试行）

说 明

1. 教育部高校辅导员培训和研修基地（以下简称辅导员基地）建设与管理基本标准共有7个一级指标、23个二级指标。

2. 本标准中的“培训”，如无特殊说明，均包括上岗培训、日常培训、高级研修、学历学位教育等。

3. 考核结果分为3个等级：优秀、合格、不合格。

有下列情况之一的为不合格：

（1）培训过程中出现严重政治问题或安全问题；

（2）培训以谋利为目的；

（3）一年内未举办任何培训（不含学历学位教育）；

（4）辅导员基地依托高校每年投入的专项经费<15万元；

（5）被调查学员满意率<1/3；

（6）考核中二级指标为D的≥1/3。

一级指标	二级指标	评分标准	考核方式
1.组织领导	1.1省级教育工作部门的重视与指导	1.省级教育工作部门对辅导员基地建设与管理有明确要求和政策支持 2.省级教育工作部门下文组织辅导员基地培训工作 3.省级教育工作部门负责同志每年参加辅导员基地活动≥2次 符合上述三项标准为A；符合其中两项为B；符合其中一项为C；其余为D	材料审核
	1.2辅导员基地依托高校的重视与领导	1.依托高校对辅导员基地建设与管理有明确的要求和政策支持 2.依托高校成立辅导员基地建设与管理领导机构 3.依托高校领导每年参加辅导员基地活动≥2次 符合上述三项标准为A；符合其中两项为B；符合其中一项为C；其余为D	材料审核
2.基本保障	2.1经费落实情况	1.依托高校每年为辅导员基地投入专项经费≥30万元 2.省级教育工作部门每年提供配套经费（含培训经费）≥30万元 3.依托高校为辅导员基地设立专门预算科目 4.依托高校明确辅导员基地经费专款专用 符合上述四项标准为A；符合其中三项（含1）为B；符合其中两项（含1）为C；其余为D（严重的为不合格）	材料审核
	2.2学员餐饮及住宿情况	1.食宿安全、便利，符合卫生条件 2.食宿收费合理，不以谋利为目的 3.住宿场所到培训场所交通便利 符合上述三项标准为A；符合其中两项（含2）为B；仅符合第2项为C；其余为D（严重的为不合格）	1.实地考察 2.学员满意度调查 3.查看学员评价表
	2.3办公场所及办公设施情况	1.辅导员基地有专用办公场所 2.辅导员基地办公设施能保证正常工作 3.辅导员基地办公设施维护与更新经费能够得到保证 4.能够有效整合校内办公资源，必要时能顺利借用其他部门价值较高的办公设施 符合上述四项标准为A；符合其中三项为B；符合其中两项为C；其余为D	1.实地考察 2.材料审核
	2.4培训师资情况	1.依托高校有思想政治教育专业博士生导师 2.依托高校有稳定的思想政治教育专业及相关学科师资，师资队伍结构优化合理 3.依托高校学生工作系统领导和中层骨干参与培训 4.每次培训均邀请校外专家参与授课 符合上述四项标准为A；符合其中三项（含1）为B；符合其中两项（含1）为C；其余为D	1.材料审核 2.学员满意度调查 3.查看学员评价表
	2.5教学设施与图书资料情况	1.依托高校能提供足够的设施齐全的多媒体教室或报告厅 2.依托高校能提供足够的设施齐全的会议室或讨论室 3.依托高校能提供足够的相关图书资料 4.依托高校能提供实训（实践）场所 符合上述四项标准为A；符合其中三项为B；符合其中两项为C；其余为D	1.实地考察 2.学员满意度调查 3.查看学员评价表

续表

一级指标	二级指标	评分标准	考核方式
3.内部管理	3.1辅导员基地建设与管理的整体规划	目标明确、规划合理——A 目标较明确、规划较合理——B 目标较明确、规划一般——C 目标模糊、无规划——D	1.与有关人员座谈 2.材料审核
	3.2管理机构与人员配备	1.设置专门的辅导员基地办公室 2.配备专职辅导员基地管理人员 3.管理人员较为稳定，胜任工作岗位 4.建立管理人员相应的激励政策和措施	1.实地考察 2.材料审核
		符合上述四项标准为A；符合其中三项为B；符合其中两项为C；其余为D	
	3.3管理制度	1.辅导员基地管理人员岗位职责明确 2.学员学籍管理制度（含注册、考勤、成绩管理等）健全 3.学员纪律管理措施有效 4.建立培训证书制度	1.材料审核 2.学员满意度调查 3.查看学员评价表
		符合上述四项标准为A；符合其中三项为B；符合其中两项为C；其余为D	
	3.4 内部统筹与协调	1.依托高校思想政治教育学科教学单位积极参与、支持辅导员基地工作 2.依托高校学生工作系统积极参与、支持辅导员基地工作 3.依托高校后勤服务系统积极支持辅导员基地工作 4.依托高校其他党政群系统积极支持辅导员基地工作	1.与有关人员座谈 2.材料审核
		符合上述四项标准为A；符合其中三项为B；符合其中两项为C；其余为D	
	3.5 管理信息化程度	1.辅导员基地内部文件文档管理信息化 2.学员相关文档管理信息化 3.建立专门网页，内容丰富，更新及时 4.及时向上级主管部门汇报、反馈信息（含通过网络平台联络）	1.实地考察 2.材料审核
		符合上述四项标准为A；符合其中三项为B；符合其中两项为C；其余为D	
4.培训培养	4.1培训方案和计划	1.辅导员培训方案科学合理 2.制订年度辅导员培训计划 3.每次培训都有具体培训方案 4.对培训项目进行质量监控	1.材料审核 2.学员满意度调查 3.查看学员评价表
		符合上述四项标准为A；符合其中三项为B；符合其中两项为C；其余为D	

续表

一级指标	二级指标	评分标准	考核方式
4.培训培养	4.2培训次数	一个考核周期内，年均至少举办一次培训（不含学历学位教育），符合为A，其余为不合格	材料审核
	4.3培训内容	1.培训内容联系辅导员工作实际 2.不同类型培训的课程设置具有针对性	1.材料审核 2.学员满意度调查 3.查看学员评价表
		符合上述两项标准为A；符合其中一项为C；其余为D	
	4.4培训方式	除领导报告、专家讲座、自学外，还包括： 1.课堂互动 2.参观考察 3.案例教学 4.研讨活动	1.材料审核 2.学员满意度调查 3.查看学员评价表
		符合上述四项标准为A；符合其中三项为B；符合其中两项为C；其余为D	
	4.5学历学位教育情况	1.保质保量完成教育部下达的辅导员博士招生计划 2.制订了符合辅导员工作实际的招生录取方案 3.制订了符合辅导员工作实际的学位培养方案	1.材料审核 2.学员满意度调查 3.查看学员评价表
		符合上述三项标准为A；符合其中两项（含1）为B；仅符合第1项为C；其余为D	
5.理论研究	5.1基地科研情况	一个考核周期内， 1.以辅导员基地名义年均发表思想政治教育类论文≥8篇（含CSSCI期刊≥3篇） 2.以辅导员基地名义年均正式出版思想政治教育类论文集、培训辅导教材≥1本 3.以辅导员基地名义年均承担省部级以上思想政治教育类课题≥1项 4.以辅导员基地名义正式出版思想政治教育类专著≥1本	材料审核
		符合上述四项标准为A；符合其中三项为B；符合其中两项为C；其余为D	
	5.2指导学员开展科研情况	在一个考核周期内， 1.组织学员开展理论研讨、专题调研等科研活动≥2次 2.指导学员以辅导员基地名义发表思想政治教育类论文≥5篇（含收录到全国高校辅导员工作创新论坛论文集） 3.指导学员积极申报省部级以上思想政治教育类课题	1.材料审核 2.学员满意度调查
		符合上述三项标准为A；符合其中两项为B；符合其中一项为C；其余为D	
6.决策咨询	6.1为上级主管部门决策提供咨询	1.为省级教育工作部门提交思想政治教育类报告并被采纳 2.为教育部等部委提交思想政治教育类报告并被采纳	材料审核
		符合上述两项标准为A；符合其中一项为C；其余为D	

续表

一级指标	二级指标	评分标准	考核方式
7.工作绩效	7.1工作特色	1.辅导员基地特色做法和经验被省级以上媒体公开报道 2.辅导员基地特色做法和经验被教育部认可并推广	材料审核
		符合上述两项标准为A；符合其中一项为C；其余为D	
	7.2示范辐射作用	1.辅导员基地承担其他省份辅导员培训任务（不含学历学位教育） 2.辅导员基地与省内外高校、相关协会建立了长期稳定的协作关系 3.与其他辅导员基地开展交流与合作	材料审核
		符合上述三项标准为A；符合其中两项为B；符合其中一项的为C；其余为D	
	7.3学员满意率	学员满意率≥85%为A；70%≤满意率<85%为B；50%≤满意率<70%为C；满意率<50%为D（严重的为不合格）	学员满意度调查

教育部办公厅关于加强高校辅导员基层实践锻炼的通知

各省、自治区、直辖市党委教育工作部门、教育厅（教委），新疆生产建设兵团教育局，部属各高等学校党委：

为加强高校辅导员队伍建设，完善辅导员选拔使用和培养锻炼机制，提高辅导员服务基层意识与能力，根据《普通高等学校辅导员培训规划（2013—2017）》等有关规定，现就加强高校辅导员基层实践锻炼的有关事项通知如下：

一、充分认识加强辅导员基层实践锻炼的重要性

辅导员是高校教师队伍和管理干部的组织部分，是离大学生最近的人，是大学生的人生导师和知心朋友，在高校育人过程中发挥着至关重要的作用。重视和加强辅导员队伍建设，建设一支政治强、业务精、纪律严、作风正的高水平辅导员队伍，对于提高高等教育质量，落实立德树人根本任务，具有十分重要的意义。基层一线是培养青年干部的主阵地，实践锻炼是培养青年干部的重要途径，通过加强高校辅导员基层实践锻炼，到艰苦地区、复杂环境、关键岗位上砥砺品质、锤炼作风、增长才干，有利于以自身实际行动引领和带动广大青年学生到祖国最需要的地方实现青春梦想，进一步提高大学生思想政治教育针对性实效性。

二、注重在具有基层工作经验的青年人才中选拔配备辅导员

各地各高校要树立正确选人用人导向，突出选优配强，注重实践经验的特点，进一步完善辅导员队伍组成结构，注重从参加过大学生志愿服务西部计划、大学生村官计划、“三支一扶”计划、特岗教师计划等基层服务项目，具有丰富基层实践经验的优秀人才中选拔一定比例的辅导员，着力提高辅导员队伍中具有基层实践经历人员的结构比例，形成注重基层工作、重视实践经验的高校辅导员选拔使用工作体系。各地各高校要立足教育事业发展对实践型人才的需要，制定和实施科学有效的选拔机制，把基层工作经验作为学校辅导员选拔的参考列入相关政策规定中。教育部将把工作落实情况纳入大学生思想政治教育测评工作。

三、注重在基层实践锻炼中加强辅导员培养

各地各高校要积极推动辅导员参加基层实践锻炼，重点选派新任辅导员参加基层服务项目和援藏援疆援青等工作。教育部计划五年内选派500名高校辅导员参加志愿服务西部计划等国家基层服务项目，选拔高校骨干辅导员或一线学生工作干部参加援藏援疆援青干部人才计划和定点联系滇西边境山区干部挂职选派计划。每年选拔500名优秀辅导员骨干参加在井冈山、延安、百色等革命老区举办的辅导员服务实践能力培训班，通过实地感受革命前辈扎根基层、艰苦创业的事迹，更加坚定辅导员的职业理想。各地各高校要鼓励和引导辅导员自觉参与基层实践锻炼，积极为辅导员到基层锻炼搭建平台、提供机会，要结合辅导员身份特征和肩负的重任，安排合适的岗位加强锻炼。要让辅导员在基层锻炼中深入一线，和人民群众保持密切接触，在扎实推进基层工作和解决人民群众实际困难中锻炼“干事”的行动和“能干事”的本领。要把加强实际工作和思想引导结合起来，培养辅导员以人为本的服务意识和求真务实、真抓实干的良好作风。

四、建立健全辅导员基层实践锻炼的长效机制

各地各高校要按照教育部统一部署，结合自身实际，研究制订加强高校辅导员基层实践锻炼的工作方案，将基层实践锻炼作为加强辅导员队伍建设的重要举措和学校培养后备干部的有效手段坚持抓下去。要研究建立协调督促工作机制，进一步完善工作评价与考核办法，开展经常性督查。要制定相应保障措施，保证

经费投入，按照国家相关政策，给派出人员享受相关待遇，在工作考核和职称（职级）晋升中要重点考虑参加过基层实践锻炼的辅导员。要充分运用电视、广播、报刊、网络等多种媒体广泛宣传辅导员基层实践锻炼的先进典型和工作经验。

各地教育部门和部属高校要根据本通知制订具体实施方案，并将推进活动的情况报送教育部思政司。

教育部办公厅

2013年12月16日

教育部思想政治工作司关于印发《教育部人文社会科学研究专项任务项目（高校思想政治工作）管理办法（试行）》的通知

教思政司函〔2014〕2号

各省、自治区、直辖市党委教育工作部门、教育厅（教委），新疆生产建设兵团教育局，部属各高等学校：

现将《教育部人文社会科学研究专项任务项目（高校思想政治工作）管理办法（试行）》印发给你们，请遵照执行。

附件：教育部人文社会科学研究专项任务项目（高校思想政治工作）管理办法（试行）

教育部思想政治工作司

2014年1月6日

附件

教育部人文社会科学研究专项任务项目（高校思想政治工作）管理办法（试行）

第一条 根据《教育部人文社会科学研究项目管理办法》，为做好教育部人文社会科学研究专项任务项目（高校思想政治工作）的规范管理工作，提高项目研究质量，制定本办法。

第二条 本办法适用于教育部思想政治工作司负责管理的人文社会科学研究项目（高校思想政治工作专项），以下简称高校思想政治工作专项。高校思想政治工作专项属于教育部人文社会科学研究一般项目。

第三条 高校思想政治工作专项管理坚持以毛泽东思想、邓小平理论、“三个代表”重要思想、科学发展观为指导，深入贯彻落实党的十八大精神，坚持立德树人基本导向，推动广大高校教育工作者研究总结大学生思想政治教育理论成果和实践经验，探索大学生思想政治教育的前沿性、规律性问题，促进成果的转化和应用，提升大学生思想政治教育工作的质量。

第四条 高校思想政治工作专项分为：一类课题，研究年限为2年；二类课题，研究年限为1年；辅导员骨干专项课题，研究年限为1年。

第五条 高校思想政治工作专项的立项工作由教育部思政司组织实施。经征集并确定课题选题后，发布高校思想政治工作专项申报工作的通知和课题指南，集中受理申报材料。

第六条 教育部思政司组织专家对申报材料进行资格审查和项目立项评审。符合下列情况之一者，可采取委托研究方式立项：

1. 课题涉及党和国家机密不宜公开的；

2. 不在课题申报期内，对理论研究和实际工作确有需要的。

第七条 高校思想政治工作专项的结项工作由教育部思政司负责。课题结项采取会议评审方式。每年上、下半年各安排一次集中结项评审工作会议。原则上上半年结项的材料报送截止时间为每年的5月31日，下半年结项的材料报送截止时间为每年的12月31日。

第八条 到期不能完成项目者要填写《教育部人文社会科学研究项目（高校思想政治工作）重要事项变更申请表》，办理申请延期手续。申请延期一次最多不得超过6个月，一个项目申请延期最多不得超过2次。辅导员骨干专项课题不得延期。延期申请须经思政司批准同意后，方可生效。

第九条 完成研究任务后，项目责任人须及时向依托学校社科研究管理部门提出鉴定和结项申请。未按规定时间及程序申请结项的一律予以撤项。

第十条 结项要求

1. 一类课题的结项条件是：有一本专著类成果正式出版或公开发表4篇以上论文，其中在中文核心期刊发表论文2篇以上（含2篇）；二类课题的结项条件是：公开发表2篇以上论文；辅导员骨干专项的结项条件是：公开发表1篇以上论文，至少形成一篇与项目内容一致的研究报告。

2. 最终成果由项目负责人完成或主持完成并作为第一署名人，成果内容须与立项内容一致，不存在知识产权等方面的争议；最终成果形式可以是论文、专著、咨询报告、案例集等。

3. 著作类成果必须正式出版，论文类成果必须在正式出版物上发表，研究报告类成果要有使用单位的采纳意见。出版社开具的拟出版证明、杂志社开具的拟发表证明不能作为申请项目结项的依据；

4. 最终成果（包括论文及著作）必须在显著位置注明"教育部人文社会科学研究专项任务项目（高校思想政治工作）资助"字样，含项目名称和项目编号，未注明者不予承认。

5. 按照项目预算和有关财务管理制度合法合理的使用项目审批经费。

第十一条 项目成果鉴定和结项工作由教育部思政司统筹安排。

一类课题的结项工作须在进行成果鉴定完毕后提出申请。学校社科研究管理部门负责组织实施一类课题的成果鉴定，成果鉴定可采取通信鉴定或者会议鉴定的方式进行。学校社科研究管理部门应将鉴定结果和结项材料报教育部思政司申请结项，最终由教育部思政司组织专家复审。

二类课题和辅导员骨干专项课题原则上不需组织成果鉴定。

第十二条 项目成果著作权归属由教育部思政司与项目负责人以合同方式约定，合同未作约定的，著作权由作者享有，教育部有权在其业务范围内优先使用。

第十三条 项目责任人提出结项申请需报送的材料：

1. 项目《终结报告书》原件1份；

2. 项目研究成果原件1套；

3. 项目《立项通知书》复印件1份；

4. 项目《申请评审书》复印件1份。如研究计划有变更，应在《终结报告书》中说明，经教育部思政司核准的《变更申请表》（复印件）附于其后装订。

第十四条 结项工作的办理

教育部思政司组织专家对申请结项单位报送的鉴定和结项材料进行评审并出具结项意见。对确认可以结项者，教育部思政司下发课题结项通知书。

第十五条 有下列情形之一者，做撤项处理

1. 课题负责人不具备按原计划完成研究任务的条件和可能；

2. 未经批准擅自变更项目责任人或课题名称和基本内容；

3. 研究周期内未能如期完成约定的任务，2次申请延期后仍未完成；

4. 2次申请结项评审均未获通过；

5. 项目成果存在严重政治问题或严重学术不端行为；

6. 在申请结项评审过程中违反规定弄虚作假；

7. 涉密课题的课题组违反保密规定，已经造成重大影响。

凡被撤销的项目，由教育部思政司会同有关司局进行公示并通报学校社科研究管理部门，责成所在学校追回已拨研究经费，项目责任人3年内不得申报教育部人文社会科学研究项目。

教育部思想政治工作司关于开展“高校辅导员访问学者计划”工作的通知

教思政司函〔2014〕42号

各省、自治区、直辖市党委教育工作部门、教育厅（教委），新疆生产建设兵团教育局，部属各高等学校：

为贯彻执行《普通高等学校辅导员培训规划（2013—2017年）》（教党〔2013〕9号），进一步加强高校辅导员队伍专业化、职业化建设，我司于2014年起实施“高校辅导员访问学者计划”，选派高校辅导员骨干作为国内访问学者赴教育部高校辅导员培训和研修基地进行访学研修。现将有关事宜通知如下：

一、申报条件

1.热爱祖国，热爱人民，拥护中国共产党的领导，拥护中国特色社会主义制度。遵守宪法和法律法规，贯彻党的教育方针，热爱党的教育事业，坚持立德树人，为人师表。

2.原则上从事辅导员工作3年以上，具有讲师及以上专业技术职称，或具有博士学位。

3.具有扎实的思想政治教育理论基础，在大学生思想政治教育领域有较强的科研能力，近3年在CSSCI期刊上以第一作者身份发表思想政治教育类论文1篇及以上，或主持过省级以上思想政治教育类研究课题，或出版过高水平专著，并有突出的工作业绩或获得过省级以上优秀辅导员等荣誉称号。

二、管理要求

1.访学期限一般为3-6个月，根据需要可适当延长。接受基地负责辅导员访问学者的计划制定、中期检查、结业考核等日常管理工作，并为辅导员访问学者提供不低于博士研究生标准的科研工作及生活条件。

2.辅导员访问学者的培养由辅导员培训和研修基地负责。接受基地要安排思想政治教育博士生导师作为辅导员访问学者的导师，指导其学习和科研提升。接受基地须安排专人负责辅导员访问学者的遴选和日常管理服务工作

3.辅导员访问学者在入学一周内制定详细的访学计划，访学期间要认真执行计划，切实完成预定任务。指导教师定期检查计划执行情况。

4.访学期间，辅导员访问学者要在导师指导下积极参加科研活动。访学期满，原则上要做一场不少于2小时的专场学术报告，至少提交一篇由导师签署意见的达到公开发表水平的学术论文，或已公开发表的学术论文。辅导员访问学者在访学期间的科研成果属辅导员本人和接受基地共有。

三、实施流程

1.申报数量

原则上每所高校限报1人。

2.接受单位及接受人数

2014年“高校辅导员访问学者计划”接受单位为部分教育部高校辅导员培训和研修基地，各基地不得接受本校辅导员访问学者。各基地具体接受数量和联系方式详见附件1。

3.申报程序

（1）符合条件的辅导员访问学者需填写《高等学校辅导员访问学者推荐表》（附件2），经学校主管部门及省教育主管部门审核同意后加盖公章，并于2014年8月1日前邮寄至接受基地（同时发送电子版），逾期不予受理。

（2）接受基地审核《高等学校辅导员访问学者推荐表》，确定接受名单并下发接受通知，同时将接受辅导

员访问学者情况报送教育部思想政治工作司。

（3）辅导员访问学者须在规定的时间到接受基地报到。因故不能按时报到者，应事先向接受基地请假，三周不报到者视为放弃访学资格。

四、经费管理

1. 辅导员访问学者在访学研修期间的培养费、住宿费等费用不得高于接受学校一般国内访问学者相应费用的标准。

2. 选派学校应与辅导员访问学者签订培养合同。合同中要约定研修目标、预期成果及其考核方式，也可约定研修期间培养、住宿、交通等费用的分担办法，研修结束后回校工作的承诺及违约责任等。

3. 派出学校要将辅导员访问学者纳入本校教师进修总体规划，给予相应的经费支持。

4. 辅导员访问学者研修期间人事关系在选派学校，期满后回选派学校工作，研修期间的工资、津贴、福利、职务评聘等原则上不受影响，研修情况和成果作为其业务考核、职务聘任的依据之一。

5. 教育部思政司将根据各辅导员培训和研修基地接受辅导员访问学者的情况给予一定的经费补贴。基地所在学校应为基地接受辅导员访问学者提供必要的条件保障。

五、联系人及联系方式

联系人：曹威威

联系电话：010–66096328

附件：1. 2014年“高校辅导员访问学者计划”接受基地名单（略）

2. 高等学校辅导员访问学者推荐表（略）

教育部思想政治工作司

2014年7月11日

教育部关于印发《高等学校辅导员职业能力标准（暂行）》的通知

教思政〔2014〕2号

各省、自治区、直辖市教育厅（教委），新疆生产建设兵团教育局，部属各高等学校：

为贯彻落实教育规划纲要和《普通高等学校辅导员培训规划（2013—2017年）》（教党〔2013〕9号）精神，构建高校辅导员队伍能力标准体系，推动高校辅导员队伍专业化职业化建设，现将我部制定的《高等学校辅导员职业能力标准（暂行）》（以下简称《能力标准》）印发给你们，请结合实际认真贯彻执行。

各地教育部门、高等学校要把贯彻落实《能力标准》作为加强高校辅导员队伍建设的重要任务和举措，精心组织实施。要采取多种形式组织开展《能力标准》学习宣传活动，帮助广大高校辅导员深刻理解《能力标准》的基本理念，准确把握《能力标准》的主要内容，全面落实《能力标准》的各项要求，把《能力标准》作为提高自身专业发展水平的行为准则。要紧密结合实际，抓紧制订贯彻落实《能力标准》的具体措施，及时调整和完善高校辅导员培养培训方案、工作职能设置、考评考核指标等，努力将高校辅导员队伍建设提升到新水平。

教育部

2014年3月25日

高等学校辅导员职业能力标准（暂行）

为进一步加强高校辅导员队伍建设，推动高校辅导员队伍专业化、职业化发展，提升大学生思想政治教育工作质量，特制定本标准。

高校辅导员是履行高等学校学生工作职责的专业人员，要经过系统的培养与培训，具有良好的职业道德，掌握系统的专业知识和专业技能。本标准是国家对合格高校辅导员专业素质的基本要求，是高校辅导员开展学生工作的基本规范，是引领高校辅导员专业化职业化发展的基本准则，是高校辅导员培养、准入、培训、考核等工作的基本依据。

制定和实施本标准，一是为了进一步增强辅导员职业的社会认同，建立辅导员职业相对独立的知识和理论体系，确立辅导员职业概念，提升辅导员职业地位和职业公信力，逐步增强广大师生和全社会对辅导员工作的职业认同；二是为了进一步强化辅导员队伍建设的政策导向，为各级部门推进辅导员队伍建设提供基本依据，推动各级部门进一步制定完善辅导员队伍准入、考核、培养、发展、退出机制；三是为了进一步充实丰富辅导员工作的专业内涵，引导辅导员系统学习职业相关理论知识、法律法规、政策制度等，为辅导员主动提升专业素养和职业能力指出路径和方向；四是为了进一步规范辅导员的工作范畴，逐步明晰辅导员的岗位职责和工作边界，增强辅导员的职业自信心和职业归属感。

1. 职业概况

1.1 职业名称

高等学校辅导员

1.2 职业定义

辅导员是高等学校教师队伍和管理队伍的重要组成部分，具有教师和干部的双重身份。辅导员是开展大学生思想政治教育的骨干力量，是高校学生日常思想政治教育和管理工作的组织者、实施者和指导者。辅导员应当努力成为学生的人生导师和健康成长的知心朋友。

1.3 职业等级

本职业共分为三个等级，分别为：初级、中级、高级。

1.4 职业能力特征

政治强、业务精、纪律严、作风正。具备思想政治教育工作相关学科的宽口径知识储备。具备较强的组织管理能力和语言、文字表达能力，及教育引导能力、调查研究能力等。

1.5 基本文化程度

大学本科以上学历

1.6 政治面貌要求

中国共产党党员

1.7 培训要求

1.7.1 培训期限

根据学校的专业培养目标和教学培训计划，定期参加思想政治教育培训。基本培训期限：入职培训不少于40标准学时（10天）；中级不少于48标准学时（16学时/年，3年12天）；高级不少于128标准学时（16学时/年，8年32天）。

1.7.2 培训师资

培训高校辅导员的教师应具有相关专业副高级以上专业技术职务或副处级以上职级，并具有较高的思想政治教育及相关专业学术水平、理论修养和丰富的实践经验。

1.7.3 培训场地设备

满足教学需要的标准多媒体教室、报告厅和实践场所。

2. 基本要求

2.1 职业守则

（1）爱国守法。热爱祖国，热爱人民，拥护中国共产党的领导，拥护中国特色社会主义制度。遵守宪法和法律法规，贯彻党的教育方针，依法履行教育职责，维护校园和谐稳定。不得有损害党和国家利益以及不利于学生健康成长的言行。

（2）敬业爱生。热爱党的教育事业，树立崇高职业理想，以献身教育事业、引领学生思想和服务学生成长为己任。真心关爱学生，严格要求学生，公正对待学生。不得损害学生和学校的合法权益。在职责范围内，不得拒绝学生的合理要求。

（3）育人为本。把握思想政治教育规律和大学生成长规律，引导学生树立正确的世界观、人生观和价值观。增强学生社会责任感、创新精神和实践能力。尊重学生独立人格和个人隐私，保护学生自尊心、自信心和进取心，促进学生全面发展，努力培养社会主义合格建设者和可靠接班人。

（4）终身学习。坚持终身学习，勇于开拓创新，主动学习思想政治教育理论、方法及相关学科知识，积极开展理论研究和实践探索，参与社会实践和挂职锻炼，不断拓展工作视野，努力提高职业素养和职业能力。

（5）为人师表。学为人师，行为世范。模范遵守社会公德，引领社会风尚，以高尚品行和人格魅力教育感染学生。不得有损害职业声誉的行为。

2.2 职业知识

2.2.1 基础知识

具备宽广的知识储备，了解马克思主义理论、哲学、政治学、教育学、社会学、心理学、管理学、伦理学、法学等学科的基本原理和基础知识。

2.2.2 专业知识

思想政治教育专业基本理论、基本知识、基本方法

（1）思想政治道德观教育
（2）思想政治教育学原理
（3）思想政治教育史
（4）思想政治教育方法论
（5）思想政治教育心理学和心理健康教育相关知识与技能
（6）比较思想政治教育
马克思主义中国化相关理论及知识
（7）毛泽东思想相关理论
（8）中国特色社会主义理论体系
（9）社会主义核心价值体系
（10）中华人民共和国史
（11）中国共产党党史
大学生思想政治教育工作实务相关知识
（12）党的创新理论教育相关知识
（13）大学生党团、班级建设的相关知识
（14）职业生涯规划与就业指导相关知识
（15）困难资助、奖罚管理等学生日常事务管理内容、知识
（16）校园文化建设、社会实践等学生日常思想政治教育的知识
（17）网络思想政治教育相关知识
（18）危机事件、突发事件应对与管控的相关知识

2.2.3 法律法规知识

《中华人民共和国教育法》《中华人民共和国高等教育法》《中华人民共和国教师法》《中华人民共和国学位条例》《中华人民共和国学位条例暂行实施办法》《中华人民共和国精神卫生法》《中共中央国务院关于进一步加强和改进大学生思想政治教育的意见》《普通高等学校辅导员队伍建设规定》《普通高等学校学生管理规定》《国家教育考试违规处理办法》《学生伤害事故处理办法》等与大学生思想政治教育相关的法律法规条文规定。

3. 职业能力标准

本标准对初级、中级、高级辅导员要求依次递进，高级别包括低级别的要求。

3.1 初级

初级辅导员一般工作年限为1–3年，经过规定入职培训并取得相应证书。

职业功能	工作内容	能力要求	相关理论和知识要求
思想政治教育	（一）熟悉学生家庭情况、个人特长等基本信息，掌握学生思想特点、动态及思想政治状况 （二）深入开展中国特色社会主义、中国梦宣传教育和社会主义核心价值观教育，帮助学生树立正确的世界观、人生观、价值观，确立在中国共产党领导下走中国特色社会主义道路、实现中华民族伟大复兴的共同理想和坚定信念 （三）有针对性地帮助大学生处理好学习成才、择业交友、健康生活等方面的具体问题	能通过日常观察、谈心谈话、问卷调查等方式，收集学生基本信息，了解学生思想动态；能针对学生关心的热点、焦点问题，及时进行教育和引导 能掌握主题教育、个别谈心、党团活动、社会实践活动等思想政治教育的基本方法 能针对学生关注的思想理论热点问题做基本解释 能结合大学生实际，广泛深入开展谈心活动，引导学生养成良好的心理品质和自尊、自爱、自律、自强的优良品格	思想政治教育的基本理论和方法 思想政治教育的基本理论和方法 中国特色社会主义理论体系和社会主义核心价值体系基础知识 心理学基础知识 伦理学基础知识 社会学基础知识

续表

职业功能	工作内容	能力要求	相关理论和知识要求
党团和班级建设	(一)做好学生骨干的遴选、培养、激励工作 (二)做好学生入党积极分子培养教育工作 (三)做好学生党员发展和教育管理服务工作 (四)指导学生党支部和班团组织建设	能考察学生思想政治素质、道德品质、工作能力、发展潜力等基本素质，能激励学生积极主动参与班团事务 能教育引导学生坚定理想信念，增强党性修养，端正入党动机；能组织学生学习党的理论知识 能从思想政治、能力素质、道德品行、现实表现等方面综合考察学生的先进性和纯洁性；熟悉党员发展的环节和程序；能利用各种教育载体激发党员的学习积极性和主动性 能选好配强党支部和班团组织负责人；能积极推动组织生活等工作创新 能发挥学生党员的先锋模范作用和党支部的战斗堡垒作用	人力资源管理相关理论和方法 党建基本理论和知识 《中国共产党章程》 《中国共产党发展党员工作细则》 《关于进一步加强高校学生党员发展和教育管理服务的若干意见》
学业指导	(一)了解学生所学专业的基本情况，组织开展专业教育 (二)培养学生学习兴趣，指导学生养成良好学习习惯，规范学生学习方式行为 (三)组织开展学风建设，营造浓厚学习氛围	能初步掌握学生所学专业的培养计划、专业前景等；能增强学生的专业认同和学习热情 能及时发现并纠正学生学习中的不良倾向	教育学的基本理论和基础知识 关于学生学位授予的相关规定 关于学生考试的相关规定
日常事务管理	(一)开展新生入学教育 (二)做好毕业生离校教育、管理和服务工作 (三)组织好学生军训工作 (四)有效开展助、贷、勤、减、补工作，落实好家庭经济困难学生的资助工作 (五)做好学生奖励评优和奖学金评审工作 (六)为学生的日常事务提供基本咨询，进行生活指导 (七)指导学生开展宿舍文化建设，促进学生和谐相处，互帮互助	能通过主题班会、参观实践、讲座报告、交流讨论等形式开展入学教育，帮助新生熟悉、接纳并适应大学生活 能通过主题演讲、主题征文、座谈会、毕业纪念册、毕业衫等形式做好毕业生的爱校荣校教育；能为毕业生办理好毕业派遣、户档转出、党组织关系转接等工作 能通过宣讲和谈心等形式做好学生军训动员工作，指导学生积极参与军训 能组织评审各类助学金，指导学生办理助学贷款，组织学生开展勤工俭学活动，为学生办理学费减免和临时困难补助工作 能组织学生开展素质综合测评，公开公平的做好奖励评优和奖学金评审工作 能根据学校相关政策规定及社会、生活常识为学生解答一些日常问题；能指导学生依法维护自身权益 能通过召开宿舍长会议、组织宿舍文化符号比赛等形式活跃宿舍文化 能通过团体辅导、个别谈心等形式化解宿舍学生之间的矛盾	《普通高等学校学生管理规定》 军事训练与国防教育的基础知识 国家和学校对家庭经济困难学生的资助政策 《普通本科高校、高等职业学校国家奖学金管理暂行办法》 《研究生国家奖学金管理暂行办法》 学校相关政策规定 社会学基础知识 经济学基础知识 法学基础知识 美学基础知识 教育学基础知识 心理咨询知识
心理健康教育与咨询	(一)协助学校心理健康教育机构开展心理筛查 (二)对学生进行初步心理问题排查和疏导 (三)组织开展心理健康教育宣传活动	能协助心理健康教育机构完成心理筛查的组织实施、能了解大学生的心理特点，熟悉大学生常见的发展性心理问题，掌握倾听、共情、尊重等沟通技能，能够与大学生建立积极有效的师生关系，帮助学生调适一般的心理困扰 能组织开展形式多样的心理健康教育宣传活动，如举办讲座、设计宣传展板等；能组织学生参加陶冶情操、磨炼意志的课外文体活动，提高学生心理健康水平	心理咨询的方法、技巧 心理异常的判断标准、原则
网络思想政治教育	(一)构建网络思想政治教育重要阵地，有效传播先进文化、弘扬主旋律 (二)拓展工作途径，加强与学生的网上互动交流，运用网络平台为学生提供学习、生活、就业心理咨询等服务 (三)及时了解网络舆情信息，密切关注学生的网络动态，敏锐把握一些苗头性、倾向性、群体性问题	能及时把握学生对信息技术的应用趋势；能熟悉网络语言特点和规律；能熟练使用博客、微博及微信等新媒体技术 能及时研判网络舆情	《关于进一步加强高等学校校园网络管理工作的意见》 《关于进一步加强高等学校网络建设和管理工作的意见》 网络技术基础知识 传播学基础知识

续表

职业功能	工作内容	能力要求	相关理论和知识要求
危机事件应对	(一)对危机事件作初步处理，努力稳定并控制局面 (二)了解事件相关信息并及时逐级上报 (三)组织基本安全教育并建立基层应急队伍	能第一时间赶赴现场；能尽快确认相关人员基本情况；能执行危机事件处理预案，及时稳定相关人员情绪 能通过学生骨干、密切接触人员等渠道快速了解事件相关信息；能对事件性质做出初步判断；能将相关情况及时向上级领导汇报 掌握基本安全教育方法，能组织开展学生安全教育活动；能培训指导各级学生骨干具备初步应急常识	《学生伤害事故处理办法》相关规定 危机事件、突发事件应对与管控的相关知识 危机事件应对预案相关内容 公共危机管理基础知识 社会学基础知识
职业规划与就业指导	(一)为学生提供高效优质的就业指导和信息服务 (二)帮助学生树立正确的就业观念，引导毕业生到基层、到西部、到祖国最需要的地方建功立业	能及时全面发布就业信息；能开展通用求职技巧指导、就业政策及流程解读等基本就业指导服务工作 具备基本的职业生涯规划能力，能开展就业观、择业观教育	国家毕业生就业相关政策 现代化技术发布信息的方法 职业类型基础知识 职业咨询基础知识
理论和实践研究	(一)攻读并获得思想政治教育、教育学、管理学等相关专业学位；参加校内相关学科领域学术交流活动 (二)参与校内外思想政治教育课题或项目研究	能掌握思想政治教育的基本理论观点；能融入学术团队，运用理论分析、调查研究等方法，归纳分析相关问题	科学研究基本方法

3.2 中级

中级辅导员一般工作年限为4–8年，具备一定工作经验，培养了较强研究能力，积累了一定理论和实践成果。中级辅导员职业标准除涵盖初级辅导员的职业标准内容要求外，在各项职业功能上有更高要求。

职业功能	工作内容	能力要求	相关理论和知识要求
思想政治教育	(一)组织、协调班主任、思想政治理论课教师和组织员等共同做好经常性的思想政治教育工作 (二)参与思想道德修养、形势与政策教育等课程教学 (三)为学生在理想、信念等方面遇到的深层次思想问题提供有针对性的教育咨询	能与班主任、思想政治理论课教师和组织员等工作骨干做好沟通交流，充分发挥所有从事大学生思想政治教育人员的育人作用 能深入了解国情、民情、社情；能根据教学的需要和学生的特点，采取灵活多样的教学方式开展形势与政策教育 能就学生深层次的思想问题进行沟通、挖掘、分析与辅导	心理学 政治学基础知识 课堂教学基本方法与理论 伦理学相关知识 社会学相关知识
党团和班级建设	(一)开展党员教育管理服务工作 (二)指导学生党支部和班团组织开展主题党、团日等活动 (三)参与学生业余党校、团校建设，讲授党课、团课	具备丰富的党建团建工作经验与扎实的理论功底；能指导党支部书记开展党员教育培训，拓展教育途径；能指导党支部书记开展组织生活和组织关系管理；能指导党支部书记关爱帮助学生党员，保障党员民主权利 能抓住重大节庆日、重要活动、重要节点，指导党团组织开展主题活动 能指导学生组织开展丰富多彩的校园文化、艺术、体育等活动 能组织开展学院级党校、团校的相关工作；能讲授具有一定理论水平、深受学生欢迎的党课、团课	中华人民共和国史 中国共产党史 党的建设理论 大型活动组织管理和大型活动组织的方法与原则 课堂教学方法

续表

职业功能	工作内容	能力要求	相关理论和知识要求
学业指导	（一）帮助学习困难学生适应大学学习生活，激发学习兴趣，掌握科学的学习方法 （二）研究分析学生学习状态和学习成绩变化，并针对性地开展分类指导 （三）指导学生开展课外科技学术实践活动 （四）指导学生考研、出国留学等学习事务	能通过侧面了解、谈心谈话、组织相关人员集体讨论等方式分析学生遇到的困难和应对措施，指导学生有效调整学习习惯和学习方法 能通过召开宣讲会、谈心谈话等方式鼓励学生主动参与课外学术实践活动	教育学相关知识 心理学相关知识
日常事务管理	（一）违法违纪学生的教育处理 （二）能熟练把握学生情感、人际交往、财经、法律等方面事务科学咨询指导的政策、方法和技巧	能准确把握国家有关法律法规和学校规章制度，对学生违法违纪行为进行严肃处理；能采用案例分析、宣传警示等形式对学生进行日常法律意识教育 能运用法律知识、社会学知识和心理学知识指导学生对日常遇到的各种复杂问题进行全面深入的分析，探究解决问题的办法	《中华人民共和国刑法》 《中华人民共和国治安管理处罚法》 《国家教育考试违规处理办法》 学校相关规章制度 经济学相关知识 法学相关知识 社会学相关知识
心理健康教育与咨询	（一）心理问题严重程度的识别与严重个案的转介 （二）心理测验的实施 （三）有效开展学生心理疏导工作 （四）初步开展心理危机的识别与干预 （五）相对系统地组织开展心理健康教育活动	具备三级心理咨询师资质或具有心理健康教育相关专业硕士学位 能对一般心理问题、心理障碍和精神疾病进行初步识别，了解转介到心理咨询中心或精神卫生医院的适用条件和相关程序 能根据工作需要，正确实施各种心理测验量表、问卷，并能在专业人士指导下对结果进行正确解读和反馈 能与求助学生建立良好的信任关系，有效开展心理疏导工作，帮助学生调节情绪 能识别大学生心理危机的症状并进行初步评估，能协助专家开展相关的危机干预工作 能通过培养心理委员、宿舍长、班干部等方法，培养学生自我管理、自我救助和朋辈互助的能力；能有效设计相对系统的院系心理健康教育整体方案，并能指导学生社团开展形式多样的心理健康教育活动	心理问题、神经症、 精神病识别知识 各类测验的功能与使用范围，施测手段 教育心理学基础知识
网络思想政治教育	（一）综合利用传统、网络媒体，统筹协调网上、网下工作 （二）引导学生在网上自我教育、自我管理和自我服务，教育学生在网上自我约束、自我保护 （三）围绕学生关注的重点、热点和难点问题，进行有效舆论引导；丰富网上宣传内容，把握网络舆论的话语权和主导权	能准备把握网络传播规律，有效配置整合网络资源 能对学生的网络行为进行教育引导 能通过博客、微博、校园交互社区、网络群组等网络平台主动发布相关内容，吸引学生浏览、点击和评论，引导网络舆情	社会学的基础知识 文化学的基础知识 教育学的基础知识 网络舆情引导方法
危机事件应对	（一）指导初级辅导员对危机事件作初步处理，稳定并控制局面 （二）对事件相关信息做好全面汇总和准确分析并及时与有关部门沟通 （三）对事件发展及其影响进行持续关注与跟踪 （四）组织安全教育课程学习	能做好第一时间现场统筹指挥工作；能把握重点人员和关键节点，有效控制事态的发展 能协调事件涉及相关部门迅速反应，筛选有效信息；能通过沟通和分析把握事件脉络并提出初步处理方案 能密切联系相关人员，跟踪事件的处理效果；通过网络、个别谈话等渠道掌握事件产生的影响；能进行事后集体和个体的心理疏导 能讲授校园安全教育公共选修课	《学生伤害事故处理办法》相关规定 危机事件、突发事件应对与管控的相关知识 公共危机管理相关知识 心理学相关知识 教育教学方法相关知识

续表

职业功能	工作内容	能力要求	相关理论和知识要求
职业规划与就业指导	(一)帮助学生正确分析自己的职业倾向 (二)开展职业生涯规划活动，帮助学生树立正确的职业观、择业观、创业观、成才观，尽快适应社会、融入社会	能开展职业能力倾向测试并对结果进行分析、评估 能帮助学生认识自身的性格特点和能力，明确职业发展目标，澄清职业取向；能为毕业生提供个性化咨询指导	职业生涯规划基本理论 人力资源管理基本理论
理论和实践研究	(一)攻读获得思想政治教育、教育学、管理学等相关专业博士学位；参加国内学术交流活动 (二)主持或参与校级及以上思想政治教育课题或项目研究，形成具有针对性和实效性的研究成果	能开展深入的科学研究；能领导管理科研项目团队；以第一作者身份在相关领域期刊发表3篇学术论文	教育研究方法 社会学研究方法 管理学相关知识

3.3 高级

高级辅导员一般工作8年以上，具有丰富的实践经验，较高的理论水平和学术修养，高级辅导员职业标准除涵盖中级辅导员的职业标准内容要求外，在思想政治教育工作某一领域有深入的研究并具备有影响力的成果，成为该领域的专家。

职业功能	工作内容	能力要求	相关理论和知识要求
思想政治教育	(一)主动思考研究，掌握思想政治教育的重点和一般规律，提高学生思想政治教育针对性和实效性 (二)开展工作调查研究，调整工作思路和方法 (三)研究把握思想政治教育规律性、前沿性问题，成为思想政治教育专家*[1]	能根据党的教育方针和高等教育发展要求，结合学生的阶段特征，按照学校育人工作的总体要求，有计划、有目的地系统实施学生思想政治教育 能开展思想政治教育工作理论与方法的调查和研究，分析工作对象和条件的变化，及时调整工作思路和方法 对马克思主义理论和思想政治教育有深入的研究，具有相关专业的学位或具有长期的丰富工作经验 能运用现代科学技术，并借鉴其他交叉学科的优势，实施思想政治教育工作 在具有影响力的学术期刊以第一作者身份发表5篇以上思想政治教育学术论文 能够熟练利用理论指导辅导员工作的开展 能讲授思想政治教育公共选修课	思想政治教育学理论 思想政治教育方法论 开展科学调查研究的方法 马克思主义理论 中国特色社会主义理论体系内涵及宣传教育的方法 社会主义核心价值体系内涵及宣传教育方法 思想政治道德观相关理论 思想政治教育学史 比较思想政治教育 现代科学技术在思想政治教育中的应用方法
党团建设	深入研究高校党建的规律性前沿性问题，成为党建专家*	对马克思主义理论、中华人民共和国史、中国共产党史、中国特色社会主义理论、党建创新理论有深入的研究 在具有影响力的学术期刊以第一作者身份发表5篇以上党建工作学术论文 能够熟练利用理论指导初级、中级辅导员开展党建工作	马克思主义理论 中华人民共和国史 中国共产党史 中国特色社会主义理论体系内涵及宣传教育的方法 社会主义核心价值体系内涵及宣传教育方法 党建学相关理论 政治学相关理论
学业指导	(一)组织学生参与专业课教师的实验或研究项目，培养学生学术爱好和研究能力 (二)深入研究学生学习能力、创新能力形成规律，培养学生创新思维和创造性人格 (三)研究完善学生综合评价体系，研究健全创新人才培养机制	能深入了解学生所在专业知识，为学生提供有针对性的专业学习建议 能应用心理学、教育学相关原理和知识指导学生学习研究 能因材施教，培养研究型、创新型人才 能够指导和组织初级、中级辅导员开展学业指导工作	心理学相关知识 教育学相关知识 学生所在专业相关知识

续表

职业功能	工作内容	能力要求	相关理论和知识要求
日常事务管理	积极创新学生事务管理的理念和方法，总结凝练工作经验，深入研究把握学生事务管理的规律，成为学生事务管理专家*	具有长期丰富的事务管理工作经验 能合理运用教育学、管理学、法学相关知识，对学生事务管理工作进行服务育人体系化设计 能够熟练利用理论指导辅导员开展学生事务管理工作 在具有影响力的学术期刊以第一作者身份发表5篇以上学生事务管理学术论文	教育学相关知识 管理学相关知识 法学相关知识 学生事务管理相关规定和程序
心理健康教育与咨询	总结凝练实践工作经验，深入研究把握心理健康教育的规律，成为心理健康教育专家*	具备二级心理咨询师资质 能进行危机评估、实施干预、妥善预后及跟踪回访 能够为学生提供心理咨询服务 在具有影响力的学术期刊以第一作者身份发表5篇以上心理健康教育相关领域学术论文 能够熟练利用理论和实际经验指导辅导员开展心理健康教育工作 能够为高校辅导员提供有效的心理健康教育培训 能讲授心理健康教育公共选修课	心理学相关理论 应用心理学相关理论 思想政治教育心理学相关理论
网络思想政治教育	熟练应用现代信息技术，结合丰富的网络思想政治教育工作经验，深入研究把握网络传播的规律、研判网上学生思想动态，成为网络思想政治教育专家*	能结合工作经验、运用科学的研究方法对网络思想政治教育开展深入的研究 能在具有影响力的学术期刊以第一作者身份发表5篇以上网络思想政治教育学术论文 能够熟练运用理论指导辅导员开展网络思想政治教育工作	马克思主义理论 中国特色社会主义理论体系内涵及宣传教育的方法 社会主义核心价值体系内涵及宣传教育方法 网络思想政治教育原理与方法 现代科学技术在思想政治教育中的应用方法
危机事件应对	（一）对危机事件进行分类分级，并做出预判 （二）协调相关部门妥善处理危机事件，稳定工作局面 （三）总结经验，对工作进行改进，完善预警和应对机制 （四）总结凝练实践工作经验，深入研究把握危机事件应对的规律，成为校园公共危机管理专家*	能根据掌握的信息对危机事件进行分类分级；能准确分析事态起因，牢牢把握发展趋势 能摸清事态的症结，协调校内外相关部门制定对策并迅速妥善处理，恢复正常 能掌握整个事件的过程，深层次研究事件原因，改进工作，提出对策 在具有影响力的学术期刊以第一作者身份发表5篇以上公共危机处理相关领域学术论文；能熟练利用相关理论指导辅导员进行公共危机处理	危机事件应对与管控的相关知识 公共危机管理相关理论 管理学相关理论 社会学相关理论 心理学相关理论 伦理学相关理论
职业规划与就业指导	总结凝练实际工作经验，深入研究把握职业生涯规划与就业指导工作的规律，能为学生开展基本的创业指导，成为职业规划与就业指导专家*	具备职业指导师资质 能为大学生开展团体职业咨询 能撰写职业指导典型案例，开展职业指导应用性研究，并将研究结果应用到实际工作中 能进行较为客观全面的创业环境、政策、行业前景分析 能建立健全大学生就业指导机构和就业信息服务系统，提供更高效优质的就业创业服务 在具有影响力的学术期刊以第一作者身份发表5篇以上职业规划与就业指导相关领域学术论文 能够熟练利用理论指导辅导员开展职业规划与就业指导工作 能讲授职业规划与就业指导公共选修课	职业生涯规划相关理论 人力资源管理相关理论 职业咨询相关理论 职业素质测评相关理论 国家鼓励创业基本政策
理论与实践研究	（一）参加国际交流、考察和进修深造 （二）主持省部级以上思想政治教育课题或项目研究；形成具有影响力和推广价值的研究成果	能深入把握国内外学生事务工作前沿进展 以第一作者身份在相关领域核心期刊发表10篇以上学术论文；能推动研究成果的转化应用；对中级辅导员的研究进行指导	教育研究方法 社会学研究方法 管理学相关知识

［1］标*项为专家职能，高级辅导员需至少符合一项标*项［1］

普通高等学校辅导员队伍建设规定

中华人民共和国教育部令第43号

《普通高等学校辅导员队伍建设规定》已于2017年8月31日经教育部2017年第32次部长办公会议修订通过。现将修订后的《普通高等学校辅导员队伍建设规定》公布，自2017年10月1日起施行。

教育部部长　陈宝生

2017年9月21日

普通高等学校辅导员队伍建设规定

第一章　总　则

第一条　为深入贯彻落实全国高校思想政治工作会议精神和《中共中央　国务院关于加强和改进新形势下高校思想政治工作的意见》，切实加强高等学校辅导员队伍专业化职业化建设，依据《高等教育法》等有关法律法规，制定本规定。

第二条　辅导员是开展大学生思想政治教育的骨干力量，是高等学校学生日常思想政治教育和管理工作的组织者、实施者、指导者。辅导员应当努力成为学生成长成才的人生导师和健康生活的知心朋友。

第三条　高等学校要坚持把立德树人作为中心环节，把辅导员队伍建设作为教师队伍和管理队伍建设的重要内容，整体规划、统筹安排，不断提高队伍的专业水平和职业能力，保证辅导员工作有条件、干事有平台、待遇有保障、发展有空间。

第二章　要求与职责

第四条　辅导员工作的要求是：恪守爱国守法、敬业爱生、育人为本、终身学习、为人师表的职业守则；围绕学生、关照学生、服务学生，把握学生成长规律，不断提高学生思想水平、政治觉悟、道德品质、文化素养；引导学生正确认识世界和中国发展大势、正确认识中国特色和国际比较、正确认识时代责任和历史使命、正确认识远大抱负和脚踏实地，成为又红又专、德才兼备、全面发展的中国特色社会主义合格建设者和可靠接班人。

第五条　辅导员的主要工作职责是：

（一）思想理论教育和价值引领。引导学生深入学习习近平总书记系列重要讲话精神和治国理政新理念新思想新战略，深入开展中国特色社会主义、中国梦宣传教育和社会主义核心价值观教育，帮助学生不断坚定中国特色社会主义道路自信、理论自信、制度自信、文化自信，牢固树立正确的世界观、人生观、价值观。掌握学生思想行为特点及思想政治状况，有针对性地帮助学生处理好思想认识、价值取向、学习生活、择业交友等方面的具体问题。

（二）党团和班级建设。开展学生骨干的遴选、培养、激励工作，开展学生入党积极分子培养教育工作，开展学生党员发展和教育管理服务工作，指导学生党支部和班团组织建设。

（三）学风建设。熟悉了解学生所学专业的基本情况，激发学生学习兴趣，引导学生养成良好的学习习惯，掌握正确的学习方法。指导学生开展课外科技学术实践活动，营造浓厚学习氛围。

（四）学生日常事务管理。开展入学教育、毕业生教育及相关管理和服务工作。组织开展学生军事训练。组织评选各类奖学金、助学金。指导学生办理助学贷款。组织学生开展勤工俭学活动，做好学生困难帮扶。为学生提供生活指导，促进学生和谐相处、互帮互助。

（五）心理健康教育与咨询工作。协助学校心理健康教育机构开展心理健康教育，对学生心理问题进行初步排查和疏导，组织开展心理健康知识普及宣传活动，培育学生理性平和、乐观向上的健康心态。

（六）网络思想政治教育。运用新媒体新技术，推动思想政治工作传统优势与信息技术高度融合。构建网络思想政治教育重要阵地，积极传播先进文化。加强学生网络素养教育，积极培养校园好网民，引导学生创作网络文化作品，弘扬主旋律，传播正能量。创新工作路径，加强与学生的网上互动交流，运用网络新媒体对学生开展思想引领、学习指导、生活辅导、心理咨询等。

（七）校园危机事件应对。组织开展基本安全教育。参与学校、院（系）危机事件工作预案制定和执行。对校园危机事件进行初步处理，稳定局面控制事态发展，及时掌握危机事件信息并按程序上报。参与危机事件后期应对及总结研究分析。

（八）职业规划与就业创业指导。为学生提供科学的职业生涯规划和就业指导以及相关服务，帮助学生树立正确的就业观念，引导学生到基层、到西部、到祖国最需要的地方建功立业。

（九）理论和实践研究。努力学习思想政治教育的基本理论和相关学科知识，参加相关学科领域学术交流活动，参与校内外思想政治教育课题或项目研究。

第三章　配备与选聘

第六条　高等学校应当按总体上师生比不低于1：200的比例设置专职辅导员岗位，按照专兼结合、以专为主的原则，足额配备到位。

专职辅导员是指在院（系）专职从事大学生日常思想政治教育工作的人员，包括院（系）党委（党总支）副书记、学工组长、团委（团总支）书记等专职工作人员，具有教师和管理人员双重身份。高等学校应参照专任教师聘任的待遇和保障，与专职辅导员建立人事聘用关系。

高等学校可以从优秀专任教师、管理人员、研究生中选聘一定数量兼职辅导员。兼职辅导员工作量按专职辅导员工作量的三分之一核定。

第七条　辅导员应当符合以下基本条件：

（一）具有较高的政治素质和坚定的理想信念，坚决贯彻执行党的基本路线和各项方针政策，有较强的政治敏感性和政治辨别力；

（二）具备本科以上学历，热爱大学生思想政治教育事业，甘于奉献，潜心育人，具有强烈的事业心和责任感；

（三）具有从事思想政治教育工作相关学科的宽口径知识储备，掌握思想政治教育工作相关学科的基本原理和基础知识，掌握思想政治教育专业基本理论、知识和方法，掌握马克思主义中国化相关理论和知识，掌握大学生思想政治教育工作实务相关知识，掌握有关法律法规知识；

（四）具备较强的组织管理能力和语言、文字表达能力，及教育引导能力、调查研究能力，具备开展思想理论教育和价值引领工作的能力；

（五）具有较强的纪律观念和规矩意识，遵纪守法，为人正直，作风正派，廉洁自律。

第八条　辅导员选聘工作要在高等学校党委统一领导下进行，由学生工作部门、组织、人事、纪检等相关部门共同组织开展。根据辅导员基本条件要求和实际岗位需要，确定具体选拔条件，通过组织推荐和公开招聘相结合的方式，经过笔试、面试、公示等相关程序进行选拔。

第九条　青年教师晋升高一级专业技术职务（职称），须有至少一年担任辅导员或班主任工作经历并考核合格。高等学校要鼓励新入职教师以多种形式参与辅导员或班主任工作。

第四章　发展与培训

第十条　高等学校应当制定专门办法和激励保障机制，落实专职辅导员职务职级“双线”晋升要求，推动辅导员队伍专业化职业化建设。

第十一条　高等学校应当结合实际，按专任教师职务岗位结构比例合理设置专职辅导员的相应教师职务岗位，专职辅导员可按教师职务（职称）要求评聘思想政治教育学科或其他相关学科的专业技术职务（职称）。

专职辅导员专业技术职务（职称）评聘应更加注重考察工作业绩和育人实效，单列计划、单设标准、单独评审。将优秀网络文化成果纳入专职辅导员的科研成果统计、职务（职称）评聘范围。

第十二条 高等学校可以成立专职辅导员专业技术职务（职称）聘任委员会，具体负责本校专职辅导员专业技术职务（职称）聘任工作。聘任委员会一般应由学校党委有关负责人、学生工作、组织人事、教学科研部门负责人、相关学科专家等人员组成。

第十三条 高等学校应当制定辅导员管理岗位聘任办法，根据辅导员的任职年限及实际工作表现，确定相应级别的管理岗位等级。

第十四条 辅导员培训应当纳入高等学校师资队伍和干部队伍培训整体规划。

建立国家、省级和高等学校三级辅导员培训体系。教育部设立高等学校辅导员培训和研修基地，开展国家级示范培训。省级教育部门应当根据区域内现有高等学校辅导员规模数量设立辅导员培训专项经费，建立辅导员培训和研修基地，承担所在区域内高等学校辅导员的岗前培训、日常培训和骨干培训。高等学校负责对本校辅导员的系统培训，确保每名专职辅导员每年参加不少于16个学时的校级培训，每5年参加1次国家级或省级培训。

第十五条 省级教育部门、高等学校要积极选拔优秀辅导员参加国内国际交流学习和研修深造，创造条件支持辅导员到地方党政机关、企业、基层等挂职锻炼，支持辅导员结合大学生思想政治教育的工作实践和思想政治教育学科的发展开展研究。高等学校要鼓励辅导员在做好工作的基础上攻读相关专业学位，承担思想政治理论课等相关课程的教学工作，为辅导员提升专业水平和科研能力提供条件保障。

第十六条 高等学校要积极为辅导员的工作和生活创造便利条件，应根据辅导员的工作特点，在岗位津贴、办公条件、通信经费等方面制定相关政策，为辅导员的工作和生活提供必要保障。

第五章 管理与考核

第十七条 高等学校辅导员实行学校和院（系）双重管理。

学生工作部门牵头负责辅导员的培养、培训和考核等工作，同时要与院（系）党委（党总支）共同做好辅导员日常管理工作。院（系）党委（党总支）负责对辅导员进行直接领导和管理。

第十八条 高等学校要根据辅导员职业能力标准，制定辅导员工作考核的具体办法，健全辅导员队伍的考核评价体系。对辅导员的考核评价应由学生工作部门牵头，组织人事部门、院（系）党委（党总支）和学生共同参与。考核结果与辅导员的职务聘任、奖惩、晋级等挂钩。

第十九条 教育部在全国教育系统先进集体和先进个人表彰中对高校优秀辅导员进行表彰。各地教育部门和高等学校要结合实际情况建立辅导员单独表彰体系并将优秀辅导员表彰奖励纳入各级教师、教育工作者表彰奖励体系中。

第六章 附 则

第二十条 本规定适用于普通高等学校辅导员队伍建设。其他类型高等学校的辅导员队伍建设或思想政治工作其他队伍建设可以参照本规定执行。

第二十一条 高等学校要根据本规定，结合实际制定相关实施细则，并报主管教育部门备案。

第二十二条 本规定自2017年10月1日起施行。原《普通高等学校辅导员队伍建设规定》同时废止。

教育部办公厅关于举办第九届全国高校辅导员素质能力大赛的通知

教思政厅函〔2022〕6号

各省、自治区、直辖市教育厅（教委），新疆生产建设兵团教育局，部属各高等学校、部省合建各高等学校：

为深入学习贯彻习近平新时代中国特色社会主义思想，全面贯彻落实党的十九大和十九届历次全会精神，以迎接学习贯彻党的二十大为主线，不断提升高校辅导员的理论水平、职业能力和专业素养，推动高校思想政治工作高质量发展，经研究，决定举办第九届全国高校辅导员素质能力大赛。现将有关事宜通知如下。

一、组织单位

主办单位：教育部思想政治工作司

承办单位：中国高等教育学会辅导员工作研究分会

二、参赛人员

应为全国普通高校在岗专职辅导员，且2018年9月以来连续从事专职辅导员工作。

三、时间地点

全国决赛拟于2022年5月在厦门大学（思明校区）举行。具体安排另行通知。

四、比赛组织

大赛分为省级选拔和全国决赛两个阶段。省级选拔由各省级教育行政部门负责组织，形式自定，前期已举行的可不再举行。

五、工作要求

1. 各省级教育行政部门择优推荐人员参加全国决赛，按照本地区高等学校数量（含部属高校），30所以下的限报1人，31—70所的限报2人，超过70所的限报3人。推荐前，各地须通过学生访谈、资料查阅等方式对推荐人选的工作实绩进行考察，避免出现参赛、工作“两张皮”现象。

2. 参赛人员请提前做好流行病学史筛查和健康监测。赛前14天内有境内本土新冠肺炎病例报告地区所在地级市、港台地区、国外旅行史或居住史，或被判定为新型冠状病毒感染者（确诊病例及无症状感染者）的密切接触者或次密切接触者，以及其他有新冠肺炎疑似症状尚未排除传染病嫌疑的，不得参赛。

3. 参赛人员须持48小时内核酸检测阴性证明报到，严格遵守疫情防控要求，配合测温、扫码等工作。报到后再次参加统一安排的核酸检测，并在采样后服从闭环管理。

4. 参赛人员食宿、交通等费用自理，由所在学校按照相关规定报销。

5. 参赛人员填写《第九届全国高校辅导员素质能力大赛报名表》（见附件2），由各省级教育行政部门于2022年5月6日前，以电子邮件方式统一报送至中国高等教育学会辅导员工作研究分会（须同时报送电子版及盖章扫描版）。若推荐参赛人员因疫情原因不能参赛，各省级教育行政部门须及时将调整后的参赛情况上报教育部（思政司）。

六、联系方式

单位：中国高等教育学会辅导员工作研究分会
联系人：田丹丹　高弟
电话：0531-88366713　88361028
邮箱：fudaoyuan@sdu.edu.cn
单位：教育部思想政治工作司宣传教育处
联系人：陈南菲　王磊
电话：010-66096915　66096328
附件：1. 第九届全国高校辅导员素质能力大赛工作方案（略）
　　　2. 第九届全国高校辅导员素质能力大赛报名表（略）

教育部思想政治工作司　中央网信办网络社会工作局关于举办第六届全国大学生网络文化节和全国高校网络教育优秀作品推选展示活动的通知

教思政司函〔2022〕7号

各省（自治区、直辖市）党委教育工作部门、网信办，新疆生产建设兵团教育局、网信办，部属各高等学校党委、部省合建高等学校党委：

为深入学习贯彻习近平新时代中国特色社会主义思想，全面贯彻党的十九大和十九届历次全会精神，切实将习近平总书记关于“七一”重要讲话精神贯彻落实及党史总结学习教育宣传引向深入，为党的二十大胜利召开营造良好氛围，加大优秀网络文化产品供给力度，推进网络文明建设，教育部思想政治工作司、中央网信办网络社会工作局在前期工作的基础上，决定联合举办第六届“全国大学生网络文化节”和“全国高校网络教育优秀作品推选展示活动”。现将有关事宜通知如下：

一、目的意义

以习近平新时代中国特色社会主义思想为指导，围绕“我们这十年”突出爱国爱党爱社会主义主题引领，推动广大师生积极参与网络文化作品创作生产，扩大高校网络文化影响力，不断强化守正创新，增强新时代高校思想政治工作的吸引力和实效性。

二、活动主题

争做校园好网民，凝聚网络正能量，青春献礼二十大。

三、活动组织

主办单位：教育部思想政治工作司、中央网信办网络社会工作局。

承办单位：中国大学生在线、易班网、文汇报社、大公网。

四、活动对象

“全国大学生网络文化节”面向高等院校全日制在校学生群体。

“全国高校网络教育优秀作品推选展示活动”面向高等院校教师群体。

五、活动时间

2022年4月至2022年10月。活动包括作品征集和遴选展示两个阶段。

六、作品征集

时间：2022年4月28日至2022年8月28日。

“全国大学生网络文化节”征集微视频、微电影、动漫、摄影、网文、公益广告、音频、校园歌曲、其他类网络创新作品9类作品（详见附件1）。“全国高校网络教育优秀作品推选展示活动”征集优秀网络文章、优秀工作案例、优秀微课、优秀新媒体作品4类作品（详见附件2）。

所有作品须为2021年4月1日至提交截止日期间在网络上发表的作品。

七、遴选展示

时间：2022年9月至2022年10月。

组织邀请专家遴选优秀作品，并对遴选出的优秀作品进行全媒体展播推送。同时，鼓励有条件的地方和高校组织开展本地本校优秀网络文化作品展示活动。建议优秀作品所属院校对作者予以一定奖励。

八、参与方式

参与方式分为自荐、教育部直属高校及部省合建高校推荐、省级教育工作部门推荐三种。同一作品仅可选择三种方式之一参与活动，重复推荐的视为放弃参与资格。

九、作品要求

1. 所有作品要求政治导向正确，符合社会主义核心价值观要求。

2. 所有作品严禁剽窃、抄袭。关于剽窃、抄袭的具体界定，依据《中华人民共和国著作权法》及相关规定。

3. 所有作品须无版权纠纷，作者应确认拥有作品著作权。

4. 主办方与承办方拥有对作品的信息网络传播权、改编权、汇编权、展览出版权，但不承担包括因肖像权、名誉权、隐私权、著作权、商标权等纠纷而产生的法律责任。如出现上述纠纷，组委会保留取消其参与资格的权利。

十、工作要求

各地各高校教育、网信部门要高度重视，周密部署，加强沟通，广泛动员，积极推荐，扩大活动的覆盖面和影响力，认真作好推荐作品的审核把关，充分发挥网络文化活动滋养人心、凝聚力量的积极作用，让网络空间主旋律更加高昂、正能量更加充沛。

十一、联系人及联系方式

教育部思想政治工作司宣传教育处

黄怡平 010-66097284

附件：1. 第六届全国大学生网络文化节工作方案（略）

2. 第六届全国高校网络教育优秀作品推选展示活动工作方案（略）

教育部思想政治工作司　中央网信办网络社会工作局

2022年4月28日

教育部办公厅关于开展2023年“最美高校辅导员”暨第十五届“高校辅导员年度人物”推选展示活动的通知

教思政厅函〔2023〕14号

各省、自治区、直辖市教育厅（教委），新疆生产建设兵团教育局，部属各高等学校、部省合建各高等学校：

为深入学习贯彻习近平新时代中国特色社会主义思想和党的二十大精神，贯彻落实习近平总书记关于教育的重要论述特别是中共中央政治局第五次集体学习时的重要讲话精神，全面实施“时代新人铸魂工程”，选树新时代高校辅导员先进榜样，引导广大辅导员为加快建设教育强国矢志奋斗，培养担当民族复兴大任的时代新人，教育部决定与中央宣传部共同组织开展2023年“最美高校辅导员”暨第十五届“高校辅导员年度人物”推选展示活动。现将有关事宜通知如下。

一、推选时间

即日起至2023年10月10日。

二、荣誉设置

坚持培优选优、宁缺毋滥的原则，教育部会同中央宣传部推选出2023年“最美高校辅导员”10人，教育部推选出第十五届“高校辅导员年度人物”20人、“高校辅导员年度人物提名”30人。

三、推荐范围

在岗高校专职辅导员，长期在一线直接从事大学生思想政治教育工作。已获得“最美高校辅导员”称号的辅导员不再参加推选；获得往届“高校辅导员年度人物”称号的辅导员可参加“最美高校辅导员”推选，不再参与年度人物推选。

四、推选条件

（一）政治信念坚定，牢牢把握习近平新时代中国特色社会主义思想的世界观和方法论，坚持好、运用好贯穿其中的立场观点方法，深刻领悟“两个确立”的决定性意义，不断增强“四个意识”、坚定“四个自信”、做到“两个维护”，认真贯彻党的教育方针，模范担当为党育人、为国育才初心使命。

（二）师德师风优良，能够坚持“四个相统一”，做“四有”好老师，当好学生“四个引路人”，努力做学生为学、为事、为人的示范。

（三）素质能力过硬，站位高、情怀深、思维新、视野广，在专业化职业化成长发展方面取得突出成果，开展学生日常思想政治教育和管理工作有特色、有亮点、有创新。

（四）育人实效突出，落实立德树人根本任务，能够切实加强对学生的政治领导、思想引导、情感疏导、学习辅导、行为教导、就业指导，在党的二十大精神宣传教育、新冠疫情防控、“一站式”学生社区建设、学生社会实践、学生心理健康等重大工作推进中，担当作为，作出积极贡献，促进学生全面成长成才，得到学生广泛认可。

（五）示范作用显著，担任省级或校级辅导员工作室主持人，能够发挥自身工作优势和科学研究专长，引领带动一批辅导员成长发展，在全国范围、所在区域及所在学校内起到示范作用，推动高校思想政治工作提质增效。

（六）参与推选时须连续从事辅导员工作满5年，事迹主要集中在近3年（2020年8月起），2022年以来应有突出表现。

五、工作程序

（一）推荐报名。各高校按照自愿原则向所在地省级教育部门报名。各省级教育部门按本地区高校专职辅导员数量2‰的比例统筹推荐（以“高校辅导员队伍能力提升大数据赋能平台”录入数据为准，毕业班辅导员人数应不低于本地区推荐人数的三分之一），不满1名的推荐1名。每校限推荐1名。推荐人选信息及事迹应在本地本校进行公示。

（二）组织推选。按照公平、公正、公开的原则开展推选工作。对推荐人选进行全方位考察，确保推荐人选事迹真实可靠。

（三）结果公示。确定最终人选予以公示。

（四）宣传发布。适时在主流媒体展示2023年“最美高校辅导员”、第十五届“高校辅导员年度人物”先进事迹。

（五）作用发挥。各地各高校应加大对本地区本校获选辅导员的支持力度，推动其辅导员工作室高质量建设，在平台搭建、项目申报、团队带动、成果产出等方面，持续发挥示范引领作用。

六、工作要求

（一）各地各高校要按照“谁推荐、谁负责”的原则，严格程序、严守标准，切实履行好审核职责，确保推荐人选和申报内容真实可靠。

（二）所有材料须在规定时间内报送，材料不全或不符合要求，不予受理。

（三）本次推荐工作通过“高校辅导员队伍能力提升大数据赋能平台”（http：//www.gxfdy.edu.cn/fdyfn/index.html#/login）进行。推荐人选登录平台，在“最美高校辅导员推选展示”版块完成填报，报送材料要求如下：一是填报个人报名信息及事迹材料，个人报名信息严格按填报说明填写，事迹材料应包括个人简历、工作思路、育人实效、经验总结等方面内容，字数控制在3000字以内，标题要凝练概括推荐人选事迹，材料不要插入图片或视频。二是报送学生辅导工作案例1篇，应包括案例简介、案例分析、思路举措、经验启示，字数控制在2000字以内。三是报送辅导员工作室建设材料，应包括工作室建设基本情况、团队成员、工作成效、省级教育部门或学校支持投入情况，字数控制在2000字以内。四是上传电子版证件照（1寸2.5*3.5cm，413*295像素）和生活照各1张（像素不小于1024*768），格式为JPG。如有本人及所带班级、学生获得荣誉奖励情况，请上传证书扫描件。五是所有材料均须同时填写匿名版，隐去地域、学校、姓名、联系方式等涉及个人信息的内容，完成所有信息填报后点击提交。

（四）推荐人选完成填报后导出并打印PDF版报名表（无需打印匿名版），将签字盖章的扫描件上传至平台。省级教育部门管理员根据名额分配情况，对推荐人选报名表进行审核，导出并打印PDF版汇总表，将盖章的扫描件上传至平台。

七、联系方式

中国高等教育学会辅导员工作研究分会
联系人：田丹丹　高弟
联系电话：0531-88366713、88366668
教育部思想政治工作司宣传教育处
联系人：王磊
联系电话：010-66092064、66096328
电子邮箱：szc@moe.edu.cn
中央宣传部宣传教育局党员教育处
联系人：哈迪
联系电话：010-63095041

教育部办公厅
2023年9月11日

教育部办公厅关于开展第三批全国高校“百个研究生样板党支部”和“百名研究生党员标兵”创建工作的通知

教思政厅函〔2023〕16号

各省、自治区、直辖市党委教育工作部门，新疆生产建设兵团教育局，部属各高等学校党委、部省合建各高等学校党委：

为深入学习贯彻习近平新时代中国特色社会主义思想和党的二十大精神，深入学习领会习近平总书记关于教育强国的重要讲话精神和关于加强高校党建工作的重要论述，全面落实《中国共产党普通高等学校基层组织工作条例》，根据《教育部　国家发展改革委　财政部关于加快新时代研究生教育改革发展的意见》（教研〔2020〕9号），现就组织开展第三批全国高校“百个研究生样板党支部”和“百名研究生党员标兵”创建工作（以下简称研究生党建“双创”工作）通知如下。

一、建设任务

按照新时代党的建设总要求和新时代党的组织路线，增强高校基层党组织政治功能和组织功能，推进党建工作与研究生教育培养工作深度融合，面向全国高校遴选创建100个研究生样板党支部，推荐选树100名研究生党员标兵，示范带动研究生党建工作质量全面提升。建设周期为两年。

二、申报条件

（一）申报“研究生样板党支部”条件

参加创建的高校研究生党支部，应严格做到“七个有力”，并满足下列基本条件：

1. 党支部一般应成立至少1年。

2. 党支部组织党员认真学习习近平新时代中国特色社会主义思想，认真学习、宣传、执行党的路线方针政策以及上级党组织决议。

3. 以增强党支部政治功能和组织功能为重点，着力发挥在思想政治引领、团结凝聚研究生、促进校院中心工作、助力教学科研等方面的战斗堡垒作用，组织生活规范，思想政治工作针对性和亲和力强，党员先锋模范作用突出，在学习、科研、管理、服务等方面取得优异成绩。

4. 近三年来（指2020年7月1日以来，下同），党支部或党支部书记曾获得校级（含）以上重大表彰，或在党支部书记考核中获得“好”或相应等次。

5. 至少1名支部成员获评国家奖学金或省部级（含）以上“优秀共产党员”“优秀党务工作者”“最美大学生”“全国大学生年度人物”“三好学生”“优秀学生干部”等荣誉称号。

6. 支部或支部成员在思想教育、学术科研、社会实践、就业创业等方面发挥示范引领作用。特别是在服务国家重大战略、深度参与解决“卡脖子”问题、乡村振兴、中华优秀传统文化传承、生态文明建设、人类生命健康保障、国际交流中有突出表现。

7. 支部或支部成员先进事迹或典型案例受到主流媒体宣传报道。

8. 近三年来，党支部在党建工作、意识形态领域未出现过突出问题，未发生过影响安全稳定的重大事件；党支部成员及党支部所在单位人员未出现过违法违纪、违反学术道德等问题。

9. 本项目与第四批新时代高校党建示范创建和质量创优工作“全国党建工作样板支部”不可兼报。

（二）申报“研究生党员标兵”条件

参加创建的高校研究生党员，应满足下列基本条件：

1. 党组织关系在推荐高校的研究生正式党员。

2. 认真学习习近平新时代中国特色社会主义思想，认真学习、宣传、执行党的路线方针政策。

3. 充分发挥先锋模范作用，在思想政治引领、团结带动研究生方面发挥带头作用，在学习、科研等方面取得优异成绩。

4. 近三年来，获评校级（含）以上“优秀共产党员”“优秀党务工作者”等荣誉称号。

5. 获评国家奖学金，或取得重大学术成果，或在思想教育、学术科研、社会实践、就业创业等方面发挥示范引领作用。特别是在服务国家重大战略、深度参与解决“卡脖子”问题、乡村振兴、中华优秀传统文化传承、生态文明建设、人类生命健康保障、国际交流中有突出表现。

6. 先进事迹或典型案例受到主流媒体宣传报道。

7. 带头遵纪守法，严格遵守党章、党规、党纪，认真遵守校规校纪。未出现违法违纪、违反学术道德等行为。

三、组织实施

第三批研究生党建“双创”工作由教育部思想政治工作司、学位管理与研究生教育司、教育督导局指导，教育部学位与研究生教育发展中心主办，《中国研究生》杂志承办，《中国教育报》、中国学位与研究生教育信息网、全国高校思想政治工作网等提供支持。按照申报认定、开展创建、总结评估三个步骤开展。

（一）申报认定（2023年10月至2024年1月）

1. 组织推荐。各省级党委教育工作部门结合研究生教育实际情况，综合考虑推荐对象的基本条件符合度、代表性、典型性，按照《各地推荐对象名额分配表》（附件1）统筹做好属地内高校（含中央部门所属高校和部省合建高校）的组织申报和把关推荐工作。2023年10月27日前，各地指定一名工作联系人，填写《省级党委教育工作部门联系人信息表》（附件2），发送至电子邮箱yjsdjsc@cdgdc.edu.cn。

高校获得推荐后，登录全国高校思想政治工作网（以下简称思政网）“高校思想政治工作申报系统”，填写《研究生样板党支部推荐表》（附件3）、《研究生党员标兵推荐表》（附件4），提交党支部工作纪实案例（2—4个）、党员先进事例，上传相关支撑材料。推荐本校党委书记或分管学生工作的党委副书记1人担任评审专家，在线填写《评审专家推荐表》（附件5）。

各省级党委教育工作部门对推荐材料、《评审专家推荐表》进行审核把关，通过思政网在线生成各项材料汇总表，于2023年11月13日前审核确认，并按要求盖章上传至“高校思想政治工作申报系统”（操作指南见附件6）。

2. 评审确定。经过专家评审、审核认定等环节，确定入选对象名单。

3. 名单公示。入选对象名单在《中国研究生》杂志、思政网、中国学位与研究生教育信息网等媒体公示。公示期间接受监督和实名举报，如发现有弄虚作假等违规情况，取消相关党支部（党员）创建资格，并在一定范围内予以通报。公示结束，最终名单报教育部负责同志审定。

4. 结果公布。教育部办公厅发文公布第三批研究生党建“双创”工作正式入选名单，《中国研究生》杂志、思政网、《中国教育报》、中国学位与研究生教育信息网等进行宣传报道。

（二）开展创建（2024年1月至2025年6月）

入选的研究生党支部和研究生党员，按照《第三批研究生党建“双创”工作创建标准》（附件7），认真开展创建培育工作。样板党支部重点围绕严格支部组织生活、创新支部工作方法、丰富主题实践活动、增强服务重大项目能力等进行探索，形成好机制好经验，带动全国研究生党支部全面进步全面过硬。党员标兵重点围绕当好党的创新理论传播者、科技报国主力军、服务社会带头人、青年学生领头雁等开展学思践悟，引领广大研究生成为国家急需的高层次人才、担当民族复兴大任的时代新人。创建期间，《中国研究生》杂志设立专栏、出版专刊，宣传样板党支部风采和党员标兵事迹。搭建工作平台，组织开展研究生主题党日活动，交流经验做法，提升创建工作成效。

（三）总结评估（2025年6月至9月）

有关省级党委教育工作部门和高校党委负责对样板党支部和党员标兵进行验收评估，深入总结创建的新思路新举措、新示范新引领，形成创建培育评估报告。教育部有关司局、单位在各地各高校评估的基础上进行综合评定，评定结果报部负责同志审定后公布。评定达标的，予以结项，深化宣传推广；评定不达标的，予以通报。

四、工作要求

研究生党建“双创”工作是新时代高校党建示范创建和质量创优工作的重要组成部分，是新时代研究生党建思政工作的重要推动力量。各省级党委教育工作部门和高校党委要高度重视，部署做好相关工作，制定组织推荐方案，做好推荐对象的审核把关、监督指导等工作。要结合实际，建立激励保障机制，为入选党支部和党员提供必要的配套经费、资源条件等支持。要以研究生党建“双创”工作为契机，及时发掘凝练宣传研究生党建工作的经验成效和典型事例，积极在《中国研究生》杂志和微信公众号等相关媒体平台进行展示推广并参加相关活动，充分发挥示范引领、辐射带动作用，推进研究生党建工作质量整体提升。

五、联系方式

教育部学位与研究生教育发展中心：张贝思，010- 82370827；权灿，010-82378810。

全国高校思想政治工作网：蒋闰蕾，010-58581972；西绕加措，010-58582556。

教育部思想政治工作司：杨秋华，010-66096673。

附件：1. 各地推荐对象名额分配表（略）

2. 省级党委教育工作部门联系人信息表（略）

3. 研究生样板党支部推荐表（略）

4. 研究生党员标兵推荐表（略）

5. 评审专家推荐表（略）

6. 全国高校思想政治工作网“高校思想政治工作申报系统”操作指南（略）

7. 第三批研究生党建“双创”工作创建标准（略）

教育部办公厅

2023年10月11日

教育部办公厅关于开展第四批新时代高校党建示范创建和质量创优工作的通知

教思政厅函〔2023〕17号

各省、自治区、直辖市党委教育工作部门，新疆生产建设兵团教育局，部属各高等学校党委、部省合建各高等学校党委：

为深入贯彻习近平新时代中国特色社会主义思想和党的二十大精神，认真贯彻习近平总书记关于党的建设的重要思想、习近平总书记关于教育强国的重要讲话精神以及关于加强高校党建工作的重要论述，全面落实《中国共产党普通高等学校基层组织工作条例》，现就组织开展第四批新时代高校党建示范创建和质量创优工作（以下简称第四批新时代高校党建“双创”工作）通知如下。

一、目标任务

（一）工作目标

认真贯彻新时代党的建设总要求和新时代党的组织路线，全面贯彻全国组织工作会议部署要求，强化党对高校的全面领导，增强高校基层党组织政治功能和组织功能，推进党建工作与学校事业发展深度融合，面向全国高校培育创建10所党建工作示范高校、100个党建工作标杆院系、1000个党建工作样板支部，建设周期为2年（2024年1月至2025年12月），强化培育选树和重点建设，辐射带动全国高校各级党组织全面进步全面过硬，推动构建高质量的高校党建工作体系，以高质量党建引领高等教育高质量发展，在教育强国建设中示范引领、担当有为。

（二）建设任务

入选的校、院（系）党组织和党支部（以下简称建设单位）按照《中共教育部党组关于高校党组织“对标争先”建设计划的实施意见》（教党〔2018〕25号，以下简称《实施意见》）和《第四批新时代高校党建“双创”工作重点任务指南》（以下简称《重点任务指南》）规定，坚持软件建设和硬件建设相结合、统筹规划和分步实施相结合、整体提升和品牌塑造相结合，按计划、分步骤开展培育创建工作。建设期内，创建“示范高校”，要着重围绕坚持和加强党的全面领导、构建高质量的党建工作体系等出成果；创建“标杆院系”，要着重围绕强化政治功能和组织功能、破除“中梗阻”现象、抓好党建重点任务落实等出成果；创建“样板支部”，要着重围绕严格“三会一课”、创新工作方法等出成果。成果形式包括但不限于：（1）高质量的党建工作体系；（2）优秀基层党建“一融双高”工作法、典型案例；（3）高校师生思想政治工作品牌、育人载体；（4）有较大影响力的宣传平台、网络阵地；（5）高水平研究论文、专著；（6）经验推广示范、辐射带动成效等。

二、申报条件

第四批新时代高校党建“双创”工作面向全国普通高等学校党委（含高职学校、民办高校）及其院（系）党组织、基层党支部开展，需满足以下申报条件：

（一）申请创建“全国党建工作示范高校”条件

要按照《实施意见》明确的主要任务，严格做到“六个过硬”，所属院（系）党组织普遍做到“五个到位”，所属基层党支部普遍做到“七个有力”。重点符合下列条件：

1. 学校党委原则上至少成立5年，且在2年建设周期内保持稳定。

2. 党的十八大以来，学校党委以党的政治建设为统领，把党建摆在突出位置来抓，认真履行管党治党、办学治校主体责任，切实承担党风廉政建设主体责任，有效落实基层党建工作责任制和意识形态工作责任制，模范发挥党委领导核心作用，坚决贯彻落实党委领导下的校长负责制，落实立德树人根本任务，加强和改进师生思想政治工作，推动党的建设与学校事业发展深度融合，以高质量党建引领高质量发展，取得优异成绩。

3. 近5年来，学校党委曾获得省部级（含）以上表彰，或在上级党组织最近一次开展的党建和思想政治工作考核评估中获得“优秀”或相应等次，或在党组织书记抓党建工作述职评议考核工作中连续获得“好”或相应等次；学校多名师生获评全国优秀共产党员、全国优秀党务工作者或先进典型；在党史学习教育、学习贯彻习近平新时代中国特色社会主义思想主题教育中起到示范带动作用；切实履行巡视整改工作主体责任，整改工作取得良好成效。

4. 近3年来，学校党委在党建和意识形态领域未出现过重大问题，未发生过重大稳定事端、安全事故和舆情事件；学校党政领导班子成员未出现违纪违法、违反中央八项规定精神等问题；学校各级党组织在已开展的新时代高校党建“双创”验收工作中未出现“验收不予通过”情况。

5. 有条件在建设期内达到《第四批新时代高校党建“双创”工作重点任务指南（高校党委）》（见附件1）所列要求。

（二）申请创建“全国党建工作标杆院系”条件

要按照《实施意见》明确的主要任务，严格做到“五个到位”，所属基层党支部普遍做到“七个有力”。重点符合下列条件：

1. 院（系）党组织原则上至少成立5年，且在2年建设周期内保持稳定。

2. 党的十八大以来，院（系）党组织不断强化政治功能，履行政治责任，健全院（系）运行机制，模范执行党政联席会议制度，院（系）党组织会议制度健全、执行有力，落实党建工作重点任务，提升师生思想政治工作质量，促进院（系）人才培养、学科建设、科学研究、社会服务等工作取得优异成绩。

3. 近5年来，院（系）党组织曾获得校级（含）以上党组织的重要表彰，或在党组织书记抓党建工作述职评议考核工作中连续获得“好”或相应等次；所在院（系）多名师生获评省部级（含）以上优秀共产党员、优秀党务工作者或先进典型；所在院（系）承担省部级（含）以上党的工作创新项目或重大研究课题，并发挥推广示范效应；在高层次人才、中青年教师中发展党员工作成效突出。

4. 近3年来，院（系）党组织在党建和意识形态领域未出现过重大问题，未发生过重大稳定事端、安全事故和舆情事件。院（系）党政领导班子成员未出现违纪违法、违反中央八项规定精神等问题，所在院（系）未出现违反师德师风有关规定等突出问题；所在学校的各级党组织在已开展的新时代高校党建“双创”验收工作中未出现“验收不予通过”情况。

5. 有条件在建设期达到《第四批新时代高校党建“双创”工作重点任务指南（院〈系〉党组织）》（见附件2）所列要求。

（三）申请创建“全国党建工作样板支部”条件

要按照《实施意见》明确的主要任务，严格做到“七个有力”。重点符合下列条件：

1. 教师党支部原则上至少成立3年，学生党支部或师生联合党支部原则上至少成立1年，且在2年建设周期内保持稳定。

2. 党的十八大以来，党支部充分发挥战斗堡垒作用和党员先锋模范作用，切实增强党支部政治功能和组织功能，着力发挥在政治引领、规范党的组织生活、团结凝聚师生、促进所在单位中心工作等方面的主体作用，师生思想政治工作针对性和亲和力强，在教学、科研、管理、服务等方面取得优异成绩。

3. 近3年来，党支部或党支部书记曾获得校级（含）以上党组织的重要表彰，或在党组织书记抓党建工作述职评议考核工作中连续获得“好”或相应等次；至少1名支部成员获评省部级（含）以上优秀共产党员、优秀党务工作者、师德典型、最美大学生、全国大学生年度人物、三好学生、优秀学生干部等荣誉称号；教师党支部在“双带头人”支部书记培育、加强教师思想政治工作、促进所在单位事业发展等方面作出突出成绩，学生党支部在推进思想教育、专业学习、志愿服务、社会实践、就业创业等方面发挥示范引领作用。

4. 近3年来，党支部在党建和意识形态领域未出现过突出问题，未发生过影响安全稳定的重大事件；党支部成员及支部所在单位人员未出现违法违纪、违反中央八项规定精神、师德师风等问题；所在学校的各级党组织在已开展的新时代高校党建“双创”验收工作中未出现“验收不予通过”情况。

5. 有条件在建设期达到《第四批新时代高校党建“双创”工作重点任务指南（基层党支部）》（见附件3）所列要求。

6. 本项目与第三批全国高校“研究生样板党支部”不可兼报。

三、组织实施

第四批新时代高校党建“双创”工作在教育部党组领导下，由教育部思想政治工作司具体负责组织实施，按照申报认定、管理考核、巩固推广三个步骤开展。

（一）申报认定（2023年10月下旬至12月）

各高校申报工作统一由省级党委教育工作部门组织开展并按要求推荐至教育部，教育部思想政治工作司具体负责遴选工作，正式建设单位名单由教育部党组最终审核确定。有关工作步骤如下：

1. 高校党委申报。高校党委专题研究第四批新时代高校党建“双创”工作，确定本级党组织及所属院（系）党组织、基层党支部申报意向。参与申报的高校各级党组织按照《实施意见》规定，对照《重点任务指南》，对党建工作基础、成功做法、特色经验等进行梳理和总结，统筹谋划两年建设周期和各年度工作目标、实施计划、预期成果，编制经费预算，按类别填写《第四批新时代高校党建“双创”工作申报书》（见附件4），并提供支撑材料。学校党委对相关材料审核把关后，报送至属地省级党委教育工作部门。

2. 省级党委教育工作部门把关推荐。教育部根据2023年全国高校基层党组织和党员队伍状况统计数据，按照各省份属地高校党委（含本地中央部门所属高校，下同）数量的5%确定“示范高校”推荐数量（个位数向后取整，下同），按照属地高校院（系）党组织数量的2%确定“标杆院系”推荐数量，按照属地高校党支部数量的2%确定“样板支部”推荐数量（各类别推荐名额见附件5）。省级党委教育工作部门统筹做好资格审核、择优推荐工作，推荐对象覆盖属地部委属高校、地方高校，高职院校（含本科层次学校）、民办高校（含民办高职院校）应有一定的比例。11月6日前，各省级党委教育工作部门指定一名工作联系人，在全国高校思想政治工作网（以下简称高校思政网）“高校思想政治工作申报系统”在线填写《省级党委教育工作部门联系人信息表》（见附件6）。

获得省级党委教育工作部门推荐资格的高校，登录高校思政网“高校思想政治工作申报系统”填报申请材料。各省级党委教育工作部门在系统上对申请材料进行审核确认，在线生成汇总表，于11月20日17时前逐页加盖公章后上传至“高校思想政治工作申报系统”（操作指南见附件7）。

3. 教育部遴选确定。教育部思想政治工作司按照“标准引领、质量优先、公平公正、组织统筹”的原则，牵头组织专家对材料进行审核评议，择优确定入选对象名单，按程序进行公示，报教育部党组审核确定入选名单。

（二）管理验收（2024年1月至2025年12月）

教育部以目标管理和过程管理相结合的方式，对建设单位开展跟踪评估和中期验收。跟踪评估工作委托高校思想政治工作创新发展中心（华中师范大学）具体实施，高校思政网提供技术支持和建设成果展示推广平台，动态展现建设过程，重点展映建设案例，全面展示建设成效，示范带动全国高校各级党组织建设。2024年年底组织中期验收，通过审阅材料、实地抽查、过程监管等方式进行。各建设单位应于2024年12月底前提交建设进展报告和成果报告，并根据年度评估反馈意见，及时整改问题，推进任务开展，巩固建设成果，提升示范成效。验收合格的，继续开展建设；验收不合格的，限期整改，视情决定是否继续建设。

（三）巩固推广（2026年）

建设期满，各建设单位提交工作总结报告和成果汇编。验收工作采用“高校自评、地方审核、部内认定”三级机制，重点任务完成情况、重要举措落实情况、辐射作用发挥情况、信息平台参与情况、负面清单自查情况、实地抽查情况等均作为验收重要依据。2026年第一季度公布验收结果，分为“通过”“暂缓通过”“不通过”三类。验收通过的单位，有关建设成果在高校思政网等平台上集中宣传展示，纳入基层党组织书记集中轮训、高校党建教材编写、典型案例结集出版、现场会议展示等工作，面向全国高校推广应用；暂缓通过的单位，要及时总结经验教训，找准问题根源，加强工作整改，力争高质高效地实现创建目标，经半年延长建设期后，接受二次验收。验收未通过的单位，将予以撤项，严肃追责问责，并取消所在高校各级党组织申报下一轮党建“双创”工作项目的资格。

四、工作要求

各地党委教育工作部门、各高校党委要高度重视，认真组织好第四批全国党建工作示范高校、标杆院系、样板支部的申报、推荐和建设工作。各建设单位所在高校党委，要健全完善组织机构，进一步细化建设方案，确定任务书、路线图、时间表和责任人，加强常态化跟踪指导，及时解决建设过程中遇到的困难和问题，推动取得建设成效。各地各高校要结合实际，为建设单位提供必要的经费、条件、资源等支持。要建立激励保障机制，对作出突出业绩的党组织、党员骨干予以表彰奖励。要及时发掘、凝练、宣传建设单位的探索经验、培育成果、创建成效，充分发挥其示范引领、辐射带动作用，有计划有步骤地把点上的经验做法推广到面上去，引领带动高校党建工作质量整体提升，推动构建高质量的高校党建工作体系，办好中国特色社会主义大学，培养德智体美劳全面发展的社会主义建设者和接班人。

五、联系方式

（一）教育部思想政治工作司

联系人及电话：杨秋华 010-66096673，尹龙飞 010-66096689

电子邮箱：zxc@moe.edu.cn

（二）全国高校思想政治工作网

联系人及电话：王涛立 010-58556257，西绕加措 010-58581696

网址：http：//www.sizhengwang.cn

附件：1. 第四批新时代高校党建“双创”工作重点任务指南（高校党委）（略）

2. 第四批新时代高校党建“双创”工作重点任务指南（院〈系〉党组织）（略）

3. 第四批新时代高校党建“双创”工作重点任务指南（基层党支部）（略）

4. 第四批新时代高校党建“双创”工作申报书（略）

5. 各省级党委教育工作部门推荐名额（略）

6. 省级党委教育工作部门联系人信息表（略）

7. 全国高校思想政治工作网“高校思想政治工作申报系统”操作指南（略）

教育部办公厅

2023年10月18日

教育部办公厅关于做好2024年高校思想政治工作骨干在职攻读博士学位专项计划工作的通知

教思政厅函〔2024〕3号

各省、自治区、直辖市教育厅（教委），新疆生产建设兵团教育局，有关部门（单位）教育司（局），部属各高等学校、部省合建各高等学校，高校思想政治工作队伍培训研修中心：

为进一步加强高校思想政治工作队伍建设，按照中共中央、国务院《关于进一步加强和改进新形势下高校思想政治工作的意见》《普通高等学校辅导员队伍建设规定》（教育部令第43号）的要求，教育部决定在2024年继续实施高校思想政治工作骨干在职攻读博士学位专项计划。现将有关事项通知如下。

一、专项性质

高校思想政治工作骨干在职攻读博士学位专项计划为定向培养招生计划，含在教育部、国家发展改革委下达的2024年博士生招生总规模内（具体招生计划见附件1）。专项计划涵盖马克思主义理论、党史党建、心理学、管理学、国家安全学等相关专业，招生计划不得挪作他用。

二、招录要求

（一）各省（区、市）党委教育工作部门要向本地区高校广泛宣传相关政策，积极组织推荐综合素质高、工作能力强、善于科研创新且有志于长期从事高校思想政治工作和党务工作的骨干报考，并做好资格审查工作。各委托招生培养单位所在省（区、市）党委教育工作部门要对招生录取工作进行把关。

（二）各高校要着眼整体推进思想政治工作队伍建设，统筹好本校辅导员、党政干部和共青团干部、心理咨询教师等人员的报考推荐工作，真正把热爱思想政治工作、有志于长期从事思想政治工作的骨干选拔出来。对于报考专项计划的专职辅导员，要结合培养目标制定专项培养管理方案，确保培养对象在就读期间及毕业后一定年限内持续从事专职辅导员工作。

（三）各委托招生培养单位要根据高校思想政治工作和党务工作队伍的培养目标，确定相应的考核内容、方式和办法。严格执行教育部有关博士研究生招生的相关规定，确保命题、制卷、保管以及考试现场管理、评卷等各个环节公平公正，维护专项计划的良好声誉。

（四）各委托招生培养单位要加强复试工作，由招生培养单位及其所在省级教育工作部门、所在学校共同组织复试。要组织包括指导教师在内的五人及以上复试小组，根据学科的培养要求、高校思想政治工作和党务工作性质和特点，考察培养对象的综合素质，结合考生考试成绩与工作实绩，择优录取，并对考生资格进行复查。

（五）各委托招生培养单位招收专职辅导员的比例须占招生计划数的70%以上，专职辅导员的界定以《普通高等学校辅导员队伍建设规定》为准，当各招生培养单位至少应招收专职辅导员数不是整数时，分别按计划数的70%四舍五入计算。严格控制招收的本校生源数量，计划数为5个及以下的最多招收本校生源1人，计划数为6个及以上的最多招收本校生源2人。招生人数为9人的招生培养单位，原则上应有1个以上的名额招录西藏、青海、宁夏等省份的生源。

（六）各委托招生培养单位要严格按照专项计划要求进行招生，不得放宽条件或调整名额。在正式录取前，须再次审核考生报考资格，并将拟录取名单报教育部（思想政治工作司）备案审核，在备案通过后方可公示录取名单。

（七）各委托招生培养单位要紧密结合专项计划的培养方向制定培养方案，就招生对象、培养目标、课程设置、学分要求、学习年限与培养方式、理论与实践、学位论文与学位授予等予以明确规定。创新人才培养模式，鼓励具有丰富实践经验、扎实理论功底等方面的专家联合组成导师团队，在加强系统理论教育的同时强化符合专职辅导员岗位特点的实践能力提升项目设计，多维度增强专项计划培养对象综合素质。

三、报考条件

（一）报考人员须专职从事高校党务或思想政治工作，且在职在岗，高校思政课教师另执行其他专项计划，不在此范畴。报考人员由所在学校思政（或党务）工作部门、人事部门进行资格审核并出具推荐意见，所在地省级党委教育工作部门要做好审核把关（资格审查表见附件2）。

（二）截至相应高校博士研究生报名之日，报考人员应专职从事高校党务或思想政治工作满3年，且具有硕士学位，有2名具有相关学科的副教授及以上职称（或相当职称）的专家推荐，本科、硕士所学专业不受限制。年龄不超过45周岁〔1979年1月1日（含）以后出生〕，身体健康状况符合报考招生培养单位规定的体检要求。

四、联系方式

（一）各委托招生培养单位联系方式（见附件3）。

（二）教育部思想政治工作司宣传教育处

联系电话：010-66092064　010-66096328

附件：1. 2024年高校思想政治工作骨干在职攻读博士学位专项计划（略）

2. 2024年高校思想政治工作骨干在职攻读博士学位报考资格审查表（略）

3. 2024年高校思想政治工作骨干在职攻读博士学位招生培养单位联系方式（略）

教育部办公厅

2024年2月1日

教育部社科司关于2024年度教育部人文社会科学研究专项任务项目（高校辅导员研究）申报工作的通知

教社科司函〔2024〕13号

各省、自治区、直辖市教育厅（教委），新疆生产建设兵团教育局，有关部门（单位）教育司（局），部属各高等学校、部省合建各高等学校：

为做好2024年度教育部人文社会科学研究专项任务项目（高校辅导员研究）的申报工作，现将有关事项通知如下。

一、指导思想

坚持以习近平新时代中国特色社会主义思想为指导，深入学习贯彻党的二十大精神，全面贯彻落实习近平总书记关于教育的重要论述，不断加强高校辅导员队伍建设，进一步提升高校思想政治工作质量，推动"时代新人铸魂工程"落地见效，努力培养担当民族复兴大任的时代新人。

二、申报内容

1. 本专项任务项目申报需根据课题指南（见附件）的重点研究方向申报，也可在符合课题指南前提下，结合实际认真凝练、自拟题目，并在课题名称后用括号注明所依托重点研究方向的序号。研究课题名称应表述规范、准确、简洁。

2. 项目类别及资助额度：高校辅导员研究专项课题原则上每项资助2万元，研究周期为2年。

三、申报条件

1. 本专项任务项目实行限额申报，每所高校限报2项。

2. 本专项任务项目限高校专职辅导员申报（指在院系从事大学生思想政治教育工作的在岗人员，包括院系级党组织副书记、学工组长、团总支书记、学工干部等）。

3. 申请者必须能够实际从事研究工作并真正承担和负责组织项目的实施；每个申请者限报1项，所列课题组成员必须征得本人同意并签字，否则视为违规申报。

4. 有以下情况之一者不得申报本次项目：

（1）在研的教育部人文社会科学研究各类项目负责人；

（2）所主持的教育部人文社会科学研究项目三年内因各种原因被终止者，五年内因各种原因被撤销者；

（3）在研的国家社会科学基金各类项目、国家自然科学基金各类项目负责人；

（4）2024年度国家社会科学基金项目的申请人；

（5）连续两年（指2022、2023年度）申请教育部人文社会科学研究一般项目未获资助的申请人，暂停2024年度申报资格；

（6）申请2024年度教育部人文社会科学研究一般项目其他类别项目者。

四、申报办法

1. 教育部直属高校、部省合建高校以学校为单位，地方高校以省、自治区、直辖市教育厅（教委）为单位，其他有关部门（单位）所属高校以教育司（局）为单位（以下简称申报单位），集中申报，不受理个人申报。

2. 本次项目采取网上申报方式。教育部社科司主页（http：//www.moe.gov.cn/s78/A13/）教育部人文社会科学研究管理平台·申报系统（以下简称申报系统）为本次申报的唯一网络平台，网络申报办法及流程以该系统为准。

3. 自2024年3月22日开始受理项目网上申报。申请人可登录申报系统下载《申请评审书》，按申报系统提示说明及《申请评审书》的填表要求填写（填写《申请评审书》“申请者本人近三年来主要研究成果”栏时，请同时填写个人工作实绩），并由高校科研管理部门通过申报系统上传《申请评审书》电子文档，无需报送纸质申报材料。待立项公布后，已立项项目按要求提交1份带有负责人及成员签名、责任单位盖章的纸质申报材料，由申报单位统一寄送至社科管理咨询服务中心。

4. 项目经费按照《高等学校哲学社会科学繁荣计划专项资金管理办法》（财教〔2021〕285号），需按照研究实际需要和资金开支范围，科学合理、实事求是地按年度编制项目预算。

5. 已开通管理平台账号的申报单位，以原有账号、密码登录系统，并及时核对更新单位信息，重点核实本单位计划内财务拨款账户等信息；未开通账号的申报单位，请登录申报系统，登记单位信息、设定登录密码，打印“开通账号申请表”并加盖公章，传真至010–58803011。待审核通过后，即可登录申报系统进行操作。

6. 本次项目网络申报截止日期为2024年4月26日，申报单位须在此之前对本单位所申报的材料进行在线审核确认。

五、其他要求

1. 申请人应认真阅研《教育部人文社会科学研究项目管理办法》及以往立项情况，提高申报质量，避免重复申报。

2. 本次项目评审采取匿名方式。为保证评审的公平公正，《申请评审书》B表中不得出现申请人姓名、所在学校等有关信息，否则按作废处理。

3. 申请人应如实填报材料，确保无知识产权争议。凡存在弄虚作假、抄袭剽窃等行为的，一经发现查实，取消三年申报资格，如获立项即予撤项并通报批评。

4. 各申报单位应切实落实意识形态工作责任制，加强对申报材料的审核把关，确保填报信息的准确、真实，切实提高项目申报质量。如违规申报，将予以通报批评。

申报系统联系方式：010–62510667、15313766307、15313766308；信箱：xmsb@sinoss.net。

社科管理咨询服务中心联系方式：010–58805145；传真：010–58803011；电子信箱：moesk@bnu.edu.cn；地址：北京市海淀区新街口外大街19号北京师范大学科技楼C区1001室，社科管理咨询服务中心，邮编：100875。

教育部思想政治工作司联系方式：010–66097284。

附件：2024年度教育部人文社会科学研究专项任务项目（高校辅导员研究）课题指南（略）

教育部社会科学司

2024年3月18日

教育部社科司关于2024年度教育部人文社会科学研究专项任务项目（中国特色社会主义理论体系研究）申报工作的通知

教社科司函〔2024〕12号

各省、自治区、直辖市教育厅（教委），新疆生产建设兵团教育局，有关部门（单位）教育司（局），部属各高等学校、部省合建各高等学校：

为深入学习贯彻习近平新时代中国特色社会主义思想，贯彻落实党的二十大精神，现将教育部人文社会科学研究专项任务项目（中国特色社会主义理论体系研究）申报工作有关事项通知如下。

一、申报要求

2024年度，本专项任务项目重点围绕习近平新时代中国特色社会主义思想学理化开展研究。申报人必须坚持正确政治方向，突出问题导向，根据课题指南（见附件）提出的重点研究范围，结合自身的研究基础和学术专长，认真凝练研究课题进行申报。研究课题名称应表述规范、准确、简洁。

本专项任务项目所属学科门类为“马克思主义/思想政治教育”。每个课题资助经费10万元，研究年限为2年。

最终成果要求同时满足以下条件：（1）在中央主要报刊发表理论文章；（2）在高水平学术期刊发表学术论文；（3）被省部级以上部门采纳的调研咨询报告。

二、申报条件

1. 本专项任务项目限全国普通高等学校申报。

2. 申请人必须能够实际从事研究工作并真正承担和负责组织项目的实施；每个申请者限报1项，所列课题组成员必须征得本人同意并签字，否则视为违规申报。

3. 申请人除符合《教育部人文社会科学研究项目管理办法》的相关规定外，应为具有副高级以上（含）专业技术职称的在编在岗教师，能够作为项目主持人担负实质性研究工作。

4. 有以下情况之一者不得申报本次项目：

（1）在研的教育部人文社会科学研究各类项目负责人；

（2）所主持的教育部人文社会科学研究项目三年内因各种原因被终止者，五年内因各种原因被撤销者；

（3）在研的国家社会科学基金各类项目、国家自然科学基金各类项目负责人；

（4）2024年度国家社会科学基金项目的申请人；

（5）连续两年（指2022、2023年度）申请教育部人文社会科学研究一般项目未获资助的申请人；

（6）申请2024年度教育部人文社会科学研究一般项目其他类别项目者。

三、申报办法

1. 教育部直属高校、部省合建高校以学校为单位，地方高校以省、自治区、直辖市教育厅（教委）为单位，其他有关部门（单位）所属高校以教育司（局）为单位（以下简称申报单位），集中申报，不受理个人申报。

2. 本次项目采取网上申报方式。教育部社科司主页（http：//www.moe.gov.cn/s78/A13/）教育部人文社会科学研究管理平台·申报系统（以下简称申报系统）为本次申报的唯一网络平台，网络申报办法及流程以该系统为准。

3. 自2024年3月22日开始受理项目网上申报。申请人可登录申报系统下载《申请评审书》，按申报系统提示说明和填表要求填写后通过申报系统上传，无需报送纸质申报材料。待立项公布后，已立项项目需提交1份带有负责人及成员签名、责任单位盖章的纸质版申报材料，由申报单位统一寄送至教育部高等学校科学研究发展中心。

4. 项目经费按照《高等学校哲学社会科学繁荣计划专项资金管理办法》（财教〔2021〕285号）使用和管理，需按照研究实际需要和资金开支范围，科学合理、实事求是地按年度编制项目预算。

5. 已开通管理平台账号的申报单位，请登录申报系统核对更新单位信息，重点核实本单位财务拨款账户信息等；未开通账号的申报单位，请登录申报系统，登记单位信息、设定登录密码，打印"开通账号申请表"并加盖单位公章，传真至010-58803011。待审核通过后，即可登录申报系统进行操作。

6. 本次项目网络申报截止日期为2024年4月26日，申报单位须在此之前对本单位所申报的材料进行在线审核确认。

四、其他要求

1. 申请人应认真阅研《教育部人文社会科学研究项目管理办法》及以往立项情况，提高申报质量，避免重复申报。

2. 本次项目评审采取匿名方式。为保证评审的公平公正，《申请评审书》B表中不得出现申请人姓名、所在学校等有关信息，否则按作废处理。

3. 申请人应如实填报材料，确保无知识产权争议。凡存在弄虚作假、抄袭剽窃等行为的，一经发现查实，取消三年申报资格，如获立项即予撤项并通报批评。

4. 各申报单位应切实落实意识形态工作责任制，加强对申报材料的审核把关，并确保填报信息准确、真实，切实提高项目申报质量。

申报系统联系方式：010-62510667、15313766307、15313766308；信箱：xmsb@sinoss.net。

教育部高等学校科学研究发展中心联系方式：010-62514698、010-62513617；电子邮箱：ktsb@moe.edu.cn；地址：北京市海淀区中关村大街35号1004室教育部科研中心社科处，邮编：100080。

附件：2024年度教育部人文社会科学研究专项任务项目（中国特色社会主义理论体系研究）课题指南（略）

教育部社会科学司

2024年3月18日

教育部社科司关于2024年度教育部人文社会科学研究一般项目申报工作的通知

教社科司函〔2024〕11号

各省、自治区、直辖市教育厅（教委），新疆生产建设兵团教育局，有关部门（单位）教育司（局），部属各高等学校、部省合建各高等学校：

为深入学习贯彻党的二十大精神，贯彻落实习近平总书记关于教育的重要论述、关于哲学社会科学工作的重要论述，贯彻落实《面向2035高校哲学社会科学高质量发展行动计划》《哲学社会科学知识体系建构和高校咨政服务能力提升工程实施方案》，根据《教育部人文社会科学研究项目管理办法》（教社科〔2006〕2号），现将2024年度教育部人文社会科学研究一般项目申报工作有关事项通知如下。

一、申报内容

本次申报不设课题指南（专项任务项目除外），申请人根据自身的研究基础和学术特长，坚持正确政治方向、价值取向、研究导向，认真凝练、自行拟定研究课题。研究课题名称应表述规范、准确、简洁。

1. 项目类别及资助额度

项目研究期限为3年，具体类别分为：（1）规划基金项目，资助经费不超过10万元；（2）青年基金项目，资助经费不超过8万元；（3）自筹经费项目，经费由申请人从校外有关部门或企事业单位自筹，自筹经费不低于8万元；（4）专项任务项目，包括中国特色社会主义理论体系研究专项、高校辅导员研究专项，具体申报通知将另行发布。

为支持西部和边疆地区高校人文社会科学研究发展，本次继续设立西部和边疆地区项目、新疆项目、西藏项目。

2. 项目申报学科范围

根据原国家质量技术监督局2009年公布的《学科分类与代码》和高校的实际情况，本次项目申报的学科范围包括：（1）马克思主义/思想政治教育；（2）哲学；（3）逻辑学；（4）宗教学；（5）语言学；（6）中国文学；（7）外国文学；（8）艺术学；（9）历史学；（10）考古学；（11）经济学；（12）管理学；（13）政治学；（14）法学；（15）社会学；（16）民族学与文化学；（17）新闻学与传播学；（18）图书馆、情报与文献学；（19）教育学；（20）心理学；（21）体育学；（22）统计学；（23）港澳台问题研究；（24）国际问题研究；（25）交叉学科/综合研究。

二、申报条件

1. 本次项目限全国普通高等学校申报。

2. 申请人须为在编在岗教师，能够实际承担、组织研究工作；每个申请人限报1项，所列课题组成员必须征得其本人同意，否则视为违规申报。

3. 申请人除符合《教育部人文社会科学研究项目管理办法》的相关规定外，还必须符合下列条件：

（1）规划基金项目申请人应具有高级职称（含副高）；

（2）青年基金项目申请人应具有博士学位或中级以上（含中级）职称，年龄不超过40周岁（1984年1月1日以后出生）；

（3）自筹经费项目申请人，须在《教育部人文社会科学研究一般项目申请评审书》（以下简称《申请评审书》）“其他来源经费”栏填写经费，并上传学校财务处提供的委托研究单位经费到账凭证或银行回单等证明材料。

4. 有以下情况之一者不得申报本次项目：

（1）在研的教育部人文社会科学研究各类项目负责人；

（2）所主持的教育部人文社会科学研究项目三年内因各种原因被终止者，五年内因各种原因被撤销者；

（3）在研的国家社会科学基金各类项目、国家自然科学基金各类项目负责人；

（4）2024年度国家社会科学基金项目的申请人；

（5）连续两年（指2022、2023年度）申请教育部人文社会科学研究一般项目未获资助的申请人。

三、申报办法

1. 教育部直属高校、部省合建高校以学校为单位，地方高校以省、自治区、直辖市教育厅（教委）为单位，其他有关部门（单位）所属高校以教育司（局）为单位（以下简称申报单位）集中申报，不受理个人申报。

2. 本次项目采取网上申报方式。教育部社科司主页（http：//www.moe.gov.cn/s78/A13/）教育部人文社会科学研究管理平台·申报系统（以下简称申报系统）为本次申报的唯一网络平台，网络申报办法及流程以该系统为准。

3. 自2024年3月22日开始受理项目网上申报。申请人可登录申报系统下载《申请评审书》，按申报系统提示说明和填表要求填写后通过申报系统上传，无需报送纸质申报材料。待立项公布后，已立项项目需提交1份带有负责人及成员签名、责任单位盖章的纸质版申报材料，由申报单位统一寄送至社科管理咨询服务中心。

4. 项目经费按照《高等学校哲学社会科学繁荣计划专项资金管理办法》（财教〔2021〕285号）使用和管理，需按照研究实际需要和资金开支范围，科学合理、实事求是地按年度编制项目预算。

5. 已开通管理平台账号的申报单位，请登录申报系统核对更新单位信息，重点核实本单位财务拨款账户信息等；未开通账号的申报单位，请登录申报系统，登记单位信息、设定登录密码，打印“开通账号申请表”并加盖单位公章，传真至010-58803011。待审核通过后，即可登录申报系统进行操作。

6. 本次项目网络申报截止日期为2024年4月26日，申报单位须在此之前对本单位所申报的材料进行在线审核确认。

四、其他要求

1. 申请人应认真阅研《教育部人文社会科学研究项目管理办法》及以往立项情况，提高申报质量，避免重复申报。

2. 本次项目评审采取匿名方式。为保证评审的公平公正，《申请评审书》B表中不得出现申请人姓名、所在学校等有关信息，否则按作废处理。

3. 申请人应如实填报材料，确保无知识产权争议。凡存在弄虚作假、抄袭剽窃等行为的，一经发现查实，取消三年申报资格，如获立项即予撤项并通报批评。

4. 各申报单位应切实落实意识形态工作责任制，加强对申报材料的审核把关，并确保填报信息准确、真实，切实提高项目申报质量。

申报系统联系方式：010-62510667、15313766307、15313766308；信箱：xmsb@sinoss.net。

社科管理咨询服务中心联系方式：010-58805145；传真：010-58803011；电子信箱：moesk@bnu.edu.cn；地址：北京市海淀区新街口外大街19号北京师范大学科技楼C区1001室，社科管理咨询服务中心，邮编：100875。

附件：2024年度教育部人文社会科学研究一般项目申报常见问题释疑（略）

教育部社会科学司

2024年3月18日

教育部思想政治工作司关于举办2024年度全国高校思想政治工作骨干示范培训班的通知

教思政司函〔2024〕4号

各省、自治区、直辖市党委教育工作部门、教育厅（教委），新疆生产建设兵团教育局，部属各高等学校、部省合建各高等学校，高校思想政治工作队伍培训研修中心，有关高校：

为认真学习宣传贯彻习近平新时代中国特色社会主义思想和党的二十大精神，深入实施“时代新人铸魂工程”，推进落实《全面加强新时代高校辅导员队伍建设行动方案》，做好2024年高校思想政治工作队伍培训研修中心重点建设工作，全面提升高校思想政治工作队伍素质能力，切实推动高校思想政治工作高质量发展，经研究，教育部思想政治工作司将聚焦部分专题举办系列全国高校思想政治工作骨干示范培训班，现将有关事宜通知如下。

一、培训时间

5月—11月（基本安排表见附件1）

二、培训对象

1. 除专项班次外，培训学员均以高校专职辅导员为主，面向不同辅导员群体实施分层分类精准培训，具体培训范围每期培训单独通知。

2. 专项班次培训对象将根据工作安排另作具体说明。

三、培训要求

1. 承担2024年度示范培训任务的中心，应按照基本安排表的主题、时间等要求，做好培训筹备工作，并于培训班开班前将培训通知及课程方案报思想政治工作司，审核同意后由承担培训任务的中心单独发布报名通知。

2. 各培训研修中心须严格根据中心重点建设工作要求，加强课程建设，集聚优质师资，强化平台支撑，推动共建共享。每期示范培训班须设置分组研讨和实践教学环节，授课教师原则上从思想政治工作司建立的师资库中邀请，如根据培训需要确需邀请不在师资库的授课教师，须上报审批。

3. 各培训研修中心须依托高校辅导员队伍能力提升大数据赋能平台做好学员管理、课程评教和培训总结等工作，及时上报材料，并在培训班结束一周内按规定做好财务报销，相关工作将作为中心年度考核和建设评估的重要依据。

联系人及联系方式：教育部思想政治工作司：赵悦鑫，010-66097155，电子邮箱：szc@moe.edu.cn。

高校辅导员队伍能力提升大数据赋能平台：刘康迪，0531-88366696，电子邮箱：fudaoyuan@sdu.edu.cn。

附件：1. 2024年度全国高校思想政治工作骨干示范培训班基本安排表（略）

2. 2024年度全国高校思想政治工作骨干示范培训班名额分配表（略）

3. 高校思想政治工作队伍培训研修中心联系方式（略）

教育部思想政治工作司

2024年4月19日

教育部思想政治工作司关于组织开展2024年国家网络安全宣传周校园日活动的通知

教思政司函〔2024〕6号

各省、自治区、直辖市党委教育工作部门、教育厅（教委），新疆生产建设兵团教育局，部属各高等学校、部省合建各高等学校：

2024年是习近平总书记提出网络强国战略目标10周年，是习近平总书记提出总体国家安全观10周年。各地各校要深入学习贯彻党的二十大和二十届二中、三中全会精神，将网络安全作为秋季学期安全教育重点内容，因地制宜、一校一策制定活动方案，坚持线上线下相结合、教学与实践相结合，广泛开展宣传教育活动。现就有关事项通知如下。

一、总体安排

2024年国家网络安全宣传周定于9月9日至15日统一开展，主题为“网络安全为人民，网络安全靠人民”，其中9月10日为校园日。

各地各校重点做好《网络安全法》《数据安全法》《个人信息保护法》等网络安全领域重要法律法规的宣贯工作；着眼提升广大师生网络素养、网络安全意识和防护技能，聚焦防范网络诈骗、保护数据安全和个人信息、安全规范使用新技术新平台等加强安全教育；进一步规范师生网络言行，大力弘扬正能量，积极营造清朗校园网络环境；会同有关部门积极开展网络安全人才招聘活动，动员有关互联网企业、网络安全企业、科研机构等积极参与，重点对2025届高校相关专业毕业生加强就业指导和人才双选。

二、重点活动

教育部思想政治工作司指导中国大学生在线组织开展重点活动，请各地各校组织师生积极参加，提升网络安全教育的覆盖面和实效性。

（一）千万师生同上一堂网络安全教育课。推出“千万师生同上一堂网络安全教育课”，采取线上发布课程的形式，邀请公安干警、网络安全专家、师生代表从防范电信诈骗、个人信息保护、规范网络行为等方面录制网络安全教育公开课。9月10日至15日，可登录中国大学生在线官网（dxs.moe.gov.cn）或扫码微信视频号、微博、快手、B站、抖音等平台观看，活动结束后，课程可回看。

中国大学生在线官网　中国大学生在线视频号　中国大学生在线微博

中国大学生在线快手　中国大学生在线B站　中国大学生在线抖音

（二）举办全国大学生网络安全知识答题。9月9日至20日，举办“守护青春　网络有你”全国大学生网络安全知识答题活动，普及防范网络诈骗、安全使用网络等知识。可组织学生通过中国大学生在线官网（dxs.

moe.gov.cn）或“中国大学生在线”微信公众号参与答题。

（三）建设高校大学生网络素养能力提升学习资源库。2024年国家网络安全宣传周期间上线开放学习资源库，内容包括网络认知、网络安全、反间防谍等精品课程，高校师生可通过中国大学生在线官网（dxs.moe.gov.cn）进入学习资源库进行拓展学习。

（四）举办“2024网络安全百校行”校园主题特色活动。9月10日启动“2024网络安全百校行”活动，通过高校官方微博话题接力、创意短视频征集等形式推进网络安全知识入脑入心，营造安全上网、依法上网的良好校园氛围。

（五）线上开设“开学反诈第一课”。公安部刑侦局、国家反诈中心举办“开学反诈第一课”线上直播活动，反诈民警结合典型案例讲解防骗知识。中小学生课程直播时间为2024年9月4日（星期三）19：30—20：00；高校学生课程直播时间为2024年9月5日（星期四）19：30—20：00（第一课），2024年9月6日（星期五）19：30—20：00（第二课）。直播将通过“公安部刑侦局”“国家反诈中心”快手、抖音账号进行（请扫码或在平台搜索“公安部刑侦局”或“国家反诈中心”），直播后当天在快手平台24小时不间断循环播放，师生可择时观看。

（打开快手扫码）　　（打开抖音扫码）

三、工作要求

各地教育部门加强本地区教育系统网络安全宣传周活动的组织协调，会同网信、公安等部门积极组织相关主题活动，发挥示范带动作用；组织有关行业专家、领导干部、技术骨干等贴近师生开展宣传教育；培育建设一批安全实践教育基地，引导学生积极参与实践活动，提升防范技能和实操能力。各学校严格落实网络安全工作责任制、网络意识形态工作责任制，加强相关宣传教育活动的审核把关，做好网络阵地、设备等监测防护，严防出现安全稳定问题。

有关活动成果请于9月16日前通过中国大学生在线校园号“高校动态-2024国家网络安全宣传周”投稿标签进行提交，移动端可带话题#平安校园#守护青春#网络安全百校行#并@中国大学生在线，发布微博分享互动，传递师生守护网络安全的正能量。请各省级教育部门、部属各高等学校、部省合建各高等学校9月16日前将工作开展情况电子版发送至教育部思想政治工作司邮箱wwc@ moe.edu.cn。

联系人及电话：教育部思想政治工作司，周文钰，010-6609 7156；中国大学生在线，许孟楠，010-56803641（网站），张洪涛，010-56803607（新媒体）。

教育部思想政治工作司

2024年8月27日

教育部办公厅关于启动2025年度高校思想政治工作质量提升综合改革与精品建设项目申报工作的通知

教思政厅函〔2024〕16号

各省、自治区、直辖市教育厅（教委），新疆生产建设兵团教育局，部属各高等学校、部省合建各高等学校：

为深入贯彻习近平新时代中国特色社会主义思想，全面落实党的二十大和二十届二中、三中全会精神，学习贯彻全国教育大会精神，深化教育综合改革，完善立德树人机制，着眼“时代新人铸魂工程”提质升级，着力建设高质量思想政治工作体系、构筑立德树人新格局，为实施新时代立德树人工程提供有力支撑，教育部决定启动2025年度高校思想政治工作质量提升综合改革与精品建设项目的申报工作。现将有关事宜通知如下。

一、申报内容

高校思想政治工作质量提升综合改革与精品建设项目包括品牌项目示范推广、骨干队伍培育提升和平台基地辐射引领3个类别，共15个子项（见附件1）。

二、申报时间

2024年10月15日—11月10日

三、申报方式

有申报意愿的高校根据项目申报说明（见附件1），结合工作实际，向所在地省级教育工作部门申报，并登录全国高校思想政治工作网（www.sizhengwang.cn）“高校思政工作申报系统”，按照系统提示和相关要求填报申报信息并上传相关支撑材料（见附件2）。

各省级教育工作部门登录系统，为有申报意愿的高校开通账号权限，在本地区有关高校完成网上填报后，根据各类别相关要求予以审核把关和遴选推荐，并在保证推荐质量的基础上，统筹兼顾不同类型高校。其中，高校思想政治工作精品项目、高校学生心理健康教育指导典型案例、新时代伟大变革融入高校思想政治教育典型案例、大中小学思想政治教育一体化建设工作典型案例每类按照不超过本地区高校数量15%的比例遴选推荐；高校思想政治工作研究文库、高校原创文化精品、高校场馆育人作用开发、高校思想政治工作中青年骨干、高校网络教育名师、高校辅导员名师工作室每类按照不超过本地区高校数量5%的比例遴选推荐（不足1项的，按1项推荐）；高校数字文物开发、红色文化弘扬基地按照每类不超过5项推荐；学生综合素质训练基地、全国高校综合性教育实践体验基地按照每类不超过5项由各省级教育工作部门直接申报；全国高校示范“一站式”学生社区在综合高校“一站式”学生社区建设情况数据报送和省级教育工作部门意见的基础上产生，无需高校专门申报。

四、工作要求

（一）严格审核把关。各地各高校要按照“谁推荐、谁负责”的原则，严格程序、严守标准，切实履行好审核职责，确保申报人和申报内容真实可靠。

（二）加强省级统筹。要根据工作实际和项目具体要求，加强组织领导，坚持统筹协调，充分调动各方积极性，规范推荐流程，确保申报推荐工作公平公正。

（三）有序推进部署。要精心组织动员高校参与，确保申报工作合理有序、稳步推进。

（四）提高推荐质量。要从工作基础、能力水平、条件保障等角度，择优确定推荐名单。在保证质量的基础上，要统筹兼顾不同类型高校。

附件：1. 高校思想政治工作质量提升综合改革与精品建设项目申报说明

2.“高校思政工作申报系统”操作指南

教育部办公厅

2024年10月12日

附件1

高校思想政治工作质量提升综合改革与精品建设项目申报说明

一、建设目标

深入贯彻习近平新时代中国特色社会主义思想，全面落实党的二十大和二十届二中、三中全会精神，学习贯彻全国教育大会精神，深化教育综合改革，坚持用习近平新时代中国特色社会主义思想铸魂育人，不断加强和改进新时代学校思想政治教育，教育引导青年学生坚定马克思主义信仰、中国特色社会主义信念、中华民族伟大复兴信心，立报国强国大志向、做挺膺担当奋斗者。

着眼“时代新人铸魂工程”提质升级，明确工作着力点、发展重点和资源投向，培育一批具有全国示范性、引领性的精品项目，培养一批政治素质过硬、理论功底扎实、工作业绩突出、作风务实清廉的高校思想政治工作骨干队伍，推出一批高校思想政治工作领域具有影响力的理论和实践研究成果，推广一批育人成效显著、具有突出代表性的典型案例，建设一批强辐射、强供给的平台基地，着力建设高质量思想政治工作体系、构筑立德树人新格局，培养担当民族复兴大任的时代新人，为实施新时代立德树人工程提供有力支撑。

二、品牌项目示范推广建设内容及要求

（一）高校思想政治工作精品项目

1. 理论武装精品项目。以把道理讲深、讲透、讲活为目标引领，运用各种载体分群体深入开展习近平新时代中国特色社会主义思想学习研究宣传工作，推动领导干部、“两院”院士等专家学者、国企骨干、退役军人、劳动模范等各方面英雄模范人物进校园开展思想政治教育讲座培训，打造示范课堂，深入开展中国共产党人精神谱系宣讲，做好党员基本培训。探索师生理论武装常态化机制，教育引导广大师生把握好习近平新时代中国特色社会主义思想的世界观和方法论，坚持好、运用好贯穿其中的立场观点方法。

2. 文化育人精品项目。以强化校园文化以文化人以文育人为目标引领，加强对学校校园文化各版块、各方面的整体性规划，充分挖掘校园红色资源，充分运用中华优秀传统文化、革命文化、社会主义先进文化和新时代伟大成就的育人功能，深入开展社会主义核心价值观宣传教育，发挥开学典礼、毕业典礼、校史校训等育人作用，开展形式多样、健康向上、格调高雅的校园文化活动，打造校园文化特色资源库，形成较强的品牌效应和育人实效。深入开展马克思主义经典和中华优秀传统文化经典诵读活动，着力打造书香校园。大力创建文明校园，校风学风良好，在本地本校的文化传承创新、精神文明建设中发挥示范引领作用。

3. 心理育人精品项目。以落实健康第一的教育理念为目标引领，在构建心理健康教育工作格局等方面取得创新性突破，纳入学校人才培养考核评价机制。面向全体学生开设高质量的心理健康教育必修课，制作心理科普微课，开展专题心理讲座，宣传教育活动特色鲜明、效果显著，规范构建心理咨询服务体系，定期开展测评筛查，构建校内多部门多平台联动的综合感知系统，危机预防干预工作机制健全有力，大数据、人工智能等新技术赋能心理健康教育形成具体应用场景、工作模式，专兼结合工作队伍规模适当、素质良好，专项工作经费充足，办公场地和设备条件过硬，评价考核体系合理。构建“家校医”长效协同的育人机制和有效办法，推动家庭、学校和医疗机构的沟通合作与深度融合，共同关注学生心理健康、提供心理支持保障、筑牢心理安全防线。

4. 实践育人精品项目。立足知信行有机统一，推动学校小课堂和社会大课堂紧密联动、师生共同参与，

全方位构建实践育人新范式。强化育人目标引领，坚持理论教育与实践养成相结合，在社会实践中深刻体验国家在经济、社会、文化、科技、生态等方面的重大战略需求、战略部署，精准锚定人生发展方向。课内外一体设计，将优质实践资源有机纳入教学安排，确保社会实践的学时学分安排。深化定向结对互动，加强与部队、政府、企业、社区、乡村等校外有关单位结对子，建立常态化交流机制，强化社会实践联动。结合专业特色服务，将思政教育、专业教育和创新创业教育深度融合，推动不同类型的学生结合专业所学，提供特色服务，解决社会所需。强化成果绩效管理，完善社会实践成果考核、评价、认定体系建设。注重典型宣传推广，挖掘社会实践先进典型，提炼有特色的实践育人机制、思路、模式，探索社会主义建设者和接班人培养的实践路径。

5. 网络育人精品项目。注重推动形成共建共享、互联互通、同向同行的高校网络育人格局，有效建立师生黏合度高、覆盖面广、社会影响较大的网络平台，积极参与和推动高校思想政治工作网、易班网和中国大学生在线全国共建。完善网络文化成果评价认证体系，将优秀网络文化成果纳入教师职称评聘和评奖评优体系。打造网络思想政治教育特色品牌，各类网络文化教育活动具有较强的时代感、创新性、实效性，注重加强师生网络安全意识、文明素养、行为习惯教育，育人导向鲜明、品牌效应显著、运行模式健全、传播效果良好。推动人工智能技术与思想政治工作的深度融合，围绕内容供给、队伍建设、精准思政等领域，创新打造“AI+思政”的智慧系统、典型应用和协同平台，促进高校思想政治工作数字化、智能化、智慧化。

6. 队伍建设精品项目。以《全面加强新时代高校辅导员队伍建设行动方案》为牵引，坚持把辅导员队伍建设作为教师队伍和管理队伍建设的重要内容，将其纳入学校党委常委会议题，着力保证辅导员工作有条件、干事有平台、待遇有保障、发展有空间，打造一支政治立场坚定、规模结构合理、素质能力过硬、育人水平高超的高校辅导员队伍。立足配备选聘增效，按照专职为主、专兼结合、数量充足、素质优良的原则，严格落实专职辅导员事业编制身份，制定专职辅导员选苗育苗专项培养方案，将专职辅导员选苗育苗人才储备纳入学校辅导员队伍建设整体规划；立足培训培养赋能，能够围绕政治能力、教育能力、管理能力和自身建设等重点内容，聚焦辅导员主要工作职责，从学生思想引导、行为教导、学业辅导、心理疏导、就业指导等方面，提升辅导员核心素质能力，能够设立辅导员培训专项经费，结合本校学科特色与学生特点，分层组织开展贴合实际、务实管用的全覆盖培训，细化不同工作年限辅导员培训内容，实施分群体精准培训；立足发展晋升畅通，实现达到初、中级职称条件的辅导员应评尽评，成绩突出的专职辅导员可评聘正高级专业技术岗位，优化专职辅导员专业技术岗位结构；立足激励保障提质，能够针对辅导员不同发展阶段特征，结合不同岗位和不同职级实际，建立健全系统化、差异化、科学化的辅导员考评机制。

7. 国家安全教育精品项目。以推进总体国家安全观进教材、进课堂、进头脑为目标引领，构建全覆盖、高质量、有特色的高等学校国家安全教育体系，引导大学生牢固树立大安全理念，增强国家安全意识。围绕讲授《国家安全教育大学生读本》，开发有关课件，录制线上课程，分析相关案例，建设好国家安全教育公共基础课程及相应体系。紧密结合当前国家安全形势任务，精心组织策划国家安全教育活动，以点带面加强引领示范，发挥媒体矩阵作用，强化正向引领和全域传播。精心组织国家安全教育实践活动，形成安全教育实践品牌。充分发挥学科和人才优势，组建总体国家安全观宣讲团，组织相关师生深入校园、社区、单位等开展宣讲，提升实践育人和服务社会的能力。

8. 育人共同体精品项目。坚持校内校外一体、线上线下融合，推进多元育人主体共同参与、多方育人资源系统集成、多维育人载体有机融合，创新打造深度贯通、同题共答的育人共同体，推动形成更具针对性实效性的思政工作新范式、新样态。要聚焦落实好立德树人根本任务，充分发挥高校、政府、行业、企业、科研院所等不同主体之间的育人作用，找准衔接点、互补点，建立常态化协同机制，通过各主体间的互学互鉴、互联互通，建立起更深层次的交流合作，统筹安排系列育人行动。优化原有育人载体、渠道和项目，深化校内外、各环节资源的开发利用，搭建协同育人平台，推动思想政治教育工作多领域拓展、全方位覆盖。

（二）高校思想政治工作研究文库

聚焦重大理论问题、工作探索、实践经验等领域，推出一批高校思想政治工作领域具有影响力的理论和实践研究成果；搭建高校思想政治工作队伍的成果展示平台、学术研讨平台和经验交流平台，促进思想交流、学术碰撞、理论创新；发挥优秀成果和优秀人才的示范引领、辐射带动作用，推动高校思想政治工作创新发展前沿问题的研究与探索。申报成果的选题范围要围绕思想政治教育相关学科的知识体系，属于党的建设、高校思想政治工作、平安校园建设等领域具有原创性、开拓性、前沿性的成果，突出理论性、学术性、现实性，对推进马克思主义理论大众化通俗化阐释、推动党的创新理论入脑入心、促进高校思想政治工作质量提升具有重要意义。申报成果形式为中文学术专著、专题论文集、案例分析、研究报告等（不包括教材、译著、工具书、散篇论文、资料汇编、普及性读物、软件等）。论文集应集中围绕某一专题；案例应具有代表性，并注重理论提升和分析；研究报告要问题突出，充分体现研究性质。申报成果须是已完成书稿且尚未公开出版，内容需符合《出版管理条例》相关要求，逻辑体系完整，符合学术规范，无知识产权争议，具备出版的基础条件。入选成果将由教育部思想政治工作司统一组织出版，申报人应保证成果入选后3个月内能按照专家咨询意见完成修改，交给出版社"齐清定"的书稿。

（三）高校原创文化精品

坚持思想教育与艺术素质教育相结合，坚持思想精深、艺术精湛、制作精良相统一，推动高校广大师生积极创作体现时代精神，弘扬社会主义核心价值观，有机融入中华优秀传统文化、革命文化、社会主义先进文化和新时代伟大成就，反映教育改革发展成就，讴歌党、讴歌祖国、讴歌人民、讴歌英雄，接地气、传得开、留得下的原创校园文化精品力作。择优推广一批由高校师生原创的优秀文化作品，促进校园文化繁荣发展，推动以文化人、以文育人，滋养师生心灵、涵育师生品行、引领社会风尚。

申报作品应为高校师生自主创作生产、主题鲜明、情感真挚、可推广性强的校园文化成熟作品，包括舞台剧、音乐、舞蹈、影视、文学等多种形式。作品应坚持育人导向，具有突出的思想性，聚焦时代主题，坚守中华文化立场，传播社会主义核心价值观。作品应符合人民群众和广大师生的审美需求，具有较高的艺术水准和欣赏价值，能艺术地呈现、传达、叙述、演绎作品所承载的思想内涵、价值理念、精神力量、文化意蕴和美学品位。作品应具有一定展演基础，师生满意度、参与度较高，社会反响与教育效果良好。

（四）高校场馆育人作用开发

深入挖掘校史馆、展览馆、博物馆、图书馆等高校场馆育人元素，进一步挖掘高校校史校情中特有的光荣传统、优秀事迹和先进文化内涵，把场馆育人融入思想政治工作全过程，组织开展"场馆育人"系列活动、建设"场馆育人"专业队伍、开发"场馆育人"衍生课程、加强"场馆育人"传播交流、推广"场馆育人"工作成效，推动场馆成为春风化雨、润物无声的学生沉浸式学习平台。

（五）高校数字文物开发

多维度挖掘高校文物蕴含的育人资源，强化数字技术对传统文物的赋能作用，包括参与文物数字化保护、开展数字文物系列活动、建设数字文物讲解队伍、开发数字文物的相关文化作品与产品等内容，面向全国高校师生进行虚拟展示和开放学习，更好地发挥教育、传播和科普功能，真正让藏在高校中的文物动起来、活起来、用起来。

（六）高校学生心理健康教育指导典型案例

面向高校分类遴选解析若干大学生心理健康教育指导典型案例，在保护隐私的基础上遴选汇总梳理，重点聚焦解决高校学生普遍存在的共性突出心理问题，针对家庭问题、心理与精神疾病、学业困扰、生涯发展、人际关系、情感问题等在日常心理咨询中出现频率较高的主题，具有普遍性、典型性、科学性、可推广性、逻辑性和专业性。

（七）新时代伟大变革融入高校思想政治教育典型案例

面向高校遴选解析若干新时代伟大变革融入高校思想政治教育典型案例，在深入挖掘新时代伟大变革成功案例历史、理论、实践、价值等方面育人元素的基础上，围绕"用什么融入、怎样融入、融入何处"进行阐释，讲清楚新时代伟大变革融入高校思想政治工作的重点内容、有效路径和保障机制，案例应具有逻辑性、典型性、操作性和可推广性。

（八）大中小学思想政治教育一体化建设工作典型案例

面向各地教育部门、高校遴选解析若干大中小学思想政治教育一体化建设工作典型案例，立足培养让党放心、爱国奉献、担当民族复兴重任的时代新人，发挥高校示范牵引作用，遵循思想政治工作规律、教书育人规律和学生成长规律，围绕理论武装、课程教材、文化涵育、实践育人、网络育人、心理健康、队伍支撑等方面，总结凝练深入推进大中小学思想政治教育一体化建设中形成的典型经验做法，明确育人主体、建设内容、覆盖范围、工作机制和显著成效，案例应具有创新性、典型性和可推广性。

三、骨干队伍培育提升建设内容及要求

（一）高校思想政治工作中青年骨干

以习近平新时代中国特色社会主义思想为指导，引导和鼓励高校青年思想政治工作干部注重理论水平和素质能力的提升，注重探索、创新理论研究和实践工作模式，培养一支政治素质过硬、理论功底扎实、工作业绩突出、作风务实清廉的高校思想政治工作骨干队伍。要求申报对象为高校思想政治工作队伍，具体包括高校分管校领导、党委工作部门干部、共青团干部、辅导员、心理健康教育教师、网络文化建设管理干部等人员，应当专职从事高校思想政治工作满8年。此次人选年龄要求为：截至（2024年1月1日），人选年龄不超过45周岁（1979年1月1日后出生）。

申报人及团队应当能够承担理论研究、团队建设和成果转化等主要任务。理论研究方面，要围绕高校思想政治工作领域的重点难点问题提供解决思路、对新时代人工智能等带来的影响提供应对方案、为有效解决当代大学生的真问题提供意见建议，不断创新方法、手段和载体，形成高校思想政治工作的理论成果、先进经验和典型做法。团队建设方面，结合工作重点和研究方向，组建10人以上的工作团队或研究团队，培育具有丰富实践经验、较高理论水平的后备力量。要突出示范引领，培育支持期内，到高校开展理论宣讲、思想政治工作培训等5场以上，辐射带动高校思想政治工作队伍建设发展。要强化成果转化，培育支持期内，要提交高校思想政治工作重点难点问题工作研究报告或政策咨询报告至少1份，牵头开展具有引领示范作用的典型工作1—2项。

（二）高校网络教育名师

以习近平新时代中国特色社会主义思想为指引，围绕落实立德树人根本任务，进一步加强网上正面宣传，培育积极健康、向上向善的网络文化，为广大网民努力营造一个风清气正的网络空间。申报对象主要面向全国各高校在编在岗教职员工，包括思想政治工作干部、党务工作干部和专业课教师等。要求政治素质过硬、理论功底扎实、网络育人成效明显、作风务实清廉。

申报人及团队应该能够承担理论宣传教育、网络热点阐释、网络作品创作、网络人才培养、网络阵地建设等任务。要突出示范引领，培育支持期内，要创作具有一定传播度和影响力的不同形式的网络作品10件以上，每年到高校开展网络培训、主题报告等4次以上。要强化成果转化，培育支持期内，要提交高质量的高校网络思政工作调研报告或政策咨询报告至少1份，牵头开展具有引领示范作用的典型工作1—2项。

（三）高校辅导员名师工作室

以提升辅导员育人能力、促进辅导员成长发展为主线，充分发挥先进典型的示范引领和辐射带动作用，创新打造全国辅导员学习成长“共同体”，构建前辈领航、朋辈互助、同行交流平台。工作室实施主持人负责制，聚焦辅导员履职尽责、成长发展需要，制定工作室成员学习成长计划，能够指导和帮助工作室成员在建设周期内实现学习成长目标；紧紧围绕工作室建设主题，深化理论研究及实践探索，产出一批具有较强针对性与实效性的工作指南、案例或视频；能够依托高校辅导员队伍能力提升大数据赋能平台，吸纳更多优秀辅导员加入工作室建设，深化拓展工作室建设成效；强化示范带动作用，能够通过举办辅导员工作热点难点问题研讨会、编写工作指南、积极参与全国高校思想政治工作骨干示范培训班等广泛宣传推广工作成果和典型经验，辐射带动辅导员队伍高质量发展。

四、平台基地辐射引领建设内容及要求

（一）红色文化弘扬基地

面向全国高校的红色文化教育基地遴选建设，传播红色精神、传承红色基因、赓续红色血脉，针对高校师生开展革命传统教育、爱国主义教育和铸牢中华民族共同体意识教育，定期举办专题展览、开展寻找红色基地系列活动等，开发数字虚拟展示资源内容，建设红色文化宣讲专业队伍，打造特色红色基地活动品牌，彰显红色文化教育功能。

（二）学生综合素质训练基地

面向各地教育部门支持认定的校外学生综合素质训练基地遴选建设，功能设计以实现提高学生心理素质为主，兼具体能锻炼和实践体验，要求基地具有完备的软硬件设施，科学开展综合素质教育体系建设，根

据学生发展需求持续优化场地设施、功能区设置、课程团队等，帮助学生在体育锻炼、心理涵养、实践训练中，增强体质、健全人格、锤炼意志，促进学生全面发展、身心健康水平不断提升。

（三）全国高校综合性教育实践体验基地

面向各地教育部门支持认定的适合大学生前往开展体验式、研究性学习和实践探索创新活动的优质资源单位，遴选建设全国高校综合性教育实践体验基地，包括优秀传统文化教育基地、科普教育基地、科技创新基地、社会实践基地、国家安全教育基地等单位，建设形成主题鲜明、导向正确、内容丰富、形式多样、各具特色的实践体验项目，接纳全国高校师生开展主题参观、社会实践、志愿服务等活动，建立管理规范、责任清晰、保障安全的实践工作机制。

（四）全国高校示范“一站式”学生社区

面向全国基础扎实、特色鲜明、成效显著的高校“一站式”学生社区，综合考虑建设情况和省级评级情况遴选建设全国高校示范“一站式”学生社区，在党建引领、队伍入驻、学生参与、文化建设、数字赋能、条件保障中1个方面或多个方面总结经验、沉淀成果、展示成效，推出一批有高度、有深度、有温度、有力度的理论成果、工作动态、实践经验等宣传展示载体，充分发挥其辐射带动、实践探索、骨干培养、生态塑造等功能，引领带动全国高校“一站式”学生社区综合管理模式全覆盖建设、高质量发展。

五、其他事项

（一）按照“公平公正、标准引领、质量优先、彰显特色”的原则，教育部思想政治工作司组织专家对有关申报项目进行集中评议、实地考察，择优推选一批思政精品、研究文库、原创文化精品、场馆育人作用开发、数字文物开发、典型案例，择优遴选一批优秀中青年骨干、网络教育名师、辅导员名师工作室、平台基地予以支持，一旦发现在申报评审过程中“打招呼”“走关系”、弄虚作假、抄袭剽窃等情况将坚决予以否决。各地各高校要严格落实主体责任，对相关项目内容和申报人严格把关，确保导向正确、质量可靠，不存在违纪违规等问题。

（二）为保证工作质量，严格按照各项目管理办法进行相关考核与管理（详见高校思政工作申报系统）。对未能按期、按质量完成建设目标的，将予以撤项并追回支持经费，涉及违法违纪的，依法依规严肃处理。

（三）教育部思想政治工作司对入选申报项目给予一定额度的工作经费支持，按计划拨付，经费支出严格按照《高校思想政治工作专项经费管理办法》有关规定执行。高校应指定专人作为项目财务工作联系人，负责经费预算、拨款、执行等相关工作。项目所在省份和高校可结合实际，给予一定的政策、经费配套支持。

附件2

“高校思政工作申报系统”操作指南

2025年度高校思想政治工作质量提升综合改革与精品建设项目申报工作通过全国高校思想政治工作网（以下简称高校思政网，网址：http://www.sizhengwang.cn）“高校思政工作申报系统（以下简称系统）”上报。操作方法如下。

一、平台登录

高校思政网已为各省级教育工作部门设置专门账号和密码，收到通知后，请省级教育工作部门在规定时间内使用“宣传教育工作（05）”账号登录系统。

在高校思政网首页幻灯图片左下方点击“高校思政工作申报系统”图标，打开登录页面。如有问题可联系高校思政网工作人员。

二、申报流程

（一）各高校在收到通知后，如有申报意愿，应尽快确定负责相关类型申报的工作人员，及时将工作人员信息告知本地教育工作部门负责项目申报工作的联系人。

因子项目较多，请各省级教育工作部门确定好各子项目申报工作联系人后，及时告知高校思政网相关项目服务人员，方便高校思政网做好服务工作。

（二）各省级教育工作部门登录系统后，在网页“工作区”可看到各子项目工作通知。点击右侧“添加填报人员信息”按钮，可添加有该子项目申报意愿的高校的具体工作人员姓名、单位、手机号码等基本信息（可批量导入），以便开通申报权限。添加信息并确认无误后，即可使用系统短信功能通知各校填报人员。

（三）负责项目申报的高校工作人员在收到短信通知后，使用手机号码和验证码进行登录，并按照要求填写项目基本信息，以附件形式分别上传申报书（A表）、申报书（B表）和有关支撑材料。申报书和支撑材料中的文字材料必须以WORD和PDF格式（每个30M以下）上传，图片材料以JPG（每幅10M以下）格式上传，音视频材料以MP4（每个500M以下）格式上传。

（四）各省级教育工作部门按照各子项目要求对相关高校申报材料进行审核，审核通过后系统将自动生成汇总表。工作人员需要下载、打印该汇总表，并在盖章拍照后将照片上传至工作平台。

三、注意事项

（一）各省级教育工作部门在线添加的账号必须包括高校申报人员的姓名、单位、手机号码。

（二）各省级教育工作部门应按各子项目规定数量进行推荐，请认真核对平台通过的推荐名单与盖章报送名单完全一致。

（三）高校申报书A表要如实、准确反映项目申报基本情况，B表文字表述中不得透露高校、团队和个人相关信息；电子版支撑材料中有关高校、团队和个人的相关信息应全部隐去。

（四）高校申报材料一经提交，原则上不再修改，请认真填报。

（五）本项目在线申报时间为2024年10月15日至2024年11月10日，逾期系统将自行关闭。